住房城乡建设部土建类学科专业"十三五"规划教材
"十二五"普通高等教育本科国家级规划教材

高校土木工程专业指导委员会规划推荐教材
（经典精品系列教材）

桥 梁 工 程

（第三版）

房贞政　　陈宝春　　上官萍　主编
范立础　主审

中国建筑工业出版社

图书在版编目(CIP)数据

桥梁工程/房贞政,陈宝春,上官萍主编. —3版. —北京:中国建筑工业出版社,2018.12(2023.2重印)
住房城乡建设部土建类学科专业"十三五"规划教材.
"十二五"普通高等教育本科国家级规划教材 高校土木工程专业指导委员会规划推荐教材(经典精品系列教材)
ISBN 978-7-112-22857-7

Ⅰ.①桥… Ⅱ.①房… ②陈… ③上… Ⅲ.①桥梁工程-高等学校-教材 Ⅳ.①U44

中国版本图书馆 CIP 数据核字(2018)第 242774 号

本书主要根据近年来我国新修订的《公路工程技术标准》JTG B01—2014、《公路桥涵设计通用规范》JTG D60—2015、《城市桥梁设计规范》CJJ 11—2011 及《公路钢筋混凝土及预应力混凝土桥涵设计规范》JTG 3362—2018 等对第二版教材进行了更新,增加了国内外桥梁最新的发展概况,同时各章增加了主要学习内容和复习思考题与习题,以便学生深入学习。本书主要内容包括:总论,简支板、梁桥上部结构,拱桥上部结构,桥梁支座、墩台与基础,其他桥梁等。

本书可作为高等学校土木工程、交通工程、桥梁工程等专业的教材,也可供从事桥梁工程设计和施工的工程技术人员参考使用。

本书作者制作了配套的教学课件,有需要的任课老师可以发送邮件至:jiangongkejian@163.com 索取。

责任编辑:吉万旺 王 跃 齐庆梅
责任校对:焦 乐

住房城乡建设部土建类学科专业"十三五"规划教材
"十二五"普通高等教育本科国家级规划教材
高校土木工程专业指导委员会规划推荐教材
(经典精品系列教材)
桥 梁 工 程
(第三版)
房贞政 陈宝春 上官萍 主编
范立础 主审

*

中国建筑工业出版社出版、发行(北京海淀三里河路9号)
各地新华书店、建筑书店经销
北京红光制版公司制版
北京建筑工业印刷厂印刷

*

开本:787×1092毫米 1/16 印张:20¼ 字数:512千字
2019年2月第三版 2023年2月第十八次印刷
定价:**49.00**元(赠课件)
ISBN 978-7-112-22857-7
(32969)

出 版 说 明

为规范我国土木工程专业教学，指导各学校土木工程专业人才培养，高等学校土木工程学科专业指导委员会组织我国土木工程专业教育领域的优秀专家编写了《高校土木工程专业指导委员会规划推荐教材》。本系列教材自 2002 年起陆续出版，共 40 余册，十余年来多次修订，在土木工程专业教学中起到了积极的指导作用。

本系列教材从宽口径、大土木的概念出发，根据教育部有关高等教育土木工程专业课程设置的教学要求编写，经过多年的建设和发展，逐步形成了自己的特色。本系列教材曾被教育部评为面向 21 世纪课程教材，其中大多数曾被评为普通高等教育"十一五"国家级规划教材和普通高等教育土建学科专业"十五"、"十一五"、"十二五"规划教材，并有 11 种入选教育部普通高等教育精品教材。2012 年，本系列教材全部入选第一批"十二五"普通高等教育本科国家级规划教材。

2011 年，高等学校土木工程学科专业指导委员会根据国家教育行政主管部门的要求以及我国土木工程专业教学现状，编制了《高等学校土木工程本科指导性专业规范》。在此基础上，高等学校土木工程学科专业指导委员会及时规划出版了高等学校土木工程本科指导性专业规范配套教材。为区分两套教材，特在原系列教材丛书名《高校土木工程专业指导委员会规划推荐教材》后加上经典精品系列教材。2016 年，本套教材整体被评为《住房城乡建设部土建类学科专业"十三五"规划教材》，请各位主编及有关单位根据《住房城乡建设部关于印发高等教育 职业教育土建类学科专业"十三五"规划教材选题的通知》要求，高度重视土建类学科专业教材建设工作，做好规划教材的编写、出版和使用，为提高土建类高等教育教学质量和人才培养质量做出贡献。

高等学校土木工程学科专业指导委员会

中国建筑工业出版社

第 三 版 前 言

《桥梁工程》第二版（2010 年出版），至今已使用近 8 年，被评为"十二五"普通高等教育本科国家级规划教材和住房城乡建设部土建类学科专业"十三五"规划教材。这期间中华人民共和国交通运输部发行了新的相关行业规范，主要包括《公路工程技术标准》JTG B01—2014、《公路桥涵设计通用规范》JTG D60—2015、《城市桥梁设计规范》CJJ 11—2011 及《公路钢筋混凝土及预应力混凝土桥涵设计规范》JTG 3362—2018 等。与此同时，近 10 年我国的桥梁建设更是日新月异、发展迅速。第二版教材需要根据新规范以及本科教学的需求进行更新修订。

新修订的《桥梁工程》第三版，教材内容章节安排不变，教学学时不变。修订的主要内容包括依照现行规范的规定对全书相关内容进行更新；增加了国内外桥梁最新的发展概况；同时各章增加了主要学习内容和复习思考题，以便学生深入学习；参考文献中增加最新的设计和施工管理等现行的规范及相关规程与文献。参与本次教材修订的主要有房贞政、陈宝春、上官萍、陈永健等教师。希望广大使用本教材的师生继续提出宝贵的意见。

编 者
2018 年 9 月

第 二 版 前 言

本教材作为少学时的《桥梁工程》自 2004 年第一版发行以来，被许多高校采用，被列为普通高等教育土建学科专业"十五"规划教材和高校土木工程专业指导委员会规划推荐教材。近年来，我国的桥梁建设突飞猛进、日新月异，同时我国更新了某些桥梁工程的设计与施工规范。为体现我国桥梁建设的最新成果与发展趋势，并适应新规范的要求，特修编本教材。

本教材的第二版为延续原有教学的计划与安排，仍保持原有的章节结构。教材在桥梁技术、跨径纪录等方面体现最新的成果与发展趋势，各章中内容稍有调整。第三章的拱桥上部结构部分对传统的石拱、双曲拱、桁架拱等进行了调整，对近 20 年来应用较多的混凝土箱拱、钢管混凝土拱和钢拱增加了介绍的分量。第二版全书的编写均按新规范的要求，有关的算例亦按新规范重新编写。

教材的编写要反映工程建设的科学进步，同时教材又需要在教学过程中不断地完善，因此，我们衷心地感谢使用本教材的师生，并诚恳地希望能向我们提出宝贵的意见，使本教材日臻完善。

第 一 版 前 言

本《桥梁工程》教材是根据建设部高等土木工程专业教学指导委员会 2001 年审定的编写大纲编写的。本教材主要适用于土木工程专业少学时的桥梁工程课程。本书共有五章。

第一章总论主要介绍国内外桥梁建筑的发展概况、桥梁的组成与分类、桥梁的规划设计原则、桥梁的设计荷载以及桥面布置与构造。

第二章介绍简支板、梁桥上部结构的构造特点和设计计算方法。主要介绍简支板、梁桥上部结构的设计与构造、桥面板的设计与计算，重点介绍简支梁桥主梁内力的计算方法、荷载横向分布计算的原理和各种常用的横向分布的计算方法。另外简单介绍简支钢板梁和钢桁梁的构造特点和一般的设计计算方法。

第三章介绍拱桥的组成与分类、常见拱桥的构造特点、拱桥受力特点、主拱的设计计算要点、单跨悬链线无铰板拱的设计以及拱桥的施工。

第四章介绍桥梁支座、墩台、基础的作用与功能，常用支座、墩台、基础的构造形式，以及部分常用支座、墩台、基础计算的主要内容。

第五章简要阐述预应力混凝土连续梁桥、连续刚构桥、斜拉桥与悬索桥的结构体系、主要构造、计算要点与施工方法。

本书的第一章由房贞政编写，第二章由上官萍编写，第三章与第五章由陈宝春编写，第四章由郑振编写。全书由房贞政教授主编，同济大学中国工程院院士范立础教授主审。

限于水平，本教材中的不妥之处，请批评指正。

编　者
2003 年 3 月

目　　录

第 1 章　总　　论

　　桥梁建筑是跨越江河、山涧，供人、车行的人工构造物。桥梁建筑的发展与人类的文明进步密切相关，应当说它源自远古自然，或许一根树偶然倒下横过溪流，藤蔓从河一岸的一棵树到另一岸的一棵树，天然洞穴等就是最早的桥梁。大约公元前 4000 年，人类开始定居，过着部落生活，开始更多地考虑永久性的桥梁。早期的桥梁均利用天然材料，简易而跨越能力极弱，且不耐久。此后，砖的发明开始了人工材料应用的历史，而铁的发明一方面为开采石头扩大其应用提供了可能，同时铁用于桥梁带来了桥梁技术的极大进步。19 世纪混凝土的发明、钢的应用，使桥梁技术产生了革命性的飞跃，从此进入了预应力混凝土桥与钢桥并驾齐驱的新时代。

　　新材料的应用是桥梁技术前进的巨大动力之一，而计算理论的发展、计算机应用得到普及后计算方法的发展是桥梁技术进步的另一个重要因素。从远古的经验积累，到后来的材料力学、结构力学、弹塑性力学等计算理论，容许应力法、极限状态法以及全概率设计的设计理论，也不断地推动着桥梁技术的进步。施工技术的进步和不断创新更使得当今的桥梁结构日新月异。可以说：目前，桥梁建筑已经进入辉煌的时代。

1.1　国内外桥梁发展概况

1.1.1　我国桥梁建筑的成就

　　中国是四大文明古国之一，桥梁技术的发展在世界桥梁史中占有重要的地位。在公元纪元初期，梁、拱、吊这三大桥梁体系已在我国形成。据史料记载，在距今约 3000 年的周文王时代，我国就已经在宽阔的渭河上架过大型浮桥。由于浮桥的架设具有简便快速的特点，所以它常被用于军事活动。汉唐以后，浮桥的运用日趋普遍。现代桥梁中广为修建的多孔桩式桥梁，在我国春秋战国时期（公元前 332 年）就已普遍在黄河流域和其他地区采用，不同的只是古桥多以木桩为墩桩，上置木梁、石梁。

　　近代的大跨径吊桥和斜拉桥也是由古代的藤、竹吊桥发展而来的，在各国有关桥梁的史书上，大都认为我国是最早建造吊桥的国家之一。据记载，最迟在唐朝中期，我国就从藤索、竹索发展到用铁链建造吊桥，而西方在 16 世纪才开始建造铁链吊桥，比我国晚了近千年。保留至今的古代吊桥有四川泸定县的大渡河铁索桥（1706 年）、都江堰市的安澜竹索桥（1803 年）等。泸定桥跨长约 100m，宽约 2.8m，由 13 条锚固于两岸的铁链组成。安澜桥是世界上最著名的竹索桥，全长 340 余米，分 8 孔，最大跨径约 61m，全桥由用细竹篾编成粗 5 寸的 24 根竹索组成，其中桥面索和扶栏索各半。

　　在秦汉时期，我国已广泛修建石梁桥。现存的福建泉州万安桥（也称洛阳桥），建于1053～1059 年，是一座具有很高技术成就的石梁桥。此桥长达 800m，共 47 孔，位于"波涛汹涌，水深不可址"的海口江面上。它以磐石遍铺桥位江底，是近代筏形基础的开端，首次采用的浮运架梁方法至今仍在桥梁施工中得到应用。近千年前就能在这种艰难复杂的水文条件下建成如此长的桥，实为中外桥梁史上的一个奇迹。此外，该桥采用养殖海生牡蛎的方法胶固桥基，使之成为整体，在当时缺乏固结材料的条件下是一独具匠心的创造。

另一座令人惊奇、保存至今的石梁桥是 1240 年建造的福建漳州虎渡桥。此桥总长约335m，某些石梁长达 23.7m，沿宽度用三根石梁组成，每根宽 1.7m，高 1.9m，重量达200t，在缺乏现代大型吊装设备的时代，如此重的石梁如何安装至今还是一个难解之谜。

图 1-1   河北赵县赵州桥（公元 605 年）

举世闻名的河北省赵县的赵州桥（又称安济桥），是我国古代石拱桥的杰出代表（图 1-1）。该桥在隋大业初年（公元605 年左右）为李春所建，是一座空腹式的圆弧形石拱桥，净跨 37.02m，宽 9m，拱矢高 7.23m。在拱圈两肩各设有两个跨度不等的腹拱，这样既能减轻自重，节省材料，又便于排洪，增加美观。

除赵州桥外，我国还有其他著名的石拱桥，如北京永定河上的卢沟桥、颐和园内的玉带桥和十七孔桥、苏州的枫桥等。

在我国古代桥梁建筑中，著名的还有广东潮安县横跨韩江的湘子桥（又名广济桥、济川桥）。此桥始建于宋乾道年间（公元 1169～1173 年），全桥长 517.95m，共 20 个墩台19 孔，上部结构有石拱、木梁、石梁等多种形式，西岸长 137m，东岸长 283m，而中间段以浮桥相连，长 97m。桥定时启闭，以通行大船和排筏，是著名的开合浮桥。这座世界上最早的开合式桥，论石桥之长、石墩之大、桥型之多以及施工条件之难、工程历时之久，都是古代建桥史上所罕见的。

新中国成立后，1957 年第一座长江大桥——武汉长江大桥建成，结束了我国万里长江无桥的状况，从此，"一桥飞架南北，天堑变通途"。大桥的正桥为三联 3×128m 的连续钢桁梁。该桥为双层桥，下层铁路，上层公路，公路桥面宽 18m，两侧各设 2.25m 人行道，包括引桥在内全桥总长 1670.4m。该桥的大型钢梁的制造和架设、深水管桩基础的施工等，为发展我国现代桥梁技术奠定了重要的基础。

1969 年我国又建成了举世瞩目的南京长江大桥（图 1-2），这是我国自行设计、制作、施工，并使用国产高强钢材的现代化大型桥梁。正桥除北岸第一孔为 128m 简支钢桁梁外，其余为 9 孔 3 联，每联为 3×160m 的连续钢桁梁。上层为公路桥面，下层为双线铁路。包括引桥在内，铁路桥部分全长 6772m，公路桥部分为 4589m。桥址处水深流急，河床地质极为复杂，大桥桥墩基础的施工非常困难。南京长江大桥的建成，显示出我国的建桥事业已达到了世界先进水平，也是我国现代桥梁史上

图 1-2   南京长江大桥（1969 年）

又一个重要标志。

我国还创造和推广了不少新颖的拱桥结构,如在 20 世纪 60 年代后期以"化整为零,集零为整"技术建造的双曲拱桥,它具有用料省、造价低、施工简便和外形美观的优点,同时由于其上部结构自重小,还适合于在软土地基上建造拱桥,对加快我国公路桥梁的建设速度,曾起到了很大作用。

图 1-3 重庆万县长江大桥

对于大跨拱桥,目前已广泛采用斜拉悬臂施工、转体施工、劲性骨架施工法等。图 1-3 所示是国道 318 线上的万县长江大桥。此桥全长 856.12m,主跨为 420m 的钢筋混凝土拱桥,跨度居世界同类型桥梁之冠。我国不但继承了传统拱桥工艺,而且现代拱桥技术也在不断创新。目前,我国的各式拱桥已有多项世界跨越纪录:石拱桥 146m(山西丹河桥)、混凝土肋拱桥 312m(广西邑宁桥)、桁架拱桥 330m(贵州江界河桥)和箱式拱桥 420m(重庆万县长江桥)等。20 世纪 90 年代初我国开始修建钢管混凝土拱桥。钢管混凝土是在薄臂钢管内填充混凝土,使两者共同工作的一种组合材料,从而具有比普通混凝土大得多的承载力和跨越能力;施工时先架设钢管骨架,自重轻,施工方便。钢管混凝土拱桥目前最大的跨径是巫峡长江大桥的 460m。进入 21 世纪,我国修建了一些大跨径的钢拱桥,如主跨 550m 的上海卢浦大桥(钢箱拱)、主跨 552m 的重庆朝天门大桥(钢桁拱)。

20 世纪,钢筋混凝土与预应力混凝土的梁式桥在我国也获得了很大的发展。对于中小跨径的梁桥,已广泛采用装配式的钢筋混凝土及预应力混凝土板式或 T 形梁桥的定型设计,它不但经济适用,而且施工方便,加快了建桥速度。1976 年建成的洛阳黄河公路大桥,为跨径 50m 的预应力混凝土简支梁桥,全长达 3.4km。

除简支梁桥以外,近 30 年来我国还修建了许多现代化的大跨径预应力混凝土 T 形刚架桥、悬臂梁桥、连续梁桥和连续刚构桥。已建成的黄石长江公路大桥,全桥总长约 2580.08m,其中主桥长 1060m,为(162.5+3×245+162.5)m 五跨预应力混凝土连续刚构桥。

我国于 1975 年开始建造斜拉桥。从最早的四川省云阳汤溪河桥到 20 世纪 90 年代的上海市的南浦大桥、杨浦大桥,我国的斜拉桥技术在短短的几十年时间内赶上了世界先进水平。至今我国已建跨径 400m 以上的斜拉桥 40 余座,其中预应力混凝土梁斜拉桥跨径已达 500m(湖北荆沙桥),组合式截面梁斜拉桥跨径达到 605m(福建闽江青州桥),钢箱梁斜拉桥跨径更是达到 1088m 的世界新纪录(江苏苏通长江大桥)。在世界跨径最大的 10 座斜拉桥中我国占有 8 座,成为世界斜拉桥的大国并向强国迈进。

悬索桥是目前具有最大跨越能力的桥型。我国现代悬索桥从广东汕头海湾大桥(1995 年建成,主跨 452m)开始,此后,采用钢箱加劲的湖北西陵长江大桥(主跨 900m,1996 年)和广东虎门大桥(主跨 888m,1997 年)建成(图 1-4),标志着我国进入能修建现代大跨度悬索桥国家的行列。

图1-4 广东虎门大桥

江阴长江大桥是我国首座跨径超过千米的特大跨径桥梁。桥梁总长3km，宽36.9m，双向六车道。主跨采用336.5m＋1385m＋309.4m的单孔简支钢悬索桥结构（图1-5）。此后，多座跨径超千米的悬索桥建成，如江苏润扬长江大桥（2005年建成，主跨1490m）、浙江宁波西堠门大桥（2009年建成，主跨1650m），后者是目前我国跨径最大和世界跨径第二的悬索桥。

在桥梁基础工程方面我国也取得了很大的进步，例如苏通大桥的桩基采用131根直径2.8m或2.5m的钻孔灌注桩，水深20～25m以上，桩长114～120m，基础为世界桥梁最深。再如，南京长江三桥，南塔的深水基础最深处在常水位条件下接近50m，采用了定位船和两条导向船加上固定钢套箱组成浮动的水上施工平台的施工方案。

图1-5 江阴长江大桥

随着我国交通事业的蓬勃发展，特别是改革开放40年以来，一些大规模的越江跨海的桥梁工程不断修建起来。已建成的有上海东海大桥（全长31km）、浙江杭州湾跨海大桥（全长36km）、上海长江口越江工程（桥梁部分全长16.55km）、矮寨大桥（悬索桥，主跨1176m）、北盘江大桥（亚洲第一高桥，主跨388m，我国首座双向预应力混凝土加劲板梁）、泰州长江大桥（主跨2×1080m三塔双跨钢箱梁悬索桥，世界首创）、港珠澳大桥（全长为49.968km，其中"海中桥隧"总长35.578km）、青岛海湾大桥（大桥全长36.48km）等；正在修建的有福建平潭海峡公铁两用大桥（世界上第一座真正意义上的公铁两用跨海大桥，全长16.3km）等。随着经济技术的发展，还将有许多新型、大跨、大型的越江跨海桥梁诞生。

1.1.2 国外桥梁建设简述和发展趋向

在国外，欧洲的石拱桥可以说是世界古桥史上最光辉的篇章。早在罗马时代，石拱建筑就得到了完美的应用。1855 年起，法国建造了第一批应用水泥砂浆砌筑的石拱桥。法国谢儒奈教授在拱架结构，拱圈砌筑方法以及减少圬工裂缝等方面的研究和改进，对现代石拱桥的发展起到了重要的作用。

　　大约在 1870 年时，德国建造了第一批采用硅酸盐水泥作为胶结材料的混凝土拱桥。20 世纪初，法国建成的戴拉卡混凝土箱形拱桥跨度达 139.80m。钢筋混凝土桥的崛起，要追溯到 1873 年法国的约瑟夫莫尼尔首创建成的一座拱式人行桥。由于有石拱桥的技术和建筑艺术为基础，加之钢筋混凝土突出的受压性能，所以钢筋混凝土拱桥的兴起，一开始就十分引人注目。从 19 世纪末到 20 世纪 50 年代间，钢筋混凝土拱桥无论在跨越能力、结构体系和主拱圈的截面形式上均有很大的发展。法国弗来西奈教授设计，于 1930 年建成的三孔 186m 拱桥和 1940 年瑞典建造的跨径 264m 的桑多桥，均达到了很高的技术水平。后者作为此种拱桥的跨度纪录，一直保持到 1964 年澳大利亚悉尼港柏拉马塔河桥（主跨 305m）的问世。鉴于修建钢筋混凝土拱桥时支架、模板的复杂性，加之耗费大量劳力，故在以后 10 多年中，国外较少采用。直至 1979 年，在前南斯拉夫（今克罗地亚）用悬臂施工方法建成了跨度达 390m 的克尔克（KRK-Ⅱ）桥（图 1-6），成为新的世界纪录。

图 1-6　前南斯拉夫克尔克桥

　　国外在发展钢筋混凝土拱桥的同时，也修建了一批钢筋混凝土梁式桥，但限于材料本身所固有的力学特性，梁式桥的跨径远比拱桥小。1928 年法国著名工程师弗莱西奈经过 20 年研究使预应力混凝土技术得到实际应用后，新颖的预应力混凝土桥梁首先在法国和德国以异乎寻常的速度发展起来。德国最早用全悬臂法建造预应力混凝土桥梁，特别是在 1952 年成功地建成了莱茵河上的沃伦姆斯桥（跨度为 101.65m＋114.20m＋104.20m，具有跨中剪力铰的多跨刚架桥）后，这种方法就传播到全世界。10 年后莱茵河上另一座本道尔夫桥的问世，将预应力混凝土桥的跨度推进到 208m，悬臂施工技术也日臻完善。日本于 1976 年建成了当时世界上跨度最大的连续刚架桥——浜名大桥，主跨径为 55m＋140m＋240m＋140m＋55m。

　　斜拉桥是"二战"以来在世界桥梁建筑中发展最快的一种桥型，它是一种结构合理、跨越能力大且外形美观的先进桥型。1956 年德国工程师 Dischinger 在瑞典成功地建造了主跨 182.6m 的 Stroemsund 斜拉桥，1962 年委内瑞拉建成了宏伟的马拉卡波湖大桥（主跨跨径为 160m＋5×235m＋160m，总长达 9km），此后现代大跨度斜拉桥得到了蓬勃的发展。目前国外跨径最大的斜拉桥是法国的诺曼底大桥，全长 2141.25m，跨越塞纳河河口，主跨为 856m。

　　悬索桥是能够充分发挥钢材优越性能的一种桥型。美国在 19 世纪 50 年代从法国引进了近代吊桥技术后，于 19 世纪 70 年代就发明了"空中架线法"编纺桥缆。1937 年建成的旧金山金门大桥，主跨径 1280.2m，曾保持了 27 年桥梁最大跨径的世界纪录（图 1-7）。桥跨布置为 342.9m＋1280.2m＋342.9m＝1966m，桥面宽 27.43m。旧金山金门大桥的建成标志着现代大跨桥梁的建设成就，并成为一段时期内的桥梁模板。这种以钢桁架梁作为加劲梁的悬索桥通常被称为美式悬索桥，以此建成了不少大跨悬索桥。但是，塔科马大桥的倒塌事故说明了在风振影响下，悬索桥需要考虑的动力学问题。因此，英国率先设计建造了以流线型钢箱梁作为加劲梁的塞文桥（图 1-8），1966 年建成，是第一座用流线型钢箱加劲的悬索桥，跨径 988m。以此作为英式悬索桥的代表。此后，大跨径悬索桥加劲梁的设计产生了两种不同的设计理念。第一种是采用刚度足够大的桁架加劲梁；第二种是采用闭口的流线型箱梁，通过减小风的作用来保证桥的稳定性。1998 年丹麦的大贝尔特桥（东桥）〔The Great Belt Link（East Bridge）〕建成通车，主跨为 1624m，名列当时世界第一，是目前英式悬索桥中跨径最大的一座。

图 1-7   金门桥总体布置（1937 年）   图 1-8   英国塞文大桥总体布置（1966 年）

英国 1981 年建成的恒伯尔桥，主跨径 1410m，是当时世界跨径最大的悬索桥。1998 年完工的日本明石海峡大桥，全长 3910m，主跨径 1991m，桥跨布置 960m＋1991m＋960m，桥宽 35.5m，是目前世界上跨径最大的桥梁。1997 年，香港青马大桥建成，跨径 1377m；我国 2005 年通车的江苏润扬长江大桥，跨度 1490m；2009 年建成通车的浙江舟山西堠门大桥主跨达 1650m，成为我国已建跨径最大的桥梁（世界悬索桥跨径第二名）。

20 世纪以来，国内外桥梁建设中最突出的成就应当是预应力混凝土技术的广泛应用。当今世界上 70%以上的现代化桥梁都采用预应力混凝土技术。与此同时，计算机在土建领域得到了广泛的应用，给结构和力学理论注入了新的生命力。目前，不仅在结构线性、非线性的空间分析，稳定分析，动力分析，风和地震响应分析方面都有了深入的发展，而且随着其他工业的发展，科学试验手段更趋先进，特别是对结构防灾和科学实验方法的发展，使人类已经能够建造更大跨径的桥梁。

1.2   桥梁的分类、组成与主要桥型

1.2.1   桥 梁 的 分 类

桥梁的分类可按其功能、使用的材料以及结构形式等进行分类。按用途分类：公路

桥、铁路桥、公铁两用桥、人行桥、管道桥、水路桥。按跨越障碍分：跨河桥、跨谷桥、跨线桥（立交桥）、高架桥、栈道。按使用材料分：木桥、石桥、钢桥、钢筋混凝土桥、预应力混凝土桥、组合桥。按通道位置分：上承式、下承式、中承式。按桥梁的平面形状分：直线桥、斜桥、曲线桥。按结构形式分：梁桥、拱桥、悬索桥、斜拉桥、刚架桥等。桥梁的其他分类还有：开启桥、固定桥、军用桥、民用桥、浮桥、临时便桥、永久性桥等。

我国《公路工程技术标准》JTG B01—2014 还按跨径划分了特大、大、中、小桥和涵洞，见表 1-1。

桥梁按跨径分类 表 1-1

桥梁分类	多孔桥梁总长 L (m)	单孔跨径 L_k (m)
特大桥	$L > 1000$	$L_k \geqslant 150$
大桥	$100 \leqslant L < 1000$	$40 \leqslant L_k < 150$
中桥	$30 < L < 100$	$20 \leqslant L_k < 40$
小桥	$8 \leqslant L \leqslant 30$	$5 \leqslant L_k < 20$
涵洞	—	$L_k < 5$

1.2.2 桥梁的组成

1. 桥梁的基本组成部分

桥梁结构一般分为上部与下部结构。上部结构包括桥面、桥道系、承重结构以及连接部件；下部结构为支座、桥墩、桥台及基础。各部分的组成及其作用见表 1-2。

桥梁的组成部分及各部分的作用 表 1-2

桥梁的组成部分			各组成部分的作用
桥梁	上部结构	桥面	公（铁）路面、人行道	车辆或行人行走部分
		桥道结构	纵梁、横梁或其他形式	支承桥面，将荷载传给承重结构
		承重结构	主梁（拱或索）	架立在支座上，将荷载传给支座
		连接系	纵向的及横向的	位于主梁之间，承受水平荷载
	下部结构	支座	固定支座、活动支座（全约束支座或鞍座）	1. 支承上部结构，将荷载传给墩台 2. 将上部结构固定在墩台上 3. 保证上部结构的伸缩、弯曲等变形
		墩、台	桥台（位于岸边）桥墩（位于中间）	支承上部结构，将上部结构荷载传至基础（桥台兼起挡墙作用）
		基础	浅基础或深基础（桩、沉井或沉箱）	将桥墩（桥台）传来的荷载分布到地基（土壤或基岩）中去

图 1-9 表示一座桥梁的概貌。从图中可见，桥梁一般由以下几部分组成：

（1）桥跨结构（或称桥孔结构、上部结构），是在线路遇到障碍（如河流、山谷或其他线路等）而中断时，跨越这类障碍的主要承载结构。

（2）桥墩、桥台（统称下部结构），是支承桥跨结构并将恒载和车辆活载传至地基的

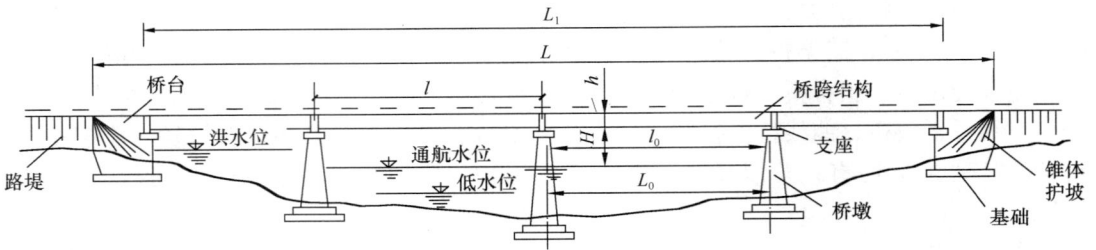

图 1-9   桥梁的基本组成

建筑物。桥台设在桥梁两端，桥墩则在两桥台之间。桥墩的作用是支承桥跨结构；而桥台除了起支承桥跨结构的作用外，还要与路堤衔接，并防止路堤滑塌。为保护桥台和路堤填土，桥台两侧常做一些防护和导流工程。

（3）墩台基础，是使桥上全部荷载传至地基的结构部分。基础工程在整个桥梁工程施工中是比较困难的部位，而且常常需要在水中施工，因而遇到的问题也很复杂。

在桥跨结构与桥墩、桥台的支承处所设置的传力装置，称为支座，它不仅要传递很大的荷载，并且要保证桥跨结构能产生一定的变位。

路堤与桥台衔接处，一般还在桥台两侧设置石砌的锥形护坡，以保证迎水部分路堤边坡的稳定。

河流中的水位是变动的，在枯水季节的最低水位称为低水位；洪峰季节河流中的最高水位称为高水位。桥梁设计中按规定的设计洪水频率计算所得的高水位，称为设计洪水位。

2. 与桥梁布置和结构有关的主要尺寸和名称术语

梁式桥的净跨径是设计洪水位上相邻两个桥墩（或桥台）之间的净距，用 l_0 表示（图 1-9）；对于拱式桥，净跨径是每孔拱跨两个拱脚截面最低点之间的水平距离（图 1-10）。

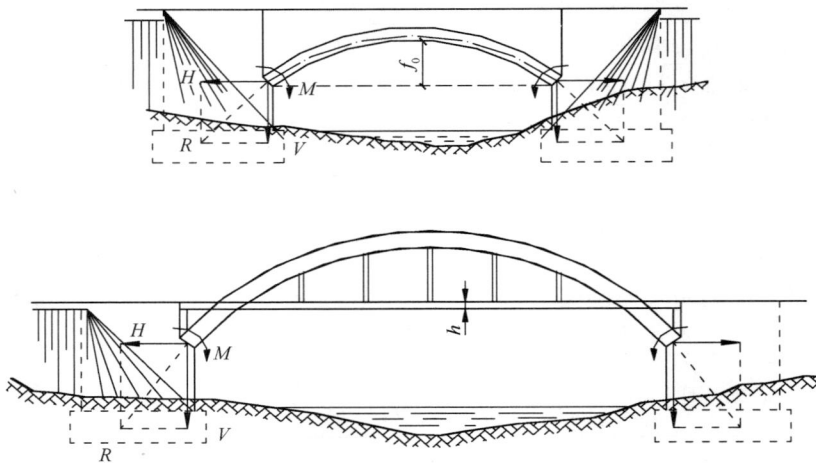

图 1-10   拱式桥梁

总跨径是多孔桥梁中各孔净跨径的总和，也称桥梁孔径（$\sum l_0$），它反映了桥下宣泄洪水的能力。

计算跨径对于具有支座的桥梁，是指桥跨结构相邻两个支座中心之间的距离，用 l 表示。对于图 1-10 所示的拱式桥，是两相邻拱脚截面形心点之间的水平距离。因为拱圈（或拱肋）各截面形心点的连线成为拱轴线，所以也就是拱轴线两端点之间的水平距离。

桥梁全长简称桥长，是桥梁两端两个桥台的侧墙或八字墙后端点之间的距离，以 L 表示。对于无桥台的桥梁为桥面行车道的全长。在一条线路中，桥梁和涵洞占总长的比重反映它们在整段线路建设中的重要程度。

桥梁高度是指桥面与低水位之间的高差，或为桥面与桥下线路路面之间的距离。桥高在某种程度上反映了桥梁施工的难易性。

桥下净空高度是设计洪水位或计算通航水位至桥跨结构最下缘之间的距离，以 H 表示，它应保证能安全排洪，并不得小于该河流通航所规定的净空高度。

建筑高度是桥上行车路面（或轨顶）标高至桥跨结构最下缘之间的距离（图 1-9 中的 h）。桥梁的建筑高度不得大于其容许建筑高度，否则就不能保证桥下的通航要求。

净矢高是拱桥从拱顶截面下缘至相邻两拱脚截面下缘最低点之连线的垂直距离，以 f_0 表示（见图 1-10）。计算矢高是从拱顶截面形心至相邻两拱脚截面形心之连线的垂直距离，以 f 表示。矢跨比是拱桥中拱圈（或拱肋）的计算矢高 f 与计算跨径之比（f/l），也称拱矢度，它是反映拱桥受力特性的一个重要指标。

此外，我国《公路工程技术标准》中规定，当标准设计或新建桥涵跨径在 60m 以下时，一般均应尽量采用标准跨径（l_b）。对于梁式桥，它是指相邻两桥墩中线之间的距离，或墩中线至桥台台背前缘之间的距离；对于拱桥，则是指净跨径。我国规定的公路桥涵标准跨径从 0.75m 起至 60m，共分 22 种。

涵洞是用来宣泄路堤下水流的构造物。通常在建造涵洞处路堤不中断。为了区别于桥梁，《公路工程技术标准》中规定，凡是多孔跨径的全长不到 8m 和单孔跨径不到 5m 的泄水结构物，均称为涵洞。

1.2.3 桥梁的主要类型

工程结构上的受力构件，总离不开拉、压和弯曲三种基本受力方式。由基本构件所组成的各种结构物，在力学上也可归结为梁式、拱式、悬吊式三种基本体系以及它们之间的各种组合。现代的桥梁结构也一样，不过其内容更丰富，形式更多样。根据受力方式的不同，桥梁主要有以下几种类型。

1. 梁式桥

梁式体系是古老的结构体系。梁式桥是一种在竖向荷载作用下无水平反力的结构（图 1-9）。由于外力（恒载和活载）的作用方向与承重结构的轴线接近垂直，故与同样跨径的其他结构体系相比，梁内产生的弯矩最大，通常需要抗弯能力强的材料（钢、木、钢筋混凝土等）来建造。为了节约钢材和木料（木桥使用寿命不长，除战备需要或临时性桥梁外，一般不宜采用），目前在公路上应用最广的是预制装配式钢筋混凝土和预应力混凝土简支桥梁。这种梁桥的结构简单，施工方便，对地基承载力的要求也不高，其常用跨径在 50m 以下。当跨度较大时，为了达到经济省料的目的，可根据地质条件等修建悬臂式或连续式的梁桥。对于跨径很大的桥梁以及承受很大荷载的特大桥梁可建造钢桥。

2. 拱式桥

拱式桥的主要承重结构是拱圈或拱肋。这种结构在竖向荷载作用下，桥墩或桥台将承受水平推力（图1-10）。同时，这种水平推力将显著抵消荷载所引起在拱圈（或拱肋）内的弯矩作用。因此，与同跨径的梁相比，拱的弯矩和挠度要小得多。鉴于拱桥的承重结构以受压为主，通常就可用抗压能力强的圬工材料（如砖石、混凝土）和钢筋混凝土等来建造。

拱桥的跨越能力很大，外形也较美观，在条件许可的情况下，修建圬工拱桥往往是经济合理的。但为了确保拱桥能安全使用，下部结构和地基必须能经受住很大水平推力的不利作用。

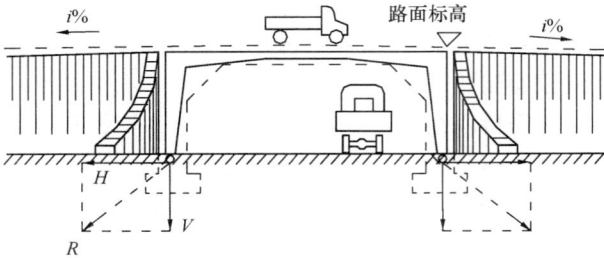

图 1-11   刚架桥

3. 刚架桥

刚架桥的主要承重结构是梁或板和立柱或竖墙整体结合在一起的刚架结构，梁和柱的连接处具有很大的刚性（图1-11）。在竖向荷载作用下，梁部主要受弯，而在柱脚处也具有水平反力，其受力状态介于梁桥与拱桥之间。因此，对于同样的跨径，在相同的荷载作用下，刚架桥的跨中正弯矩要比一般梁桥的小。根据这一特点，刚架桥跨中的建筑高度就可以做得较小。在城市中当遇到线路立体交叉或需要跨越通航江河时，采用这种桥型能尽量降低线路标高以改善纵坡并能减少路堤土方量。当桥面标高已确定时，能增加桥下净空。刚架桥的特点是施工比较困难。

4. 吊桥

传统的吊桥均用悬挂在两边塔架上的强大缆索作为主要承重结构（图1-12）。在竖向荷载作用下，通过吊杆使缆索承受很大的拉力，通常就需要在两岸桥台的后方修筑非常巨大的锚碇结构。吊桥也是具有水平反力（拉力）的结构。现代的吊桥上，广泛采

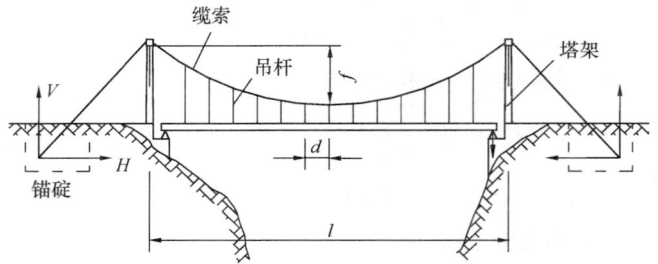

图 1-12   吊桥

用高强度钢丝编制的钢缆，以充分发挥其优异的抗拉性能，因此结构自重较轻，能以较小的建筑高度跨越其他任何桥型无与伦比的特大跨度。其经济跨径在500m以上。吊桥的另一特点是：成卷的钢缆易于运输，结构的组成构件较轻，便于无支架悬吊拼装。

现代吊桥通常由桥塔、锚碇、缆索、吊杆、加劲梁及索鞍等主要部分组成。

桥塔承受缆索通过索鞍传来的垂直荷载和水平荷载以及加劲梁支承在塔身上的反力，并将各种荷载传递到下部的塔墩和基础。桥塔同时还受到风力与地震的作用。桥塔的高度主要由垂跨比确定。已建成的大跨度吊桥中大多数桥塔采用钢结构，随着预应力技术和爬模技术的发展，造价经济的混凝土桥塔已有发展的趋势。

5. 组合体系桥

根据结构的受力特点，由几个不同受力体系的结构组合而成的桥梁称为组合体系桥。

　　T形刚架、连续刚构（图1-13）都是由梁和刚架结合的体系。它们是预应力混凝土结构采用悬臂施工法而发展起来的一种新体系。结构的上部梁在墩上向两边采用平衡悬臂施工，首先形成一个T字形的悬臂结构。相邻的两个T形悬臂在跨中可用剪力铰或跨径较小的挂梁连成一体，即称为带铰或带挂梁的T形刚构。如结构在跨中采用预应力筋和现浇混凝土区段连成整体，即为连续刚构。由于采用悬臂施工法，施工机具简便，施工快速，又因结构在悬臂施工时的受力状态与使用状态下的受力状态基本一致，所以省料、省工、省时，这使T形刚构和连续刚构结构的应用范围得到了迅猛发展。

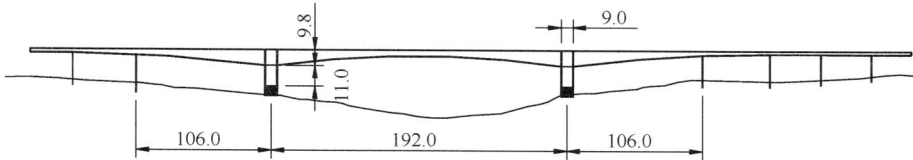

图 1-13　连续刚构（Mosel桥）

　　梁、拱组合体系（图1-14），这类体系中有系杆拱、桁架拱、多跨拱梁结构等。它们利用梁的受弯与拱的承压特点组成联合结构。在预应力混凝土结构中，因梁体内可储备巨大的压力来承受拱的水平推力，使这类结构既有拱的特点，而又非推力结构，对地基要求不高。这种结构施工比较复杂，一般用于城市跨河桥上。

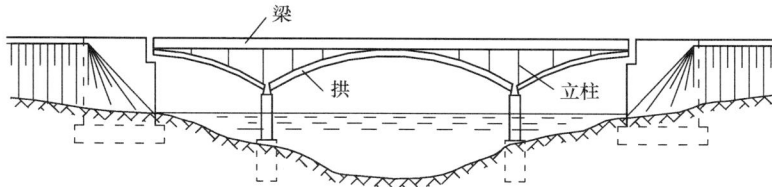

图 1-14　梁拱组合体系

　　斜拉桥（图1-15），它是由承压的塔、受拉的索与受弯的梁体组合起来的一种结构体系。主要承重的主梁，由于斜拉索将主梁吊住，使主梁变成多点弹性支承连梁工作，由此减少主梁截面，增加桥跨跨径。斜拉桥构想起源于19世纪，限于材料水平，建成不久即被淘汰。20世纪中叶，出现了高强钢丝、正交异性钢板梁，此外，计算机在结构分析中的广泛应用，斜拉桥这种形式又蓬勃发展起来。其刚度大，造价低，很快在世界上推广，且跨度越来越大，日本多多罗桥跨径达890m。从经济上看，可以做成吊桥也可做成斜拉

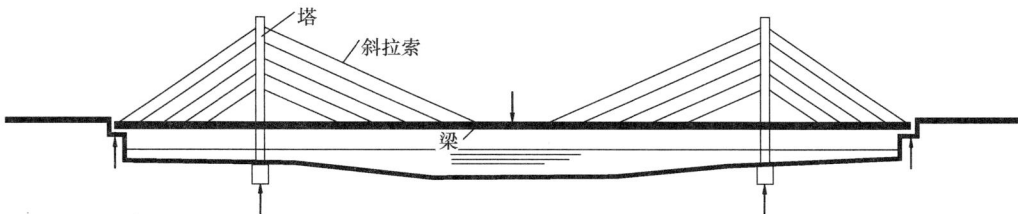

图 1-15　斜拉桥

桥时，斜拉桥总是经济的。因斜拉桥与吊桥比：首先它是一种自锚体系，不需昂贵的地锚基础；防腐技术要求比吊桥低，从而可降低索防腐费用；刚度比吊桥好，抗风能力也比吊桥好；可用悬臂施工工艺，施工不妨碍通航；钢束用量比吊桥少。

1.2.4　城　市　立　交　桥

随着国民经济建设的迅猛发展，城市人口骤增，城市道路的建设已成为城市现代化建设的重要组成部分。城市道路中常规的平交路口交通方式已不适应。为解决交通拥挤、车速降低和交通事故的增多，各大城市相继修建高架桥与快速路，交叉路口多采用立体交叉（以下简称立交），即修建匝道桥和立交桥，使车流从空间上分流，各行其道，互不干扰。国外的立交发展较早，20世纪的20年代，在美国等西方国家就已开始建设城市立交桥。我国的城市立交桥从20世纪60年代开始建设，到21世纪的初我国的立交建设已有了突飞猛进的发展。

1. 立交的组成及基本分类

完全的互通式立交一般由立交桥、引道及坡道三部分组成。立交桥是立交内一条道路跨越另一条道路的跨线桥，是主要结构；引道是道路与立交桥桥头路；坡道则是道路与立交桥下路面连接的路段。

立交的种类和形式很多，划分方法也很多。立交按交通功能划分有：分离式立交（简单立交）、互通式立交和机动车与非机动车分行立交。分离式立交：相交的两条道路不设匝道，确保直行不受干扰，只修建上跨立交桥或下穿地道桥。互通式立交按车辆互通的完善程度，又分为完全互通式和部分互通式两种。完全互通式立交能保证相交道路的车辆从任意一个方向驶往任何方向是解决路口交通的一种完善形式。完全互通式立交的形式可分为：苜蓿叶形、定向形、喇叭形、迂回形和环形等，图1-16所示为苜蓿叶形立交。部分

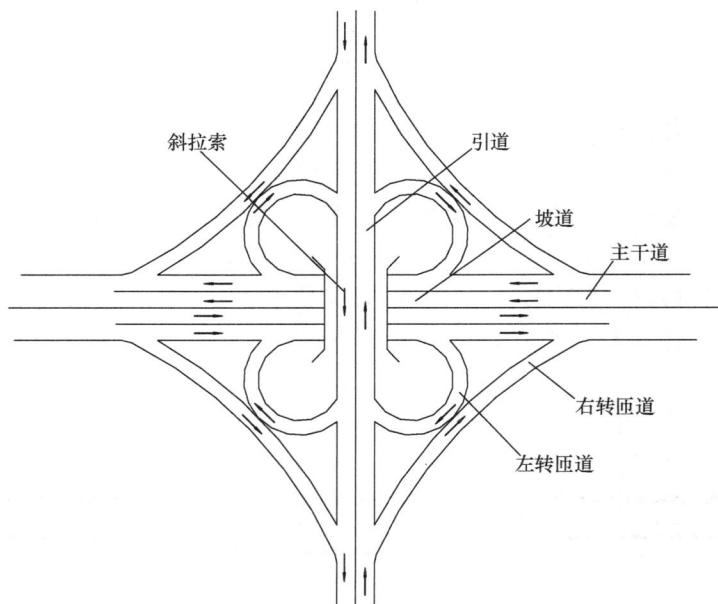

图1-16　苜蓿叶形立体交叉

互通立交是当某个方向的交通量小，为限制此方向的交通或仍将其作为平面交叉处理所选用的形式，常用菱形或部分苜蓿叶形立交。

2. 城市立交桥的类型与结构

立交桥分地道桥与跨线桥两种。地道桥从地下穿越现有线路，其桥体由顶板、底板、立墙相互灌筑成整体混凝土闭合框架，呈箱形，也称箱涵。跨线桥分为分离式（简单立交）和互通式两种。分离式系上下层车辆各自独立通行，仅设跨线桥，结构简单。互通式由于层与层间设匝道相连，桥梁在匝道段会出现异形、弯桥结构，工程复杂，投资大。

立交桥的结构组成与一般桥梁完全相同，也是包括上部结构和下部结构两大部分。城市立交桥一般跨度不大，其上部结构多采用板式桥和梁式桥，偶尔也有刚构桥与拱式桥等。

1.3 桥梁的规划与设计基本原则

1.3.1 桥梁的规划设计

桥梁是道路的重要组成部分，特别是大、中桥梁对当地的政治、经济、国防等都具有重要意义。桥涵应根据所在公路的使用任务、性质和将来的发展需要，按照适用、经济、安全和美观的原则进行设计。桥型的选择应符合因地制宜、就地选材、便于施工和养护的原则。大、中桥梁应进行必要的方案比较，选择最佳的桥型方案。公路桥涵应适当考虑农田排灌的需要。靠近村镇、城市、铁路及水利设施的桥梁，应结合各有关方面的要求适当考虑综合利用。设计人员在工作中必须广泛吸取建桥实践中创造的先进经验，推广各种经济效益好的技术成果，积极采用新结构、新技术、新设备、新工艺、新材料。

1. 桥梁设计的基本要点

与设计其他工程结构物一样，在桥梁设计中必须考虑下述各项要求。

（1）使用上的要求

桥上的行车道和人行道宽度应保证车辆和人群的安全畅通，并应满足将来交通量增长的需要。桥型、跨度大小和桥下净空应满足泄洪、安全通航或通车等要求，并便于检查和维修。

（2）经济上的要求

桥梁设计应体现经济上的合理性，在设计中必须进行详细周密的技术经济比较，使桥梁的总造价和材料等的消耗为最少。应注意的是，要全面而精确地计及所有的经济因素往往是困难的，在技术经济比较中，应充分考虑桥梁在使用期间的营运条件以及养护和维修等方面的问题。此外，能满足快速施工要求以达到缩短工期的桥梁设计，不仅能降低造价，而且提早通车在运输上将带来很大的经济效益。

（3）结构尺寸和构造上的要求

整个桥梁结构及其各部分构件，在制造、运输、安装和使用过程中应具有足够的强度、刚度、稳定性和耐久性。桥梁结构的强度应使全部构件及其连接构造的材料抗力和承载能力具有足够的安全储备。对于刚度的要求，应使桥梁在荷载作用下的变形不超过规定的容许值，过大的变形会使结构的连接松弛，而且挠度过大会导致高速行车困难，引起桥梁剧烈振动，使行人不适，严重者会危机桥梁结构的安全。结构的稳定性，是要使桥梁结构在各种外力作用下，具有能保持原来的形状和位置的能力。例如，桥跨结构和墩台的整体不致倾倒和滑移，受压构件不致引起纵向屈曲变形等。在地震区修建桥梁时，在结构上还要满足抵御地震破坏的要求。

（4）施工上的要求

桥梁结构应便于制造和架设。应尽量采用先进的工艺技术和施工机械，以利于加快施工速度，保证工程质量和施工安全。

（5）美观上的要求

一座桥梁应具有优美的外形，应与周围的景致相协调。城市桥梁和游览地区的桥梁，可较多地考虑建筑艺术上的要求。合理的结构布局和轮廓是美观的主要因素，但不应把美观片面地理解为豪华的细部装饰。

2. 设计资料调查

桥梁设计中需要进行的资料调查工作一般包括以下几方面：

（1）调查桥梁的使用任务。即调查桥上的交通种类和行车、行人的往来密度，借以确定桥梁的荷载等级和行车道、人行道宽度等。调查桥上是否需要通过的各类管线（如电力、通信线和水管、燃气管等），为此需设置专门的构造装置。

（2）测量桥位附近的地形，绘制地形图供设计和施工应用。

（3）探测桥位的地质情况，包括土壤的分层标高、物理力学性能、地下水等，并将钻探所得资料绘制成地质剖面图。对于所遇到的地质不良现象，如滑坡、断层、溶洞、裂隙等，应详加注明。为使地质资料更接近实际，可根据初步拟定的桥梁分孔方案将钻孔布置在墩台附近。

（4）调查和测量河流的水文情况，为确定桥梁的桥面标高、跨径和基础埋置深度提供依据。其内容包括：

①河道性质：了解河道是静水河还是流水河，有无潮水，河床及两岸的冲刷和淤积，以及河道的自然变迁和人工规划的情况；

②测量桥位处河床断面；

③调查了解洪水位的多年历史资料，通过分析推算设计洪水位；

④测量河床比降，调查河槽各部分的形态标高和粗糙率等，计算流速、流量等有关的资料，通过计算确定设计水位下的平均流速和流量，结合河道性质可以确定桥梁所需要的最小总跨径，选择通航孔的位置和墩台基础形式及埋置深度；

⑤向航运部门了解和协调确定设计通航水位和通航净空，根据通航要求与设计洪水位，确定桥梁的分孔跨径与桥跨底缘设计标高；

⑥调查当地建筑材料（砂、石料等）的来源，水泥钢材的供应情况以及水陆交通的运输情况；

⑦调查了解施工单位的技术水平、施工机械等装备情况，以及施工现场的动力设备和电力供应情况；

⑧调查和收集有关气象资料，包括气温、雨量及风速（或台风影响）等情况；

⑨调查新建桥位上、下游有无老桥，其桥型布置和使用情况等。

3. 设计程序

一座桥梁的规划设计所涉及的因素很多，特别是对于工程比较复杂的大、中桥梁的设计，为了从错综复杂的客观情况中，得出合理的设计，就需要进行各种不同设计方案的分析比较，从中选定最优方案，并编制成推荐上报的初步设计，这是设计的第一阶段。

初步设计中除了着重解决桥梁总体规划问题（如桥位选定、分孔、桥型、纵横断面布置等）以外，尚需初步拟定桥梁结构的主要尺寸，估算工程数量，提供主要材料的用量和全桥造价的概算指标。然后报请投资者审批。初步设计的概算应作为控制建设项目投资和以后编制施工预算的依据。

桥梁设计的第二阶段是编制施工图，它是根据批准的初步设计中所核定的修建原则，对桥梁各部分构件进行详细的设计计算，绘制施工详图，编制施工组织设计和施工预算。

目前，我国对独立公路大桥的勘测设计工作一般均采用上述两阶段的设计程序。但对于技术简单的中、小桥，也可采用一阶段设计，即以扩大的初步设计来包含两阶段设计的主要内容，对于复杂的大桥，则在初步设计与施工图设计中还有技术设计阶段。

大型桥梁的设计程序主要包括前期研究（预可行性研究报告、工程可行性研究报告）和设计（初步设计和施工设计）阶段。图 1-17 即为大型桥梁的设计程序。

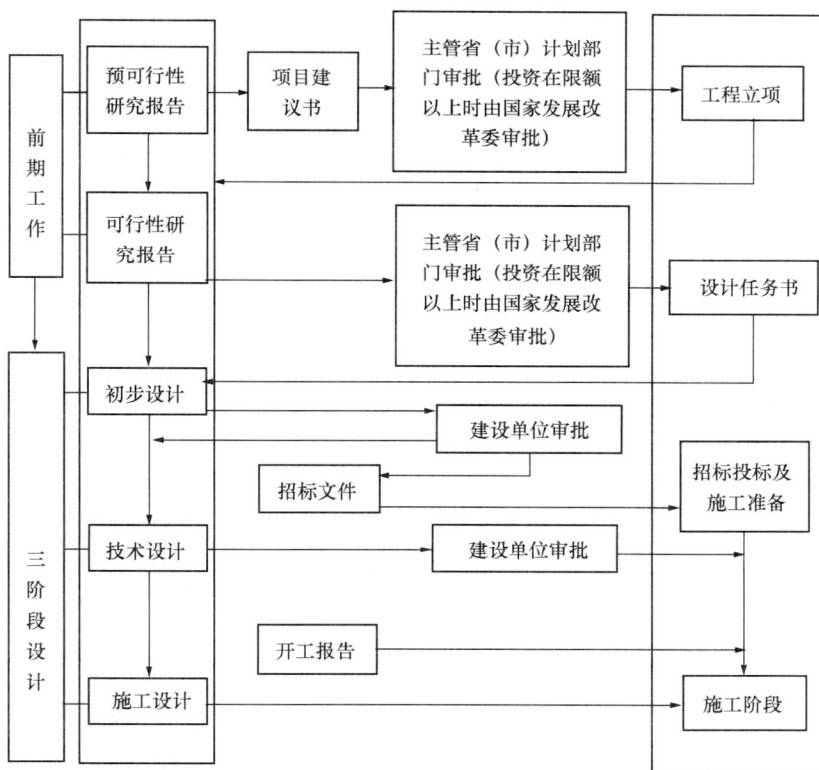

图 1-17 大型桥梁设计程序图

预可行性研究（简称预可）是在规划可行的基础上，着重研究建设上的必要性和经济上的合理性。可行性研究（简称工可）是在预可行性研究报告审批后，在必要性和合理性得到确认的基础上，着重研究工程上和投资上的可行性。其中工程必要性论证主要评估桥梁建设在国民经济中的作用（政治、经济、军事国防、文化、社会等）；工程可行性论证主要制定桥梁标准问题、自然条件及周围环境问题以及桥位问题（桥式方案问题）；经济可行性论证主要造价估算、资金来源、直接经济效益与投资回报、间接经济效益和社会效益。

1.3.2　桥梁纵、横断面设计和平面布置

1. 纵断面设计

桥梁纵断面设计包括确定桥梁的总跨径、桥梁的分孔、桥道的标高、桥上和桥头引道的纵坡以及基础的埋置深度等。

（1）桥梁总跨径的确定

对于一般跨河桥梁，总跨径可参照水文计算来确定。由于桥梁墩台和桥头路堤压缩了河床，使桥下过水断面减小，流速加大，引起河床冲刷。因此桥梁总跨径必须保证桥下有足够的排洪面积，使河床不产生过大的冲刷。但为了使总跨径不致过大而增加桥梁的总长度，同时又要允许有一定的冲刷，因此桥梁的总跨径不能机械地根据计算和规定冲刷系数来确定，而必须按具体情况分别对待。如当桥梁墩台基础埋置较浅时，桥梁的总跨径应大一些，可接近于洪水泛滥宽度，以避免河床过多的冲刷而引起桥梁破坏；对于深基础，允许较大冲刷，可适当压缩桥下排洪面积，以减小桥梁总跨径。山区河流一般河床流速本来已经很大，则应尽可能少压缩或不压缩河床，因为当桥头路堤和锥体护坡伸入河床时，就难以承受河水高流速的冲刷。平原宽滩河流虽然可允许较大的压缩，但必须注意壅水对河滩路堤以及附近农田和建筑物可能产生的危害。

（2）桥梁的分孔

对于一座较长的桥梁，应当分成几孔，各孔的跨径应当多大，这不仅影响到使用效果、施工难易等，并且在很大程度上关系到桥梁的总造价。跨径越大、孔数越少，上部结构的造价就越高，墩台的造价就会降低；反之，则上部结构的造价降低，而墩台造价将提高。这与桥墩的高度以及基础工程的难易程度有密切关系。最经济的分孔方式就是使上、下部结构的总造价趋于最低。

对于通航河流，在分孔时首先应考虑桥下通航的要求。桥梁的通航孔应布置在航行最方便的河域。对于变迁性河流，鉴于航道位置可能发生变化，就需要多设几个通航孔。

在山区的深谷上，在水深流急的江河上或在水库上建桥时，为了减少中间桥墩，应加大跨径。条件允许时，可采用特大跨径单孔跨越。在布置桥孔时，有时为了避开不利的地质段（如岩石破碎带、裂隙、溶洞等），也要将桥基位置移开或适当加大跨径。

在有些结构体系中，为了结构受力合理和用料经济，分跨布置时要考虑合理的跨径比例。

跨径的选择还与施工能力有关，有时选用较大跨径虽然在经济上是合理的，但限于当时的施工技术能力和设备条件，也不得不将跨径减小。对于大桥施工，基础工程往往对工期起控制作用，在此情况下，从缩短工期出发，就应减少基础数量而修建较大跨径的桥梁。

总之，对于大、中桥梁的分孔是一个相当复杂的问题，必须根据使用任务、桥位处的地形和环境、河床地质、水文等具体情况，通过技术经济等方面的分析比较，才能做出比

较完美的设计方案。

（3）桥道标高的确定

对于跨河桥梁，桥道的标高应保证桥下排洪和通航的需要；对于跨线桥，则应确保桥下安全行车。在平原区建桥时，桥道标高的抬高往往伴随着桥头引道路堤土方量的显著增加。在修建城市桥梁时，提高桥道标高，两端引道的延伸会影响市容，或者需要设置立体交叉或高架栈桥，这将导致造价提高。因此必须根据设计洪水位、桥下通航（或通车）净空等需要，结合桥型、跨径等一起考虑，以确定合理的桥道标高。

①在不通航河流上，为了保证桥下流水净空，桥下净空不应小于表 1-3 的规定。

非通航河流桥下净空   表 1-3

桥梁的部位		高出计算水位（m）	高出最高流冰面（m）
梁底	洪水期无大漂流物	0.50	0.75
	洪水期有大漂流物	1.50	—
	有泥石流	1.00	—
支承垫石顶面		0.25	0.50
拱脚		0.25	0.25

注：无铰拱的拱脚可被设计洪水位淹没，但不宜超过拱圈高度的 2/3，且拱顶底面至计算水位底净高不得小于 1.0m。

当在河流中有形成流水阻塞的危险或有漂浮物通过时，桥下净空应按当地具体情况确定。对于有淤积的河床，桥下净空应适当加高。

②通航及通行木筏的河流上，必须设置保证桥下安全通航的通航孔。在此情况下，桥跨结构下缘的标高，应高出自设计通航水位算起的通航净空高度。所谓通航净空，就是在桥孔中垂直于流水方向所规定的空间界限（图 1-18），任何结构构件或航运设施均不得伸入其内。

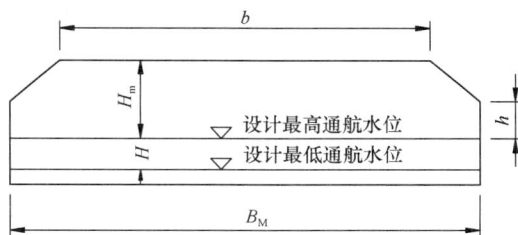

图 1-18 水上过河建筑物通航净空

我国对于通航净空的尺寸规定见表 1-4。

水上过河建筑物通航净空尺度（m）   表 1-4

航道等级	代表船舶、船队	净高	单向通航孔			双向通航孔		
			净宽	上底宽	侧高	净宽	上底宽	侧高
Ⅰ	（1）4 排 4 列	24.0	200	150	7.0	400	350	7.0
	（2）3 排 3 列	18.0	160	120	7.0	320	280	7.0
	（3）2 排 2 列		110	82	8.0	220	192	8.0
Ⅱ	（1）3 排 3 列	18.0	145	108	6.0	290	253	6.0
	（2）2 排 2 列		105	78	8.0	210	183	8.0
	（3）2 拍 1 列	10.0☆	75	56	6.0	150	131	6.0

航道等级	代表船舶、船队	净高	单向通航孔			双向通航孔		
			净宽	上底宽	侧高	净宽	上底宽	侧高
Ⅲ	(1) 3排2列	18.0	100	75	6.0	200	175	6.0
		10.0						
	(2) 2排2列	10.0	75	56	6.0	150	131	6.0
	(3) 2排1列		55	41	6.0	110	96	6.0
Ⅳ	(1) 3排2列	8.0	75	61	4.0	150	136	4.0
	(2) 2排2列		60	49	4.0	120	109	4.0
	(3) 2排1列		45	36	5.0	90	81	5.0
	(4) 货船							
Ⅴ	(1) 2排2列	8.0	55	44	4.5	110	99	4.5
	(2) 2排1列	8.0 或 5.0▲	40	32	5.5 或 3.5▲	80	72	5.5 或 3.5▲
	(3) 货船							
Ⅵ	(1) 1拖5	4.5	25	18	3.4	40	33	3.4
	(2) 货船	6.0			4.0			4.0
Ⅶ	(1) 1拖5	3.5	20	15	2.8	32	27	2.8
	(2) 货船	4.5						

注：1. 角注☆的尺度仅适用于长江；

2. 角注▲的尺度仅适用于通航拖带船队的河流。

③公路与铁路立体交叉的跨线桥桥下净空为：当公路从铁路桥下穿行时，净空以及路肩或人行道的净高与公路和公路立体交叉的规定相同；行车道部分的净高一般为5m；当铁路从公路桥下穿行时，跨线桥桥下净空应符合铁路净空界限的要求。

桥道标高确定后，就可根据两端桥头的地形和线路要求来设计桥梁的纵断面线形。小桥通常做成平坡桥。大、中桥梁为了利于桥面排水和降低引道路堤高度，往往设置从中间向两端倾斜的双向纵坡。桥上纵坡不大于4%；桥头引道纵坡不宜大于5%。对位于市镇混合交通繁忙处的桥梁，桥上纵坡和桥头引道纵坡均不得大于3%。桥上或引道处纵坡发生变更的地方均应按规定设置竖曲线。

2. 横断面设计

桥梁横断面的设计，主要是决定桥面的宽度和桥跨结构横截面的布置。桥面宽度决定于行车和行人的交通需要。我国公路桥面行车道净宽标准分：2×净－7.5、2×净－7.0、净－9、净－7和净－4.5。数字的大小是指行车道的净宽度，以"米"计算。规范提出了在高速公路、一级公路上，一般以建上、下行两座独立桥梁为宜。

桥上人行道和自行车道的设置，应根据实际需要而定。人行道的宽度为0.75m或1m，大于1m时按0.5m的倍数增加。一条自行车道的宽度为1m，当单独设置自行车道时，一般不应少于两条自行车道的宽度。不设人行道和自行车道的桥梁，可根据具体情况，设置栏杆和安全带。与路基同宽的小桥和涵洞可仅设缘石或栏杆。

城市桥梁以及位于大、中城市近郊的公路桥梁的桥面净空尺寸，应结合城市实际交通量和今后发展的要求来确定。在弯道上的桥梁应按路线要求予以加宽。

公路和城市桥梁，为了利于桥面排水，应根据不同类型的桥面铺装，设置从桥面中央倾向两侧1.5%～3.0%的横向坡度。

3. 平面布置

桥梁的线型及桥头引道要保持平顺，使车辆能平稳通过。高速公路和一级公路上的大、中桥，以及各级公路上的小桥的线形及其公路的衔接，应符合路线布设的规定。

二、三、四级公路上的大、中桥平面线形，一般为直线，如必须设成曲线时，其各项指标应符合路线布设规定。

从桥梁本身的经济性和施工方便来说，应尽可能避免桥梁与河流或与桥下路线斜交。但对于一般小桥，为了改善路线线形，或城市桥梁受原有街道的制约时，有时也修建斜交桥，斜度通常不宜大于 45°，在通航河流上则不宜大于 5°。

1.4　桥梁所受的作用

1.4.1　桥梁作用的分类

根据桥梁的功能，桥梁结构除了承受本身自重和各种附加恒载作用外，主要承受桥上各种交通荷载的作用，例如火车、各种汽车、平板挂车以及各种非机动车和人群荷载等。而且桥梁结构处在自然环境之中，还要承受各种自然因素的影响，如风力、温度变化、水流冲击以及地震作用等。

《公路桥涵设计通用规范》JTG D60—2015（以下简称《公桥通规》）中将桥梁作用分为四大类，即永久作用、可变作用、偶然作用和地震作用四类，见表 1-5。《城市桥梁设计规范》CJJ 11—2011 中的荷载分类基本同《公桥通规》。

桥梁作用分类表　　　　　　　　　　　　　　　表 1-5

编　号	作　用　分　类	作　用　名　称
1	永久作用	结构重力（包括结构附加重力）
2		预加力
3		土的重力
4		土侧压力
5		混凝土收缩及徐变作用
6		水的浮力
7		基础变位作用
8	可变作用	汽车荷载
9		汽车冲击力
10		汽车离心力
11		汽车引起的土侧压力
12		汽车制动力
13		人群荷载
14		疲劳荷载
15		风荷载
16		流水压力
17		冰压力
18		波浪力
19		温度（均匀温度和梯度温度）作用
20		支座摩阻力

续表

编 号	作 用 分 类	作 用 名 称
21	偶然作用	地震作用
22		船只或漂浮物撞击力
23		汽车撞击作用
24	地震作用	地震作用

1.4.2   规范中有关作用的规定

1. 永久作用

永久作用的代表值为其标准值。永久作用的标准值可根据统计、计算，并结合工程经验综合分析确定。它是在结构使用期间，其作用位置和大小、方向不随时间变化，或其变化与平均值相比可以忽略不计的作用。永久作用主要包括五个部分：结构自重、桥面铺装及附属设备的重力；结构的预加力；土的重力及土的侧压力；水的浮力；混凝土收缩及徐变作用。结构物的自重和桥面铺装的重力，可按实际体积乘以材料的重度计算。

对于公路桥梁，结构物的自重往往占全部设计荷载的很大部分，例如当跨径20～150m时，结构自重占30%～60%，跨径越大所占比例越高。对于特大跨度的圬工桥、钢筋混凝土桥或预应力混凝土桥，活载的影响往往降至次要地位。在此情况下，宜采用轻质、高强材料来减轻桥梁的自重。

2. 可变作用

可变作用是指在结构使用期间，其作用位置和大小、方向随时间变化，且其变化与平均值相比不可忽略的作用。按其对桥涵结构的影响程度，又分为基本可变作用（又称活载）和其他可变作用。可变作用的代表值包括标准值、组合值、频遇值和准永久值。组合值、频遇值和准永久值可通过可变作用的标准值分别乘以组合系数值 Ψ_c、频域系数值 Ψ_f 和准永久值系数 Ψ_q 来确定。

以下简要介绍桥梁设计中常用的可变作用。有关可变作用的详细计算方法，可查阅《公桥通规》和《城市桥梁设计规范》CJJ 11—2011中相应的条文。

（1）公路汽车荷载

《公桥通规》中汽车荷载由车道荷载和车辆荷载组成。公路桥梁汽车荷载分为公路-Ⅰ级和公路-Ⅱ级两个等级。高速公路、一级公路和二级公路上的桥梁，汽车荷载等级应采用公路-Ⅰ级汽车荷载；而三级公路和四级公路上的桥梁，汽车荷载等级采用公路-Ⅱ级汽车荷载。如果二级公路作为集散公路且交通量小、重型车辆少时，其桥涵设计可采用公路-Ⅱ级汽车荷载。

车道荷载由均布荷载和集中荷载组成。桥梁结构的整体计算采用车道荷载；桥梁结构的局部加载、涵洞、桥台和挡土墙土压力等的计算采用车辆荷载。车道荷载与车辆荷载的作用不得叠加。

车道荷载的计算图式如图1-19所示。

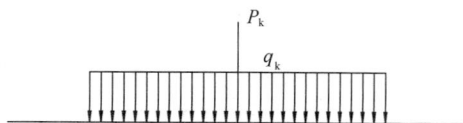

图 1-19   公路桥梁车道荷载

公路-Ⅰ级车道荷载的均布荷载标准值为 $q_k=10.5kN/m$；集中荷载标准值 P_k 按以下规定采用：桥梁计算跨径 $L_0 \leqslant 5m$ 时，$P_k=270kN$；桥梁计算跨径 $L_0 \geqslant 50m$ 时，$P_k=360kN$；桥梁计算跨径 $5 < L_0 < 50$ 时，P_k 值为 $2(L_0+130)$ kN。计算剪力效应时，上述均布荷载和集中荷载的标准值应乘以 1.2 的系数。（注：计算跨径 L_0，设支座的为相邻两支座中心间的水平距离；不设支座的为上、下部结构相交面中心间的水平距离。）

公路-Ⅱ级车道荷载的均布荷载标准值 q_k 和集中荷载标准值 P_k 为公路-Ⅰ级车道荷载的0.75 倍。

桥梁设计时，应根据设计车道数布置车道荷载。每条设计车道上均应布置车道荷载。车道荷载的均布荷载标准值应满布于使结构产生最不利效应的同号影响线上，集中荷载标准值只作用于相应影响线中一个影响线峰值处。

车道荷载的横向分布系数应按设计车道数如图 1-20 布置车辆荷载进行计算。

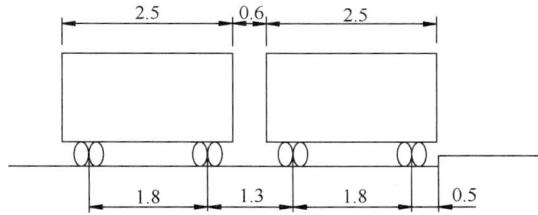

图 1-20　公路桥梁车辆荷载横向
布置图（单位：m）

公路桥梁设计车道数应符合表 1-6 的规定。多车道桥梁上汽车荷载应考虑多车道折减。当桥梁设计车道数等于或大于 2 时，由汽车荷载产生的效应应按表 1-7 规定的多车道折减系数进行折减，但折减后的效应不得小于两车道的荷载效应。

公路桥梁设计车道数　　　　　　　　　　　　　　　　　表 1-6

桥面行车道宽度 W（m）		桥涵设计车道数（条）
单向行驶桥梁	双向行驶桥梁	
$W < 7.0$		1
$7.0 \leqslant W < 10.5$	$6.0 \leqslant W < 14.0$	2
$10.5 \leqslant W < 14.0$		3
$14.0 \leqslant W < 17.5$	$14.0 \leqslant W < 21.0$	4
$17.5 \leqslant W < 21.0$		5
$21.0 \leqslant W < 24.5$	$21.0 \leqslant W < 28.0$	6
$24.5 \leqslant W < 28.0$		7
$28.0 \leqslant W < 31.5$	$28.0 \leqslant W < 35.0$	8

横向折减系数　　　　　　　　　　　　　　　　　　　表 1-7

横向布置设计车道数	1	2	3	4	5	6	7	8
横向折减系数	1.20	1.00	0.78	0.67	0.60	0.55	0.52	0.50

大跨径桥梁上的汽车荷载应考虑纵向折减。当桥梁计算跨径 $L_0 \geqslant 150m$ 时，应按表1-8规定的纵向折减系数进行折减。当为多跨连续结构时，整个结构均应按最大的计算跨径考虑汽车荷载效应的纵向折减。

纵向折减系数 表 1-8

计算跨径 L_0（m）	纵向折减系数
$150<L_0<400$	0.97
$400 \leqslant L_0<600$	0.96
$600 \leqslant L_0<800$	0.95
$800 \leqslant L_0<1000$	0.94
$L_0 \geqslant 1000$	0.93

公路桥梁车辆荷载的立面、平面尺寸如图1-21所示，其主要技术指标规定见表1-9。公路-Ⅰ级和公路-Ⅱ级汽车荷载采用相同的车辆荷载标准值。车辆荷载在每条设计车道上布置一辆单车。

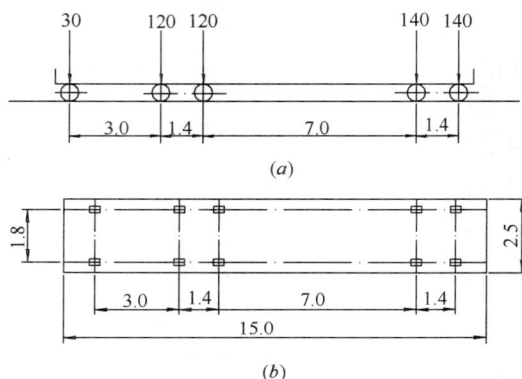

图 1-21 公路桥梁车辆荷载布置图（荷载单位：kN；尺寸单位：m）

(a) 立面；(b) 平面

公路桥梁车辆荷载主要技术指标 表 1-9

项目	单位	技术指标	项目	单位	技术指标
车辆重力标准值	kN	550	轮距	m	1.8
前轴重力标准值	kN	30	前轮着地宽度及长度	m	0.3×0.2
中轴重力标准值	kN	2×120	中、后轮着地宽度及长度	m	0.6×0.2
后轴重力标准值	kN	2×140	车辆外形尺寸（长×宽）	m	15×2.5
轴距	m	3+1.4+7+1.4			

以上介绍的是现行《公路桥涵设计通用规范》JTG D60—2015中规定的汽车荷载。在此之前的《公路桥涵设计通用规范》JTJ 021—89中规定的汽车荷载为车辆荷载。车辆荷载又分为计算荷载与验算荷载，即汽车-超20级、汽车-20级；汽车-10级；挂车-120，挂车-100，履带50。具体规定见该规范，本书不详细介绍，但在本书介绍的国内桥例中，绝大部分是采用《公路桥涵设计通用规范》JTJ 021—89的汽车荷载设计的。

（2）城市道路车辆荷载

《城市桥梁设计规范》CJJ 11—2011将城市汽车荷载等级划分为：城-A级汽车荷载和城-B级汽车荷载。汽车荷载又可分为车辆荷载和车道荷载。桥梁的横隔梁、行车道板、

桥台或挡土墙后土压力的计算应采用车辆荷载。桥梁的主梁、主拱和主桁架等的计算应采用车道荷载。当进行桥梁结构计算时不得将车辆荷载和车道荷载的作用叠加。

城-A级车辆荷载的标准载重汽车应采用五轴式货车加载，总重700kN（图1-22）城-B级车辆荷载的立面、平面布置及标准值应采用现行行业标准《公路桥涵设计通用规范》JTG D60车辆荷载的规定值。

车轴编号	1	2	3	4	5
轴重（kN）	60	140	140	200	160
轮重（kN）	30	70	70	100	80

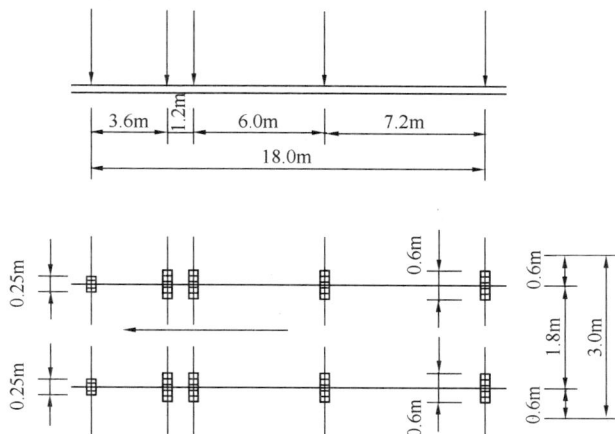

总重（700kN）

图 1-22　城-A级标准车辆纵、平面布置

城-A级车道荷载和城-B级车道荷载应按均布荷载加一个集中荷载计算。车道荷载（图1-23）的计算规定如下：

1）城-A级车道荷载的均布荷载标准值（q_k）应为10.5kN/m。集中荷载标准值（p_k）的选取：

当桥梁计算跨径小于或等于5m时，$P_k = 180kN$；当桥梁计算跨径等于或大于50m时，$P_k = 360kN$；当桥梁计算跨径在5～50m之间时，P_k值

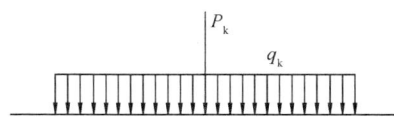

图 1-23　车道荷载

应采用直线内插求得。当计算剪力效应时，集中荷载标准值（P_k）应乘以1.2的系数。

2）城-B级车道荷载的均布荷载标准值（q_k）和集中荷载标准值（P_k）应按城-A级车道荷载的75%采用。

车道荷载的横向布置每车道为3m宽均布，或采用等效荷载车轮集中力形式布置，其横向轮距同公路桥梁汽车的横向布置。

城市桥梁的设计车道数目与行车道总宽度的关系以及车道数的横向折减等还应按《城市桥梁设计规范》CJJ 11—2011的有关规定执行。

（3）车辆荷载的影响力

车辆荷载的影响力包括汽车荷载的冲击力、离心力、车辆荷载引起的土侧压力和汽车制动力。

1）公路桥涵汽车荷载的冲击力

车辆以较高速度驶过桥梁时，由于桥面的不平整、车轮不圆以及发动机抖动等原因，会使桥梁结构引起振动，这种动力效应通常称为冲击作用。在此情况下，汽车荷载（动荷载）对桥梁结构所引起的应力和变形，要比同样大小的静荷载所引起的大。鉴于目前对冲击作用还不能从理论上做出符合实际的精确计算，一般就引用一个荷载增大系数，即冲击系数 $(1+\mu)$ 来计及荷载的冲击作用。冲击作用是根据在现成桥梁上所做的振动试验结果分析整理出来的，在设计中可按不同结构种类选用相应的冲击系数。

《公桥通规》规定钢桥、钢筋混凝土及预应力混凝土、圬工拱桥等上部构造和钢支座、板式橡胶支座、盆式橡胶支座及钢筋混凝土柱式墩台，应计算汽车冲击力。填料厚度（包括路面厚度）大于或等于 0.5m 的拱桥、涵洞以及重力式墩台不计冲击力。支座的冲击力按相应的桥梁取用。

汽车荷载的冲击力标准值为荷载标准值乘以冲击系数 μ。公路桥梁汽车荷载的冲击系数 μ，根据桥梁结构的基频 f 选用，见表1-10。

冲 击 系 数   表 1-10

结 构 基 频	冲 击 系 数 μ
$f<1.5\text{Hz}$	0.05
$1.5\text{Hz}\leqslant f<14\text{Hz}$	$0.1767\ln f-0.0157$
$f>14\text{Hz}$	0.45

注：f 为结构基频。

2）城市桥梁汽车荷载的冲击力应按现行行业标准《公路桥涵设计通用规范》JTG D60的规定计算。

3）汽车荷载的制动力

制动力是汽车在桥上刹车时为克服其惯性力而在车轮与路面之间产生的滑动摩擦力（摩擦系数可达 0.5 以上）。

《公桥通规》规定：一个设计车道上，汽车荷载产生的制动力为加载长度上汽车荷载总重的 10%，公路-Ⅰ级汽车荷载的制动力标准值不得小于 165kN；公路-Ⅱ级汽车荷载的制动力标准值不得小于 90kN。同向行驶双车道的汽车荷载制动力标准为一个设计车道制动力标准的 2.0 倍；同向行驶三车道为一个设计车道的 2.34 倍；同向行驶四车道为一个设计车道的 2.68 倍。制动力的方向为汽车行车方向，其着力点在桥面以上 1.2m。

城市桥梁汽车荷载制动力应按现行行业标准《公路桥涵设计通用规范》JTG D60 的规定计算。

同样应该指出，研究表明车辆制动除对主结构产生较大的水平力外，还会引起桥梁的振动，对铺装层推挤磨损甚至破坏。虽然设计中考虑了车辆荷载的制动力，但桥梁养护部门仍应注意维持桥面良好的行车条件，尽量避免车辆的紧急刹车，特别是高速行驶车辆的急刹车，更应防止桥上交通事故的发生。

4）汽车荷载的离心力

位于曲线上的桥梁，当曲率半径等于或小于 250m 时，须考虑车辆离心力的作用。离心力为车辆荷载（不计冲击力）乘以离心力系数 C。计算公式如下：

$$C = \frac{V^2}{127R} \tag{1-1}$$

式中　V——计算车速（km/h）；

　　　R——弯道半径（m）。

在计算四车道的离心力时，应按规定折减汽车荷载。离心力的着力点在桥面以上 1.2m（为计算简便也可移至桥面上，不计由此引起的力矩）。

5）车辆荷载引起的土侧压力

车辆荷载在桥台或挡土墙后填土的破坏棱体上引起的土侧压力，可按下式换算成等代均布土层厚度（h）（单位：m）计算：

$$h = \frac{\sum G}{B l_0 \gamma} \tag{1-2}$$

式中　γ——土的重度（kN/m³）；

　　　B——桥台的计算宽度或挡土墙的计算长度（m）；

　　　l_0——桥台或挡土墙后填土的破坏棱体长度（m）；

　　　$\sum G$——布置在 $B \times l_0$ 面积内的车辆车轮重力（kN）。

有关桥台的计算宽度或挡土墙的计算长度可按《公桥通规》的相应规定来确定。

（4）铁路列车荷载

铁路列车荷载应采用中华人民共和国铁道标准活载（简称"中-活载"），见图 1-24。中-活载象征性地模拟列车载重的情况。普通活载左面的 5 个集中荷载相当于一台机车的重量，其右侧一段 30m 长的均布荷载则大致与两台煤水车及另一台机车相当；最右侧的均布载重则表示列车的（货车）车辆载重，其长不限。对于跨度很短的桥，往往由 3 个轴重所组成的特种荷载控制设计。

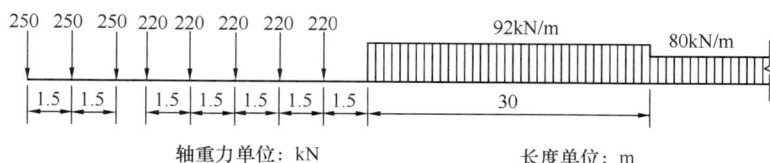

图 1-24　中-活载图式

对专用线（非铁路干线）上的铁路桥梁，如矿区铁路桥梁，其活载标准应当根据实际情况确定，并在桥梁设计任务书中予以明确。

我国的铁道标准活载是 1975 年制订的，随着当前列车的发展，蒸汽机车已不再使用，内燃和电力机车已得到广泛应用，同时货车的重载轴重时常高于机车的轴重。因此，我国铁路列车活载标准的修订也已开始。修订的新标准将与国际铁路联盟（UIC）制订的活载标准相一致，图 1-25 为国际铁路联盟制定的活载标准。

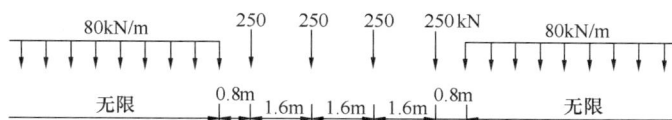

图 1-25　UIC 图式

（5）人群荷载

设有人行道的桥梁，在以汽车荷载计算内力时，应同时考虑人行道上人群荷载所产生的内力。一般公路桥梁的人群荷载规定为 $3kN/m^2$；城市郊区行人密集地区一般为 $3.5kN/m^2$，但亦可根据实际情况或参照所在地城市桥梁设计的规定予以确定。城市桥梁的人群荷载比公路桥梁的人群荷载还要大，而且计算也相对复杂，详见《城市桥梁设计规范》CJJ 11—2011。

3. 偶然作用

偶然作用船只、漂流物和汽车的撞击作用。这种作用在设计使用期内不一定出现，但一旦出现，其持续时间较短但数值可能很大。

位于通航河流或有漂流物的河流中的桥梁墩台，在设计中应考虑船只或漂流物的撞击力。取用撞击力的数值一般可根据实测资料或与有关部门研究确定。当无资料作为依据时，可参照《公桥通规》中的规定计算。《城市桥梁设计规范》CJJ 11—2011 中偶然荷载的计算同《公桥通规》。

4. 地震作用

地震动峰值加速度等于 $0.10g$、$0.15g$、$0.20g$、$0.30g$ 地区的公路桥梁，应进行抗震设计。地震动峰值加速度大于或等于 $0.40g$ 地区的公路桥梁，应进行专门的抗震研究和设计。地震动峰值加速度小于或等于 $0.05g$ 地区的公路桥梁，除有特殊要求者外，可采用简易设防。做到地震小区划的地区，应按主管部门审批后的地震动参数进行抗震设计。

公路桥梁的地震作用的计算和结构设计，应符合现行《公路工程抗震规范》JTG B02—2013 和《公路桥梁抗震设计细则》JTG/T B02-01—2008 的规定。

1.4.3　作用效应组合

1. 公路桥梁作用效应组合的原则

以上简述了各种可能出现的荷载和外力，显然这些荷载并非同时作用于桥梁上。根据各种荷载重要性的不同和同时出现的可能性，《公桥通规》规定，公路桥涵结构设计应考虑结构上可能同时出现的作用，按照承载能力极限状态和正常使用极限状态进行作用效应组合，取其最不利效应组合进行设计。

（1）只有在结构上可能同时出现的作用，才进行其效应的组合。当结构或结构构件需做不同受力方向验算时，则应以不同方向的最不利的作用效应进行组合。

（2）当可变作用的出现对结构或结构构件产生有利影响时，该作用不应参与组合。实际不可能同时出现的作用或同时参与组合概率很小的作用，可不考虑其作用效应的组合，详见《公桥通规》表 4.1.5。

（3）施工阶段作用效应的组合，应按照计算需要及结构所处条件而定，结构上的施工人员和施工机具设备均应作为临时荷载加以考虑。组合式桥梁，当把底梁作为施工支撑时，作用效应宜分两个阶段组合，底梁受荷为第一阶段，组合梁受荷为第二阶段。

（4）多个偶然荷载不同时参与组合。

2. 公路桥梁承载能力极限状态设计的作用组合

承载能力极限状态是指桥涵结构或构件达到最大承载能力或出现不适于继续承载的变形或变位的状态。公路桥梁按承载能力极限状态设计时，应采用基本组合和偶然组合两种作用效应组合。

（1）基本组合，它是永久作用的设计值与可变作用的设计值效应组合。

（2）偶然组合，它是永久作用标准值效应与可变作用某种代表值效应、一种偶然作用标准值效应相组合。偶然作用的效应分项系数取 1.0；与偶然作用同时出现的可变作用，可根据观测资料和工程经验取用适当的代表值。

3. 公路桥梁正常使用极限状态设计

正常使用极限状态是指桥涵结构或构件达到正常使用或耐久性的某项限值的状态。公路桥梁按正常使用极限状态设计时，应根据不同的设计要求，采用作用短期效应组合和作用长期效应组合。

（1）作用短期效应组合，它是永久作用标准值效应与可变作用频遇值效应相组合。

（2）作用长期效应组合，它是永久作用标准值效应与可变作用准永久值效应相组合。

公路桥涵结构设计计算中的作用效应组合的规定详见《公桥通规》，"结构设计原理"课程中也有过详细介绍。

4. 城市桥梁荷载效应组合

《城市桥梁设计规范》CJJ 11—2011 中荷载组合按承载能力极限状态设计，根据可能出现的荷载，选择下列组合：

组合Ⅰ：一种或几种基本可变荷载与一种或几种永久荷载相组合；

组合Ⅱ：一种或几种基本可变荷载和一种或几种永久荷载叠加后，与其他可变荷载相组合；

组合Ⅲ：一种或几种基本可变荷载和一种或几种永久荷载叠加后，与偶然荷载中的船只或漂流物撞击力相组合；

组合Ⅳ：桥梁在进行施工阶段验算时，根据可能出现的结构重力、脚手架、材料机具、人群、风力以及拱桥的单向推力等施工荷载进行组合；

组合Ⅴ：结构重力、预应力、土的重力及土侧压力中的一种或几种与地震作用相结合。

具体组合，详见《城市桥梁设计规范》CJJ 11—2011。

1.5　桥面布置与构造

桥面构造包括行车道铺装、排水防水系统、人行道（或安全带）、缘石、栏杆、护栏、照明灯具和伸缩缝等。图 1-26 为桥面的一般构造。

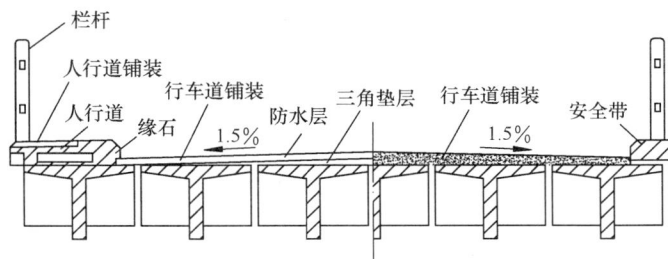

图 1-26　桥面的一般构造

桥面构造直接与车辆、行人接触，它对桥梁的主要结构既能传力又能起保护作用，因此，其构造合理性、施工质量和养护质量，直接影响到桥梁的使用功能。桥面的布置应在桥梁的总体设计中考虑，它根据道路的等级、桥梁的宽度、行车要求等条件确定。

1.5.1 桥 面 铺 装

桥面铺装是桥面中最上层的部分，又称桥面保护层，是车轮直接作用的部分，它的主要功能是保护桥梁主体结构，承受车轮的直接磨损，防止主梁遭受雨水的侵蚀，并能对车辆集中荷载起一定的分布作用。因此，桥面铺装应有一定的强度，防止开裂，并耐磨损。

桥面铺装主要类型有：

普通水泥混凝土：在非严寒地区的小跨径桥上，可直接采用 5～8cm 的普通水泥混凝土铺装层。一般要求其强度等级与桥面板相同或略高一层，并有较好的密实度，混凝土的表面要求平整且粗糙，以减小车辆冲击，防滑和减弱光线的反射。混凝土铺装的造价低，耐磨性能好，适合于重载交通，但其养护期较长，修补也困难。若桥面板受力将部分混凝土铺装考虑在内，则应确保桥面铺装与桥面板的结合。

防水混凝土：对位于非冰冻地区的桥梁需做适当的防水时，可在桥面板上铺筑 8～10cm 厚的防水混凝土作为铺装层（图 1-27）。防水混凝土的强度等级一般不低于桥面板混凝土的强度等级，其上一般可不另设面层，但为延长桥面的使用年限，宜在上面铺装 2cm 厚的沥青表面处治作为可修补的磨耗层。

沥青混凝土：桥上的沥青混凝土铺装可以做成单层式的（5～8cm）或双层式的（底层 4～5cm，面层 3～4cm）。沥青混凝土铺装的重量较轻，维修养护也较方便，在铺筑后只需几小时就能通车运营，但其造价较高，日久易出现车辙。

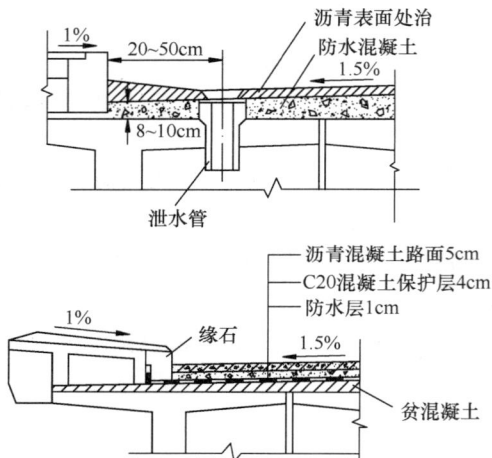

图 1-27 桥面铺装构造

具有贴式防水层的桥面铺装：在防水程度要求高，或在桥面板位于结构受拉区而可能出现裂纹的桥梁上，往往采用柔性的贴式防水层。贴式防水层设在低强度等级混凝土排水三角垫层上面。为了保护贴式防水层不致因铺筑和翻修路面而受到损坏，在防水层上需用厚约 4cm、强度等级不低于 C20 的细骨料混凝土作为保护层。等它达到足够强度后再铺筑沥青混凝土或水泥混凝土路面铺装。这种防水层的造价高，施工也麻烦费时。

对于装配式梁式桥，当桥面铺装采用混凝土以及贴式防水层时，为了加强接缝处的强度以免混凝土沿纵向裂开，就需要在接缝处的混凝土铺装层内或保护层内设置一层小直径（$\phi 3 \sim \phi 6$）的钢筋网，网格尺寸为 15cm×15cm～20cm×20cm。如果铺装层在接缝处参与受力，则钢筋的具体配置应由计算确定。

1.5.2 桥面排水系统

桥面积水不利于行车的安全，也会给行人带来不便。桥面积水还会给结构带来损害。钢筋混凝土结构不宜经受时而湿润时而干晒的交替作用。湿润后的水分如果接着因严寒而结冰，则更有害，因为掺入混凝土细微发纹和大孔隙内的水分，在结冰时会导致混凝土发生破坏。而且，水分侵袭钢筋也会使它锈蚀。因此，为防止雨水滞积于桥面并渗入梁体而影响桥梁的耐久性，除在桥面铺装内设置防水层外，应使桥上的雨水被迅速引导而排出桥外。

为了迅速排除雨水，根据交通量要求，桥面上一般应设置纵横坡，以防止或减少雨水对铺装层的渗透，从而保护行车道板，延长桥梁使用寿命。

桥面上设置纵坡，首先有利于排水，同时，在平原区，还可以在满足桥下通航净空要求的前提下，降低墩台标高，减少桥头引道土方量，从而节省工程费用。桥面的纵坡，一般都做成双向纵坡，在桥中心设置竖曲线，纵坡对于一些考虑为平坡的桥，也尽可能设置3%～5%，以利排水。

对于沥青混凝土或水泥混凝土铺装，横坡一般采用1.5%～2.0%。行车道路面普遍采用抛物线形横坡，人行道则用直线形。横坡可直接设在墩台顶部，从而使桥梁上部构造成双向倾斜，此时，铺装层在整个桥宽上做成等厚的。横坡也可直接设在行车道板上。先铺设一层厚度变化的混凝土三角形垫层，形成双向倾斜，再铺设等厚的混凝土铺装层，横坡还可通过支座垫石高度变化来形成或通过行车道板做成倾斜面。

除纵横坡外，一般桥梁要有排水设施将雨水迅速排出桥外。排水设施的设置应根据桥的面积、构造和当地的降雨情况确定。

通常当桥面纵坡大于2%而桥长小于50m时，雨水可流至桥头从引道排除，桥上就不必设专门的泄水孔道。为防止雨水冲刷引道路基，应在桥头引道的两侧设置流水槽。

当纵坡大于2%，但桥长大于50m时，宜在桥上每隔12～15m设置一个泄水管。如桥面纵坡小于2%则宜每隔6～8m设置一个泄水管。泄水管的过水面积通常使每平方米桥面上不少于2～3cm^2，泄水管可以沿行车道两侧左右对称排列，也可交错排列，其离缘石的距离为20～50cm。对于跨线桥和城市桥梁最好像建筑物那样设置完善的落水管道，将雨水排至地面阴沟或下水道内。泄水管也可布置在人行道下面（图1-28），为此需要在人行道块件（或缘石部分）上留出横向进入孔，并在泄水孔的三个周边设置相应的聚水槽，起聚水、导流和拦截作用。为防止大块垃圾进入堵塞泄水道，在进水的入口处设置金属拦门。

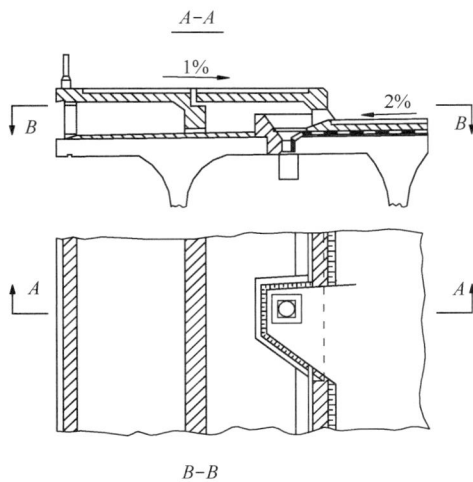

图1-28 人行道下泄水管

混凝土梁式桥上的常用泄水管道有以下几种：

金属泄水管：适用于具有防水层的铺装结构，常见的有铸铁管（图1-29）。泄水管的内径一般为 10～15cm，管子下端应伸出行车道板底面以下至少 15～20cm，以防渗湿主梁梁肋表面。安装泄水管时，与防水层的接合处要做得特别仔细，防水层的边缘要紧夹在管子顶缘与泄水漏斗之间，以便防水层的渗水能通过漏斗上的过水孔流入管内。这种铸铁泄水管，使用效果好，但结构复杂。根据具体情况，可以简化改进，例如采用钢管和钢板的焊接构造等。

钢筋混凝土泄水管：它适用于不设防水层而采用防水混凝土的铺装构造上（图 1-30）。在制作时，可将金属栅板直接作为钢筋混凝土管的端模板，并在栅板上焊上短钢筋锚固于混凝土中。这种预制的泄水管构造比较简单，可节省钢材。

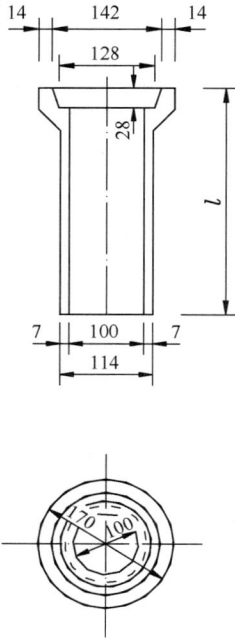

图 1-29   金属排水管（单位：mm）　　图 1-30   钢筋混凝土泄水管（单位：mm）

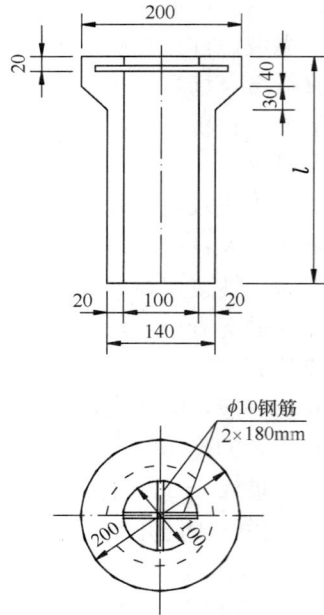

横向排水孔道（图 1-31）：对于一些跨径不大，不设人行道的小桥，有时为了简化构造和节省材料，可以直接在行车道两侧的安全带或缘石上预留横向孔道并用铁管或竹管等将水排出桥外。管口要伸出构件 2～3cm 以便滴水。这种做法虽简便，但因孔道坡度平缓，易淤塞。

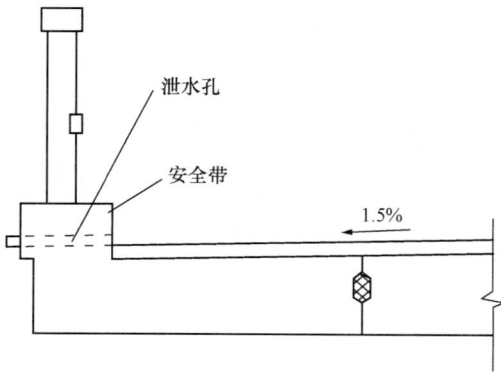

封闭式排水系统：对于城市桥梁、立交桥及高速公路上的桥梁，应该避免泄水管挂在板下，这样既影响桥的外观，又有碍公共卫生。完整的排水系统应将排水管道直接引向地面。

图 1-31   横向排水孔道

小跨径桥，纵向排水管中的水在箱梁

和主梁腹板内侧通往桥台，并用管道引向地面。在活动支座处，竖向管道的连接应使桥梁的纵向活动不受影响。在长桥中，纵向排水管可通向一个设在台帽的大漏斗中排水。

排水管道原则上不允许现浇在混凝土内，因为在冬天水管堵塞可能冻裂混凝土，而应采用在混凝土中预留孔道或埋入直径较大的套管，然后再设置排水沟管道。一旦有损可以及时更换。当管道通过行车道悬臂板而截面高度较小时，管道可做成扁平形状。

1.5.3　伸缩缝与伸缩装置

为了保证桥跨结构在气温变化、活载作用、混凝土收缩与徐变等影响下按静力图式自由地变形，就需要使桥面在两梁端之间以及在梁端与桥台背墙之间设置横向伸缩缝。现代桥梁为使车辆平稳通过桥面并符合桥梁上部结构变形的需要，就需要在伸缩缝处设置各种装置，这些装置称为伸缩装置。

伸缩装置的构造应满足下列要求：

（1）在平行、垂直于桥梁轴线的两个方向，均能自由伸缩；

（2）牢固可靠；

（3）车辆驶过时应能平顺，无突跳与噪声；

（4）能防止雨水和垃圾泥土渗入阻塞；

（5）安装、检查、养护、清除污物都要简单方便。

在设置伸缩缝处，栏杆与桥面铺装都要断开，以免被拉断。伸缩装置必须与桥面牢固连接，如结构埋置太浅，在车辆不断冲击下会使伸缩装置附近的桥面铺装崩碎破坏。伸缩装置是桥梁的薄弱位置，因为很微小的不平整就会使它承受很大的冲击作用，因此常常是养护和维修的重点。在选择伸缩装置的类型时，要考虑桥梁的伸缩量和车辆荷载、交通量和车速，伸缩量大小由计算确定，并考虑留有一定的附加量。根据《公路桥梁伸缩装置通用技术条件》JT/T 327—2016，伸缩装置可分为模数式伸缩装置、梳齿板式伸缩装置、无缝式伸缩装置三大类。

（1）模数式伸缩装置

模数式伸缩装置可分为单缝和多缝两种。前者过去也称为异形钢条形橡胶伸缩装置，后者也称为组合伸缩装置。

单缝模数式伸缩装置由热轧整体一次成型的异型钢、密封橡胶条和锚固系统三部分组成，如图 1-32 所示。

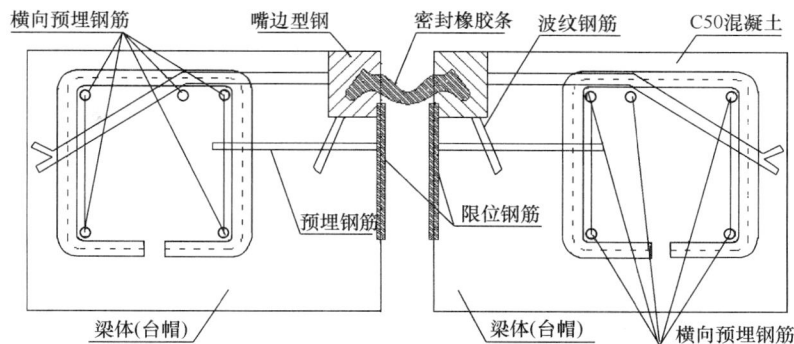

图 1-32　单缝模数式伸缩装置示意图

根据异形钢的形状可分为 C 形、F 形和 E 形等形式。由于其埋入深度较浅，所以特别适合于旧桥伸缩缝的改造，对于伸缩量不大（80mm 以内）的新桥也非常适用。

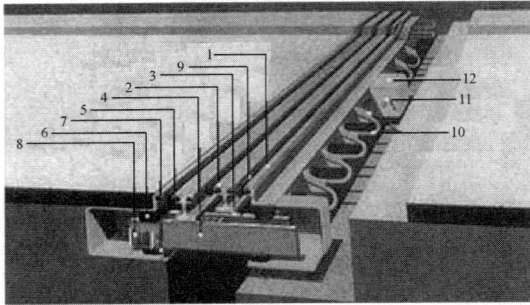

图 1-33　钢与橡胶组合的模数式伸缩缝

1—边缝；2—中间梁；3—中梁连接块；4—支撑横梁；5—滑板；6—压紧支承；7—滑动支承；8—控制弹簧；9—密封带；10—车行道锚筋；11—带头锚筋；12—位移控制箱

多缝模数式伸缩装置是一种伸缩量大、结构较为复杂但功能比较完善的一种伸缩装置，是高速公路等大交通量桥梁上常用的一种伸缩装置，见图 1-33。它可以看成是将多个单缝式组合起来，以适应较大的伸缩量的伸缩装置。它的主要部分是由异形钢与各种截面形式的橡胶条组成的犹如手风琴式的伸缩体，加上支承横梁、位移控制系统以及弹簧支承系统。每个伸缩体的伸缩量为 60～100mm。伸缩量更大时，可以用两个以上的伸缩体，中间用若干个中梁隔开。中梁支承在下设横梁（顺桥向）上，其作用是承受大部分车轮

压力。为了保证伸缩时中梁始终处于正确位置，作同步位移，将中梁底部连接在连杆式或弹簧式的位移控制系统上。当伸缩体做成 60、80、100mm 倍数的三种型号时，视中梁根数不同，可以组合成宽度为 60、80、100mm 倍数的各种伸缩缝。因此，称此种伸缩缝为异形钢与异形橡胶组合的缝宽可以按模数变化的伸缩装置。

（2）梳齿式伸缩装置

梳齿式伸缩装置由分别连接在相邻两个梁端的梳齿形钢板交错咬合而成，利用梳齿的张合来满足桥体的伸缩要求。它可以适应较大的伸缩量，是一种传统的伸缩装置。它的优点是构造简单，伸缩自如，伸缩量大，最大可达 1000mm 以上，缺点是其本身不防水，需要靠钢板下方的防水装置来防水，梁端转角会在齿端形成折角，路面不平，高速行车时可能引起跳车。常见的病害主要有混凝土开裂和局部剥落、梳齿板松动、局部梳齿缺失、底部混凝土损坏等。梳齿式伸缩装置根据梳齿板的受力特点又可分为悬臂式和简支式（跨越式）。

悬臂式中，两块梳齿板均为固定板。当伸缩缝较宽时，应采用较厚的悬臂板且要有牢固的锚固构造；否则，悬臂的钢板在车辆冲击荷载作用下，焊缝与锚固的根部容易损坏。

简支梳齿式伸缩装置，两块梳齿板中一块为固定板，另一块为活动板。固定板较窄，没有跨空，整个支撑于一端的梁体上。活动板较宽，跨过伸缩缝，由两侧的梁体支撑，简支受力，如图 1-34 所示。它的受力性能比悬臂式好。324 国道福州乌龙江大桥上原采用悬臂梳齿式伸缩装置，屡修屡坏，后维修时改为简支式（如图 1-34 所示），使用效果良好。

（3）无缝式伸缩装置

无缝式伸缩装置，也称暗缝或闭口伸缩缝，是指结构不连续、桥面铺装连续的伸缩缝。它是 20 世纪 70 年代由英国发展起来的一种以弹性伸缩体来填充桥面铺装层处伸缩缝的做法。

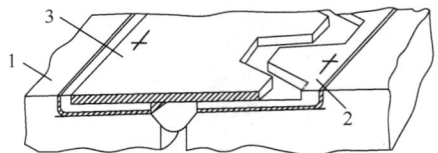

图 1-34　简支梳齿式伸缩装置

1—桥面板；2—固定齿板；3—活动齿板

它的主要优点有：构造简单，不需设专门的机械式伸缩装置，施工方便、快速，铺装冷却后，即可开通交通。对于小跨径的旧桥的伸缩缝维修，可最大限度地减少对交通的中断和干扰。主要缺点有：材料耐久性低；强度与基材不同，会发生沉降或与基材脱开；与路面会有色差等。

这种伸缩装置的"关键技术"和"关键材料"是弹性伸缩体，这部分材料除了要求能吸纳桥梁结构的伸缩量外，还要承受车轮的直接荷载，因而要求这部分材料有较大的硬度、较高的弹性模量、较小的应力、较大的承载力和抗老化能力等，对材料的要求很高。目前，弹性伸缩体以改性沥青（SBS）为主，将它与碎石混合形成 TST 碎石桥梁弹性接缝，因此有时也称其为 TST 伸缩缝。

复习思考题与习题

1-1　桥梁结构类型是如何发展的？以某一类型桥梁为例，介绍其发展脉络。

1-2　桥梁由哪些部分组成，各部分的功能是什么？熟悉桥梁的主要名词术语。

1-3　桥梁按上部结构受力体系可以分为哪几类？

1-4　桥梁按上部结构的主要材料可以分为哪几类？材料与结构类型之间有什么关系？

1-5　桥梁技术的发展与材料的发展有什么关系？

1-6　桥梁设计的基本原则是什么？

1-7　大型桥梁设计的主要阶段和各阶段的主要内容是什么？

1-8　为什么要进行桥梁设计资料调查？主要的调查内容是什么？

1-9　桥梁布置要考虑哪些因素？

1-10　桥梁受到的作用主要有哪些？

1-11　什么是基本可变作用和其他可变作用？

1-12　《公桥通规》将汽车荷载分为哪几类？

1-13　车道荷载如何布置？车辆荷载又如何布置？

1-14　车辆荷载有哪些影响力？

1-15　桥梁作用组合的原则是什么？哪些作用不进行组合？为什么？

1-16　桥面铺装的主要类型与适用条件是什么？

1-17　桥面为什么要进行排水和防水？排水和防水的主要措施是什么？

1-18　桥面伸缩缝的主要功能与要求是什么？

1-19　伸缩缝的主要类型与适用条件是什么？工程中有哪几种常见的伸缩缝？

第 2 章　简支板、梁桥上部结构

本章主要讲述简支板、梁桥上部结构的构造特点和设计计算方法。介绍简支板、梁桥上部结构的设计与构造、桥面板的设计与计算，重点介绍装配式简支梁桥主梁内力的计算方法、荷载横向分布计算的原理和各种常用的横向分布的计算方法。另外简单介绍简支钢板梁和钢桁梁的构造特点和一般的设计计算方法。

2.1　简支板、梁桥上部结构的设计与构造

简支板、梁桥属于静定结构，它受力明确，构造简单，施工方便，是中小跨度桥梁中应用最广泛的桥型。简支梁桥的结构尺寸易于设计成系列化和标准化，这就有利于在工厂内或工地上广泛采用工业化制造或施工，组织大规模预制生产，并利用起重设备进行装配。采用装配式的施工方法，可以大量节约模板支架木材，降低劳动强度，缩短工期，加快建桥速度。目前，国内外中小跨径的桥梁，大部分采用装配式的钢筋混凝土或预应力混凝土简支梁桥。在我国目前大力提倡的绿色建筑新框架下，特别强调装配式施工的工程应用。

2.1.1　截面形式与分块方式

2.1.1.1　截面形式

从梁的截面形式来区分，混凝土简支梁桥可以分为三种类型：板桥、肋板梁式桥和箱形梁桥。

（1）板桥

板桥的承重结构就是矩形截面的钢筋混凝土或预应力混凝土板，其主要特点是构造简单，施工方便，而建筑高度较小。从力学性能上分析，位于受拉区域的混凝土材料不但不能发挥作用，反而增大了结构的自重，当跨度稍大时就显得笨重而不经济。因此，简支板桥的跨径较小，一般在 10m 左右。

图 2-1（a）表示整体式板桥的横截面，这种板在车辆荷载作用下除了沿跨径方向引起弯曲受力外，在横向也发生挠曲变形，因此它是一块双向受力的弹性薄板，其受力钢筋需沿两个方向布置。有时为了减轻自重，也可做成留有圆洞的空心板桥或将受拉区稍加挖空的矮肋式板桥（图 2-1b）。图 2-1（c）所示为在小跨径（一般不超过 8m）梁桥中最广泛使用的装配式板桥。它由几块预制的实心板条（利用板间企口缝填入混凝土）拼装而成。从结构受力性能上分析，在荷载作用下，它不是双向受力的整体宽板，而是一系列单向受力的窄板式梁，板与板之间凭借铰缝传递竖向剪力而共同受力。对于每块窄板而言，它主要沿跨径方向承受弯曲与扭转。装配式板桥也可做成横截面被显著挖空的空心板桥（图 2-1d），以达到减轻自重和加大跨径的目的，装配式空心板桥适用于中小跨径的公路桥梁。图 2-1（e）是一种装配—整体组合式板桥，它利用一些小型预制构件安装就位后作

为底模，在其上再浇筑混凝土结合成整体，在缺乏起重设备的情况下，这种板桥能取得较好的效果。

图 2-2 为铁路板式简支梁桥的横截面图。这种形式一般在跨度 6m 以下使用。由于板底支承面很宽，每片都不至在侧向发生倾覆，因而两片板之间不需要任何横向连接。

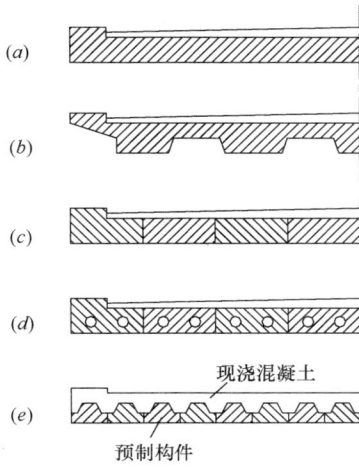

图 2-1　公路板桥横截面

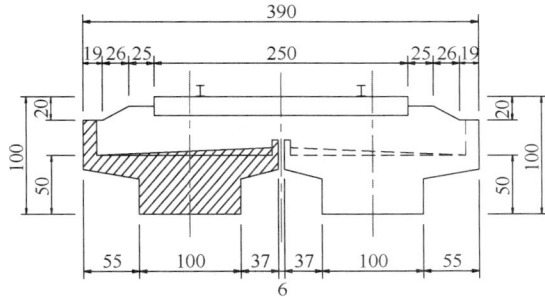

图 2-2　铁路板桥横截面（单位：cm）

（2）肋板式梁桥

在横截面内形成明显肋形结构的梁桥称为肋板式梁桥，或简称肋梁桥。这类桥以梁肋（或称腹板）与顶部的钢筋混凝土桥面板结合在一起作为承重结构（图 2-3）。由于肋与肋之间处于受拉区域的混凝土得到很大程度的挖空，显著减轻了结构自重。特别对于仅承受正弯矩作用的简支梁来说，既充分利用了扩展的混凝土桥面板的抗压能力，又有效地发挥了集中布置在梁肋下部的受拉钢筋的作用，从而使结构构造与受力性能达到较理想的配合。与板桥相比，对于梁肋较高的肋梁桥来说，由于混凝土抗压和钢筋受拉所形成的力偶臂较大，因而肋梁桥也具有更大的抵抗荷载弯矩的能力。目前，中等跨径（13～15m）的梁桥，通常采用肋板式梁桥。

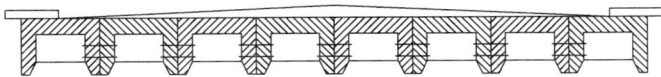

图 2-3　公路 Ⅱ 形梁桥横截面

肋板式梁桥的横截面又分为 Ⅱ 形和 T 形两种基本类型。

1）Ⅱ 形截面

图 2-3 所示为公路 Ⅱ 形梁桥横截面。块件之间用穿过腹板的螺栓连接，以使施工简化。Ⅱ 形构件的特点是：截面形状稳定，横向抗弯刚度大，块件堆放、装卸和安装都很方便。但这种构件的制造较复杂；梁肋被分成两片薄的腹板，通常用钢筋网来配筋，难以做成刚度大的钢筋骨架。设计经验证明，跨度较大时 Ⅱ 形梁桥的混凝土和钢筋用量都比 T 形梁桥的大，而且构件也较重。故 Ⅱ 形梁桥一般只用于 $l=6～12m$ 的小跨径桥梁。

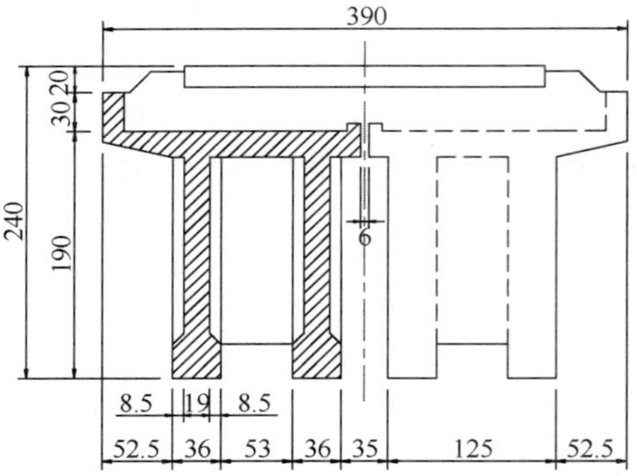

图 2-4   铁路Ⅱ形梁横截面

图 2-4 为铁路Ⅱ形梁跨中（左）及梁端截面（右）。两肋间设有横隔板（在公路桥中常称为横隔梁）。由于在列车活载作用下每片梁可各自保证不发生侧向倾覆，因此安装就位后两片梁间不必再加连接。这是其主要优点。但这种梁所费钢筋和混凝土均较多，制造也较麻烦（模板复杂，拆内模时工作条件很差），而且每片梁要用 4 个支座。安装时稍不留意，就很可能造成个别支座悬空。在列车通过时，悬空的支座对桥墩（台）顶部发生锤击作用而使桥墩（台）顶部受损，并且会使整个梁部产生斜弯曲或扭转，从而可能导致梁肋、横隔板与道砟槽板的损坏。此外，这种梁的梁肋数目较多，梁底宽度也较大，因而增加了桥跨结构本身以及墩台和基础的圬工数量。基于上述原因，目前已较少采用这种截面。

2）T 形截面

图 2-5（a）为整体式 T 形梁的横截面形状。在设计整体式梁桥时，鉴于梁肋尺寸不受起重安装机具的限制，故可以根据钢筋混凝土体积最小的经济原则来确定截面尺寸。对于桥面净空为净-7 的公路桥梁，只要建筑高度不受限制，以建成双主梁桥最为合理，主梁的间距可按桥梁全宽的 0.55～0.60 布置。有时为减小桥面板的跨径，还可在两主梁之间增设内纵梁（图 2-5b）。

考虑到起重设备的能力和预制安装的方便，装配式肋梁桥一般采用主梁间距在 20m以内的多梁式结构。图 2-5（c）是目前我国最常用的装配式肋梁桥（也称装配式 T 形梁桥）的横截面。在每一预制 T 形梁上通常沿梁纵向设置若干横隔板（等安装就位后再相互连接）。

图 2-6 为我国铁路钢筋混凝土 T 形梁横截面。梁高 190cm，道砟槽底板（桥面板）即为梁的上翼缘，跨中部分梁肋宽（也称梗宽或腹板厚）仅 30cm，以使混凝土得到有效利用。梁的端部由于受到较大的剪力，肋宽增加到 49cm。梁肋下缘，则因布置受拉钢筋的构造需要而增宽到 70cm。这种梁也是分为两片预制，每片梁为单肋。由于单片梁易于侧

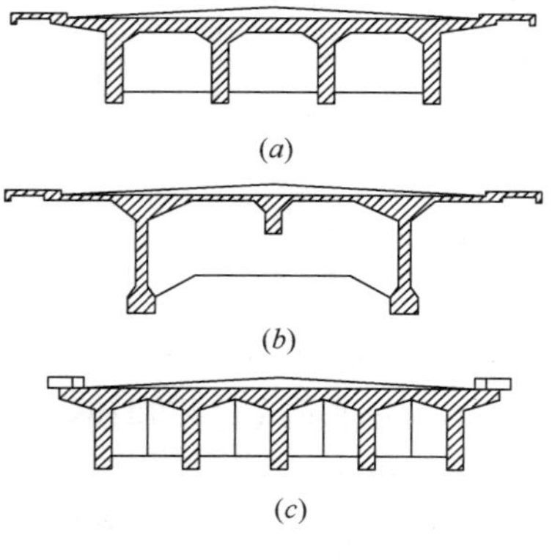

图 2-5   公路 T 形梁横截面

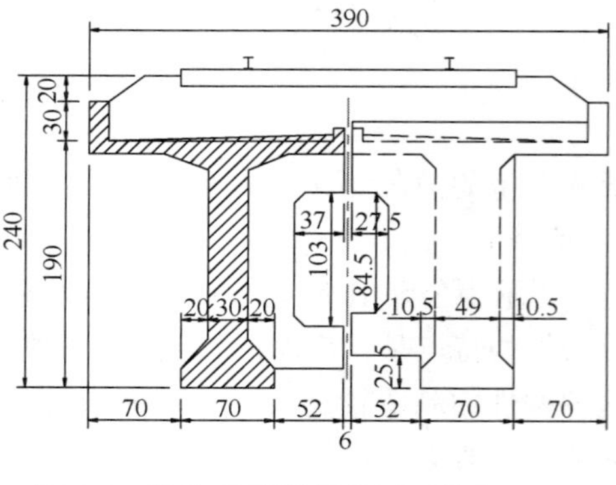

图 2-6   铁路 T 形梁横截面（单位：cm）

向倾覆，运送时须在两侧加临时支撑。在工地安装就位后，两片梁要用横隔板连接成整体。横隔板的两半分别和每一个梁片预制在一起。因此，在工地只要将横隔板在接头处连接起来即可。T 形梁模板较简单，施工也较方便。

3）箱形梁桥

横截面呈一个或几个封闭箱形的梁桥称为箱形梁桥。这种结构除了梁肋和上部翼缘板外，在底部尚有扩展的底板，因此它提供了能承受正、负弯矩的足够的混凝土受压区；箱形梁桥的另一重要特点是，在一定的截面面积下能获得较大的抗弯惯性矩，而且抗扭刚度也特别大，在偏心活载作用下各梁肋的受力比较均匀。因此，箱形截面能适用于较大跨径的悬臂梁桥和连续梁桥，也可用来修建全截面均参与受力的预应力混凝土简支梁桥。显然，对于普通钢筋混凝土的简支梁桥来说，底板除徒然增加自重外并无其他益处，故不宜采用。图 2-7（a）、（b）所示为单室和多室的整体式箱形梁桥的横截面。图 2-7（c）表示装配式的多室箱形截面，其腹板和底板的一部分构成 L 形和倒 T 形的预制构件，在底板上留出纵向的现浇接头，顶板采用微弯板形式以节省钢材。图 2-8 为跨度 40m 的铁路箱形梁桥的横截面。

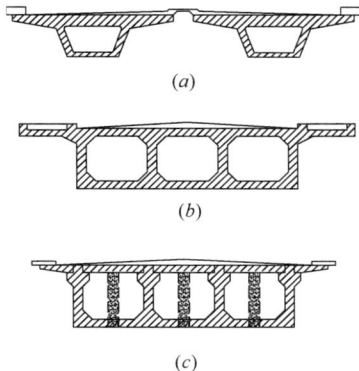

图 2-7 公路箱形梁截面　　　　图 2-8 铁路箱形梁横截面（单位：mm）

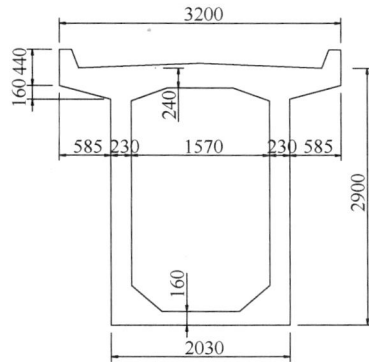

图 2-9 给出了美国中小跨度公路桥梁的常用截面形式。图 2-9（a）的承重结构为钢板梁，上铺现浇或预制混凝土桥面板；图 2-9（b）为钢箱或预制混凝土箱与现浇混凝土桥面板；图 2-9（c）为开口钢箱或预制混凝土箱与现浇混凝土桥面板；图 2-9（d）为整体现浇混凝土多箱室结构；图 2-9（e）为整体现浇混凝土 T 形梁；图 2-9（f）为空心或多室混凝土箱带桥面铺装；图 2-9（g）为预制的多室混凝土箱，可配横向后张预应力；图 2-9（h）为预制混凝土槽形截面带桥面铺装；图 2-9（i）为预制混凝土双 T 形截面（即 Ⅱ 形），可配横向后张预应力；图 2-9（j）为预制混凝土 T 形截面，可配横向后张预应力。

2.1.1.2 分块方式

装配式梁桥按何种方式划分成预制拼装单元，是直接影响到结构受力、构件的预制、运输和安装以及拼装接头的施工等许多因素的问题，而且这些因素往往又彼此影响、相互矛盾。例如，要加大安装构件的尺寸以减少接头数量并增强结构的整体性，就会要求很大的运输、起重能力；而为了减小构件的重量，就会增加构件和接头的数目，或增加现浇混凝土的工序等。同时，块件的划分方式也与所选用的横截面形式紧密相关。

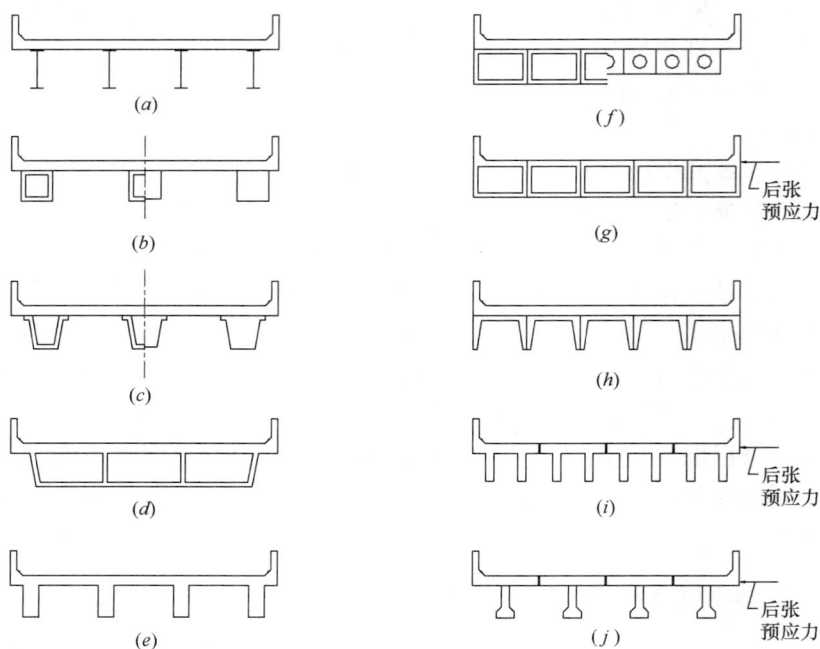

图 2-9   美国中小跨度公路桥梁的常用截面

在装配式梁桥设计中，块件的划分遵循以下一般原则：

①块件的重量应当符合当地现有的运输工具和起吊设备的承载能力，而块件的尺寸及运输则应满足建筑限界的要求；

②结构的构造应当简单，并且尽可能少用接头，接头必须耐久可靠，具有足够的刚度以保证结构的整体性；

③为了便于制造以及日后的更换，块件形状和尺寸应力求标准化。

钢筋混凝土和预应力混凝土梁桥常用的分块方式有纵向竖缝划分、纵向水平缝划分和纵横向竖缝划分三种方式。

（1）纵向竖缝划分

这种划分方式在简支梁桥中应用最为普遍。在这种结构中，作为主要承重构件的各根主梁，包括相应行车道板，都是整体预制的，接头和接缝仅布置在次要构件——横隔梁（板）和行车道板（或道砟槽板）内（如图 2-5c、图 2-6、图 2-7a 和图 2-9）。结构部分全部为预制拼装，不需要现浇混凝土。故这种划分方法使主梁受力可靠，施工也方便。

纵向划分的缺点是构件的尺寸和重量往往都很大，以致会增加运输与安装上的困难。

（2）纵向水平缝划分

为了进一步减轻拼装构件的起吊重量和尺寸，便于集中预制和运输吊装，还可以用纵向水平缝将桥梁的全部梁肋与板分割开来，再借助纵横向的竖缝将板划分成平面呈矩形的预制构件。施工时先架设梁肋，再安装预制板（有时采用微弯板以节省钢筋），最后在接缝内或连同在板上现浇一部分混凝土使结构连成整体，这样的装配式梁桥通常称为组合式梁桥。其横截面形式如图 2-10 所示。

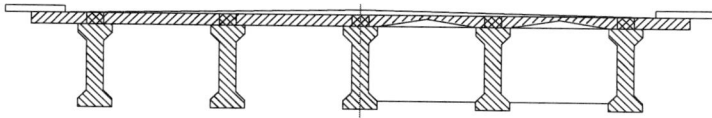

图 2-10　组合式梁桥横截面

　　组合式梁桥由于在主要承重结构的梁肋与翼板之间存在有混凝土施工接缝，故大大削弱了梁板之间抵抗弯曲剪应力的能力。因此，为了使组合式梁可靠地整体受力，必须保证结合面的抗剪强度。通常以适当加大肋顶宽度和借助自肋内伸出的钢筋来达到。施工时，结合面应按规定做接缝处理。

　　（3）纵横向竖缝划分

　　为使装配式梁的预制块件进一步减小尺寸和减轻重量，可将用纵向竖缝划分的主梁再通过横向竖缝划分成较小的梁段，如图 2-11 所示。显然，对于这样的预制梁段，由于没有普通钢筋穿过接缝，就必须对安装就位后的梁段用预应力钢筋串连，通过施加预压力来保证所有接缝具有足够的连接强度，使梁整体受力。这种横向分段预制的装配式梁也称串连梁。

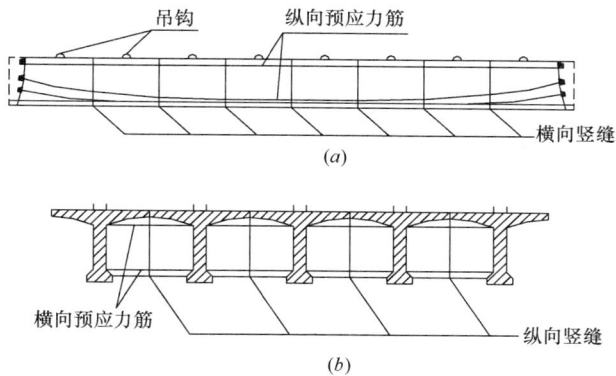

图 2-11　横向分段装配式梁

　　串连梁的主要优点是块件尺寸小、重量轻，可以成批预制后运至桥位处。图 2-12 为各种横向分段的块件类型，在预制时均应按预应力钢筋设计位置留出孔道，图 2-12（b）的工字形块件还示出了为横向预应力钢筋留置的孔道。施工时，将梁段在工地组拼台上或在桥位脚手架上正确就位，并在梁段接触面上涂上薄层环氧树脂（厚度通常在 1mm 以

图 2-12　横向分段块件

下），待逐段拼装完成后穿入预应力钢筋进行张拉，使梁连成整体。图2-12（c）表示箱形截面的梁段，其分段方式常用于大跨度预应力混凝土连续梁桥中。

2.1.2   结   构   布   置

2.1.2.1   板桥

（1）整体式板桥

如前所述，整体式板桥的横截面一般都设计成等厚度的矩形截面，有时为了减轻自重也可将受拉区稍加挖空做成矮肋式板桥。对于修建在城市内的宽桥，为了防止因温度变化和混凝土收缩而引起的纵向裂缝，以及由于活载在板的上缘产生过大的横向负弯矩，也可以使板沿桥中线断开，将一桥设计为并列的两桥。为了减小墩台的宽度，也有将人行道做成悬臂形式从板的两侧挑出。

（2）装配式板桥

装配式板桥的横截面形式主要有实心板和空心板两种。实心板的截面构造如图2-13所示。为了使装配式板块组成整体，共同承受车辆荷载，在板块之间必须具有横向连接的构造，常用的连接方法有企口混凝土铰接和钢板焊接连接，如图2-14和图2-15所示。钢筋混凝土空心板常见的使用范围为6～13m，预应力混凝土空心板桥为8～16m。图2-16为常用的空心板截面形式。

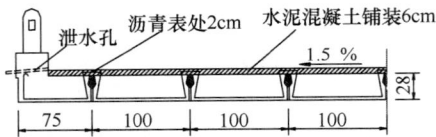

图2-13   装配式实心板桥构造（单位：cm）

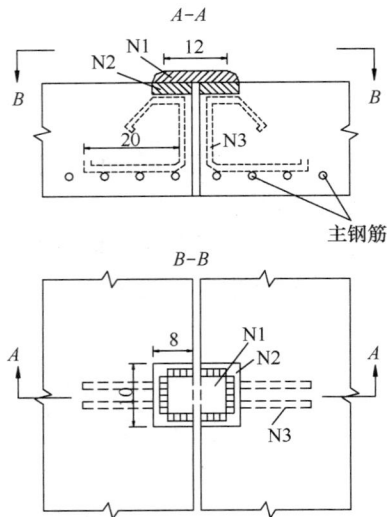

图2-14   企口式混凝土铰

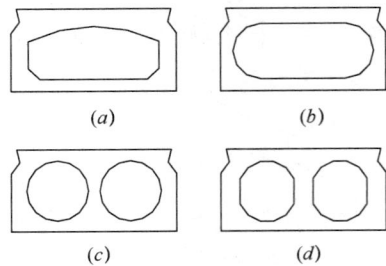

图2-15   钢板连接构造

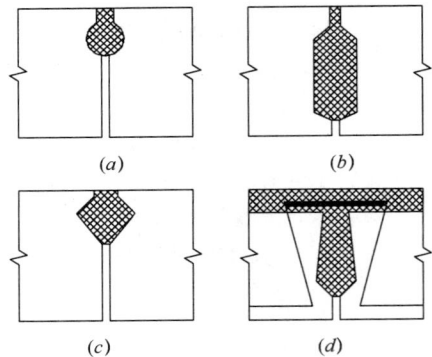

图2-16   空心板截面形式

2.1.2.2 肋板式梁桥

（1）铁路桥

图 2-17 为计算跨度 16m 的铁路钢筋混凝土桥梁一般构造图，主梁全长 16.5m。主梁在纵向分成两片，每片梁为单肋 T 形截面。主梁高度 190cm，约为跨度的 1/8.42。两片梁中心距为 180cm，跨中部分腹板厚 30cm，靠近梁端部分增厚为 49cm，以适应腹板中斜拉力的变化。下翼缘宽 70cm，是由主筋之间要有一定的净距和钢筋要有一定的混凝土保护层厚度所决定的。

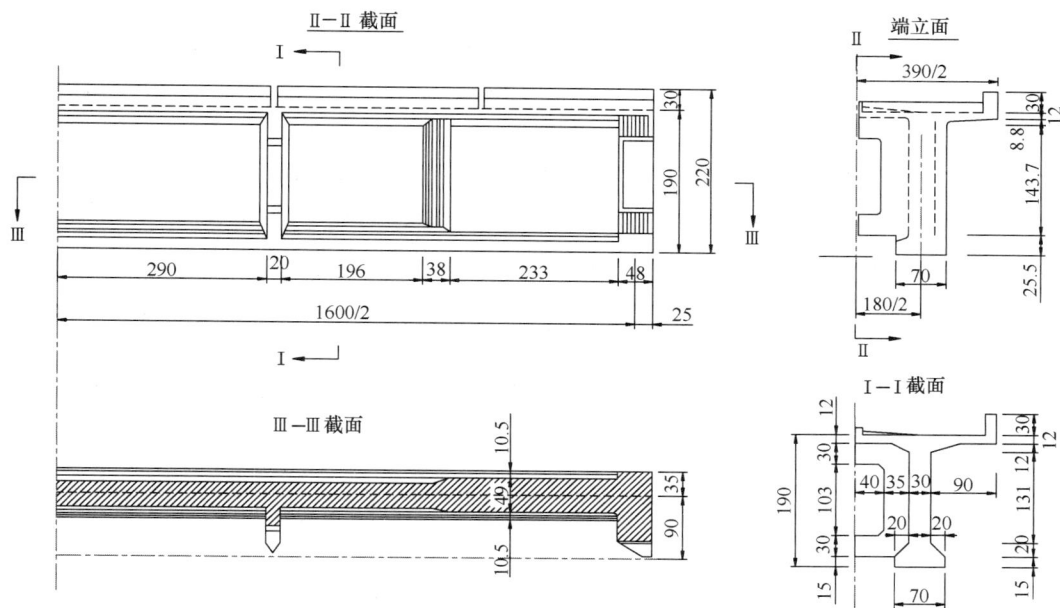

图 2-17　铁路钢筋混凝土梁一般构造图（$l=16m$）（单位：cm）

在梁端以及距梁端 525cm 处，设有横隔板（和梁一道浇筑）。两片梁架好后，应先将横隔板连接好后才能通车。中间横隔板厚 16cm，端部横隔板加固得十分强大，厚达 46cm。这样做是为了在维修或更换支座时，可在端横隔板下设置千斤顶而将整孔梁顶起。所以，端横隔板又叫"顶梁"。横隔板中部留有矩形孔。中间横隔板的孔洞尺寸为 80cm×103cm；端横隔板则为 61cm×76.5cm。

横隔板的作用不仅在于使两片梁连接后能保持横向稳定，更重要的是使两片梁在列车荷载作用下能共同分担荷载和防止梁扭转。钢轨并不是正好位于梁肋之上，而是在梁肋内侧。这样，如果两片梁没有连成整体，那么在列车通过时，梁便要受扭；若连成整体，则在直线线路上，由于线路中线与已连成整体的桥梁中心线重合（或基本重合），故梁就不会受扭（或稍稍受扭）。由此便可说明设置横隔板的理由。对于在曲线上的桥梁，由于存在水平向的离心力并且列车荷载也不是均匀分配在两片梁上，因此就更有设置横隔板的必要。

（2）公路桥

对公路钢筋混凝土 T 形梁桥，我国已制订了标准跨径分别为 10m、13m、16m 和 20m 的标准设计。图 2-18 所示就是典型的公路装配式 T 形梁一般构造图。它由若干片 T 形截面的主梁并列在一起装配连接而成。T 形梁的顶部翼板构成桥面板（即行车道板），与主梁梁肋垂直相连的横隔梁的下部以及 T 形梁翼板的边缘，均设焊接钢板连接构造将各主梁连成整体，这样就能使作用在行车道板上的局部荷载分布给各片主梁共同承受。

　　1) 主梁的布置

　　当桥面宽度（含行车道宽度和人行道宽度）已知后，选定主梁的间距就是主要的问题，它与材料用量以及构件吊装重量有关。一般来说，若建筑高度不受限制，则适当加大主梁间距（减少主梁片数），钢筋混凝土的用量会少些；但此时桥面板的跨径增大，悬臂翼缘板端部的荷载挠度较大，可能引起桥面接缝处产生纵向裂缝；同时，构件重量和尺寸的增大也使运输和架设工作趋于复杂。

　　主梁间距一般可选择在 1.0～2.2m 之间，我国公路部门曾经选用 10m 和 20m 两种跨径，按净—7＋2×1.00m 的桥面净空，对翼板宽度为 1.6m 的五梁式以及翼板宽度为 2.0m 的四梁式多主梁桥进行了分析比较。结果表明，在梁高相同的情况下，两者在材料用量方面相差不大；但鉴于五梁式的翼板刚度较大和目前的施工设备条件，并考虑到标准设计尺寸模数化的要求，最后统一采用了主梁间距为 1.60m 的五梁式设计。

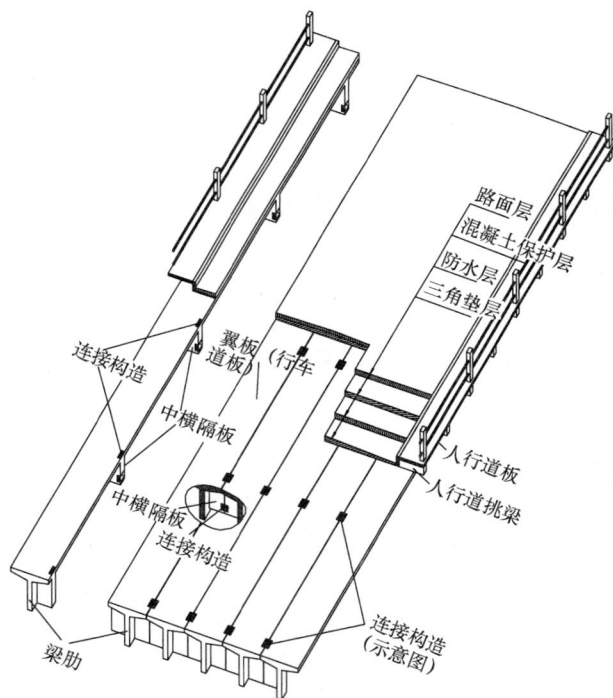

图 2-18　公路装配式 T 形梁桥一般构造图

　　2) 横隔梁（板）布置

　　横隔梁在装配式 T 形梁桥中起着保证各根主梁相互连接成整体的作用。它的刚度愈大，桥梁的整体性愈好，在荷载作用下各主梁就能更好地共同工作。然而，设置横隔梁使主梁模板工作稍趋复杂，完成横隔梁的焊接接头又往往需要在桥下搭设支架，施工比较麻烦。

图 2-19 所示为常用的主梁中横隔梁的连接构造。在横隔梁靠近下部边缘的两侧和顶部的翼缘板内，均预埋有焊接钢板；将焊接钢板预先与横隔梁内的受力钢筋焊接，以固定其位置。当 T 形梁安装就位后，在预埋钢板上再加焊盖接钢板，将各 T 形梁连成整体。为了简化接头的现场施工，也可不采用焊接方式而改用螺栓接头，为此预埋钢板和盖接钢板上需预制螺栓孔。这种接头具有拼装迅速的优点，但也存在螺栓容易松动的不足。

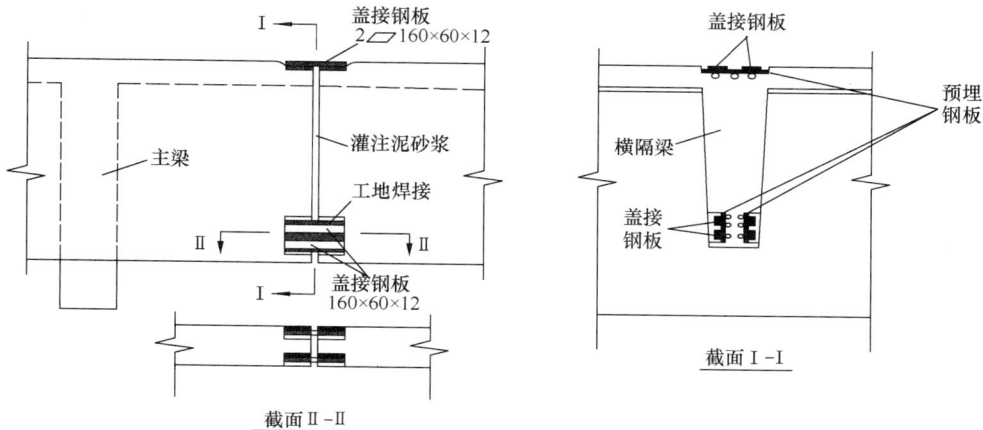

图 2-19 公路装配式 T 形梁桥横隔梁接头构造

2.1.2.3 预应力混凝土简支梁的构造特点

当混凝土简支梁桥跨度增加时，就需要采用预应力混凝土梁。与钢筋混凝土梁相比，预应力混凝土梁主要有以下优点：

（1）采用高强度钢筋，可节约钢材 20％～40％；

（2）预加压应力可大幅度提高梁体的抗裂性和耐久性；

（3）由于利用高强度等级混凝土，截面尺寸减小，梁体自重减轻，可以增大跨越能力，也有利于运输和架设；

（4）混凝土全截面受压，充分发挥了混凝土抗压性能好的优势，也提高了梁的刚度。

在结构布置上，预应力混凝土简支梁与普通钢筋混凝土简支梁并无大的不同。预应力混凝土梁的截面形式通常也有板式、Ⅱ形、T 形和箱形，其块件划分方式也与钢筋混凝土梁相同。与同等跨度的钢筋混凝土梁相比，预应力混凝土梁的主要不同之处是：截面尺寸减小；高跨比减小；为了满足预应力钢筋的布置和承压要求，梁肋下部通常加宽做成马蹄形；在靠近支点处腹板也要加厚至与马蹄同宽。

对铁路预应力混凝土 T 形梁桥，我国已制订了标准跨径分别为 16m、20m、24m、32m、40m 和 48m 的标准设计；对公路预应力混凝土 T 形梁桥，我国已为 25m、30m、35m 和 40m 跨径编制了标准设计（后张法）。图 2-20 是一铁路预应力混凝土简支梁构造图。图 2-21 是一公路预应力混凝土简支梁构造图。

2.1.2.4 T 形梁截面尺寸的选定

在确定了主梁分块方式和截面形式之后，就需要拟定梁的截面尺寸。截面尺寸包括梁高、梁肋厚度、下翼缘尺寸以及主梁翼板尺寸等。

I-I截面　　　　II-II截面

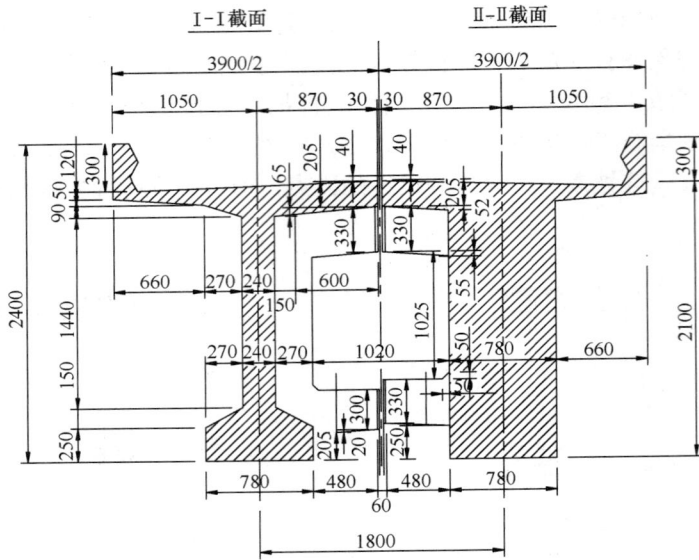

图 2-20　铁路后张法预应力混凝土梁构造图（l＝24.0m）（单位：mm）

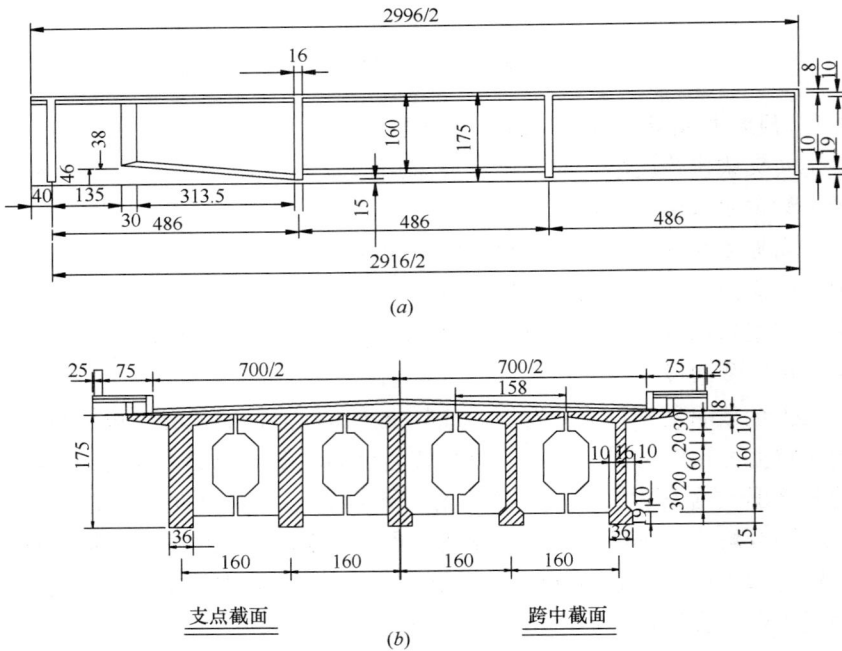

(a)

图 2-21　公路预应力混凝土梁构造图（l＝29.16m）（单位：cm）

（1）梁高

梁高的确定应通过多方面的比较，它取决于经济、梁重、建筑高度以及桥下净空等因素，标准设计还要考虑梁的标准化，提高互换性。

铁路普通高度钢筋混凝土梁设计中，梁高与跨度之比，约为 1/9～1/6，而预应力混凝土梁的高跨比则为 1/11～1/10，跨度越大，比值越小。公路普通钢筋混凝土梁高跨比的经济范围大约为 1/16～1/11；预应力混凝土梁的高跨比为 1/25～1/15，通常随跨度增大而取较小值。对于建筑高度受严格限制的情况，主梁高度就要适当减小。

（2）梁肋厚度

梁肋厚度取决于最大主拉应力和主筋布置要求。由于支座处剪力比跨中大，故由主拉应力决定梁肋厚度时，跨中区段可以减薄。梁肋变截面位置可由主拉应力小于容许值及斜筋布置要求加以确定。为了减轻构件重量，在满足受力要求的情况下，梁肋应尽量做得薄一些。但梁肋也不能太薄以免梁肋屈曲和混凝土浇捣困难。

铁路钢筋混凝土简支梁的梁肋厚度，一般可采用 20（跨中区）～60cm（端部区）。预应力混凝土梁的梁肋厚度一般不得小于 14cm，并且当腹板内有预应力箍筋时，腹板厚度不小于上、下翼缘梗腋之间腹板高度的 1/20；当无预应力箍筋时，则不得小于 1/15。公路混凝土桥常用的梁肋厚度为 15～18cm，视梁内主筋的直径和钢筋骨架的片数而定。

（3）上翼缘板尺寸

主梁上翼缘板宽度视主梁间距而定，在实际预制公路 T 形梁时，上翼缘板宽度应比主梁中距小 2cm 左右，以便在安装过程中调整 T 形梁的位置和制作上的误差。铁路桥梁道砟槽顶宽不应小于 3.9m，以此确定上翼缘板宽。考虑到两片梁之间留有 6cm 空隙，以便架梁时吊索穿过，故每片梁上翼缘板宽 192cm。翼板的厚度应满足强度和构造最小尺寸的要求。根据受力特点，翼板通常都做成变厚度的，即端部较薄，向根部逐渐加厚。为了保证翼板与梁肋连接的整体性，翼板与梁肋衔接处的厚度应不小于主梁高度的 1/12。对铁路桥梁，板与梗腋相交处的板厚不得小于梁高的 1/10（当梗腋斜坡不大于 1∶3 时）。

（4）下翼缘板尺寸

下翼缘板尺寸根据主筋数量、类型、排列以及规定的钢筋净距和混凝土保护层厚度加以确定。对于预应力混凝土梁，则主要取决于预应力筋的布置。为了获得最大偏心距，预应力筋应尽量排列在下翼缘板内，要求紧凑而且对称于梁截面竖轴，混凝土保护层和钢丝束管道净距应符合有关的构造规定。同时还应考虑到张拉端锚头的布置以及在运输和架设过程中移梁的稳定要求。

2.1.3 钢 筋 构 造

2.1.3.1 一般构造

对于钢筋混凝土梁而言，梁内钢筋可分为两大类：

（1）根据受力要求，通过计算确定的"受力钢筋"，主要指沿梁轴方向布置的、承受弯曲拉应力的主筋，以及承受腹板内主应力的斜筋和箍筋。

（2）根据构造要求布置的钢筋，称为"构造钢筋"，其中包括制造时为便于钢筋骨架绑扎成型和固定主要钢筋位置的"架立筋"，以及难以通过计算确定而凭经验设置的辅助筋。

2.1.3.2 公路钢筋混凝土简支梁钢筋构造实例

（1）板桥

图 2-22 所示为标准跨径 6m、桥面净宽为 8.5m 的整体式简支板桥的钢筋构造。两边安全带宽 0.25m，公路-Ⅱ级荷载标准设计。其计算跨径为 5.69m，板厚 32cm。纵向主筋采用直径 20mm 的 HRB400 级钢筋。主筋在两端 1/6～1/4 跨径范围内呈 30°弯起，分布

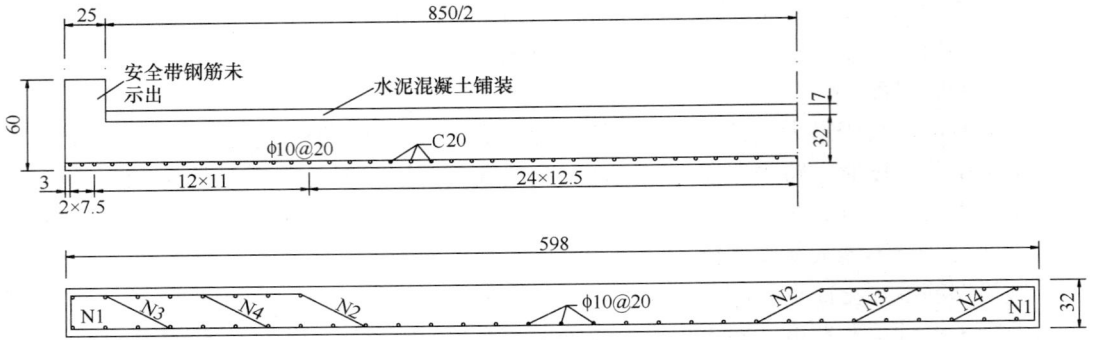

图 2-22   整体式板桥钢筋构造（单位：cm）

钢筋按单位板宽主筋面积的 15％配置，直径为 10mm。

图 2-23 为一座装配式矩形板桥的钢筋构造。标准跨径与设计荷载同前所述。桥面净宽为净－7，无人行道，板内钢筋均为直线钢筋，并配有箍筋保证抗剪强度。

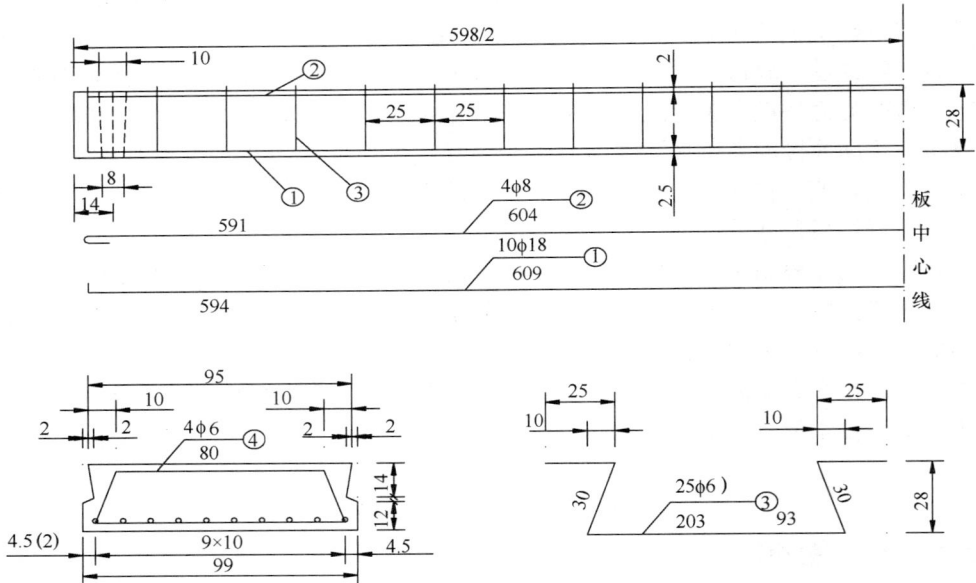

图 2-23   装配式矩形板桥钢筋构造（单位：尺寸"cm"；钢筋直径"mm"）

（2）装配式 T 形梁桥

图 2-24 为一标准跨径 20m 的公路装配式 T 形梁钢筋构造。设计荷载为公路-Ⅱ级荷载。主梁全长 19.96m，支座中心距主梁梁端距离为 0.23m。

每根梁内总共配置了 8 根直径为 32mm 和 2 根直径为 16mm 的纵向受力钢筋，钢筋均为 HRB400 级，编号分别为 N1、N2、N3、N4 和 N6，其中最下一层的 2 根 N1（占主筋截面的 20％以上）通过梁端支承中心，其余 8 根则沿跨长按梁的弯矩图形在一定位置弯起。

设于梁顶部 N5 为架立钢筋，也采用直径 32mm 的 HRB400 级钢筋，它在梁端向下弯折并与伸出支承中心的主钢筋 N1 相焊接。箍筋 N14 和 N15 采用普通光圆钢筋，直径 8mm，间距为 24cm，由于靠近支点处剪力较大和支座钢板锚筋的影响，故采用了四肢式

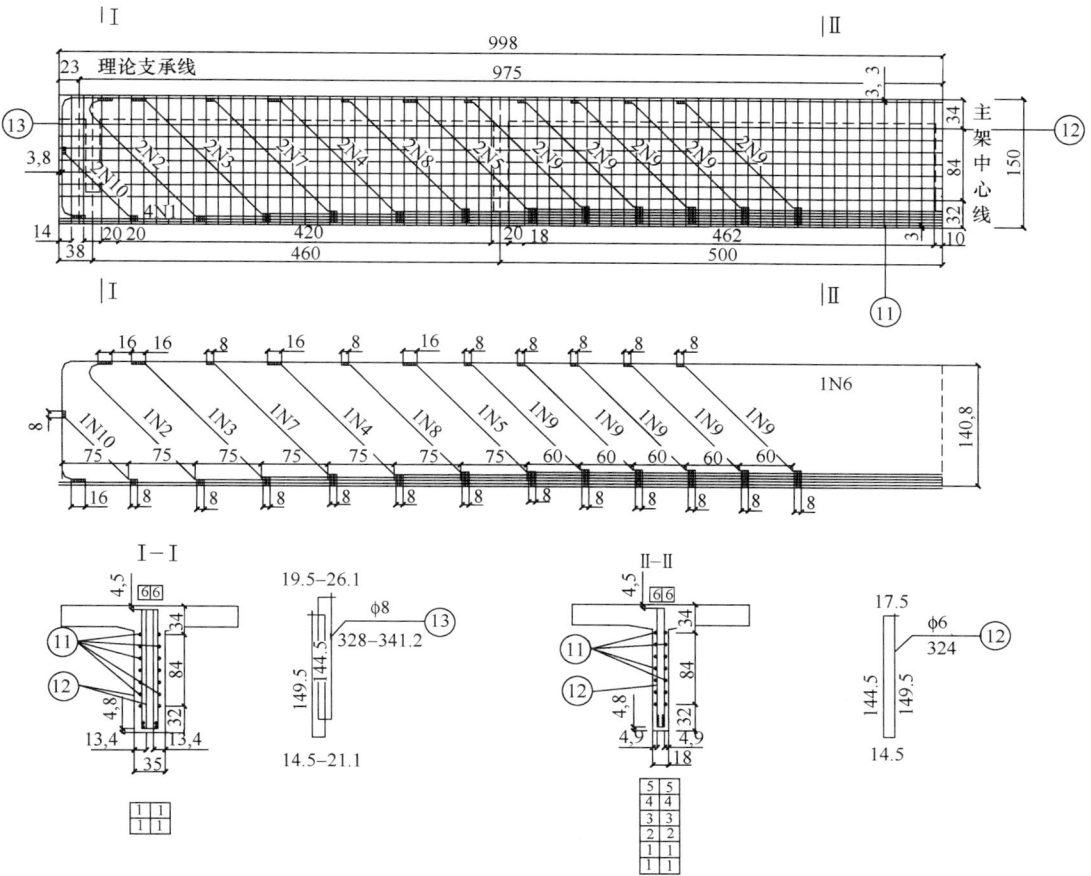

图 2-24 标准跨径 20m 的装配式 T 形梁钢筋构造（单位：cm）

箍筋（截面Ⅰ-Ⅰ），在跨中部分用双肢箍筋（截面Ⅱ-Ⅱ）。N12 为 φ8 的防裂分布钢筋，靠近梁下缘部分布置得较密，向上则布置得较稀。附加短斜筋 N7、N8、N9、N10 和 N11 采用 φ16 钢筋，它们是根据梁内抗剪要求布置的。横隔梁的钢筋构造见图 2-25。

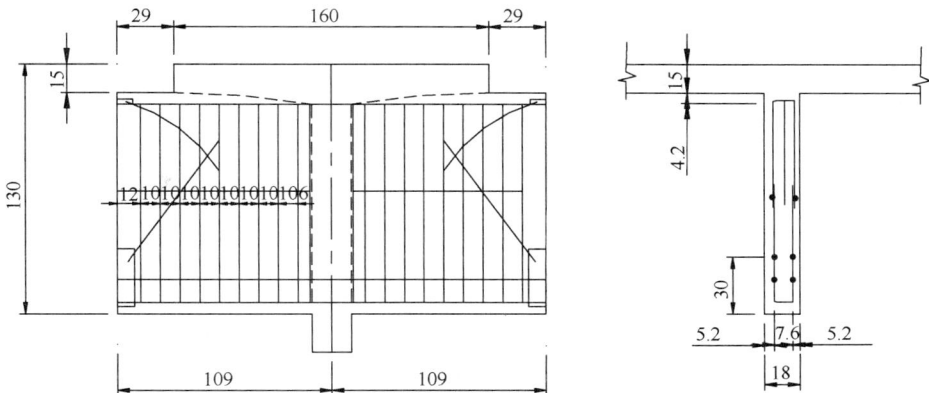

图 2-25 横隔梁钢筋构造（单位：cm）

2.1.3.3　预应力混凝土梁的钢筋构造特点

预应力混凝土梁内钢筋可分为预应力钢筋和非预应力钢筋两类。非预应力钢筋（包括非预应力受力钢筋和构造钢筋）的构造与普通钢筋混凝土梁中钢筋的构造相同，此处不赘述。以下主要说明预应力钢筋的构造特点。

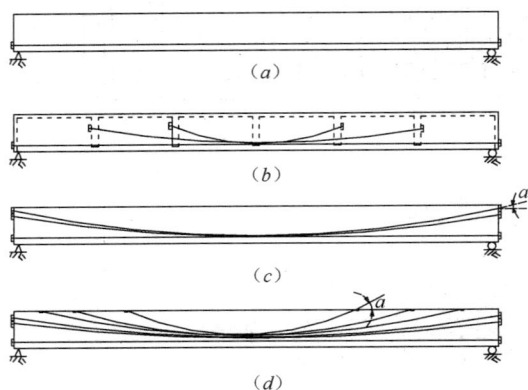

图 2-26　预应力混凝土梁中预应力筋布置方式

（1）预应力筋的纵向布置

图 2-26 是预应力钢筋纵向布置的几种形式。所有形式的共同之处是主筋在跨中均靠近梁下缘布置，以对混凝土梁下缘施加压应力来抵消荷载引起的拉应力。直线布筋构造最简单（图 2-26a），但仅适用于小跨度梁，尤其是先张法制造的梁。其缺点是支点附近梁上力筋在梁间适当位置截断，此时，将预应力筋在横隔梁处平缓弯出梁体，进行张拉和锚固，见图 2-26（b）。预应力混凝土简支梁桥上采用最多的布筋方式是图 2-26（c）和图 2-26（d）两种。当预应力钢丝束根数不太多，能全部在梁端锚固时，为使张拉工序简便，通常都将预应力筋全部弯至梁端锚固（图 2-26c）。这种布置的预应力筋弯起角 α 不大（一般在 20°以下），这对减小摩阻损失有利。然而，对于钢丝束根数较多的情况，或者当预应力混凝土梁的梁高受到限制，以致不能全部在梁端锚固时，就必须将一部分预应力筋锚固于梁顶（图 2-26d）。这样的布置方式使张拉作业的操作稍趋繁复，使预应力筋的弯起角 α 较大（达 25°~30°），增大了摩阻引起的预应力损失，但能缩短力筋长度，节约钢材，对于提高梁的抗剪能力也更有利。

在实际设计中，考虑到梁在跨中区段弯矩变化平缓以及荷载剪力也不大，故通常在三分点到四分点之间开始将预应力筋弯起。当然，预应力筋弯起后，截面必须满足破坏阶段的强度要求。

预应力筋起弯的曲线形状可以采用圆弧、抛物线或悬链线三种。在曲线的矢跨比较小时，三者的形状很接近。圆弧线施工放样简便，弯起角度较大，可得到较大的预剪力，故通常都在梁中部保持一段水平直线后并按圆弧弯起；悬链线的预应力筋（或制孔器）可利用其自重下垂达到规定线形，定位方便，但它在端部的起弯角度较小。预应力筋弯起的曲率半径，当采用钢丝束、钢绞线配筋时一般不小于 4m。

（2）预应力筋的锚固

在先张法预应力混凝土梁中，预应力筋靠混凝土的握裹力锚固在梁体内；而在后张法中，则通过各类锚具锚固在梁端或梁顶。

1）先张法

为了可靠地锚固预应力筋，最好将构件端截面加宽，加宽部分的长度不小于纵向预应力筋直径的 20 倍，而且锚固区内要配置足够的包围纵向预应力筋的封闭箍筋或螺旋钢筋。

2) 后张法

在后张法锚固区，锚具垫板对混凝土作用有很大的压力，因承压面积不大，应力非常集中。锚具下的混凝土块不仅承受很大的压应力，还承受很大的拉应力。因此，为防止锚具下混凝土劈裂，必须配置足够的钢筋予以加强。

总的说来，锚具在梁端的布置应遵循"分散、均匀"的原则，尽量减小局部应力。一般而言，集中、过大的锚具不如分散、小型的锚具有利。因此，锚具应在梁端对称于竖轴布置，锚具之间应留有足够的净距，能安装张拉设备，方便施工作业。

后张预应力混凝土梁锚固区构造见图 2-27 所示。

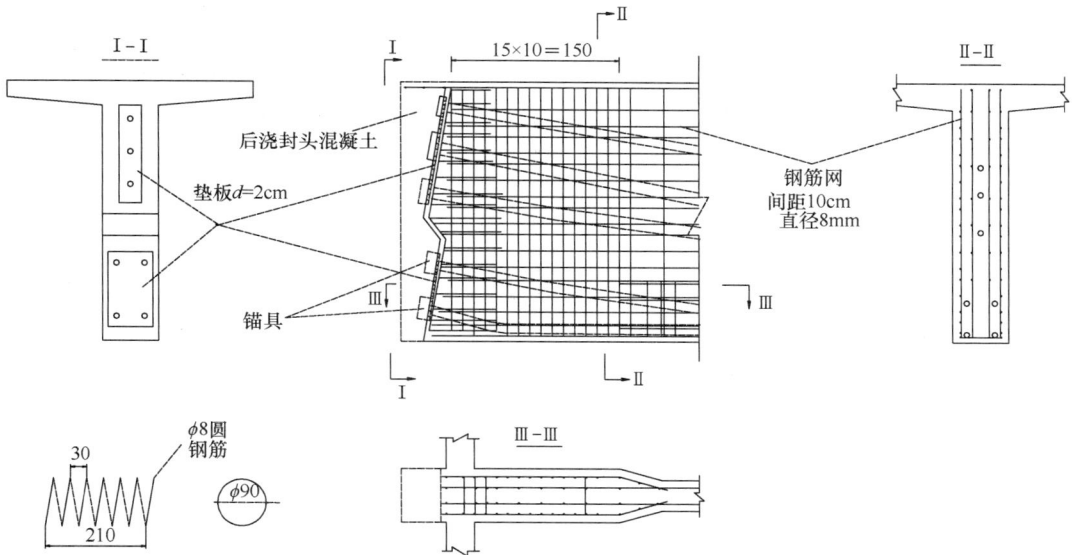

图 2-27　预应力混凝土梁（后张法）锚固区构造

2.1.3.4　预应力混凝土梁钢筋构造举例

图 2-28 为一跨度 $l=24.0$m 的铁路后张法预应力混凝土简支梁钢筋构造图。直线梁每片主钢筋为 14 束高强钢丝束，曲线梁每片 16 束，每束为 21 根 $\phi5$mm 冷拔碳素钢丝。为了承受剪力，并避免由于预应力偏心过大而使梁端部上翼缘出现拉应力，钢丝束应向梁端逐渐弯起。为布置锚具方便，也要求钢丝束在端部逐渐散开。锚具采用钢制锥销式锚具。钢锚用 Q235 号优质钢制成，其锥角为 5°左右，为增加钢丝与锥销间的摩阻力，锥销表面要求做成横向螺纹，锥销中间有一个直径 15.5mm 的压浆孔。端部有螺纹以连接灰浆泵管。

箍筋用 HPB300 级钢筋，直径 10mm，其跨中部分间距为 20cm，端部加密至 10cm。在下翼缘和腹板中还有纵向水平钢筋，采用 Q235 钢筋，直径 8mm，以防止产生温度和收缩裂缝。为了提高下翼缘抵抗预加应力能力，避免纵向裂缝，在梁的下翼缘中设有封闭箍筋，箍筋直径 48mm，间距 10cm。在梁端锚具下设置有厚度 16mm 的钢垫板，并在锚下梁体内设有 21cm 长的弹簧圈，圈径 75mm，由直径 3mm 的高强度钢丝制成，以加强锚下混凝土的局部承压能力。

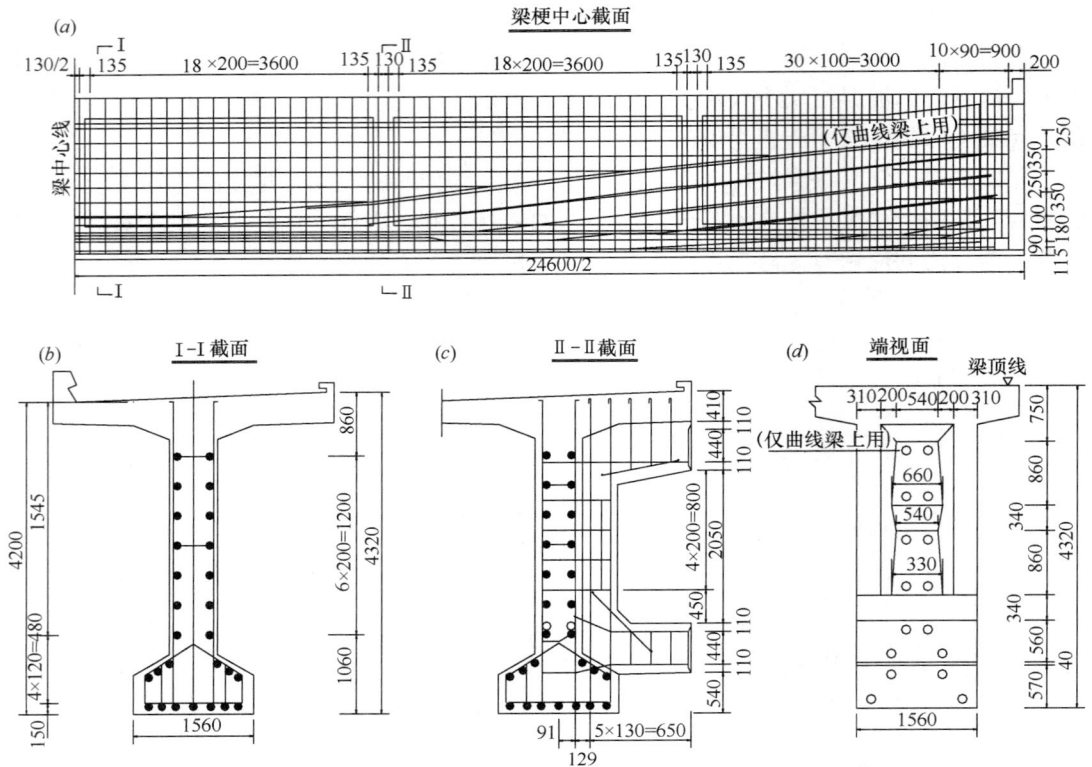

图 2-28 铁路后张法预应力混凝土简支梁钢筋构造图（跨径 $l=24.0\mathrm{m}$，单位：mm）

2.2 桥面板的设计与计算

2.2.1 桥面板的分类

钢筋混凝土和预应力混凝土肋梁桥的桥面板（也称行车道板）是直接承受车辆轮压的承重结构，在构造上它通常与主梁的梁肋和横隔梁（或称横隔板）整体相连，这样既能将车辆活载传给主梁，又能构成主梁截面的组成部分，并保证主梁的整体作用。桥面板一般为钢筋混凝土板，对于跨度较大的桥面板也可施加横向预应力，做成预应力混凝土板。

从结构形式上看，对于具有主梁和横隔梁的简单梁格系（图 2-29a）以及具有主梁、横梁和内纵梁的复杂梁格系（图 2-29b），桥面板实际上都是周边支承的板。

从承受荷载的特点来看，当板中央作用一竖向荷载 P 时，虽然此荷载会向相互垂直的两对支承边传递，但当支承跨径 l_a 和 l_b 不相同时，由于板沿和跨径的 l_a 和 l_b 相对刚度不同，将使向两个方向所传递的荷载也不相等。根据弹性薄板理论的研究，对于四边简支的板，当板的长边与短边之比（l_a/l_b）接近 2 时，荷载值的绝大部分将沿板的短跨方向传递，沿长跨方向传递的荷载将不足 6%。l_a/l_b 之值越大，向跨度方向 l_a 传递的荷载就越少。为了简明起见，读者只要应用一般的力学原理对图 2-30 所示在荷载 P 作用下的十字形梁进行简单的受力分析，即求出 P_a 和 P_b，就不难领会上述概念的基本道理。

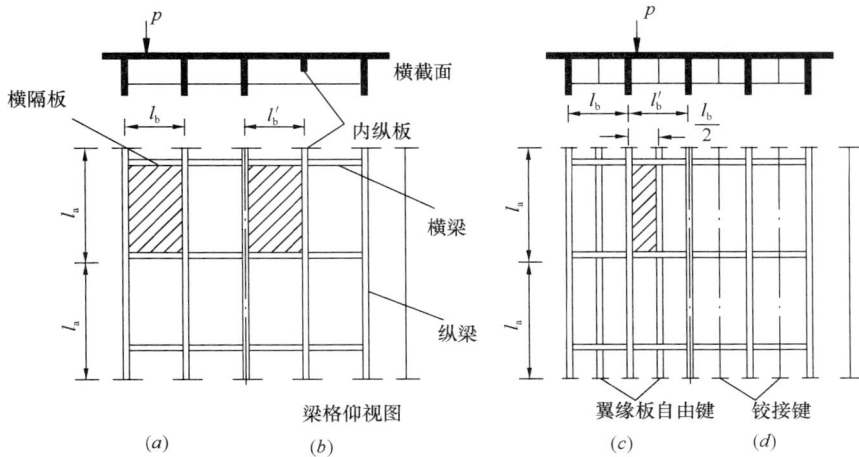

图 2-29　梁格系构造和桥面板的支承形式

　　根据板的上述受力特性，并考虑到钢筋混凝土结构计算本身所固有的近似性，通常把长宽比等于和大于 2 的周边支承板视作单由短跨承受荷载的单向受力板（即单向板）来设计，而在长跨方向只要适当配置一些分布钢筋即可。对长宽比小于 2 的板，才真正按周边支承板（或称双向板）来设计，在此情况下需按两个方向的内力分别配置相互垂直的受力钢筋。

　　目前梁桥设计的趋势是横隔板稀疏布置，因此主梁的间距往往比横隔板的间距小得多，桥面板属单向板的居多。有时也会遇到桥面板两个支承跨径之比小于 2 的情况，如在 T 形刚架桥空心墩墩顶 0 号块上的桥面板等，对此就必须按双向板进行设计。一般来说，双向桥面板的用钢量较大，构造也较复杂，宜尽量少用。

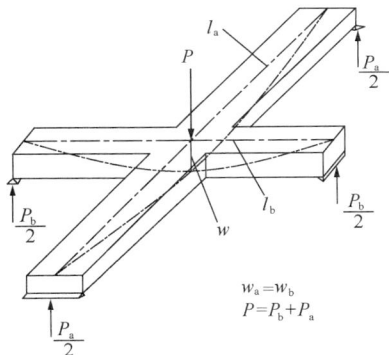

图 2-30　荷载的双向传递

　　对于常见 $l_a/l_b \geqslant 2$ 的 T 形梁桥，也可能遇到两种情形。其一是当翼缘板的端边为自由边（图 2-29c）时，鉴于类似于前面所分析的原因，实际是三边支承的板，可以作为沿短跨一端嵌固，而另一端为自由端的悬臂板来分析。另一种是相邻翼缘板在端部互相做成铰接接缝的构造（图 2-29d），在此情况下桥面板应按一端嵌固一端铰接的铰接悬臂板进行计算。

　　综上所述，在实践中可能遇到的桥面板受力图式为：单向板、悬臂板、铰接悬臂板和双向板等几种。下面将分别阐明它们的计算方法。

2.2.2　车辆在板上的分布

　　作用在桥面上的车轮压力，通过桥面铺装层扩散分布在钢筋混凝土板面上，由于板的计算跨径相对于轮压的分布宽度来说相差不是很大，故计算时应较精确地将轮压作为分布

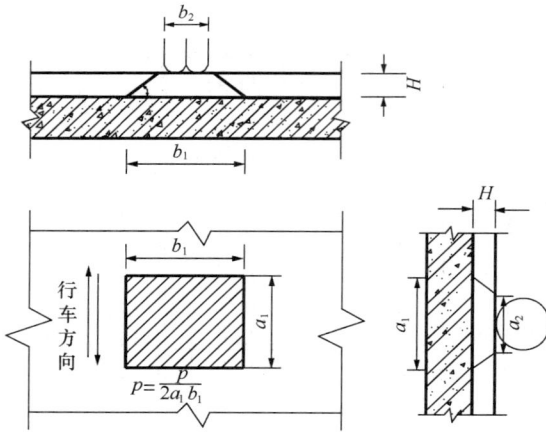

图 2-31   车辆荷载在板面上的分布

荷载来处理，这样做既避免了较大的计算误差，又能节约桥面板的材料用量。

富有弹性的充气车轮与桥面的接触面实际上接近于椭圆，而且荷载又要通过铺装层扩散分布，可见车轮压力在桥面板上的实际分布形状是很复杂的。然而，为了计算方便起见，通常又近似地把车轮与桥面的接触面看作是 $a_2 \times b_2$ 的矩形，此处 a_2 是车轮沿行车方向的着地长度，b_2 为车轮的宽度，如图 2-31 所示。各级荷载的 a_2 和 b_2 值可从《公路桥规》中查得。至于荷载在铺装层内的扩散程度，根据试验研究，对于混凝土或沥青面层，荷载可以偏安全地假定呈 45°角扩散。

因此，桥梁规范中规定，最后作用于钢筋混凝土承重板上的矩形压力面的边长为：

$$\left. \begin{array}{l} 沿纵向\ a_1 = a_2 + 2H \\ 沿横向\ b_1 = b_2 + 2H \end{array} \right\} \qquad (2\text{-}1)$$

式中　H——铺装层的厚度。

顺便指出，国外对于钢筋混凝土承重板采用较大的压力面边长，即：

$$\left. \begin{array}{l} a_1 = a_2 + 2H + t \\ b_1 = b_2 + 2H + t \end{array} \right\} \qquad (2\text{-}2)$$

式中　t——钢筋混凝土板的厚度。

据此，当汽车列车中一个车辆的后轮作用于桥面板上时，其局部分布的荷载强度为：

$$p = \frac{P}{2a_1 b_1} \qquad (2\text{-}3)$$

式中　P——车辆后轴的轴重力。

2.2.3　桥面板的有效工作宽度

众所周知，板在局部分布荷载 p 的作用下，不仅直接承压部分（例如宽度为 a_1）的板带参加工作，与其相邻的部分板带也会分担一部分荷载共同参与工作。因此，在桥面板的计算中，就需要确定所谓板的有效工作宽度，或称荷载的有效分布宽度。下面分单向板和悬臂板来阐明板的有效工作宽度的概念和计算方法。

2.2.3.1　单向板

图 2-32 所示为一块跨径 l、宽度较大的梁式桥面板，板中央作用着局部分布荷载，其分布面积为 $a_1 \times b_2$。显然，从图中可知，板除了沿计算跨径 x 方向产生挠曲变形 ω_x 外，在 y 方向也发生挠曲变形 ω_y。这说明荷载作用下不仅宽度为 a_1 的板条受力，其邻近的板也参与工作，共同承受车轮荷载所产生的弯矩。图 2-32(a) 中示出了沿 y 方向板条所分担

弯矩 m_x 的分布图形，在荷载中心处板条负担的弯矩最大，达到 $m_{x\max}$，离荷载越远的板条所承受的弯矩就越小。

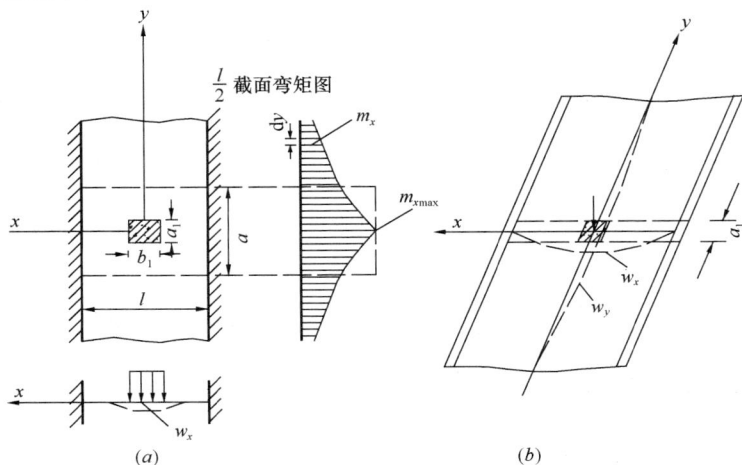

图 2-32 桥面板的受力状态

现设想以 $a \times m_{x\max}$ 的矩形来替代实际的曲线分布图形，也即：

$$a \times m_{x\max} = \int m_x \mathrm{d}y = M \tag{2-4}$$

则得弯矩图形的换算宽度为：

$$a = \frac{M}{m_{x\max}} \tag{2-5}$$

式中 M——车轮荷载产生的跨中总弯矩；

$m_{x\max}$——荷载中心处的最大单宽弯矩值，可按弹性薄板理论求得。

上式的 a 就定义为板的有效工作宽度，以此板宽来承受车轮荷载产生的总弯矩，既满足了弯矩最大值的要求，计算起来也十分方便。

图 2-33 示出跨度为 l 的宽板在不同支承条件、不同荷载性质以及不同荷载位置情况下，随承压面大小变化的有效工作宽度与跨径的比值 a/l（图中数值是按 $a_1 = b_1$ 算得的）。从图中可以看出，两边固结板的有效工作宽度要比简支板小 $30\% \sim 40\%$，全跨满布条形荷载的有效分布宽度也比局部分布荷载的小些。另外，荷载越靠近支承边时，其有效工作宽度也越小。

考虑到实际上 a_1/l 之值不会很小，而且桥面板属于弹性固结支承，因此，为了计算方便起见，《公路桥规》中对于梁式单向板的荷载有效分布宽度作了如下的规定：

（1）荷载位于板的中央地带

对于单独一个车轮荷载（图 2-34a）：

$$a = a_1 + \frac{l}{3} = a_2 + 2H + \frac{l}{3} \text{ 且} \geqslant \frac{2}{3}l \tag{2-6}$$

对于几个靠近的相同荷载，如按上式计算所得各相邻荷载的有效分布宽度发生重叠时，应按相邻靠近的几个荷载一起计算其有效分布宽度（图 2-34b）：

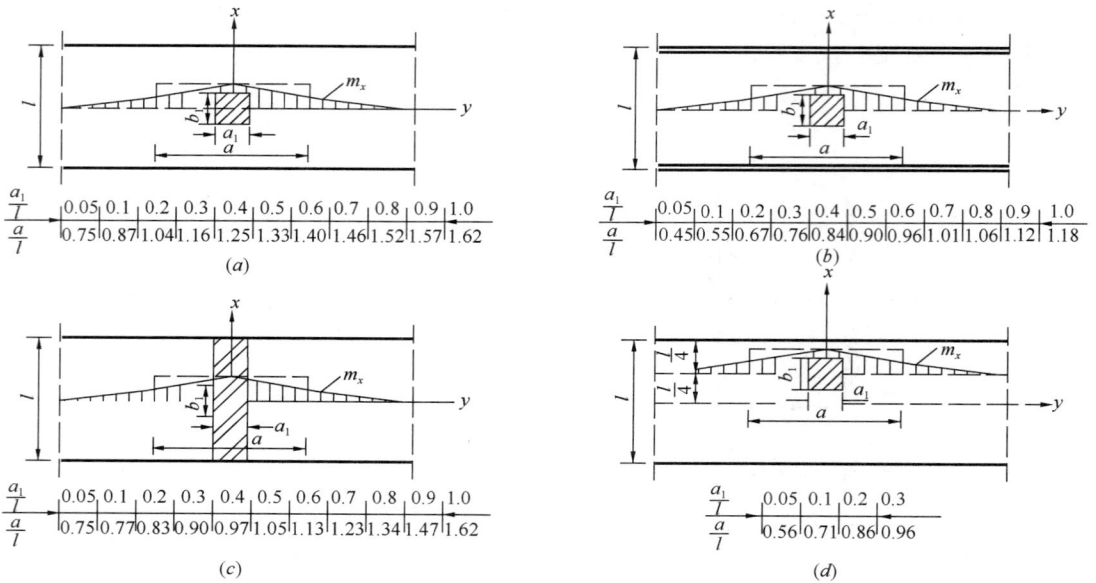

图 2-33 根据最大弯矩按矩形换算的有效工作宽度 a

（a）简支板，跨中单个荷载；（b）固结板，跨中单个荷载；

（c）简支板，全跨窄条荷载；（d）简支板，$l/4$ 跨径处单个荷载

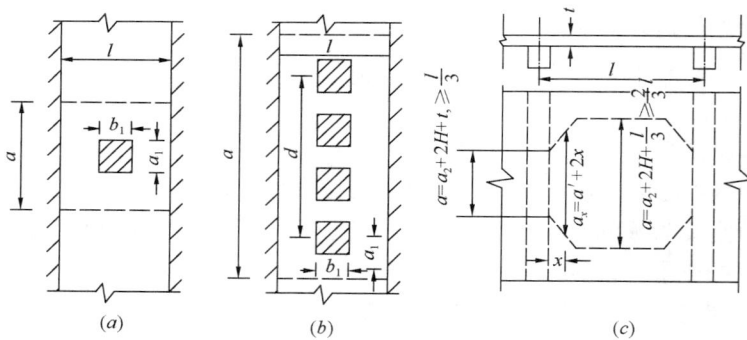

图 2-34 荷载有效分布宽度

$$a = a_1 + d + \frac{l}{3} = a_2 + 2H + d + \frac{l}{3} \text{ 且} \geqslant \frac{2}{3}l + d \qquad (2\text{-}7)$$

式中 d——最外两个荷载的中心距离。如果只有相邻两个荷载一起计算时，d 往往就是
后轮的轴距。

（2）荷载位于板的支承处

$$a' = a_1 + t = a_2 + 2H + t \text{ 且} \geqslant \frac{l}{3} \qquad (2\text{-}8)$$

式中 t——板的厚度。

（3）荷载位于靠近板的支承处

$$a_x = a' + 2x \qquad (2\text{-}9)$$

式中 x——荷载离支承边缘的距离。

这就是说，荷载从支点处向跨中移动时，相应的有效分布宽度可近似地按 45° 线过渡。

根据以上规定，在任意荷载位置时，单向板的有效分布宽度图形如图 2-34(c) 所示。

2.2.3.2 悬臂板

悬臂板在荷载作用下，除了直接承受荷载的板条（宽度为 a_1）外，相邻板条也发生挠曲变形（见图 2-35b 中的 w_x）而分担部分弯矩。悬臂根部沿 y 方向各板条的弯矩分布如图 2-35(a) m_x 所示。根据弹性薄板的理论分析，当板端作用集中力 P 时，在荷载中心处的根部最大弯矩为 $m_{x\max} \approx -0.465P$，此时荷载所引起的总弯矩为 $M_0 = -Pl_0$。因此，按最大负弯矩值换算的有效工作宽度为：

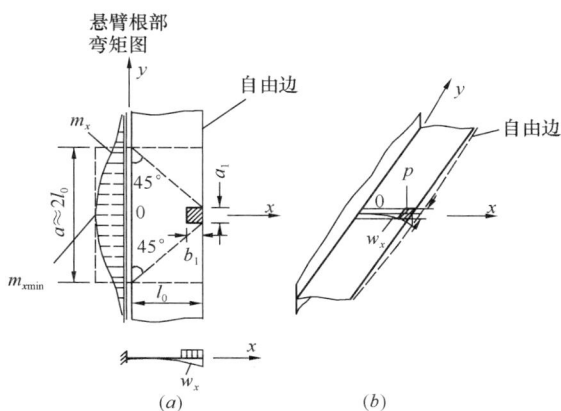

图 2-35 悬臂板受力状态

$$a = \frac{M_0}{M_{x\min}} = \frac{-Pl_0}{-0.465P} = 2.15l_0$$

由此可见，悬臂板的有效工作宽度接近于两倍悬臂长度，也就是说，荷载可近似地按 45° 角向悬臂板支承处分布（图 2-36a）。

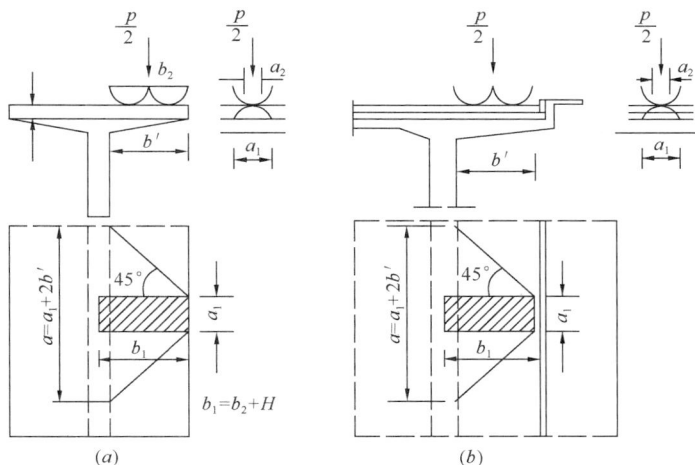

图 2-36 悬臂板的有效工作宽度

我国《公路桥规》中对悬臂板的活载有效分布宽度规定为：

$$a = a_1 + 2b' = a_2 + 2H + 2b' \tag{2-10}$$

式中 b'——承重板上荷载压力面外侧边缘至悬臂根部的距离。

对于分布荷载位于板边的最不利情况，b' 就等于悬臂板的跨径 l_0，于是：

$$a = a_1 + 2l_0 \tag{2-11}$$

2.2.4   桥面板的内力计算

对于实体的矩形截面桥面板，一般均由弯矩控制设计，设计时，习惯上以每米宽的板条来进行计算比较方便。对于梁式单向板或悬臂板，只要借助板的有效工作宽度就不难得到作用在每米宽板条上的荷载和其引起的弯矩。对于双向板，除可按弹性理论进行分析外，在工程实践中常用简化的计算方法或现成的图表来计算。

2.2.4.1   多跨连续单向板的内力

常见的桥面板实质上是一个支承在一系列弹性支承上的多跨连续板，此外，板与梁肋系整体相连。由此可见，各根主梁的不均匀弹性下沉和梁肋本身的扭转刚度必然会影响到桥面板的内力，所以桥面板的实际受力情况是相当复杂的。目前，通常采用较简便的近似方法进行计算。对于弯矩，先算出一个跨度相同的简支板在恒载和活载作用下的跨中弯矩 M_0，再乘以偏安全的经验系数加以修正，以求得支点处和跨中截面的设计弯矩。弯矩修正系数可视板厚 t 与梁肋高度 h 的比值来选用。

当 $t/h < 1/4$ 时（即主梁抗扭能力较大）：

$$\left.\begin{array}{l}跨中弯矩:M_c =+\, 0.5M_0\\支点弯矩:M_s =-\, 0.7M_0\end{array}\right\} \tag{2-12}$$

当 $t/h \geqslant 1/4$ 时（即主梁抗扭能力较小）：

$$\left.\begin{array}{l}跨中弯矩:M_c =+\, 0.7M_0\\支点弯矩:M_s =-\, 0.7M_0\end{array}\right\} \tag{2-13}$$

式中 M_0——按简支板计算而得的荷载组合内力，其中汽车荷载在 1m 宽简支板条中所产生的跨中弯矩 M_{0p}（图 2-37a）为：

$$M_{0p} = (1+\mu)\,\frac{P}{8a}\Big(l-\frac{b_1}{2}\Big) \tag{2-14}$$

P——车辆后轴的轴重力；

a——板的有效工作宽度；

l——板的计算跨径，当梁肋不宽时（如窄肋 T 形梁），$l = l_0 + t$ 且 $\geqslant l_0 + b$，取梁肋中距，当主梁肋部宽度较大时（如箱形梁肋），可取梁肋间的净距和板厚，即，此处 l_0 为板的净跨径，b 为梁肋宽度；

$(l+\mu)$——冲击系数，对于桥面板通常取 1.3。

如遇板的跨径较大，可能还有第二个车轮进入跨径内时，可按工程力学方法将荷载布置成使跨中弯矩为最大。

每米板宽的跨中恒载弯矩可由下式计算：

$$M_{0g} = \frac{1}{8}gl^2 \tag{2-15}$$

式中 g——1m 宽板条每延米的恒载重力。

注意，在进行截面强度验算时，桥面板有效高度须根据《公桥通规》的有关条文取用。

当需要计算单向板的支点剪力时，可不考虑板和主梁的弹性固结作用，此时荷载必须尽量靠近梁肋边缘布置。考虑了相应的有效工作宽度后，每米板宽承受的分布荷载如图

2-37(b) 所示。对于跨径内只有一个车轮荷载的情况，支点剪力 Q_s 的计算公式为：

$$Q_s = \frac{gl_0}{2} + (1+\mu)(A_1 y_1 + A_2 y_2)$$

$$(2\text{-}16)$$

其中矩形部分荷载的合力为：

$$A_1 = p \cdot b_1 = \frac{P}{2ab_1} \cdot b_1 = \frac{P}{2a}$$

$$(2\text{-}17)$$

三角形部分荷载的合力为：

$$A_2 = \frac{1}{2}(p'-p) \cdot \frac{1}{2}(a-a')$$

$$= \frac{P}{8aa'b_1} \cdot (a-a')^2 \quad (2\text{-}18)$$

式中　p、p'——对应于有效工作宽度 a 和 a' 处的荷载强度；

　　　y_1、y_2——对应于荷载合力 A_1 和 A_2 的支点剪力影响线竖标值；

　　　l_0——板的净跨径。

如跨径内不止一个车轮进入时，尚应计及其他车轮的影响。

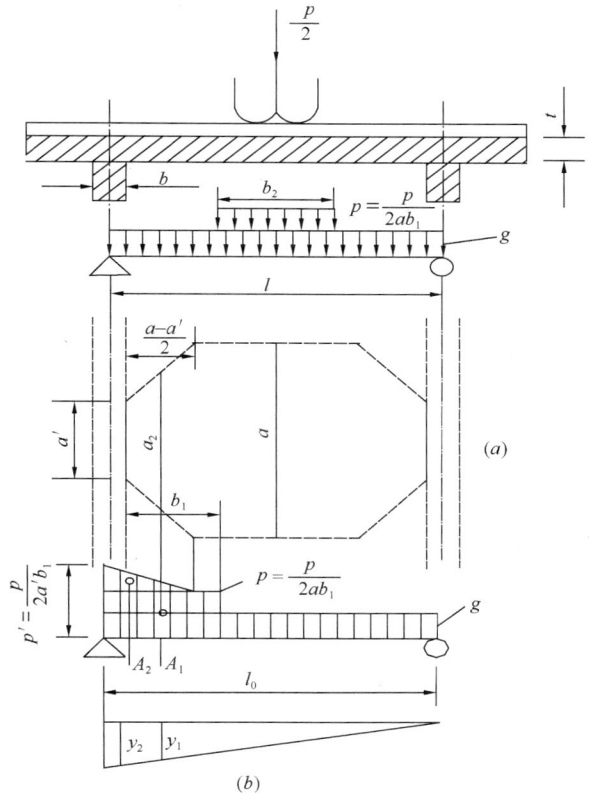

图 2-37　单向板的内力计算图式
(a) 求跨中弯矩；(b) 求支点剪力

2.2.4.2　悬臂板的内力

对于相邻翼缘板沿板互相铰接的桥面板，计算悬臂根部活载弯矩 M_{sp} 时，最不利的加载位置是把车轮荷载对中布置在铰接处。因此每米宽板条的活载弯矩为（2-38a）：

$$M_{sp} = -(1+\mu)\frac{P}{4a}\left(l_0 - \frac{b_1}{4}\right)$$

$$(2\text{-}19)$$

每米板宽的恒载弯矩为：

$$M_{sg} = -\frac{1}{2}gl_0^2$$

$$(2\text{-}20)$$

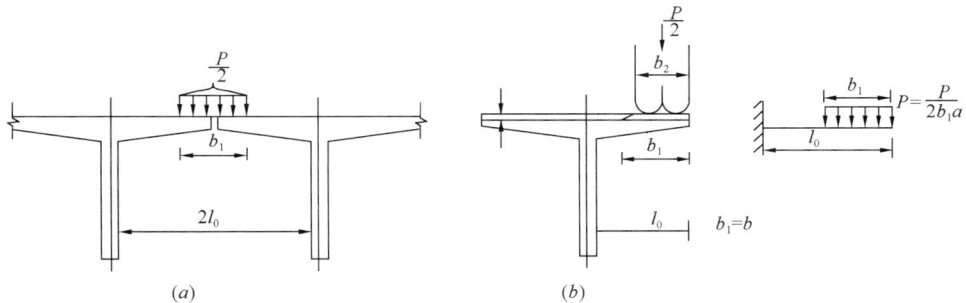

图 2-38　悬臂板计算图式

式中 l_0——铰接悬臂板的净跨径。

则每米板宽的支点最大负弯矩为：

$$M_s = M_{sp} + M_{sg} \tag{2-21}$$

悬臂根部的剪力可以偏安全地按一般悬臂板的图式来计算，不再赘述。

对于沿板边纵缝不相连接的自由悬臂板，在计算根部最大弯矩时，应将车轮荷载靠板的边缘布置，此时 $b_1 = b_2 + H$，如图 2-38(b) 所示。在此情况下：

活载弯矩：

$$\left.\begin{aligned}
M_{sp} &= -(1+\mu) \cdot \frac{1}{2}pl_0^2 = -(1+\mu)\frac{P}{4ab_1} \cdot l_0^2 \quad (b_1 \geqslant l_0 \text{ 时}) \\[4pt]
M_{sp} &= -(1+\mu) \cdot pb_1\left(l_0 - \frac{b_1}{2}\right) = -(1+\mu)\frac{P}{2a}\left(l_0 - \frac{b_1}{2}\right)(b_1 < l_0 \text{ 时})
\end{aligned}\right\} \tag{2-22}$$

或

恒载弯矩：

$$M_{sg} = -\frac{1}{2}gl_0^2$$

由此，1m 宽板条承载能力极限状态的最大设计弯矩为：

$$M_s = 1.2M_{sg} + 1.8M_{sp}$$

剪力计算从略。

必须注意，以上所有活载内力的计算公式都是对于轴重力为 $P/2$ 的汽车荷载推得的。

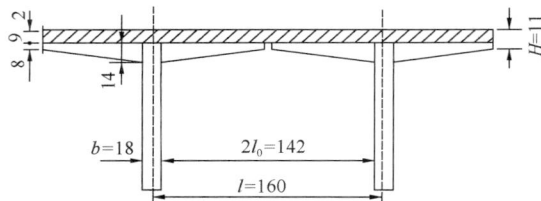

图 2-39   铰接悬臂行车道板（单位：cm）

【例题 2-1】 计算图 2-39 所示 T 梁翼板所构成铰接悬臂板的设计内力。桥面铺装为 2cm 厚的沥青混凝土面层（重度为 21kN/m³）和平均厚 9cm 的 C25 混凝土面层（重度为 23kN/m³）。T 梁翼板钢筋混凝土的重度为 25kN/m³。

（1）恒载内力（以纵向 1m 的板条进行计算）

1）每延米板上的恒载 g

沥青混凝土面层 g_1：$0.02 \times 1.0 \times 21 = 0.42$kN/m

C25 混凝土垫层 g_2：$0.09 \times 1.0 \times 23 = 2.07$kN/m

T 梁翼板自重 g_3：$\dfrac{0.08 + 0.14}{2} \times 1.0 \times 25 = 2.75$kN/m

合计：$g = \sum g_i = 5.24$kN/m

2）每米宽板条的恒载内力

弯矩： $M_{sg} = -\dfrac{1}{2}gl_0^2 = -\dfrac{1}{2} \times 5.24 \times 0.71^2 = -1.32$kN·m

剪力： $Q_{sg} = g \cdot l_0 = 5.24 \times 0.71 = 3.72$kN

（2）活载内力

根据《公桥通规》，采用车辆荷载主要技术指标标准值。将加重车后轮作用于铰缝轴线上为最不利荷载布置，后轴作用力为 $P = 2 \times 140$kN，此时两边的悬臂板各承受一半的车轮荷载，轮压分布宽度如图 2-40 所示。汽车后轮的着地长度 $a_2 = 0.20$m，宽度 $b_2 =$

0.60m，则板上荷载压力面的边长为：

$$a_1 = a_2 + 2H = 0.20 + 2 \times 0.11 = 0.42\text{m}$$

$$b_1 = b_2 + 2H = 0.60 + 2 \times 0.11 = 0.82\text{m}$$

荷载作用于悬臂根部的有效分布宽度：

$$a = a_1 + d + 2l_0 = 0.42 + 1.4 + 2 \times 0.71 = 3.24\text{m}$$

由于这是汽车荷载局部加载在 T 梁的翼板上，因此冲击系数为：

$$(1 + \mu) = 1.3$$

作用于每米宽板条上的弯矩为：

$$M_{sp} = -(1+\mu)\frac{P}{4a}\left(l_0 - \frac{b_1}{4}\right)$$

$$= -1.3 \times \frac{2 \times 140}{4 \times 3.24} \times \left(0.71 - \frac{0.82}{4}\right)$$

$$= -14.18\text{kN} \cdot \text{m}$$

作用于每米宽板条上的剪力为：

$$Q_{sp} = (1+\mu)\frac{P}{4a} = 1.3 \times \frac{2 \times 140}{4 \times 3.24} = 28.09\text{kN}$$

（3）荷载组合

1）承载能力极限状态内力组合计算：

基本组合

$$M_{ud} = 1.2M_{sg} + 1.8M_{sp} = 1.2 \times (-1.35) + 1.8 \times (-14.18) = -27.14\text{kN} \cdot \text{m}$$

$$Q_{ud} = 1.2Q_{sg} + 1.8Q_{sp} = 1.2 \times 3.81 + 1.8 \times 28.09 = 55.13\text{kN}$$

故桥面板的设计内力为：

$$M_{ud} = -27.14\text{kN} \cdot \text{m}$$

$$Q_{ud} = 55.13\text{kN}$$

2）正常使用极限状态内力组合计算：

频遇组合

$$M_{sd} = M_{sg} + 0.7(M_{sp}/1.3) = (-1.35) + 0.7 \times (-14.18/1.3) = -8.99\text{kN} \cdot \text{m}$$

$$Q_{sd} = Q_{sg} + 0.7(Q_{sp}/1.3) = 3.81 + 0.7 \times (28.09/1.3) = 18.94\text{kN}$$

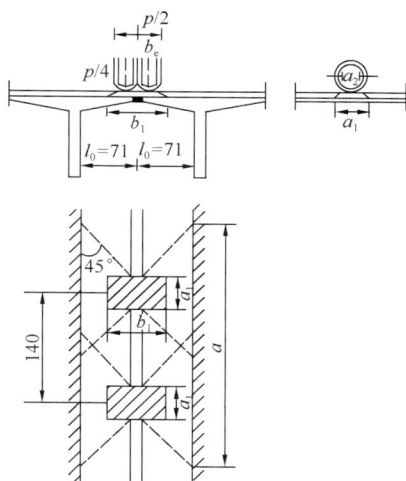

图 2-40　标准车辆荷载的计算图式（尺寸：cm）

2.3　简支梁桥内力计算

2.3.1　主梁内力计算

根据作用于一片主梁的恒载和通过横向分布系数求得的计算活载，就可按一般工程力学的方法计算主梁的截面内力（弯矩 M 和剪力 Q）。有了截面内力，就可按钢筋混凝土和预应力混凝土结构的计算原理进行主梁各截面的配筋设计或验算。

对于一般小跨径的简支梁，通常只需计算跨中截面的最大弯矩和支点截面及跨中截面的剪力。跨中与支点之间各截面的剪力可以近似地按直线规律变化，弯矩可假设按二次抛物线规律变化，如以简支梁的一个支点为坐标原点，其弯矩变化规律即为：

$$M_x = \frac{4M_{\max}}{l^2}x(l-x) \qquad (2\text{-}23)$$

式中 M_x ——主梁在离支点 x 处任一截面的弯矩值；

$M_{\max}$ ——主梁跨中最大设计弯矩；

l ——主梁的计算跨径。

对于较大跨径的简支梁，一般还应计算跨径四分之一截面的弯矩和剪力。如果主梁沿桥轴方向截面有变化，例如梁肋宽度或梁高变化，则还应计算截面变化处的内力。

2.3.1.1   永久作用计算

钢筋混凝土或预应力混凝土公路桥梁的永久作用，往往占全部设计荷载很大的比重（通常占 $60\%\sim90\%$），桥梁的跨径越大，永久作用所占的比重也越大。因此，设计人员要准确地计算出作用于桥梁上的永久作用。如果在设计之初通过一些近似途径（经验曲线、相近的标准设计或已建桥梁的资料等）估算桥梁的永久作用，则应按试算后确定的结构尺寸重新计算桥梁的永久作用。

在计算永久作用效应时，为简化起见，习惯上往往将沿桥跨分点作用的横隔梁重力、沿桥横向不等分布的铺装层重力以及作用于两侧人行道和栏杆等重力均匀分摊给各主梁承受。因此，对于等截面梁桥的主梁，其永久作用可简单地按均布荷载进行计算。如果需要精确计算，可根据桥梁施工情况，将人行道、栏杆、灯柱和管道等重力像可变作用计算那样，按荷载横向分布的规律进行分配。

对于组合式梁桥，应按实际施工组合的情况，分阶段计算其永久作用效应。

对于预应力混凝土简支梁桥，在施加预应力阶段，往往要利用梁体自重或称先期永久作用，来抵消强大钢丝束张拉力在梁体上翼缘产生的拉应力。在此情况下，也要将永久作用分成两个阶段（即先期永久作用和后期永久作用）来进行计算。在特殊情况下，永久作用可能还要分成更多的阶段来计算。

得到永久作用集度值 g 之后，就可按材料力学公式计算出梁内各截面的弯矩 M 和剪力 Q。当永久作用分阶段计算时，应按各阶段的永久作用集度值 g_i 来计算主梁内力，以便进行内力或应力组合。

下面通过一个计算实例来说明永久作用效应的计算方法。

【例 2-2】 计算图 2-41 所示标准跨径为 20m 的五梁式装配式钢筋混凝土简支梁桥主梁的永久作用效应，每侧的栏杆及人行道构件重量的永久作用为 5kN/m。

【解】（1）永久作用集度

主梁：$g = \left[0.18\times1.30 + \left(\dfrac{0.08+0.14}{2}\right)(1.60-0.18)\right]\times25.0 = 9.76\text{kN/m}$

横隔梁：

边主梁横隔板：

$$g_2 = \left\{\left[1.00 - \left(\frac{0.08+0.14}{2}\right)\right]\times\left(\frac{1.60-0.18}{2}\right)\times\frac{0.15+0.16}{2}\times5\times25.0\right\}\Big/19.50$$

$$= 0.63\text{kN/m}$$

中主梁横隔板： $g_2^1 = 2\times0.063 = 1.26\text{kN/m}$

桥面铺装层：

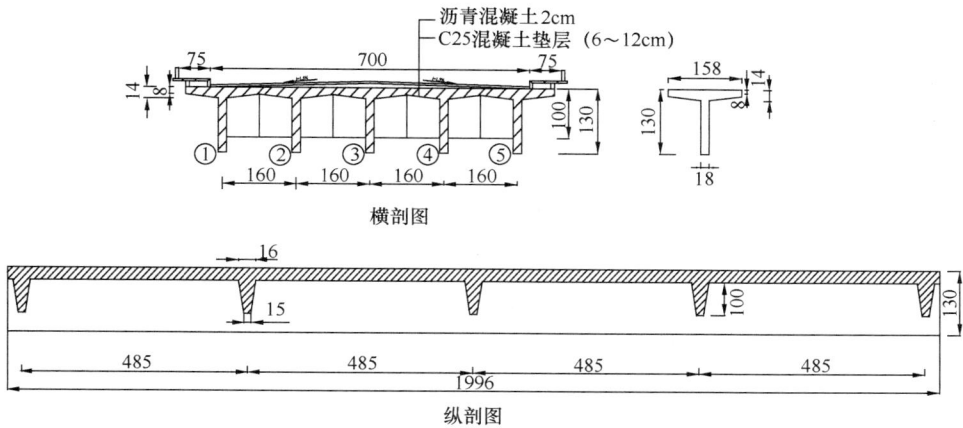

图 2-41 装配式钢筋混凝土简支梁桥一般构造图（单位：cm）

$$g_3 = \left[0.02 \times 7.00 \times 23.0 + \frac{1}{2}(0.06 + 0.12) \times 7.00 \times 24.0 \right] \Big/ 5$$
$$= 3.67\text{kN/m}$$

栏杆和人行道： $g_4 = 5.0 \times 2/5 = 2.00\text{kN/m}$

作用于边主梁的全部永久作用集度为：
$$g = \sum g_i = 9.76 + 0.63 + 3.67 + 2.00 = 16.06\text{kN/m}$$

作用于中主梁的全部永久作用集度为：
$$g' = 9.76 + 1.26 + 3.67 + 2.00 = 16.69\text{kN/m}$$

（2）永久作用效应

该梁的计算跨径为 19.5m，边主梁弯矩和剪力的力学计算模型如图 2-42（a）、（b）所示，则：

$$M_x = \frac{gl}{2} \cdot x - gx \cdot \frac{x}{2} = \frac{gx}{2}(l - x)$$

$$Q_x = \frac{gl}{2} - gx = \frac{g}{2}(l - 2x)$$

各计算截面的剪力和弯矩值列于表 2-1。

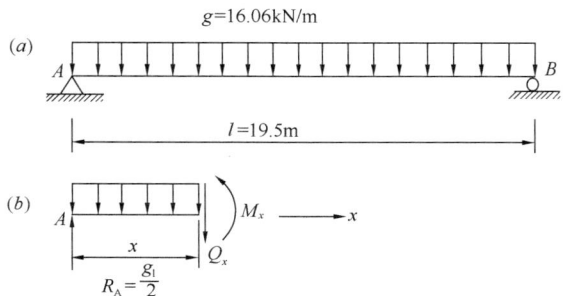

图 2-42 永久作用效应力学计算图式

边主梁永久作用效应 表 2-1

内力截面位置 x	剪力 Q（kN）	弯矩 M（kN·m）
$x = 0$	$Q = \dfrac{16.06}{2} \times 19.5 = 156.6$	$M = 0$
$x = \dfrac{l}{4}$	$Q = \dfrac{16.06}{2}\left(19.5 - 2 \times \dfrac{19.5}{4}\right) = 78.3$	$M = \dfrac{16.06}{2} \times \dfrac{19.5}{4}\left(19.5 - \dfrac{19.5}{4}\right) = 572.5$
$x = \dfrac{l}{2}$	$Q = 0$	$M = \dfrac{1}{8} \times 16.06 \times 19.5^2 = 763.4$

2.3.1.2　可变作用效应计算

公路桥梁的可变作用包括汽车荷载、人群荷载等几部分，求得可变作用的荷载横向分布系数（本章后面叙述）后，就可以具体确定作用在一根主梁上的可变作用，然后用工程力学方法计算主梁的可变作用效应。截面可变作用效应计算的一般计算公式为：

$$S_汽 = (1+\mu) \cdot \xi \cdot (m_1 P_k y_k + m_2 q_k \Omega) \tag{2-24}$$

$$S_人 = m_2 q_r \Omega \tag{2-25}$$

式中　S——所求截面的弯矩或剪力；

$(1+\mu)$——汽车荷载的冲击系数，按《公桥通规》规定取值；

ξ——多车道桥涵的汽车荷载横向折减系数，按《公桥通规》规定取用；

m_1——沿桥跨纵向与车道集中荷载 P_k 位置对应的荷载横向分布系数；

m_2——沿桥跨纵向与车道均布荷载 q_k 所布置的影响线面积中心位置对应的荷载横向分布系数，一般可取跨中荷载横向分布系数 m_c；

P_k——车道集中荷载标准值；

q_k——车道均布荷载标准值；

q_r——纵向每延米人群荷载标准值；

y_k——沿桥跨纵向与 P_k 位置对应的内力影响线最大坐标值；

Ω——弯矩、剪力影响线面积。

利用式（2-24）和式（2-25）计算支点截面处的剪力或靠近支点截面的剪力时，尚须计入由于荷载横向分布系数在梁端区段内发生变化所产生的影响，以支点截面为例，其计算公式为：

$$Q_A = Q'_A + \Delta Q_A \tag{2-26}$$

式中　Q'_A——由式（2-24）或式（2-25）按不变的 m_c 计算的内力值，即由均布荷载 $m_c q_k$ 计算的内力值；

ΔQ_A——计及靠近支点处荷载横向分布系数变化而引起的内力增（或减）值。

ΔQ_A 的计算见图 2-43。

对于车道均布荷载情况，在荷载横向分布系数变化区段内所产生的三角形荷载对内力的影响，可用式（2-27）计算：

$$\Delta Q_A = (1+\mu) \cdot \xi \cdot \frac{a}{2}(m_0 - m_c) \cdot q_k \cdot \bar{y} \tag{2-27}$$

对于人群均布荷载情况，在荷载横向分布系数变化区段内所产生的三角形荷载对内力的影响，可用式（2-28）计算：

$$\Delta Q_A = \frac{a}{2}(m_0 - m_c) \cdot q_r \cdot \bar{y} \tag{2-28}$$

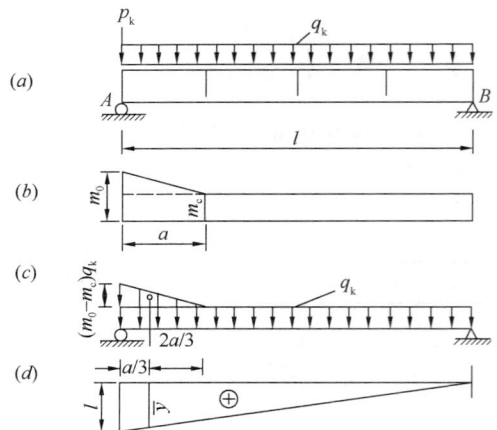

图 2-43　支点剪力力学计算模型

(a) 桥上荷载；(b) m 分布图；
(c) 梁上荷载；(d) Q_A 影响线

式中　a——荷载横向分布系数 m 过渡段长度；

　　　q_r——侧人行道顺桥向每延米的人群荷载标准值；

　　　$\bar{y}$——m 变化区段附加三角形荷载重心位置对应的内力影响线坐标值；

　　　其余符号意义同前。

下面通过一个计算实例来说明可变作用效应的计算方法。

【例 2-3】 以例 2-2 所示的标准跨径为 20m 的五梁式装配式钢筋混凝土简支梁桥为实例，计算边主梁在公路-Ⅱ级和人群荷载 $q_r = 3.0 \text{kN/m}^2$ 作用下的跨中截面最大弯矩、最大剪力以及支点截面的最大剪力。荷载横向分布系数可按表 2-2 中的备注栏参阅有关例题。

（1）荷载横向分布系数汇总（见表 2-2）

荷载横向分布系数　　　　　　　　　　　　　　　　表 2-2

梁号	荷载位置	公路-Ⅱ级	人群荷载	备注
边主梁	跨中 m_c	0.538	0.684	按"偏心压力法"法计算
	支点 m_0	0.438	1.422	按"杠杆原理法"法计算

（2）计算跨中截面车辆荷载引起的最大弯矩

按式（2-24）计算。简支梁桥基频计算公式为 $f = \dfrac{\pi}{2l^2} \sqrt{\dfrac{EI_c}{m_c}}$，对于单根主梁：

混凝土弹性模量 E 取 $3 \times 10^4 \text{MPa}$，主梁跨中截面的截面惯性矩 $I_c = 0.066146 \text{m}^4$，主梁跨中处的单位长度质量 $m_c = 0.995 \times 10^3 \text{kg/m}$，则

$$f = \frac{\pi}{2l^2} \sqrt{\frac{EI_c}{m_c}} = \frac{3.14}{2 \times 19.5^2} \times \sqrt{\frac{3 \times 10^{10} \times 0.066146}{0.995 \times 10^3}} = 5.831 \text{Hz}$$

根据表 1-10，冲击系数 $\mu = 0.1767 \ln f - 0.0157 = 0.296$，$(1 + \mu) = 1.296$。

双车道不折减，$\xi = 1$。

计算弯矩时，$P_k = 0.75 \times \left[180 + \dfrac{360 - 180}{50 - 5} (19.5 - 5) \right] = 178.5 \text{kN}$

$$q_k = 7.875 \text{kN/m}$$

按跨中弯矩影响线，计算得出弯矩影响线面积为：

$$\Omega = \frac{1}{8} l^2 = \frac{1}{8} \times 19.5^2 = 47.53 \text{m}^2$$

沿桥跨纵向与 P_k 位置对应的内力影响线最大坐标值 $y_k = \dfrac{l}{4} = 4.875$，故得：

$$M_{\frac{l}{2}, q} = (1 + \mu) \cdot \xi \cdot (m_1 P_k y_k + m_c \cdot q_k \cdot \Omega)$$
$$= 1.296 \times 1 \times (0.538 \times 178.5 \times 4.875 + 0.538 \times 7.875 \times 47.53)$$
$$= 867.72 \text{kN} \cdot \text{m}$$

（3）计算跨中截面人群荷载引起的最大弯矩

$$M_{\frac{l}{2}, r} = m_{cr} \cdot q_r \cdot \Omega = 0.684 \times (3.0 \times 0.75) \times 47.53 = 73.15 \text{kN} \cdot \text{m}$$

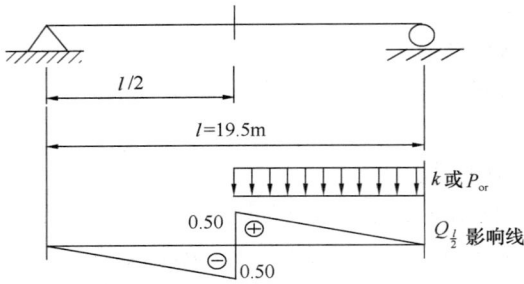

图 2-44　跨中剪力力学计算模型

（4）计算跨中截面车辆荷载引起的最大剪力

鉴于跨中剪力影响线的较大坐标位于跨中部分（见图 2-44），可采用全跨统一的荷载横向分布系数 m_c 进行计算。

计算剪力时，$P_k = 1.2 \times 178.5 = 214.2 \text{kN}$

影响线的面积 $\Omega = \frac{1}{2} \times \frac{1}{2} \times 19.5 \times 0.5 = 2.438\text{m}$

故得：

$$Q_{\frac{l}{2},q} = 1.296 \times 1 \times (0.538 \times 214.2 \times 0.5 + 0.538 \times 7.875 \times 2.438) = 88.07\text{kN}$$

（5）计算跨中截面人群荷载引起的最大剪力

$$Q_{\frac{l}{2},r} = m_c \cdot q_r \cdot \Omega = 0.684 \times (3.0 \times 0.75) \times 2.438 = 3.75\text{kN}$$

（6）计算支点截面车辆荷载引起的最大剪力

绘制荷载横向分布系数沿桥跨方向的变化图和支点剪力影响线如图 2-45 所示。荷载横向分布系数变化区段的长度：

$$a = \frac{1}{2} \times 19.5 - 4.85 = 4.9\text{m}$$

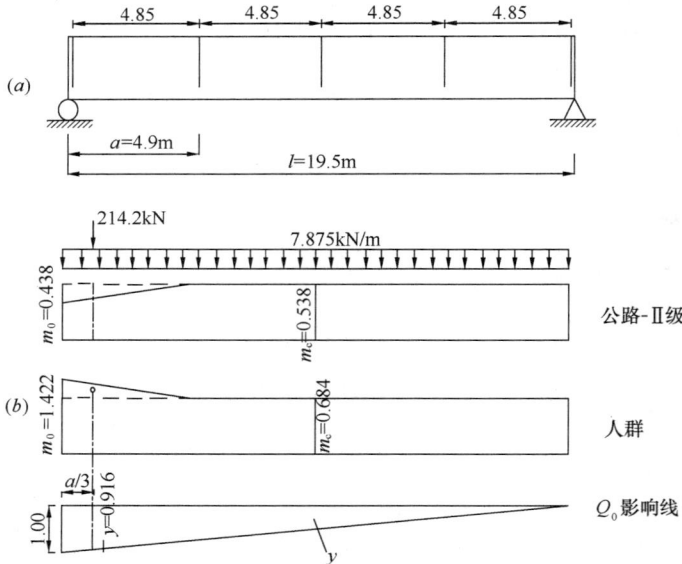

图 2-45　支点剪力力学计算模型

对应于支点剪力影响线的最不利车道荷载布置如图 2-45（a）所示，荷载的横向分布系数图如图 2-45（b）所示。m 变化区段内附加三角形荷载重心处的剪力影响线坐标为：

$\bar{y} = 1 \times \left(19.5 - \frac{1}{3} \times 4.9\right)/19.5 = 0.916$，影响线面积为 $\Omega = \frac{1}{2} 19.5 \times 1 = 9.75\text{m}$。因

此，按式（2-24）计算，则得：

$$Q'_{0q} = (1+\mu) \cdot \xi \cdot (m_1 P_k y_k + m_c q_k \Omega)$$
$$= 1.296 \times 1 \times (0.438 \times 214.2 \times 1.0 + 0.538 \times 7.875 \times 9.75)$$
$$= 175.13 \text{kN}$$

附加剪力由式（2-27）计算：

$$\Delta Q'_{0q} = (1+\mu) \cdot \xi \cdot \frac{a}{2}(m_0 - m_c) \cdot q_k \cdot \bar{y}$$
$$= 1.296 \times 1 \times (0.438 - 0.538) \times 7.875 \times 0.916$$
$$= -2.29 \text{kN}$$

由式（2-28），公路-Ⅱ级荷载作用下，边主梁支点的最大剪力为：

$$Q_{0q} = Q'_{0q} + \Delta Q_{0q} = 175.13 - 2.29 = 172.84 \text{kN}$$

（7）计算支点截面人群荷载引起的最大剪力

由式（2-25）和式（2-28）可得人群荷载引起的支点剪力为：

$$Q_{0r} = m_c \cdot q_r \cdot \Omega + \frac{a}{2}(m_0 - m_c) q_r \cdot \bar{y}$$
$$= 0.684 \times (3.0 \times 0.75) \times 9.75 + \frac{1}{2} \times 4.9 \times (1.422 - 0.684)$$
$$\times (3.0 \times 0.75) \times 0.916$$
$$= 18.73 \text{kN}$$

2.3.1.3 主梁内力组合和包络图

为了按各种极限状态来设计钢筋混凝土或预应力混凝土梁（板）桥，需要确定主梁沿桥跨方向关键截面的作用效应组合设计值（或称为计算内力值），可将各类荷载引起的最不利作用效应分别乘以相应的荷载分项系数，按《公桥通规》规定的作用效应组合而得到计算内力值。

【例 2-4】已知例 2-2 所示的标准跨径为 20m 的 5 梁式装配式钢筋混凝土简支梁桥中 1 号边主梁的内力值最大，利用例 2-2 和例 2-3 的计算结果确定控制设计的计算内力值。

【解】（1）内力计算结果汇总（表 2-3）

内力计算结果 表 2-3

荷载类别	弯矩（kN·m）		剪力（kN）	
	梁端	跨中	梁端	跨中
结构重力	0.0	763.4	156.6	0.0
车辆荷载	0.0	867.72	172.84	88.07
不计冲击力的车辆荷载	0.0	669.54	133.36	67.96
人群荷载	0.0	73.15	18.73	3.75

（2）作用效应组合

结构重要性系数 $\gamma_0 = 1$。

1）作用效应基本组合时：

跨中弯矩：$M_c = \gamma_0 (1.2 M_{cg} + 1.4 M_{cq} + 0.75 \times 1.4 \times M_r)$
$$= 1.0 \times (1.2 \times 763.4 + 1.4 \times 867.72 + 0.75 \times 1.4 \times 73.15)$$
$$= 2207.70 \text{kN} \cdot \text{m}$$

梁端剪力：$Q_0 = \gamma_0(1.2Q_{0g} + 1.4Q_{0q} + 0.75 \times 1.4 \times Q_{r0})$

$= 1.0 \times (1.2 \times 156.6 + 1.4 \times 172.84 + 0.75 \times 1.4 \times 18.73)$

$= 449.56\text{kN}$

2）作用短期效应组合时，车辆荷载不计冲击力：

跨中弯矩：$M_c = M_{cg} + 0.7M_{cq} + 0.4M_r$

$= 763.4 + 0.7 \times 669.54 + 0.4 \times 73.15 = 1261.34\text{kN} \cdot \text{m}$

梁端剪力：$Q_c = Q_{cg} + 0.7Q_{cq} + 0.4Q_r$

$= 156.6 + 0.7 \times 133.36 + 0.4 \times 18.73 = 257.44\text{kN}$

3）作用长期效应组合时，车辆荷载不计冲击力：

跨中弯矩：$M_c = M_{cg} + 0.4M_{cq} + 0.4M_r$

$= 763.4 + 0.4 \times 669.54 + 0.4 \times 73.15 = 1060.48\text{kN} \cdot \text{m}$

梁端剪力：$Q_c = Q_{cg} + 0.4Q_{cq} + 0.4Q_r$

$= 156.6 + 0.4 \times 133.36 + 0.4 \times 18.73 = 217.44\text{kN}$

如果在梁轴线上的各个截面处，将所采用控制设计的各效应组合设计值按适当的比例尺绘成纵坐标，连接这些坐标点而绘成的曲线，称为效应组合设计值（或称为内力组合设计值）的包络图，如图 2-46 所示。一个效应组合设计值包络图仅反映一个量值（M 或 Q）在一种荷载组合情况下结构各截面的最大（最小）内力值，若有 n 个需要计算的量值、m 种荷载组合，就有 $n \times m$ 个效应组合设计值包络图。在结构设计中，按所需验算的截面，依据效应组合设计值包络图得到该截面相应的量值，根据《公桥通规》规定进行相应的验算。对于小跨径梁（如跨径在 10m 以下），如仅计算 $M_{L/2}$ 以及 Q_0，则弯矩包络图可绘成二次抛物线，剪力包络图绘成直线形。

确定效应组合设计值包络图之后，就可按钢筋混凝土或预应力混凝土结构设计原理的方法设计梁内纵向主筋、斜筋和箍筋，并进行各种验算。

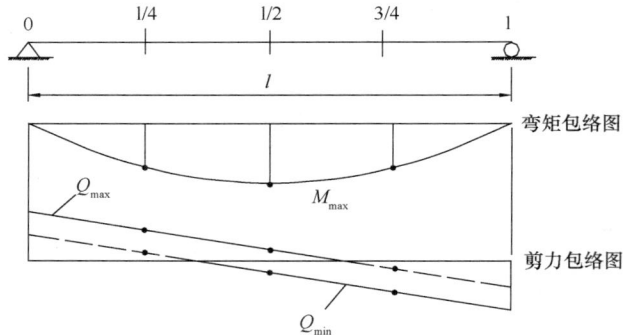

图 2-46   内力包络图

2.3.2   荷载横向分布计算

2.3.2.1   荷载横向分布计算原理

下面我们先以熟知的单梁内力计算作比较，来阐明一座梁式桥在活载作用下内力计算的特点。

对于图 2-47(a) 所示的单梁来说，如以 $\eta_1(x)$ 表示梁上某一截面的内力影响线，则就可方便地计算该截面的内力值 $S = P \cdot \eta_1(x)$。这里的 $\eta_1(x)$ 是一个单值函数，梁在 xoz 平面内受力和变形，它是一种简单的平面问题。对于一座梁式板桥或者由多片主梁通过桥面板和横隔梁组成的梁桥来说，如图 2-47(b) 所示，情况就完全不同了。当桥上作用荷载 P 时，由于结构的横向刚性必然会使荷载在 x 和 y 方向内同时发生传播，并使所有主梁都以不同程度参与工作。鉴于结构受力和变形的空间性，故求解这种结构的内力是属于空间计算理论问题。1950 年代以来，虽然国内外对这一问题进行过许多理论和实验研究，但由于实际结构的复杂性，完全精确的计算仍难实现。每一种理论都有一定的假设条件和适用范围。总的来说，作为空间计算理论的共同点是直接求解结构上任一点的内力或挠度，并且也可像单梁计算中应用影响线那样，借助理论分析所得的影响面来计算某点的内力值。如果结构某点截面的内力影响面用双值函数 $\eta(x,y)$ 来表示，则该截面的内力值可表示为 $S = P \cdot \eta(x,y)$。

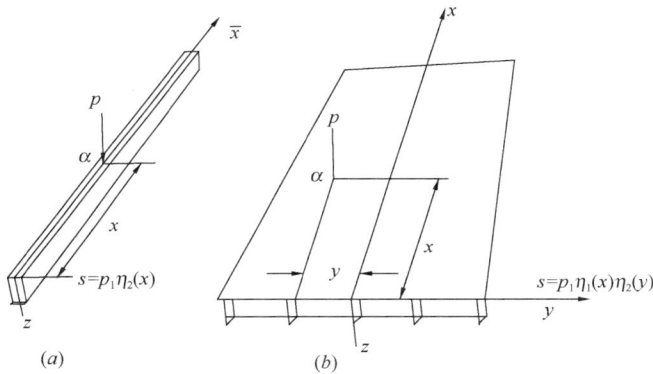

图 2-47　荷载作用下的内力计算
(a) 在单梁上；(b) 在梁式桥上

但是，鉴于作用于桥上的车辆荷载系沿纵横向都能移动的多个局部荷载，用影响面来求解最不利的内力值仍然是非常繁重的工作，因此上述这种空间计算方法实际上没有推广应用。

目前广泛使用的一种方法，是将复杂的空间问题合理转化成图 2-47(a) 所示简单的平面问题来求解。这种方法的实质是将前述的影响面 $\eta(x,y)$ 分离成两个单值函数的乘积，即 $\eta_1(x) \cdot \eta_2(y)$，因此，对于某根主梁某一截面的内力值就可表示为：

$$S = P \cdot \eta(x,y) \approx P \cdot \eta_2(y) \cdot \eta_1(x) \tag{2-29}$$

在上式中 $\eta_1(x)$ 就是单梁其一截面的内力影响线，见图 2-47(a)，如果我们将 $\eta_2(x)$ 看作是单位荷载沿横向作用在不同位置时对某梁所分配的荷载比值变化曲线，也称作对于某梁的荷载横向分布影响线，则 $P \cdot \eta_2(x)$ 就是当 P 作用于 a (x,y) 点时沿横向分布给某梁的荷载 (图 2-47b)，暂以 P' 表示，即 $P' = P \cdot \eta_2(y)$，这样，就可完全像图 2-47(a) 所示平面问题一样，求得某梁上某截面的内力值，这就是利用荷载横向分布来计算内力的基本原理。

下面再进一步阐明当桥上作用着车辆荷载时荷载横向分布系数的概念。图 2-48(a)

表示桥上作用着一辆前后轴各重 P_1 和 P_2 的汽车荷载，相应的轮重为 $P_1/2$ 和 $P_2/2$。如欲求 3 号梁 k 点的截面内力，则可先用对于 3 号梁的荷载横向分布影响线求出桥上横向各排轮重对该梁分布的总荷载（按横向最不利荷载位置求最大值），然后再用这些荷载通过单梁 k 点截面的内力影响线来计算 3 号梁该截面的最大内力值。显然，如果桥梁的结构一定，轮重在桥上的位置也确定，则分布至 3 号梁的荷载也是一个定值。在桥梁设计中，通常用一个表征荷载分布程度的系数 m 与轴重的乘积来表示这个定值，因此前后轴的两排轮重分布至 3 号梁的荷载可分别表示为 mP_1 和 mP_2（如图 2-48b）。这个 m 就称为荷载横向分布系数，它表示某根主梁（这里指 3 号梁）所承担的最大荷载是各个轴重的倍数（通常小于 1）。

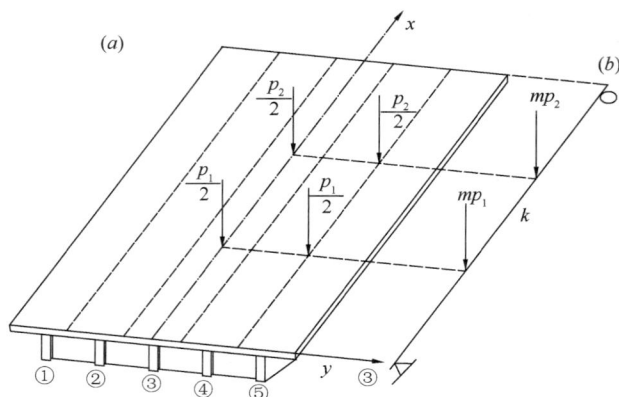

图 2-48　车轮荷载在桥上的横向分布

这里需要说明的是，上述将空间计算问题转化成平面问题的做法只是一种近似的处理方法，因为实际上荷载沿横向通过桥面板和多根横隔梁向相邻主梁传递时情况是很复杂的，原来的集中荷载传至相邻梁的就不再是同一纵向位置的集中荷载了。但是，理论和试验研究指出，对于直线梁桥，当通过沿横向的挠度关系来确定荷载横向分布规律时，由此而引起的误差是很小的。如果考虑到实际作用在桥上的荷载并非只是一个集中荷载，而是分布在桥跨不同位置的多个车轮荷载，那么此种误差就会更小。关于这个问题，将在下面的"铰接板（梁）"中再作详细说明。

显然，同一座桥梁内各根梁的荷载横向分布系数 m 是不相同的，不同类型的荷载（如汽车、人群荷载等）其 m 值也各异，而且荷载在梁上沿纵向的位置对 m 也有影响。这些问题将在以后的各节中加以阐明。现在来分析桥梁结构具有不同横向连接刚度时，对于荷载横向分布的影响。

设想图 2-49 表示五根主梁所组成的桥梁在跨度内承受荷载 P 的跨中横截面。图 2-49 (a) 表示主梁与主梁间没有任何联系的结构，此时如中梁的跨中有集中力 P 作用，则全桥中只有直接承载的中梁受力，也就是说，该梁的横向分布系数 $m=1$。显然这种结构形式整体性差，而且是很不经济的。

再看图 2-49(c) 的情况，如果将各主梁相互间借横隔梁和桥面刚性连接起来，并且设想横隔梁的刚度接近无穷大（$EI_H \approx \infty$），则在同样的荷载 P 作用下，由于横隔梁无弯曲变形，因此所有五根主梁将共同参与受力。此时五根主梁的挠度均相等，荷载 P 由五根

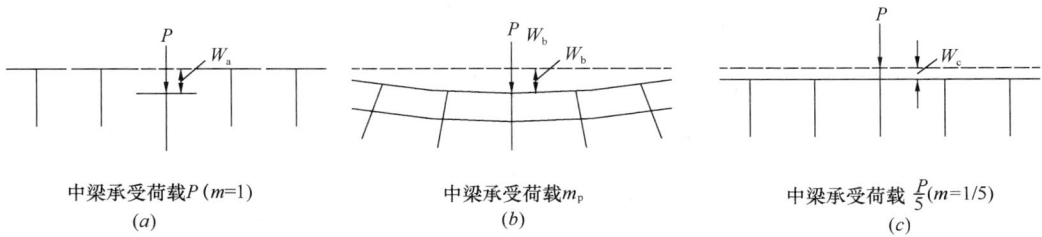

图 2-49 不同横向刚度时主梁的变形和受力情况

(a) 横向无联系；(b) $\infty > EI_H > 0$；(c) $EI_H \to \infty$

梁均匀分担，每梁只承受 $\frac{1}{5}P$，也就是说，各梁的横向分布系数 $m=0.2$。

然而，一般钢筋混凝土或预应力混凝土梁桥实际构造情况是：各根主梁虽通过横向结构连成整体，但是横向结构的刚度并非无穷大。因此，在相同的荷载 P 作用下，各根主梁按照某种复杂的规律变形（如图 2-49(b)，此时中梁的挠度 w_b 必然要小于 w_a 而大于 w_c，设中梁所受的荷载为 mP，则其横向分布系数 m 也必然小于 1 而大于 0.2。

由此可见，桥上荷载横向分布的规律与结构的横向连接刚度有着密切关系，横向连接刚度越大，荷载横向分布作用越显著，各主梁的负担也越趋均匀。

在实践中，由于施工特点、构造设计等的不同，钢筋混凝土和预应力混凝土梁式桥上可能采用不同类型的横向结构。因此，为使荷载横向分布的计算能更好地适应各种类型的结构特性，就需要按不同的横向结构简化计算模型拟定出相应的计算方法。目前常用以下几种荷载横向分布计算方法：

（1）杠杆原理法——把横向结构（桥面板和横隔梁）视作在主梁上断开而简支在其上的简支梁；

（2）刚性横梁法——把横隔梁视作刚度极大的梁，也称偏心压力法。当计及主梁抗扭刚度影响时，此法又称为修正刚性横梁法（修正偏心压力法）；

（3）铰接板（梁）法——把相邻板（梁）之间视为铰接，只传递剪力；

（4）刚接梁法——把相邻主梁之间视为刚性连接，即传递剪力和弯矩；

（5）比拟正交异性板法——将主梁和横隔梁的刚度换算成两向刚度不同的比拟弹性平板来求解，并由实用的曲线图表进行荷载横向分布计算。

总的说来，上列各种实用的计算方法所具有的共同特点是：从分析荷载在桥上的横向分布出发，求得各梁的荷载横向分布影响线，从而通过横向最不利布载来计算荷载横向分布系数 m。有了作用于单梁上的最大荷载，就能按熟知的方法求得主梁的活载内力值。

钢筋混凝土和预应力混凝土梁桥的恒载一般比较大，即使在计算活载内力中会带来一些误差，对于主梁总的设计内力来说，这种误差的影响一般是不太大的。

下面分别介绍各种计算荷载横向分布系数方法的基本原理并举例说明各自的计算方法。

2.3.2.2 杠杆原理法

（1）计算原理和适用场合

按杠杆原理法进行荷载横向分布的计算，其基本假定是忽略主梁之间横向结构的联系作用,即假设桥面板在主梁上断开,而当作沿横向支承在主梁上的简支梁或悬臂梁来考虑。

图 2-50(a) 所示即为桥面板直接搁在工字形主梁上的装配式桥梁。当桥上有车辆荷载作用时,很明显,作用在左边悬臂板上的轮重 $P_1/2$ 只传递至 1 号和 2 号梁,作用在中部简支板上者只传给 2 号和 3 号梁(图 2-50b),也就是,板上的轮重 $P_1/2$ 各按简支梁反力的方式分配给左右两根主梁,而反力 R_i 的大小只要利用简支板的静力平衡条件即可求出,这就是通常所谓作用力平衡的"杠杆原理"。如果主梁所支承的相邻两块板上都有荷载,则该梁所受的荷载是两个支承反力之和,如图 2-50(b) 中 2 号梁所受的荷载为 $R_2 = R_2' + R_2''$。

为了求主梁所受的最大荷载,通常可利用反力影响线来进行,在此情况下,它也就是计算荷载横向分布系数的横向影响线,如图 2-51 所示。

有了各根主梁的荷载横向影响线,就可根据各种活载,如汽车和人群的最不利荷载位置求得相应的横向分布系数 m_{0q} 和 m_{0r},如图 2-51(a) 中所示,这里 m 表示按杠杆原理法计算的荷载横向分布系数,拼音字母的脚标 q 和 r 相应表示汽车和人群荷载。图中 $p_{0r} = p_r \cdot a$。它表示每延米人群荷载的强度。

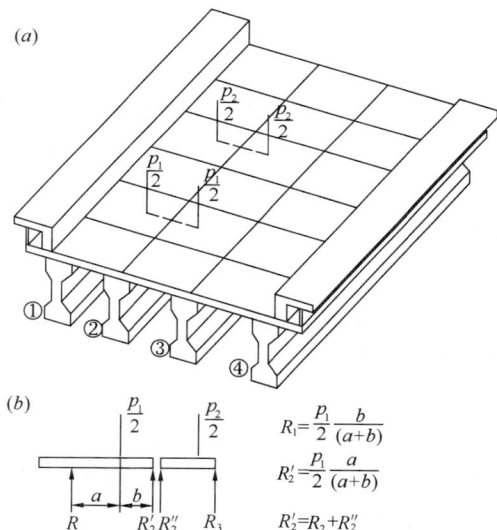

图 2-50 按杠杆原理受力图式

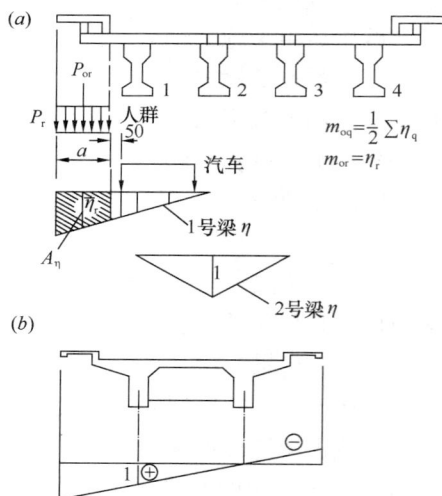

图 2-51 按杠杆原理法计算横向分布系数

尚须注意,采用杠杆原理法计算时,应当计算几根主梁的横向分布系数,以便得到受载最大的主梁的最大内力作为设计的依据。

对于图 2-51(b) 所示的双主梁桥,采用杠杆原理法计算荷载的横向分布是足够精确的。

对于一般多梁式桥,不论跨度内有无中间横隔梁,当桥上荷载作用在靠近支点处时,例如当计算支点剪力时,荷载的绝大部分通过相邻的主梁直接传至墩台。再从集中荷载直接作用在端横隔梁上的情形来看,虽然端横隔梁是连续于几根主梁之间的,但由于不考虑支座的弹性压缩和主梁本身的微小压缩变形,显然荷载将主要传至两个相邻的主梁支座,即连续端横隔梁的支点反力与多跨简支梁的反力相差不多。因此，在实践中人们习惯偏于安全地用杠杆原理分布法来计算荷载位于靠近主梁支点时的横向分布系数。

杠杆原理法也可近似地应用于横向联系很弱的无中间横隔梁的桥梁。但是这样计算的荷载横向分布系数，通常对于中间主梁会偏大些，而对于边梁则会偏小。对于无横隔梁的装配式箱形梁桥的初步设计，在绘制主梁荷载横向影响线时可以假设箱形截面是不变形的，故箱梁内的竖标值为等于1的常数，如图2-52所示。

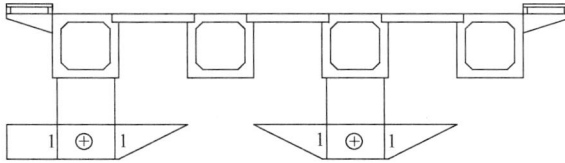

图 2-52　无横隔梁装配式箱梁桥的主梁横向影响线

（2）计算举例

【例 2-5】图 2-53(a) 为一桥面净空为净－7＋2×0.75m 人行道的钢筋混凝土 T 梁桥，共设五根主梁。试求荷载位于支点处时 1 号梁和 2 号梁相应于公路-Ⅱ级和人群荷载的横向分布系数。

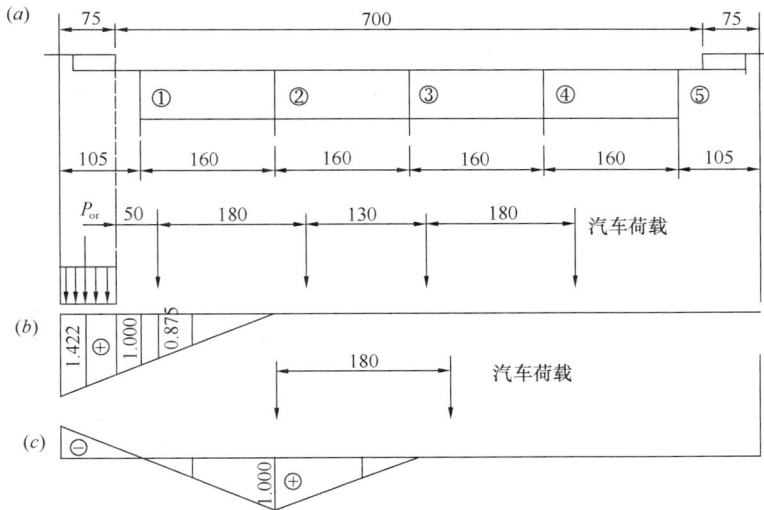

图 2-53　杠杆原理法计算荷载横向分布系数
(a) 桥梁横截面；(b) 1号梁横向影响线；(c) 2号梁横向影响线

当荷载位于支点处时，应按杠杆原理法计算荷载横向分布系数。

首先绘制 1 号梁和 2 号梁的荷载横向影响线，如图 2-53(b)、(c) 所示。

再根据《公桥通规》规定，在横向影响线上确定荷载沿横向最不利的布置位置。例如，对于汽车荷载，规定的汽车横向轮距为 1.80m，两列汽车车轮的横向最小间距为 1.30m，车轮距离人行道缘石最少为 0.50m。求出相应于荷载位置的影响线竖标值后，就可得到横向所有荷载分布给 1 号梁的最大荷载值为：

汽车荷载　$\max A_{1q} = \Sigma \dfrac{P_q}{2} \cdot \eta_q = \dfrac{\Sigma \eta_q}{2} \cdot P_q = \dfrac{0.875}{2} \cdot P_q = 0.438 P_q$

人群荷载　$\max A_{1r} = \eta_r \cdot P_r \cdot 0.75 = 1.422 p_{0r}$

式中 P_q 和 p_{0r} 相应为汽车荷载轴重和每延米跨长的人群荷载集度；η_q 和 η_r 为对应于汽车车轮和人群荷载集度的影响线竖标。由此可得 1 号梁在公路-Ⅱ级和人群荷载作用下的最不利荷载横向分布系数分别为：$m_{0q} = 0.438$ 和 $m_{0r} = 1.422$。

同理，从图 2-53(c) 的计算可得 2 号梁的最不利荷载横向分布系数为 $m_{0q} = 0.5$ 和 $m_{0r} = 0$。这里，在人行道上没有布载，这是因为人行道荷载引起的负反力，在考虑荷载组合时反而会减小 2 号梁的受力。

当各根主梁的荷载横向分布系数 m_0 求得后，通常就取 m_0 最大的这根梁按常规方法来计算截面内力。

2.3.2.3　刚性横梁法

在钢筋混凝土或预应力混凝土梁桥上，通常除在桥的两端设置横隔梁外，还在跨度中央，甚至还在跨度四分之一点处，设置中间横隔梁，这样可以显著增加桥梁的整体性，并加大横向结构的刚度。根据试验观测结果和理论分析，在具有可靠横向连接的桥上，且在桥的宽跨比 B/l 小于或接近于 0.5（一般称为窄桥）的情况下，车辆荷载作用下中间横隔梁的弹性挠曲变形同主梁的相比较微不足道。也就是说，中间横隔梁像一根刚度无穷大的刚性梁一样保持直线的形状，如图 2-54 所示，图中 w 表示梁跨中央的竖向挠度。鉴于横隔梁无限刚性的假定，此法称"刚性横梁法"，从桥上受荷后各主梁的变形（挠度）规律来看，它完全类似于一般材料力学中杆件偏心受压的情况，也称为"偏心压力法"。

下面我们就根据上述假定来分析荷载对各主梁的横向分布。

（1）偏心荷载 P 对各主梁的荷载分布

从图 2-54 可见，在偏心荷载 P 作用下，由于各根梁的挠曲变形，刚性的中间横隔梁将从原来的 c-d 位置变位至 c'-d' 呈一根倾斜的直线；靠近 P 的 1 号边梁的跨中挠度 w_1 最大，远离 P 的 5 号边梁的 w_2 最小（也可能出现负值），其他任意梁的跨中挠度均按 c'-d' 线呈直线规律分布。因为在弹性范围内某根主梁所受到的荷载 R_i 是与该荷载所产生的弹性挠度 w_i 成正比例的，所以在上述情况下，1 号边梁受的荷载最大，5 号边梁受的荷载最小（也可能承受反向荷载）。由此可以得出结论：在中间横隔梁刚度相当大的窄桥上，在沿横向偏心布置的活载作用下，总是靠近活载一侧的边梁受载最大。

为了计算 1 号边梁所受的荷载，现在考察图 2-55 所示在跨中有单位荷载 $P = 1$ 作用在左边 1 号梁梁轴上（偏心距为 e）时的荷载分布情况。作为一般的

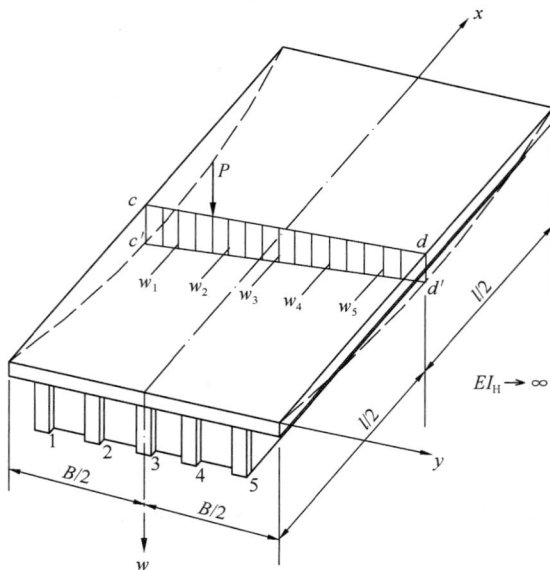

图 2-54　梁桥挠曲变形（刚性横梁）

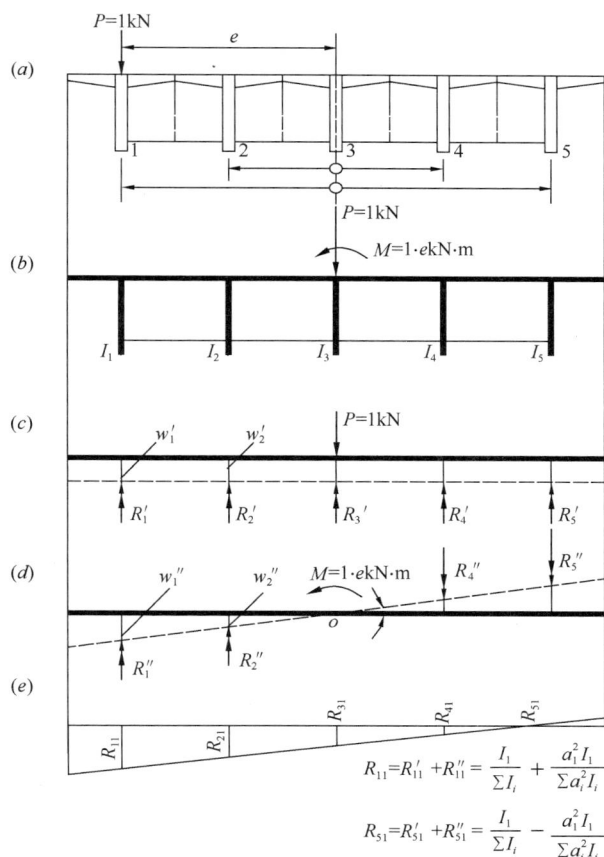

图 2-55 偏心荷载 $P=1$ 对各主梁的荷载分布图

情形，假定各主梁的惯性矩 I_i 是不相等的（实践中往往有边梁大于中间主梁的场合）。显然，对于具有近似刚性中间横隔梁的结构，图 2-55(a) 的荷载可以用作用于桥轴线的中心荷载 $P=1$ 和偏心力矩 $M=1 \cdot e$ 来替代，如图 2-55(b) 所示。因此，只要分别求出在上述两种荷载下（图 2-55c 和 d）对于各主梁的作用力，并将它们相应地叠加，便可得到偏心荷载 $P=1$ 对各根主梁的荷载横向分布。

1）中心荷载 $P=1$ 的作用

由于假定中间横隔梁是刚性的，且横截面对称于桥中线，各根主梁就产生同样的挠度（图 2-55c），即：

$$\omega_1' = \omega_2' = \cdots\cdots = \omega_n' \tag{2-30}$$

根据材料力学，作用于简支梁跨中的荷载（即主梁所分担的荷载）与挠度的关系为：

$$\omega_1' = \frac{R_i' l^3}{48EI_i} \quad 或 \quad R_i' = \alpha I_i \omega_i' \tag{2-31}$$

式中：$\alpha = \dfrac{48E}{l^3} =$ 常数（E 为梁体材料的弹性模量）。

由静力平衡条件并代入式（2-31），可得：

$$\sum_{i=1}^{n} R_i' = \alpha \omega_i' \sum_{i=1}^{n} I_i = 1$$

故
$$\alpha \omega_i' = \frac{1}{\sum\limits_{i=1}^{n} I_i} \tag{2-32}$$

将上式代入式（2-31），即得中心荷载 $P=1$ 在各主梁间的荷载分布为：

$$R_i' = \frac{I_i}{\sum\limits_{i=1}^{n} I_i} \tag{2-33}$$

对于 1 号梁为：

$$R_1' = \frac{I_1}{\sum\limits_{i=1}^{n} I_i} \tag{2-34}$$

式中　I_1——1 号梁（边梁）的抗弯惯性矩；

$\sum\limits_{i=1}^{n} I_i$——桥梁横截面内所有主梁抗弯惯性矩的总和，对于已经确定的桥梁横截面，
它是常数。

如果各主梁的截面均相同，则得：

$$R_1' = R_2' = \cdots\cdots = R_n' = \frac{1}{n} \tag{2-35}$$

式中　n——主梁根数。

2）偏心力矩 $M = 1 \cdot e$ 的作用

在偏心力矩 $M = 1 \cdot e$ 作用下，会使桥的横截面产生绕中心点 O 的转角 φ（图 2-55d），因此各根主梁产生的竖向挠度 ω_i'' 可表示为：

$$\omega_i'' = a_i \tan\varphi \tag{2-36}$$

由式（2-31），主梁所受荷载与挠度的关系为：

$$R_i'' = \alpha I_i \omega_i'' \tag{2-37}$$

将式（2-36）代入上式即得：

$$R_i'' = \alpha \tan\varphi a_i I_i = \beta a_i I_i \, (\beta = \alpha \tan\varphi) \tag{2-38}$$

从图 2-55(d) 中可知，R_i'' 对桥的截面中心点 O 所形成的反力矩之和应与外力矩 $M = 1 \cdot e$ 平衡，故据此平衡条件并利用式（2-38）可得：

$$\sum_{i=1}^{n} R_i'' \cdot a_i = \beta \sum_{i=1}^{n} a_i^2 I_i = 1 \cdot e$$

则
$$\beta = \frac{e}{\sum\limits_{i=1}^{n} a_i^2 I_i} \tag{2-39}$$

式中，$\sum\limits_{i=1}^{n} a_i^2 I_i = a_1^2 I_1 + a_2^2 I_2 + \cdots + a_n^2 I_n$，对于已经确定的桥梁截面，它是常数。

将式（2-39）代入式（2-38），即得偏心力矩 $M = 1 \cdot e$ 作用下各主梁所分配的荷载为：

$$R''_i = \frac{ea_iI_i}{\sum\limits_{i=1}^{n} a_i^2 I_i} \tag{2-40}$$

注意，上式中的荷载位置 e 和梁位 a_i 是具有共同原点 O 的横坐标值，因此在取值时应当计入正、负号。例如，当 e 和 a_i 位于同一侧时两者的乘积取正号，反之应取负号。故对于 1 号边梁为：

$$R''_1 = \frac{ea_1I_1}{\sum\limits_{i=1}^{n} a_i^2 I_i} \tag{2-41}$$

若以 $e = a_1$ 代入上式，即荷载也作用在 1 号边梁轴线上时，就有

$$R''_{11} = \frac{a_1^2 I_1}{\sum\limits_{i=1}^{n} a_i^2 I_i} \tag{2-42}$$

如果各根主梁的截面均相同，则

$$R''_{11} = \frac{a_1^2}{\sum\limits_{i=1}^{n} a_i^2} \tag{2-43}$$

式中，R''_{11} 的第二个角标表示荷载作用位置，第一个角标则表示由于该荷载引起反力的梁号。

3）偏心荷载 $P=1$ 对各主梁的总作用

将式（2-33）和式（2-40）相叠加，并设荷载位于 k 号梁轴上（$e=a_k$），就可写出任意 i 号主梁荷载分布的一般公式为：

$$R_{ik} = \frac{I_i}{\sum\limits_{i=1}^{n} I_i} + \frac{a_i a_k I_i}{\sum\limits_{i=1}^{n} a_i^2 I_i} \tag{2-44}$$

由此也不难得到关系式：

$$R_{ik} = R_{ki} \frac{I_i}{I_k} \tag{2-45}$$

对于图 2-55 的情形，如欲求 $P=1$ 作用于 1 号梁轴线上时边主梁（1 号和 5 号梁）所受的总荷载，只要在式（2-44）中，将 a_k 代入 a_1，将 a_iI_i 分别代以 a_1I_1 和 a_5I_5，即可得到：

$$\left.\begin{array}{l} R_{11} = \dfrac{I_1}{\sum\limits_{i=1}^{n} I_i} + \dfrac{a_1^2 I_1}{\sum\limits_{i=1}^{n} a_i^2 I_i} \\[6mm] R_{51} = \dfrac{I_1}{\sum\limits_{i=1}^{n} I_i} - \dfrac{a_1^2 I_1}{\sum\limits_{i=1}^{n} a_i^2 I_i} \end{array}\right\} \tag{2-46}$$

求得了各根梁所受的荷载 R_{11}、R_{21}、$\cdots R_{n1}$，就可绘出 $P=1$ 作用在 1 号梁上时对各主梁的荷载分布图示，如图 2-55(e) 所示。鉴于 R_{i1} 图形呈直线分布，这一点从各梁挠度呈直线规律变化也不难加以证明，故实际上只要计算两根边梁的荷载值 R_{11} 和 R_{51} 就足够了。

（2）利用荷载横向影响线求主梁的荷载横向分布系数

以上论述了沿桥的横向只有一个集中荷载作用的情况。然而实际沿桥宽作用的车轮荷载不止一个，因此为方便起见，通常利用荷载横向影响线来计算横向一排荷载对某根主梁的总影响。

已经知道，当单位荷载 $P=1$ 作用在桥跨中任一主梁 k 的轴线上时，对各根主梁的荷载横向分布为 R_{ik} 见式（2-44），利用式（2-45）的关系，就可得到荷载 $P=1$ 作用在任意梁轴线上时分布至 k 号梁的荷载为：

$$R_{ki} = R_{ik} \cdot \frac{I_k}{I_i}$$

这就是 5 号主梁的荷载横向影响线在各梁位处的竖标值，通常写成 η_{ki}（$i=1$，2，$\cdots n$）。如果各根主梁的截面尺寸相同，则

$$\eta_{ki} = R_{ki} = R_{ik}$$

如以 1 号边梁为例，它的横向影响线的两个控制竖标值就是：

$$\left.\begin{array}{l} \eta_{11} = R_{11} = \dfrac{I_1}{\sum\limits_{i=1}^{n} I_i} + \dfrac{a_1^2 I_1}{\sum\limits_{i=1}^{n} a_i^2 I_i} \\[4mm] \eta_{15} = R_{51} = \dfrac{I_1}{\sum\limits_{i=1}^{n} I_i} - \dfrac{a_1^2 I_1}{\sum\limits_{i=1}^{n} a_i^2 I_i} \end{array}\right\} \tag{2-47}$$

倘若各主梁的截面均相同，上式可简化成：

$$\left.\begin{array}{l} \eta_{11} = \dfrac{1}{n} + \dfrac{a_1^2}{\sum\limits_{i=1}^{n} a_i^2} \\[4mm] \eta_{51} = \dfrac{1}{n} - \dfrac{a_1^2}{\sum\limits_{i=1}^{n} a_i^2} \end{array}\right\} \tag{2-48}$$

有了荷载横向影响线，就可以根据荷载沿横向的最不利位置来计算相应的横向分布系数，从而求得其所受的最大荷载。

（3）计算举例

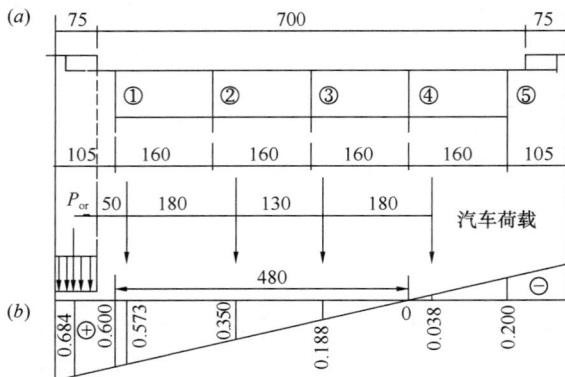

图 2-56　横向分布系数计算图示

（a）桥梁横断面；（b）1 号梁横向影响线

【例 2-6】计算跨径 $l=19.50\text{m}$ 的桥梁横截面如图 2-56（a）所示，试求荷载位于跨中时 1 号边梁的荷载横向分布系数 m_{cq}（汽车荷载）和 m_{cr}（人群荷载）。

此桥在跨度内设有横隔梁，具有强大的横向连接刚性，且承重结构的长宽比为：

$$\frac{l}{B} = \frac{19.50}{5 \times 1.60} = 2.4 > 2$$

故可按刚性横梁法来绘制横向影响线并计算横向分布系数 m_{cq}。

本桥各根主梁的横截面均相等，梁数 $n=5$，梁间距为 1.60m，则：

$$\sum_{i=1}^{5} a_i^2 = a_1^2 + a_2^2 + a_3^2 + a_4^2 + a_5^2$$
$$= (2 \times 1.60)^2 + 1.60^2 + 0 + (-1.60)^2 + (-2 \times 1.60)^2$$
$$= 25.60\text{m}^2$$

由式（2-47），1 号梁横向影响线的竖标值为：

$$\eta_{11} = \frac{1}{n} + \frac{a_1^2}{\sum\limits_{i=1}^{n} a_i^2} = \frac{1}{5} + \frac{(2 \times 1.60)^2}{25.60} = 0.20 + 0.40 = 0.60$$

$$\eta_{15} = \frac{1}{n} - \frac{a_1^2}{\sum\limits_{i=1}^{n} a_i^2} = 0.20 - 0.40 = -0.20$$

由 η_{11} 和 η_{15} 绘制的 1 号梁横向影响线如图 2-56(b) 所示，且图中按《公路桥规》规定确定了汽车荷载和挂车荷载的最不利荷载位置。

进而由 η_{11} 和 η_{15} 计算横向影响线的零点位置，在本例中，设零点至 1 号梁位的距离为 x，则

$$\frac{x}{0.60} = \frac{4 \times 1.60 - x}{0.2}$$

解得 $x=4.80\text{m}$。

零点位置已知后，就可求出各类荷载相应于各个荷载位置的横向影响线竖标值 η_q 和 η_r。

设人行道缘石至 1 号梁轴线的距离为 Δ，则

$$\Delta = (7.00 - 4 \times 1.60)/2 = 0.3\text{m}$$

于是，1 号梁的活载横向分布系数可计算如下（以 x_{qi} 和 x_r 分别表示影响线零点至汽车车轮和人群荷载集度的横坐标距离）：

汽车荷载

$$m_{cq} = \frac{1}{2}\sum \eta_q = \frac{1}{2} \cdot \frac{\eta_{11}}{x}(x_{q1} + x_{q2} + x_{q3} + x_{q4})$$
$$= \frac{1}{2} \times \frac{0.60}{4.80} \times (4.60 + 2.80 + 1.50 - 0.30) = 0.538$$

人群荷载

$$m_{cr} = \eta = \frac{\eta_{11}}{x} \cdot x_r = \frac{0.60}{4.80} \cdot \left(4.80 + 0.30 + \frac{0.75}{2}\right) = 0.684$$

求得 1 号梁的各种荷载横向分布系数后，就可得到各类荷载分布至该梁的最大荷载值。

2.3.2.4 修正刚性横梁法

前面所介绍的刚性横梁法具有概念清楚、公式简明和计算方便等优点。然而这种方法在推演中由于作了横隔梁近似绝对刚性和忽略主梁抗扭刚度的两项假定，这就导致了边梁受力偏大的计算结果。因此以往在实用计算中也有将按刚性横梁法求得的边梁最大横向分布系数乘以 0.9 加以约略折减的方法。

为了弥补刚性横梁法的不足，国内外也广泛地采用考虑主梁抗扭刚度的修正刚性横梁法。这一方法既不失刚性横梁法之优点，又避免了计算结果偏大的缺陷，因此修正刚性横梁法是一个具有较高实用价值的近似法。

（1）计算原理

我们已知用刚性横梁法计算荷载横向影响线坐标（以 1 号边梁为例）的公式为：

$$\eta_{1i} = \frac{I_1}{\sum I_i} \pm \frac{ea_1 I_1}{\sum a_i^2 I_i}$$

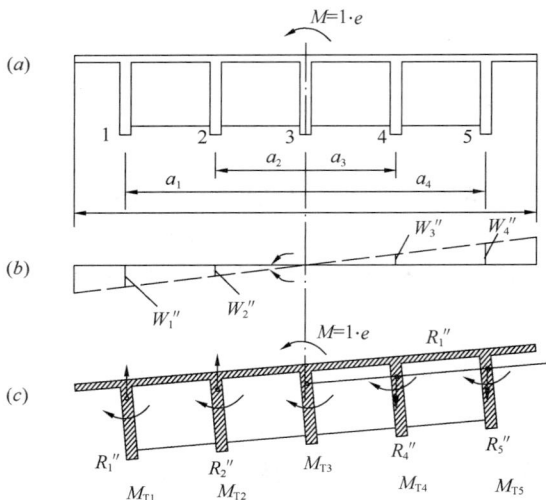

图 2-57　考虑主梁抗扭的计算图式

上式中等号右边第一项是由中心荷载 $P=1$ 所引起，此时各主梁只发生挠度而无转动（参见图 2-55c），显然它与主梁的抗扭无关。等号右边的第二项源自于偏心力矩 $M = 1 \cdot e$ 的作用，此时，由于截面的转动，各主梁不仅发生竖向挠度，而且还必然同时引起扭转，可是在算式中却没有计入主梁的抗扭作用。由此可见，要计入主梁抗扭影响，只需对等式第二项给予修正。

现在来研究跨中垂直于桥轴平面内有外力矩 $M = 1 \cdot e$ 作用下桥梁的变形和受力情况。如图 2-57 所示，此时每根主梁除产生不相同的挠度 W_i'' 外尚转动一个相同的 φ 角（图 2-57b）。如设荷载通过跨中的刚性横隔梁传递，截出此横隔梁作为脱离体来分析，可得各根主梁对横隔梁的反作用为竖向力 R_i'' 和抗扭矩 M_{Ti}（图 2-57c）。

根据平衡条件：

$$\sum_{i=1}^{n} R_i'' a_i + \sum_{i=1}^{n} M_{Ti} = 1 \cdot e \tag{2-49}$$

由材料力学，简支梁考虑自由扭转时跨中截面扭矩与扭转角以及竖向力与挠度的关系为：

$$\varphi = \frac{l M_{Ti}}{4 G I_{Ti}} \text{ 和 } \omega_i'' = \frac{R_i'' l^3}{48 E I_i} \tag{2-50}$$

式中　　l ——简支梁的跨度；

　　　　I_{Ti} ——梁的抗扭惯矩；

　　　　G ——材料的剪切模量；

　　　　其余符号同前。

由几何关系（图 2-57b）：

$$\varphi \approx \tan\varphi = \frac{\omega_i''}{a_i} \tag{2-51}$$

将公式（2-50）代入，则：

$$\varphi = \frac{R_i'' l^3}{48 a_i'' E I_i} \tag{2-52}$$

再将上式代入与 $M_{\text{T}i}$ 的关系式，就得：

$$M_{\text{T}i} = R''_i \cdot \frac{l^2 G I_{\text{T}i}}{12 a_i E I_i} \tag{2-53}$$

为了计算任意 k 号梁的荷载，利用几何关系和式（2-50），则

$$\frac{\omega''_i}{\omega''_k} = \frac{a_i}{a_k} = \frac{R''_i/I_i}{R''_k/I_k}, \text{ 即得 } R''_i = R''_k \frac{a_i I_i}{a_k I_k} \tag{2-54}$$

再将式（2-53）和式（2-54）代入平衡条件式（2-49），则得：

$$\sum_{i=1}^{n} R''_k \frac{a_i^2 I_i}{a_k I_k} + \sum_{i=1}^{n} R''_k \cdot \frac{a_i I_i}{a_k I_k} \cdot \frac{l^2 G I_{\text{T}i}}{12 a_i E I_i} = e$$

$$R''_k \cdot \frac{1}{a_k I_k} \left(\sum_{i=1}^{n} a_i^2 I_i + \frac{Gl^2}{12E} \sum_{i=1}^{n} I_{\text{T}i} \right) = e$$

于是：

$$R''_k = \frac{e a_k I_k}{\sum\limits_{i=1}^{n} a_i^2 I_i + \frac{Gl^2}{12E} \sum\limits_{i=1}^{n} I_{\text{T}i}} = \frac{e a_k I_k}{\sum\limits_{i=1}^{n} a_i^2 I_i} \left(\frac{1}{1 + \frac{Gl^2}{12E} \cdot \frac{\sum I_{\text{T}i}}{\sum a_i^2 I_i}} \right)$$

$$= \beta \frac{e a_k I_k}{\sum\limits_{i=1}^{n} a_i^2 I_i} \tag{2-55}$$

最后考虑主梁抗扭刚度后任意 k 号梁的横向影响线竖标为：

$$\eta_{ki} = \frac{I_k}{\sum\limits_{i=1}^{n} I_i} \pm \beta \frac{e a_k I_k}{\sum\limits_{i=1}^{n} a_i^2 I_i} \tag{2-56}$$

式中系数

$$\beta = \frac{1}{1 + \frac{Gl^2}{12E} \cdot \frac{\sum I_{\text{T}i}}{\sum a_i^2 I_i}} < 1 \tag{2-57}$$

β 就称为抗扭修正系数，它与梁号无关，纯粹取决于结构的几何尺寸和材料特性。同理，对于 1 号边梁的横向影响线竖标为：

$$\eta_{1i} = \frac{I_1}{\sum\limits_{i=1}^{n} I_i} \pm \beta \frac{e a_1 I_1}{\sum\limits_{i=1}^{n} a_i^2 I_i} \tag{2-58}$$

由此可见，与刚性横梁法公式不同点仅在于第二项上乘了小于 1 的抗扭修正系数 β，所以此法称为"修正刚性横梁法"。

以上为了简明起见，我们是针对等截面简支梁的跨中截面进行分析的，对于其他体系梁桥以及荷载不在跨中的情况，只要根据相应的扭转角与扭矩以及竖向力与挠度的关系式出发（参见式 2-50），同样也可求出各种情况的 β 值来。

对于简支梁桥，如果主梁的截面均相同，即 $I_i = I$，$I_{\text{T}i} = I_{\text{T}}$，并且跨中荷载 $P = 1$ 作用在 1 号梁上，即 $e = a_1$，则得 1 号梁横向影响线的两个坐标值为：

$$\left.\begin{array}{l}\eta_{11} = \dfrac{1}{n} + \beta\, \dfrac{a_1^2}{\sum\limits_{i=1}^{n} a_i^2} \\[6mm] \eta_{15} = \dfrac{1}{n} - \beta\, \dfrac{a_1^2}{\sum\limits_{i=1}^{n} a_i^2}\end{array}\right\} \tag{2-59}$$

此时

$$\beta = \dfrac{1}{1 + \dfrac{nl^2 G I_T}{12 EI \sum a_i^2}} \tag{2-60}$$

当主梁的间距相同时：

$$\dfrac{n}{12 \sum a_i^2} = \dfrac{\xi}{B^2}$$

式中 n——主梁根数；

B——桥宽（见图 2-57a）；

ξ——与主梁根数有关的系数，如表 2-4 所示。

与主梁根数相关的系数 表 2-4

n	4	5	6	7
ξ	1.067	1.042	1.028	1.021

在此情况下：

$$\beta = \dfrac{1}{1 + \xi \dfrac{G I_T}{EI}\left(\dfrac{l}{B}\right)^2} \tag{2-61}$$

从式中可以看出，$\dfrac{l}{B}$ 越大的桥，主梁抗扭刚度对横向分布系数的影响也越大，越需要修正。

在计算时，式中混凝土的剪切模量 G 可取 $0.425E$；对于由矩形组合而成的梁截面，如 T 形或 I 字形梁，其抗扭惯矩 I 近似等于各个矩形截面的抗扭惯矩之和：

$$I_T = \sum_{i=1}^{m} c_i b_i t_i^3 \tag{2-62}$$

式中 b_i、t_i——单个矩形截面的宽度和厚度（见图 2-58）；

c_i——矩形截面抗扭刚度系数，根据 t/b 比值按表 2-5 计算；

m——梁截面划分成单个矩形截面的块数。

矩形截面抗扭刚度系数 表 2-5

t/b	1	0.9	0.8	0.7	0.6	0.5	0.4	0.3	0.2	0.1	<0.1
c	0.141	0.155	0.171	0.189	0.209	0.229	0.250	0.270	0.291	0.312	0.333

（2）计算举例

【例 2-7】 为了进行比较，仍取刚性横梁法的计算举例所采用的截面尺寸，来计算考虑抗扭刚度修正后的荷载横向影响线竖标值。T 形主梁的细部尺寸如图 2-59 所示。计算步骤如下：

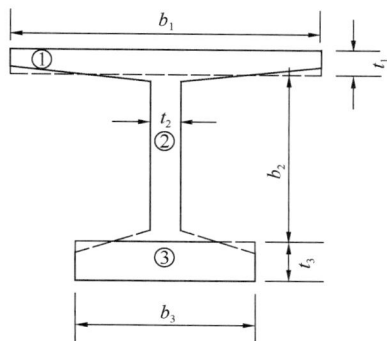

图 2-58 I_T 计算图式

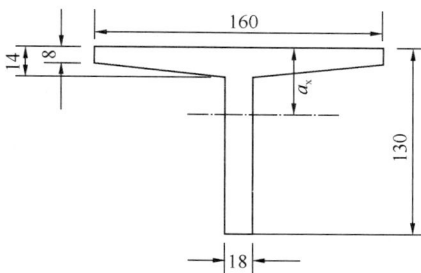

图 2-59   主梁截面尺寸

1）计算 I 和 I_T

求主梁截面重心位置 a_x（图 2-59）。

翼板的换算平均高度：

$$h = \frac{8+14}{2} = 11\text{cm}$$

$$a_x = \frac{(160-18)\times 11 \times \frac{11}{2} + 130 \times 18 \times \frac{130}{2}}{(160-18)\times 11 + (130\times 18)}$$

$$= \frac{8591 + 152100}{1562 + 2340} = \frac{160691}{3902} = 41.2\text{cm}$$

主梁抗弯惯矩：

$$I = \frac{1}{12}\times(160-18)\times 11^3 + (160-18)\times 11 \times \left(41.2 - \frac{11}{2}\right)^2 + \frac{1}{12}\times 18 \times 130^3$$

$$+ 18 \times 130 \times \left(\frac{130}{2} - 41.2\right)^2$$

$$= 15750 + 1990753 + 3295500 + 1325500$$

$$= 6627503\text{cm}^4$$

$$= 0.06627503\text{m}^4$$

主梁抗扭惯矩按式（2-62）查表 2-5 计算：

对于翼板：$t_1/b_1 = 0.11/1.60 = 0.0687 < 0.1$，查表得 $c_1 = \frac{1}{3}$。

对于梁肋：$t_2/b_2 = 0.18/1.19 = 0.151$，查表得 $c_2 = 0.301$ 由式（2-62）得：

$$I_T = \frac{1}{3}\times 160 \times 11^3 + 0.301 \times 119 \times 18^3$$

$$= 70980 + 208890$$

$$= 279870\text{cm}^4$$

$$= 0.0027987\text{m}^4$$

2）计算抗扭修正系数 β

由表 2-4，$n=5$ 时 $\xi=1.042$，并取 $G=0.425E$，代入式（2-61）得：

$$\beta=\cfrac{1}{1+1.042\,\cfrac{0.425E\times0.0027987}{E\times0.0662575}\left(\cfrac{19.5}{8.0}\right)^2}$$

$$=\cfrac{1}{1+1.042\times0.01796\times5.91}=\cfrac{1}{1.111}=0.900$$

3）计算横向影响线竖标值

对于 1 号边梁考虑抗扭修正后的横向影响线竖标值为：

$$\eta'_{11}=\frac{1}{n}+\beta\frac{a_1^2}{\displaystyle\sum_{i=1}^{n}a_1^2}=0.20+0.90\times0.40=0.56$$

$$\eta'_{15}=\frac{1}{n}-\beta\frac{a_1^2}{\displaystyle\sum_{i=1}^{n}a_i^2}=0.20-0.90\times0.40=-0.16$$

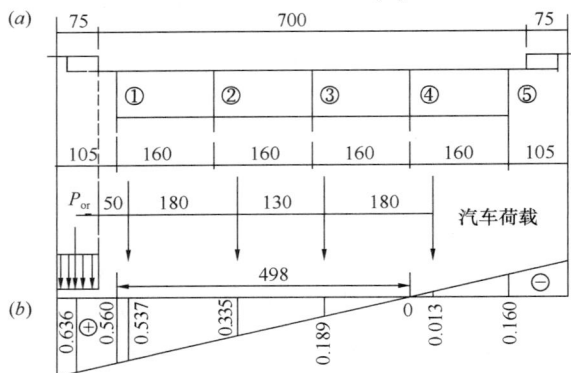

图 2-60   修正刚性横梁法 m 的计算图式

在本例中，计入主梁抗扭影响时，边梁的荷载横向影响线竖标值最多降低了 6.6%。设影响线零点离 1 号梁轴线的距离为 x'，则：

$$\frac{x'}{0.56}=\frac{4\times1.60-x'}{0.16},$$

解得 $x'=4.98\text{m}$

4）计算荷载横向分布系数

1 号边梁的横向影响线和布载图式如图 2-60 所示。

汽车荷载

$$m'_{cq}=\frac{1}{2}\Sigma\,\eta'_q=\frac{1}{2}\cdot\frac{\eta'_{11}}{x'}(x'_{q1}+x'_{q2}+x'_{q3}+x'_{q4})$$

$$=\frac{1}{2}\times\frac{0.56}{4.98}(4.78+2.98+1.68-0.12)$$

$$=0.524(0.538)$$

人群荷载

$$m'_{cr}=\eta_r=\frac{0.56}{4.98}\left(4.98+0.30+\frac{0.75}{2}\right)=0.636(0.684)$$

式中括弧内数值表示不计抗扭作用的横向分布系数。本例计算结果表明，计及主梁抗扭刚度影响的 m'_{cq} 和 m'_{cr} 比不计主梁抗扭刚度影响的 m_{cq} 和 m_{cr} 分别降低 2.6% 和 7.0%。

2.3.2.5 铰接板（梁）法

对于用现浇混凝土纵向企口缝连接的装配式板桥以及仅在翼板间用焊接钢板或伸出交叉钢筋连接的无中间横隔梁的装配式梁桥，由于块件间横向具有一定的连接构造，但其连接刚性又很薄弱，因此对于跨中荷载横向分布的计算，上面所述的“杠杆原理法”和“偏心压力法”均不适用。鉴于这类结构的受力状态实际接近于数根并列而相互间横向铰接的狭长板（梁），故对此专门拟定了横向铰接板（梁）理论来计算荷载的横向分布。本节中将着重阐明铰接板（梁）法的基本假定、计算理论和计算参数的确定，最后给出一个算例。

图 2-61(a) 示出一应用混凝土企口缝连接的装配式板桥承受荷载 P 的变形图式。当 2 号板块上有荷载 P 作用时，除了本身引起纵向挠曲外（板块本身的横向变形极微小，可略去不计），其他板块也会受力而发生相应的挠曲。显然，这是因为各板块之间通过结合缝所承受的内力在起传递荷载的作用。图 2-61(b) 表示出一般情况下结合缝上可能引起的内力为竖向剪力 $g(x)$、横向弯矩 $m(x)$、纵向剪力 $t(x)$ 和法向力 $n(x)$。然而，当桥上主要作用竖向车轮荷载时，纵向剪力和法向力同竖向剪力相比，影响极小；加之，在构造上，结合缝（企口缝）的高度不大、刚性甚弱，通常可视作近似铰接，则横向弯矩对传布荷载的影响极微，也可忽略。这样，为了简化计算，就可以假定竖向荷载作用下结合缝内只传递竖向剪力 $g(x)$，如图 2-61(c) 所示，这就是横向铰接板（梁）计算理论的假定前提。

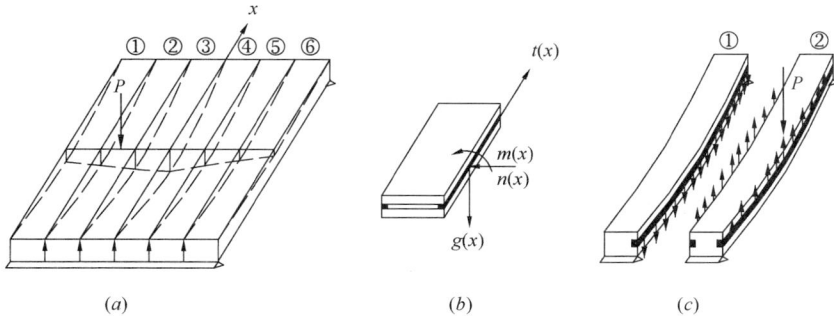

图 2-61　铰接板受力示意图

尚须指出，把一个空间计算问题，借助按横向挠度分布规律来确定荷载横向分布的原理，简化为一个平面问题来处理，严格来说，应当满足下述关系（以 1、2 号板梁为例）：

$$\frac{\omega_1(x)}{\omega_2(x)} = \frac{M_1(x)}{M_2(x)} = \frac{Q_1(x)}{Q_2(x)} = \frac{P_1(x)}{P_2(x)} = 常数$$

此式表明，在桥上荷载作用下，任意两根板梁所分配到的荷载的比值，与挠度的比值以及截面内力的比值都相同。

对于每条板梁有关系式 $M(x) = -EI\omega''$ 和 $Q(x) = -EI\omega'''$，代入上式，并设 EI 为常量，则

$$\frac{\omega_1(x)}{\omega_2(x)} = \frac{\omega_1''(x)}{\omega_2''(x)} = \frac{\omega_1'''(x)}{\omega_2'''(x)} = \frac{P_1(x)}{P_2(x)} = 常数 \tag{2-63}$$

但是，实际上无论对于集中轮重或分布荷载的作用情况，都不能满足上式的条件。就以图 2-61(c) 铰接板的受力情况来看，2 号板梁上的集中荷载 P 与 1 号板梁经竖向剪力传递的分布荷载 $g(x)$，是性质完全不同的荷载，这就根本无法谈论它们之间的比值 $p_1(x)/p_2(x)$ 和其他比值了。

然而，如果采用具有某一峰值 p_0 的半波正弦荷载的话，根据其积分和求导的性质，有

$$p(x) = p_0 \sin \frac{\pi x}{l} \tag{2-64}$$

条件式（2-63）就能得到满足。对于研究荷载横向分布，还可方便地设 $p_0 = 1$ 而直接采用单位正弦荷载来分析。此时各根板梁的挠曲线将是半波正弦曲线，它们所分配到的荷载也是具有不同峰值的半波正弦荷载。这样，就使荷载、挠度和内力三者的变化规律趋于谐调统一。

由此可见，严格说来，荷载横向分布的处理方法，理论上仅对常截面的简支梁桥（ω 为正弦函数时满足简支的边界条件）作用半波正弦荷载时，才属正确。鉴于用正弦荷载代替跨中的集中荷载，在计算各梁跨中挠度时的误差很小，而且，计算内力时虽有稍大的误差，但考虑到实际计算时有许多车轮沿桥跨分布，这样又进一步使误差减少，故在铰接板（梁）法中，作为一个基本假定，也就采用半波正弦荷载来分析跨中荷载横向分布的规律。

（1）铰接板桥的荷载横向分布

根据以上所作的基本假定，铰接板桥的受力图式如图 2-62 所示。

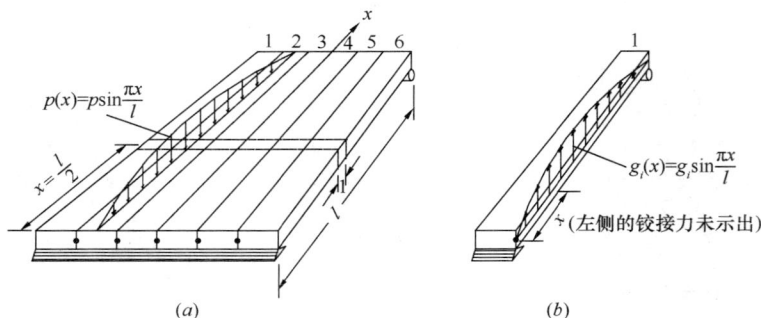

图 2-62   铰接板桥受力图式

在正弦荷载 $p(x) = p \sin \frac{\pi x}{l}$ 作用下，各条铰缝内也产生正弦分布的铰接力 $g_i(x) = g_i \sin \frac{\pi x}{l}$，图 2-62(b) 中示出任意一条板梁的铰接力分布图形。鉴于荷载、铰接力和挠度三者的谐调性，对于研究各条板梁所分布荷载的相对规律来说，方便地取跨中单位长度和截割段来进行分析不失其一般性，此时各板条间铰接力可用正弦分布铰接力的峰值 g_i 来表示。

图 2-63(a) 表示一座横向铰接板桥的横截面图，现在我们来研究单位正弦荷载作用在 1 号板梁轴线上时，荷载在各条板梁内的横向分布，计算图式如图 2-63(b) 所示。

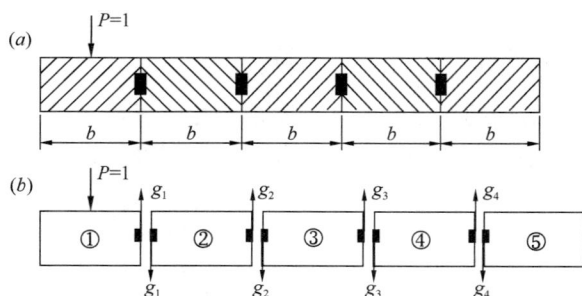

图 2-63   铰接板桥计算图式

一般说来，对于具有 n 条板梁组成的桥梁，必然具有 $(n-1)$ 条铰缝。在板梁间沿铰缝切开，则每一铰接缝内作用着一对大小相等方向相反的正弦分布铰接力，因此对于 n 条板梁就有 $(n-1)$ 个欲求的未知铰接力

峰值 g_i。如果求得了所有的 g_i，则根据力的平衡原理，可得分配到各板块的竖向荷载的峰值 p_{i1}，以图 2-63(b) 所示的五块板为例，即为：

$$\left.\begin{array}{l} 1\text{号板}\ p_{11} = 1 - g_1 \\ 2\text{号板}\ p_{21} = g_1 - g_2 \\ 3\text{号板}\ p_{31} = g_2 - g_3 \\ 4\text{号板}\ p_{41} = g_3 - g_4 \\ 5\text{号板}\ p_{51} = g_4 \end{array}\right\} \tag{2-65}$$

下面我们按结构力学中熟知的"力法"原理来求解正弦分布铰接力的峰值 g_i。显然，对于具有 ($n-1$) 个未知铰接力的超静定问题，总有 ($n-1$) 条铰接缝，将每一铰缝切开形成基本体系，利用两相邻板块在铰接缝处的竖向相对位移为零的变形协调条件，就可解出全部铰接力峰值。为此，对于图 2-63(b) 的基本体系，可以列出四个正则方程如下：

$$\left.\begin{array}{l} \delta_{11}g_1 + \delta_{12}g_2 + \delta_{13}g_3 + \delta_{14}g_4 + \delta_{1p} = 0 \\ \delta_{21}g_1 + \delta_{22}g_2 + \delta_{23}g_3 + \delta_{24}g_4 + \delta_{2p} = 0 \\ \delta_{31}g_1 + \delta_{32}g_2 + \delta_{33}g_3 + \delta_{34}g_4 + \delta_{3p} = 0 \\ \delta_{41}g_1 + \delta_{42}g_2 + \delta_{43}g_3 + \delta_{44}g_4 + \delta_{4p} = 0 \end{array}\right\} \tag{2-66}$$

式中　　δ_{ik} ——铰接缝 k 内作用单位正弦铰接力，在铰接缝 i 处引起的竖向相对位移；

δ_{ip} ——外荷载 p 在铰接缝 i 处引起的竖向位移。

为了确定正则方程中的常系数 δ_{ik} 和 δ_{ip}，我们来考察图 2-64(a) 所示任意板梁在左边铰缝内作用单位正弦铰接力的典型情况。图 2-64(b) 为跨中单位长度截割段的示意图。对于横向近乎刚性的板块，偏心的单位正弦铰接力可以用一个中心作用的荷载和一个正弦分布的扭矩来代替，图 2-64(c) 中示出了作用在跨中段上的相应峰值 $g_i = 1$ 和 $m_i = \dfrac{b}{2}$。我们设上述中心作用荷载在板跨中央产生的挠度为 ω，上述扭矩引起的跨中扭角为 φ，这样在板块左侧产生的总挠度为 $\omega + \dfrac{b}{2}\varphi$，在板块右侧则为 $\omega - \dfrac{b}{2}\varphi$。掌握了这一典型的变形规律，参照图 2-63($b$) 的基本体系，就不难确定以 ω 和 φ 表示的全部 δ_{ik} 和 δ_{ip}。计算中应遵循下述符号规定：当 δ_{ik} 与 g_i 的方向一致时取正号，也就是说，使某一铰缝增大相对位移的挠度取正号，反之取负号。至此，依据图 2-63(b) 的基本体系，就可写出正则方程（2-66）中的常系数为：

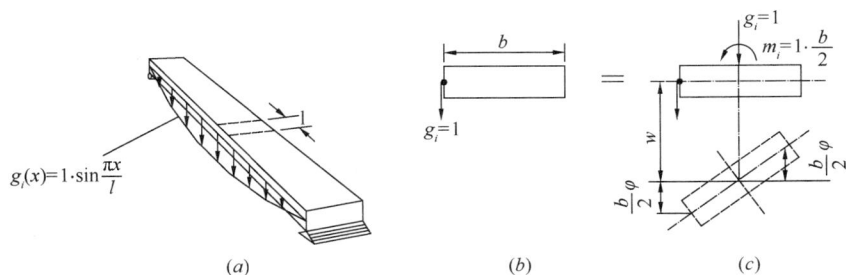

图 2-64　板梁的典型受力图式

$$\delta_{11} = \delta_{22} = \delta_{33} = \delta_{44} = 2\left(\omega + \frac{b}{2}\varphi\right)$$

$$\delta_{12} = \delta_{23} = \delta_{34} = \delta_{21} = \delta_{32} = \delta_{43} = -\left(\omega - \frac{b}{2}\varphi\right)$$

$$\delta_{13} = \delta_{14} = \delta_{24} = \delta_{31} = \delta_{41} = \delta_{42} = 0$$

$$\delta_{1p} = -\omega$$

$$\delta_{2p} = \delta_{3p} = \delta_{4p} = 0$$

将上述的系数代入式（2-66），使全式除以 ω 并设刚度参数 $\gamma = \dfrac{\dfrac{b}{2}\varphi}{\omega}$，则得正则方程的简化形式：

$$\left.\begin{aligned}
2(1+\gamma)g_1 - (1-\gamma)g_2 &= 1 \\
-(1-\gamma)g_1 + 2(1+\gamma)g_2 - (1-\gamma)g_3 &= 0 \\
-(1-\gamma)g_2 + 2(1+\gamma)g_3 - (1-\gamma)g_4 &= 0 \\
-(1-\gamma)g_3 + 2(1+\gamma)g_4 &= 0
\end{aligned}\right\} \tag{2-67}$$

一般说来 n 块板就有 $(n-1)$ 个联立方程，其主系数 $\dfrac{1}{\omega}\delta_{ii}$ 都是 $2(1+\gamma)$，副系数 $\dfrac{1}{\omega}\delta_{ik}(k=i\pm1)$ 都为 $-(1-\gamma)$，其余都为零。荷载项系数除了直接受荷的 1 号板块处为 -1 以外，其余均为零。

由此可见，只要确定了刚度参数 γ、板块数量 n 和荷载作用位置，就可解出所有 $(n-1)$ 个未知铰接力的峰值。有了 g_i 就能按式（2-65）得到荷载作用下分配到各板块的竖向荷载的峰值。

（2）铰接板桥的荷载横向影响线和横向分布系数

上面我们阐明了沿桥的横向只有一个荷载（用单位正弦荷载代替）作用下的荷载横向分布问题。为了计算横向可移动的一排车轮荷载对某根板梁的总影响，最方便的方法就是利用该板梁的荷载横向影响线来计算横向分布系数。下面将从荷载横向分布计算出发来绘制横向影响线。

图 2-65(a) 表示荷载作用在 1 号板梁上时，各块板梁的挠度和所分配的荷载图式。

对于弹性板梁，荷载与挠度呈正比关系，即

$$p_{i1} = \alpha_1 \omega_{i1}$$

同理

$$p_{1i} = \alpha_2 \omega_{1i}$$

由变位互等定理 $\omega_{i1} = \omega_{1i}$，且每块板梁的截面相同（比例常数 $\alpha_1 = \alpha_2$），就得：

$$p_{1i} = p_{i1}$$

上式表明，单位荷载作用在 1 号板梁轴线上时任一板梁所分配的荷载，就等于单位荷载作用于任意板梁轴线上时 1 号板梁所分配到的荷载，这就是 1 号板梁荷载横向影响线的竖标值，通常以 η_{1i} 来表示。最后，利用式（2-65），得 2 号板梁横向影响线的各竖标值为：

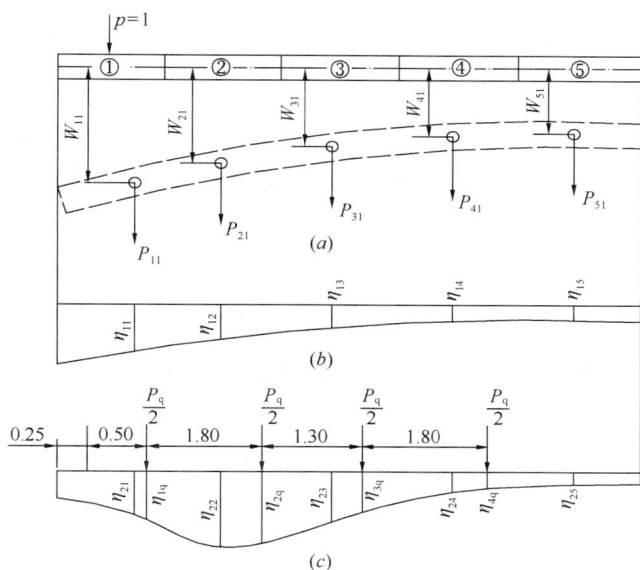

图 2-65 跨中的荷载横向影响线

$$
\left.\begin{aligned}
\eta_{11} &= p_{11} = 1 - g_1 \\
\eta_{12} &= p_{21} = g_1 - g_2 \\
\eta_{13} &= p_{31} = g_2 - g_3 \\
\eta_{14} &= p_{41} = g_3 - g_4 \\
\eta_{15} &= p_{51} = g_4
\end{aligned}\right\}
\tag{2-68}
$$

把各个 η_{1i} 按比例描绘在相应板梁的轴线位置，用光滑的曲线（或近似地用折线）连接这些竖标点，就得 1 号板梁的横向影响线如图 2-65(b) 所示。同理，如将单位荷载作用在 2 号板梁轴线上，就可求得 p_{i2}，从而可得 η_{2i}，如图 2-65(c) 所示。

在实际进行设计时，可以利用对于板块数目 $n = 3 \sim 10$ 所编制的各号板的横向影响线竖标计算表格（请参见有关的参考文献）。表中按刚度参数 $\gamma = 0.00 \sim 2.00$ 列出了 η_{ik} 的数值，对于非表列的 γ 值，可用直线内插来计算。

有了跨中荷载横向影响线，就可按前述同样的方法计算各类荷载的跨中横向分布系数 m_c。

（3）刚度参数 γ 值的计算

刚度参数为 $\gamma = \dfrac{b}{2} \varphi / \omega$，因此，为了计算 γ，首先要确定偏心的正弦荷载作用下，所产生的跨中竖向挠度 ω 和扭角 φ，见图 2-66。

1）跨中挠度 ω 的计算

简支板梁轴线上作用正弦荷载 $p(x) = p \sin \dfrac{\pi x}{l}$ 时，如图 2-66(b) 所示，根据梁的挠曲理论可得微分方程

$$
EI\omega'''(x) = p(x) = p \sin \frac{\pi x}{l}
$$

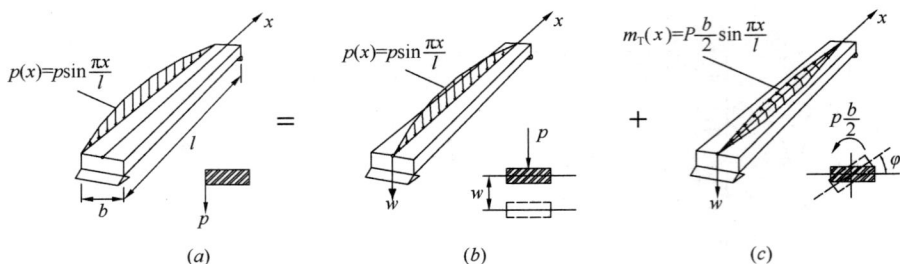

图 2-66　γ 值的计算图式

式中　E、I——分别为材料的弹性模量和板梁截面的抗弯惯矩。

将上式逐次积分后可得：

$$EI\omega'''(x) = -\frac{pl}{\pi}\cos\frac{\pi x}{l} + A$$

$$EI\omega''(x) = -\frac{pl^2}{\pi^2}\sin\frac{\pi x}{l} + Ax + B$$

$$EI\omega'(x) = \frac{pl^3}{\pi^3}\cos\frac{\pi x}{l} + \frac{Ax^2}{2} + Bx + C$$

$$EI\omega(x) = \frac{pl^4}{\pi^4}\sin\frac{\pi x}{l} + \frac{Ax^3}{6} + \frac{B}{2}x^2 + Cx + D$$

由两端简支的边界条件求积分常数：

(a) $x = 0, \omega(0) = 0 : D = 0$

$\omega''(0) = 0 : B = 0$

$(b) x = l, \omega(l) = 0 : \frac{1}{6}Al^3 + Cl = 0$

$\omega''(l) = 0 : A = 0$

因此　　　　　　　　　　　$A = B = C = D = 0$

从而得挠度方程为：

$$\omega(x) = \frac{pl^4}{\pi^4 EI}\sin\frac{\pi x}{l} \tag{2-69}$$

当 $x = \frac{l}{2}$ 时，跨中挠度为：

$$\omega = \frac{pl^4}{\pi^4 EI} \tag{2-70}$$

2）跨中扭角 φ 的计算

简支板梁轴线上作用正弦分布的扭矩 $m_T(x) = \frac{b}{2} \cdot p\sin\frac{\pi x}{l}$ 时，如图 2-66(c) 所示，根据梁的扭转理论可得微分方程：

$$GI_T\varphi''(x) = -m_T(x) = -\frac{b}{2} \cdot p\sin\frac{\pi x}{l}$$

式中　G、I_T —— 分别为材料的剪切模量和板梁截面的抗扭惯矩。

将上式逐次积分后可得：

$$GI_T\varphi'(x) = \frac{pb}{2} \cdot \frac{l}{\pi}\cos\frac{\pi x}{l} + A$$

$$GI_T\varphi(x) = \frac{pb}{2} \cdot \frac{l^2}{\pi^2}\sin\frac{\pi x}{l} + Ax + B$$

由两端无扭角的边界条件求积分常数：

（a）　　$x=0$，$\varphi(0)=0$：$B=0$

（b）　　$x=1$，$\varphi(l)=0$：$A=0$

从而得扭角方程为：

$$\varphi(x) = \frac{pbl^2}{2\pi^2 GI_T}\sin\frac{\pi x}{l} \tag{2-71}$$

当 $x = \dfrac{l}{2}$ 时，跨中扭角为：

$$\varphi = \frac{pbl^2}{2\pi^2 GI_T} \tag{2-72}$$

3）刚度参数 γ 的计算

利用式（2-70）和式（2-71）即得：

$$\gamma = \frac{b}{2}\varphi/\omega = \frac{b}{2} \cdot \left(\frac{pbl^2}{2\pi^2 GI_T}\right) \bigg/ \left(\frac{pl^4}{\pi^4 EI}\right) = \frac{\pi^2 EI}{4GI_T}\left(\frac{b}{l}\right)^2 \approx 5.8\frac{I}{I_T}\left(\frac{b}{l}\right)^2 \tag{2-73}$$

式中对于混凝土取用 $G=0.425E$。

可见，由偏心的正弦荷载算得的 γ 值，与单位正弦荷载作用的计算结果是一样的。

从式（2-69）和式（2-71）可以看出，板梁的两种变形与荷载具有相似的变化规律，这也是简支梁桥荷载横向分布理论中采用半波正弦荷载的一个重要原因。

4）抗扭惯矩 I_T 的计算

在刚度参数 γ 的计算中需要计算构件的抗扭惯矩。

对于矩形截面或多个矩形组成的开口截面，可利用前述的式（2-62）并查表 2-5 计算抗扭惯矩 I_T。

对于封闭的薄壁截面或箱形截面，由于截面内抗扭剪应力的分布规律与开口式截面本质上不同，因此不能按式（2-62）来计算。下面就介绍此类截面抗扭惯矩 I_T 的计算原理和公式。

设任意不等厚的封闭式薄壁截面构件承受纯扭矩 M_T 的作用，如图 2-67(a) 所示。从构件中截取一微段 Δx（图 2-67b），在横截面上必然产生抵抗扭矩的剪力。由于壁不厚，

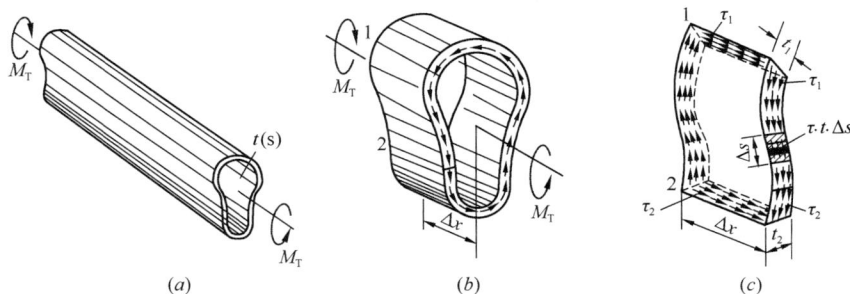

图 2-67　封闭式薄壁截面构件的受力图式

可以认为剪应力沿厚度方向均匀分布，但它沿周边 s 方向可以是变化的。再从微段上沿 1、2 纵线切取局部微块（图 2-67c），则上下两个纵切面上的剪应力就等于横截面上 1 和 2 点处的剪应力 τ_1 和 τ_2（剪应力互等定理），因此，由纵向力的平衡条件可得：

$$\tau_1 t_1 \Delta x = \tau_2 t_2 \Delta x$$

也即

$$\tau_1 t_1 = \tau_2 t_2$$

式中 t_1 和 t_2 为 1 和 2 点处的壁厚（见图 2-67c）。

鉴于纵切面 1 和 2 是任意的，故知封闭式薄壁构件单位周长上的剪力 $\tau \cdot t$ 为一常量，它就称为剪力流，以 q 表示。由此得出一个重要结论：沿周边壁厚最小处剪应力最大。

如图 2-68 所示，如在横截面上取任意点 O，则周长 ds 内的剪力 $q \cdot ds$ 对 O 点的力矩为 $q \cdot rds$，此处 r 为 O 点至剪力 $q \cdot ds$ 作用线的垂直距离。鉴于剪力流是扭矩 M_T 引起的，故剪力流对 O 点产生的总力矩应等于扭矩 M_T，即得

$$M_T = \oint q \cdot rds = q\oint rds = 2\Omega q$$

剪力流为：

$$q = \tau \cdot t = \frac{M_T}{2\Omega} \qquad\qquad (2\text{-}74)$$

式中　Ω ——薄壁中线所围的面积。

下面再利用剪切应变能等于扭矩所做之功的原理来推导出抗扭惯矩 I_T 的计算公式。弹性体单位体积的剪切应变能为（图 2-69a）：

$$\bar{u} = \frac{1}{2}\tau \cdot (1 \cdot \gamma) = \frac{1}{2} \cdot \frac{\tau^2}{G}$$

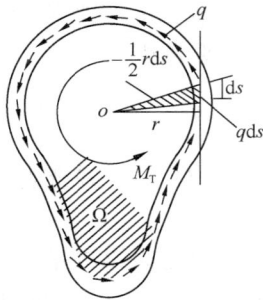
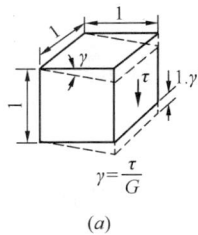
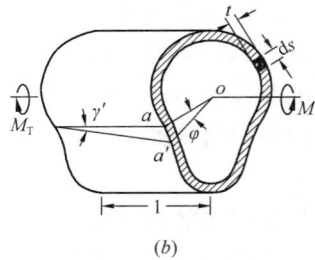

图 2-68　封闭式薄壁截面
的几何性质

(a)　　　　　　　　(b)

图 2-69　剪切应变
能计算图式

则单位长薄壁闭合截面构件的总应变能为（图 2-69b）：

$$\overline{U} = \oint \frac{1}{2}\frac{\tau^2}{G} \cdot tds = \frac{q^2}{2G}\oint \frac{ds}{t}$$

代入式（2-74）则得：

$$\overline{U} = \frac{M_T^2}{8G\Omega^2}\oint \frac{ds}{t}$$

由图 2-69(b)，单位长度构件上扭矩所做之功为：

$$\overline{W} = \frac{1}{2}M_T \cdot \varphi = \frac{M_T^2}{2GI_T}\left(\because \varphi = \frac{M_T}{GI_T}\right)$$

因 $\overline{U} = \overline{W}$，则最后可得封闭薄壁截面的抗扭惯矩公式为：

$$I_\mathrm{T} = \frac{4\Omega^2}{\oint \dfrac{\mathrm{d}s}{t}} \tag{2-75}$$

倘若遇到封闭薄壁截面上带有"翅翼"的一般情况，如图 2-70 所示，则其总抗扭惯矩可近似地叠加计算：

$$I_\mathrm{T} = \frac{4\Omega^2}{\oint \dfrac{\mathrm{d}s}{t}} + \sum_{i=1}^{n} c_i b_i t_i^3 \tag{2-76}$$

式中第二项为前面的式（2-62）。

现以图 2-71 所示的箱形截面为例来说明式（2-76）的应用。对此，式中 c 由 $\dfrac{t_4}{a}$ 之值查表 2-5 求得。

$$\Omega = b \cdot h$$

$$\oint \frac{\mathrm{d}s}{t} = \frac{b}{t_1} + \frac{b}{t_2} + \frac{2h}{t_3}$$

$$\therefore \quad I_\mathrm{T} = \frac{4\Omega^2}{\oint \dfrac{\mathrm{d}s}{t}} + \sum_{i=1}^{n} c_i b_i t_i^3 = \frac{4b^2 h^2}{b\left(\dfrac{1}{t_1} + \dfrac{1}{t_2}\right) + \dfrac{2h}{t_3}} + 2c \cdot a t_4^3 \tag{2-77}$$

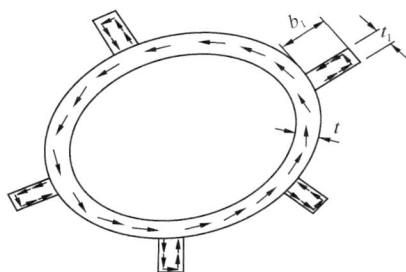

图 2-70　带"翅翼"的封闭截面　　　　图 2-71　箱形截面

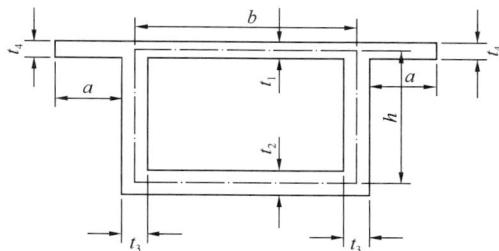

（4）铰接 T 形梁桥的计算特点

小跨径的钢筋混凝土 T 形梁桥，为了便于预制施工，往往不设中间横隔梁，仅对翼板的板边适当连接，或者仅由现浇的桥面板使各梁连接在一起。这种桥梁的横向连接刚度很弱，其受力特点就像横向铰接的结构。此外，对于无横隔梁的组合式梁桥，也因横向连接刚度小而可以近似作为横向铰接来计算。下面将阐明横向铰接 T 形梁桥，与铰接板桥相比较，在计算荷载横向分布方面的不同特点。

图 2-72(a)、(b) 表示一座铰接 T 形梁桥在单位正弦荷载作用下沿跨中单位长度的铰接力计算图式。如果将它们与前面铰接板桥计算图式图 2-73(a)、(b) 相比较，可见两者对于荷载横向分配的表达式（2-65）是完全一样的。唯一不同之点是利用式（2-66）的正则方程求铰接力 g_i 时，在所有主系数 δ_{ii} 中除了考虑 ω 和 φ 的影响外，还应计入 T 形梁翼板悬臂端的弹性挠度 f（见图 2-72c、d）。

鉴于翼缘板边缘有单位正弦荷载作用时，翼板可视为在梁肋处固定的悬臂板，其板端

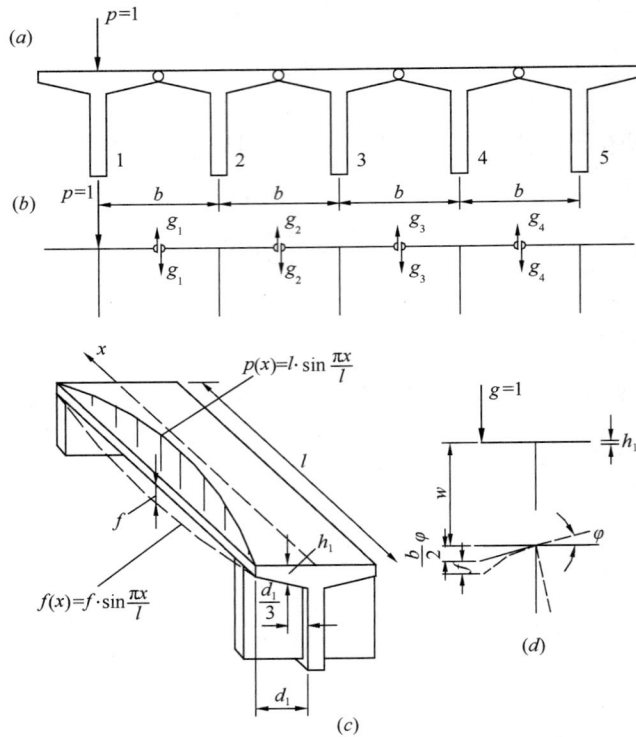

图 2-72   铰接 T 形梁桥计算图式

挠度接近于正弦分布，即 $f(x) = f \cdot \sin\frac{\pi x}{l}$（$f$ 为挠度峰值），如图 2-72(c) 所示，则得：

$$f = \frac{d_1^3}{3EI_1} = \frac{4d_1^3}{Eh_1^3}$$

式中 d_1 ——翼板的悬出长度，

h_1 ——翼板厚度；对于变厚度的翼板，可近似地取距离梁肋 $\frac{d_1}{3}$ 处的板厚来计算，

见图 2-72(c)；

I_1 ——单位宽度翼板的抗弯惯矩，$I_1 = \frac{h_1^3}{12}$。

因此，对于铰接 T 形梁桥，正则方程式（2-66）中只有 δ_{ii} 应改为：

$$\delta_{11} = \delta_{22} = \delta_{33} = \cdots\cdots = 2\left(\omega + \frac{b}{2}\varphi + f\right)$$

如令 $\beta = \dfrac{f}{\omega}$，则

$$\beta = \frac{4d_1^3}{Eh_1^3} \bigg/ \frac{l^4}{\pi^4 EI} \approx 390\,\frac{I}{l^4}\left(\frac{d_1}{h_1}\right)^3$$

将改变后的 δ_{ii} 代入式（2-66）并经与铰接板的类似处理后，就得铰接 T 形梁的正则方程：

$$
\left.\begin{array}{l}
2(1+\gamma+\beta)g_1 - (1-\gamma)g_2 = 1 \\
-(1-\gamma)g_1 + 2(1+\gamma+\beta)g_2 - (1-\gamma)g_3 = 0 \\
-(1-\gamma)g_2 + 2(1+\gamma+\beta)g_3 - (1-\gamma)g_4 = 0 \\
-(1-\gamma)g_3 + 2(1+\gamma+\beta)g_4 = 0
\end{array}\right\}
\tag{2-78}
$$

由此可见，只要确定了刚度参数 γ 和 β，就可像在铰接板桥中一样，解出所有未知铰接力的峰值，并利用 $\eta_{ki} = p_{ik}$ 的关系（参见式 2-68）绘制荷载横向影响线。

北京市政设计院曾对无横隔梁的梁肋式结构，用刚度系数 f_c 编制了荷载横向影响线计算用表，f_c 值以下式表达：

$$
f_c = \frac{2(1+\gamma+\beta)}{(1-\gamma)}
$$

值得指出的是，当悬臂不长（$0.7 \sim 0.8$m）和跨度 $l \geqslant 10$m 时参数 γ 一般比 β 值显著要大 $\left(\dfrac{\beta}{1+\gamma} \text{ 不足 } 5\% \right)$，因而在不影响计算精确度的条件下，可忽略 β 的影响而直接利用铰接板桥的计算用表以简化铰接梁桥的计算。

在有必要计入 β 的影响时，也可利用 $\beta=0$ 的 η_{ii} 和 η_{ik} 计算用表，按下式近似地计算计及 β 值影响的荷载横向影响线坐标值 $\eta_{ii(\beta)}$ 和 $\eta_{ik(\beta)}$：

$$
\left.\begin{array}{l}
\eta_{ii(\beta)} = \eta_{ii} + \dfrac{\beta}{1+\gamma}(1-\eta_{ii}) \\[2mm]
\eta_{ik(\beta)} = \eta_{ik} - \dfrac{\beta}{1+\gamma}\eta_{ik}
\end{array}\right\}
\tag{2-79}
$$

（5）铰接板桥计算举例

【例 2-8】图 2-73(a) 所示为跨径 $l=12.60$m 的铰接空心板桥的横截面布置，桥面净空为净$-7+2\times0.75$m 人行道。全桥跨由 9 块预应力混凝土空心板组成，欲求 1、3 和 5 号板的公路-Ⅱ级汽车荷载和人群荷载作用下的跨中荷载横向分布系数。

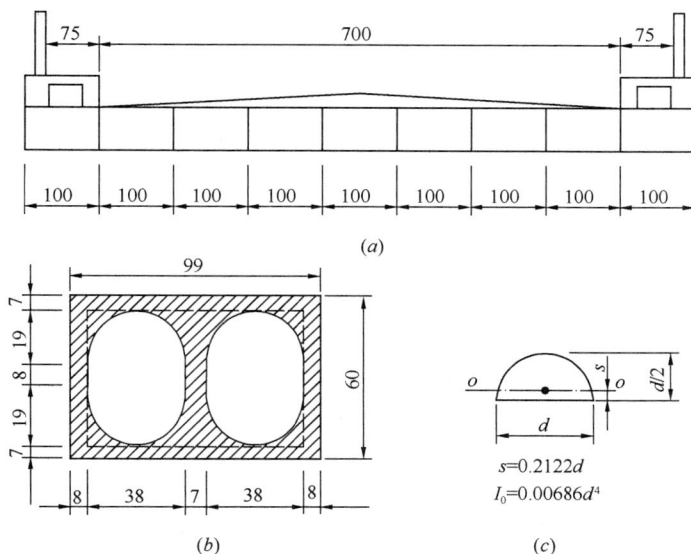

(a)

(b)

$s=0.2122d$
$I_0=0.00686d^4$

(c)

图 2-73 空心板桥横断图

1) 计算空心板截面的抗弯惯矩 I

本例空心板是上下对称截面，形心轴位于高度中央，故其抗弯惯矩为（参见图 2-73c 所示半圆的几何性质）：

$$I = \frac{99 \times 60^3}{12} - 2\frac{38 \times 8^3}{12} - 4 \times \left[0.00686 \times 38^4 + \frac{1}{2} \right.$$

$$\left. \times \frac{\pi \times 38^2}{4} \left(\frac{8}{2} + 0.2122 \times 38 \right)^2 \right]$$

$$= 1782000 - 3243 - 4 \times 96828 = 1391 \times 10^3 \, \text{cm}^4$$

2) 计算空心板截面的抗扭惯矩 I_T

本例空心板截面可近似简化成图 2-73(b) 中虚线所示的薄壁箱形截面来计算 I_T，按前面式（2-77），则得：

$$I_T = \frac{4\,(99-8)^2\,(60-7)^2}{(99-8)\left(\frac{1}{7}+\frac{1}{7}\right)+\frac{2(60-7)}{8}} = \frac{93045000}{26 + 13.25}$$

$$= 2.37 \times 10^6 \, \text{cm}^4$$

3) 计算刚度参数 γ

$$\gamma = 5.8\frac{I}{I_T}\left(\frac{b}{l}\right)^2 = 5.8 \times \frac{1391 \times 10^3}{2370 \times 10^3} \times \left(\frac{100}{1260}\right)^2 = 0.0214$$

4) 计算跨中荷载横向分布影响线

从铰接板荷载横向分布影响线计算用表中所属 9-1、9-3 和 9-5 的分表，在 $\gamma = 0.02$ 与 0.04 之间按直线内插法求得 $\gamma = 0.0214$ 的影响线竖标值 η_{1i}、η_{3i} 和 η_{5i}。计算见表 2-6（表中的数值为实际 η_{ki} 的小数点后三位数字）。

铰接板荷载横向分布影响线计算用表　　　　　　　　　　表 2-6

板号	γ	单位荷载作用位置（i 号板中心）									$\Sigma \eta_{ki}$
		1	2	3	4	5	6	7	8	9	
1	0.02	236	194	147	113	088	070	057	049	046	≈ 1000
	0.04	306	232	155	104	070	048	035	026	023	
	0.0214	241	197	148	112	087	068	055	047	044	
3	0.02	147	160	164	141	110	087	072	062	057	≈ 1000
	0.04	155	181	195	159	108	074	053	040	035	
	0.0214	148	161	166	142	110	086	071	060	055	
5	0.02	088	095	110	134	148	134	110	095	088	≈ 1000
	0.04	070	082	108	151	178	151	108	082	070	
	0.0214	087	094	110	135	150	135	110	094	087	

将表中 η_{1i}、η_{3i} 和 η_{5i} 之值按一定比例尺绘于各号板的轴线下方，连接成光滑曲线后，就得到 1 号、3 号和 5 号板的荷载横向分布影响线，如图 2-74(b)、(c)、(d) 所示。

5) 计算荷载横向分布系数

按《公路桥规》规定沿横向确定最不利荷载位置后，就可计算跨中荷载横向分布系数如下：

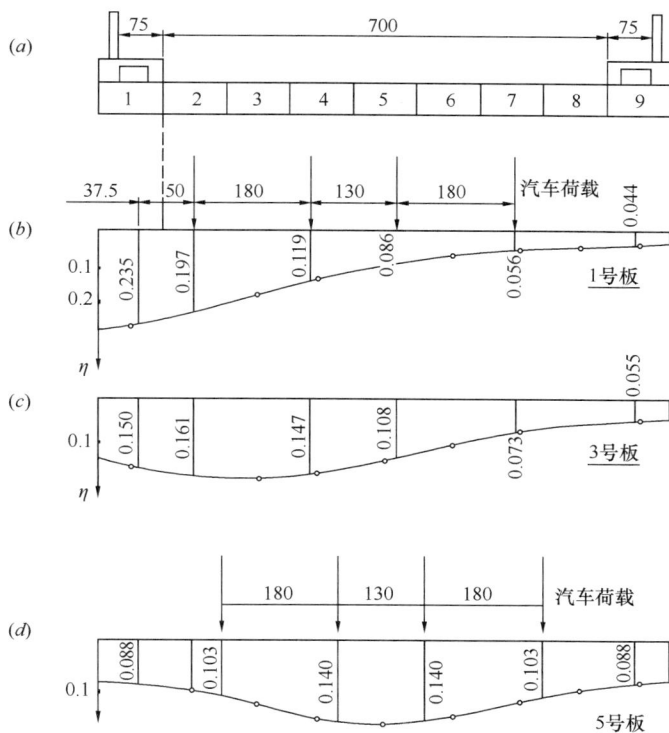

图 2-74　1、3、5 号板的荷载横向分布影响线

对于 1 号板：

汽车荷载：　　$m_{cq} = \dfrac{1}{2}(0.197 + 0.119 + 0.086 + 0.056) = 0.229$

人群荷载：　　$m_{cr} = 0.235 + 0.044 = 0.279$

对于 3 号板：

汽车荷载：　　$m_{cq} = \dfrac{1}{2}(0.161 + 0.147 + 0.108 + 0.073) = 0.245$

人群荷载：　　$m_{cr} = 0.150 + 0.055 = 0.205$

对于 5 号板：

汽车荷载：　　$m_{cq} = \dfrac{1}{2}(0.103 + 0.140 + 0.140 + 0.103) = 0.243$

人群荷载：　　$m_{cr} = 0.150 + 0.055 = 0.20$

综上所得，汽车荷载、人群荷载的横向分布系数的最大值分别为 0.245、0.279，在设计中通常偏安全地取这些最大值来计算内力。

2.3.2.6　刚接梁法

对于翼缘板刚性连接的肋梁桥，只要在铰接板（梁）桥计算理论的基础上，在接缝处补充引入赘余弯矩 m_i，就可建立计及横向刚性连接特点的赘余力正则方程。用这一方法来求解各梁荷载横向分布的问题，就称为刚接梁法。

图 2-75(a) 表示翼缘板刚性连接的 T 形简支梁桥的跨中横截面。与图 2-72(a) 一样，

设有单位正弦荷载 $p(x)=1 \cdot \sin \dfrac{\pi x}{l}$ 作用在 1 号梁的轴线上。在各板跨中央沿纵缝将板切

开，并代以按正弦分布的赘余力素 $x_i \sin \dfrac{\pi x}{l}$（这里 $i=1$、2、3 表示剪力，$i=4$、5、6 表示

弯矩），式中 x_i 均为赘余力素在梁的跨中截面处的峰值，就得到计算刚接梁桥的基本体系，如图 2-75(b) 所示。

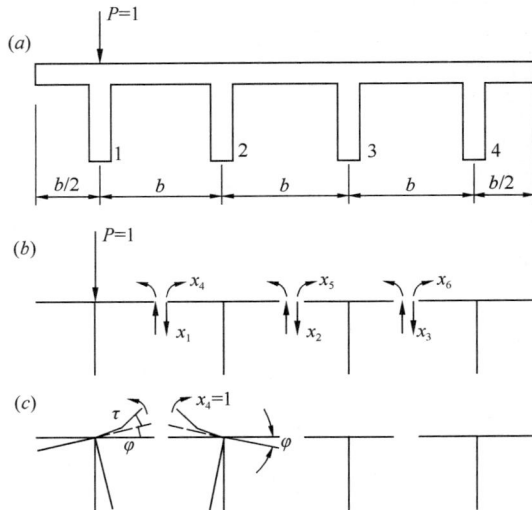

图 2-75　刚接梁桥计算图式

　　根据熟知的力法原理，就可得到求解所有赘余力素的一般正则方程式，用矩阵形式可简明表示为：

$$[\delta_{ij}]\{x_i\} + \{\delta_{ip}\} = 0 (i \text{ 或 } j = 1、2、3\cdots6) \tag{2-80}$$

式中　δ_{ij} ——正则方程中位于赘余力素前的计算系数，它表示赘余力素峰值 $x_j = 1$ 时在 i 处引起的相对变位（包括 $i=j$ 和 $i \neq j$ 的情形）；

　　　　δ_{ip} ——外荷载在 i 处引起的相对变位；

　　　　x_i —— i 处赘余力素的峰值。

　　下面我们按照图 2-75(b) 的计算图式来具体分析一下 δ_{ij} 和 δ_{ip} 的赋值。

　　不难看出，在系数矩阵 $[\delta_{ij}]$ 中，对于仅涉及赘余剪力 x_1、x_2、x_3 和相应竖向位移的系数，与前面铰接 T 形梁桥的完全一样，即：

$$\delta_{11} = \delta_{22} = \delta_{33} = 2\left(\omega + \frac{b}{2}\varphi + f\right)$$

$$\delta_{12} = \delta_{23} = \delta_{21} = \delta_{32} = -\left(\omega - \frac{b}{2}\varphi\right)$$

$$\delta_{13} = \delta_{31} = 0$$

对于仅涉及赘余弯矩 x_4、x_5、x_6 和相应转角的系数，由图 2-74(c) 可得：

$$\delta_{44} = \delta_{55} = \delta_{66} = 2(\varphi' + \tau)$$

$$\delta_{45} = \delta_{56} = \delta_{54} = \delta_{65} = -\varphi'$$

$$\delta_{46} = \delta_{64} = 0$$

由于对称弯矩 $x_i = 1$（$i=4$、5、6）作用下接缝两侧不产生相对挠度以及各切缝两侧的剪切位移不引起相对转角，故有：

$$\delta_{14} = \delta_{25} = \delta_{36} = \delta_{41} = \delta_{52} = \delta_{63} = 0$$

此外，还可写出：

$$\delta_{34} = \delta_{16} = \delta_{43} = \delta_{61} = 0$$

$$\delta_{15} = \delta_{26} = \delta_{51} = \delta_{62} = \varphi' \frac{b}{2}$$

$$\delta_{24} = \delta_{35} = \delta_{42} = \delta_{53} = -\varphi' \frac{b}{2}$$

当单位正弦荷载作用于 1 号梁轴线上时（作用于其他梁上时，可类似处理），可得荷载系数：

$$\delta_{1p} = -\omega$$

$$\delta_{2p} = \delta_{3p} = \delta_{4p} = \delta_{5p} = \delta_{6p} = 0$$

图 2-75(b) 表示了所有正向的赘余力素 x_i，在变位系数的计算中，接缝任一侧产生与力素正向相一致的变位时取正值，反之取负值。

系数中涉及的 φ' 和 τ 分别为缝端单位弯矩作用所引起的主梁扭角和翼板局部挠曲角。由图 2-76 可知：

$$\tau = \frac{1 \cdot d}{EI_1} = \frac{12d_1}{Eh_1^3}$$

参见前面图 2-64 可得：

$$\frac{m_T}{\varphi} = \frac{x_i}{\varphi'}, \therefore \varphi' = \varphi \cdot \frac{x_i}{m_T} = \varphi \cdot \frac{1}{b/2} = \varphi \cdot \frac{2}{b}$$

式中　φ——缝端单位竖剪力引起主梁扭角，可按式（2-72）计算。

由上述分析可得，$[\delta_{ij}]$ 中的许多元素为零，实际可表示为：

$$[\delta_{ij}] = \begin{bmatrix} \delta_{11} & \delta_{12} & 0 & 0 & \delta_{15} & 0 \\ \delta_{21} & \delta_{22} & \delta_{23} & \delta_{24} & 0 & \delta_{26} \\ 0 & \delta_{32} & \delta_{33} & 0 & \delta_{35} & 0 \\ 0 & \delta_{42} & 0 & \delta_{44} & \delta_{45} & 0 \\ \delta_{51} & 0 & \delta_{53} & \delta_{54} & \delta_{55} & \delta_{56} \\ 0 & \delta_{62} & 0 & 0 & \delta_{65} & \delta_{66} \end{bmatrix}$$

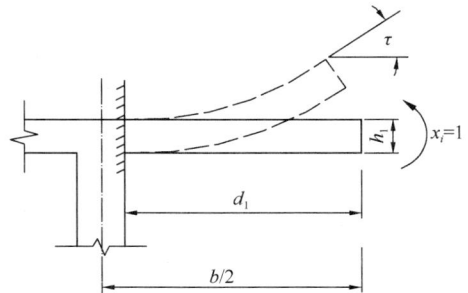

图 2-76　局部挠曲计算图式

如将 δ_{ij} 和 δ_{ip} 都除以 ω，将式（2-80）中下部三个方程各乘以 $\frac{b}{2}$，并令 $g_1 = x_1$，$g_2 = x_2$，$g_3 = x_3$ 和 $m_1 = \frac{2}{b}x_4$，$m_2 = \frac{2}{b}x_5$，$m_3 = \frac{2}{b}x_6$，最后可得赘余力素 g_i 和 m_i 的正则方程为：

$$\begin{bmatrix} \delta_g & \gamma-1 & 0 & 0 & \gamma & 0 \\ \gamma-1 & \delta_g & \gamma-1 & -\gamma & 0 & \gamma \\ 0 & \gamma-1 & \delta_g & 0 & -\gamma & 0 \\ 0 & -\gamma & 0 & \delta_m & -\gamma & 0 \\ \gamma & 0 & -\gamma & -\gamma & \delta_m & -\gamma \\ 0 & \gamma & 0 & 0 & -\gamma & \delta_m \end{bmatrix} \begin{Bmatrix} g_1 \\ g_2 \\ g_3 \\ m_1 \\ m_2 \\ m_3 \end{Bmatrix} + \begin{Bmatrix} -1 \\ 0 \\ 0 \\ 0 \\ 0 \\ 0 \end{Bmatrix} = 0 \tag{2-81}$$

式中
$$\left.\begin{aligned} \delta_g &= 2(1+\gamma+\beta)，\text{与铰接 T 形梁相同} \\ \delta_m &= 2(\gamma+3\beta') \\ \beta' &= \left(\frac{b}{2d_1}\right)^2 \cdot \beta \end{aligned}\right\} \tag{2-82}$$

式（2-81）中包含 γ、β 和 β' 三个参数，其中 γ 和 β 与铰接梁桥相同，对于 T 形梁和 I 字形梁也可近似地认为 $\beta' = \beta$，这样可减少参数数目，使编制计算表格得以简化。

竖向荷载的横向分布与前面铰接梁桥一样，仍只考虑剪力 g_i 的影响。因此，由式（2-81）求得 g_i 后，就可按式（2-68）编制荷载横向分布影响线坐标 η_{jk} 的计算表格。

2.3.2.7　比拟正交异性板法简介

前面介绍的几种计算荷载横向分布系数的方法，都有一个共同的特点，就是把全桥视作一系列并排放置的主梁所构成的梁系结构来进行力学分析。各种方法的不同之处，就在于根据各种不同桥梁结构的具体特点对横向结构的连接刚性作了不同程度的假设。然而，由于实际的钢筋混凝土梁式桥结构的多样性，这些方法还不足以反映与上述梁系力学图式差别较大的桥梁结构的受力情况。例如，对于由主梁、连续的桥面板和多道横隔梁所组成的钢筋混凝土梁桥，当其宽度与其跨度之比值较大时，为了能比较精确地反映实际结构的受力情况，还可把此类结构简化成为纵横相交的梁格系，按杆件系统的空间结构来求解，也可设法将其比拟简化为一个矩形的平板，作为弹性薄板按古典弹性理论来进行分析，并且做出计算图表便于实际应用。这就是所谓"比拟正交异性板法"或称"G-M 法"。

"比拟正交异性板法"是在各向同性板挠曲微分方程的基础上，引出比拟正交异性板的挠曲微分方程，将桥梁空间结构近似比拟成板的计算方法，可应用图表进行实用计算（读者可参阅有关的参考文献）。

"比拟正交异性板法"计算荷载横向分布系数要解决的关键问题是如何将纵横相交的梁格系的梁桥（通常所说的肋形梁桥）比拟成正交各向异性板。我们以图 2-77 为例来作简单的说明。假设肋形梁桥的主梁中心距离为 b，抗弯惯矩为 I_x，抗扭惯矩为 I_{Tx}，横梁中心距离为 a，抗弯惯矩为 I_y，抗扭惯矩为 I_{Ty}；同时梁肋间距 a、b 与桥跨宽度、长度相比相当小，且桥面板与梁肋结合好；解决问题的关键是假想主梁的 I_x、I_{Tx} 平均分摊于宽度 b，横梁的 I_y、I_{Ty} 平均分摊于宽度 a，这样就把实际的纵横梁格系比拟成一块假想的平板。

比拟板在 x、y 两个方向的换算厚度不同，在纵、横向每米宽截面抗弯、抗扭惯性矩为：

$$\left.\begin{aligned} J_x &= \frac{I_x}{b}，J_{Tx} = \frac{I_{Tx}}{b} \\ J_y &= \frac{I_y}{a}，J_{Ty} = \frac{I_{Ty}}{a} \end{aligned}\right\} \tag{2-83}$$

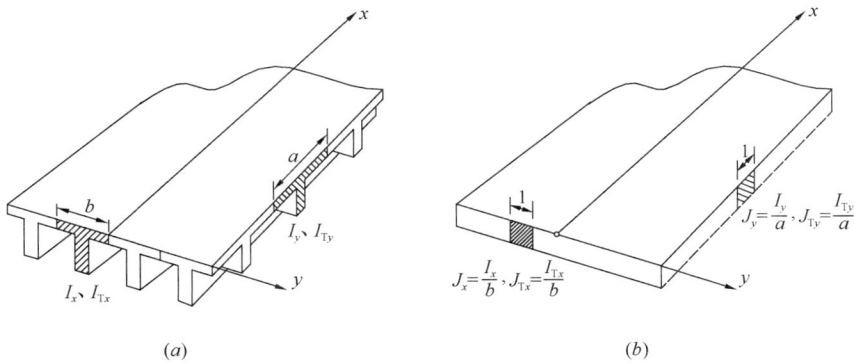

图 2-77 实际结构换算成比拟板的形式

(a) 实际结构；(b) 换算后的比拟异性板

可以证明比拟后的正交异性板的挠曲面微分方程与正交异性板的方程在形式上完全一致。这也说明任何纵横梁格系结构比拟成的异性板，可以完全仿造真正的材料异性板求解，只是方程中的刚度常数不同罢了。

2.3.3 结构挠度与预拱度计算

设计一座钢筋混凝土或预应力混凝土梁桥，除了要对主梁进行强度计算或应力验算，以确定结构具有足够的强度安全储备外，还要计算梁的变形（通常指竖向挠度），以确保结构具有足够的刚度。因为桥梁如发生过度的变形，不但会导致高速行车困难，加大车辆的冲击作用，引起桥梁的剧烈振动和使行人不适，而且可能使桥面铺装层和结构的辅助设备遭到损坏，严重者甚至危及桥梁的安全。

桥梁的挠度，按产生的原因可分成恒载挠度和活载挠度。恒载（包括预应力、混凝土徐变和收缩作用）是恒久存在的，其产生的挠度与持续时间相关，还可分为短期挠度和长期挠度；活载挠度则是临时出现的，在最不利的荷载位置下，挠度达到最大值，随着活载的移动，挠度逐渐减小，一旦活载驶离桥梁，挠度就告消失。

恒载挠度并不表征结构的刚度特性，它不难通过施工时预设的反向挠度或称预拱度来加以抵消，使竣工后的桥梁达到理想的线型。

伴随活载产生的活载挠度，使梁引起反复变形，变形的幅度（即挠度）越大，可能发生的冲击和振动作用也越强烈，对行车的影响也越大。因此，在桥梁设计中就需要通过验算活载挠度来体现结构的刚度特性。

《公路桥规》规定，对于钢筋混凝土及预应力混凝土梁式桥，以汽车荷载（不计冲击力）计算的上部结构跨中最大竖向挠度，不应超过 $l/600$，l 为计算跨径。

为了消除恒载挠度而设置的预拱度（指跨中的反向挠度），其值通常取等于全部恒载和一半静活载所产生的竖向挠度值，这意味着在常遇荷载情况下桥梁基本上接近直线状态。对于位于竖曲线上的桥梁，应视竖曲线的凸起（或凹下）情况，适当增（或减）预拱度值，使竣工后的线型与竖曲线接近一致。

对于一般小跨径的钢筋混凝土梁桥，当恒载和静活载所计算的挠度不超过 $l/1600$ 时，可以不设预拱度。

钢筋混凝土受弯构件的恒载和活载挠度，可用熟知的结构力学方法计算。对于简支梁等静定结构，截面刚度采用 $0.85E_h I_0$，其中 E_h 为混凝土的弹性模量，I_0 为开裂截面的换算惯性矩；对于超静定结构则采用 $0.67E_h I_h$，此处，I_h 为混凝土全截面的惯性矩。

由此可得钢筋混凝土简支梁桥验算某梁刚度时的活载挠度应为：

对于汽车荷载

$$f = \frac{5}{384} \cdot m_{cq} \cdot \xi \cdot k_q \cdot \frac{l^4}{0.85E_h I_0} \leqslant \frac{l}{600} \tag{2-84}$$

式中 k_q ——一行汽车荷载的等代荷载；

其余符号均同前。

如果已知某梁的跨中最大静活载弯矩为 M，则上式可改写成：

$$f = \frac{5}{48} \cdot \frac{Ml^2}{0.85E_h I_0} \leqslant \frac{l}{600} \left(或 \frac{l}{500} \right) \tag{2-85}$$

对于预应力混凝土受弯构件，当计算短期弹性挠度时，截面刚度采用 $E_h I_h$（不开裂的情况）或 $0.85E_h I_0$（开裂的情况），视具体情况而定。

当计算预应力混凝土构件的长期挠度时，应计入混凝土徐变的影响，通常只要将短期弹性挠度乘以考虑混凝土加载龄期和加载持续时间的徐变系数就可。

根据设计经验，预应力混凝土梁桥的刚度一般都很大，故可不必验算其挠度。然而，为了设置预拱度的需要，或者为了掌握梁体在各工作阶段的变形情况，也往往要计算各阶段的挠度值。

2.3.4   斜板桥的受力特点和构造简介

随着交通运输事业的发展，高速公路、城市立交和高架道路日益增多，斜桥和弯桥得到了越来越广泛的应用。但是，斜弯桥的设计计算比直线正桥复杂，其计算方法也有待于进一步的研究。本节简要介绍整体式斜板桥的受力特点和配筋构造的特点。

整体斜板桥是小跨径斜桥常用的结构形式，它的模板简单，建筑高度小，力的传递路线也较短。弹性斜交板分析理论比正交板理论复杂得多，用它来计算在实际使用荷载作用下斜板桥的内力和变形是不方便的。迄今为止，国内外许多学者从不同的观点出发曾对斜板做过理论和试验研究，提出了一些实用计算方法。特别是计算机技术的发展，已经提供了大量的用以计算斜板的辅助手段和方法，例如计算影响面的有限元程序和影响面加载程序等。对于从事设计和施工的工程技术人员，为了能正确地运用这些实用方法进行计算和配筋，必须在参考和分析研究成果的基础上，正确地理解和把握斜板在荷载作用下的实际工作性能。

2.3.4.1   影响斜板桥受力的因素

（1）斜交角 φ

斜交角有两种表示方法：一种是桥梁轴线与支承边垂线的夹角（图 2-78），另一种是桥梁梁轴线和支承线的夹角。前者越大表示斜交的程度越大，后者则相反。

斜交角大小直接关系到斜桥的受力特性，φ 越大斜桥的特点越明显。经过分析研究，我国《公路桥规》规定：当 $\varphi < 15°$ 时，可以忽略斜交的影响，取板的斜长为计算跨径，按正桥进行计算。

（2）宽跨比 b/l

设 b 为垂直于桥轴线方向的桥宽，l 为垂直于支承线的跨径，宽跨比越大，斜板相对宽度越大，斜桥的特点越明显；宽跨比较小的斜桥，其跨中受力特点比较接近于正桥，只是在支承线附近的断面才显示出斜桥的特性。

（3）支承形式

支座个数的多少、支承形式的变化，包括横桥向是否可以转动或移动、是否采用弹性支承，对斜板的内力分布有明显的影响。

2.3.4.2　斜板桥的受力特点

（1）简支斜板的纵向主弯矩比跨径为斜跨长 l_φ（图 2-78）、宽度为 b 的矩形板要小，并随斜交角 φ 的增大而减小。图 2-79 显示了简支斜板在均布荷载作用下的弯矩与矩形板的弯矩的比值随 φ 的变化规律。

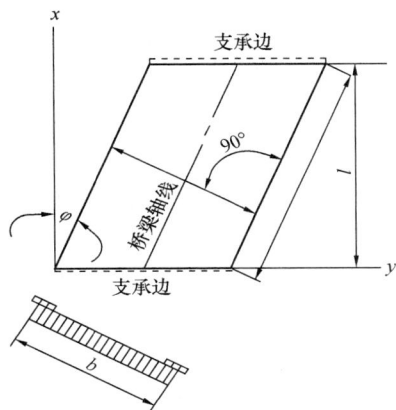

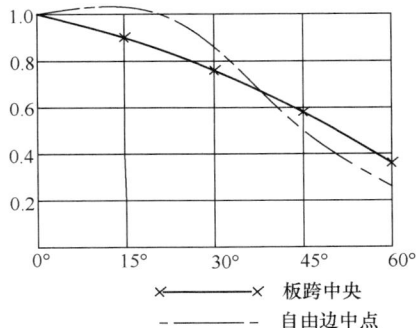

图 2-78　斜板的一般构造　　　　　　　图 2-79　斜板与正板在均布荷载作用下的弯矩比较

（2）斜板的荷载一般有向支承边的最短距离传递的趋势。宽跨比较小的情况下，主弯矩方向朝支承边的垂直方向偏转；宽跨比较大的情况下，板中央的主弯矩几乎垂直于支承边，边缘的主弯矩平行于自由边（图 2-80）。

（3）纵向最大弯矩的位置，随 φ 角的增大从跨中向钝角部位移动。图 2-81 中板面上的实线表示 $\varphi = 50°$ 时的最大弯矩位置，图中还示意出 φ 为 $30°$ 和 $70°$ 时的相应位置。

（4）斜板中除了斜跨径方向的主弯矩外，在钝角部位的角平分线垂直方向上，将产生接近于跨中弯矩值的相当大的负弯矩（图 2-81），其值随 φ 的增大而增加，但分布范围较小并迅速削减。

（5）斜板的最大纵向弯矩虽比相应的正板小，可是横向弯矩却比正板大得多，尤其是跨中部分的横向弯矩。横向弯矩的增加量大致上可以认为等于纵向弯矩的减小量。

（6）斜板在支承边上的反力很不均匀。钝角角隅处的反力可能比正板大数倍，而锐角处的反力却有所减小，甚至出现负反力。对于正板，支座的个数越多，每个支座分得的反力就越小；但对于斜板，支座的个数越多，反力却越集中于钝角。理论和试验研究发现，采用弹性支承可以使斜板的支承反力分布趋于均匀，且钝角上缘的负弯矩也有所减小。

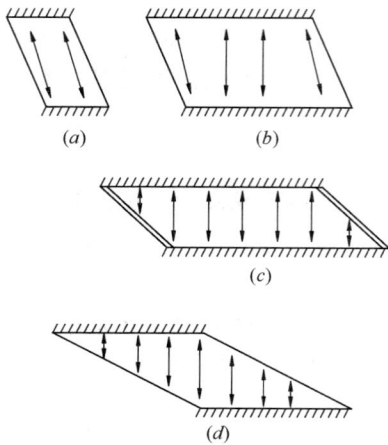

图 2-80 斜板中的主弯矩方向

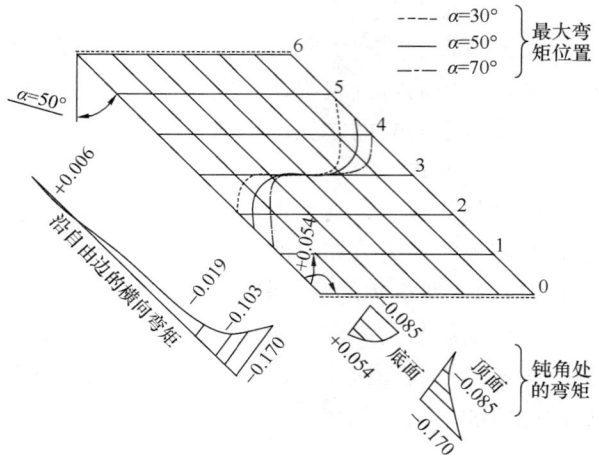

图 2-81 均布荷载作用下最大弯矩位置的
变化及钝角处弯矩分布

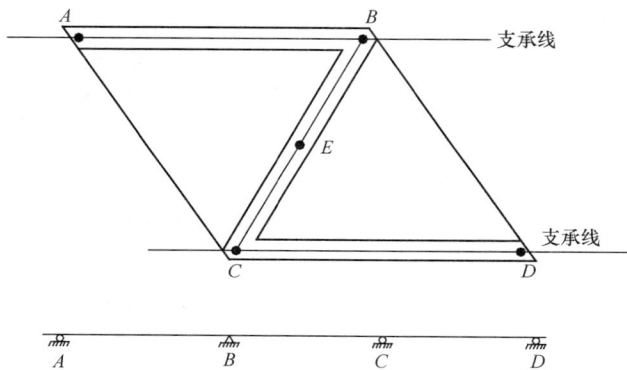

图 2-82 比拟 Z 字形连续梁

（7）斜板的受力特点可以用图 2-82 所示的以 $ABCD$ 为支点的 Z 字形连续梁来比拟：跨中点 E 处的弯矩，大致在 BC 方向上最大；在钝角点 B 和 C 处产生较大的负弯矩和支点反力；在锐角点 A 和 D 处产生相当于连续梁边支承处的较小的反力；在支承线 AB 和 CD 上增加支座，对支承边的横向弯矩有较大影响，而对跨中点 E 处的弯矩影响不大。

（8）斜板的扭矩分布很复杂，板边存在较大的扭矩，抗扭刚度对扭矩的影响与正桥有很大区别。

2.3.4.3 斜板桥的钢筋布置及构造特点

根据斜板的受力性能我们可以配置斜板桥的钢筋。

当 $l_\varphi \leqslant 1.3b$ 时，桥梁宽度较大，纵向钢筋，板中央垂直于支承边布置，边缘平行于自由边布置；横向钢筋平行于支承边布置。常见的钢筋布置方式有两种：一种是渐变布置（图 2-83a），另一种是重叠布置（图 2-83b）。斜交角较小时（$\varphi<30°$），纵向钢筋可以完全平行于自由边布置（图 2-84a）；斜交角较大时（$\varphi>30°$），可以完全垂直于支承边布置（图 2-84b）。

当 $l_\varphi > 1.3b$ 时，为窄斜板桥，纵向钢筋平行于自由边布置；横向钢筋，跨中垂直于自由边布置，两端平行于支承边布置，如图 2-85 所示。

为抵抗自由边的扭矩，可在距自由边一倍板厚的范围内设置加强箍筋（图 2-86）。

在钝角顶面 $l_\varphi/5$ 范围内，应在角平分线的垂直方向设置抵抗负弯矩的钢筋。单位宽

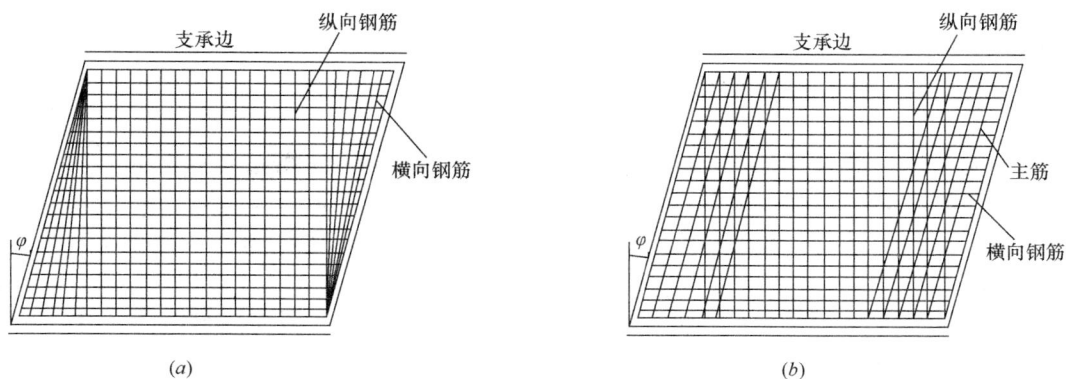

图 2-83 斜板桥的钢筋构造图（一）

（a）渐变布置；（b）重叠布置

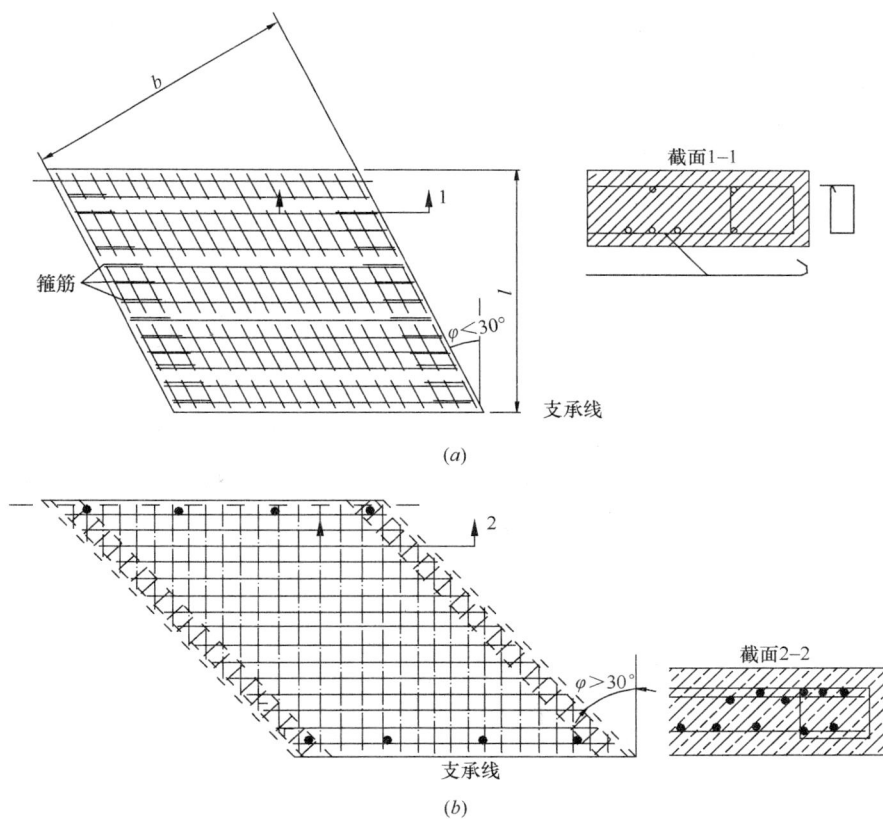

图 2-84 斜板桥的钢筋构造图（二）

（a）斜交角 φ<30°时的钢筋布置方向；（b）斜交角 φ>30°时的钢筋布置方向

度内钢筋数量 A_{g1} 可按下式计算:

$$A_{g1} = KA_g \qquad\qquad (2\text{-}86)$$

式中 A_g ——每米桥宽的主钢筋数量;

   K ——与 φ 有关的系数,按表 2-7 取值。

φ	K	φ	K
		K 值 表 2-7	
$0°\sim15°$	0.6	$30°\sim45°$	1.0
$15°\sim30°$	0.8		

为承担很大的支反力,应在钝角底面平行于角平分线方向上设置附加钢筋(图2-86)。另外必须注意,斜交板桥在运营过程中,在平面内有向钝角方向转动的趋势,如果板的支座没有充分锚固住,应加强锐角处桥台顶部的耳墙,使它免遭挤裂。

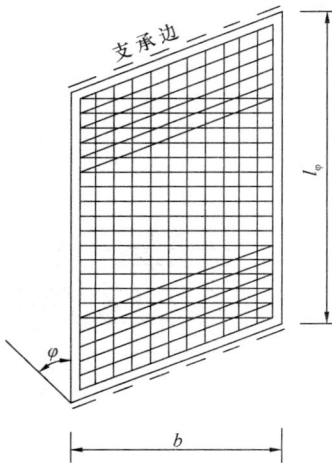

图 2-85 $l_\varphi > 1.3b$ 的钢筋布置

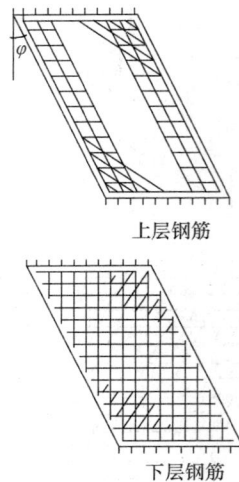

图 2-86   钝角部位的加强钢筋

2.4   简支钢板梁和钢桁梁桥

2.4.1   钢 桥 概 述

一般把桥跨结构用钢制成的桥梁(不论桥梁墩台用什么材料建造)称之为钢桥。在各种建筑材料中,钢材的抗拉、抗压和抗剪强度均较高(这可使所需的受力截面较小,重量较轻),材质较为均匀(屈服强度变异性不大,这可使容许应力较高),有一显著的屈服台阶(这使结构在破坏前发生显著变形,给出预警,可以保证安全)。因此,钢桥具有很大的跨越能力。当要建造的桥梁跨度特别大,荷载特别重,采用其他建筑材料来建造桥梁有困难时,一般常采用钢桥。

钢桥的基本特点是:

(1)构件特别适合用工业化方法来制造,便于运输,工地安装速度快,施工工期较短；

（2）在受到损伤和破坏后，易于修复和更换；

（3）耐候性差、易锈蚀，铁路钢桥采用明桥面时噪声大，维护费用较高，材料价格较高。

我国中小跨度的铁路桥梁，曾较多采用上承式或下承式简支钢板梁桥；跨度较大时，则采用上承式或下承式简支钢桁架梁桥。近年来，为加快施工速度、满足对建筑高度的要求、减少对交通的干扰，一些城市桥梁也采用中小跨度的钢板梁或钢箱梁桥。本节主要介绍简支钢板梁桥和钢桁梁桥的构造特点和受力计算的要求。

2.4.1.1 钢桥所用的材料

钢桥所用的钢种主要是碳素钢和低合金钢两类。钢材的主要供应形式是板材及型材。在型材中有角钢、H形钢、I形钢、T形钢、槽钢、管钢、方钢、球扁钢等。

钢桥构件多用板材加工而成。用钢材制造钢桥，要经过机械加工和连接，制成的钢桥要承受很大的静力荷载与冲击荷载。因此，所选用的钢材，既要能适应制造工艺要求，又要能满足使用要求。

为了满足钢桥的制造和使用需要，对用来造桥的钢的化学成分和力学性能都有严格的规定。钢的化学成分是指钢中的合金元素的多少。合金元素有碳、锰、硅及有害杂质硫、磷。强度较高的钢还有微量元素铬、镍、钒、铝、氮等。

钢的主要力学性能指标有强度、延伸率、断面收缩率、冷弯和冲击韧性，见表 2-8。

桥梁钢力学性能

表 2-8

钢号		屈服点 σ_s （MP$_a$）	抗拉强度 σ_s （MP$_a$）	延伸率 δ_s （%）	断面收缩率 ψ （%）	冲击韧性值			冷弯 180°
						$-20℃$	$-40℃$	时效	
16q		≥225.4	≥372.4	≥26	—	—	—	≥34.3	$d=1.5t$ 不裂
16Mnq		392～441	490～529.2	19～21	—	—	≥29.4	≥29.4	$d=(2～3)t$ 不裂
14MnNbq		340～370	490～685	19～20	—	—	≥40.0	≥40.0	$d=(2～3)t$ 不裂
15MnVNq	A	392～441	529.2～588	17～18	—	—	≥29.4	≥29.4	$d=3t$ 不裂
	B	411.6～421.4	548.8～568.4	≥19	—	—	≥39.2	≥39.2	$d=3t$ 不裂
	C	411.6	548.4	≥19	—	—	≥49	≥49	$d=3t$ 不裂

注：d 为弯心直径，t 为板厚。

（1）强度

钢的强度表示钢对塑性变形和破坏的抵抗能力。强度可通过拉力试件来确定。描述强度的指标是弹性极限 σ_e、屈服强度（或屈服点）σ_s 和极限强度 σ_b。

（2）变形

除强度要求外，钢桥在使用时也不允许产生过大的变形。钢的弹性极限及屈服点越高，表示钢对变形的抵抗能力越大，在不发生塑性变形的条件下能承受的应力也越大。钢的塑性变形能力包括延伸率、断面收缩率、冷弯。在钢试件被拉断后，一定标距的伸长和原始标距的百分比，称为延伸率；颈缩处横截面积的最大缩减量与原始横截面积的百分比，称为断面收缩率。延伸率和断面收缩率高的钢材，可以通过其塑性变形使应力重新分布，避免结构的局部破坏。冷弯是检查钢材承受规定弯曲程度的弯曲变形性能，并能显示钢板中是否存在缺陷（夹渣、分层等）。冷弯性能好的材料，有利于制造。它是一项工艺指标，也是一项质量指标。

（3）韧性

钢材的韧性可用钢材破坏前所吸收能量的多少来衡量。韧性不好的钢材，在低温或快速加载等不利的条件下，容易使钢材发生脆性断裂（指在静力或加载次数不多的动荷载作用下发生突然断裂，断裂前构件变形很小，裂缝开展速度很快）。因此，常用低温冲击韧性来判断钢材的抗脆性断裂性能。冲击韧性值的大小是通过冲击试验求得的。将冲击韧性值与冲击试验时的温度画在纵、横坐标图上（图 2-87），可以发现钢材在低于一定温度后的冲击韧性值急剧下降。这个温度就是脆性转变温度。脆性转变温度时的冲击值是桥梁用钢的低温冲击要求标准值。

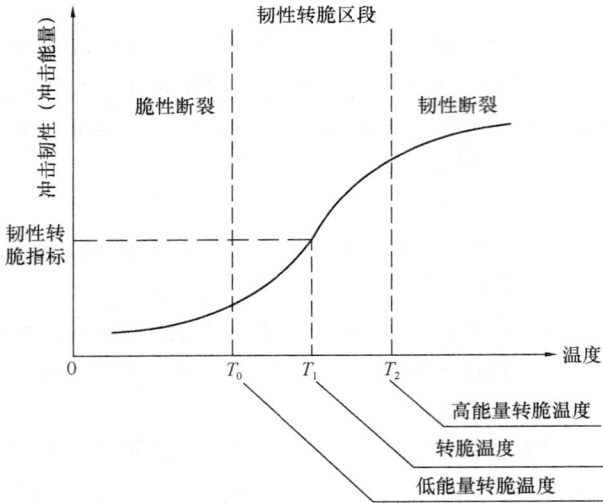

图 2-87   冲击值与温度关系曲线

（4）疲劳

钢桥的疲劳性能也是十分重要的。钢桥承受的动荷载是随时间变化而重复循环作用的荷载。这种荷载的大小虽然一般低于结构的名义承载能力，但由于结构（包括连接，如焊缝）中可能存在微小的缺陷或应力集中，这些潜在的裂源点处容易产生塑性变形而萌生裂纹。随着外力循环次数的增加，裂纹会逐渐扩展，最后导致钢桥的断裂。这种现象称为疲劳。结构出现肉眼可以看得见的裂纹前能承受荷载循环作用的次数，工程上称为结构或材料的疲劳寿命。影响钢桥疲劳寿命的因素很多，材质是重要的因素之一。

用来制造钢桥的钢又称桥梁钢。为桥梁用钢专门制订冶金技术标准的做法，始于苏联，现今俄罗斯仍然继承。我国冶金工业部曾为桥梁用碳素钢及普通低合金钢钢板以及桥梁用结构钢制订过技术条件。在美国、日本、欧盟等国家和地区，桥梁钢都被视作结构钢的一种，从结构钢标准中选用。就化学成分讲，结构钢主要是低碳钢和低合金钢。低碳钢是指含碳量为 $0.03\%\sim0.25\%$ 的钢；低合金钢是指各种合金元素总含量不超过 3% 的钢。这两种钢都有明显的屈服台阶，若对其有害元素给予限制，则其可焊性较好，韧性也容易合格。

我国经过 40 年的研究和使用，桥梁用钢系列按屈服点已分成三级。屈服点在 240MPa 一级的有 3 号钢（A3q）、16 桥（16q）；在 340MPa 一级的有 16 锰桥（16Mnq）、14 锰铌桥（14MnNbq）；420MPa 一级的有 15 锰钒氮桥（15 MnVNq-A，15MnVNq-B，15MnVNq-C）。它们的物理性能见表 2-8。A3 和 15MnVNq-A 不作焊接用；15MnVNq-B 用于焊接受压部件；厚 32mm 及以下的 16Mnq，厚 50mm 及以下的 14MnNbq，厚 56 mm 及以下的 15MnVNq-C 可用于受压、受拉或受疲劳控制的焊接部件。

上述各钢种的牌号，仍以习惯方法称呼。对于碳素钢，按其质地软硬程度，从 1～7 分为 7 个号，号码越大者越硬。就结构钢而言，3 号是典型低碳钢，使用最广。在这些数字号码之外，还按供货条件，其中只保证机械性能者用 A（或甲）表示，只保证化学成分者用 B（或乙）表示，对机械性能和化学成分均须保证者用 C（或特）表示。对于桥梁钢，还可以在钢号后加一个 q（或桥）字。于是，一般钢结构习惯于用 A3（甲 3 号），钢桥习惯于用 A3q（甲 3 桥）。对于低合金钢，是先列平均含碳量（以 0.01% 为单位），然后依次列出其主要合金元素。若某合金元素平均含量不大于 1.5%，在该元素之后就不加数字，若某合金元素平均含量是 1.5%～2.5%，就在该元素之后加注 2 字。

按现行标准，我国碳素结构钢是先列屈服点，次列质量等级。屈服点以"MPa（N/mm²）"为单位，计有 195、215、235、255 及 275 共 5 种，最常用的是 235。质量等级分为 A、B、C、D 共 4 级。对于 A 级，不提韧性要求；对于 B、C、D，均须用夏比（V 形缺口）试件做冲击试验。我国低合金高强度结构钢也是先列屈服点，次列质量等级。屈服点以"MPa（N/mm²）"为单位分为 5 种，计有 295、355、390、420、460；最常用的是 355。质量分为 A、B、C、D、E 共 5 级。对于 A 级，不提韧性要求；对于 B、C、D、E，均须用夏比（V 形缺口）试件做试验。

除碳素钢和低合金高强度钢外，美、日、英、德等国家生产可用于钢桥的低合金超高强度钢，其屈服强度大于 700MPa。有些国家（包括我国）也曾试用铝合金和玻璃钢作建桥材料，特点是重量轻，耐腐蚀性好，但弹性模量和强度低，造价贵。另外，多年来对耐候钢的研制也一直受到关注。普通钢材不能抵抗锈蚀，在使用过程中须定期油漆，这大大增加了养护费用。采用含铜的耐候钢，其表面能逐渐形成一层附着性强的因锈蚀而产生的保护膜，阻止水和氧气的渗入，从而减缓了钢材继续锈蚀的速度。

2.4.1.2　钢桥的连接

钢桥由各种杆件或部件连接而成，而这些杆件或部件又都是由钢板及各种型钢连接形成的。所以，钢桥的连接既包括将型钢、钢板组合成杆件与部件，也包括将杆件及部件连接成钢桥整体。钢桥所用的连接有铆接、焊接和高强度螺栓连接（栓接）三种。

（1）铆接

铆接使用较早。在使用铆接前，还曾经在钢桥梁桥中用过销接，即在桥架的每一个节点处，只用一个大直径的螺栓或销子，贯穿于所有交汇杆件的端部，在节点处形成一个铰。销接的缺点是销子和销孔要求嵌配精密，制造加工很费事，且当销孔因反复磨耗而扩大后，在动荷载作用下，桥梁的变形大。所以销接方式很快被铆接所代替，现只作为临时连接。

铆接在钢桥连接中使用历史很长。常用铆钉直径为 22 或 24mm。铆接是将半成品铆钉加热到 1050～1150℃，塞入钉孔，利用铆钉枪将钉身镦粗，填满钉孔，并将另一端打成钉头（见图 2-88）；或在工厂将铆钉加热至 650～750℃，用铆钉机铆合。这种连接传力可靠，但既费时间（既要钻孔又要铆合），也费材料，对操作工人的技术要求较严。而且工人在操作中消耗体力大，工作环境不好（噪声大）。

（2）焊接

第二次世界大战后，钢梁制造引进了焊接技术。焊接结构的截面无孔削弱，比铆接结构省料，加工快，且可改善工人工作环境，但在野外高空作业时受到一定的限制。

　　焊接是用一定的设备通过电能将被焊钢材和焊接材料熔化，形成一条焊缝把两个部件连接在一起。焊接材料有焊丝、焊条、熔剂。不同的钢材要选用不同的焊接材料。焊接时所采用的电流、电压的大小，焊接速度的快慢，也随焊接钢材的不同而有所不同。焊缝的力学性能均要求不低于母材。钢桥上应用的焊缝主要有两种，即熔透的对接焊缝和不熔透角焊缝，见图 2-89。焊接方法有自动焊、半自动焊和手工焊。在钢桥的工厂焊接工作中，大量采用自动焊。

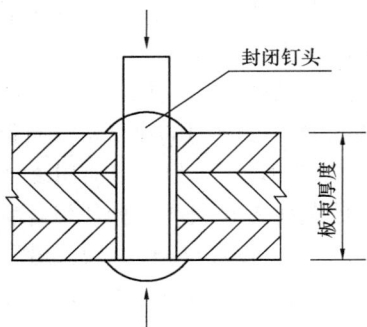

图 2-88　铆接

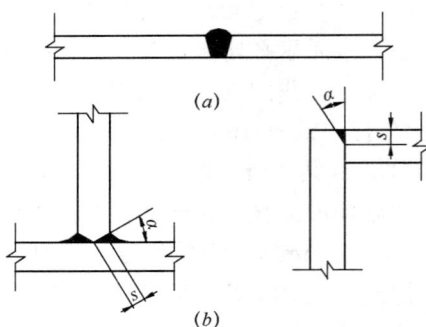

图 2-89　焊缝接头
（a）熔透对接焊缝；（b）不熔透角焊缝

（3）栓接

　　高强度螺栓于 1938 年在世界上出现。1951 年美国旧金山金门桥加固时，首次正式使用高强度螺栓代替铆钉，后来各国都将这一连接技术应用到新桥建造上。

　　栓接指将已在工厂焊接好的杆件与部件运送到工地后，用高强度螺栓拼装连接成钢桥整体。我国使用的是摩擦型高强度螺栓连接，见图 2-90。其杆件或构件内力 N 是通过钢板与拼接板表面的摩擦力来传递的。这一摩擦力则是由于高强度螺栓拧紧后，对钢板束施加了强大的夹紧力 P 产生的。只有当外力 N 超过了抵抗滑动的摩擦力之后，板层才会产生相对滑动。抵抗滑动的摩擦力是夹紧力 P 与钢板表面摩擦系数的乘积。钢板表面摩擦系数一般取 0.45。高强度螺栓、螺母、垫圈的形式、尺寸及技术条件在相应国家标准中有详细规定。直径规格有 M12、M16、M20、M22、M24、M27、M30。在钢桥中常用的

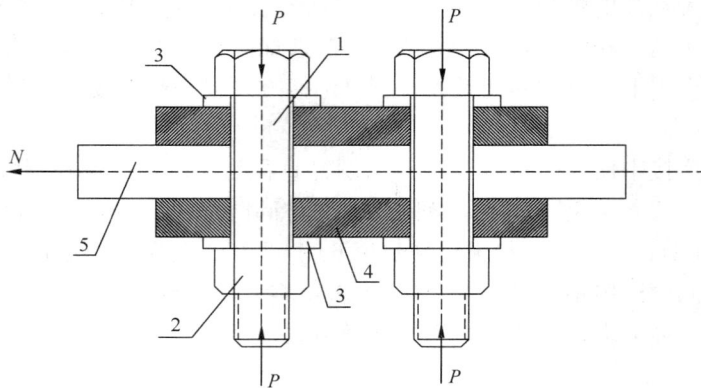

图 2-90　高强度螺栓连接示意图
1—高强度螺栓；2—高强度螺母；3—高强度垫圈；4—拼接板；5—杆件

为 M22、M24、M27。芜湖长江公铁两用桥使用的是 M30。高强度螺栓根据制造材料的不同分为两级，即 10.9 级及 8.8 级。螺母及垫圈也随螺栓的级别不同采用不同的级别。10.9 级螺栓强度高，在桥梁中都使用这一等级的螺栓。

高强度螺栓的安装方法很多，常用的是扭矩法拧紧工艺，即利用安装时施加在螺母上的扭矩控制螺栓的预紧力。制造好的高强度螺栓，有一项工艺技术指标是扭矩系数。根据扭矩系数、螺栓直径和设计的预紧力就可以计算出施拧时所要施加的扭矩的大小。10.9 级高强度螺栓的设计预紧力见表 2-9。

高强度螺栓设计预紧力 P　　　　　　　　　　　　表 2-9

规格	M22	M24	M27	M30
P（kN）	200	230	300	370

我国早期钢桥均采用铆接。在 20 世纪 50 年代，开始了焊接和高强度螺栓连接的应用研究。1965 年正式大量在铁路钢桥中推广使用，并逐步形成了目前广泛采用的栓焊钢桥。所谓栓焊钢桥是指工厂（板件的）连接采用焊接，工地（杆件的）连接采用高强度螺栓。

2.4.1.3　钢桥的结构形式

钢桥的结构形式多种多样。各种桥式均可采用钢材作为建桥材料。一座钢桥采用哪种结构形式，主要根据桥梁技术要求和桥址的水文、地形和地质情况来决定。

在 20 世纪 50～60 年代，我国铁路桥梁多采用上承式简支钢板梁桥，跨度在 20～32 m 之间。在 1960 年代，从节约钢材出发，我国铁路曾经让跨度不大于 32m 的新建梁桥都使用钢筋混凝土与预应力混凝土梁。当桥址处的地形和河流水文条件要求降低桥梁的建筑高度时，对于 $l=20～40m$ 的铁路桥，可采用下承式简支钢板梁桥。对于较大跨度（$l=56～80m$）钢桥，在 20 世纪 80 年代以前，我国铁路桥均采用简支或连续钢桁梁桥。所用材料和连接方式从开始的低碳钢和铆接逐步改为低合金钢和栓焊连接，有标准设计可供使用。从 20 世纪 80 年代中期开始，$l=80m$ 的预应力混凝土连续梁试制成功。由于混凝土梁一般是道砟桥面，且其养护费用较省，到 20 世纪 90 年代后期，铁路界对于 56～96m 跨度范围，开始有用混凝土梁代替钢桁架梁的倾向。

对于更大跨度（$l>96m$）的桥梁，目前铁路桥或公铁两用桥是以连续钢桁架梁为主。例如，跨越长江的武汉长江大桥、南京长江大桥、九江长江大桥、芜湖长江大桥等。

在铁路钢桥发展过程中，也曾采用过箱形简支梁（如架设在北京西北环线上的整孔焊接箱梁，跨度 40m，1979 年）、刚性梁柔性拱（成昆线迎水河桥，主跨 112 m，1966 年）、斜腿刚构（安康汉江专用线，跨度 176 m，薄壁箱梁结构，1983 年）等结构形式。

公路钢桥的主要结构形式是悬索桥和斜拉桥。

2.4.1.4　钢桥发展与展望

我国第一座铁路钢桥是唐山至胥各庄蓟运河桥，由英国人设计，比利时人施工。该桥于 1888 年建成，至今已 130 年，仍在使用（上部钢梁现已全部更新）。我国自行设计、施工的钢桥是从詹天佑修建京张铁路开始的，共建钢桥 121 座，计 1591m 长，最大跨度为 33.5m 的机架梁，绝大部分是跨度 6.1m 的工字形型钢梁桥。具有代表性的现代大型钢桥则是浙赣线钱塘江公铁两用大桥。1949 年前分布在不同线路上的桥梁，设计标准不一致，采用不同国家的规范进行设计、制造和施工，多数质量差，承载能力低。1949 年后，对这些旧桥进行了全面鉴定和加固改造。

1950年代初期，我国所建钢桥用的材料都是进口碳钢，结构铆接，工艺简陋。后来发展了国产3号低碳钢（A3）和16桥钢（16q）。引进了覆盖式样板和立体式机器样板技术。20世纪50年代采用低碳钢建造的具有代表性的桥梁是武汉长江大桥。1962年，研究成功了16锰桥（16Mnq）低合金钢，用于南京长江大桥。这座桥是完全依靠自己的技术力量和国产材料建成的长江大桥。

1960年代中期，为加快成昆铁路的修建，系统地研究、发展了栓焊钢桥技术。1965～1970年间，采用栓焊新技术，建造了13种不同结构形式的钢桥44座。这有力地推动了我国钢桥技术的发展。栓焊钢桥可比铆接钢桥节约钢材12%～15%，并可加快建桥速度，改善工人劳动条件和结构传力状态。

为建造更大跨度的钢桥，从1967年起，我国开始研究开发15锰钒氮桥钢（15MnVNq），其屈服点比16Mnq钢高，板厚效应小，焊接性好，而且韧性也好。1993年用这种钢建成了九江长江公路铁路两用大桥。该桥正桥钢梁全长1806m，主跨是216m的刚性桁梁柔性拱。

芜湖长江大桥为低塔、斜拉索加劲的连续钢桁梁结构形式，为国内首次采用的新桥型；主跨312m是我国迄今为止公铁两用桥中跨度最大的桥梁；正桥全部采用钢筋混凝土桥面板与主桁结合共同作用的板桁组合结构；钢梁采用厚板焊接整体节点和承载力超过50000kN的大型箱形杆件，结构先进，技术难度很大；建桥材料采用的是强度、韧性和焊接性能优异的国产新钢种14锰氮硼桥（14MnNbq）。

1950年代以前，我国在城市道路和公路上建造的钢桥非常少。在20世纪60～80年代，出于经济原因，公路桥仍主要以混凝土作为建桥材料。从20世纪80年代中期起，随着道路交通的迅猛发展，大跨度钢桥逐步得到应用。1987年建成跨度288m的东营黄河公路斜拉桥，主梁为钢箱梁；分别在1991年和1993年建成的上海南浦和杨浦公路斜拉桥，主梁为钢梁与混凝土桥面板的结合梁；南京长江二桥（公路斜拉桥）的跨度达628m，主梁为扁平钢箱梁。在悬索桥方面，从1995年至2003年，在已建成的7座大跨悬索桥中，有6座采用钢箱梁或钢桁架作为加劲梁。

近年来，我国钢桥又有了新发展。菜园坝长江大桥（又称珊瑚长江大桥），该桥采用中承式无推力钢管混凝土系杆拱结构形式，是集钢管拱、钢箱梁、钢桁梁等多种新型桥梁结构形式和科技成果于一身的现代化桥梁，钢箱拱梁跨径420m，为世界第一长；在2008年建成通车的苏通公路斜拉桥，主梁为钢箱梁，其主跨跨径达到1088m，主塔高度达到300.4m；鄂东长江斜拉桥，大桥全长约6.3km，主桥主跨为926m组合梁，于2010年大桥全面建成通车；泰州长江特大悬索桥于2012年建成通车，跨江主桥采用了主跨2×1080m的三塔双跨钢箱梁悬索桥，系世界首创。

随着我国钢产量和质量的稳步提升，以及国内外钢结构的分析理论与应用技术也得到稳步的发展，将来还将会出现更多钢结构桥梁。

2.4.2　钢　板　梁　桥

2.4.2.1　常用的几种板梁桥

（1）上承式板梁桥

如图2-91所示上承式板梁桥的主要承重结构是两片工字截面的板梁，该板梁称为主梁。在板梁的上面铺设有桥面,活载及板梁桥的自重由这两片梁承受,并通过支座将力传至墩台。在两片主梁之间,有许多杆件联系着,使它成为一个稳定的空间结构。在上面的杆件与主梁的上部翼缘组成一个水平桁架,称为上水平纵向连接系,简称"上平纵联";在下面的简称"下平纵联"。在两主梁之间设有交叉杆,与上下横撑及主梁的加劲肋和一部分腹板组成一个横向平面结构,称为横向连接系,简称"横联",位于中间者称为'中间横联",位于主梁两端者称为"端横联"。

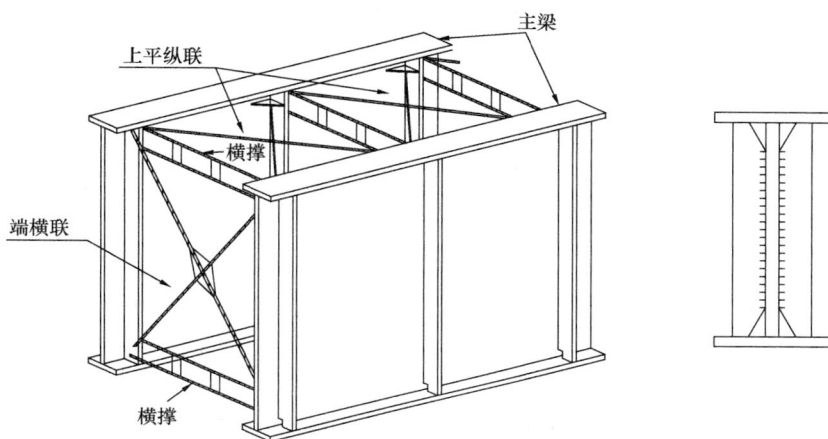

图 2-91 铁路上承式板梁桥组成及主梁横断面

桥面主要由桥枕、护木、正轨等组成。当主梁间距为 2m 时,桥枕尺寸一般采用 20cm×24cm×300cm(宽×高×长)。桥枕下刻槽,搁置于主梁上,用钩螺栓与主梁上翼缘扣紧,以免行车时桥枕跳动。桥枕间的净距,不宜超过 21cm,这是为了当列车在桥上掉道时,车轮不致卡于两桥枕之间,列车还能在桥枕上继续滚动前进,以免发生重大事故。桥面上除正轨外,还设有护轨。护轨两端应延伸到桥台以外一段距离,并弯向轨道中心。护轨的作用就是当列车掉道后,用以控制车轮前进的方向,避免发生翻车事故。在桥枕两端设有护木,用螺栓与桥枕连牢,护木的作用是固定桥枕之间的相对位置。上述的这种桥面,叫作"明桥面",明桥面设置在主梁顶上的这种板梁桥,就叫作"上承式板梁桥"。

当跨度小于 40 m 时,钢板梁桥比钢桁梁桥经济,故小跨度的钢桥常用板梁桥。上承式板梁桥的构造较简单,钢料也较省,可以整孔装运,整孔架设,因此,它是用得最多的一种钢板梁桥。

(2)下承式板梁桥

下承式板梁桥(见图 2-92)的主要承重结构,也是两片工字形截面的板梁,称为主梁。在两片主梁之间,设置有由纵梁和横梁组成的桥面系,桥面不是搁置在主梁上,而是搁置在纵梁上。由于纵梁高度较主梁高度小得多,这样就大大缩小了建筑高度(自轨底至梁底)。

由于桥面布置在两片主梁之间,列车在两片主梁之间通过,这样就要求两片主梁之间的净空能满足桥梁净空的规定。桥梁净空的宽度为 4.88m,下承式板梁桥(标准设计)的两片主梁中至中的距离为 5.4m。

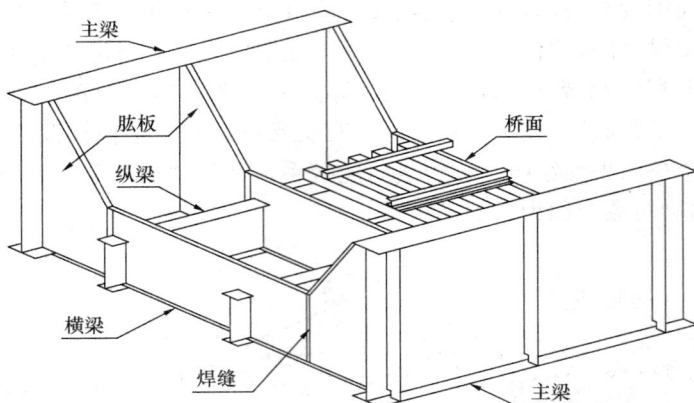

图 2-92   铁路下承式板梁桥

为了使下承式板梁桥成为一个空间稳定结构，在其主梁之下同样也设有下平纵联。由于要满足桥梁净空的要求，无法设置上平纵联，故在横梁与主梁之间，加设肱板，一方面肱板对主梁上翼缘起支撑作用，保证上翼缘的稳定；同时，肱板与横梁连成一块，可起横联的作用。

下承式板梁桥与上承式板梁桥相比，在结构方面增加了桥面系，因此用料较多，制造也费工；由于下承式板梁桥宽大，无法整孔运送，因此，增加了装运与架梁的工作量。所以，当铁路桥梁采用板梁桥时，应尽可能不采用下承式而采用上承式。但是，由于下承式板桥具有较小的建筑高度，在某些条件下仍有采用下承式板梁桥的必要。例如对跨线铁路桥，当桥上线路标高不宜提高而又要求桥下有一定的净空，这时，如采用上承式板梁桥，则建筑高度过大，此时可考虑采用下承式板梁桥。

（3）结合梁桥

用抗剪结合器或其他方法将混凝土桥面板与其下的钢板梁结合成的一整体梁式结构，称为结合梁桥。在结合梁桥中，混凝土桥面板参与钢板梁上翼缘受压，提高了桥梁的抗弯能力，从而可以节省用钢量或降低建筑高度。试验证明，结合梁承受超载的潜力比非结合梁要大。由于这些原因，在国外公路桥梁工程中，结合梁桥已获得广泛的使用。

在铁路桥梁中，我国也曾采用过结合梁桥，即把钢筋混凝土道砟槽板与钢板梁相结合，见图 2-93 所示。

使道砟槽板与板梁结合牢固的措施有：

① 在板梁上翼缘板面上设置连接角，在道砟槽板上设有连接角的预留孔，将预制的道砟槽板铺放在板梁上后，用 40 号膨胀性水泥制成的 1：0.7 水泥砂浆（水灰比为 0.35）填入预留孔里，待凝固后，连接角即可传递剪力，使道砟槽板及板梁之间不致发生水平方向的错动。

② 在铺放道砟槽板时，先将上翼缘板表面处理干净，垫上砂浆，然后将道砟槽板铺放其上，再通过板中 φ50 圆孔向内灌入稠度较浓、水灰比较小的普通水泥砂浆，使道砟槽板底面固结于板梁上翼缘。

道砟槽板是预制的块件，当它们安放就位后，它们之间留有 12cm 宽的缝隙，缝隙中应灌入 40 号的膨胀性水泥砂浆（在养护良好的情况下，可以用普通硅酸盐水泥代替膨胀

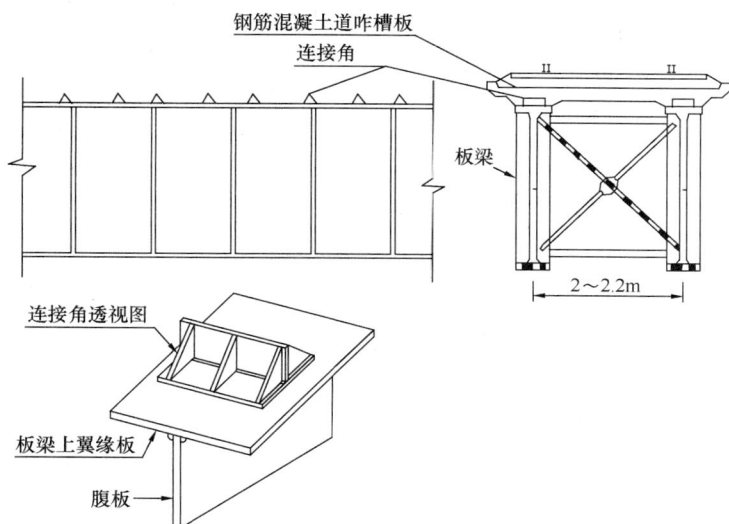

图 2-93　铁路结合梁桥

性水泥）。安装预制道砟槽板时，要注意避免板的两端外露钢筋互相抵触，以免安装困难。

在公路结合梁桥中，常用的抗剪结合器多种多样。例如，可采用一小段型钢，横向焊接于钢板梁的上翼缘上，其纵向间距不宜大于 60cm。还可采用特制的抗剪连接销，俗称大头栓，形如螺栓，但无螺纹，一端有一圆头，用以阻止混凝土板竖向脱离钢板翼缘。最常用的连接销，其直径为 $1.9\sim2.2$cm，长度为 $5\sim10$cm。根据美国有关规范的规定，连接销的容许最大纵向间距为 60cm 左右。安装连接销时，可使用特制的自动电焊枪，将连接销焊接于钢板梁的上翼缘上。这种抗剪结合器比较经济，使用较多。

结合梁桥并不比具有明桥面的上承式板梁桥节省钢材，且施工架设烦琐，从架梁至通车的时间较长。因此，当能用明桥面的上承式板梁桥时，不宜使用结合梁桥。然而，当桥上线路坡陡弯急，如果仍采用明桥面，将使桥上线路的铺设及养护增添不少困难，这时宜用道砟桥面。跨度较小的梁桥，可考虑采用钢筋混凝土梁；跨度稍大的梁桥，则可考虑采用结合梁桥。

2.4.2.2　钢板梁桥计算简介

现以上承式板梁桥为例，简要介绍铁路钢板梁桥的设计和计算内容。

如前所述，上承式板梁桥是由主梁、上平纵联和下平纵联、端横联和中间横联等组成的空间结构。作用荷载主要有：竖向荷载（恒载和活载）和横向荷载（包括风力、列车摇摆力，在弯道桥则还有离心力）。在荷载作用下，桥跨结构整体受力。

将桥跨结构作为空间结构来进行内力分析是比较繁杂的。在设计实践中，通常采用简化的计算方法，即把桥跨结构划分为若干个平面结构，每个平面结构只承受作用在该平面内的荷载。

根据这一简化，竖向荷载则由主梁承受，并经支座传给墩台；横向荷载则由上、下平纵联承受。计算时将上平纵联视作一个简支的水平桁架，两端支承在端横联上。主梁上翼缘是该桁架的弦杆，平纵联的斜杆和横撑是该桁架的腹杆。作用在该桁架平面内的横向力包括：列车、桥面、主梁上半部所受的风力和列车摇摆力（列车摇摆力不与风力同时计

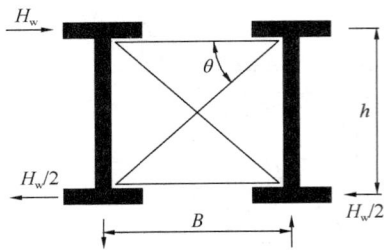

图 2-94 钢梁横向计算简图

算）。同时把下平纵联也看作一个简支的水平桁架，它是由主梁的下翼缘和平纵联的斜杆及横撑所组成。作用在该桁架平面内的横向力只有主梁下半部所承受的风力。由下平纵联传至主梁两端的横向反力将直接传给支座。由上平纵联传到梁两端的横向反力 H_w 将通过端横联再传给支座，见图 2-94。

（1）板梁桥主要尺寸的拟定

板梁桥的主要尺寸是指：计算跨度、主梁高度和主梁中心距。设计时应首先确定这几个主要尺寸。

1）计算跨度

《铁路桥涵设计规范》TB 10002—2017（以下简称《铁路桥规》）对桥梁的跨度规定了标准值。对板梁桥而言，常用的标准（计算）跨度是 20m、24m、32m、40m 等几种。

2）主梁高度

主梁高度 h 根据下列条件来决定：

① 用钢量最省；

② 主梁的竖向刚度（跨中挠度）应满足《铁路桥规》要求；

③ 在可能条件下，应使腹板宽度等于最常轧制的钢板宽度，以避免不必要的拼接或裁切；

④ 桥跨的建筑高度（从轨底至梁底的高度）尽可能减小；

⑤ 全梁的总尺寸在运输限界之内；

⑥ 为便于工厂制造，跨度相近的板梁（例如 20m 和 24m 的板梁）可采用相同的腹板宽度。

从用料经济方面来考虑，根据理论推导并总结过去的设计资料，主梁的经济高度可用下式求得：

$$h = \sqrt{\frac{aM}{[\sigma_w] \cdot \delta_f}} \tag{2-87}$$

式中　　a——系数，可取 $a = 2.5 \sim 2.7$；

　　　　M——计算弯矩；

　　$[\sigma_w]$——弯曲容许应力（其值较基本容许应力 $[\sigma]$ 大 5%，若板梁上直接搁置桥枕，则弯曲容许应力等于 $[\sigma]$）；

　　　　δ_f——腹板厚度。

从满足板梁桥的竖向刚度的要求出发，可以得出主梁的容许最小高度。按照《铁路桥规》，在静活载（即不计冲击力的活载）作用下，板梁跨中的最大挠度 f_h 与计算跨度 l 之比不得超过 1/700。主梁所需的最小高度 $h_{\min}$ 可由下式求得：

$$h_{\min} = \frac{5}{24} \cdot \frac{[\sigma_w]}{E} \cdot \frac{1}{\left[\dfrac{f}{l}\right]} \cdot \frac{1}{1 + \mu + \dfrac{p}{k}} \tag{2-88}$$

式中　　$[\sigma_w]$——弯曲容许应力；

　　　　E——钢材的弹性模量；

l —— 计算跨度；

$\left[\dfrac{f}{l}\right]$ —— 板梁容许挠度与跨度之比；

$1+\mu$ —— 冲击系数；

p、k —— 梁上的均布恒载和活载集度。

从上式可以看出，主梁的最小高度与钢材的容许应力 $[\sigma_w]$ 成正比。因此，采用高强度低合金钢设计的板梁桥，为使其具有《铁路桥规》所要求的刚度 $\left[\dfrac{f}{l}\right]$，并使截面应力达到其容许值，所需的主梁高度要比普通低碳钢（其容许应力较低合金钢小）设计的梁高大。

综上所述，可见刚度条件决定了主梁所需的最小高度，而容许的建筑高度决定了主梁可能的最大高度。在这个范围内，可参考已有的设计资料，根据梁的经济高度和钢厂供料规格，最后确定梁高。

3）主梁中心距

确定主梁中心距 B 时应考虑下列几个方面的问题：

① 桥枕的合理跨度。桥枕直接放在主梁上，主梁中心距就是桥枕跨度。若其跨度太小，则钢轨几乎位于主梁上方，很难利用桥枕受载时发生的弹性弯曲来减轻列车的冲击作用；若其太大，则将使桥枕横截面过大。桥枕的合理跨度大致在 $1.8\sim2.5$m 之间。

② 为避免桥跨结构在水平力作用下产生横向倾覆，因此，要求主梁中心距不能太小。

③ 为使桥跨结构具有必要的横向刚度，《铁路桥规》要求主梁中心距不得小于计算跨度的 $1/20$。

④ 还应考虑用架桥机整孔架设的可能性。

考虑了上述几方面的因素，我国上承式板梁桥的主梁中心距定为 2m。

（2）主梁计算

主梁计算包括：内力计算、截面的选择和验算、加劲肋的计算等。在选定主梁截面时，需要考虑强度、稳定（板的局部稳定和梁的总体稳定）和刚度三个方面的问题。

1）主梁内力计算

沿梁选取若干截面（例如将梁分成 8 等份），算出各截面处因恒载和活载产生的最大弯矩 M 和最大剪力 Q。

对恒载，可参照现有设计资料，拟定桥跨（不包括桥面）沿跨度每延米的结构自重 p_1 以及桥面重 p_2。每片主梁所受恒载 $p=(p_1+p_2)/2$。对活载，按各截面影响线顶点位置及加载长度，从《铁路桥规》中查表求得中—活载的换算均布活载 k，并乘上相应冲击系数。

在确定沿梁每米的恒载和活载后，即可按影响线面积法分别求出各截面因恒载和活载产生的 M 和 Q 的最大值，然后按规定进行内力组合，即得梁的计算内力。

2）主梁截面选择

主梁截面选择包括确定腹板和翼缘板的尺寸。按主梁主要尺寸拟定的原则，选定梁高 h 及腹板高度 h_f。腹板高度 h_f 大约比梁高 h 小 $8\sim12$cm，腹板厚度 δ_f 一般可选用 10mm 或 12mm，按照《铁路桥规》，主要构件所用钢板厚度不宜小于 10mm，以免锈蚀后对截面削弱过大；对跨度等于或大于 16m 的焊接板梁，腹板厚度不宜小于 12mm，以减小焊接所引起的变形。

所需翼缘截面积 A_{Yi} 可按下式估算

$$A_{Yi} = \frac{M}{[\sigma_w]} \cdot \frac{1}{h} - \frac{1}{6}\delta_f h \tag{2-89}$$

式中 h——梁高；

其余符号含义同前。

求出所需翼缘面积后，即可决定翼缘板的尺寸。翼缘板伸出肢的宽度和厚度之比，应不大于 10，以保证受压翼缘板的局部稳定并减小焊接变形。若桥枕直接铺放在翼缘板上，则根据桥枕承压强度的要求，翼缘板宽度应不小于 240mm。

3）截面应力验算

按上述步骤所选定的主梁截面尺寸只是初步的，尚需进行较精细的应力验算。内容包括主梁弯曲应力、剪应力、换算应力的验算和疲劳强度的验算。关于应力验算（包括下面提及的稳定性验算、刚度验算、焊缝计算等）的详细内容，读者可参阅其他有关书籍。

4）变截面梁

板梁桥的主梁截面可随弯矩的变化加以变更，借以节约钢材。对跨度不大的板梁，若采用变截面，所省的钢材有限，却增加制造工作量，故通常不改变主梁的截面。对于只有一块翼缘板的板梁，其截面的改变是用减小翼缘板的宽度或厚度的方法来实现的。根据经济分析，变截面点在离支座约 1/6 跨径处，节省钢材约 10%～12%。当翼缘板上设有盖板时，可采用改变盖板宽度的方法来改变梁的截面。理论切断点的位置可由计算确定。为减小应力集中，自理论切断点向梁端以不大于 1∶4（受压翼缘）或 1∶8（受拉翼缘）的斜坡过渡。

5）翼缘与腹板的连接焊缝计算

焊接板梁系采用连续的翼缘焊缝，并用自动电焊机施焊。计算时通常先按《铁路桥规》关于角焊缝最小尺寸的规定，决定采用的焊缝尺寸，然后进行焊缝强度的验算。

验算时首先需计算焊缝处荷载产生的水平剪力和最大轮压 P 产生的竖向剪力，由此确定单位长度内翼缘焊缝承受的总剪力，以该总剪力不大于相应的焊缝承载能力为验算条件。

翼缘焊缝的高度通常由施焊工艺确定，往往在 6～8mm（焊缝不宜太小，否则冷却过快，钢材可能变脆，容易产生裂缝）。

6）梁的总体稳定

梁的总体稳定性一般采用以下近似的应力验算形式：

$$\sigma = \frac{M}{W_m} \leqslant \varphi_2 [\sigma] \tag{2-90}$$

式中 M——计算弯矩（上平纵联两相邻节点的中间 1/3 范围内的最大弯矩）；

$\quad\quad W_m$——毛截面抵抗矩；

$\quad\quad \varphi_2$——验算梁的总体稳定时采用的容许应力折减系数，详见《铁路桥规》。

7）主梁的局部稳定和腹板中加劲肋的布置

主梁的翼缘和腹板都是薄板，在外力作用下，如果设计不当，则在梁中最大应力尚未达到屈服强度，全梁尚未丧失总体稳定之前，其翼缘或腹板可能局部出现翘曲而过早丧失稳定。对于受压翼缘板，其局部稳定性取决于翼缘伸出肢的宽度（自腹板中心算起）对厚度的比值。对焊接板梁，《铁路桥规》规定该比值不得大于 10。

对于腹板，为防止其在外力作用下丧失局部稳定，通常用加劲肋来增强它的刚度。为免去腹板局部稳定性的烦琐计算，对简支板梁腹板的中间加劲肋和水平加劲肋，往往按照腹板高厚比 h/δ（h 为腹板全高，δ 为腹板厚）的值的大小来设置。当腹板高厚比 $h/\delta \leqslant 50$ 时，主梁高度较小，腹板本身的刚度已可保证其局部稳定，可不设中间加劲肋；当 $140 \geqslant h/\delta > 50$ 时，此时腹板的刚度较弱，应设置中间竖向加劲肋。考虑到构造上的需要及制造上的方便，竖向加劲肋常按等间距布置；当 $250 \geqslant h/\delta > 140$ 时，腹板高度较大而厚度相对较小，除设置竖向加劲肋外，还应在距受压翼缘 $(1/5 - 1/4)h$ 处加设水平加劲肋。

加劲肋本身应具有足够的刚度来支持腹板，使其在加劲肋处不发生翘曲。为保证加劲肋不丧失局部稳定，如同受压翼缘一样，对其伸出肢的宽厚比，应加以限制，除端加劲肋（设置在梁端的竖向加劲肋）外，其伸出肢的宽厚比应不大于 15。

端加劲肋的主要作用是承受并传递支座反力，可用一对或两对较厚的板条做成，其下端应磨光顶紧。端加劲肋伸出肢的宽厚比不应大于 12。端加劲肋的验算包括下述三项内容：

① 按中心受压杆件验算端加劲肋在垂直于腹板平面的稳定性；
② 验算加劲肋端部面积的承压强度；
③ 端加劲肋与腹板连接焊缝的计算。

2.4.3 简 支 钢 桁 梁 桥

2.4.3.1 简支钢桁梁桥各组成部分及其作用

简支钢桁梁桥一般由以下五个部分组成：桥面、桥面系、主桁、连接系和支座。图 2-95 所示为我国铁路常用下承式简支钢桁梁桥的各组成部分。

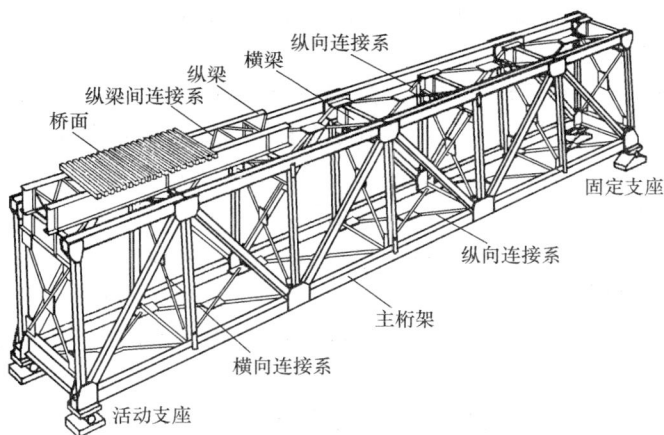

图 2-95　下承式简支钢桁梁桥各组成部分

钢桁梁桥多采用明桥面，主要由正轨、护轨、桥枕、护木、钩螺栓及人行道组成。明桥面已有 100 多年的历史，实践证明，这种桥面体系施工方便，安全可靠。但也存在一些弊端，主要是列车过桥时噪声大，枕木与纵梁接触处易锈蚀，且此处纵梁翼缘与腹板的连接焊缝易发生疲劳破坏等。为了改善这种状况，第二次世界大战后，首先在西德，继而在日本、美国等国采用了正交异性板道砟桥面。这种钢桥面体系噪声小，整体刚度好，荷载分布能力强，桥面板可作为主梁一部分参与共同受力，同时还可降低桥头引线标高，维修量小，综合投资省，以上优点使它越来越受到各国桥梁界重视。

桥面系由纵梁、横梁及纵梁间的连接系组成。主桁是钢桁梁的主要承重结构，它由上弦杆、下弦杆、腹杆及节点组成。倾斜的腹杆称为斜杆，竖直的腹杆称为竖杆。杆件交汇的地方称为节点，用节点板连接各主桁杆件。

竖向荷载传力途径是：荷载通过桥面传给纵梁，由纵梁传给横梁，再由横梁传给主桁节点。通过主桁的受力传给支座，再由支座传给墩台。

钢桁梁除承受竖向荷载外，还承受横向水平荷载（如风力、列车横向摇摆力和曲线桥上的离心力）。在两主桁弦杆之间，加设若干水平布置的撑杆，并与主桁弦杆共同组成一个水平桁架，以承受横向水平力。这个桁架就叫作水平纵向连接系，简称平纵联，横向水平荷载就由平纵联承受。在上弦平面的平纵联，称为上平纵联；在下弦平面的平纵联，称为下平纵联。下平纵联与下弦杆组成的水平桁架的两端与支座相连，横向水平力可直接通过支座传给墩台；而上平纵联与上弦杆组成的水平桁架的两端则支承在桥门架顶端（桥门架由两根端斜杆及其间的撑杆组成），横向水平力先传给桥门架，再经由桥门架传到支座和墩台上。

为增加桥跨结构横向刚度，并使两主桁架受力均匀，常在两主桁竖杆的上部加设若干撑杆（称为楣杆），组成中间横联，其几何图式与桥门架相似。

2.4.3.2　主桁的几何图式

主桁是桁梁桥的主要组成部分，它的图式选择是否合理，常对桁架桥的设计质量起着重要作用。在拟定主桁图式时，应根据桥位当地的具体情况（如地形、地质、水文、气象、运输条件等），选择一个较为经济合理的方案。经济合理的方案不仅能满足桥上运输及桥下净空的要求，而且还能节约钢材，便于制造、运输、安装和养护。位于城市的桥梁，还应适当考虑美观。常用的主桁几何图式见图 2-96。

图 2-96 (a) 表示的几何图式称为三角形腹杆体系，具有这种图式的桁梁桥构造简单，部件类型较少，适应设计定型化，有利于制造与安装，是我国铁路下承式栓焊桁梁桥标准设计的主桁图式。当跨度为 48m、64m、80m 时，不论是简支桁梁或连续桁梁，其主桁图式均采用图 2-96 (a)。与图 2-96 (a) 相比，图 2-96 (b) 中斜杆的方向不同。在竖向荷载作用下，图 2-96 (b) 的竖杆较图 2-96 (a) 的竖杆受力大，受压斜杆的数量也较多，而且弦杆内力在每个节间都有变化，因而图 2-96 (b) 采用较少。

图 2-96 (c) ～ (e) 为几种上承式桁梁的几何图式。对于中等跨度的上承式桁架桥，其主桁图式常用图 2-96 (c)，较少采用图 2-96 (d)，这是因为图 2-96 (d) 的端竖杆要传递较大的支承反力，端竖杆用料较多。对于小跨度的桁梁桥，也可做成图 2-96 (e) 所示的上承式钢桁梁。由于上弦是压弯杆件，因此，增加了一些立杆，以减小上弦杆的长度，有利于节省上弦杆的钢材。它的下弦做成鱼腹形，为的是使桥面至支座底的高度与同跨度的钢筋混凝土梁一致，以便可以互换。

对于大跨度的下承式铁路桁架桥（跨度在 80～100m 以上），为了节省钢料，曾经采

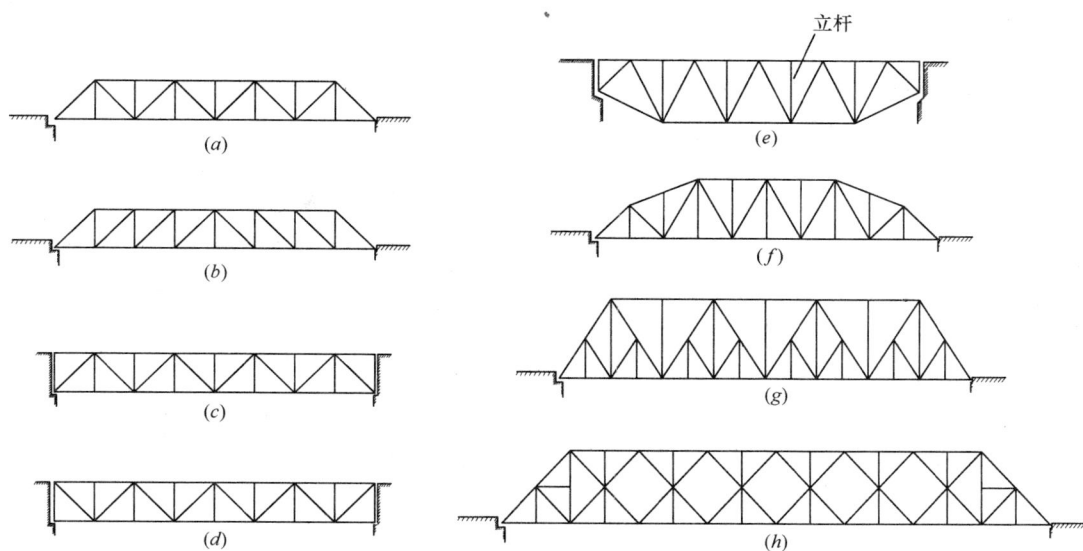

图 2-96　主桁的几何图式

用过上弦为折线形的主桁图式，见图 2-96（f）。由于这种图式的主桁高度的变化与主桥所承受的弯矩变化基本一致，因此，具有这种图式的桥梁，较平行弦的桁梁要节省钢材 2%～3%。但由于上弦为折线形，杆件和节点的类型多，不利于制造、安装与修复。因此，这种图式在我国早已不用了。

对于特大跨度的桁梁，若仍采用图 2-96（a）所示的几何图式，可能会给设计和制造带来困难。我国中等跨度钢桁梁的标准设计，其节间长度通常为 8m。桥梁工厂备有一套适应节长为 8m 的桁梁的制造设备。在特大跨度三角形腹杆体系的桁梁中，若也采用 8m 节间，同时还保持斜杆适当的倾度（斜杆与竖直线之交角不宜小于 30°），则桁高难以超过 14m。对于跨度大到 160m 或更大时，14m 的桁高则太小，这样，不但使桥梁设计不经济，而且桥梁的竖向刚度也难以符合要求。为了兼顾桥梁工厂现有设备的情况，节间长度可仍采用 8m，但需采用图 2-96（g）或图 2-96（h）的几何图式。这样，在保持斜杆具有适当的倾度的情况下，可以增大桁高。因此，图 2-96（g）或图 2-96（h）可用作大跨度或特大跨度桁梁的图式。图 2-96（g）称为再分式，图 2-96（h）称为米字型。

在小跨度的梁式桥中，铁路上常用钢筋混凝土梁，有时也用钢板梁。只有当某些建桥工地受到装运条件的限制，厂制的钢筋混凝土梁及钢板梁无法送到工地时，才考虑采用小跨桁梁。

2.4.3.3　主桁的主要尺寸及杆件截面形式

主桁的主要尺寸是指主桁高度（简称桁高）、节间长度、斜杆倾度及两主桁的中心距，这些尺寸的拟定对桁梁桥的技术经济指标起着重要作用。

（1）桁高

桁高较大时，弦杆受力较小，弦杆的用钢量可较省；但桁高增大带来腹杆增长，因而腹杆用钢量将有所增加。对于一定跨度的桁梁桥，就用钢量而言，将有某一桁高是较经济的，这个高度称之为经济高度。根据过去大量的设计资料，铁路下承式简支桁梁桥的经济高度一般为跨长的 1/10～1/5。铁路桥梁荷载较大，且容许挠度较小，其高跨比宜取大些。

桁高对桁梁桥的挠度影响很大。为了保证桥的竖向刚度，桁高的确定应使桁梁在竖向静活载作用下，其最大挠度不超过《铁路桥规》所规定的容许值。另外，对下承式桁梁而言，桁高还必须满足桥上净空的要求。

(2) 节间长度

节间长度对桁架桥的用钢量有一定影响。节长较小，纵梁、横梁数量增多；但由于跨度或外力减小，故梁的截面可小，主桁腹杆也相应变短。因此，也有一个较为经济的节间长度。一般下承式桁梁节间长度为 5.5～12m，或为桁高的 0.8～1.2 倍。

(3) 斜杆倾度

斜杆倾度影响到节点构造。斜度设置不当，不仅会影响节点板的形状及尺寸，而且使斜杆位置难以布置在靠近节点中心处，以致削弱节点平面外刚度，增加节点平面内的刚度。根据以往设计经验，斜杆轴线与竖直线的交角以在 30°～50°范围内为宜。

(4) 主桁的中心距

主桁的中心距与桁梁桥的横向刚度有关。为了保证桥梁的横向刚度，主桁的中心距不应小于跨长的 1/20。

对于下承式桁梁桥，主桁中心距还必须满足桥上净空的要求（单线铁路桥桥面上的净空宽度是 4.88m)；对于上承式桁梁桥，主桁中心距与桁梁桥的横向倾覆的稳定性有关。在确定主桁中心距时，还应考虑这一点。

总的来说，主桁的这几个主要尺寸是相互关联的。不仅如此，它们还与主桁的几何图式有着密切的关系。因此，在拟定主桁的主要尺寸时，应当统一考虑主桁的图式及其主要尺寸。

我国单线铁路下承式钢桁梁的标准设计尺寸是：当跨度为 48m、64m、80m 时，主桁采用三角形桁架，节间长度 8m，桁高 11m（对蒸汽机车而言，桥上净空高度为 6m；对电力机车则为 6.55m。如果桁高不大于 9m，则能满足桥上净空的要求；当跨度为 60～80m 时，主桁经济高度约为 10～12m，综合考虑后取 11m)，主桁中心距 5.75m（该尺寸能满足桥上净空宽度 4.88m 的要求和桥梁横向刚度的要求），各斜杆倾角在 30°～50°的范围内。

(5) 主桁杆件的截面形式

主桁焊接杆件的截面形式主要有两类：H 形截面和箱形截面，如图 2-97 所示。

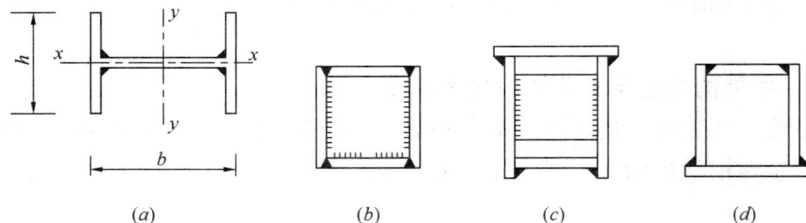

(a) (b) (c) (d)

图 2-97   主桁杆件的截面形式

H 形截面由两块竖板（翼板）和一块水平板（腹板）焊接而成，截面杆件的高度为

h，宽度为 b，见图 2-97 （a）。这种截面的优点是构造简单，焊接容易，安装方便；不足的是截面对 x-x 轴的回转半径比对 y-y 轴的小很多，当采用 H 形杆件作压杆时，基本容许应力的折减相当大。因此，对内力不很大的杆件或长细比较小的压杆，适于采用 H 形截面。我国大中跨度的钢桁梁桥中，H 形杆件用得最多。

箱形截面由两块竖板和两块水平板焊接而成。由于箱形截面两个主轴的回转半径相近，因此，它在承受压力方面优于 H 形杆件。但是箱形截面的杆件在工厂制造时比较费工，焊接变形也较难控制和修整。它通常只用于内力较大和长细比较大的压杆或拉—压杆件。常用的箱形截面形式见图 2-97 （b）。它可用于主桁各主要杆件。若将它用于压杆及拉—压杆件，为了保证竖板及水平板的局部稳定性，杆件内必须设置横隔板，其间距不应大于 3m；靠近端部的隔板，其周边均与竖板和水平板焊连，以防外界潮气侵入杆件内部而引起钢材锈蚀。为便于工地安装螺栓，也可不设端隔板。图 2-97 （c）所示截面适用于上弦杆，图 2-97 （d）适用于下弦杆。

在我国钢桁梁桥设计中，目前常采用的主桁杆件宽度 b 有 460、600、720mm 等几种，主桁杆件高度 h 有 260、440、460、600、760、920、1100mm 等几种，较大的 b 和 h 只用于铆接杆件。在下承式栓焊桁梁标准设计（48m、64m 和 80m 三种跨度）中，主桁杆件宽度 b 一律用 460mm。杆件高度 h 则根据其内力大小、杆件长短和栓孔线布置而采用不同的尺寸：弦杆 $h=460\sim500$mm，斜杆 $h=440\sim620$mm，竖杆 $h=260$mm。

2.4.3.4 桁梁桥内力分析的基本原理

桁梁桥本身为一空间杆系结构，各杆件之间相互刚性连接。杆件的内力分析，目前可借助计算机进行精细的空间计算，也可采取惯用的简化计算方法。

简化计算方法的基本原理是：把较复杂的空间结构简化为较简单的平面结构，近似考虑各平面结构之间的相互作用，按平面结构进行内力计算。桁梁桥可分成下面若干个平面结构：纵梁、横梁、主桁、平纵联、横向连接系、桥门架等，将平面内各杆件轴线所形成的几何图形作为计算图式，并假定桁架各节点均为铰接，各自承受面内荷载。

当同一杆件为两个平面结构所共有时（例如，主桁弦杆既是主桁平面内的杆件，又是平纵联桁架平面内的弦杆），计算时应先将它在各个平面桁架内的内力求出，然后叠加，以其代数和作为它的计算内力。

由于实际空间结构与简化平面结构之间的差异，按上述假定所算出的内力必然会产生一定的误差。当误差的影响较大时，应进行必要的修正。误差主要表现在下列几个方面：

（1）由于主桁弦杆变形所引起的平纵联杆件的内力。

（2）桥面系的纵、横梁和主桁弦杆的共同作用。

在竖向荷载作用下，主桁下弦将伸长，连接到下弦各节点的横梁也将随着节点的移动而移动，但却受纵梁的牵制。因此，纵梁将因横梁的移动受拉，横梁则因纵梁的牵制而水平受弯，弦杆的变形也将因此而减小。这种共同作用通常应在计算中加以考虑，但若纵梁的连续长度不超过 80m，可不考虑桥面系与主桁的共同作用。

（3）横向框架。

横向框架由横梁、主桁竖杆和横向连接系的楣部杆件所构成。当横梁在竖向荷载作用下梁端发生转动时，竖杆的上端和下端均将产生力矩。在设计竖杆时，应考虑此力矩的影响。

（4）次应力。

主桁各杆件是用高强度螺栓紧固在节点板上，相当于刚性连接，杆端难以自由转动。当主桁在荷载作用下发生变形而节点转动时，连接在同一节点的各杆件之间的夹角不能变化，迫使杆件发生弯曲，由此在主桁杆件内产生附加的应力，这就是次应力。《铁路桥规》规定，若杆件高度与其长度之比在连续桁梁中不超过 1/15 时，简支桥梁中不超过 1/10 时，可不考虑因节点刚性所产生的次应力。当考虑因节点刚性所产生的次应力时，容许应力可以提高。

2.4.3.5　主桁杆件内力计算要点

如前所述，主桁杆件的内力按铰接桁架计算，其计算图式就是由主桁各杆件的轴线所围成的几何图式。作用在主桁架的主要力系由恒载和列车竖向活载组成（弯道桥还应包括离心力）。作用在主桁架的附加力系由风力、列车横向摇摆力以及制动力或牵引力所组成。

杆件恒载内力（轴向力）的计算，可参照现有设计资料，先估算作用在桥跨结构上的恒载（结构自重和桥面重量），然后按平面桁架进行计算。在计算活载内力之前，需先绘制各杆件的内力影响线并计算相应影响线面积。对于平行弦三角形桁架，各杆件的内力影响线如图 2-98 所示，其中图 2-98（a）为上、下弦影响线，图 2-98（b）为斜杆（包括端斜杆）影响线。图 2-98（c）为挂杆影响线。图 2-98（d）为支点反力影响线。其中，n 为节间总数，$\alpha = 1/n$，d 为节间长度，m 为部分节间数。按各截面影响线顶点位置 α 及加载长度，从《铁路桥规》中查表求得中—活载的换算均布活载 k，并乘以相应冲击系数 $(1+\mu)$。活载内力为 $(1+\mu)k$ 与相应影响线面积的乘积。

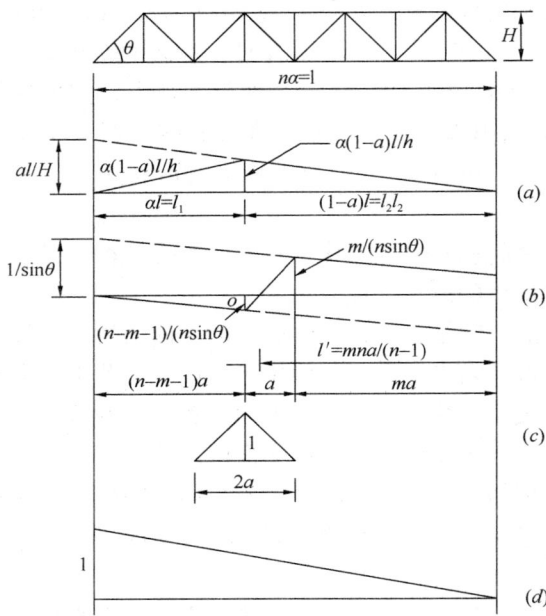

图 2-98　平行弦三角形桁架各杆件的内力影响线

2.4.3.6　连续钢桁梁桥的特点

大跨度桁梁桥通常采用连续梁形式。与简支桁梁桥相比，连续桁架桥具有下列优点：

（1）采用伸臂法架设钢梁。这是连续和桁架桥的一个显著的优点。在恒载和活载作用下，连续桁梁桥的杆件内力与其安装时的杆件内力较为接近，这就使得连续桁梁桥不会因采用伸臂法架梁而过多地加大截面或采用临时加固措施。

（2）具有较大的竖向刚度和横向刚度。当采用高强度钢设计大跨度钢桁梁时，竖向刚度问题常成为一个突出的问题。这是因为：杆件截面应力值较低碳钢时为高，故各杆件的伸长量较大，因而钢梁的跨中挠度值将增大。连续钢桁梁因具有较大的竖向刚度，当其他条件相同时，它比简支桁梁较易满足刚度要求。由于连续桁梁的挠度曲线比较匀顺，横向刚度也较大，故列车在桥上通过时较为平稳。

（3）用钢量较省。对大跨度连续桁梁桥，其用钢量可比同跨度的简支桁梁桥稍有节省。当跨度大于 100m 时，大致可省钢材 4%～7%；对于中等跨度的连续桁架桥，其所能节省的钢材则有限。

（4）易于修复。从抢修要求出发，对大跨度桥梁，采用连续和梁桥具有重要意义。当桁梁遭到局部破坏时，其余部分不易坠毁，修复较易。

与简支桁梁桥相比，连续桁梁桥的不足表现在：基础沉降会使杆件内力发生变化，但可用调整支座高度的方法来消除基础沉降的不利影响；连续桁梁桥的固定支座通常设在中间支点，使制动力集中在一个桥墩上，该桥墩的受力较大，桥墩及基础尺寸也因此而增大。

复习思考题与习题

2-1　混凝土简支梁桥按其截面形式如何划分？简支梁桥如何分块？

2-2　肋板式梁桥的有哪些优点和缺点？其跨径适用范围是多少？其按照横截面形式分为哪两类？

2-3　常见钢筋混凝土空心板和预应力混凝土空心板桥的适用跨径分别是多少？

2-4　详细了解钢筋混凝土简支梁（板）桥和预应力混凝土简支梁桥的构造。

2-5　公路装配式 T 形梁桥中横隔梁起什么作用？

2-6　简支梁（板）桥的施工方法有哪些？

2-7　简支梁桥梁体混凝土的浇筑方法有哪些？其施工缝的预留有哪些要求？

2-8　公路装配式 T 形梁桥中横隔梁的作用有哪些？

2-9　何谓单向板、双向板？两者在受力性能及结构设计方面有何区别？

2-10　桥梁的桥面板的作用有哪些？实际桥梁工程中常见的行车道板按照受力图式如何分类？

2-11　试阐述桥面板有效工作宽度的概念。

2-12　什么叫活载横向分布系数？

2-13　简述荷载横向分布计算的基本原理。

2-14　计算图 2-99 所示 T 梁翼板所构成铰接悬臂板的设计内力，求单位板宽的铰接

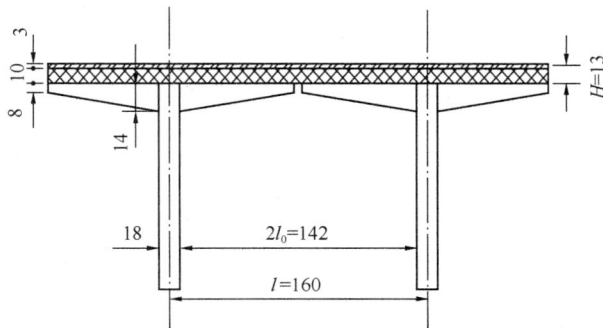

图 2-99　题 2-14 图（单位：cm）

板和悬臂侧板的配筋面积（按承载能力极限状态计算）。桥面铺装为 30mm 厚的沥青混凝土面层（重度为 23kN/m³，混凝土强度等级 C40）和平均厚 100mm 的 C25 混凝土面层（重度为 24kN/m³）。T 梁翼板钢筋混凝土的重度为 25kN/m³。车辆荷载为公路-Ⅱ级荷载（车辆的着地尺寸同公路-Ⅰ）。

2-15   计算图 2-100 所示 T 梁翼板（采用现浇连接）所构成多跨连续单向板的设计内力。荷载为公路-Ⅱ级。桥面铺装为 100mm 厚沥青混凝土面层（重度为 23kN/m³）和平均厚 80mm 的 C40 防水混凝土面层（重度为 24kN/m³）。T 梁高 1.8m，其翼板钢筋混凝土的重度为 25kN/m³。

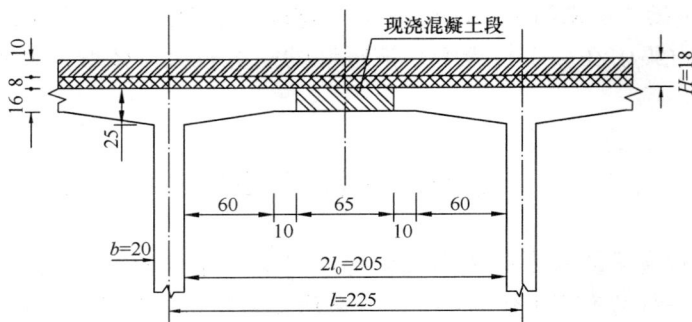

图 2-100   题 2-15 图（单位：cm）

2-16   一桥面净空为净—9+2×1.5m 人行道的预应力混凝土 T 梁桥（桥梁横断面示意，见图 2-101），共设 5 根主梁。试求荷载位于支点处时 1 号梁和 2 号梁相应于公路-Ⅰ级车辆荷载和人群荷载的横向分布系数。

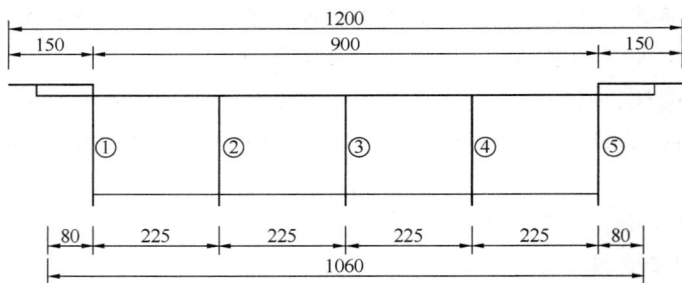

图 2-101   题 2-16 图（单位：cm）

2-17   在铰接板（梁）法中，为何假定荷载为半波正弦荷载，并以此来分析跨中荷载横向分布的规律？

2-18   一计算跨径 $l=15.28m$ 的铰接空心板桥，横截面布置图如图 2-102 所示，桥面

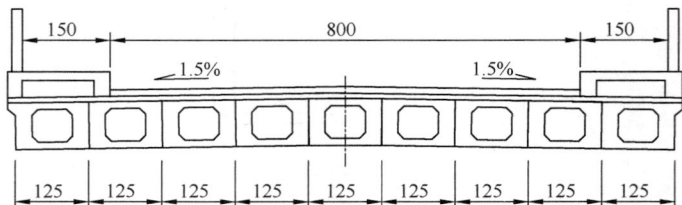

图 2-102   题 2-18 图（单位：cm）

净空为净—8.0+2×1.5m 人行道。全桥跨由 9 块预应力混凝土空心板组成。已知每块空心板截面的抗弯惯矩为 $I = 0.045\text{m}^4$，抗扭惯矩为 $I_T = 0.085\text{m}^4$，试求 1、2 和 4 号板的车辆荷载和人群荷载作用下的跨中荷载横向分布系数。

2-19　按刚性横梁法计算得到的荷载横向分布计算结果有何规律？为什么？

2-20　有一计算跨径 $l = 28.90\text{m}$ 的预应力混凝土简支梁桥，其横断面如图 2-103 所示。试按刚性横梁法求荷载位于跨中时 2 号次边梁的荷载横向分布系数 m_{cq}（车辆荷载）和 m_{cr}（人群荷载）。

2-21　按修正刚性横梁法和刚性横梁法进行桥梁的荷载横向分布计算中有何区别？

2-22　简述修正刚性横梁法中 β 的含义及决定其大小的参数。

2-23　试采用修正刚性横梁法计算例题 2-7 中，荷载位于跨中时 4 号次边梁的荷载横向分布系数 m_{cq}（车辆荷载）和 m_{cr}（人群荷载），其桥梁横断面如图 2-56（a）所示。

2-24　简述目前桥梁工程中常用的 5 种荷载横向分布计算方法、各种方法的基本假定、适用情况及其计算原理。

2-25　简述荷载横向分布系数沿桥跨的变化规律。

2-26　计算如图 2-103 所示标准跨径为 30m、结构计算跨径为 28.90m，由 5 片主梁组成的装配式预应力混凝土简支梁桥的边主梁的永久作用效应、活载（公路-Ⅰ级）作用下的跨中设计弯矩和支点设计剪力，并计算确定桥梁的边梁按照承载能力极限状态设计时，结构所受的作用效应基本组合值。已知每侧的栏杆及人行道构件的永久作用为 10kN/m，桥梁冲击系数 $\mu = 0.28$，边梁的荷载横向分布系数见表 2-10。

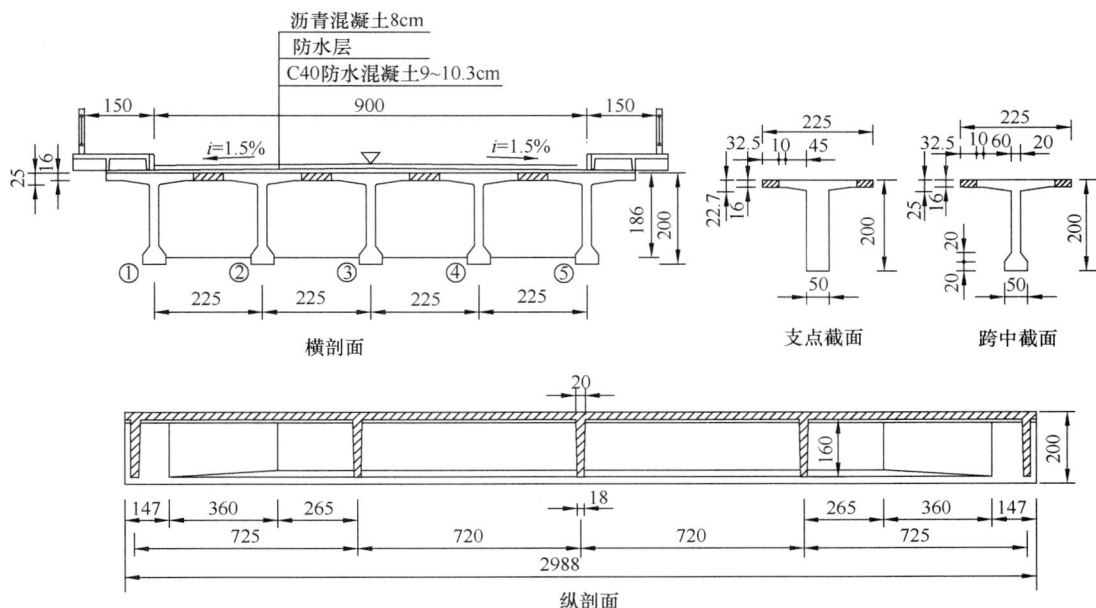

图 2-103　题 2-20、题 2-26 图（单位：cm）

荷载横向分布系数　　　　　　　　　　　　　　　表 2-10

梁号	荷载位置	公路-Ⅰ级	人群荷载	备注
边主梁	跨中 m_c	0.61	0.55	按"修正偏心压力法"计算
	支点 m_0	0.39	1.34	按"杠杆原理法"计算

2-27　用偏心压力法计算例题 2-8 中装配式钢筋混凝土简支梁桥的跨中横隔梁，在公路-Ⅰ级车辆荷载作用下的 2 号和 3 号主梁之间截面上的弯矩 M_{2-3} 和靠近 2 号主梁处截面的剪力 $Q_2^{右}$。

2-28　《公路桥规》如何规定钢筋混凝土及预应力混凝土梁式桥挠度的限值？其预拱度又如何取值？

2-29　斜桥及斜交角是如何定义的？什么叫"斜桥正做"？

2-30　与正桥相比斜板桥的受力有何特点？钢筋混凝土斜板桥的钢筋布置有哪些要点？

2-31　装配式铰接简支斜板桥与整体式斜板桥的结构设计计算中有哪些差别？

2-32　钢桥的基本特点有哪些？

2-33　钢桥的连接方式和结构形式有哪些？

2-34　常用的钢板梁桥有哪几种？

2-35　钢板梁桥计算的主要内容包括哪些？

2-36　简支钢桁梁桥由哪些部分组成？主桁的构造有何特点？

第3章 拱桥上部结构

本章主要介绍拱桥的分类，常见拱桥的构造，单跨悬链线拱桥的设计，拱桥受力特点与主拱的设计计算要点，拱桥的施工等内容。重点是拱桥受力特点与主拱的设计计算。

3.1 概　　述

拱桥是一种常用的桥梁形式。拱桥与其他桥梁相同，也分为上部结构和下部结构。本章仅介绍拱桥的上部构造。拱桥的下部构造包括桥墩、桥台和基础，是用以支承桥跨结构，将桥跨结构的全部荷载传至地基。桥台还起与两岸路堤相连接的作用，使路桥形成一个协调的整体。由于水平推力的存在而与简支梁桥的下部结构在受力和构造上均有一定的差别，详见第4章的相关内容。在我国，拱桥在公路上应用很多，而在铁路上应用较少。所以本章以介绍公路拱桥为主。在后面的介绍中，除非特别指明为铁路拱桥外，一般所说的拱桥均指公路拱桥。在拱桥上部结构中，主拱圈（肋）是主要受力构件。由于主拱圈（肋）是曲线形，一般情况下车辆无法直接在弧面上行驶，所以要有供行车的桥面系结构和连接拱圈（肋）与桥面系的构造。

图 3-1 所示为一实腹式石板拱的构造，图中给出了其主要组成和名称。跨径是桥梁上部结构的重要技术指标。拱桥的跨径一般是指净跨径，而梁桥的跨径指的是墩到墩的中心距。拱为曲线形，因此除跨径外，矢高也是重要的技术指标之一。矢高与跨径之比，称为矢跨比，设计时一般取净矢高 f_0 与净跨径 l_0 之比为矢跨比（或称净矢跨比）。主拱的计算跨径与计算矢高由下式给出：

$$\left.\begin{array}{l} l = l_0 + d \cdot \sin\varphi_j \\ f = f_0 + \dfrac{d}{2}(1 - \cos\varphi_j) \end{array}\right\} \tag{3-1}$$

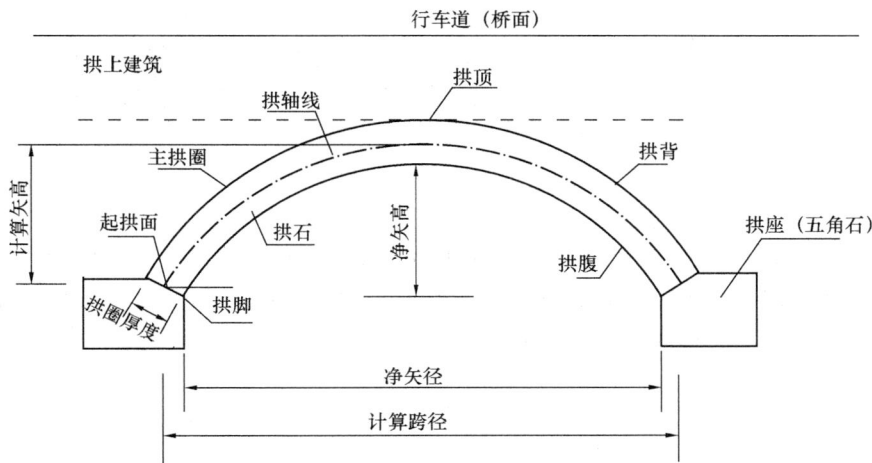

图 3-1　石拱桥的主要组成与名称

式中 l——计算跨径；

l_0——净跨径；

d——拱圈厚度；

φ_j——拱脚处拱轴线的水平倾角；

f——计算矢高；

f_0——净矢高。

拱桥与梁桥不仅在外形上不同，而且在受力性能上有着重大的差别。以一个三铰拱与同等跨径简支梁进行内力比较，见图 3-2。内力和反力上标加°的为简支梁，不加°的为三铰拱。由结构力学可知，三铰拱的反力为：

$$Y_A = \frac{P(l-a)}{l} = Y_A^\circ$$

$$Y_B = P \cdot \frac{a}{l} = Y_B^\circ$$

$$X_A = X_B = \frac{Y_A \cdot \frac{l}{2} - P \cdot \left(\frac{l}{2} - a\right)}{f} = \frac{M_{\frac{1}{2}}^\circ}{f}$$

（3-2a）

令 $H = X_A = X_B$，则内力为：

$$M_x = M_x^\circ - H \cdot y$$
$$N_x = Q^\circ \cdot \sin\varphi_x + H \cdot \cos\varphi_x \quad (3\text{-}2\text{b})$$
$$Q_x = Q^\circ \cdot \cos\varphi_x - H \cdot \sin\varphi_x$$

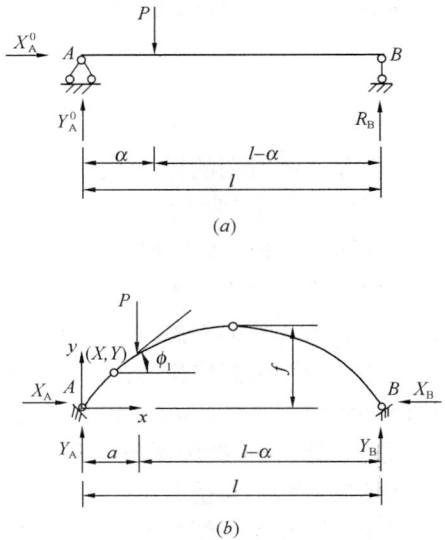

图 3-2 三铰拱内力计算简图
（a）简支梁；（b）三铰拱

因此，就反力而言，三铰拱的竖向反力与简支梁相同，但在竖直荷载作用下，三铰拱会产生水平反力，而简支梁中没有水平反力的存在。就内力而言，三铰拱在竖直荷载作用下所产生的水平反力引起拱内力中出现了轴力，同时降低了弯矩与剪力。

由于拱以受压为主，因而，可以充分利用抗拉性能较差而抗压性能较好的圬工材料（石料、混凝土、砖等）来建造拱桥，这种由圬工材料建造的拱桥，称为圬工拱桥。圬工拱桥具有就地取材、节省钢材和水泥、构造简单、有利于普及、承载潜力大、养护费用少等优点，因而在我国修建得较多。但圬工拱桥也有需要劳动力较多、自重大、施工时间较长等缺点。

圬工拱桥中最常见的是石板拱。施工方法一般为支架施工。石板拱具有悠久的历史。我国河北赵县的安济桥是闻名于世的石拱桥。它建于公元 606 年，跨径 37.4m，是迄今世界上尚存的跨径最大的古代石拱桥，其采用的敞肩拱的构造，给予拱桥向前发展以巨大的生命力。目前，世界上跨径最大的石拱桥是山西晋城的丹河新桥，净跨径达 146m。

为了减小拱的截面尺寸，减轻拱的重量，在混凝土拱中可配置受力钢筋。这样的拱桥称为钢筋混凝土拱桥。在钢筋混凝土拱桥中，截面的拉应力主要由钢筋承受。这样，无论是桥跨结构本身（上部结构），还是桥台和基础（下部结构），工程数量都相应减少，拱桥的经济性能得到提高，应用范围得到扩大。

钢筋混凝土拱桥以肋拱和箱拱为主。肋拱一般应用于中小跨径。跨径大于 50m 时，宜采用箱拱。修建大跨度钢筋混凝土拱桥的关键是施工方法。随着缆索吊装施工、转体施工以及劲性骨架施工等无支架施工技术的发展，钢筋混凝土拱桥的跨径的纪录也在不断地刷新。1997年我国建成的重庆万州长江大桥，是一座采用钢管混凝土作劲性骨架的特大跨钢筋混凝土拱桥，主孔跨径达420m，超过了前南斯拉夫的KRK大桥390m的跨径，成为当今世界上跨径最大的钢筋混凝土拱桥。

钢材强度高、自重轻，应用它修建拱桥施工方便，跨越能力更强。钢拱桥主要采用桁式或箱形拱肋。跨径最大的钢桁拱是1976年建成的美国新河谷公路钢拱桥，跨度达到518.3m。跨径最大的钢箱拱是我国的上海卢浦大桥，跨径达550m，钢桁拱是重庆朝天门大桥，跨径达552m。跨径超过500m的钢拱桥还有1931年建成的美国培红公路钢拱桥，跨度为503.6m；1932年建成的澳大利亚悉尼港公路铁路两用钢拱桥，跨度为503m。

钢管混凝土是一种组合材料，将其应用于拱桥，一方面提高了材料的强度与刚度，另一方面方便了施工。1990年以来钢管混凝土拱桥在我国的发展很快，已经建成300多座。如广州丫髻沙大桥，主跨达360m；已建跨径最大的是巫峡长江大桥，跨径达460m。

3.2 拱 桥 的 分 类

上一小节中按主拱圈的建筑材料，将拱桥分为圬工拱桥、钢筋混凝土拱桥、钢拱桥和钢管混凝土拱桥，并进行了简要的介绍。除此以外，拱桥还可以根据结构与构造特点进行分类。

按车承位置可分为：上承式、下承式和中承式；

按结构体系可分为：简单体系、拱梁组合体系与刚架系杆拱；

按截面形式可分为：板拱、肋拱、双曲拱、箱拱等；

按主拱拱轴线可分为：圆弧拱、抛物线拱、悬链线拱等；

按拱上建筑可分为：实腹拱与空腹拱。

本节将对上述前三种的分类进行简要的介绍。

3.2.1 按行车道位置分类

拱桥按行车道（桥面系）的位置分，可分为上承式、中承式和下承式（见图3-3）。行车道（桥面系）在拱肋之上的称为上承式。上承式主要用于峡谷和桥面标高较高的桥梁，传统的石拱桥因主拱圈为板式结构，只能采用上承式。

就构造来说，上承式拱桥较为简单，其上部结构是由主拱圈及拱上建筑所组成。拱上建筑可做成实腹式或空腹式，相应地称之为实腹拱桥或空腹拱桥。实腹拱桥构造简单、自重大，适用于中、小跨度；空腹拱桥结构合理、自重较小、利于泄洪，

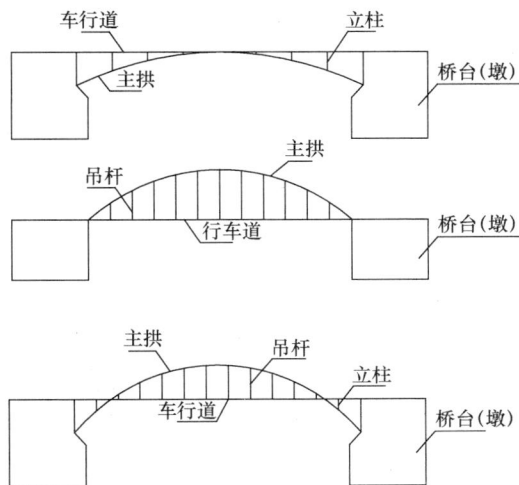

图3-3 上承、下承及中承式拱桥图式

是大、中跨拱桥常用的形式。

下承式拱桥的桥跨结构由拱肋、悬吊结构和横向连接系三部分组成。由于车辆在两片（有时为三片）拱肋之间行驶，所以需要用吊杆将桥面系悬挂在拱肋下。桥面系和这些传力构件称为悬吊结构。中承式拱桥的行车平面位于肋拱矢高的中间部位，桥面系一部分用吊杆悬挂在拱肋下，一部分用立柱支撑在拱肋上。下承式或中承式拱桥一般是在桥梁建筑高度受到限制时考虑，其拱圈只能使用拱肋形式。中、下承式主要用于地势平坦、桥面标高受限制或基础较差的拱桥之中。

3.2.2 按照结构体系分类

拱桥可以按结构体系分为简单体系拱桥、组合体系拱桥（拱梁组合桥）与刚架系杆拱桥。在简单体系的拱桥中，桥面系是局部承力与传力结构，不考虑与主拱联合受力。简单体系拱是有推力拱，拱的水平推力直接由墩台或基础承受。在组合体系拱桥中，桥面系的纵梁与主拱圈共同受力。组合体系拱可以是有推力拱，也可以是无推力拱。刚架系杆拱桥面系也不参与主拱圈总体受力，这一点与简单体系拱相似，但在两拱脚之间用预应力系杆来平衡拱的恒载水平推力，在这一点上又类似于无推力的组合体系拱。

3.2.2.1 简单体系的拱桥

在简单体系的拱桥中，主拱是桥跨结构的主要承重构件。按照主拱圈的静力图式，它又可分为三铰拱、二铰拱和无铰拱，见图3-4。

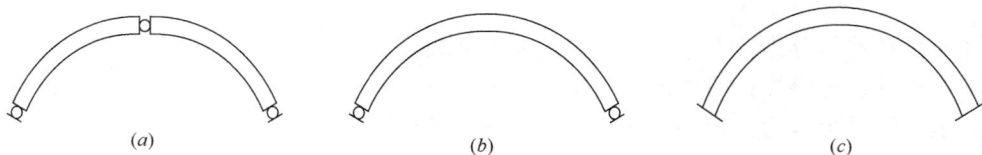

图3-4 拱圈的静力图式
(a) 三铰拱；(b) 双铰拱；(c) 无铰拱

（1）三铰拱

三铰拱属外部静定结构。由于温度变化、支座沉陷等原因引起的变形不会在拱内产生附加内力。当地质条件不良，又需要采用拱式结构时，可以考虑采用三铰拱。但是，铰的构造复杂，施工困难，维护费用高；而且为了使铰能够自由转动，桥面在铰处需设置伸缩缝，桥面纵坡在伸缩缝处会出现折角，不利行车与养护。历史上曾修建过一些三铰钢拱桥，现已基本不建。

（2）二铰拱

二铰拱属外部一次超静定结构。由于取消了拱顶铰，使结构整体刚度较三铰拱大。在墩台基础可能发生位移的情况下或坦拱中采用。较之无铰拱可以减小基础位移、温度变化、混凝土收缩和徐变等引起的附加内力。由于钢拱桥中设铰较方便，钢拱桥采用二铰拱的较多，如前面介绍的澳大利亚悉尼港拱桥和美国新河谷拱桥。

（3）无铰拱

无铰拱也叫固端拱或固定拱，属外部三次超静定结构。在自重及外荷载作用下，拱内的弯矩分布比两铰拱均匀，材料用量省。由于不设铰，结构的整体刚度大，构造简单，施工方便，维护费用少。但拱脚变位、温度变化、混凝土收缩等产生的附加内力较三铰拱和二铰拱大。不过随着跨径的增大，附加内力在结构总内力中的比重会相对减小。因此，无铰拱广泛用于石拱桥和钢筋混凝土拱桥之中，尤其是基础较好、跨径较大时。

3.2.2.2 拱梁组合桥

拱梁组合桥由于桥面系纵梁与主拱的组合方式不同，其静力图式也不同，它又可分为无推力的和有推力的两类。同样，也可以做成上承式或下承式。

（1）无推力的拱梁组合桥

它主要用于下承式拱梁组合桥中，拱和梁在两端固结、在中间用吊杆连接，然后简支于桥梁墩台上，因此是内部超静定、外部静定的结构。拱的水平推力由系梁承受，墩台与基础的受力与简支梁相同。因此，这种结构可在地质条件不好的地区采用。根据拱肋和系梁的相对刚度大小及吊杆的布置形式可以分为：柔性系杆刚性拱——系杆拱（图 3-5a）；刚性系杆柔性拱—朗格尔拱（图 3-5b）；刚性系杆刚性拱—洛泽拱（图 3-5c）。以上三种拱，当用斜吊杆来代替竖直吊杆时，称为尼尔森拱。

柔性系杆拱由于桥面刚度较小，因而较少采用。拱梁组合体系中较为常用的是刚梁柔拱和柔梁刚拱。国外有时也称它们为朗格尔梁和洛泽梁。

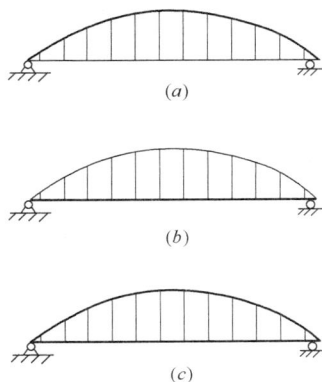

图 3-5 无推力的组合体系拱

（2）有推力的组合体系拱桥

这种组合桥主要用于上承式，拱中没有系杆，由单独的梁和拱共同受力，拱的推力仍由墩台承受。与简单体系拱桥所不同的是，桥面是连续的结构。如图 3-6（a）所示是刚性梁柔性拱——倒朗格尔拱；图 3-6b 是刚性梁刚性拱——倒洛泽拱。

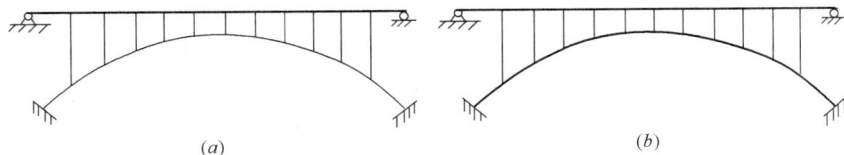

图 3-6 有推力的组合体系拱

3.2.2.3 刚架系杆拱

刚架系杆拱是随着钢管混凝土拱桥在我国的应用而出现的。刚架系杆拱中拱肋与桥墩固结，不设支座，采用预应力钢绞线作为拉杆来平衡拱的推力，拉杆独立于桥面系之外，不参与桥面系受力，而桥面系为局部受力构件。这种结构由于拱和墩连接处为刚接点，属刚架结构，又带有系杆，故称之为刚架系杆拱。

刚架系杆拱为外部超静定结构，桥梁上部、下部以及基础甚至地基连成一体。由于其系杆刚度与拱梁组合体系中的系杆梁刚度相比小很多，特别对于大跨径桥梁，系杆拉力增量将产生很大的变形，而拱肋、系杆和墩柱固结在一起，根据位移变形协调条件，拱的水平推力的增量主要由桥墩和拱肋自身承受，因而考虑系杆变形后它是有推力的结构。系杆的作用是对拱施加预应力以抵消拱的大部分水平推力（主要是恒载产生的水平推力），因此通常把系杆看成预应力体外索。除去系杆承受的水平推力后余下的拱的水平推力一般来说不大，还可以通过适当的超张拉给予最大限度的减小，所以通常把它归入无推力拱中。

刚架系杆拱又可分为下承式和中承式两种，如图 3-7 所示。下承式刚架系杆拱以单跨为主，也有采用多跨的。在多跨的刚架系杆拱中，系杆是分跨锚固的。中承式一般为三跨结构，主跨为中承式，两过边跨为上承式半拱，通过张拉锚固于两边跨端部的系杆来平衡拱的恒载水平推力，所以又称为自锚式；有时又根据其形状称之为飞鸟式或飞燕式。

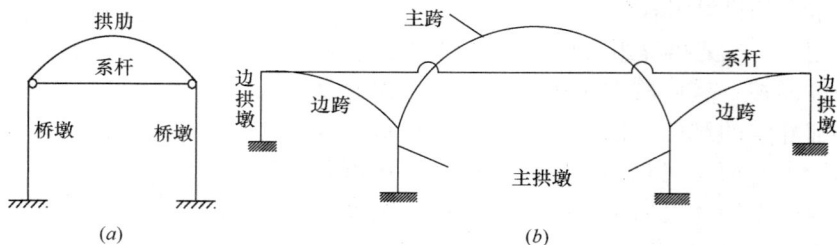

图 3-7　刚架系杆拱
(a) 下承式刚架系杆拱；(b) 带悬臂中承式刚架系杆拱

3.2.3　按照主拱的截面形式分类

拱桥的主拱圈沿拱轴线的高度可以做成等截面或变截面形式。等截面拱构造简单、施工方便、使用普遍、主拱的横截面形式很多，图 3-8 给出了几种常见的形式。

主拱圈横截面采用整块的实体矩形截面的，称为板拱（图 3-8a）。其特点是构造简单、施工方便，但截面抗弯惯矩不大，适用于中、小跨度的圬工拱桥。

为了节省材料，减轻结构自重，可将整块的矩形实体截面划分为两条（或多条）分离式的肋，以加大拱圈高度，提高截面的抵抗矩，这样就形成了由几条肋组成的拱桥，称为肋拱桥（图 3-8b）。肋拱桥的材料用量一般比板拱桥经济，多用于较大跨度的拱桥。因拱肋是以受压为主的构件，需要考虑稳定问题。当两拱肋都是位于竖向平面时（平行肋拱），一般应在肋之间设置横向连接系，形成组拼拱。当拱的宽跨比较小时，有时将两拱肋向内倾斜，使两拱肋的拱顶部分相互靠近，形成内倾拱，以提高其横向稳定性。这种拱因拱肋很像提篮的把手，故又称其为提篮拱。当然，有时为了美观也有中下承式的肋拱不采用横向联系的，即无风撑拱。

若主拱圈的横截面是由一个或数个横向小拱组成，使主拱圈在纵向及横向均成拱形，则称之为双曲拱（图 3-8c）。双曲拱桥的特点在于，先预制重量轻、少配筋甚至不配筋的拱肋和拱波，然后使用简单的吊装设备甚至人力抬运进行拼装，最后用灰浆填塞拱波之间的砌缝，并在拱波之上现浇一层低强度等级的混凝土，形成拱圈。双曲拱的钢筋用量省，施工时先"化整为零"进行预制，再"集零为整"形成主拱圈，是我国在钢材紧缺、人工费用低的历史

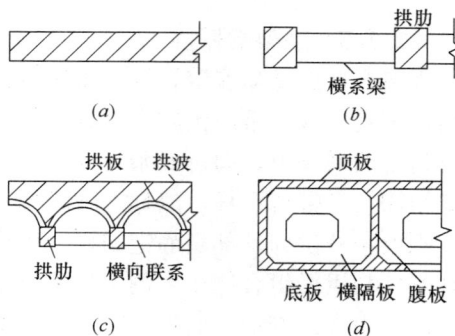

图 3-8　拱的横截面形式
(a) 板拱；(b) 肋拱；(c) 双曲拱；(d) 箱形拱

条件下产生的具有中国特色的桥型,运营经验表明,其整体性较差,极易产应力集中与开裂。在1980年以后,这种横截面形式已极少采用。

拱圈为整体的箱形截面时,称之为箱形拱或箱拱(图3-8d)。由于截面挖空,箱形拱的截面抗弯惯矩远大于相同截面积的板拱者,从而能大大减小弯曲应力并节省材料。另外,闭口箱形截面的抗扭刚度大,结构的整体性和稳定性均较好。它是国内外大跨度钢筋混凝土拱桥主拱圈截面的基本形式。

3.3　常见拱桥的构造特点

3.3.1　钢筋混凝土肋拱与箱拱

3.3.1.1　肋拱的主拱肋

肋拱桥是由两条或多条分离的平行拱肋,以及在拱肋上设置的立柱和横梁支承的行车道部分组成(图3-9)。

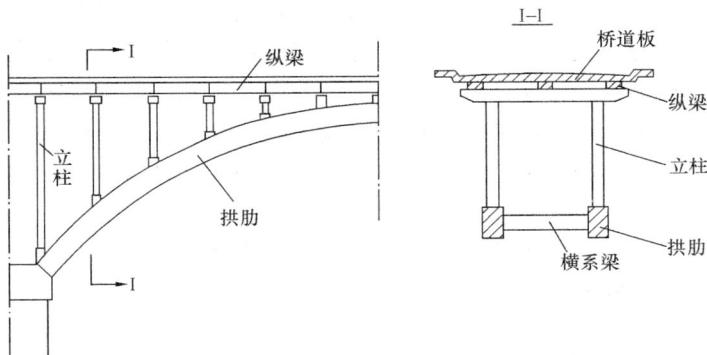

图3-9　肋拱桥桥型图

肋拱桥的主拱肋数目、间距以及拱肋的截面形式等,均应根据使用要求(跨径、桥宽等)、所用材料和经济性等条件综合比较选定。为了简化构造,宜选用较少的拱肋数量。同时,与其他形式拱桥一样,为了保证肋拱桥的横向整体稳定性,肋拱桥两侧的拱肋两侧最外缘间的距离,一般不应小于跨径的1/20。同时为防止拱肋的局部横向失稳,要求单根拱肋的宽度一般不应小于最近两根横向联系之间间距的1/20。

拱肋的截面,在小跨径的肋拱桥中多采用矩形(图3-10a)。肋高为跨径的1/60～1/40,肋宽为肋高的0.5～2.0倍。在较大跨径中,拱肋常做成工字形截面(图3-10b)。肋高为跨径的1/35～1/25。肋宽为肋高的0.4～0.5倍。其腹板厚度常采用0.3～0.5m。当肋拱桥的跨径大、桥面宽时,拱肋还可以采用箱形截面,

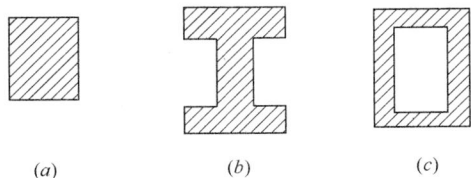

图3-10　肋拱桥的拱肋截面形式
(a)矩形;(b)工字形;(c)箱形

这就可以减少更多的圬工体积。我国1961年建成的湖南省湘潭大桥,净跨径为60m,矢跨比1/6,钢筋混凝土拱肋为工字形截面,肋高1.6m,约为跨径的1/37.5,肋宽0.5m,

约为肋高的 0.31，肋间间距为 4.0m。

在分离的拱肋间，须设置横系梁，以增强肋拱桥的横向整体稳定性。拱肋的钢筋配置按计算确定。横系梁一般可按构造要求配置钢筋，但不得少于 4 根（沿四周放置），并用箍筋连接。

钢筋混凝土肋拱桥与板拱桥相比，能较多地节省混凝土用量，减轻拱体重量。相应地，桥墩、桥台的工程量也减少。同时随着恒载对拱肋内力的影响减小，活载影响相应增大，钢筋可以较好地承受拉应力，这样就能充分发挥建筑材料的作用，而且跨越能力也较大。它的缺点是比混凝土板拱用的钢筋数量多，施工较复杂。

3.3.1.2 箱拱的主拱圈

箱拱或箱形拱的主拱圈全宽采用一个箱（通常为单箱多室），主拱圈为整体薄壁箱形结构。而前述肋拱桥中拱肋采用箱形截面的箱肋拱的主拱圈是由拱肋与横向连接系组成的空间杆系结构，只不过拱肋采用了箱形断面。

根据已建成的箱形拱桥的资料，箱拱截面的挖空率可达全截面的 50%～70%。因此，与板拱相比，它可以大量地减少圬工体积，减轻重量，节省上、下部结构的造价。与双曲拱桥相比，在相同的截面积下，可增大截面抵抗矩，且抗扭刚度更大，因而截面经济、横向整体性强、稳定性好。而且它的中和轴靠近中部，对于正负弯矩有几乎相等的截面抵抗矩，能够较好地适应拱桥不同截面正负弯矩变化的要求，充分利用材料。同时在无支架施工中，由于是薄壁箱形截面，吊装时构件的刚度大、稳定性好、操作安全。但是箱形拱的制作要求高，需要较大的吊装能力。因此，跨径在 50m 以上的大跨径拱桥才宜于采用箱形拱。

箱形拱的拱圈，一般由几个闭合箱（多室箱）组成。每一个闭合箱又由箱壁（侧板）、顶板（盖板）、底板及横隔板组成（图 3-11）。

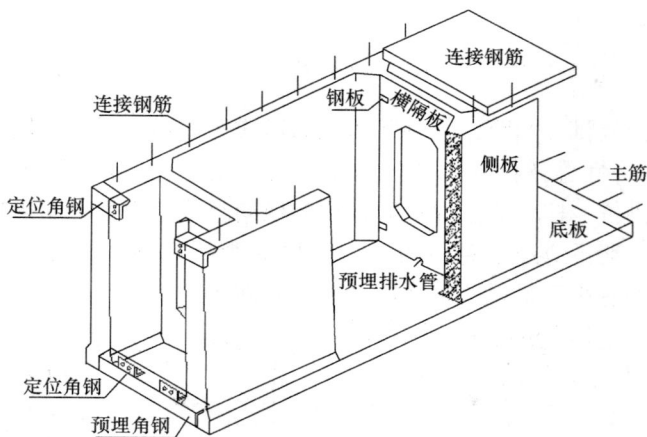

图 3-11 箱拱预制施工构造示意图

箱形拱的构造与施工方法有密切的联系。修建箱形拱，可以采用预制拱箱无支架吊装或有支架现场浇筑等施工方法。若采用无支架施工时，拱箱可分段预制，采用装配-整体式分阶段施工的方法组拼成一个整体。预制安装的步骤，一般是先浇底板混凝土，然后把预制的横隔板按设计位置立在底板上，再安装箱壁模板，浇筑箱壁混凝土，构成箱形拱闭

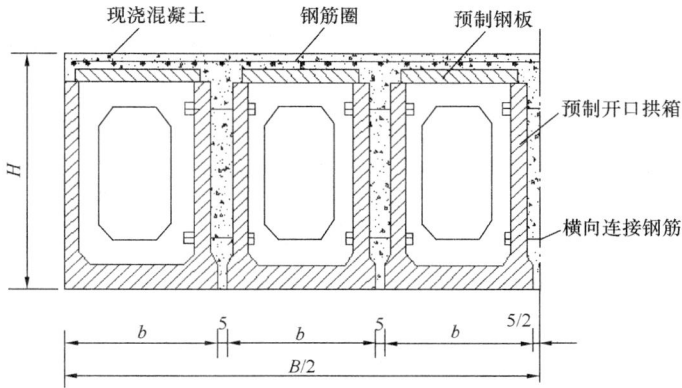

图 3-12　箱形拱闭合箱的构造

合箱（图 3-12）。将分段预制的形拱箱依次吊装合龙成拱后，按设计要求处理拱箱接头。再浇筑两箱间的连接混凝土，安装预制混凝土盖板（或微弯板），由于盖板与拱箱之间的接触面是一抗剪薄弱面，除填缝混凝土应与拱板混凝土一起浇筑外，宜在拱箱之间的空缝内每隔 0.5m 预埋一根抗剪钢筋（两端应设半圆弯钩），最后浇筑顶面（拱板）混凝土，形成箱形拱圈。为了增强拱圈的整体性及抵抗混凝土的收缩作用，拱板内宜铺设直径为 8～10mm、间距为 0.20m×0.20m 的钢筋网。

箱拱的预制也可以采用封闭式拱箱，它需要较大的吊装能力。为减小吊装重量，预制拱箱时可以进一步减薄腹板厚度，使中腹板减至 3～5cm。采用封闭式拱箱的吊装施工方法，拱箱在施工过程中的整体稳定性较好，且减少了施工步骤，对减少高空作业、加快施工进度、节省投资等都是有利的。

3.3.1.3　拱上建筑

钢筋混凝土肋拱或箱拱一般采用梁（板）式拱上建筑，以减轻重量，降低拱轴系数（使拱上建筑的恒载分布接近于均布荷载），改善拱圈在施工过程中的受力状况（图 3-13）。梁（板）及立柱等可按钢筋混凝土梁（板）桥及钢筋混凝土结构计算配筋。特殊情况下（如腹孔跨径很大）还可采用预应力混凝土的梁或板作腹孔。

拱上建筑的梁（板）又是桥面系的重要组成部分，用立柱式腹拱墩（图 3-14）将其

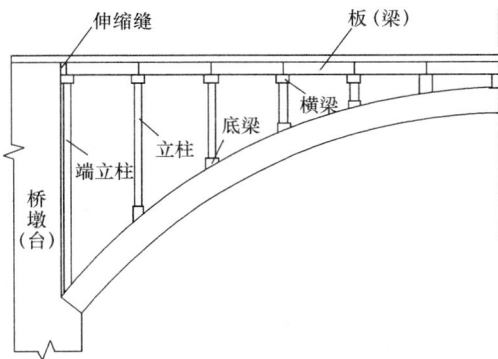

图 3-13　梁（板）拱上建筑

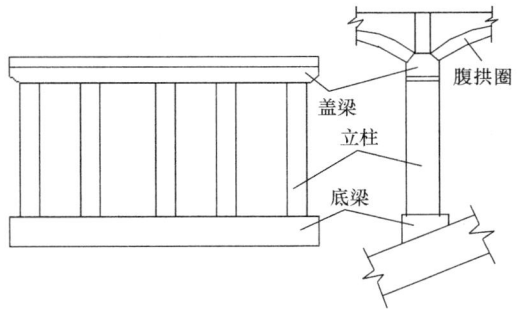

图 3-14　腹孔墩构造形式

与拱圈相连。腹拱墩是由立柱和盖梁组成的钢筋混凝土排架结构。为了使立柱传递给主拱圈的压力不至于过分集中，通常在立柱下面还设置了底梁。立柱及盖梁常采用矩形截面。截面尺寸及钢筋配置除按受力要求拟定外，并应考虑和拱桥的外形及构造相协调。底梁可以与拱圈一起施工完成。如采用混凝土浇筑时，可按构造要求布置钢筋。在河流有漂流物或流冰时，如果拱圈会被部分淹没，就不宜采用立柱式腹孔墩。

3.3.1.4　桥例

钢筋混凝土箱拱均为上承式。钢筋混凝土肋拱除上承式外，还有有推力的中承式以及少量无推力的下承式拱梁组合结构。

钢筋混凝土箱拱和肋拱在我国修建得较多。比较典型的桥梁有1979年建成的跨径150m的四川马鸣溪大桥、1982年建成的跨径170m的四川攀枝花市宝鼎大桥、1990年建成的跨径200m的四川涪陵乌江大桥、1990年建成的跨径240m的中承式钢筋混凝土拱桥——四川宜宾小南门金沙江大桥、1996年主跨达312m的以钢管混凝土为劲性骨架的广西邕宁邕江大桥以及1997年建成的世界上跨径最大的钢筋混凝土拱桥——四川万县长江大桥（420m）。

钢筋混凝土铁路拱桥跨径最大的是丰沙线永定河七号桥。

该桥全长217.98m，主跨为一孔150m中承装配式钢筋混凝土拱，矢高40m，由拱肋、吊杆、横梁、纵梁及风弦等组成。两片拱肋中心距为7.5m。拱轴线采用二次抛物线，拱肋为箱形截面，由预制构件组成。两拱肋之间用10组风撑连接。吊杆为预应力构件，工字形截面，施工时将吊杆与横梁组形拼成框架，吊挂于拱肋节点上。桥面由纵梁、风弦组成，共15跨，其中两端各为7跨连续梁，中间1跨为简支梁。全桥由227块预制构件拼成（图3-15）。圬工数量总计约4800m³，其中主跨钢筋混凝土为3850m³。设计载重为中－26级，并用八度地震力检算。该桥的特点是：

1）采用装配式结构，在工地以混凝土连接成整体。

2）采用拱肋分层拼装，使先安装的拱肋底板与钢拱架共同受力。钢拱架由原来需要的14片减少为8片，从而节省了大量钢材。

3）在拱顶进行应力调整，改善了拱肋的受力状态。

4）由于中承式拱桥的拱肋与桥面系相交处的结构比较复杂，为了保证结构的整体性，相交处的一段拱肋在工地现浇。

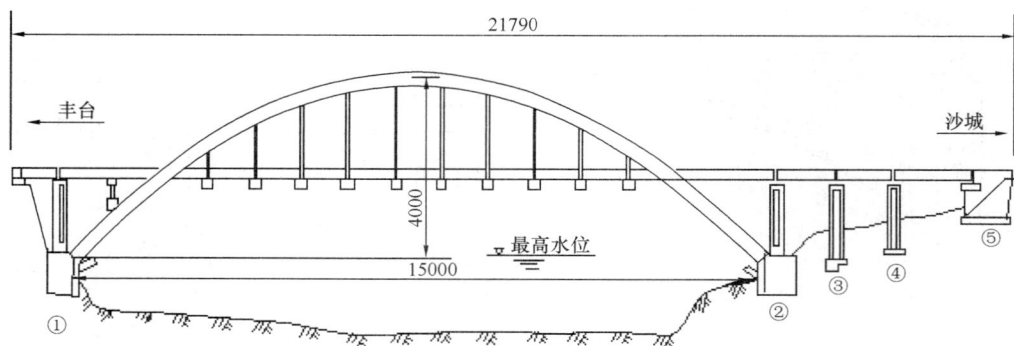

图3-15　铁路丰沙线永定河七号桥总体布置示意图（单位：cm）

该桥施工阶段主要分为：缆索吊机安装，拱座及桥墩施工，钢拱架安装，拱肋安装，桥面系安装。采用两台吊重 25t 的缆索吊机，跨度用到设计最大值 480m，充分发挥了吊机使用范围。设计采用在吊钩盒内压重的方法，不仅使设备简化，而且可以调整吊钩盒内压重，调剂钩下净吊重。两台缆索吊机部件总重 630t，因清理场地工作量大和材料的变更，边制造边安装，历时近两年。钢拱架跨度 142.48m，矢高 36.99m，由八片常备式 W 形桁架组拼而成，总重近 700t。钢拱架采用悬臂拼装，先将中间两片合龙，再扩拼成片；8 片全部合龙后，在拱顶处用千斤顶加压，然后在拱架顶部安装上下联拼接板及连接系，拱架成为两铰拱。为保证拱架拼装的安全，事先由铁道部科学研究院制作 1/25 拱架模型，按拼装程序加载试验，取得了拼装工艺的必要数据。钢拱架拼装完后，进行拱肋和桥面系安装。该桥于 1972 年建成。

广西邕宁邕江大桥是跨径最大的钢筋混凝土肋拱桥。

该桥净跨径 308.08996m，净矢高 50.645m（计算跨径 312m，计算矢跨比 1/6）。桥面净宽为净－12m 行车道＋2×0.30m 防撞墙＋2×2.90m 人行道＋2×0.05m 预留宽，全宽 18.9m。桥面纵坡为 2％双面坡，横坡 1.5％。下部结构为分离式拱座，嵌入基岩。两岸引桥各为 4m×16m 预应力空心板，桥墩为直径 1.1m 的双柱墩，同直径的桩与扩大基础，桥台为重力式台。大桥总体布置见图 3-16。

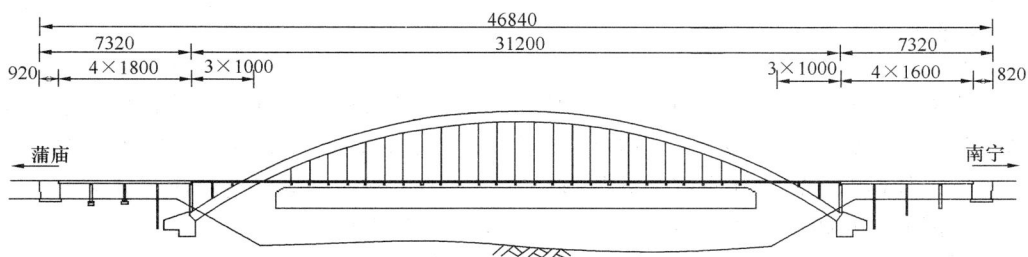

图 3-16　邕宁邕江大桥总体布置图（单位：cm）

邕江大桥主拱肋为变截面悬链线无铰拱，两根箱肋等宽变高，宽度为 3.0m，高度拱顶为 5.0m，拱脚为 6.8m，变化规律按立特公式，取 $n=0.5$。箱顶底板厚为 0.36m，侧板厚 0.32m。采用钢管混凝土作为劲性骨架。劲性骨架上下弦杆采用直径为 402mm、壁厚 12mm 的钢管（内灌混凝土），上下平联和腹杆为双肢 160mm×100mm×10mm 的角钢，并在四角予以加劲，节点板为 10mm 厚的 A_3 钢板，用倒角型钢加衬。拱肋截面尺寸见图 3-17。

两拱肋之间的横向联系共有 11 道。桥面系以上三道，拱顶一道一字撑，23 号截面处一边一道 K 撑；桥面与拱肋相交处各一道固定横梁；桥面系以下各一道 X 撑和各位道一字撑。横撑为钢筋混凝土结构。

吊杆采用 21 根 7φ5.0mm 的高强平行钢绞线。外套无缝钢管，压注 M15 水泥砂浆防护。上下锚头采用 OVM 锚，最后用 C50 混凝土封锚。下承部分桥面系为吊杆吊住横梁，横梁上架设空心板。横梁和空心板均为预应力混凝土结构。纵向空心板采用先张法预制。为降低桥面系建筑高度和加强下承部分桥面系的整体性，横梁和空心板之间设预埋钢筋并现浇混凝土连接，见图 3-18。

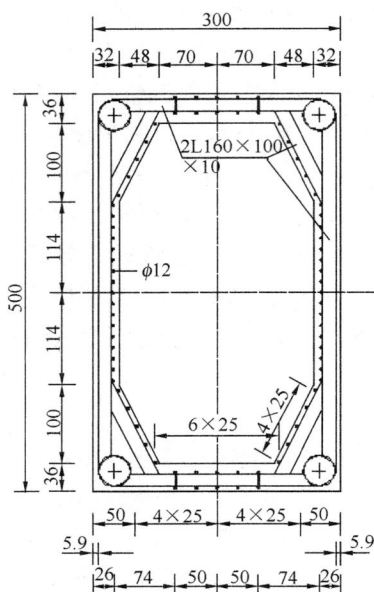

图 3-17　邕江大桥拱肋
截面图（单位：cm）

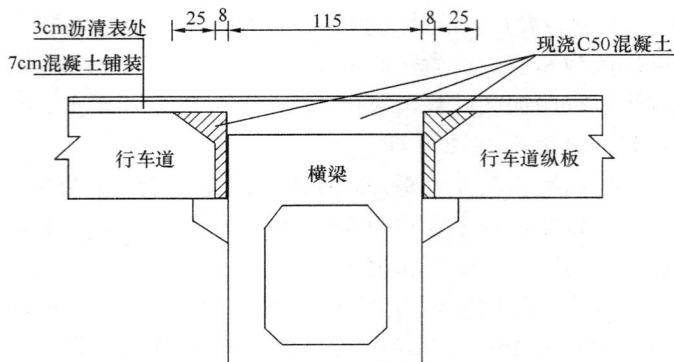

图 3-18　邕宁邕江大桥桥面系构造图（单位：cm）

　　邕宁邕江大桥施工分九段进行，采用缆索吊装劲性骨架，合龙形成二铰拱，吊装重量
42.1～59.5t。浇筑劲性骨架弦杆钢管内混凝土（C60），使之成为钢管混凝土骨架，封铰
成无铰拱。挂模板现浇外包混凝土，形成钢筋混凝土箱肋，最后进行桥面系安装。

　　钢筋混凝土箱拱跨径最大的是重庆万州（县）长江大桥。

　　该桥主跨 420m。设计荷载为汽车—超 20 级，挂车—120，人群—3.5kN/m²；桥面净
宽为净 2×7.5m 行车道＋2×3.0m 人行道，总宽 24m；桥面纵坡 1％（双向坡）；抗震设
防烈度 6 度，按 7 度验算；设计洪水频率为 1/300（桥高受三峡库区水位控制）。万县长
江大桥为三室箱形上承式钢筋混凝土拱桥，拱上立柱为双柱式变截面箱形薄壁钢筋混凝土
结构，立柱最高 60m。桥面系支承结构采用 $L=30.668m$ 的后张拉预应力 T 梁。总体布
置见图 3-19。

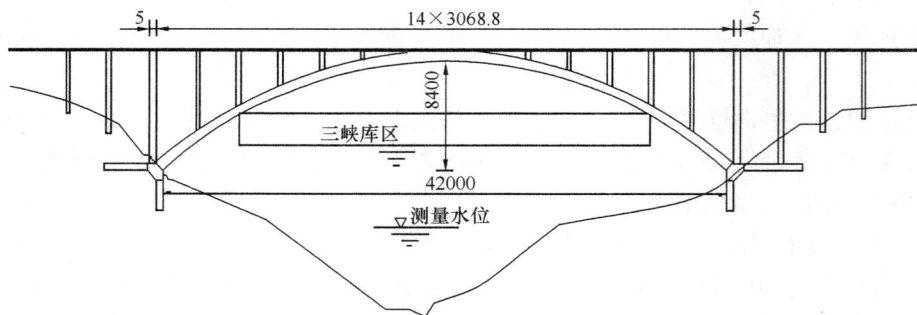

图 3-19　重庆万州（县）长江大桥总体布置图（单位：cm）

四川万县长江大桥主拱圈采用悬链拱轴线，主拱圈高 7.0m，宽 16.0m。拱圈采用由五个桁片组成的钢管混凝土劲性骨架。每桁片得上下弦采用直径 402mm、壁厚 16mm 的钢管，腹杆和桁片之间的上下平联采用角钢组合的 H 形断面。拱圈断面见图 3-20。

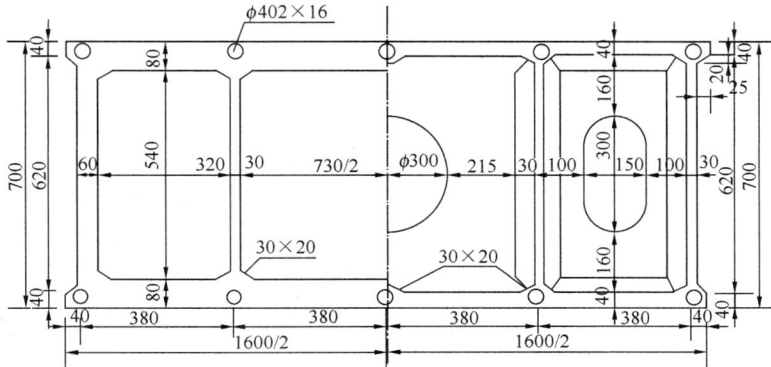

图 3-20　重庆万州（县）长江大桥主拱圈截面构造图（单位：cm）

四川万州（县）长江大桥劲性骨架分 36 节桁段，每段自重 61.25t，用缆索吊装系统吊装。吊装合龙后，用泵送混凝土灌注劲性骨架上下弦杆钢管内的核心混凝土，形成钢管混凝土劲性骨架，而后挂模板，分环分段浇筑拱圈混凝土。大桥从 1983 年底开始设计前期工作，至 1994 年 5 月 1 日正式动工，历时超过 10 年。大桥于 1997 年 7 月建成通车。施工工期仅 3 年。四川万州（县）长江大桥在混凝土拱桥中跨度超过了南斯拉夫 KRK 大桥 390m 的世界纪录，为世界所瞩目。

3.3.2　钢管混凝土拱

3.3.2.1　概述

钢管混凝土是指在薄壁钢管内填充混凝土，形成钢管与混凝土两者共同工作的一种组合构件。它的基本力学特征是，管内混凝土受到钢管的约束，在承受轴向压力时发生的侧向膨胀受到限制而处于三向受压状态，从而具有比普通钢筋混凝土大得多的承载能力和变形能力。同时，因混凝土将分担轴向压力的绝大部分且阻止了钢管向内的变形，提高了薄壁钢管抗局部屈曲的能力。因此，将钢管混凝土应用于以受压为主的拱桥中在结构受力方面是合理的。在施工方面，钢管混凝土拱桥先架设以钢管为主的拱肋，再用泵送混凝土填满于钢管内，待混凝土凝固后，钢管与混凝土共同承受荷载。这样大大减轻了拱肋架设安装时的自重，方便了施工。

钢管混凝土拱肋的含钢率和钢材强度应与混凝土强度等级相匹配，主要是套箍系数要适合。

套箍系数：

$$\xi = f_y A_y / f_c A_c$$

式中　f_y、f_c——分别为钢管和混凝土的设计强度；

　　　A_y、A_c——分别为钢管和混凝土的截面积。

套箍系数一般宜在 0.5 以上。若以钢管的直径 D 与壁厚 t 之比，则 D/t 应小于 100。

套箍系数或含钢率太小则钢管对混凝土的紧箍作用不明显。但如果太大，则不经济，因为钢管管壁较厚时，钢管的局部屈曲问题并不突出，填充混凝土的必要性不足，而且钢管的加工也困难。因为有钢管的套箍作用，而且拱式结构常以稳定控制，所以管内混凝土的强度等级不必要求太高，一般可采用 C40～C50。

钢管混凝土拱桥的拱肋截面主要有单管、哑铃形（双管）、桁式（多管）等，见图3-21。

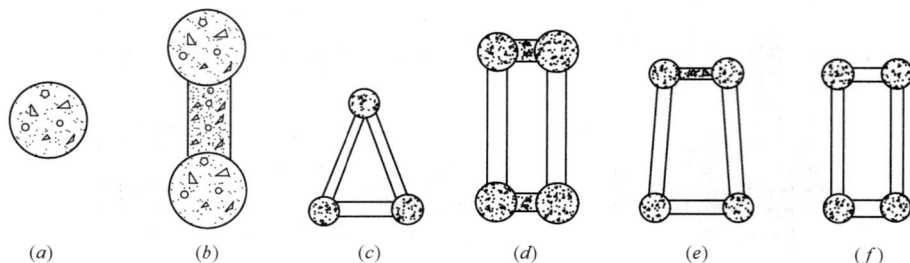

图 3-21　钢管混凝土桁拱的截面形式
(a) 圆形截面；(b) 哑铃形截面；(c) 三肢桁式；(d) 横哑铃形桁式；(e) 混合式；(f) 全桁式

单管截面用于跨径不大的钢管混凝土拱桥。单管截面主要有圆形和圆端形，单圆管加工简单，抗扭性能好，抗轴向力性能由于紧箍力作用显示出优越性，但抗弯效率低，主要用于跨径不大（80m 以下）的城市桥梁和人行桥中，管壁较厚，截面含钢率较高，一般达 8％以上。圆端形截面主要为横向的，也有少数采用竖向的。横向圆端形截面，其横向抗弯惯矩较大，主要用于无风撑肋拱中。

钢管混凝土拱桥中有相当部分采用哑铃形截面，跨径从几十米到 160m，以 100m 左右为多。

桁式拱肋能够采用较小的钢管直径取得较大的纵横向抗弯刚度，且杆件以受轴向力为主，能够充分发挥材料的特性，对跨径超过 100m 的钢管混凝土拱桥，桁肋是一个比较合适的截面形式。

我国较早出现的桁拱断面为横向哑铃形桁式，其上下为两个横哑铃形断面，腹拱用钢管桁片，其后又发展了混合式的桁式断面。这种断面，上弦采取横哑铃形，下弦两根钢管采用钢管下平联连接。直接采用多肢桁式（格构式）断面的钢管混凝土肋拱近年来有较多采用的趋势。这种拱肋弦杆采用钢管混凝土材料，腹杆和平联均采用钢管。在多肢桁式断面中，四肢最为常见，截面的高度与宽度之比在 2：1 附近较为合理，拱肋的面外稳定性主要通过横向联系来保证。一些大跨度的钢管混凝土拱桥采用了完全桁式断面，如浙江省淳安县南浦大桥（308m）、湖南南县茅草街大桥主桥（368m）、重庆市巫峡长江大桥（460m）等。

钢管混凝土桁式拱肋是由钢管混凝土弦杆与腹杆、平联（一般为空钢管）焊接而成的桁式结构，管接头的焊接质量与抗疲劳性能是设计的关键。

钢管混凝土拱桥结构形式丰富多样。以车承形式划分，可分为上承式、中承式和下承式；按拱肋的横向构造，可分为平行肋拱、提篮拱和无风撑拱。按拱脚推力可分为有推力拱、无推力的刚架系杆拱和拱梁组合桥。

3.3.2.2 有推力拱

有推力拱中主要有上承式和中承式。上承式拱建筑高度大，对地基要求高，适合于峡谷桥位，尤其是两岸地势较陡的 U 形河谷或 V 形河谷，较之平原地区其两头接线高程控制容易，不致因建筑高度大而导致引桥与路堤的工程量急剧上升，下部结构与基础的费用也较省。同时，上承式拱应用在山区更容易与周围的环境相协调，从桥两端接线上通过时能欣赏到拱桥优美的造型。上承式钢管混凝土拱桥一般采用一孔跨越河谷，这有利于充分利用桥位良好的地质条件，方便施工，降低工程造价。

上承式钢管混凝土拱桥的拱肋可以是多肋的哑铃形拱肋，也可以是桁式拱肋。由于是上承式，拱肋全部位于桥面之下，所以它可以采用较多的拱肋，从而使每根肋的受力减小、拱肋截面尺寸也相应减小。如黄柏河、下牢溪大桥采用了四片拱肋，所以虽然跨径较大（160m）、荷载较重（汽－36 级），仍可采用哑铃形拱肋。对于跨径更大的钢管混凝土拱桥，如重庆奉节梅溪河桥，设计采用两根桁式拱肋，由于两肋之间可以采用较多的横向联系使两肋连成整体。

拱上立柱一般采用钢筋混凝土或钢管混凝土。立柱与钢筋混凝土盖梁组成排架或刚架式结构。当跨径较大时，拱脚附近的立柱较高，在柱间应设置横向联系来提高其稳定性。同时，由于立柱较高，为减轻恒载自重、使结构整体协调一致且方便施工，多采用钢管混凝土立柱，如黄柏河大桥、下牢溪大桥、九畹溪大桥、南泥渡大桥等。也有采用钢筋混凝土立柱的，一般将截面做成空心，如北盘江大桥。在跨径最大（430m）的支井河大桥中，立柱最高（在拱脚处）达 74m，该桥采用了钢箱混凝土格构式立柱。

对于上承式拱，由于一排的立柱可以采用多于两根，立柱盖梁的跨径不大，桥面板可以采用较大的跨径，这样也可以减小立柱的数量，特别是对于大跨径拱，由于拱脚附近的立柱较高、工程数量大，因此减少立柱的数量显得非常重要。桥道纵梁当跨径较小时可以采用板梁，较大的可以采用 T 梁，更大的可以采用箱梁。桥道纵梁一般为桥面连续的简支梁或先简支后连续梁。目前仅见支井河大桥桥道纵梁采用连续箱梁。

有推力的中承式拱与上承拱一样适用于山区，特别是跨越峡谷的桥梁。从结构构造与管理养护方面来说，上承式拱较之中承式拱优越。但有时因路线高程与起拱线高程之间的距离太小满足不了上承式拱的矢高和建筑高度的要求，所以只好采用中承式拱。此外，对于地质条件较好的城市桥梁，也常因线路高程的考虑和美观的考虑而采用有推力的中承式拱。

钢管混凝土中承式拱桥，作用在拱肋上的荷载比较均匀，因此，拱轴线大都采用抛物线和低拱轴系数的悬链线。与上承式最大的不同在于中承式拱桥道系有上承部分和下承部分。上承部分的构造与上承式拱相近，下承部分与下承式拱相近，为悬吊桥道系。

上下承交接处也是拱肋与桥道系相交处，一般设有一根肋间横梁，来支承此处桥面板，通常桥面板在肋间横梁处设有伸缩缝。这根肋间横梁又起横撑的作用，对拱的横向稳定也起了很大的作用。肋间横梁的构造较为复杂，有采用混凝土结构的，也有采用钢结构的。它需要考虑与拱肋的良好连接，又要满足作为桥道系横梁的功能，还要考虑对拱的横向稳定的影响。也有一些中承式拱不设肋间横梁，桥面与拱肋相交处的桥面板一端放在吊杆横梁上，另一端放在立柱横梁上，在立柱横梁上设伸缩缝。青海公伯峡大桥、江西瓷都大桥的拱肋与桥面相交处均采用这种处理方式。中承式拱悬吊桥道系中吊杆的安全、桥道系的整体性与刚度，是其建设与使用养护过程中最令人关注的部分。

有推力中承式钢管混凝土拱桥中跨径最大的是重庆巫山巫峡长江大桥，它也是所有钢管混凝土拱桥中跨径最大的一座。该桥位于著名的三峡风景区巫峡入口处，主桥为净跨460m 的钢管混凝土中承式拱，桥面布置为净－15＋2×1.5m 人行道。设计荷载为汽车-超20，挂车-120，人群荷载 3.5kN/m² 。总体布置图如图 3-22 所示。

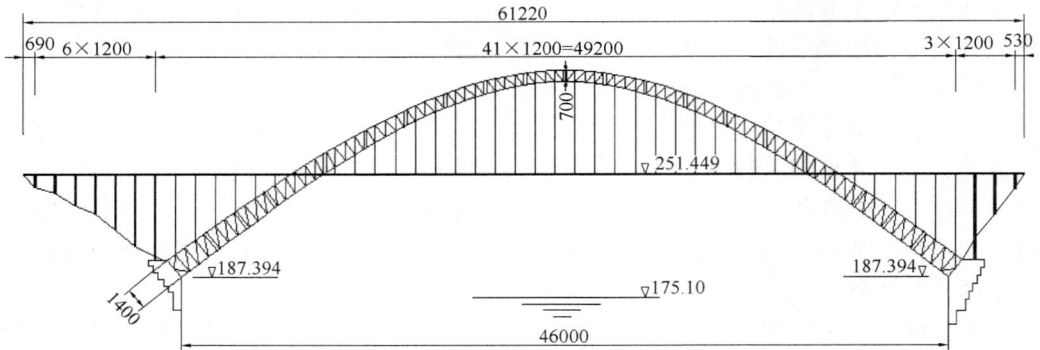

图 3-22　重庆巫峡长江大桥（单位：cm）

拱肋采用钢管混凝土桁架结构，拱顶截面肋高为 7.0m，拱脚截面肋高为 14.0m，肋宽为 4.14m，每肋上、下各两根 φ1220×22（25）mm、内灌 C60 的钢管混凝土弦杆，弦杆通过 φ711×16mm 横联钢管和 φ610×12mm 的竖向钢管连接而构成钢管混凝土桁架。两拱肋间桥面以上设置"K"形横撑，桥面以下的拱脚段设置"米"字形支撑，每道横撑均为空钢管桁架。拱肋与桥面交接处，设置一道肋间横撑，全桥共设横撑 20 道。吊杆采用 109φ7mm 的预应力环氧喷涂钢丝，两端采用 OVMLZMT-109 型冷铸锚具。吊杆横梁和立柱横梁为预应力混凝土组合截面梁，肋间横梁为钢横梁。行车道梁为先简支、后连续的预应力混凝土"π"形连续梁。桥面铺装厚为 8cm 的钢纤维钢筋混凝土，全桥在两岸桥台处设两道 24cm 伸缩缝。

两岸均采用"U"形桥台，两岸桥台台口宽度分别为 19.0m 和 55.17m。引桥桥墩设计为明挖扩大基础，现浇钢筋混凝土的双排桩。拱座设计为分离式的钢筋混凝土拱座，横向分别设三道钢管混凝土横撑，拱座基础置于稳定的、完整的弱风化基岩上，要求地基允许承载力不小于 3.0MPa。大桥于 2001 年 12 月开工，2005 年元月建成通车。成桥照片见图 3-23。

3.3.2.3　刚架系杆拱

刚架系杆拱有下承式和中承式两种，

图 3-23　重庆巫峡长江大桥

见图 3-7。下承式拱桥主要用在建筑高度受限制和地基条件较差的情况下。下承式刚架系杆拱由于系杆的存在，基本上平衡了拱桥恒载产生的水平推力，降低了对下部结构和基础的要求。这种结构虽然拱脚与桥墩为固结，但由于墩的抗推刚度较小，所以拱脚存在着转角。根据拱的受力特性，拱脚变位对拱受力的影响以水平位移最大，转角次之，水平位移又以相对向外不利，它主要靠拉杆来约束，所以近似分析时，可以考虑按固定拱计算，但应计入拱的水平位移产生的内力。下承式刚架系杆拱是一种自平衡的桥梁，与连续梁、连续刚构和斜拉桥相比，它无需副跨，又能有较大的跨越能力，因此在跨越铁路、公路和运河桥中，具有很强的竞争力。

在施工方面，下承式刚架系杆拱，由于拱脚与桥墩（台）固结，因此架设拱肋时可以像固定拱一样施工，高强的柔性系杆随着拱肋自重和桥面系自重的不断增加而不断施加张拉力。因此，刚架系杆拱在施工方面，较拱梁组合桥有更大的优越性，从而也为这类拱桥的跨径向更大方向的发展成为可能。

刚架系杆拱拱墩固结节点的构造较为复杂，特别是下承式。拱肋、桥墩、帽梁汇聚在这里，为不规则的几何体。这里的受力也很复杂，各方向的力也都集中于此点，且受系杆强大的集中力作用，容易在主拉应力方向发生开裂，因此应引起重视。设计人员对深圳北站大桥进行了有限元分析和光弹性试验。对四川成都青龙场立交桥也进行了端节点的混凝土模型试验和有限元分析。刚架系杆拱在系杆预应力作用下拱墩固结节点中将产生与系杆方向大致垂直的主拉应力，在墩柱中背离主跨一侧也将可能产生较大的拉应力，因此，通常还配置竖向预应力束，下端自锚于桩基上部或承台内，上端锚固于墩帽顶，布索曲线尽可能与主拉应力迹线相同。

系杆是下承式刚架系杆拱的重要构件，但容易由于腐蚀等引起破坏，已成为这类桥梁的主要病害，目前已有多座桥梁在施工过程和使用过程中出现了系杆破断的问题，因此系杆的安全问题已引起工程界的广泛关注。为提高桥梁的使用寿命，近年来提倡系杆的设计应考虑其可检查、可更换，并强调使用过程的养护。

中承式刚架系杆拱（图 3-76）也称飞燕式，它是指两边跨为半跨悬臂上承式拱、主跨为中承式钢管混凝土拱，通过锚固于两边跨端部的拉索来平衡主跨大部分水平推力的桥梁结构，也有称自平衡式或自锚式的。与下承式刚架系杆拱一样，它通过张拉系杆以平衡主拱所产生的大部分水平推力，大大降低了平原或软基地区拱桥的下部与基础的工程量与造价。同时，这种桥型造型美观，受到人们的喜爱。

飞鸟式拱的主跨一般为一跨，与两边跨半拱构成三跨连续结构。也有主跨为两跨或三跨的，与两边跨构成四跨或五跨的结构，在这种桥型中系杆很长。作用在两边跨的系杆张力，为对各跨水平推力起平衡作用，传力路径很长，结构受力复杂，构造也不好处理。另外，这种多跨连续的中承式刚架系杆拱，施工时由于各跨之间恒载要基本保持平衡，因此工作面很多，施工组织也较困难。

飞鸟式拱的主跨、边跨拱脚均固结于桥墩，通过锚固于两边跨端部的系杆（索）来平衡主拱的大部分水平推力。钢管混凝土飞鸟式拱桥中的主跨、边跨、主拱墩及系杆四大组成部分，"四位一体"，相互影响、相互依存，密不可分，无论哪一部分都无法独立存在。钢管混凝土飞鸟式拱桥总体设计的关键是使这四个组成部分形成有机的、受力合理的结构。

中承式刚架系杆拱为不等跨拱桥，为使边跨的自重能平衡主跨的恒载水平推力，一般中跨为自重较轻的钢管混凝土拱桥、边跨为自重较重的钢筋混凝土拱桥；主跨的矢跨比较大，一般为 1/6～1/4，边跨的矢跨比较小，一般为 1/10～1/7。主边跨的拱肋在一水平线上，以利于系杆平衡水平推力。边跨的拱肋之间由强大的端横梁联成整体，并为系杆的锚固提供空间。

最早建成的是广东南海三山西大桥，主桥跨径组合为 45m＋200m＋45m，也是钢管混凝土拱桥中第一座跨径超过 200m 的大桥。1999 年建成的广州丫髻沙大桥，跨径组合为76m＋360m＋76m，则把这一桥型，也可以说把钢管混凝土拱桥的跨径推上了一个新台阶。目前这种桥型跨径最大的是湖南茅草街大桥，主跨为 368m。

丫髻沙大桥为广州市环城高速公路西南环上跨跨越珠江南航道的一座特大桥。桥梁外缘间总宽 32.4m，双向六车道 2×3×3.75m 行车道，设计活载为汽-超 20（挂-120）。丫髻沙大桥 1998 年 8 月开始施工，2000 年 6 月建成通车。大桥的总体布置图见图 3-24。

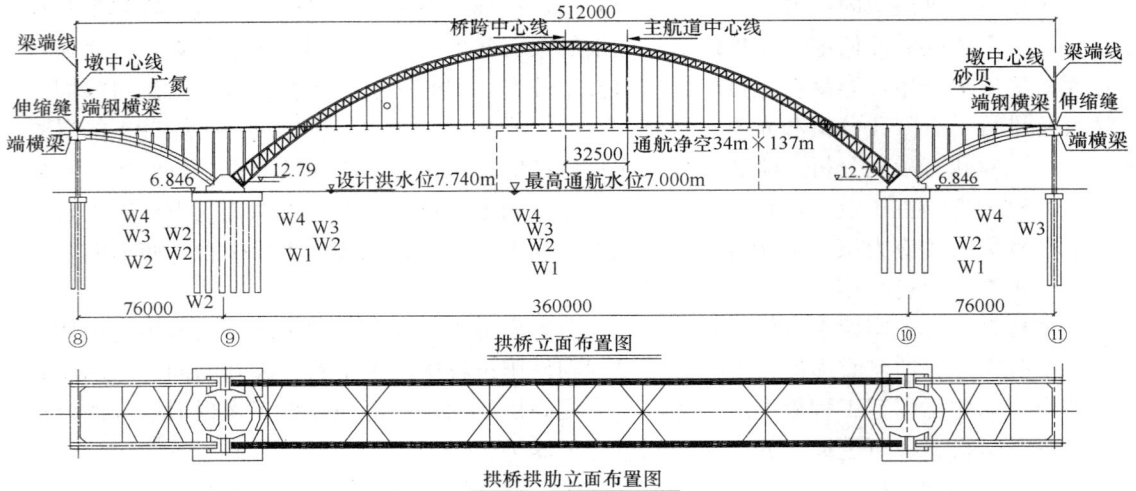

图 3-24　广州丫髻沙大桥主桥拱桥平、立面布置图

丫髻沙大桥主拱拱肋采用中承式双肋悬链线无铰拱，计算跨度 344m，矢高 76.30m，矢跨比 1/4.5，拱轴系数 m＝2、k＝1.317。图 3-25 为横截面图。拱肋选用 6 管式拱肋截面，每肋由 6φ750 钢管混凝土组成，由横向平联板、腹杆连接成为钢管混凝土桁架。其中外侧、内侧钢管为 φ750×18mm，中间钢管为 φ750×20mm，钢管间的横向平联板总厚500mm，内、外、中三根钢管通过平联板形成了能共同受力的类似肋板式的结构，上、下排钢管间通过 φ450×12mm 及 φ351×10mm 的腹杆组成稳定的空间结构。沿拱轴采用变高度（拱脚钢管中心距 8.039m，拱顶钢管中心距 4.00m）、等宽度（3.45m）截面，两肋中心距 35.95m，共设置 6 组"米"字、2 组"K"字横撑。在拱肋的弦管和平联板内灌注C50 高强混凝土，腹杆和横撑钢管内则不灌混凝土。为了便于转体施工，2 组"K"字撑置于拱顶。

边拱拱肋采用上承式双肋悬链线半拱，计算跨径 71.0m，矢高 27.3m，矢跨比 1/5.2，拱轴系数 m＝2、k＝1.317。每肋由高 4.5m、宽 3.45m 的 C50 钢筋混凝土箱梁组成，两肋间设有一组"K"字和一组"米"字钢管桁架式横撑，它们与同边拱端部固结的预应力混凝土端横梁一起，组成了一个稳定的空间梁系结构。为了便于传递水平力，将主拱拱肋、边拱拱肋的轴线置于同一直线上，且拱肋宽度相等。为使主桥能采用转体法施

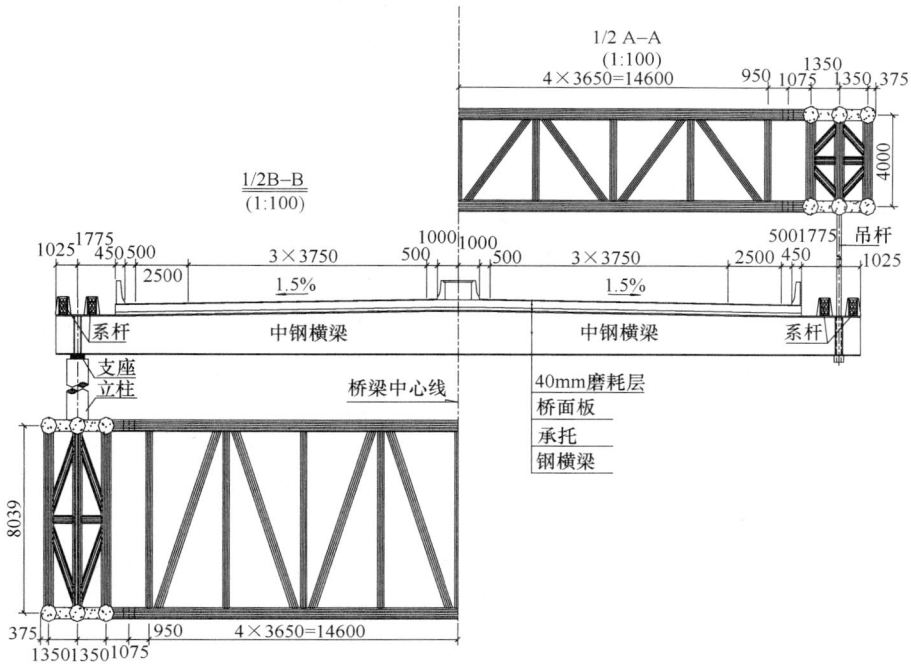

图 3-25 广州丫髻沙大桥主拱横截面布置图（单位：mm）

工，将边拱设计为劲性骨架结构，在转体施工时，边拱拱肋为钢管混凝土结构。

立柱除拱座上及与之相邻的边拱共两组采用 $\phi1300$ 外，其余皆为 $\phi1000$ 的钢管混凝土构件，同一组立柱间设置横系梁。吊杆采用镀锌高强低松弛 $91\phi7$ 钢丝束，$R_y^b = 1670\text{MPa}$，OVM-LZM 型冷铸镦头锚。

桥面结构由钢横梁、钢纵梁、桥面板组成，桥面荷载直接由钢横梁与桥面板组成的联合梁承担。荷载由组合梁传递给立柱（吊杆），最后传递给拱肋。钢横梁长约 38m，计算跨径 35.95m，每梁约重 30.0t。钢纵梁采用热轧 H 型钢，全桥共设置了四组钢纵梁，用于增强桥面的整体性、支承钢梁检查车的轨道。桥面板由预制 Ⅱ 形 C50 钢筋混凝土板和现浇桥面铺装层构成，板厚 22cm（含 12cm 厚桥面铺装），桥面铺装由 8cm 厚铣削钢纤维混凝土和 4cm 厚中粒式改性沥青混凝土组成，并将 8cm 厚现浇钢纤维混凝土计入桥面板的受力截面中。钢横梁、钢纵梁、桥面板组成了长约 512m、宽 32.4m 的连续板结构。钢横梁与立柱间以 KQGZ 型双向活动抗震球形钢支座相连，以释放弯矩及温度力。

系杆采用 OVMXG15-37 钢绞线拉索体系，$R_y^b = 1860\text{MPa}$，系杆外包双层 PE 热挤塑护套。为了能快捷施工、方便换索、可靠运营，特设计带简易滑动轴承的系杆支撑架。每束系杆的拉力为 500t，在全部施工过程中每索只需张拉一次。

丫髻沙大桥下部结构为钢筋混凝土拱座、高桩承台结构及钻（挖）孔桩基础。广州岸主墩下共有 $\phi3.0$m 桩 24 根、$\phi2.0$m 桩 10 根，承台及滑道均能承受重达 13600t 的施工荷载。建成后的丫髻沙大桥见图 3-26。

3.3.2.4 无推力的拱梁组合桥

钢管混凝土在拱梁组合体系拱桥的应用，不仅充分发挥了钢管混凝土抗压性能好的优

图 3-26   建成后的广州丫髻沙大桥照片

点，而且减轻了桥梁上部结构的自重，大大提高了拱梁组合体系拱桥的跨越能力。钢管混凝土拱梁组合体系桥梁以其结构轻盈、线形美观、造价经济等优点而成为钢管混凝土拱桥最常用的桥型之一，但主要应用于中小跨径（50~150m），因为大跨径施工难度较大。

钢管混凝土拱梁组合桥中，刚性系杆刚性拱较为常用，有时也采用刚性系杆与柔性系杆组合的系杆，如杭州钱江四桥中跨径 190m 的大拱。拱肋高度与跨径之比一般在 1/80~1/40 之间，而系梁的截面高度与跨径之比一般在 1/60~1/30 之间。

钢管混凝土拱梁组合体系桥梁上部结构的施工主要可分为"先梁后拱"和"先拱后梁"两种方法。由于拱肋和系梁都具有较大的刚度，因此这两种施工方法在施工中都是方便可行的。

"先梁后拱"是比较成熟的施工方法，这种方法需要较强的系梁，以便在此基础上分段架设拱肋。其特点是在梁拱形成联合作用之前，结构不承受外力，施工过程安全可靠。拱肋的轻型化，有利于钢管混凝土拱梁组合体系桥梁上部结构的施工采用"先梁后拱"的施工方法。

对于跨径较大、通行条件较高的桥梁，"先拱后梁"的施工方法是比较常用的施工方法。"先拱后梁"要求拱肋本身具有一定的刚度及较强的稳定性，系梁的高度相对较小，这种施工方法先安装主拱肋，再利用主拱肋及柔性吊杆分段安装系梁。其特点是在梁拱形成整体之前，荷载完全由主拱肋承担，主拱肋在施工过程中增加了附加的应力，因此施工过程中必须对拱肋进行验算和加固。钢管混凝土拱梁组合体系桥梁采用"先拱后梁"的施工方法，可以充分发挥无支架施工的优越性，从而减少现场施工，缩短工期。杭州钱江四桥等桥的上部结构施工就采用了"先拱后梁"的施工方法。

在钢管混凝土无推力拱梁组合桥中，郑州黄河公路二桥主桥是规模较大的一座。该桥是京珠国道路主干道跨越黄河的特大桥，全长近 10km，主桥长 800m。桥梁设计荷载：汽车—超 20 级，挂车—120。桥梁为双向八车道，上下行分离，每幅桥净宽为净—19.484m。主桥为 8×100m 下承式钢管混凝土系杆拱。

主桥每跨两墩中心距 100m，计算跨度 95.5m，矢跨比 1/4.5。上部结构上下行为分离式的两座桥。每座桥有两片拱肋，每片由 2 根 $\phi1000×16$mm 钢管和腹板组成高 2.4m 的哑铃形断面。拱肋上、下钢管内浇筑 C50 混凝土；拱脚到第一根吊杆间的腹腔内浇筑 C50 混凝土，其余部分腹腔内不填充混凝土。两拱肋中心距离 22.377m，由三道横撑（中间一道一字形和两边各一道 K 撑）连系两拱肋，形成空间结构。横撑为 $\phi1500×16$mm 的钢管，管内不填充混凝土。上部一般构造图见图 3-27。

吊杆采用 91 根 $\phi7$mm 镀锌高强钢丝，双层 PE 保护，采用 OVM 冷铸镦头锚。吊杆纵桥向间距 7.1m。系梁采用预应力混凝土箱梁，梁宽 2.0m，高 2.75m，配置 16 根 $\phi15.24-16$ 预应力钢绞线，采用 OVM15-16 夹片锚。中横梁采用预应力工字形组合梁，梁高 2.2m，配 5 束 $\phi15.24-9$ 预应力钢绞线，采用 OVM15-9 夹片锚。桥面板为普通钢筋混

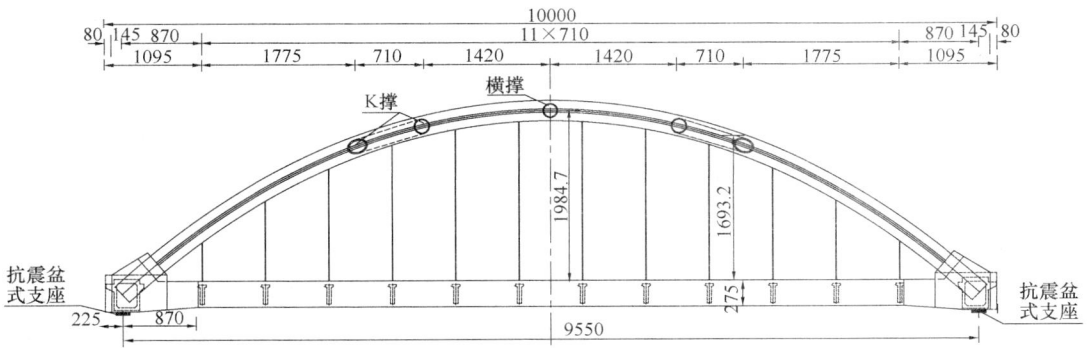

图 3-27 郑州黄河公路二桥主桥上部结构一般构造图（单位：cm）

凝土 π 形板。端横梁采用预应力箱梁，梁宽 2.9m，高 3.22m，配 8 束 ϕ15.24-9 钢绞线，采用 OVM15-9 夹片锚。拱脚固结点为三向预应力的混凝土结构，并配有劲性钢骨架。

支座为 1750t 盆式橡胶支座。一端为固定支座，另一端为滑动支座。每两跨的固定支座放在同一个墩上，在该处桥面连续（两跨一联）。每两跨的滑动支座放置另一个墩上，在该处设 XFⅡ-160 型伸缩装置。

主桥下部结构为空心墩，群桩基础。当柱高在 7m 以上时，桩顶设置横系梁，桥面横坡由柱桩调整。纵向水平力计算，考虑桥面的连续作用，按连续梁弹模结构

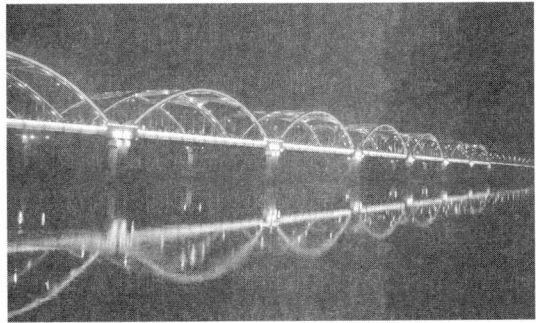

图 3-28 郑州黄河公路二桥

理论计算墩台水平力。黄河特大桥计算时考虑了三种河床断面形态：即实测河床断面，发生最大冲刷深度时的河床断面和考虑河床淤积的断面。建成后的郑州黄河公路二桥见图 3-28。

3.3.3 钢　　拱

3.3.3.1 概述

在安装和跨越能力方面，钢拱桥要优于钢筋混凝土拱桥。国外修建钢拱桥已经有很长的历史，我国过去修建很少，进入 21 世纪后出现了较多大跨径的钢拱桥。钢拱桥由于自重轻，水平推力相对较小，结构表现力丰富，所以结构形式多样。

同其他拱桥一样，按主拱结构的受力特点，钢拱桥可分为无铰拱（固定拱）、单铰拱、二铰拱和三铰拱。单铰拱极少用，较常见的是二铰拱和无铰拱，其中又以二铰拱最多。按结构体系分，钢拱桥可分为简单体系拱桥和拱梁组合桥；按有无推力可分为有推力拱和无推力拱；按车承位置分，有上承式、下承式和中承式。

在石拱桥和钢筋混凝土拱桥中，悬链线是最常用的拱轴线。然而在钢拱桥中，由于恒载更接近于均布，因此抛物线用得更多。

钢拱桥常用的矢跨比为 1/10～1/5，有推力拱中 1/6～1/5 最为常用。当矢跨比在 1/6～

1/5这个范围内变化时，材料用量变化受矢跨比变化的影响不大。矢跨比有时根据特殊情况，也有取1/2.5或1/17的所谓极端值的。

钢拱桥的拱肋断面可分为实肋拱（工字肋、管拱）、箱肋拱、桁肋拱等。

实肋主要用于跨径在200m以下的钢拱桥之中。跨径大于200m时，常采用桁式拱肋，因为桁式拱肋材料的利用效率更高。实体肋主要有工字形断面与箱形断面。对于跨径极小的，用工字形断面比箱形断面来得经济。然而，焊接技术的发展，使得箱梁的应用更加普遍，因此拱肋中现在极少用工字形断面。

圆钢管各向同性、截面封闭，由于管薄、回转半径大，对受压、受扭均有利。钢管的端部封闭后，内部不易锈蚀，表面也难积灰尘和水，具有较好的防腐性能。因此，应用圆钢管作拱肋，也修建了一批拱桥，称为管拱桥。对于宽跨比较小且处于风力较大的沿海或山谷地区的拱桥，圆形拱肋承受的横向风力较小，有利于提高拱的横向稳定性。

桁式拱肋各个构件较之实体肋要小，因此其制作、运输和安装都较实体肋更为方便，有时由于受运输或安装条件限制，200m以下的跨径也采用桁式拱肋。当然，有时跨径大于200m时，也有采用实体肋的，因为实体肋更为简洁美观，如美国的弗里蒙特桥，跨径达382.625m，主拱肋采用的就是箱肋，上海卢浦大桥跨径达550m，也采用的是箱肋。

当拱的跨径大于200m时，从对拱在活载作用下挠度控制的需要出发，桁式拱肋比实体肋显得更容易达到要求。所以，对于重载交通的公路桥和活载较大的铁路桥，可能跨径不大时也采用桁式拱肋。当然，对于跨径超过300m（1000 ft）时，除非极为特殊的条件，一般应采用桁式拱肋。

等截面实体肋的拱肋高度，与跨径之比一般为1:58~1:79，常用的比值为1:70~1:80。跨径越大，比值越小。但对于系杆可承受部分弯矩的桥，拱肋的高度可适当降低。对于采用变截面拱肋的，跨中的拱肋高度也可适当降低。

对于早期的柔拱刚梁组合桥，拱肋较多地采用折线，折线的交点落在抛物线上。这种折线从受力与构造上来说都优于曲线，尤其是采用刚性吊杆时，吊杆受有弯矩的作用，折线拱中吊杆受的弯矩会小于曲线拱。但折线拱的外观较差，特别是对于中小跨径的拱桥，现在已很少采用。

3.3.3.2　有推力拱

在有推力钢拱桥中，拱上建筑由立柱和桥道系组成，并以钢结构为主，有时桥道系采用钢—混凝土组合结构。当桥道系仅承受局部荷载时，将这种拱称为简单体系的拱。对于大跨径的钢拱桥，通常桥道系以连续纵梁为主参与整体结构的受力，因此成为拱梁组合体系。它的立柱一般采用工字形截面或圆形截面钢柱。桥面连续纵梁对于分散活载集中力、减小主拱的弯矩有较好的作用，同时它能够提高桥道系的整体性与连续性，提高使用效果与减少养护费用。有推力钢拱桥中跨径最大的是美国的新河谷桥。

美国弗吉尼亚州跨越新乔治河大峡谷的新河谷桥于1977年建成。该桥跨径518.3m（1700ft），桥宽22m。近拱脚处桁高16.16m，在拱顶处桁高10.37m，桁梁弦杆均为电焊箱形，宽1.83m，用未油漆的耐蚀钢（ASTM-A$_{588}$）。全桥长924m，有2行10.37m宽路面，由高5.49m上承桁梁支撑。上承桁梁是三联的连续结构，其中两联作为两端引桥上承结构，中间一联是主桥上结构。引桥结构用建于山坡上的电焊箱形柱作排架支撑。箱形柱上小下大，最高达122m。拱上一联由拱肋上箱形柱排架支撑。该桥结构轻巧优雅，完全没有拱桥沉重笨拙的感觉，透风性好，风荷载小，是拱桥向大跨度发展的方向。桥梁立面布置见图 3-29。

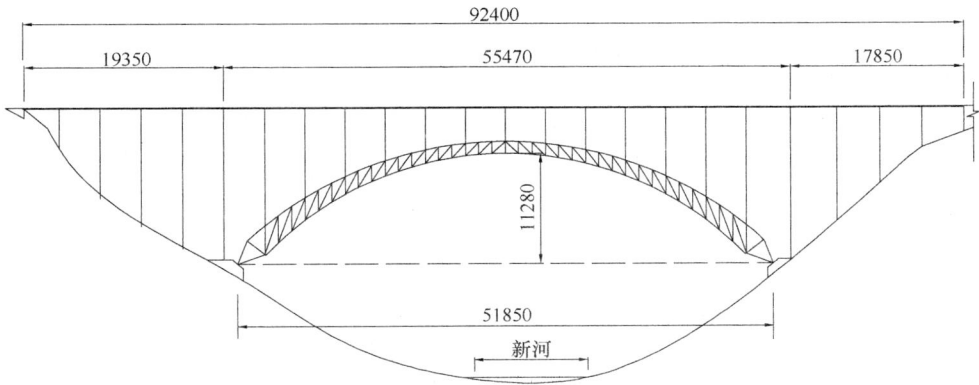

图 3-29 美国新河谷桥立面布置图（单位：cm）

新河谷桥的一个主要特点是采用了耐候钢，因此不需要涂油漆。该桥的钢结构制作于 1972 年开始，持续了 5 年的时间。这个项目最具挑战的是焊接。整座桥有几百公里的焊缝，由于采用了耐候钢，焊缝也要求像钢材那样能耐候。全桥结构钢用钢量为 19.386t。

3.3.3.3 无推力拱

无推力拱主要应用于中下承式拱之中，主要由拱肋、悬吊结构和横向连接系三部分组成。

无推力拱依靠系梁来平衡拱的水平推力。当采用有横隔板加劲的板梁或型钢时，它是一种被动式的系杆，用较大的截面积来抵抗拱的水平推力，产生的水平位移很小，这种系杆一般也有较大的抗弯能力，所以通常是刚性系杆（梁）。当系梁抗弯刚度很小、不承担弯矩时，成为系杆（甚至拉索），目前多采用高强钢丝或高强钢绞线，通过张拉对拱施加压力，因此它是主动式的系杆。由于其抗拉刚度很小，在水平拉力作用下会产生较大的水平位移。有时采用组合系杆，即钢箱加预应力束的系杆，用预应力束来平衡恒载水平推力，用钢箱来平衡活载水平推力。

吊杆是将行车道板的荷载传递给拱肋的构件，可分为柔性吊杆和刚性吊杆，其间距可根据结构的形式和受力情况作适当的选择。吊杆主要承受拉力，刚性吊杆一般采用工字形钢吊杆，柔性吊杆多采用高强钢丝或高强钢绞线。

卢浦大桥是目前世界上跨径最大的钢拱桥。该桥的主桥为一跨过黄浦江的中承式全钢结构的系杆拱桥，全长 750m，中跨 550m，中跨矢跨比 $f/l=1/5.5$，两边跨为 100m 的上承式拱梁结构。主桥加劲梁内布置强大的水平拉索，以平衡中跨拱肋的水平推力。整个全钢拱梁组合体系由钢箱拱肋、正交异性桥面板、倾斜钢吊杆、拱上立柱、一字形和 K 字形风撑、水平拉索等主要构件组成。荷载标准为汽-20 级，挂-100，通航净空为 46m，主桥宽 28.75m，设双向六车道，两侧各设 2m 宽观光人行道；主引桥宽 25.5m，设双向六车道。卢浦大桥总体布置见图 3-30。

卢浦大桥的拱肋采用钢与混凝土混合结构。中跨 350m（水平距离）的拱肋为钢箱结构，距拱脚 100m（水平距离）以内为混凝土箱梁结构。主拱为提篮拱，平面倾斜度

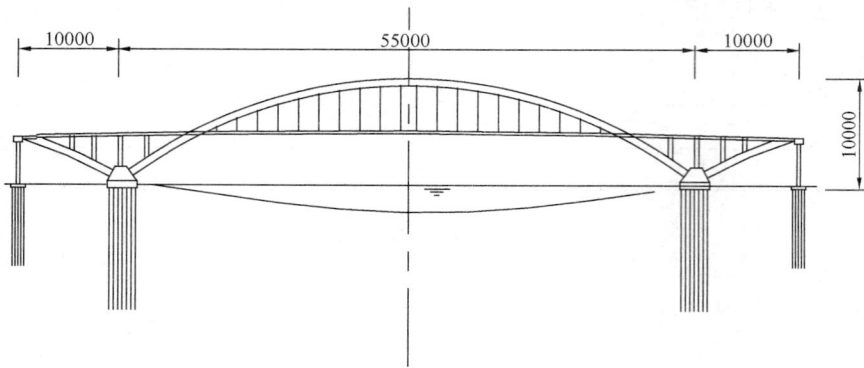

图 3-30　上海卢浦大桥总体布置图（单位：cm）

1：5，拱脚横桥向间距 51m，拱顶横桥向间距 11m。拱肋、吊杆、立柱在同一倾斜平面内。中跨拱肋高度从拱脚的 9m 变化到拱顶的 6m，高度变化为 1.5 次的抛物线。拱顶约 18m 范围内，由于两片拱肋相距较近，将两片拱肋连成整体，其断面形状由原来两个分离的单箱单室变为单箱双室截面。

两片分离的主拱肋之间用横撑将其连成整体，以保证主拱的横向稳定性。桥面以上共设 27 道一字撑，两撑之间水平距离 13.5m。横撑为变高度矩形截面，顶底板分别与拱肋的顶底板对齐，宽 2m，高 3～4.3m。桥面以下为 K 撑，间距与拱上立柱相同。在矩形拱肋断面的外侧增设流线型风嘴，以进一步提高拱肋的抗风稳定性能，并在视觉上减小拱肋的竖向尺寸。

3.3.4　其他拱桥石板拱

前面介绍的钢筋混凝土箱拱与肋拱、钢管混凝土拱和钢拱目前在我国新建的拱桥中得到较多的应用。由于过去缺乏钢材与水泥等建筑材料，我国曾相当长时间内修建了大量的石拱桥和轻型钢筋混凝土拱桥（如双曲拱、桁架拱和刚架拱），今天除石拱桥在石料丰富、劳动力便宜的山区、刚架拱在次干道跨线桥中还有一些应用外，这些桥梁目前大规模的修建已较少。然而，这些类型的桥梁还大量地在我国各种道路上使用，它们的检测、维修、加固和改造是摆在我国桥梁工作者面前艰巨的任务。

3.3.4.1　石板拱

石板拱桥在我国修建得较多，尤其是在山区。石拱桥的跨径，从 606 年赵县安济桥的 37.4m，到 1956 年完成铁路松树坡桥的 38m，历经 1350 年才得以突破。此后，石拱桥的跨径纪录在我国不断改写，并越过百米大关。1972 年建成的四川九溪沟大桥 116m 的跨径保持了 18 年后，120m 跨径的湖南乌巢河大桥已将其打破。时隔不到 10 年，146m 的山西丹河新桥又刷新了纪录。尽管如此，应该看到，进入 20 世纪 80 年代以来，由于石拱桥劳动生产率低、支架费用大、对地质条件要求高等原因，在许多情况下其经济性较其他桥梁已从过去的优势变为劣势，因而在我国石拱桥修建日少。丹河新桥的修建并不具有普遍意义也不代表着拱桥的发展方向，它仅说明在一些石料丰富、地质条件较好的山区，石拱桥仍有可能成为较佳的桥型选择。

石拱桥的主拱圈以石料建造。跨径小于 20m 时，拱上建筑常做成实腹式，见图 3-31。

跨径大于 20m 时，拱上建筑一般为空腹式，见图 3-32。

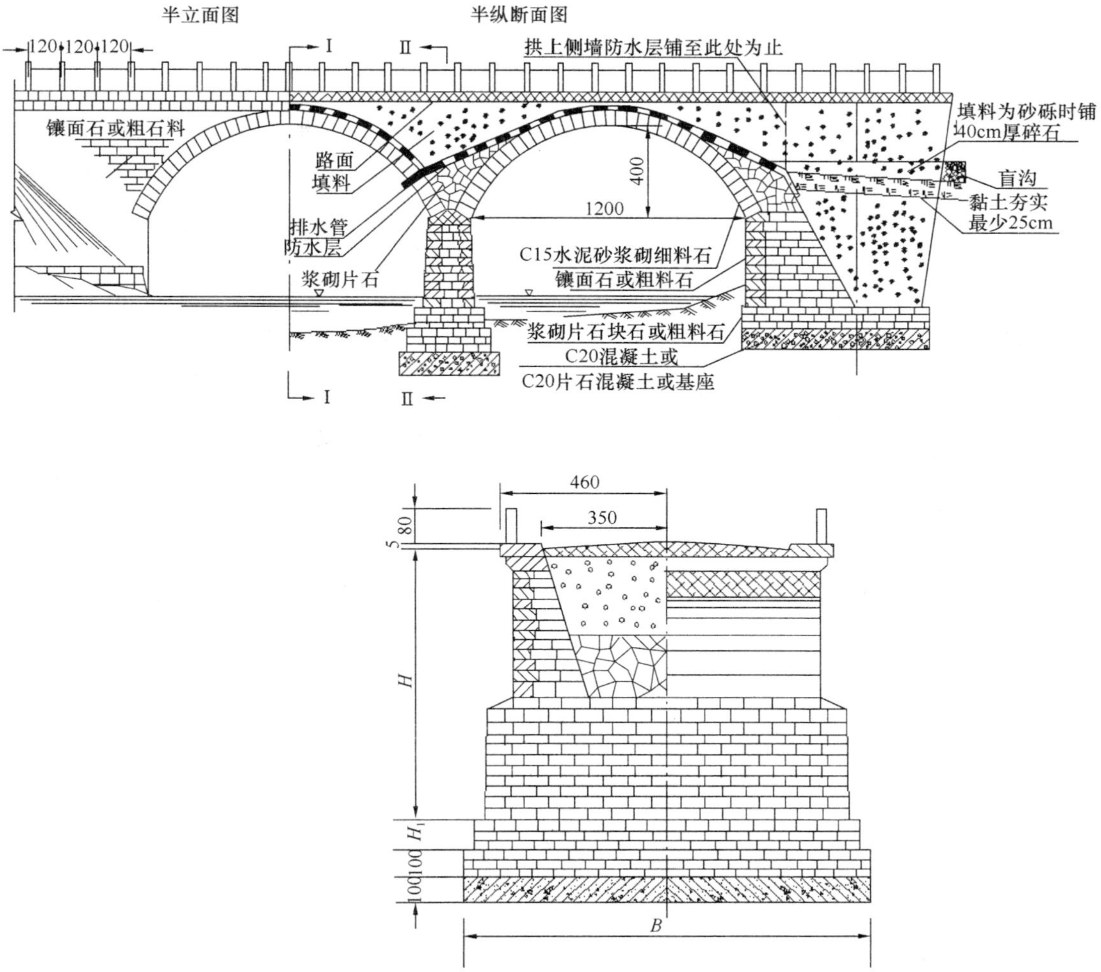

图 3-31　实腹式拱桥构造图（单位：cm）

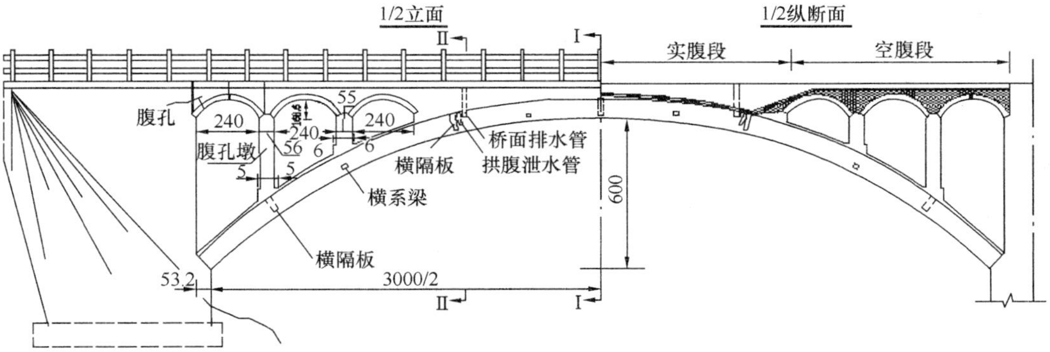

图 3-32　空腹式拱桥构造图（单位：cm）

按照砌筑拱圈的石料规格，石板拱又可以分为料石拱、块石拱及片石拱等各种类型。用来砌筑拱圈的石料，要求未经风化且强度等级不低于 C30。砌筑主拱圈用的砂浆，对于大、中跨拱桥其强度等级不得小于 M7.5，小跨径拱桥则不得小于 M5。为了节省水泥，在有条件的地方，可以用小石子混凝土代替砂浆砌筑片石或块石拱圈。小石子粒径一般不宜大于 2cm。采用小石子混凝土砌筑片石，其砌体强度比用同标号的水泥砂浆的砌体强度高，而且一般可以节省水泥用量 1/4~1/3。

关于拱石的规格，在《公路桥涵施工技术规范》中作了明确的规定。由于料石加工要求较高，因此对于中小跨径的公路石拱桥，如果条件允许，应尽量采用片石拱，以便节省劳动力，降低工程造价。对于城市桥梁，有时为了美观，可以用细料石作为拱桥的镶面。

根据设计的要求，石拱圈可以采用等截面圆弧拱、等截面或变截面悬链线拱。用粗料石砌筑拱圈时，拱石需要随拱轴线和截面形式不同而分别进行编号，以便于拱石的加工。等截面圆弧线拱圈，因截面相等，又是单心圆弧线，拱石规格较少，编号比较简单，如图3-33（a）所示。变截面拱圈，由于截面发生变化，使拱石类型较多，编号较复杂，给施工带来很大的麻烦（图 3-33b）。因此，石板拱的主拱圈以等截面为主。

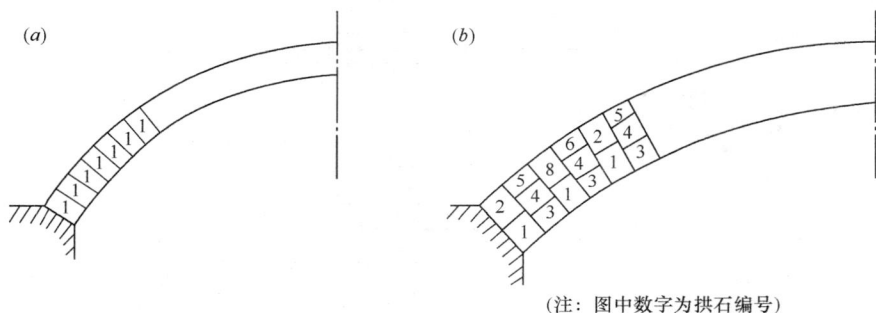

（注：图中数字为拱石编号）

图 3-33　等截面圆弧拱的拱石编号

（注：图中数字为拱石编号）

当用块石或片石砌筑拱圈时，应选择较大的平整面与拱轴线相垂直，并使石块的大头向上，小头向下。石块间的砌缝必须相互交错，较大的缝隙应用小石块嵌紧。同时还要求砌缝用砂浆或小石子混凝土灌满。

跨径较小的石板拱，常采用实腹式拱上建筑。它构造简单、施工方便，然而填料的数量较多、恒载较重。实腹式拱上建筑由侧墙、拱腹填料、护拱以及变形缝、防水层、泄水管和桥面等部分组成（图 3-31）。

实腹式拱桥的拱腹填料的做法，可分为填充和砌筑两种方式。填充的方式是在拱圈两侧砌筑侧墙，以承受拱腹填料及车辆荷载所产生的侧压力（推力）。侧墙一般用块石或片石砌筑。填充用的材料尽量做到就地取材，通常采用砾石、碎石、粗砂或卵石夹黏土并加以夯实。

在多孔拱桥中，为了便于敷设防水层和排出积水，又设置了护拱。护拱一般用现浇混凝土或砌筑块片石修筑。如图 3-31 中用浆砌片石作的护拱，还起着加强拱圈的作用。

大、中跨桥的拱桥，特别是当矢高较大时，实腹式拱上建筑的填料用最多、重量大，因而以采用空腹式拱上建筑为宜。空腹式拱上建筑除具有实腹式拱上建筑相同的构造外，还具有腹孔和腹孔墩（图3-32）。

腹孔的形式和跨径的选择，在因地制宜、就地取材的原则下，应考虑既能尽量减轻拱上建筑的重量，又不致因荷载过分集中于腹孔墩处，给主拱圈受力状况造成不利影响。在改善主拱受力性能和便于施工的同时，还要使拱桥外形更加协调和美观。

腹孔的形式大致可以分为两类。一类是拱形腹孔，另一类是梁或板式腹孔。在圬工拱桥中，为了节省钢材并使腹拱结构与主拱结构在材料与造型方面与主拱相协调，一般采用与主拱材料相同或相近的拱形腹孔。

腹孔通常对称地布置在主拱圈两侧结构高度所容许的范围内。拱形腹孔（腹拱）一般在每半跨内不超过主拱跨径的1/4~1/3，其腹拱跨径一般可选用2.5~5.5m，且不宜大于主拱圈跨径的1/15~1/8（比值随主拱圈跨径的增大而减小）。腹拱宜做成等跨的，以利于腹拱墩的受力和方便施工。

紧靠桥墩（台）的第一个腹拱，目前较多的做法是将腹拱的拱脚直接支承在墩（台）上（图3-34a、b），或跨越桥墩，使桥墩两侧的腹拱圈相连（图3-34c）。

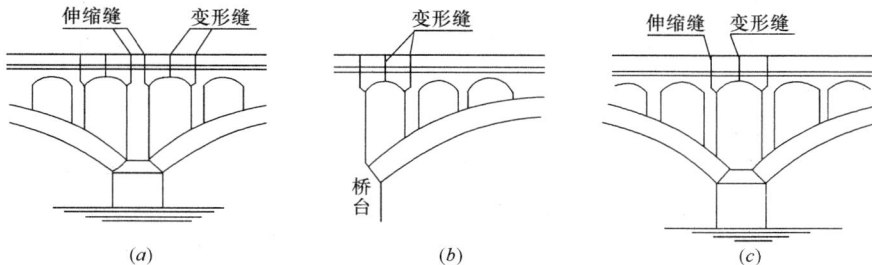

图3-34 桥墩（台）上腹拱的布置方式

腹孔墩一般为横墙（立墙）式，用石料、混凝土预制块砌筑，或现浇混凝土做成实体墙。有时为了节省圬工、减轻重量或便于检修人员在拱桥建筑内通行，也可在横墙上挖孔。腹孔墩的厚度，用浆砌片石、块石时不宜小于0.60m；用混凝土浇筑时，一般应大于腹拱圈厚度的一倍。腹孔墩的侧面一般做成竖直的，以利施工。如果采用斜坡式，则以不超过30：1的坡度为宜。

3.3.4.2 双曲拱

双曲拱是我国独有的一种拱圈截面形式。双曲拱桥主拱圈通常是由拱肋、拱波、拱板和横向联系等几部分组成（图3-35）。双曲拱的主拱圈横截面是由一个或数个小拱组成的，具有截面效率高、钢筋用量省和施工可以采用无支架施工等优点，在20世纪六七十年代建得较多。但由于其整体性较差，施工工序多，使用中的裂缝等病害较多，只宜用于中小跨径，因此进入80年代以后几乎不再新建这种桥型。但大量仍在使用中的双曲拱桥，其养护、维修、加固和改造的任务还很艰巨。

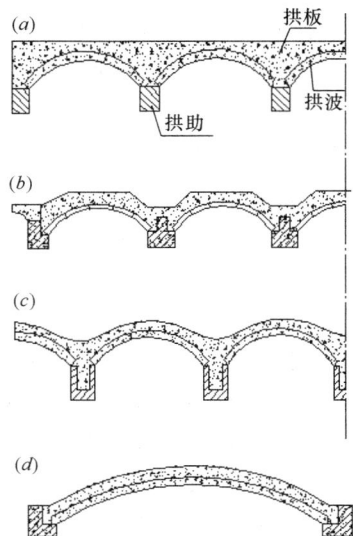

图3-35 双曲拱桥主拱圈的主要型式

双曲拱的拱肋是主拱圈的重要组成部分，它不仅参与拱圈共同承受全部恒载和活载，而且在施工过程中，又要起砌筑拱波和浇筑拱板的支架作用。因此必须保证拱肋具有足够的强度和刚度。常用的拱肋截面形式有矩形、倒 T 形（凸形）、槽形和工字形等。拱肋通常可以利用支架现浇混凝土或采用预制安装的方法施工。拱波一般都用混凝土预制。常做成圆弧形。拱波不仅是参与主拱圈共同承受荷载的组成部分，而且在浇筑拱板混凝土时，又起模板的作用。拱板在拱圈截面中占有最大比重，而且现浇混凝土拱板又将拱肋、拱波连成整体，使拱圈能实现"集零为整"。因此，拱板在加强拱圈整体性方面起着重要的作用。

双曲拱桥试验表明，它与梁桥一样，当拱肋间无横向联系时，在集中荷载（车辆荷载）作用下，各片拱肋的变形在横桥方向是很不均匀的。有较强横向联系的拱圈，各肋间的变形就比较均匀一致。这说明设置和加强横向联系可以使拱圈在活载作用下受力均匀，避免拱波顶可能出现的纵向裂缝。显然，对于宽桥，横向联系的作用就更加突出。

横向联系常用的形式是横系梁和横隔板，通常布置在拱顶、腹孔墩下面、分段吊装的拱肋接头处等，间距一般为 3～5m。考虑到横向联系在拱顶附近作用更为明显，因此在拱顶部分（或在整个拱顶实腹区段）可适当加密。对于跨径较小的宽桥，拱顶部分的横向联系更应特别加强。

3.3.4.3　桁架拱

桁架拱桥又称拱形桁架桥，是一种具有水平推力的桁架结构，其下弦杆为拱形，上弦杆一般与桥道结构组合成一整体而共同工作。在跨中部分，因上、下弦杆很靠近而做成实腹段。拱形结构的水平推力减少了跨间弯矩，使跨中实腹段在恒载作用下主要承受轴向压力，在活载作用下将承受弯矩，成为一偏心受压构件。空腹段的桁架杆件主要承受轴向力。由于桁架拱兼备了桁架和拱式结构的有利因素，因此能充分发挥材料的受力性能。同时在一般拱桥中，桥面和拱圈之间都需设置传递荷载的拱上结构，现利用拱上结构与拱圈形成桁架，使之整体受力，并不需要增加很多材料。因此桁架拱具有结构受力合理、整体性强、节省材料、自重较轻等特点。

桁架拱桥的构件除桥面外极大部分都可预制，其安装块件的尺寸和重量随运输和安装能力而定。通常，中等跨径的桁架拱片可分 2～3 段预制安装，每段重十余吨，当起重能力较大时，分段还可减少，或跨径还可增大，而且桁架拱桥的预制构件品种少，施工工序少，因此工期较短。但对构件的预制安装工艺有较高的要求。

目前，公路桁架拱桥已发展到 75m 跨径。但桁架拱桥毕竟是有推力结构，跨径过大，支点反力也大，对地基承载力的要求就高，施工中对起重设备和工艺的要求也高。并且由于桁架节点刚性连接，使交汇于节点的竖杆、斜杆易开裂，影响整体刚度和耐久性，且维修养护困难。因此，桁架拱桥的应用范围以 20～50m 的中等跨径为宜。

桁架拱桥的上部结构一般均由桁架拱片，横向连接系和桥面三部分组成（图 3-36）。

竣工后它与桥面结构组合一体共同承受活载和其他荷载。桁架片由上弦杆、腹杆、下弦杆和拱顶实腹段组成。

上弦杆和实腹段上缘构成桁架拱片的上边缘，它与桥面纵向平行（单孔拱桥也可设置竖曲线）；上弦杆的轴线平行于桁架拱片的上边缘。桁架拱片的下弦的轴线可采用圆弧线、二次抛物线或悬链线。由于圆弧线的计算和施工放样都较方便，因此较为常用。

腹杆包括斜杆和竖杆。根据腹杆的不同布置情况，可分为竖杆式、三角形、斜压杆和斜拉杆等四种形式。桁架拱片是桁架拱桥的主要承重结构，在施工中它承受全部结构的自重（包括施工荷载）

桁架拱桥拱片杆件的节点是一个很重要的部位，其构造和形式随拱跨大小、腹杆布置方式等有所不同。由于计算中常将桁架杆件的连接视为铰接（验算时也考虑由于节点刚性产生的杆端次应力），因此节点构造应保证足够的强度和符合构造要求。

为把桁架拱片联成整体，使之共同受力，并保证其横向稳定，需在桁架拱片之间设置横向联系。横向联系由拉杆、横系梁、横隔板和剪力撑组成（图3-36）。

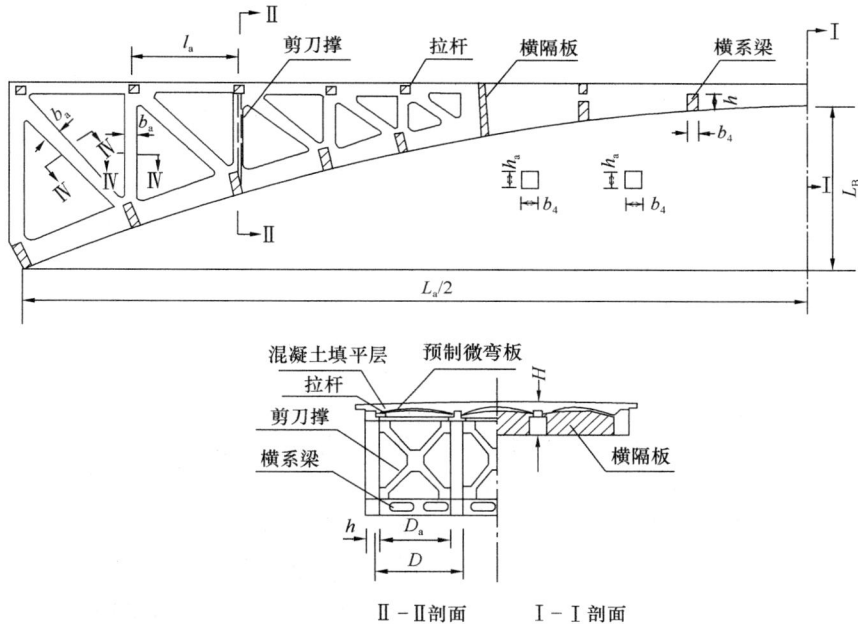

图 3-36 桁架拱桥的主要组成

桁架拱桥的桥面结构形式很多，有横向微弯板、纵向微弯板和预应力混凝土空心板等。

钢筋混凝土桁架拱受吊装能力限制，跨径不可能太大，且存在节点开裂的缺点。已建成中跨径较大的有1971年建成的浙江余杭里仁桥（跨径50m）和江苏苏州觅渡桥（跨径60m）。20世纪80年代，将预应力技术引入桁架拱后，桁架拱桥又焕发了生机，尤其是在贵州省建成的一系列预应力桁式组合拱，成为大跨径拱桥的一个重要桥型。

预应力桁式组合拱的结构示意见图3-37。其主要特点是，把桁架拱桥在拱脚部位的上下弦均与墩台固结，另在跨径中部的适当位置把上弦断开，下弦仍保持连续，形成拱梁组合体系，且通过断开位置的合理选择，使全桥受力均匀。它较箱形拱桥，因具有桁式体系的优点，拱上建筑与主拱圈

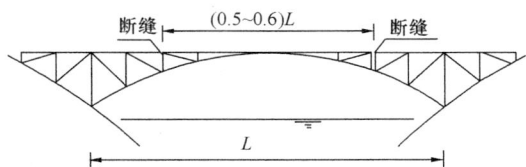

图 3-37 预应力桁式组合拱

联合受力，整体性好，纵向刚度大，稳定性也很好；较之一般桁架拱桥，拱脚受力情况大为改善，而且断缝处的桁片高度较小，对横向稳定也有利；而较之一般拱桁梁桥，上弦拉力大为减小，从而可以大幅度减少预应力钢筋的作用。在施工方面，预应力桁式组合拱桥可以利用结构的上弦杆和斜杆进行悬臂拼装施工，使大跨度成为可能，同时又不像其他拱桥悬臂施工需要临时拉杆，减少了施工用钢量。

1981 年在贵州建成的道真长岩桥为第一座预应力桁式组合拱桥，主跨 75m；随后于 1985 年建成剑河桥，主跨达 160m。这一桥型现已建成近 20 座，其中有十余座跨径在 100m 以上，跨径最大的是贵州的江界河大桥。江界河大桥位于贵州瓮安县，跨越乌江，跨度 330m，1995 年建成（图 3-38）。

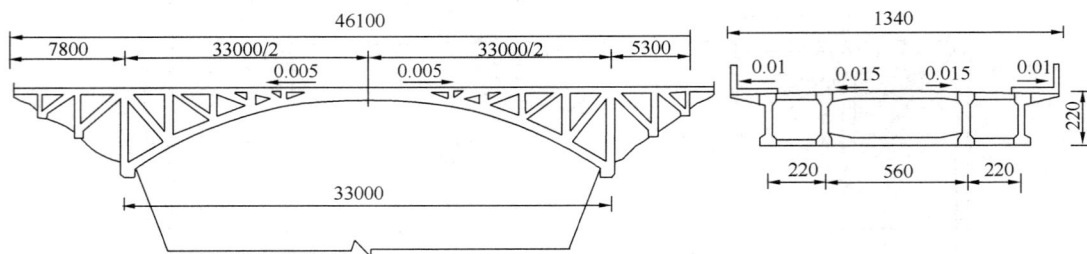

图 3-38   江界河桁架拱桥（单位：cm）

3.3.4.4   刚架拱桥

刚架拱桥是在桁架拱、斜腿刚架等基础上发展起来的另一种新桥型，属于有推力的高次超静定结构（图 3-39）。由于它具有构件少、自重轻、整体性好、刚度大、施工方便、经济指标较好、造型美观等优点，因此在我国得到了广泛应用。

刚架拱桥的上部结构由刚架拱片、横向连接系和桥面系等部分组成（图 3-40）。刚架拱片是刚架拱桥的主要承重结构，一般由跨中实腹段的主梁、空腹段的次梁、主拱腿（主斜撑）、次拱腿（斜撑）等构成（图 3-40）。总体布置形式主要与桥梁跨径、荷载大小等有关。当跨径小于 30m 时，可采用只设主拱腿、不设次拱腿的最简单形式（图 3-39a），当跨径在 30～50m 时，为了减小腹孔段次梁的跨径，可设置一根次拱腿（图 3-39b 及图 3-40），随着跨径的增大，为了减小次梁和斜撑的内力，可设置多根斜撑。这些斜撑可以都直接支承在桥墩（台）上（图 3-39b），也可以将次拱腿支承在主拱腿上（图 3-39c），以减小次拱腿的长度。

主梁和主拱腿的交接处称为主节点，次梁和次拱腿的交接处称为次节点。节点构造一般均按固结设计，并配置钢筋。主拱腿和次拱腿的支座分别称为主支座和次支座，根据构造形式和所选计算图式不同，可以采用固结和铰接（平铰或较完善的弧形铰等）。

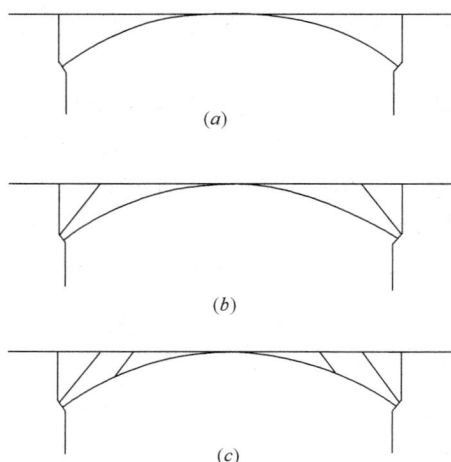

图 3-39   刚架拱桥的基本图式

主梁和主拱腿构成的拱形结构的几何形状是否合理，对全桥结构的受力有显著的影响。主梁和次梁的梁肋上缘线一般与桥面纵向平行，主梁下边缘线一般可采用二次抛物线、圆弧线或悬链线，使主梁成为变截面构件。主拱腿可根据跨径大小和施工方法等不同，设计成等截面直杆或微曲杆。有时从美观考虑，也可采用与主梁同一曲线的弧形杆，同时可改善梁、拱腿的受力性能。

根据不同的施工方法和条件（运输、安装能力等），刚架拱片可以采用现浇或预制安装的方法施工，目前大多数采用后者。为了减小吊装重量，可将主梁和次梁、斜撑等分别预制，用现浇混凝土接头连接。当跨径较大时，次梁还可分段预制。

横向联系是为使刚架拱片联成整体共同受力，并保证其横向稳定而设置的。为了简化构造，横向联系可采用预制装配式的横系梁或横隔板形式，其间距视跨径大小酌情布置。一般在刚架拱片的跨中，主、次节点，次梁端部等处设置横系梁。当跨径较大或者跨径小、桥面很宽时，为加强跨中实腹段刚架拱片间的横向整体性，有利于荷载的横向分布，可增设直抵桥面板的横隔板。

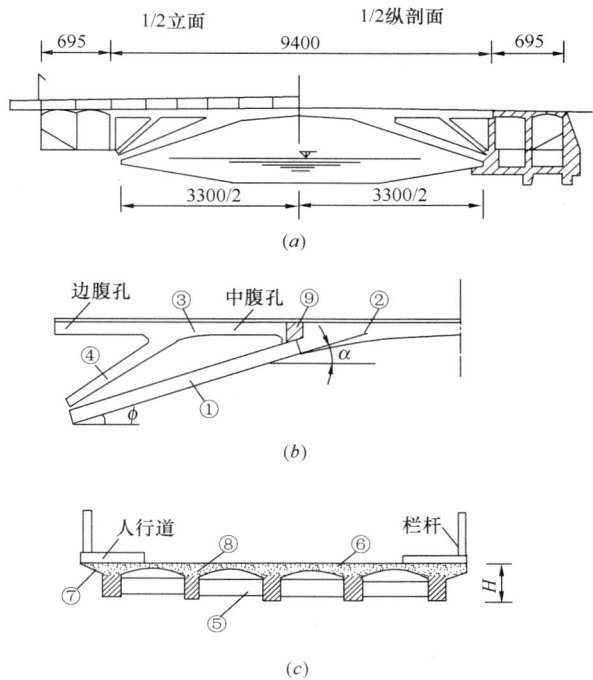

图 3-40 刚架拱桥的主要组成
(a) 总体布置图；(b) 立面图；(c) 拱顶横断面图
1—主拱腿；2—实腹段；3—腹孔段（中腹孔和边腹孔）；
4—次拱腿；5—横隔板；6—微弯板；7—悬臂板；
8—现浇桥面；9—现浇接头

桥面系可由预制微弯板、现浇混凝土填平层、桥面铺装等部分组成，也可采用预制空心板、现浇混凝土层及桥面铺装构成。

如前所述，刚架拱桥和桁架拱桥一样，也属于有水平推力的轻型钢筋混凝土拱式结构。目前多用于中等跨径桥梁。它也是在软土地基上修建拱桥的实践中发展起来的一种新桥型，还待今后不断地总结和提高。

刚架拱桥在五六十米跨径范围内与其他桥型具有相当的竞争能力，目前在跨越高速公路的跨线桥中仍得到大量的应用。已建成规模最大的是 1985 年建成的广东清远北江大桥，全长 1058.04m，跨径组合为（3×45 ＋8×70 ＋4×45）m。单孔跨径达到和超过 100m 的有 1985～1989 年建成的江苏无锡的金城桥、金匮桥和下甸桥（跨径 100m）以及 1993 年建成的江西德兴太白桥（跨径 130m）。后者用钢管混凝土劲性骨架转体施工。

江西德兴铜矿太白桥主孔为单孔净跨 130m 的钢管混凝土劲性骨架箱肋刚架拱，净矢跨比 1/9，净矢高 16.5m。两桥台为重力式台，刚性扩大基础。桥梁总体布置见图 3-41。

太白桥主拱圈采用两条钢筋混凝土箱形拱肋，轴线为二次抛物线，箱肋间距中至中 4.2m，箱形断面 $B×H=21.5m×2.20m$，顶底板厚度 0.22m，侧壁厚度 0.18m，斜腿为

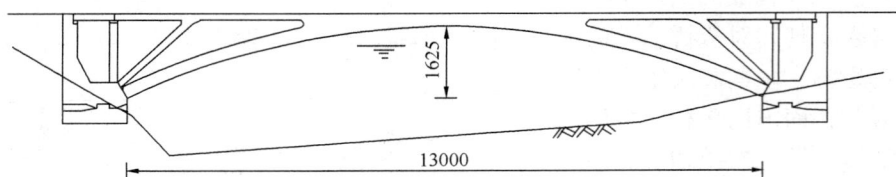

图 3-41　江西德兴铜矿太白桥立面图（单位：cm）

倾角 42°的箱形断面斜杆，其轴线在拱座处与主拱圈轴线相交，断面为 $B \times H = 2.15 \times 1.20\text{m}$，顶、底板厚度为 0.18m，刚架拱的上弦杆和拱顶实腹段为两条开口槽梁与预制微弯板组合而成的闭口箱梁，箱梁之间用微弯板相连，其外侧安装悬臂板梁，上弦杆高度 1.6m，底板厚度为 0.1m，侧壁厚度 0.18m，桥面厚度 0.2m，其中预制微弯板厚 0.06m，微弯板顶面现浇桥面混凝土厚 0.14m。主桥上部构造混凝土强度等级一律为 C30。

主拱圈箱肋之间设工字形空心横隔板，间距 10m，相应处的箱肋内设空心横隔板。上弦箱梁之间横隔板间距 6～10m。

3.4　单跨悬链线无铰板拱的设计

3.4.1　确定桥梁的设计标高和矢跨比

拱桥的标高主要有四个，即桥面标高、拱顶底面标高、起拱线标高、基础底面标高（图 3-42）。这几项标高的合理确定对拱桥的设计有直接的影响。

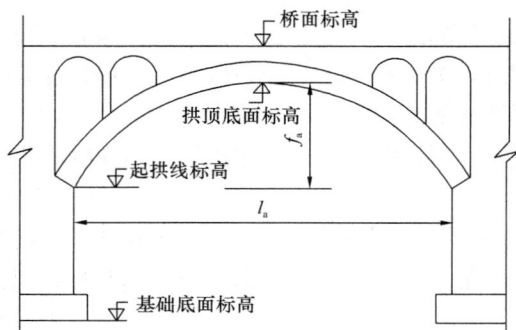

图 3-42　拱桥的主要标高示意图

拱桥桥面的标高，一方面由两岸线路的纵断面设计来控制，另一方面还要保证桥下净空能满足泄洪或通航的要求。设计时需按有关规定，并与航运、防洪、水利等有关部门商定。当桥面标高确定后，由桥面标高减去拱顶填料厚度（一般包括路面厚度在内为 0.30～0.50m），就可得到拱顶上缘（拱背）的标高。随之就可以根据跨径大小、荷载等级、主拱圈材料规格等条件估算出拱圈的厚度（见图 3-42）。由此可推求出拱顶底面标高。

拟定起拱线标高时，为了尽量减小桥墩（台）基础底面的弯矩、节省墩台的圬工数量，一般宜选择低拱脚的设计方案。但具体设计时，拱脚位置往往又受到通航净空、排洪、流冰等条件的限制，并要符合有关规范的规定（图 3-43）。

当跨径大小在分孔时已初步拟定后，根据跨径及拱顶、拱脚标高，就可以确定主拱圈的矢跨比（f/L）。

拱桥主拱圈矢跨比是设计拱桥的主要参数之一。它的大小不仅影响拱圈内力的大小，

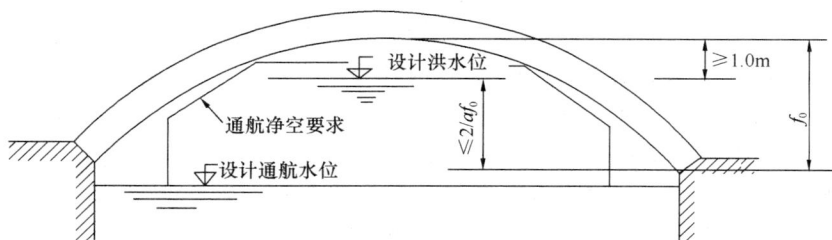

图 3-43 拱桥下净空的有关规定

而且也影响到拱桥的构造形式和施工方法的选择。计算表明，恒载的水平推力 H_g 与垂直反力 V_g 之比值，随矢跨比的减小而增大。当矢跨比减小时，拱的推力增大，反之则推力减小。由式（3-2）可知，推力大，相应地在拱圈内产生的轴向力也大，对拱圈自身的受力状况是有利的，但对墩台基础不利。同时，当拱圈受力后因其弹性压缩，或因温度变化、混凝土收缩，或因墩台位移等原因，都会在无铰拱的拱圈内产生附加的内力，而拱越平坦（即矢跨比越小），附加内力越大。当拱的矢跨比过大时，拱脚区段过陡，给拱圈的砌筑或混凝土浇筑带来困难。另外，拱桥的外形是否美观，与周围景物能否协调等也与矢跨比有很大关系。因此在设计时，矢跨比的大小应经过综合比较后进行选定。对于板拱桥，矢跨比可采用 1/7～1/3，不宜超过 1/8。

3.4.2 主拱圈截面尺寸的拟定

3.4.2.1 拱圈宽度的确定

拱圈的宽度，主要取决于桥面净空的宽度。中、小跨径公路拱桥的栏杆（宽 15～25cm），一般都布置在帽石的悬出部分上面（图 3-44a）。这样，拱圈的宽度就接近桥宽。对于跨径较小、桥面特宽的城市桥梁，为了防止拱圈横桥向受力不匀及温度变化等因素的

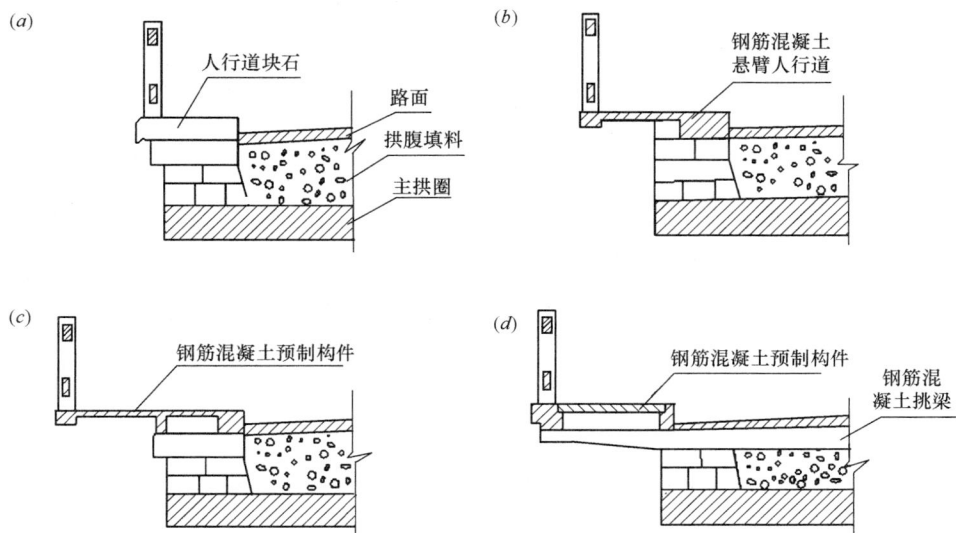

图 3-44 拱圈宽度的确定及人行道的布置

影响，使拱圈纵向开裂，也可以采用分离式拱圈，此时拱圈的宽度将小于桥宽。

目前在大桥中，为了减小拱圈宽度，常采用钢筋混凝土悬臂人行道的结构。它的做法大致有两种，一种是设置单独的人行道悬臂构件（图 3-44b、c）；另一种是采用横贯全桥的钢筋混凝土挑梁，在挑梁上再安设钢筋混凝土人行道板（图 3-44d）。后者用钢量较多，但悬出长度大，如四川宜宾岷江大桥（钢筋混凝土箱形拱桥），其悬出长度达 2.30m。

采用悬臂式人行道结构，虽然用钢量较不设悬臂者多，但减少了主拱圈宽度及墩台尺寸，节省了较多的圬工量，从而能获得更大的经济效益，因此目前使用广泛。但悬出长度也不宜太大，一般以 1.0～1.5m 为宜。如主桥全长 1250m 的长沙湘江大桥，桥面宽度为 20m，由于采用了图 3-44（c）所示的预制钢筋混凝土悬臂人行道，两侧各挑出 1.10m，而使主拱圈宽度减小到 17.80m，从而节省了工程造价，加快了工程进度。

板拱桥主拱圈宽度宜不小于计算跨径的 1/20，否则应验算拱的横向稳定性。

3.4.2.2　主拱圈高度的拟定

根据我国多年来大量修建各类拱桥的实践经验，已总结出一些估算主拱圈高度的经验公式或数据，可作为设计计算时拟定截面尺寸的参考。

中、小跨径公路石拱桥主拱圈高度可按下式进行估算：

$$d = m \cdot k \cdot \sqrt[3]{l_0} \tag{3-3}$$

式中　l_0——主拱圈净跨径（cm）；

　　　d——主拱圈高度（cm）；

　　　m——系数，一般为 4.5～6，取值随矢跨比的减小而增大；

　　　k——荷载系数，对于公路—Ⅰ级取 1.4，公路—Ⅱ级取 1.2。

大跨径的石拱桥，其拱圈高度可参照已建成桥梁的设计资料拟定或参考其他经验公式进行估算。对于汽车—超 20 级的石拱桥，由于尚无大量的实际资料可供参考，在设计中还需经过初拟和试算，以便确定主拱圈高度。

3.4.3　拱轴线选择

3.4.3.1　常用的拱轴线

由式（3-2）可知，三铰拱在任意荷载作用下任意截面的弯矩为：

$$M_x = M_x^0 - H \cdot y = M_x^0 - M_{\frac{l}{2}}^0 \cdot \frac{y}{f}$$

如图 3-45 所示，对于竖直均布荷载：

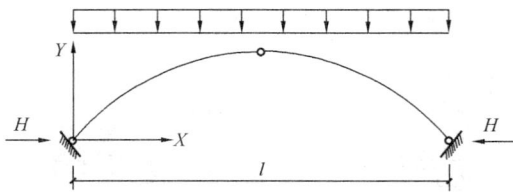

图 3-45　竖直均布荷载作用下的拱的合理拱轴线

$$M_x^0 = \frac{ql}{2}x - \frac{q}{2}x^2 , \quad M_{\frac{l}{2}}^0 = \frac{ql^2}{8}$$

令拱内各截面弯矩均为零，则有：

$$\left(\frac{ql}{2}x - \frac{q}{2}x^2\right) - \frac{ql^2}{8} \cdot \frac{y}{f} = 0 \tag{3-4}$$

求得：

$$y = -\frac{4f}{l^2}(x^2 - lx) \tag{3-5}$$

它是一条二次抛物线。

　　将在某一荷载作用下使得拱的各个截面弯矩为零的拱轴线称为合理拱轴线。均布荷载作用下的合理拱轴线为二次抛物线。同理，可以求得在均布径向荷载作用下的合理拱轴线为圆弧线；荷载集度随拱轴线高度变化而变化的合理拱轴线为悬链线。

　　选择拱轴线的原则，就是要尽可能降低由于荷载产生的弯矩数值，以充分利用圬工材料的抗压性能。板拱桥基本上是圬工结构，最理想的拱轴线当然是采用合理拱轴线，但事实上实际工程中是不可能获得这样的拱轴线的，因为除恒载外，拱圈还要受到活载、温度变化和材料收缩等因素的作用。当恒载压力线与拱轴线吻合时，在活载作用下就不再吻合。然而对于公路拱桥来说，恒载占全部荷载的比重较大。如一座 30m 跨径的双车道公路拱桥，活载大约是恒载的 20%，随着跨径的增大，恒载所占的比重还将增大。因此一般说来，以恒载压力线作为设计拱轴线，可以认为基本上是适宜的。但是，就在恒载作用下，拱圈本身的轴线还将因材料的弹性压缩而变形，致使拱圈的实际压力线与原来设计所采用的拱轴线，仍会发生偏离。因此在拱桥设计时，要选择一条能够使恒载作用下的截面弯矩都为零的拱轴线，实际上是不可能的。

　　目前拱桥常用的拱轴线有以下几种：

　　（1）圆弧线

　　圆弧线线型简单，易于掌握，施工放样方便。但在一般情况下，圆弧线拱轴线与恒载压力线偏离较大，使拱圈各截面受力不均匀。因此，圆弧线常用于 15～20m 以下的小跨径拱桥。对于大跨径的预制装配式钢筋混凝土拱桥，有时为了简化施工，也有采用圆弧形拱轴线的情况。

　　（2）抛物线

　　在竖向均布荷载作用下，前面已推导出合理拱轴线是二次抛物线。对于恒载强度比较接近均布的拱桥，例如矢跨比较小的空腹式钢筋混凝土拱桥和中、下承式拱桥，钢筋混凝土桁架拱、刚架拱和钢管混凝土拱桥等轻型拱上结构的拱桥，往往采用二次抛物线作为拱轴线。

　　在某些大跨径拱桥中，为了使拱轴线尽可能与恒载压力线相吻合，也有采用高次抛物线（如三次、四次抛物线）作为拱轴线的。

　　（3）悬链线

　　对实腹式拱桥，若其沿桥纵向的恒载集度是由拱顶向拱脚连续分布、逐渐增大，则可推导出其恒载压力线为一条（倒）悬链线（见后面推导）。因此，一般认为悬链线是实腹拱桥的合理拱轴线。

　　对空腹式拱桥，其恒载从拱顶到拱脚不再是连续分布，它既承受拱圈自重的分布恒载，又承受拱上立柱（或横墙）传来的集中恒载，其压力线是一不平滑的曲线。可直接采用此压力线作为拱轴线，但该曲线计算麻烦。目前最普通的方法，还是采用悬链线作为空腹拱的拱轴线，同时保证拱轴线与恒载压力线在拱顶、1/4 跨径和拱脚五个截面相重合（称为"五点重合法"）。这样，就可利用现成的完整的悬链线拱计算用表来计算各项内力；而且采用悬链线拱轴对空腹拱主拱的受力是有利的。因此，悬链线是目前中、小跨径拱桥采用最普遍的拱轴线型。

3.4.3.2　悬链线拱轴线方程

　　实腹式拱桥的恒载强度（单位长度上的重量），从拱顶向拱脚是均匀增加的（图 3-

46），这种荷载分布图式的拱圈的压力线是
一条悬链线。因此，实腹式拱桥采用悬链
线作拱轴线，在恒载作用下，当不计拱圈
由恒载弹性压缩产生的影响时，拱圈截面
将只承受中心压力而无弯矩。

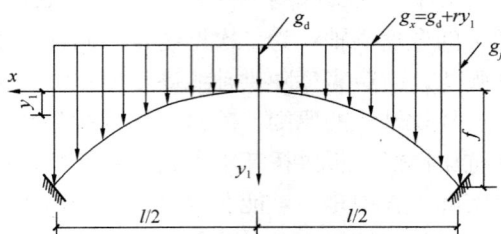

图 3-46　实腹式拱桥的恒载分布图

由图 3-46，任意点的恒载强度 g_x 可以
下式表示：

$$g_x = g_d + \gamma y_1 \qquad (3\text{-}6)$$

式中　g_d——拱顶处恒载强度；

　　　γ——拱上材料单位体积重量。

由式（3-6）得：

$$g_j = g_d + \gamma f = m g_d \qquad (3\text{-}7)$$

式中　g_j——拱脚处恒载强度；

　　　m——拱轴系数（或称拱轴曲线系数）。

$$m = \frac{g_j}{g_d} \qquad (3\text{-}8)$$

将式（3-8）代入式（3-7）得：

$$\gamma = (m-1)\frac{g_d}{f} \qquad (3\text{-}9)$$

将式（3-9）代入式（3-6）可得：

$$g_x = g_d + (m-1)\frac{g_d}{f}y_1 = g_d\left[1 + (m-1)\frac{y_1}{f}\right] \qquad (3\text{-}10)$$

当拱轴线为合理拱轴线时，拱的各个截面弯矩均为零。对于拱顶截面，由于对称性，
剪力也等于零。于是，拱顶截面仅有恒载推力 H_g。对拱脚截面取矩，则有：

$$H_g = \frac{\sum M_j}{f} \qquad (3\text{-}11)$$

式中　$\sum M_j$——半拱恒载对拱脚截面的弯矩；

　　　H_g——拱的恒载水平推力（不考虑弹性压缩）；

　　　f——拱的计算矢高。

对任意截面取矩，可得：

$$y_1 = \frac{M_x}{H_g} \qquad (3\text{-}12)$$

式中　M_x——任意截面以右的全部恒载对该截面的弯矩值；

　　　y_1——以拱顶为坐标原点，拱轴上任意点的坐标。

式（3-12）即为求算恒载压力线的基本方程。将上式两边对 x 两次取导数得：

$$\frac{d^2 y_1}{dx^2} = \frac{1}{H_g}\cdot\frac{d^2 M_x}{dx^2} = \frac{g_x}{H_g} \qquad (3\text{-}13)$$

将式（3-10）代入基本微分方程式（3-13）。为使最终结果简单，引入参数：
$x = \xi l_1$，则 $dx = l_1 d\xi$

可得：

$$\frac{\mathrm{d}^2 y_1}{\mathrm{d}\xi^2} = \frac{l_1^2}{H_g} g_d \Big[1 + (m-1) \frac{y_1}{f} \Big]$$

令

$$k^2 = \frac{l_1^2 g_d}{H_g f}(m-1) \tag{3-14}$$

则：

$$\frac{\mathrm{d}^2 y_1}{\mathrm{d}\xi^2} = \frac{l_1^2 g_d}{H_g} + k_2 y_1 \tag{3-15}$$

上式为二阶非齐次常系数线性微分方程。解此方程，则得拱轴线方程为：

$$y_1 = \frac{f}{m-1}(\mathrm{ch}k\xi - 1) \tag{3-16}$$

上式一般称为悬链线方程。

以拱脚截面 $\xi = 1$，$y_1 = f$ 代入上式得：

$$\mathrm{ch}k = m$$

通常，m 为已知值，则 k 值可由下式求得：

$$k = \mathrm{ch}^{-1}m = \ln(m + \sqrt{m^2 - 1}) \tag{3-17}$$

当 $m = 1$ 时，则 $g_x = g_d$，表示恒载是均布荷载。不难理解，在均布荷载作用下的压力线为二次抛物线，其方程为：$y_1 = f\xi^2$。

当拱的矢跨比确定后，圆弧线和二次抛物线的拱轴线方程也就确定了，然而对于悬链线，拱轴线各点的纵坐标还与拱轴系数 m 有关。拱轴系数 m 的选定是悬链线拱设计的重要内容之一。各种 m 值的拱轴线坐标可直接由"拱桥"（顾懋清，石绍甫主编《公路桥涵设计手册—拱桥（上册）》，人民交通出版社，2000 年，简称"拱桥"，下同）附录（Ⅲ）表（Ⅲ）—1 查出，一般无须按式（3-16）计算。

为了求拱轴线的水平倾角 φ，将式（3-16）对 ξ 取导数得：

$$\frac{\mathrm{d}y_1}{\mathrm{d}\xi} = \frac{fk}{m-1}\mathrm{sh}k\xi \tag{3-18}$$

∵

$$\tan\varphi = \frac{\mathrm{d}y_1}{\mathrm{d}x} = \frac{\mathrm{d}y_1}{l_1 \mathrm{d}\xi} = \frac{2\mathrm{d}y_1}{l\mathrm{d}\xi}$$

以（3-18）代入上式得：

$$\tan\varphi = \frac{2fk \cdot \mathrm{sh}k\xi}{l(m-1)} = \eta\mathrm{sh}k\xi \tag{3-19}$$

式中

$$\eta = \frac{2kf}{l(m-1)} \tag{3-20}$$

由上式可见，拱轴水平倾角与拱轴系数 m 有关。拱轴线上各点的水平倾角 $\tan\phi$，可直接由"拱桥"表（Ⅲ）—2 查出。

3.4.3.3 悬链拱轴线拱轴系数 m 的选定

（1）实腹式悬链线拱拱轴系数的确定

由图 3-47 知，拱顶处恒载强度为：

$$g_d = h_d\gamma_1 + \gamma d \tag{3-21}$$

在拱脚处 $h_j = h_d + h$，则其恒载强度为：

$$g_j = h_d \gamma_1 + h\gamma_2 + \frac{d}{\cos\varphi_j}\gamma \quad (3\text{-}22)$$

式中　h_d——拱顶填料厚度，一般为 0.30
　　　　　　～0.50m；

　　　　d——拱圈厚度；

　　　　γ——拱圈材料单位重；

　　　　γ_1——拱顶填料及路面的平均单
　　　　　　位重；

　　　　γ_2——拱腹填料平均单位重；

　　　　φ_j——拱脚处拱轴线的水平倾角。

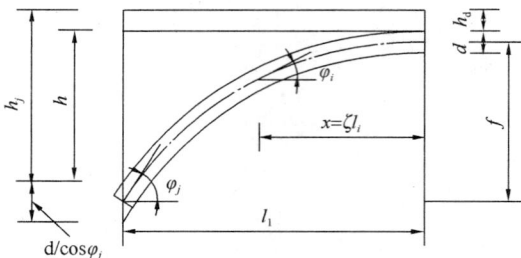

图 3-47　实腹式悬链线恒载布置

$$h = f + \frac{d}{2} - \frac{d}{2\cos\varphi_j} \quad (3\text{-}23)$$

从式（3-21）和式（3-22）可以看出，这两式中除了 φ_j 为未知数外，其余均为已知数。由于 φ_j 为未知，故不能直接算出 m 值，需用逐次近似法确定：即先根据跨径和矢高假定 m 值，由"拱桥"表（Ⅲ）—20 查得拱脚处的 $\cos\varphi_j$ 值，代入式（3-22）求得 g_j 后，再连同 g_d 一起代入式（3-8）算得 m 值。然后与假定的 m 值相比较，如算得的 m 值与假定的 m 值相符，则假定的 m 值即为真实值；如两者不符，则应以算得的 m 值作为假定值（为了计算的方便，m 值应按表 3-1 所列数值假定），重新进行计算，直至两者接近为止。

当拱的跨径和矢高确定之后，悬链线的形状取决于拱轴系数 m，其线型特征可用 1/4 点纵坐标 $y_{1/4}$ 的大小表示（图 3-48）。

拱跨 1/4 点的纵坐标 $y_{1/4}$ 与 m 有下述关系：

当 $\xi = 1/2$ 时，$y_1 = y_{1/4}$

代入式（3-16）得：

$$\frac{y_{\frac{1}{4}}}{f} = \frac{1}{m-1}\left(\operatorname{ch}\frac{k}{2} - 1\right)$$

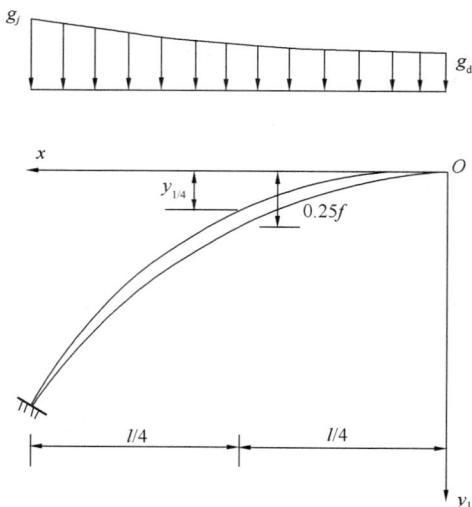

$$\because \operatorname{ch}\frac{k}{2} = \sqrt{\frac{\operatorname{ch}k+1}{2}} = \sqrt{\frac{m+1}{2}}$$

$$\therefore \frac{y_{\frac{1}{4}}}{f} = \frac{\sqrt{\dfrac{m+1}{2}} - 1}{m-1}$$

$$= \frac{1}{\sqrt{2(m+1)} + 2} \quad (3\text{-}24)$$

由上式可见，$y_{1/4}$ 随 m 的增大而减小，随 m 的减小而增大。当 m 增大时，拱轴线抬高；反之，当 m 减小时，拱轴线降低（图 3-48）。在一般的悬链线拱桥中，恒载从拱顶向拱脚增加，$g_j > g_d$，因而 $m > 1$。只有在均布荷载作用下 $g_j = g_d$ 时，方能出现 $m = 1$ 的情况。由（3-18）可得，在这种情况下 $y_{\frac{1}{4}} = 0.25f$（图 3-48）。

图 3-48　拱跨 1/4 点纵坐标与 m 的关系

在"拱桥"附录的计算用表中，除了可以根据拱轴系数 m 查得所需的表值之外，亦可借助相应的 $\dfrac{y_{\frac{1}{4}}}{f}$ 查得同样的表值。$\dfrac{y_{\frac{1}{4}}}{f}$ 与 m 的对应关系见表 3-1，读者可以根据计算的方便，利用 m 值或者 $\dfrac{y_{\frac{1}{4}}}{f}$ 的数值查表，其结果是一致的。

拱轴系数 m 与 $\dfrac{y_{\frac{1}{4}}}{f}$ 的关系表   表 3-1

m	1.000	1.167	1.347	1.543	1.756	1.988	2.240	2.514	2.814	3.142	3.500	……	5.321
$y_{\frac{1}{4}}/f$	0.250	0.245	0.240	0.235	0.230	0.225	0.220	0.215	0.210	0.205	0.200	……	0.180

（2）空腹式悬链线拱

空腹式拱桥中，桥跨结构的恒载可视为由两部分组成：即主拱圈与实腹段自重的分布力与空腹部分通过腹孔墩传下的集中力（图 3-49a）。由于集中力的存在，拱的恒载压力线是一条在集中力作用处有转折的曲线，它不是悬链线，甚至不是一条光滑的曲线。然而即使这样，由于悬链线拱的受力情况较好，又有完整的计算表格可供利用，因此空腹式拱桥仍较多地采用悬链线作为拱轴线。为使悬链线拱轴与其恒载压力线接近，一般采用"五点重合法"确定悬链线拱轴的 m 值，即要求拱轴线在全拱有五点（拱顶、两 1/4 点和两拱脚）与其三铰拱恒载压力线重合（图 3-49b），换言之，使这五点恒载弯矩为零（不考虑弹性压缩）。

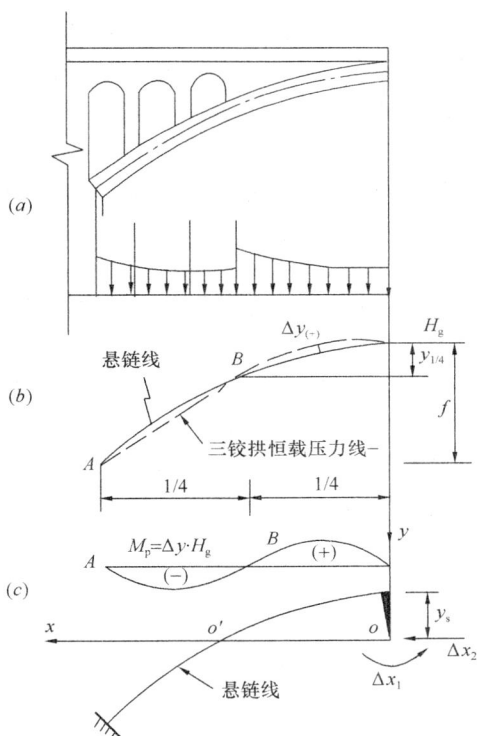

图 3-49 空腹式悬链线拱轴计算图式

当拱顶弯矩为零时，由恒载的对称条件知，拱顶处仅有通过截面重心的恒载推力 H_g，弯矩及剪力为零。

在图 3-49 （a）、（b）中，由 $\sum M_A = 0$ 得

$$H_g = \frac{\sum M_j}{f} \tag{3-25}$$

由 $\sum M_B = 0$，得

$$H_{y_{\frac{1}{4}}} - \sum M_{\frac{1}{4}} = 0$$

$$H = \frac{\sum M_{\frac{1}{4}}}{y_{\frac{1}{4}}}$$

将式（3-25）之 H_g 代入上式，可得：

$$\frac{y_{\frac{1}{4}}}{f} = \frac{\sum M_{\frac{1}{4}}}{\sum M} \tag{3-26}$$

式中 $\sum M_{\frac{1}{4}}$ ——自拱顶至拱跨 $\frac{1}{4}$ 点的恒载对 $\frac{1}{4}$ 截面的力矩。

等截面悬链线拱主拱圈恒载对 $\frac{l}{4}$ 及拱脚截面的弯矩 $M_{\frac{1}{4}}$、M_j 可由"拱桥"表（Ⅲ）—19 查得。

求得 $\frac{y_{\frac{1}{4}}}{f}$ 之后，可由（3-24）反求 m（或参见表 3-1），即：

$$m = \frac{1}{2}\left(\frac{f}{y_{\frac{1}{4}}} - 2\right)^2 - 1 \tag{3-27}$$

空腹式拱桥的 m 值，仍按逐次近似法确定。即先假定一个 m 值，定出拱轴线，作图布置拱上建筑，然后计算拱圈和拱上建筑的恒载对 1/4 和拱脚截面的力矩 $\sum M_{\frac{1}{4}}$ 和 $\sum M_j$，利用式（3-26）和式（3-27）算出 m 值，如与假定的 m 值不符，则应以求得的 m 值作为假定值，重新计算，直至两者接近为止。

应当注意，用上述方法确定空腹拱的拱轴线，仅与其三铰拱恒载压力线保持五点重合，其他截面，拱轴线与三铰拱恒载压力线都有不同程度的偏离。大量计算证明，从拱顶到 1/4 点，一般压力线在拱轴线之上；而从 1/4 点到拱脚，压力线则大多在拱轴线之下。拱轴线与相应三铰拱恒载压力线的偏离类似于一个正弦波。

空腹式无铰拱桥，采用"五点重合法"确定的拱轴线，与相应三铰拱的恒载压力线在拱顶、两 1/4 点和两拱脚五点重合，而与无铰拱的恒载压力线（简称恒载压力线）实际上并不存在五点重合的关系。由于拱轴线与恒载压力线有偏离，在拱顶、拱脚都产生了偏离弯矩。然而，分析表明，在空腹式拱桥中，用"五点重合法"确定的悬链线拱轴，偏离弯矩对拱顶、拱脚都是有利的。因而，空腹式无铰拱的拱轴线，用悬链线比用恒载压力线更加合理。

3.4.4   其他结构设计

板拱桥只能是上承式。板拱的主拱圈多为圬工材料，所以拱上建筑一般也是圬工材料。拱上建筑有实腹式和空腹式两种。当跨径在 15～20m 以下时，由于拱上建筑的空间不大，做成空腹式挖空率有限，为方便施工、节约造价，通常做成实腹式。当跨径较大时，一般做成拱式腹孔。实腹式的侧墙、空腹式的腹孔和腹孔墩构造，见图 3-30、图 3-31 和图 3-33。

拱上建筑的形式及其布置，与前述的拱轴线型选择有密切联系。综合二者考虑，小跨径板拱桥一般采用实腹式，拱轴线为圆弧线或悬链线；大、中跨径板拱桥则采用空腹式，拱轴线为悬链线。

实腹式与空腹式板拱在桥面与主拱结构之间通常有填料填充，称此填料为拱上填料。拱上建筑中的填料，能扩大车辆荷载分布面积、减小车辆荷载的冲击作用，但也增加了拱桥的恒载重量。拱桥主拱圈及腹拱圈的拱顶处，填料厚度（包括路面厚度）均不宜小于 0.30m。根据《公路桥涵设计规范》的规定，填料厚度（包括路面厚度）等于或大于 0.50m 的拱桥，设计时均不计汽车荷载的冲击力。

拱桥行车道和人行道的桥面铺装要求与梁桥的基本相同。公路拱桥行车道可采用其所在道路的路面材料与结构。人行道的铺装视具体情况选用，常用混凝土预制块铺砌。

拱上建筑与主拱圈，在构造和受力上都有密切的联系。由于拱上建筑与主拱圈的共同作用，一方面拱上建筑能够提高主拱圈的承载能力，但另一方面，它对主拱圈的变形又起约束作用，在主拱圈和拱上建筑内均产生附加内力，而使构造和计算复杂。

为了使结构的计算图式尽量与实际的受力情况相符合，避免拱上建筑不规则地开裂，以保证结构的安全使用和耐久性，除在设计计算上应作充分的考虑外，还需在构造上采取必要的措施。通常是在相对变形（位移或转角）较大的位置设置伸缩缝，而在相对变形较小处设置变形缝。

实腹式拱桥的伸缩缝通常设在两拱脚的上方，并需在横桥方向贯通全宽和侧墙的全高及至人行道构造。目前多将伸缩缝做成直线形（图 3-50），以使构造简单，施工方便。

拱式拱上结构的空腹式拱桥，一般将紧靠桥墩（台）的第一个腹拱圈做成三角拱，并在靠墩台的拱铰上方的侧墙上，也相应地设置伸缩缝，在其余两铰上方的侧墙，可设变形缝（图 3-51 及图 3-34）。在大跨径拱桥中，根据温度变化情况和跨径长度，必要时还需将靠近拱顶的腹拱圈或其他腹拱也做成两铰拱或三铰拱。拱铰上面的侧墙也需相应地设置变形缝，以便使拱上建筑更好地适应主拱圈的变形。

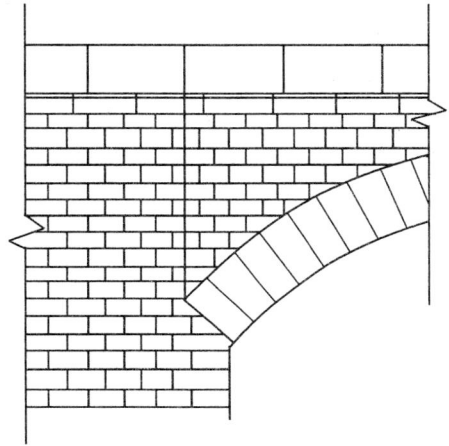

图 3-50 实腹式拱桥伸缩缝的布置

伸缩缝的宽度一般为 0.02～0.03m。通常是在施工时，将锯木屑与沥青按 1:1 比例配合压制成的预制板，嵌入砌体或埋入现浇混凝土中。变形缝则不留缝宽，用干砌或油毛毡隔开。

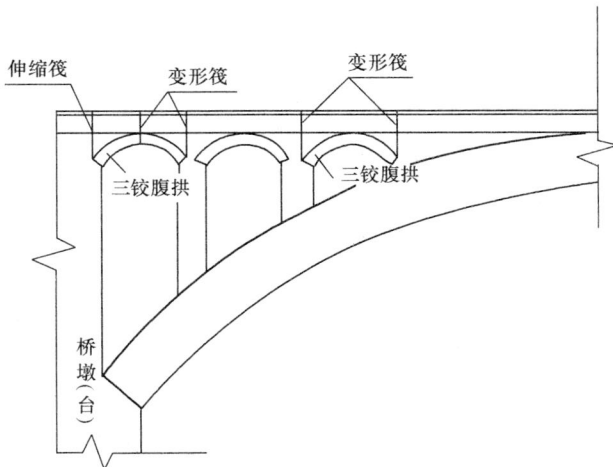

图 3-51 空腹式拱桥伸缩缝及变形缝的布置

人行道、栏杆、缘石和混凝土桥面，在腹拱铰的上方或侧墙有变形缝处，均应设置贯通全桥宽度的伸缩缝或变形缝，以适应主拱圈的变形，其构造形式可参照梁桥选用。

拱桥与梁桥相同，要求能够及时排除桥面的雨、雪水，除桥梁设置纵坡和桥面设横坡外，一般还沿桥面两侧缘石边缘设置泄水管。除了桥面排水之外，板拱桥还要求将透过桥面铺装渗入到拱腹内的雨水也能及时排除，因为这些渗水不及时排出，它一方面增大拱腹填料的含水量，降低承载能力，影响路面层的强度，使路面更易开裂破坏；另一方面使结构自重加大，并且渗水会沿着拱上结构的一些缝隙（如变形缝或裂缝等）渗透，在冬季冰冻时使结构产生冻胀损坏。

透过桥面铺装渗入到拱腹内的雨水，应由防水层汇集于预埋在拱腹内的泄水管排出。防水层和泄水管的敷设方式与上部结构的形式有关。对于实腹式拱桥，防水层应沿拱背护拱、侧墙铺设。如果是单孔，可以不设拱腹泄水管，积水沿防水层流至两个桥台后面的盲沟，然后沿盲沟排出路堤（如图 3-31 的右侧桥台处的构造）。如果是多孔拱桥，可在 1/4 跨径处设泄水管（图 3-52a）。对于空腹式拱桥，防水层应沿腹拱上方与主拱圈跨中实腹段的拱背设置，泄水管也宜布置在 1/4 跨径处（图 3-52b）。

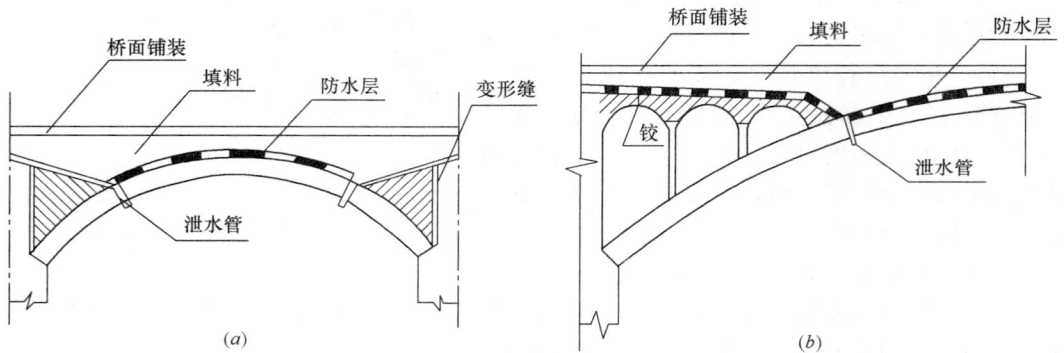

图 3-52　防水层与拱腹泄水管的布置

泄水管可以采用铸铁管、混凝土管或陶瓷（瓦）管等。泄水管的内径一般为 6～10cm，在严寒地区或雨水特多地区需适当加大（不宜小于 15cm）。泄水管应伸出结构外表面 5～10cm，以免雨水顺着结构物外表面下流。为了便于泄水，泄水管尽可能采用直管，并减小管节长度。

防水层在全桥范围内不宜断开，在通过伸缩缝或变形缝处应妥善处理，使其既能防水又可以适应变形，其构造可参见图 3-53。

防水层有粘贴式与涂抹式两种。前者是由 2～3 层油毛毡与沥青胶交替贴铺而成，效果较好，但造价高，施工麻烦。后者采用沥青或柏油涂抹于砌体表面，施工简便，造价低廉，但效果较差，适用于雨水较少的地区。有时也可以就地取材选用石灰三合土（厚15cm，水泥、石灰、砂的配合比约为 1∶2∶3）、石灰黏土砂浆、黏土胶泥等简易方法代替粘贴式防水层。但这种简易方法的防水性能很差，只能用于道路等级很低的小型圬工拱桥。实践表明，排水设备是否合理，防水层的质量好坏对桥梁的耐久性有重要的影响，今后仍应重视拱桥排水系统及防水层的处理。

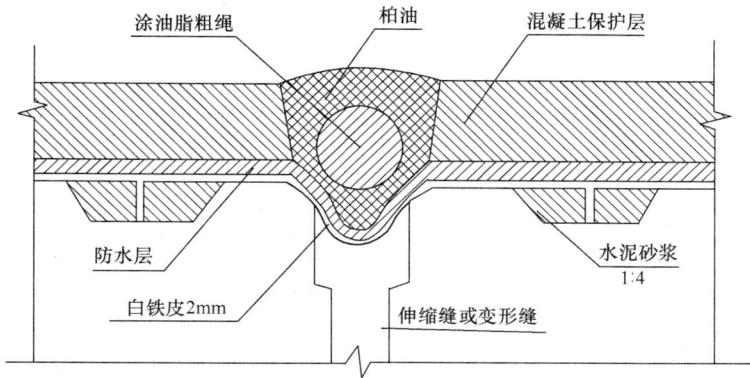

图 3-53 伸缩缝（或变形缝）上防水层的构造

3.5 拱桥受力特点与主拱的设计计算要点

3.5.1 概　　述

拱桥实为多次超静定的空间结构。当活载作用于桥跨结构时，拱上建筑参与主拱圈共同承受活载的作用，这种现象称为"拱上建筑与主拱的联合作用"或简称"联合作用"。在横桥方向，活载引起桥梁横断面上不均匀应力分布的出现，称为"活载的横向分布"。联合作用有利于主拱圈的受力，而活载的横向分布不利于主拱圈的受力。在板拱桥中，一般而言联合作用的有利影响要大于横向分布的不利影响，所以公路板拱桥在设计计算时，二者的影响均不考虑，认为拱跨范围内所有的恒载与活载均由主拱圈全截面均匀地承受。这样，可以取拱圈全宽或单位宽进行设计计算。对于铁路拱桥，当线路为单线或双线时，可以认为活载在横向均匀分布在拱圈全宽上；对于三线及三线以上的拱桥，每一线路的活载在拱圈上横向分布的宽度，最大取 4.5m；对于多线拱桥，应加算活载所引起扭矩的影响。

等截面悬链线无铰拱在板拱中最常见，这里对其主拱圈的设计计算（手算方法）要点进行介绍。

无铰拱是三次超静定结构，手算时常用力法。取悬臂曲梁为基本结构，由对称性得柔度系：

$$\delta_{13}=\delta_{31}=\delta_{23}=\delta_{32}=0$$

因此，赘余力的力法方程为：

$$\left.\begin{array}{l}\delta_{11}X_1+\delta_{12}X_2=\Delta_{1\varphi}\\ \delta_{21}X_1+\delta_{22}X_2=\Delta_{2\varphi}\\ \delta_{33}X_3=\Delta_{3\varphi}\end{array}\right\} \tag{3-28}$$

在图 3-54（a）的基本结构引入刚臂，将三个赘余力移至刚臂的端部（图 3-54b）。在三个赘余力中，只有 X_2 对结构的受力影响与刚臂长度有关。调整刚臂长度，使得 $\delta_{12}=\delta_{21}=0$，这样式（3-28）就成为三个独立变量的一元一次方程，可以直接解得三个赘余力

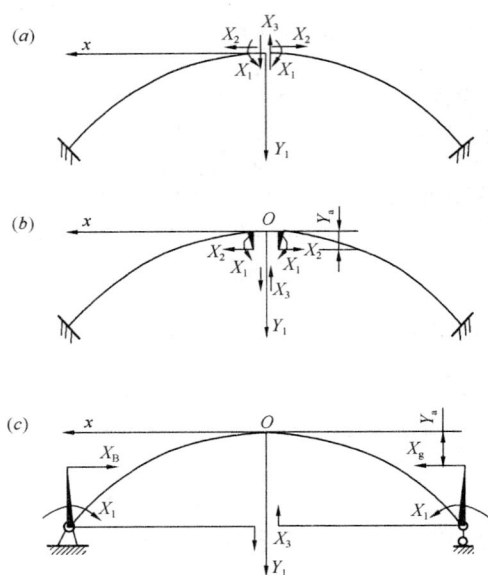

图 3-54 拱的内力计算的基本结构

X_1、X_2、X_3。

$$\left.\begin{aligned} \delta_{11}X_1 &= \Delta_{1p} \\ \delta_{22}X_2 &= \Delta_{2p} \\ \delta_{33}X_3 &= \Delta_{3p} \end{aligned}\right\} \tag{3-29}$$

我们把使得 $\delta_{12}=\delta_{21}=0$ 的刚臂端部几何位置称为弹性中心。当拱左右对称时，弹性中心位于其对称轴上，距拱顶的纵坐标推导如下。

由结构力学可知：

$$\delta_{12} = \int_s \frac{\overline{M_1}\,\overline{M_2}}{EI}\mathrm{d}s + \int_s \frac{K\overline{Q_1}\,\overline{Q_2}}{GA}\mathrm{d}s + \int_s \frac{\overline{N_1}\,\overline{N_2}}{EA}\mathrm{d}s$$

显然，对于 X_1，$\overline{M_1}=1$　$\overline{N_1}=0$　$\overline{Q_1}=0$；

对于 X_2，$\overline{M_1}=y_1-y_s$　$\overline{N_1}=-\cos\varphi$　$\overline{Q_1}=\sin\varphi$

所以，

$$\delta_{12} = \int \frac{y-y_s}{EI}\mathrm{d}s = \int \frac{y}{EI}\mathrm{d}s + y_s\int \frac{1}{EI}\mathrm{d}s = 0$$

即

$$y_s = \frac{\displaystyle\int_s \frac{y_1\mathrm{d}s}{EI}}{\displaystyle\int_s \frac{\mathrm{d}s}{EI}}$$

式中，y_1 见式（3-16）。

$$\mathrm{d}s = \frac{\mathrm{d}x}{\cos\varphi} = \frac{l}{2}\cdot\frac{\mathrm{d}\xi}{\cos\varphi}$$

其中：$\cos\varphi = \dfrac{1}{\sqrt{1+\tan^2\varphi}} = \dfrac{1}{\sqrt{1+\eta^2\,\mathrm{sh}^2 k\xi}}$，$\eta$ 的符号意义见式（3-20）。

对等截面拱，EI 为常数，则拱的弹性中心位置为：

$$y_s = \frac{\displaystyle\int_s y_1\mathrm{d}s}{\displaystyle\int_s \mathrm{d}s} = \frac{f}{m-1}\cdot\frac{\displaystyle\int_0^1 (\mathrm{ch}k\zeta-1)\sqrt{1+\eta^2\,\mathrm{sh}^2 k\zeta}\,\mathrm{d}\xi}{\displaystyle\int_0^1 \sqrt{1+\eta^2\,\mathrm{sh}^2 k\zeta}\,\mathrm{d}\xi} = \alpha_1\cdot f \tag{3-30}$$

式中　α_1——弹性中心坐标系数，与拱轴系数 m 有关，可查"拱桥"附录（Ⅲ）表（Ⅲ）—3。

3.5.2　恒载内力计算

当采用恒载压力线作为拱轴线时，如果拱是绝对刚性的，即拱轴线长度是不变的，则在恒载作用下拱内仅产生轴向压力而无弯矩和剪力。但拱并非绝对刚性，主拱圈在轴向压力作用下，将发生弹性压缩变形，拱轴要缩短，由此会在无铰拱中产生弯矩和剪力，这就是所谓的弹性压缩影响。拱圈的轴向力主要是由恒载和活载作用发生的，因此，拱圈弹性压缩对内力的影响也要在恒载和活载内力计算中分别计入。拱圈弹性压缩影响与恒载、活载作用产生的内力是同时发生的。但为了计算上的方便，先计算不考虑弹性压缩时的压力，再计算弹性压缩引起的内力，然后两者叠加起来。如果拱轴线对恒载压力线有偏离，则还要计算拱轴偏离引起的恒载内力。

3.5.2.1 不考虑弹性压缩时的恒载内力

（1）实腹拱

实腹式悬链线拱的拱轴线与恒载压力线完全吻合，所以，在恒载作用下，主拱各截面上仅产生轴向压力。根据力的平衡条件，拱的竖直反力为：

$$V_g = \int_0^{l_1} g_x \mathrm{d}x = \int_0^l l_1 g_d [1 + (m-1)\frac{y_1}{f}]\mathrm{d}\xi = K_g' g_d \cdot l \tag{3-31}$$

式中

$$K_g' = \frac{\sqrt{m^2-1}}{2[\ln(m+\sqrt{m^2-1})]}$$

由式（3-14）可得恒载水平推力为：

$$H_g = \frac{m-1}{4k^2}\frac{g_d l^2}{f} = K_g \frac{g_d l^2}{f} \tag{3-32}$$

式中

$$K_g = \frac{m-1}{4k^2}$$

系数 K_g'、K_g 可自"拱桥"附表（Ⅲ）—4 查得。

主拱各截面的轴向力可按下式计算，而恒载弯矩和剪力均为零。

$$N = \frac{H_g}{\cos\varphi} \tag{3-33}$$

（2）空腹式拱

空腹式悬链线无铰拱，如暂不考虑拱轴偏离影响，则拱的恒载推力 H_g 和拱脚竖直反力 V_g，可直接由力的平衡条件求得。

$$H_g = \frac{\sum M_j}{f} \tag{3-34a}$$

$$V_g = \sum P \tag{3-34b}$$

式中　$\sum M_j$——半跨恒载对拱脚的力矩；

$\sum P$——半跨恒载重。

有了 H_g 之后，即可利用公式（3-36），求出主拱各截面的轴向力，并认为恒载弯矩和剪力为零。

3.5.2.2 恒载作用下弹性压缩引起的内力

如前所述，在恒载轴向压力作用下，主拱的弹性压缩引起拱轴沿跨径方向缩短 Δl_g，为了平衡这一弹性压缩，就必须有一个作用于弹性中心而方向向外的水平力 ΔH_g（图 3-55a）。

根据变形协调条件可得：

$$\Delta H_g \cdot \delta_{22} - \Delta l_g = 0$$

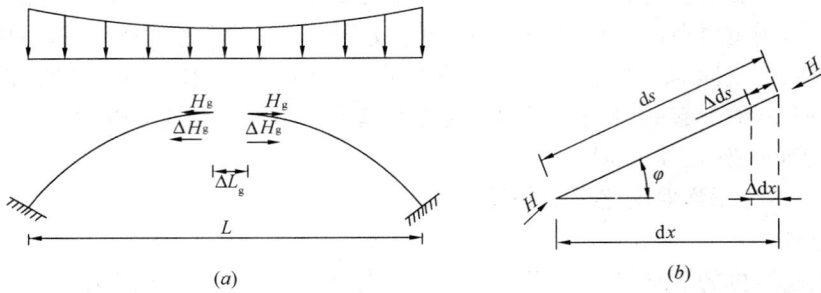

图 3-55　弹性压缩引起拱轴缩短

$$\Delta H_{\mathrm{g}} = \frac{\Delta l_{\mathrm{g}}}{\delta_{22}} \tag{3-35}$$

通过一系列推导，可求得

$$\Delta H_{\mathrm{g}} = H_{\mathrm{g}} \frac{\mu_1}{1+\mu} \tag{3-36}$$

式中

$$\mu_1 = \frac{\displaystyle\int_0^l \frac{\mathrm{d}x}{EA\cos\varphi}}{\displaystyle\int_s \frac{y^2\mathrm{d}s}{EI}}, \qquad \mu = \frac{\displaystyle\int_s \frac{\cos^2\varphi}{EA}\mathrm{d}s}{\displaystyle\int_s \frac{y^2\mathrm{d}s}{EI}} \tag{3-37}$$

μ_1、μ 可查"拱桥"附表（Ⅲ）-9 和附录（Ⅲ）-11。

由于 ΔH_{g} 的作用，在拱内产生弯矩、剪力和轴力，各内力的正向如图 3-56 所示。则在恒载作用下，考虑弹性压缩后拱的内力为：

$$\left. \begin{aligned} & \text{轴向力}: N = \frac{H_{\mathrm{g}}}{\cos\varphi} - \frac{\mu_1}{1+\mu}H_{\mathrm{g}} \cdot \cos\varphi \\[2mm] & \text{弯矩}: M = \frac{\mu_1}{1+\mu}H_{\mathrm{g}}(y_{\mathrm{s}} - y_1) \\[2mm] & \text{剪力}: Q = \mp\frac{\mu_1}{1+\mu}H_{\mathrm{g}} \cdot \sin\varphi \end{aligned} \right\} \tag{3-38}$$

（上式中，上边符号适用于左半拱，下边符号适用于右半拱）

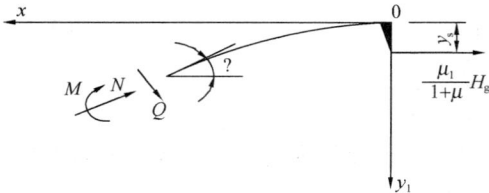

图 3-56　ΔH_{g} 作用下在拱内产生的内力符号

从式（3-38）可见，考虑了弹性压缩后，主拱各截面将产生弯矩。例如在拱顶产生正弯矩，该处压力线上移；在拱脚产生负弯矩，压力线下移。即实际的恒载压力线将不可能与拱轴线重合了。

对于跨度较小而矢跨比较大的拱桥，考虑弹性压缩作用对结构计算结果的影响不大。公路与铁路桥规定，对于 $l \leqslant 30\mathrm{m}$，f/l $\geqslant 1/3$；$l \leqslant 20\mathrm{m}$，$f/l \geqslant 1/4$ 和 $l \leqslant 10\mathrm{m}$，$f/l \geqslant 1/5$ 的拱桥，可不计弹性压缩的影响。

3.5.3　活载内力计算

求无铰拱活载内力时，一般先求出赘余力影响线，然后用迭加方法求出拱的支点反力和控制截面的内力影响线，最后，在内力影响线上加载计算出截面最大内力。为计算方便还是先不考虑弹性压缩影响，即暂不考虑轴向力对变位的影响，然后再计算弹性压缩影响。

3.5.3.1 不考虑弹性压缩影响的活载内力

为了使积分连续，便于制表，在此采用了简支曲梁作为基本结构，如图 3-57 所示。将图 3-57（a）变换为图 3-57（b）及图 3-57（c）。以图 3-57（c）为计算图式，图中赘余力 x_1、x_3 作用在刚性悬臂端点，并通过弹性中心。设图 3-57（d）所示内、外力方向和与内力同向的变位均为正值。作用在弹性中心的赘余力，可按式（3-29）计算求得。

如暂不考虑轴向力对变位的影响（即暂不计拱轴弹性压缩影响），且不计剪力及曲率对变位的影响，则：

$$\delta_{11} = \int_s \frac{\overline{M}_1{}^2 \mathrm{d}s}{EI}$$

$$\delta_{22} = \int_s \frac{\overline{M}_2{}^2 \mathrm{d}s}{EI} \qquad (3\text{-}39)$$

$$\delta_{33} = \int_s \frac{\overline{M}_3{}^2 \mathrm{d}s}{EI}$$

$$\Delta_{1p} = \int_s \frac{\overline{M}_1 M_p \mathrm{d}s}{EI}$$

$$\Delta_{2p} = \int_s \frac{\overline{M}_2 M_p \mathrm{d}s}{EI} \qquad (3\text{-}40)$$

$$\Delta_{3p} = \int_s \frac{\overline{M}_3 M_p \mathrm{d}s}{EI}$$

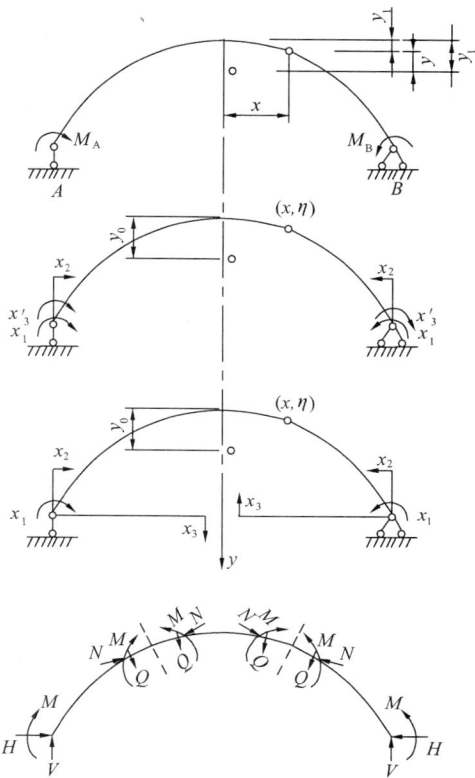

图 3-57 拱的计算基本构造

式中　$\overline{M}_1$——当 $x_1 = 1$ 时，其在基本结构任意截面上所产生的弯矩，$\overline{M}_1 = 1$；

$\overline{M}_2$——当 $x_2 = 1$ 时，其在基本结构任意截面上所产生的弯矩，$\overline{M}_2 = y_1 - y_s$；

$\overline{M}_3$——当 $x_3 = 1$ 时，其在基本结构任意截面上所产生的弯矩，$\overline{M}_3 = \pm x$；

M_p——单位荷载作用下，基本结构任意截面上所产生的弯矩。

为了简化 Δ_{1p}、Δ_{2p} 和 Δ_{3p} 的计算，在求 M_p 时可将单位荷载分解为正对称和反对称两组荷载（图 3-58b、c），并设荷载作用在右半拱。

由于结构的对称性，Δ_{1p}、Δ_{2p} 只需考虑正对称荷载作用下的情况（反对称时为零）；而 Δ_{3p} 只需考虑反对称荷载作用下的情况（正对称时为零）。

正对称时：

AB 段　　　$M_p = \dfrac{1}{2}(l_1 - x)$

BC 段　　　　　$M_p = \dfrac{l_1}{2}(1-a)$

反对称时：　　　　AB 段　　　　$M_p = \mp\dfrac{a}{2}(l_1-x)$

　　　　　　　　BC 段　　　　$M_p = \mp\dfrac{x}{2}(1-a)$

（上边符号适用于左半拱，下边符号适用于右半拱）

　　将 $\overline{M}_1$、$\overline{M}_2$、$\overline{M}_3$ 及 M_p 代入常变位及载变位公式（3-39）及式（3-40），可求得赘余力的影响线，见图 3-59。

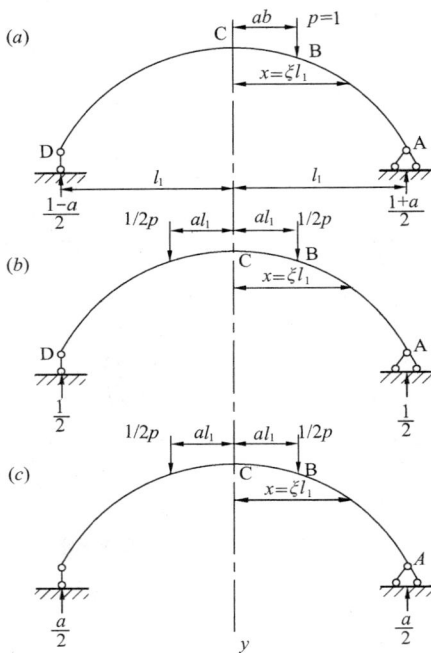

图 3-58　将荷载分解成正、反对称

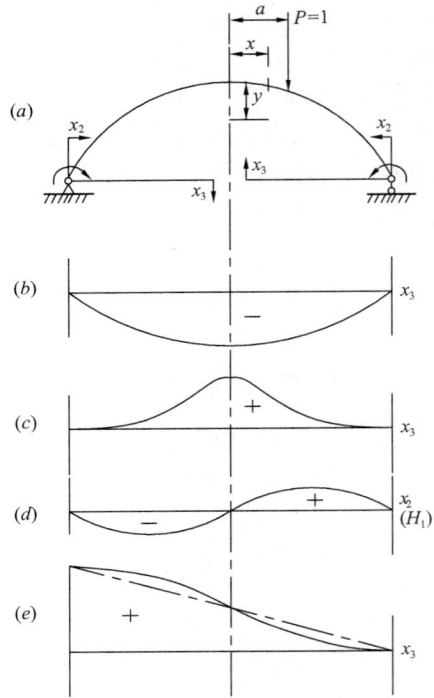

图 3-59　赘余力影响线

　　求得赘余力影响线后，拱脚支点反力以及任意截面的内力影响线，可利用静力平衡条件和迭加方法求得。在"拱桥"的附录中已列出了各反力和内力影响线。

　　表（Ⅱ）-8，支承垂直反力影响线。

　　表（Ⅱ）-11，不计弹性压缩水平推力影响线。若需考虑弹性压缩，则乘以 $\left(1-\dfrac{\mu_1}{1+\mu}\right)$。

　　表（Ⅱ）-12，梁式弯矩影响线。

　　表（Ⅱ）-13，不计弹性压缩弯矩影响线，同时还列出正负弯矩影响线面积，以及对应的水平推力、竖直截面剪力（V_A）影响线面积。

　　表（Ⅲ）-7，支承垂直反力影响线。

表（Ⅲ）-12，不计弹性压缩水平推力影响线。若需考虑弹性压缩，则乘以 $\left(1-\dfrac{\mu_1}{1+\mu}\right)$。

表（Ⅲ）-13，不计弹性压缩弯矩影响线。

表（Ⅲ）-14，正负弯矩及其相应的水平推力、竖直截面剪力、轴向力影响线面积。

表（Ⅲ）-21，轴向力影响线。

表（Ⅲ）-22，拱脚截面径向剪力影响线。

主拱圈几个控制截面的内力影响线形状见图 3-60。

在实际计算中，任意截面的轴向力 N 和剪力 Q，一般不作影响线，而利用推力 H_1 和竖直反力 V 的影响线求得：

$$\text{轴向力}\begin{cases}\text{拱顶}:N=H_1\\ \text{拱脚}:N=V\cdot\sin\varphi_j+H_1\cdot\cos\varphi_j\\ \text{其他截面}:N\approx H_1/\cos\varphi_x\end{cases}\quad(3\text{-}41a)$$

$$\text{剪力}\begin{cases}\text{拱顶}:\text{数值很小，一般不计}\\ \text{拱脚}:Q=H_1\cdot\sin\varphi_j-V\cdot\cos\varphi_j\\ \text{其他截面}:\text{数值较小，一般不计}\end{cases}\quad(3\text{-}41b)$$

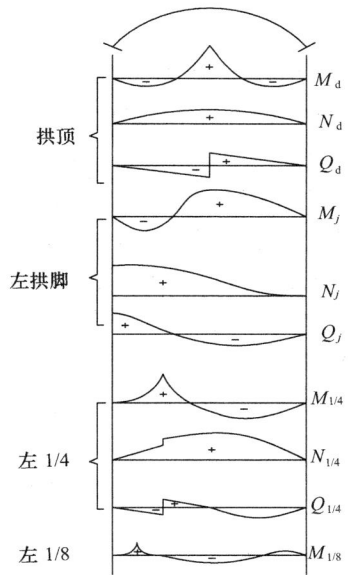

图 3-60　拱任意截面内力影响线

以上公式是根据单位荷载作用于右半拱推导出来的，如单位载荷作用在左半拱，则 Δ_{3p} 的公式要变号。

有了内力影响线之后，即可按最不利荷载位置布置荷载，以求得最大内力。

将荷载布置在影响线正弯矩区段（图 3-61），根据设计荷载和计算跨径可查得最大正弯矩 M_{max} 的等代荷载 k_M，及其相应推力和竖直反力的等代荷载 k_H、k_V。分别乘以正弯矩及与其相应的 H_1 及 V 的影响线面积 ω_M、ω_H 和 ω_V，即可求得：

大正弯矩：$M_{max}=\phi\cdot\eta\cdot k_M\cdot\omega_M$

与 M_{max} 相应的：$H_1=\phi\cdot\eta\cdot k_H\cdot\omega_H$

与 M_{max} 相应的：$V=\phi\cdot\eta\cdot k_V\cdot\omega_V$

式中　ϕ——车道折减系数；

η——荷载横向分布系数。

同理，再将荷载布置在负弯矩区段，可求得最大负弯矩 M_{min} 及与其相应的 H_1 和 V 值。

拱顶截面的轴向力 $N=H_1$。其他截面的轴向力，则应按下式计算：

$$N=H_1\cos\varphi+V\cdot\sin\varphi\quad(3\text{-}42)$$

对于拱脚截面，$N_j=H_1\cos\varphi_j+V\cdot\sin\varphi_j$；

对于拱跨 1/4 截面，理应按式（3-42）计算，由于缺少相应 V 的等代荷载，其轴向力可近似按下式计算：

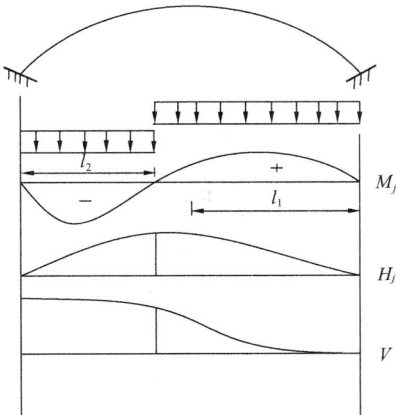

图 3-61　拱脚截面内力影响线

$$N_{\frac{1}{4}} \approx \frac{H_1}{\cos\varphi_{\frac{1}{4}}}$$

应注意：计算拱脚截面的弯矩 M_{max} 或 M_{min} 相应的竖向反力 V 时，应以 V 的等代荷载乘以影响线 V 的全面积，即 $\omega = 1/2$，而计算人群荷载产生的内力时，拱脚竖向反力影响线面积则应采用与 M_{max} 或 M_{min} 相对应的面积，不能采用全面积。

当作用有特殊荷载，无相应等代荷载表可供查用时，可按最不利荷载位置，在影响线上直接布置集中荷载，各集中荷载乘以相应影响线坐标后之和即为内力值。

3.5.3.2　活载作用下弹性压缩引起的内力

与求恒载弹性压缩影响的原理相同，活载轴向力引起拱轴沿跨径方向的变位 Δl，为了平衡此弹性压缩，必须在弹性中心上施加一方向向外的水平拉力 ΔH。因而考虑弹性压缩后拱的活载推力为：

$$H = H_1 - \Delta H$$

式中，H_1 为不考虑弹性压缩的活载推力，ΔH 按下式计算：

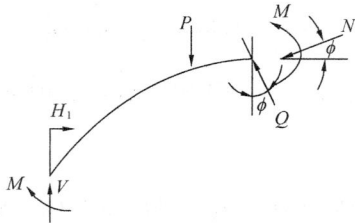

图 3-62　拱任意截面在竖直力作用下产生的内力

$$\Delta H = \frac{\Delta L}{\delta_{22}} = \frac{\int_s \frac{N\,ds}{EA}\cos\varphi}{\delta_{22}}$$

在竖直力 P 作用下，拱任意截面上产生轴向力 N、弯矩 M 和剪力 Q（图 3-62）。将所有的力均投影在水平方向，则轴向力为：

$$N = \frac{H_1 - Q\sin\varphi}{\cos\varphi} = \frac{H_1}{\cos\varphi}\Big[1 - \frac{Q}{H_1}\sin\varphi\Big]$$

略去 $\dfrac{Q}{H_1}\sin\varphi$ 项，得：

$$N = \frac{H_1}{\cos\varphi}$$

于是：

$$\Delta H = \frac{H_1 \int_0^1 \frac{dx}{EA\cos\varphi}}{\delta_{22}} = \frac{H_1 \int_0^1 \frac{dx}{EA\cos\varphi}}{(1+\mu)\int_s \frac{y^2\,ds}{EI}} = H_1 \frac{\mu_1}{1+\mu} \tag{3-43}$$

式中 μ 和 μ_1 同式（3-37）。

由于弹性压缩引起的内力为：

$$\left.\begin{array}{l}
弯矩：\Delta M = \Delta H \cdot y = \dfrac{\mu_1}{1+\mu} H_1 \cdot y \\[3mm]
轴向力：\Delta N = -\Delta H \cdot \cos\varphi = -\dfrac{\mu_1}{1+\mu} H_1 \cdot \cos\varphi \\[3mm]
剪力：\Delta Q = \mp \Delta H \cdot \sin\varphi = \mp \dfrac{\mu_1}{1+\mu} H_1 \cdot \cos\varphi
\end{array}\right\} \tag{3-44}$$

（上边符号适用于左半拱，下边符号适用于右半拱）

将不考虑弹性压缩的活载内力与活载弹性压缩产生的内力迭加起来，即得活载作用下的总内力。

3.5.4　温度变化、混凝土收缩和拱脚变位的内力计算

在超静定拱中，温度变化、混凝土收缩和拱脚变位都会产生附加内力。我国许多地区温度变化幅度大，温度变化产生的附加内力不容忽视。混凝土收缩，尤以就地浇筑的混凝土在结硬过程中的收缩变形，可使拱桥开裂。在软土地基上建造圬工拱桥，墩台变位的影响比较突出，水平位移的影响更为严重，根据观测的结果，在两拱脚的相对水平位移 Δ_h > $l/1200$ 时，拱的承载能力就会大大降低，甚至破坏。

3.5.4.1　温度变化产生的附加内力计算

根据热胀冷缩的道理，当大气温度比成拱时的温度（即主拱圈施工合龙时温度，称为合龙温度）高时，称为温度上升，引起拱体膨胀；反之，当大气温度比合龙温度低时，称为温度下降，引起拱体收缩。不论是拱体膨胀（拱轴伸长）还是拱体收缩（拱轴缩短）都会在超静定拱中产生附加内力，不过两者的符号不同而已。

在图 3-63 中，设温度变化引起拱轴在水平方向的变位为 Δl_t，与弹性压缩同样道理，必然在弹性中心产生一对水平力 H_t。由典型方程得：

$$H_t = \frac{\Delta l_t}{\delta_{22}}$$

$$\Delta l_t = \alpha \cdot l \cdot \Delta t$$

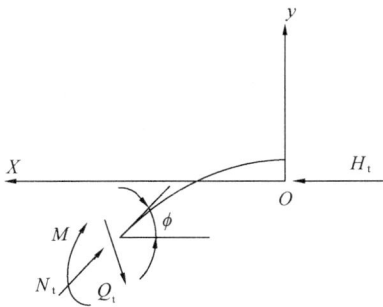

图 3-63　温度变化引起赘余力计算图式　　图 3-64　温度变化引起拱中的内力

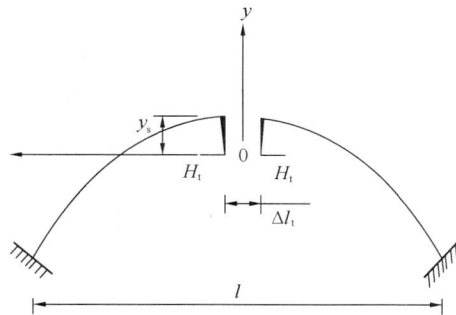

式中　Δt——温度变化值，即最高（或最低）温度与合龙温度之差。温度上升时，Δt 和 H_t 均为正；温度下降时，Δt 及 H_t 均为负；

α——材料的线膨胀系数：

混凝土或钢筋混凝土结构 $\alpha = 0.000010$；

混凝土预制块砌体 $\alpha = 0.000009$；

石砌体 $\alpha = 0.000008$。

公路桥梁的温度变化范围，公路桥规规定，钢结构可按当地最高和最低气温确定；砖、石、混凝土、钢筋混凝土及预应力混凝土结构，一般按当地月平均最高和最低气温确定。气温变化值应自结构合龙时的温度算起。铁路桥梁的温度变化范围，对于钢桥，与公路桥一样考虑最高和最低气温；对于圬工桥，铁路桥规则根据构造的式样、尺寸和当地外界条件在附录中给出构件的计算温度取值图，外界气温也在附录中给出了一月份和七月份平均气温图；同时还规定，对于涵洞和跨度在 15m 以内、矢跨比小于 1/4 的石拱桥，最

冷月平均气温不低于－20℃时，气温变化的影响可以不考虑。

由温度变化引起拱中任意截面的附加内力为（图 3-64）：

$$\left.\begin{array}{l}弯矩: M_t = -H_t y = -H_t(y_s - y_1)\\轴向力: N_t = H_t \cos\varphi\\剪力: Q_t = \pm H_t \sin\varphi\end{array}\right\} \tag{3-45}$$

3.5.4.2 混凝土收缩引起的内力

混凝土在结硬过程中的收缩变形，其作用与温度下降相似。通常将混凝土收缩的影响，折算为温度的额外降低。

公路桥规建议，整体浇筑的混凝土结构的收缩影响，对于一般地区相当于降低温度20℃，干燥地区为30℃；整体浇筑的钢筋混凝土结构的收缩影响，相当于降低温度15～20℃；分段浇筑的混凝土或钢筋混凝土结构的收缩影响，相当于降低温度10～15℃；装配式钢筋混凝土结构的收缩影响，相当于降低温度5～10℃。计算拱圈的温度变化和混凝土收缩影响时，可根据实际资料考虑混凝土徐变的影响，如缺乏实际资料，计算温度变化影响力时可乘以 0.7 的系数，计算混凝土收缩影响力时可乘以 0.45 的系数。

对于混凝土收缩影响，铁路桥规也建议按降低温度的方法计算。对于整体灌筑的混凝土结构，相当于降低温度 20℃；对于整体灌筑的钢筋混凝土结构，相当于降低温度 15℃；对于分段灌筑的混凝土或钢筋混凝土结构，相当于降低温度 10℃；对于装配式钢筋混凝土结构，可酌情予以降低温度 5～10℃。

3.5.4.3 拱脚变位引起的内力计算

在软土地基上修建的拱桥以及桥墩较柔的多孔拱桥，拱脚变位是难以避免的。拱脚的变位包括拱脚的水平位移、垂直位移（沉降）和转动（角变），每一种变位都会在拱中产生内力。

（1）拱脚相对水平位移引起的内力

在图 3-65 中，两拱脚发生相对水平位移为：

$$\Delta_h = \Delta_{hB} - \Delta_{hA}$$

式中　Δ_{hA}、Δ_{hB}——左、右拱脚的水平位移，自原位置右移为正、左移为负。

由于两拱脚发生相对水平位移 Δ_h，在弹性中心产生的赘余力为：

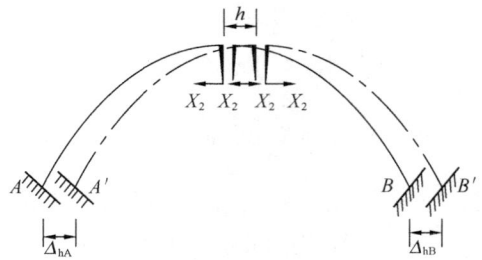

图 3-65　拱脚水平位移引起内力计算图式

$$X_2 = -\frac{\Delta_h}{\delta_{22}} = -\frac{\Delta_h}{\int_s \frac{y^2 ds}{EI}} \tag{3-46}$$

如两拱脚相对靠拢（Δ_h 为负），X_2 为正。反之亦然。

（2）拱脚相对垂直位移引起的内力

在图 3-66 中，拱脚相对垂直位移为：

$$\Delta_V = \Delta_{VB} - \Delta_{VA}$$

式中　Δ_{VA}、Δ_{VB}——左、右拱脚的垂直位
移，均以自原位置下
移为正，上移为负。

由两拱脚相对垂直位移引起弹性中心的赘余
力为：

$$X_{\mathrm{s}}=-\frac{\Delta_{\mathrm{v}}}{\delta_{33}}=-\frac{\Delta_{\mathrm{v}}}{\int_{s}\dfrac{x^{2}\mathrm{d}s}{EI}}\qquad(3\text{-}47)$$

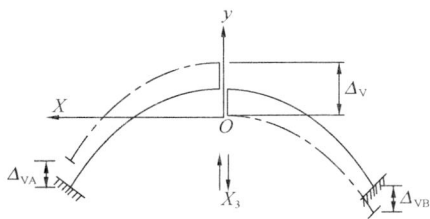
图 3-66　拱脚相对垂直位移引起的内力

等截面悬链线拱的 $\int_{s}\dfrac{x^{2}\mathrm{d}s}{EI}$ 可由"拱桥"表

（Ⅲ）—6 查得。

（3）拱脚相对角变引起的内力

在图中 3-67 中，拱脚 B 发生转角 θ_{B}（θ_{B} 顺时针为正）之后，在弹性中心除产生相同
的转角 θ_{B} 之外，还引起相对水平位移 Δ_{h} 和垂直位移 Δ_{v}。因此，在弹性中心会产生三个赘
余力 X_{1}、X_{2}、X_{3}。由力法方程（3-29）可得：

$$\left.\begin{array}{l}\delta_{11}X_{1}+\theta_{\mathrm{B}}=0\\\delta_{22}X_{2}+\Delta_{\mathrm{h}}=0\\\delta_{33}X_{3}-\Delta_{\mathrm{v}}=0\end{array}\right\}\qquad(3\text{-}48)$$

上式中 θ_{B} 为已知，Δ_{h}、Δ_{v} 不难根据图 3-67（b）的几何关系求出。

$$\because\quad\Delta=\theta_{\mathrm{B}}l/2\cos\alpha'$$
$$\tan\alpha'=\frac{(f-y_{\mathrm{s}})}{l/2}$$
$$\therefore\Delta_{\mathrm{h}}=\Delta\cdot\sin\alpha'=\theta_{\mathrm{B}}(f-y_{\mathrm{s}})$$
$$\Delta_{\mathrm{v}}=\Delta\cdot\cos\alpha'=\theta_{\mathrm{B}}\cdot l/2$$

将 Δ_{h} 及 Δ_{v} 代入式（3-48）得：

$$\left.\begin{array}{l}X_{1}=-\dfrac{\theta_{\mathrm{B}}}{\delta_{11}}\\[2mm]X_{2}=-\dfrac{\theta_{\mathrm{B}}(f-y_{\mathrm{s}})}{\int_{s}\dfrac{y^{2}\mathrm{d}s}{EI}}\\[2mm]X_{3}=\dfrac{\theta_{\mathrm{B}}\cdot l}{2\int_{s}\dfrac{x^{2}\mathrm{d}s}{EI}}\end{array}\right\}\qquad(3\text{-}49)$$

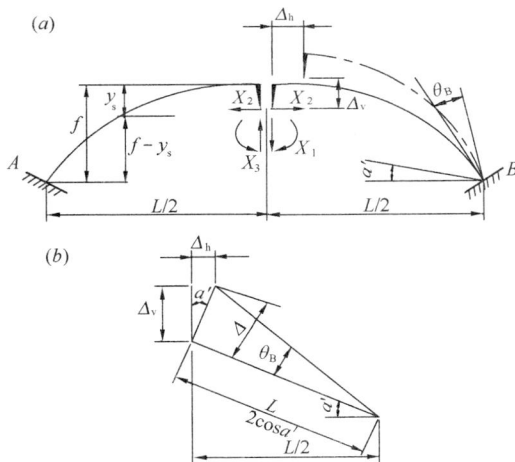
图 3-67　拱脚相对角变引起的赘余力

式中　$\delta_{11}=\int_{s}\dfrac{\overline{M_{1}^{2}}\mathrm{d}s}{EI}=\int_{s}\dfrac{\mathrm{d}s}{EI}=\dfrac{l}{EI}$

$$\int_{0}^{1}\frac{\mathrm{d}\xi}{\cos\varphi}=\frac{l}{EI}\times\frac{1}{\nu_{1}}$$

$\dfrac{1}{\nu_{1}}$ 可自"拱桥"表（Ⅲ）-8 查得。

拱脚相对角变引起各截面的内力（图 3-68）为：

$$\left.\begin{array}{l}M=X_{1}-X_{2}y\pm X_{3}x\\N=\mp X_{3}\sin\varphi+X_{2}\cos\varphi\\Q=X_{3}\cos\varphi\pm X_{2}\sin\varphi\end{array}\right\}\qquad(3\text{-}50)$$

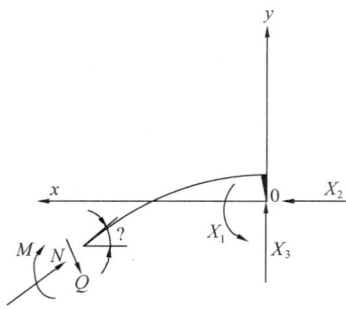

图 3-68   拱脚相对角变引
起各截面的内力

以上公式是假设右半拱顺时针转动推导出来的，若反时针转动 θ_B，则式（3-49）中的 θ_B 均应以负值代入。如左拱脚顺时针转动 θ_A，则式（3-49）应改为：

$$\left.\begin{aligned} X_1 &= \frac{\theta_A}{\delta_{11}} \\ X_2 &= \frac{\theta_A(f - y_s)}{\displaystyle\int_s \frac{y^2 \mathrm{d}s}{EI}} \\ X_3 &= \frac{\theta_A \cdot l}{2\displaystyle\int_s \frac{x^2 \mathrm{d}s}{EI}} \end{aligned}\right\} \qquad (3\text{-}51)$$

3.5.5   裸拱内力计算

采用早脱架施工（拱圈合龙达到一定强度后就卸落拱架）及无支架施工的拱桥，需计算裸拱自重产生的内力，以便进行裸拱强度和稳定性的验算。

取悬臂曲梁为基本结构（图 3-69）。对于等截面拱，任意截面 i 的恒载强度 g_i 为：

$$g_i = \frac{g_d}{\cos \varphi_i} \qquad (3\text{-}52)$$

由于结构和荷载均为正对称，故在弹性中心仅有两个正对称的赘余力：弯矩 M_s 和水平力 H_s。由力法方程（3-29）可得：

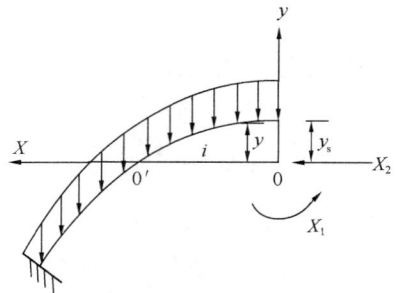

图 3-69   拱圈自重作用下内力计算图式

$$X_1 = -\frac{\Delta_{1p}}{\delta_{11}} = -\frac{\displaystyle\int_s \frac{\overline{M}_1 M_p \mathrm{d}s}{EI}}{\displaystyle\int_s \frac{\overline{M}_1^2 \mathrm{d}s}{EI}} = -\frac{\displaystyle\int_s \frac{M_p \mathrm{d}s}{EI}}{\displaystyle\int_s \frac{\mathrm{d}s}{EI}}$$

$$X_2 = -\frac{\Delta_{2p}}{\delta'_{22}} = -\frac{\displaystyle\int_s \frac{\overline{M}_2 M_p}{EI}\mathrm{d}s}{\displaystyle\int_s \frac{\overline{M}_2^2 \mathrm{d}s}{EI} + \displaystyle\int_s \frac{\overline{N}^2 \mathrm{d}s}{EA}} = \frac{\displaystyle\int_s \frac{M_p y}{EI}\mathrm{d}s}{(1+\mu)\displaystyle\int_s \frac{y^2 \mathrm{d}s}{EI}}$$

积分后可得：

$$\left.\begin{aligned} X_1 &= \frac{A\gamma l^2}{4} V_1 \\ X_2 &= \frac{A\gamma l^2}{4(1+\mu)f} V_2 \end{aligned}\right\} \qquad (3\text{-}53)$$

式中 γ——拱圈材料单位体积重；

A——拱圈截面积（净面积或实际面积）；

V_1、V_2——系数，可自"拱桥"表（Ⅲ）-15、（Ⅲ）-16 查得。

由静力平衡条件得任意截面 i 的弯矩和轴向力为：

$$
\left.
\begin{aligned}
M_i &= X_1 - X_2 y - \sum_n^i M \\
N_i &= X_2 \cos\varphi_i + \sum_n^i P \cdot \sin\varphi_i
\end{aligned}
\right\}
\tag{3-54}
$$

式中　$\sum\limits_n^i M$ ——拱顶至 i 截面间裸拱自重对该截面的弯矩；

　　　$\sum\limits_n^i P$ ——拱顶至 i 截面间裸拱自重的总和。

$\sum\limits_n^i M$、$\sum\limits_n^i P$ 均可由"拱桥"（Ⅲ）-19 查得。

其中，n 为拱顶截面的编号，在设计中 n 常采用 12 或 24。

当拱的矢跨比为 $1/10 \sim 1/5$ 时，裸拱恒载压力线的拱轴系数 $m_0 = 1.305 \sim 1.079$，通常比拱轴线采用的 m 值小。计算表明，在裸拱的自重作用下，拱顶、拱脚一般都产生正弯矩。拱轴线的 m 与裸拱的 m_0 差得越多，拱顶、拱脚的正弯矩就越大。因而，采用无支架施工或早脱架施工的拱桥，宜适当降低拱轴系数。

3.5.6　公路圬工拱桥拱圈强度及稳定性验算

求出了各种荷载作用下的内力后，即可进行最不利情况下的荷载组合，进而验算控制截面的强度及拱的稳定性。一般无铰拱桥，拱脚和拱顶是控制截面。中、小跨径的无铰拱桥，只验算拱顶、拱脚就行了。大、中跨径无铰拱桥，常验算拱顶、拱脚和拱跨 1/4 等三个截面，采用无支架施工的大跨径拱桥，必要时需加算 1/8 和 3/8 截面。

由于拱桥在公路桥梁中应用较多，而在铁路桥梁中应用较少，所以以下仅介绍公路圬工拱桥的拱圈强度与稳定验算。

3.5.6.1　拱圈强度验算

求出了各种荷载作用下的内力后，即可进行最不利情况下的荷载组合，进而验算控制截面的强度。在上述荷载作用计算中，由车道荷载引起的拱的正弯矩时，自拱顶至拱跨 1/4 各截面应乘以 0.7，拱脚截面应乘以 0.9，中间各截面的正弯矩折减系数，可用直线插入法确定。

一般无铰拱桥，拱脚和拱顶是控制截面。中、小跨径的无铰拱桥，只验算拱顶、拱脚就行了。大、中跨径无铰拱桥，常验算拱顶、拱脚和拱跨 1/4 等三个截面，采用无支架施工的大跨径拱桥，必要时需加算 1/8 和 3/8 截面。

对于圬工拱桥，除抗压强度应满足要求外，偏心距要小于表 3-2 的限制值，以限制拱圈开裂和裂缝宽度。否则应对截面的抗弯拉强度进行验算，详见《圬工桥规》第 4.0.10 条或《结构设计原理》有关章节。

圬工偏压构件偏心矩限值表　　　　　　　　　　表 3-2

作用组合	偏心距限值
基本组合	$\leqslant 0.6s$
偶然组合	$\leqslant 0.7s$

在表 3-2 中，混凝土结构单向偏心的受拉一边或双向偏心的各受拉一边，当没有不小于截面面积的 0.05% 的纵向钢筋时，表内规定值可增加 0.1s。表中 s 值为截面或换算截面重心轴至偏心方向截面边缘的距离。

对于钢筋混凝土拱圈，要验算截面的强度、混凝土的拉压应力和裂缝宽度，如果不能满足要求，可通过增加配筋量、提高混凝土强度等级甚至加大拱圈截面尺寸（主要是高度）的方法予以解决。具体的验算方法详见《混凝土桥规》和《结构设计原理》。

3.5.6.2　挠度验算

挠度验算，圬工拱桥按《公桥通规》规定的作用短期效应组合，在一个桥跨范围内的正负挠度的绝对值之和的最大值不应大于计算跨径的 1/1000。钢筋混凝土拱桥在《混凝土桥规》中对挠度验算没有规定。

3.5.6.3　拱圈的稳定性验算

拱桥的主拱以受压为主，稳定性验算是设计计算中一项最主要的内容。拱的稳定从失稳形态分纵向（面内）稳定和横向（面外）稳定两个方面，从失稳时是否发生平衡分支分为分支点失稳和极值点失稳。拱的稳定问题，在材料性能方面又有线弹性稳定和非线性非弹性问题，在几何方面又有小挠度和大挠度问题。因此，拱的稳定验算又是一个复杂的问题。

分枝点失稳是指当作用于结构上的荷载达到某一临界值时，拱的稳定平衡状态出现分支可能从一种平衡状态转向另一种平衡状态，如从对称变形转向非对称变形、从面内变形转向面外变形等，从而导致拱的承载能力丧失。弹性分支点的临界荷载通常可通过解特征值求得，简单构件可用解析解，复杂结构可通过程序求解。由于没有考虑缺陷材料的非线性和大挠度影响，因此它只是真实解的上限。对于受非对称荷载以极值点失稳的结构来说，弹性分枝点临界荷载与真实解的偏差可能很大，再加上失稳的突然性和可怕的后果，所以在工程上常采用较大的安全系数，一般要求弹性分支点失稳的临界荷载为实际荷载的 4～6 倍。

极值点失稳是指结构沿着初始的平衡状态，随着荷载的增大其非线性不断增大直至最后丧失承载能力。它要考虑材料的非线性与几何非线性性能，一般需通过数值方法求解，工程应用较为复杂而多采用简化的计算方法，如弯矩系数增大法、等效梁柱法等；有时甚至用弹性临界荷载来代替。

小跨径上承式实腹拱桥，由于跨径不大且拱上建筑参与作用，因此可以不验算拱圈的纵、横向稳定性。对于在拱上建筑合龙后再卸落拱架的大、中跨径拱桥，由于拱上建筑与拱圈的共同作用，也无需验算拱圈或拱肋的纵向稳定性。

采用无支架施工或拱上建筑合龙前就脱架的上承式，应验算拱圈或拱肋的纵、横向稳定性。拱圈宽度小于 1/20 的上承式拱桥，应验算横向稳定性。中承与下承式拱桥均应进行拱肋纵、横向稳定性验算。

（1）纵向稳定性验算

对于纵向稳定，由于非对称荷载作用下拱肋的弯矩较大，材料非线性在其极值点失稳临界荷载（稳定极限承载力）中起了很重要的作用，而弹性分支点临界荷载无法考虑材料非线性的影响，因此除非长细比特别大且矢跨比又比较小，一般拱的弹性分枝点临界荷载要比稳定极限承载力大许多。因此，拱的纵向稳定验算，是将拱圈或拱肋换算为相当稳定计算长度的压杆，以验算抗压承载力的形式验算其稳定性；也就是采用等效梁柱法，将拱等效成梁柱，计算其稳定极限承载力，而不是计算其弹性临界荷载。

1) 对于中、小跨径砌体拱圈或拱肋、混凝土拱圈或拱肋，当轴向力偏心距小于《圬工桥规》的限值、长细比在表 8-3 所列范围时，可采用式（3-55）的承载力计算公式验算稳定性：

$$\gamma_0 N_d \leqslant \varphi A f_{cd} \tag{3-55}$$

式中　　γ_0——结构重要性系数，按《公桥通规》的设计安全等级分为：一级、二级、三级，分别取 1.1、1.0、0.9；

　　　　N_d——拱圈或拱肋轴向力设计值，可近似表示成 $N_d = N_d / \cos\varphi_m$，其中 H_d 为拱圈或拱肋水平推力的设计值，φ_m 如图 3-70 所示；

　　　　A——拱圈或拱肋的截面面积，组合截面时为各层截面换算成标准层强度的换算截面面积；

　　　　f_{cd}——拱圈或拱肋材料抗压强度设计值，对于组合截面为标准层材料的抗压强度设计值；

　　　　φ——拱圈或拱肋换算压杆的纵向弯曲系数或纵向弯曲与偏心影响系数，对于混凝土拱圈或拱肋按表 3-3 取值，对于砌体拱圈或拱肋详见《圬工桥规》4.0.6 和 4.0.7 条规定或《结构设计原理》圬工结构部分。

混凝土拱圈或拱肋纵向弯曲系数 φ　　　　　　　　　　　　　　表 3-3

l_0/b	<4	4	6	8	10	12	14	16	18	20	22	24	26	28	30
l_0/i	<14	14	21	28	35	42	49	56	63	70	76	83	90	97	104
φ	1.00	0.98	0.96	0.91	0.86	0.82	0.77	0.72	0.68	0.63	0.59	0.55	0.51	0.47	0.44

表 3-3 中　　l_0——拱圈或拱肋稳定计算长度，拱圈或拱肋纵向稳定计算长度为：无铰拱 $l_0 = 0.36 L_a$，双铰拱 $l_0 = 0.54 L_a$，三铰拱 $l_0 = 0.58 L_a$，其中 L_a 为拱轴线的弧长；

　　　　b——弯曲平面内拱圈或拱肋截面高度；

$i(i_x、i_y)$——弯曲平面内拱圈或拱肋截面的回转半径，$i_x = \sqrt{I_x/A}$、$i_y = \sqrt{I_y/A}$，其中 I_x、I_y 分别为截面或（换算截面）绕 x 轴和 y 轴的抗弯惯性矩，A 为截面（或换算截面）面积。

2) 对于钢筋混凝土拱圈或拱肋，当其长细比在表 3-4 所列范围时，也将其换算为相当计算长度的压杆，按式（3-56）的承载力计算公式验算稳定性。

$$\gamma_0 N_d \leqslant 0.9 \varphi (A f_{cd} + f'_{sd} A'_s) \tag{3-56}$$

式中　　φ——拱圈或拱肋换算压杆的纵向弯曲系数，按表 3-4 取用；

　　　　f_{cd}——拱圈或拱肋混凝土材料抗压强度设计值；

　　　　A——拱圈或拱肋的截面面积，当纵向钢筋配筋率大于 3% 时取混凝土净截面面积；

　　　　f'_{sd}——纵向钢筋抗压强度设计值；

　　　　A'_s——纵向钢筋截面面积；

其余符号意义同前。

表 3-4 中，b 为矩形截面拱圈或拱肋的短边长度；d_i 为圆形截面拱圈或拱肋的直径；i

为截面最小回转半径；其余符号意义同前。

钢筋混凝土拱圈或拱肋纵向弯曲系数 φ　　　　　　表 3-4

l_0/b	≤8	10	12	14	16	18	20	22	24	26	28
l_0/d_i	≤7	8.5	10.5	12	14	1505	17	19	21	22.5	24
l_0/i	≤28	35	42	48	55	62	69	76	83	90	97
ϕ	1.00	0.98	0.95	0.92	0.87	0.81	0.75	0.70	0.65	0.60	0.56
l_0/b	30	32	34	36	38	40	42	44	46	48	50
l_0/d_i	26	28	29.5	31	33	34.5	36.5	38	40	41.5	43
l_0/i	104	111	118	125	132	139	146	153	160	167	174
ϕ	0.52	0.48	0.44	0.40	0.36	0.32	0.29	0.26	0.23	0.21	0.19

3）当拱圈或拱肋换算压杆的长细比超出表 3-3 或表 3-4 的范围时，拱的长细比很大，可能出现弹性分支失稳，或弹性分支失稳临界荷载接近甚至大于稳定极限承载力，这时可近似采用欧拉临界力验算稳定性，即：

$$N_d \leqslant \frac{N_{L1}}{K_1} \tag{3-57}$$

式中　N_d ——拱圈或拱肋轴向力设计值；

　　　K_1 ——纵向稳定安全系数，一般取 4～5；

　　　N_{L1} ——纵向失稳的临界轴向力，表示为：

$$N_{L1} = \frac{H_{L1}}{\cos\varphi_m} \tag{3-58}$$

　　　N_{L1} ——纵向失稳的临界水平推力，按式（3-59）计算：

$$H_{L1} = k_1 \frac{E_a I_x}{l^2} \tag{3-59}$$

　　　E_a ——拱圈或拱肋材料的弹性模量；

　　　I_x ——拱圈或拱肋截面对自身水平轴的惯性矩；

　　　k_1 ——纵向失稳的临界推力系数；等截面悬链线和抛物线拱在均布荷载下的 k_1 值分别可按表 3-5 和表 3-6 取用；

其余符号意义同前。

悬链线拱临界推力系数 k_1　　　　　　表 3-5

f/l	0.1	0.2	0.3	0.4	0.5
无铰拱	74.2	63.5	51.0	33.7	15.0
两铰拱	36.0	28.5	19.0	12.9	8.5

抛物线拱临界推力系数 k_1　　　　　　表 3-6

f/l	1/10	1/9	1/8	1/7	1/6	1/5	1/4
无铰拱	35.6	35.0	34.1	32.9	31.0	28.4	23.5
两铰拱	75.8	74.8	73.3	71.1	68.0	63.0	55.5

（2）横向稳定性验算

坼工拱桥的拱圈横向稳定极限承载力计算，与前面的纵向稳定计算相似，可以将拱圈等效成梁柱，用式（3-55）进行验算，《坼工桥规》规定拱圈横向稳定计算长度可按表 3-7 采用。

无铰板拱圈或单肋横向稳定计算长度 l_0 表 3-7

f/l	1/3	1/4	1/5	1/6	1/7	1/8	1/9	1/10
μ	1.1665r	0.9622r	0.7967r	0.5759r	0.4950r	0.4519r	0.4248r	0.4061r

表 3-7 中，r 为圆弧拱的半径，当为其他曲线时，可近似地取 $r = \dfrac{l}{2}\left(\dfrac{1}{4\beta} + \beta\right)$，其中 β 为矢跨比。

对于面外稳定，考虑横向力（如风力）和结构缺陷后，它也是极值点失稳问题，但由于拱桥以面内受力为主，因此，横向的不利作用引起的极值点失稳临界荷载与分支点失稳临界荷载的差距一般要小于纵向失稳情况，也就是说对实际结构的失稳问题，面外失稳较之面内失稳更接近于分支点失稳。所以，拱的横向稳定验算更多地是计算弹性分支点临界荷载。

拱的横向弹性分枝点临界荷载目前常用有限元进行计算。简化计算时，同样将拱等效成柱来计算，见式（3-60）。但应该指出的是，这里是将拱等效成轴压柱，计算的是弹性分支点临界荷载；而在前面的稳定验算中，是等效成梁柱，计算的是梁柱的弹塑性稳定极限荷载。

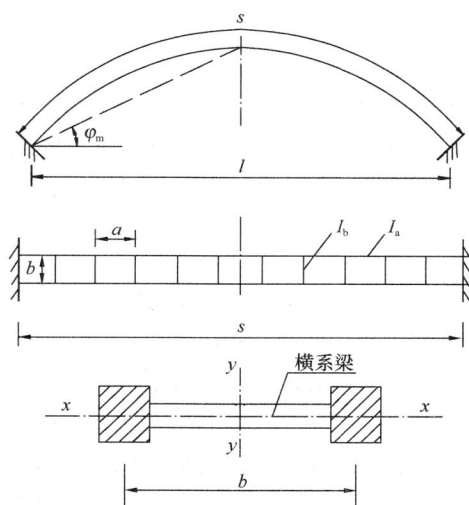

图 3-70 肋拱稳定计算图式

$$N_j \leqslant N_L / r_m \tag{3-60}$$

式中 N_j——按式（3-45）等号左边计算的平均轴向力；

N_L——拱丧失横向稳定时的临界轴向力；

r_m——横向稳定安全系数，一般为 4～5。

1）对于板拱或采用单肋合拢时的拱肋，丧失横向稳定时的临界轴向力，常用竖向均布荷载作用下，等截面抛物线双铰拱的横向稳定公式计算：

$$N_L = \frac{H_L}{\cos\varphi_m} \tag{3-61}$$

式中 φ_m——半拱的弦与水平线的夹角：

$$\cos\varphi_m = \frac{1}{\sqrt{1 + 4\left(\dfrac{f}{l}\right)^2}} \tag{3-62}$$

H_L——临界推力，按下式计算：

$$H_L = K_2 \frac{EI_y}{8fL} \tag{3-63}$$

式中　K_2——临界荷载系数，与矢跨比、拱端固定方式等有关，在设计中，为了简化计算工作，K_2 值可偏安全地按表 3-8 确定；表中 γ 为截面抗弯刚度与抗扭刚度之比；

　　　I_y——单根拱肋对自身竖轴的惯性矩。

模型试验与理论计算证明：无铰拱的临界荷载比有铰拱大得多。悬链线无铰拱的横向稳定，在无成熟的计算方法之前，可偏安全地采用两铰拱的计算公式，或者采用圆弧无铰拱的公式计算临界轴向力。

临界推力系数 k_2　　　　　　　　　　　表 3-8

γ		0.7	1.0	2.0
	0.1	28.5	28.5	28.0
f/l	0.2	41.5	41.0	40.0
	0.3	40.0	38.5	36.5

2）对于肋拱或无支架施工时采用双肋（或多肋）合龙的拱肋，在验算横向稳定性时，可视为组合压杆（图 3-70），组合压杆的长度等于拱轴长度 S，临界轴向力可按下式计算：

$$N_L = \frac{\pi^2 E_a I_y}{l_0{}^2} \tag{3-64}$$

式中　I_y——两拱肋对桥纵轴（$y-y$ 轴）的惯性矩；

　　　E_a——拱肋材料的弹性模量；

　　　l_0——组合压杆计算长度，$l_0 = \rho \cdot \alpha \cdot S$；

　　　α——计算长度系数，无铰拱为 0.5，两铰拱为 1.0；

　　　ρ——考虑剪力对稳定的影响系数：

$$\rho = \sqrt{1 + \frac{\pi^2 E_a I_y}{L_j^2}\left(\frac{ab}{12 E_b I_b} + \frac{a^2}{24 E_a I_a}\right)}$$

其中：
$$L_j = \alpha S$$

　　　a——横系梁（或夹木）的间距；

　　　b——两拱肋中距，即横系梁的计算长度；

　　　I_a——单根拱肋对自身竖轴的惯性矩；

　　　I_b——单根横系梁（或夹木）对竖轴的惯性矩；

　　　E_b——横系梁（或夹木）的弹性模量。

3.6　拱　桥　施　工

3.6.1　概　　述

桥梁为跨长结构物，施工过程比起成桥使用期来说虽然时间短暂，但施工过程的结构行为并不比成桥后的简单。桥梁施工技术是桥梁技术的重要组成部分，而且往往成为关键计算。拱桥的施工方法，大体上可分为有支架施工和无支架施工两大类。石拱桥和混凝土预制块拱桥基本上采用有支架施工法；其他拱桥则多采用无支架施工法。

国内早期在拱桥无支架施工中主要采用缆索吊装法,但缆索吊机的吊装能力有限,一般在 30～40t 以下,最大的吊装能力在 70t 附近,且随缆索跨径的增大,吊装能力的提高越显困难。缆索作为施工设备,其设备费用也很大。为利用缆索设备实现拱桥跨度的增大,我国在 20 世纪 70 年代修建了大量的双曲拱桥。

20 世纪七八十年代,我国修建的拱桥主要是箱拱桥。箱拱桥的主拱圈挖空率高、截面抗弯抗扭能力强,是大跨径拱桥的合适形式,但是由于吊装重量大,使跨径未能有大的突破。1979 年建成的四川宜宾马鸣溪大桥,跨径为 150m,采用缆索吊装施工,吊装重量达 70t,这一吨位基本上是我国缆索吊装设备的最大吨位,因此,采用缆索吊装设备吊装对更大跨径的钢筋混凝土箱拱显得无能为力。1982 年四川攀枝花宝鼎大桥建成,该桥采用的是支架法,跨径达 170m。该桥施工采用钢拱架上分环浇筑拱圈混凝土,下环与拱架共同作用承担后续浇筑的上层拱圈荷载,因此,其拱架属于半刚性拱桥,其施工方法已体现了自架设方法的思想。1980 年建成的四川涪陵乌江大桥,采用我国首创的平面转体施工法,使跨径跃上 200m 的大关。

平转法的应用无疑为拱桥无支架施工开辟了新的道路,为拱桥的发展注入新的活力。但转体施工法不属于自架设方法,当跨径增大以后,转体重量很大,转体施工工艺复杂,转盘圬工量大,因此也无法实现更大跨径的突破。

与此同时,国外钢筋混凝土拱桥的最大跨径已达 390m。它是 1980 年南斯拉夫建成的 KRK 大桥。国外大跨度钢筋混凝土拱桥的施工方法主要采用悬臂施工方法,它是受预应力混凝土梁式桥的悬臂施工法影响而发展起来的,主要有悬臂浇筑法、悬臂拼装法、悬臂斜吊法等。比较典型的如:KRK 大桥采用悬臂拼装法;日本的外津桥(跨径 170m)采用悬臂浇筑法;南非的 Bloukrans 桥(跨径 272m)采用悬臂扣挂法等。悬臂施工法解决了大跨径拱桥无支架施工的问题,但由于成桥后拱的受力是受压为主的压弯结构,因此悬臂施工时只能将拱作为施工过程悬臂梁的下弦,需要有较多的临时设施(主要是受拉构件)作为悬臂梁的上弦,因而施工费用较高,在我国未能得到推广应用。

劲性骨架施工法是国外早期采用的无支架施工方法之一,是传统骨架法的演变和发展。劲性骨架具有较大的强度与刚度,又称为刚性骨架,在施工时起施工支架的作用,承担现浇混凝土的自重,但骨架埋设于混凝土之中,施工后不予拆除,国内又称为埋置拱架法,日本称其为米兰法。拱圈混凝土达到强度后,在后续的施工过程和成桥后的受力中,劲性骨架又作为结构的一部分,因此又称为型钢混凝土结构,或钢骨钢筋混凝土,或劲性钢筋混凝土,英文为 Steel Reinforced Concrete,简称 SRC。从施工过程的结构形成来看,它属于结构组分不断增加的自架设方法,即截面增大法。1929 年联邦德国跨径 130m 的 Echclsbach 桥采用此法建成。用劲性骨架法建成的跨径最大的拱桥是西班牙的 Esla 桥,跨径达 210m。

然而,劲性骨架方法耗用钢材多,这些钢材主要是为了满足施工需要,在成桥受力中所起作用很小,因此,单纯采用劲性骨架方法修建钢筋混凝土拱桥,因其经济原因,在此后一段时间内较少采用。20 世纪 70 年代,日本在一些拱桥施工中采用了拱脚段采用悬臂施工、拱顶段采用劲性骨架的组合施工方法,这样缩短了混凝土结构悬臂的长度,也减轻了悬臂的重量,然后悬拼或吊装中段的劲性骨架,很快形成拱结构,最后现浇中间段的混凝土,形成主拱圈,这样,劲性骨架的跨径不大,耗用钢材也不多。因此,这种组合施工方法具有较好的经济性,也使所施工的拱的跨径较大。1981 年建成的日本佐宇川桥,跨径 204m，采用了悬臂拼装加劲性骨架的施工方法。

由于长期以来我国的钢产量偏低、单价相对较高，所以采用型钢的劲性骨架施工方法在我国不符合经济性原则。为此，我国探索应用半劲性骨架的施工方法。半劲性骨架施工法的钢骨架用钢量较少，骨架的刚度与强度不足以单独承担主拱圈的全部混凝土自重，因此施工过程中采用分环浇筑混凝土的方法，并采用竖琴式地锚施加假载，以使劲性骨架受力均匀。1980 年辽宁省建成了跨度 60m 的蚂蚁沙桥为首座采用半劲性骨架的施工方法。随后，这一方法得到了应用与发展，采用此法建成的拱桥有十余座，其中跨径较大的有辽宁丹东沙河口大桥和四川宜宾小南门金沙江大桥。

沙河口大桥为跨径 156m 的中承式箱肋拱，于 1982 年建成。四川宜宾南门金沙江大桥也是中承式肋拱，其跨径达到 240m，曾一度成为我国跨径最大的钢筋混凝土拱桥。

尽管我国对半劲性骨架施工方法组织力量进行了攻关，基本解决了其设计与施工的关键技术问题，然而，由于其技术要求较高，推广应用难度较大，而且随跨径增大，其施工难度越显突出。采用钢管作为劲性骨架，由于钢管的刚度较之型钢有很大的提高，才使得这一方法得到真正的发展。

1990 年以来，钢管混凝土在拱桥上的应用在我国发展很快。钢管混凝土应用于拱桥有两大类型，一种是钢管外露的，钢管以参与结构受力为主，同时也是施工过程的支架和浇筑管内混凝土的模板，成桥过程先合龙钢管骨架，再浇筑管内混凝土形成主拱圈；另一种钢管以施工受力为主，当然也参与成桥的受力，成桥过程先合龙钢管骨架，然后浇筑管内混凝土形成钢管混凝土劲性骨架，再将钢管混凝土劲性骨架作为埋置式拱架浇筑外包混凝土，形成主拱圈。显然利用钢管骨架或随之形成的钢管混凝土作为劲性骨架，较之传统的型钢骨架，大大地减少了用钢量，减轻了骨架的重量，因为拱桥劲性骨架施工的主要危险在于失稳，刚度要求突出，钢管和钢管混凝土能较好地解决刚度问题。

钢管混凝土拱桥的施工方法本质上是劲性骨架方法，虽然钢管骨架较之钢筋混凝土轻许多，但跨径增大以后，钢管骨架本身的架设也具有很大的难度。对于 100m 以下的跨径，钢管骨架一般分为 3 段，吊装重量一般仅十几吨，可根据实际情况采用浮吊、汽车吊等进行吊装，边段用扣索扣住进行合龙，也可以采用少支架支撑，如天津彩虹桥和江苏泰州引江河大桥。个别桥梁采用支架施工，如福建安溪铭选大桥，在支架上高空焊接一节节钢管成拱。这种方法既没有发挥钢管作为劲性骨架的优势，质量又无保证，应该避免。对于跨径在 50m 左右的，架设方法更为灵活。当跨径超过百米以后，常用的架设方法，主要是缆索吊装和转体施工方法，在条件许可的地方还提出了整体吊装和分段吊装的施工方法。

3.6.2   有 支 架 施 工

有支架施工方法主要的施工工序有材料的准备，拱圈放样（包括石拱桥拱石的放样），拱架制作与安装，拱圈及拱上建筑的砌筑等。

拱桥的材料选择，应满足设计和施工有关规范（或规定）的要求。对于石拱桥，石料的准备（包括开采、加工和运输等）是决定施工进度的一个重要环节，也在很大程度上影响桥梁的造价和质量。特别是料石拱圈，拱石规格繁多，所费劳动力就很多。为了加快桥梁建设速度，降低桥梁造价，减少劳动力消耗，可以采用小石子混凝土砌筑片石拱，以及用大河卵石砌拱等多种方法修建拱桥。

拱圈或拱架的准确放样，是保证拱桥符合设计要求的基本条件之一。石拱桥的拱石，要按照拱圈的设计尺寸进行加工，为了保证尺寸准确，需要制作拱石样板。现在一般都是采用放出拱圈（肋）大样的办法来制作样板的，即在样台上将拱圈按 1∶1 的比例放出大样，然后用木板或锌铁皮在样台上按分块大小制成样板，并注明拱石编号（见图 3-32a 和图 3-32b），以利加工。

样台必须保证在施工期间不发生过大变形，便于施工过程中对样板进行复查。一般可以利用现成的球场或晒坪作样台。对于左右对称的拱圈，为了节省场地，可只放出半孔大样。常用的放样方法是直角坐标法。显然，拱弧分点越多，用这种方法放出的拱圈尺寸越精确。例如某净跨径 100m 的箱形拱桥，为了提高放样的精度，半跨拱圈由原设计的 12 分点增加到 32 分点。

拱架是有支架施工法中最主要的临时设施，它要支承全部或部分拱圈和拱上建筑的重量，并保证拱圈的形状符合设计要求，因此，拱架要有足够的强度、刚度和稳定性。同时，拱架又是一种施工临时结构，故要求构造简单、制作容易、节省材料、装拆方便并能重复使用，以加快施工进度，减少施工费用。

拱架的种类很多，按使用材料可分为木拱架、钢拱架、竹拱架、竹木拱架及"土牛拱胎"等形式。木拱架的制作简单，架设方便，但耗用木材较多，常用于盛产木材的地区。钢拱架有多种形式，如我国设计制造的工字梁式拱架（适用跨径可达 40m）和桁架式拱架（一般可用于 100m 跨径，甚至可达 180m 以上）就是其中两种。在缺乏木材或钢材以及少雨地区，也可用就地取材、简单经济的"土牛拱胎"代替拱架，即先在桥下用土或砂、卵石填筑一个"土胎"（俗称"土牛"），然后在上面砌筑拱圈，砌成之后再将填土撤除即可。

目前在修建中、小跨径的圬工拱桥时，仍常采用木拱架。木拱架按其构造形式可分为满布式拱架、拱式拱架及混合式拱架等几种。其中又以满布式最常见。

满布式拱架的优点是施工可靠，技术简单，木材和铁件规格要求较低。缺点是木材用量大，木材及铁件的损耗率也较高。受洪水威胁大，在水深流急、漂流物较多及要求通航的河流上不能采用。

满布式拱架通常由拱架上部（拱盔）、卸架设备、拱架下部（支架）等三个部分组成。一般常用的形式有立柱式和撑架式。

立柱式拱架，上部是由斜梁、立柱、斜撑和拉杆等组成的拱形桁架，下部是由立柱及横向联系（斜夹木和水平夹木）组成的支架，上、下部之间放置卸架设备（木楔或砂筒等），如图 3-71 所示。

立柱间距按桥梁跨径及承受拱圈重量的不同，一般在 1.5～5.0m 之间。拱架在横桥向的间距一般为 1.2～1.7m，为了增强横向稳定性，拱架各片之间应设置横向联系（水平及斜向夹木）。立柱式拱架的构造和制作都很简单，但立柱数目很多，只适用于跨度和高度都不大的拱桥。

撑架式拱架是用少数框架式支架加斜撑来代替数目众多的立柱，如图 3-72 所示。木材用量较立柱式拱架少，构造上也不复杂，而且能在桥孔下留出适当的空间，减小洪水及漂流物的威胁，并在一定程度上满足通航的要求。因此，它是实际工程中采用较多的一种形式。

立柱式和撑架式拱架的拱架上部基本相同，都应使构造简单，受力明确，避免采用复杂的节点和接头形式。拱架应具有足够的强度、刚度和整体稳定性。连接处要紧密，以保

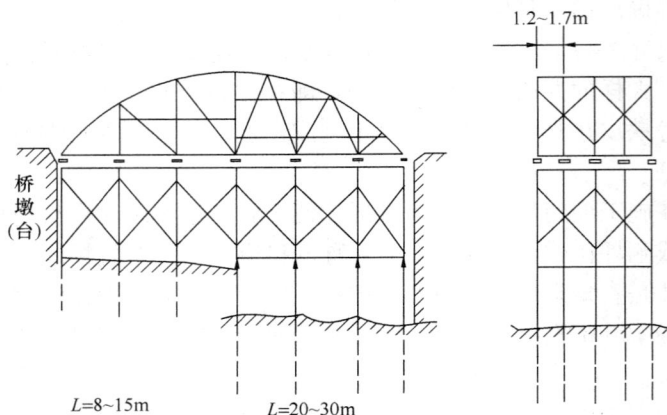

图 3-71　立柱式拱架的形式及其组成

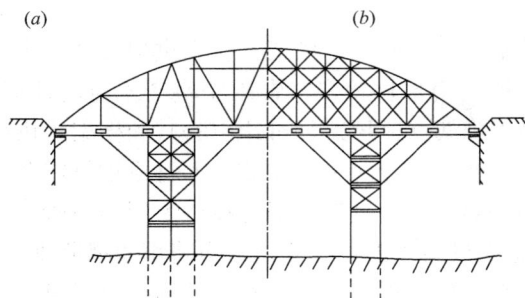

图 3-72　撑架式拱架的形式

证拱架在荷载作用下变形最小且变形曲线圆顺。满布式拱架常用的节点构造如图 3-73 所示。

在斜梁上钉以弧形垫木以适应拱腹的曲线形状，通常将斜梁和弧形垫木合称为弓形木。弓形木支承在立柱或斜撑上，长度一般为 1.5～2.0m。在弓形木上设置横梁，其间距一般为 0.60～0.70m，上面再纵向铺设 0.02～0.04m 厚的模板（图 3-74a），就可在上面砌筑拱石（或作现浇混凝土拱的底模板）。当拱架横向的间距较密时，也可不设横梁，而直接在弓形木上面铺设 3～5cm 厚的模板（图 3-74b）。

为保证拱架能按设计要求均匀下落，必须设置专门的卸架设备。卸架设备常用木楔、木凳（木马）、砂筒（砂箱）等几种形式（图 3-74）。通常，中、小跨径多用木楔或木凳，大跨径或拱式拱架多用砂筒或其他专用设备（如千斤顶等）。

木楔又可分为简单木楔和组合木楔。简单木楔由两块 1∶6～1∶10 斜面的硬木楔形块组成（图 3-75a）。落架时，用锤轻轻敲击木楔小头，将木楔取出，拱架即下落。它的构造最简单，但缺点是敲击时振动较大，而易造成下落不均匀。因此一般可用于中、小跨径桥梁。组合木楔由三块楔形木和拉紧螺栓组成（图 3-75b）。卸架时只需扭松螺栓，则木楔徐徐下降。它的下落较均匀，可用于 40m 以下的满布式拱架或 20m 以下的拱式拱架。

木凳（木马）是另一种形式简单的卸架设备。卸架时，只要沿Ⅰ-Ⅰ与Ⅱ-Ⅱ方向锯去木凳的两个边角（图 3-75c），在拱架自重作用下，木凳被压陷，于是拱架也随之下落。一般用于跨径在 15m 以内的拱桥。跨径大于 30m 的拱桥，宜用砂筒作卸架设备。砂筒是由内装砂子的金属（或木料）筒及活塞（木制或混凝土制）组成（图 3-75d）。卸落是靠砂子从筒的下部预留泄砂孔流出。

为了保证拱圈（或拱上建筑已完成的整个上部结构）逐渐均匀地降落，以便使拱架所

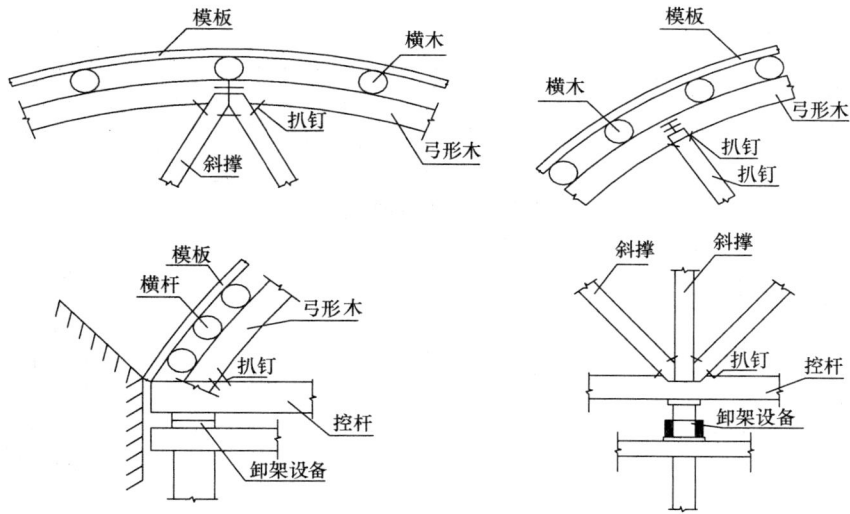

图 3-73　满布式拱架的节点构造

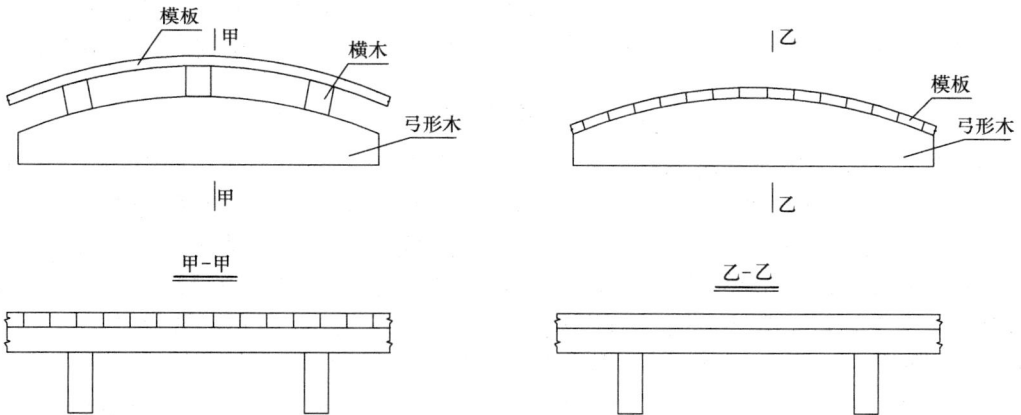

图 3-74　弓形木及模板构造图

支承的桥跨结构重量逐渐转移给拱圈自身来承担，因此拱架不能突然卸除，而应该按照一定的卸架程序进行。

卸架的程序一般是：对于满布式拱架的中小跨径拱桥，可从拱顶开始，逐次向拱脚对称卸落；对于大跨径的悬链线拱圈，为了避免拱圈发生"M"形的变形，也有从两边 1/4 处逐次对称地向拱脚和拱顶均衡地卸落。卸架的时间宜在白天气温较高时进行，这样能够便于卸落拱架。

多孔连续拱桥施工时，还应考虑

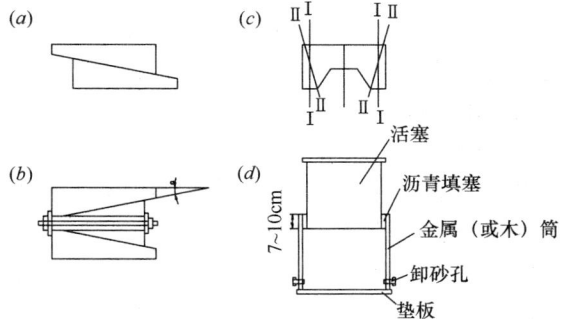

图 3-75　卸架设备的几种形式

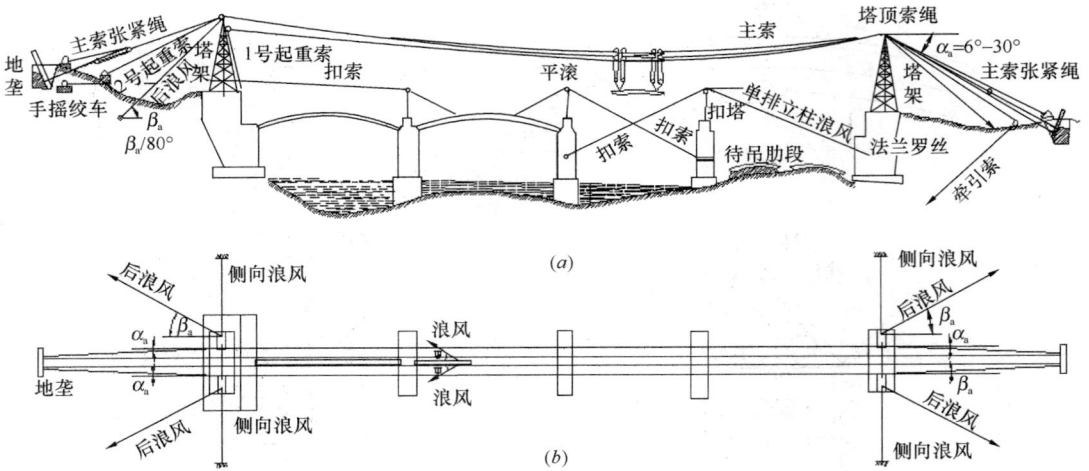

图 3-76   缆索吊装设备及其布置形式

(a) 立面；(b) 平面

相邻孔间的影响。若桥墩设计容许承受单孔施工荷载，就可以单孔卸架。否则应多孔同时卸落拱架，以避免桥墩不能承受单向推力而产生过大的位移，甚至引起严重的施工事故。

3.6.3   缆索吊装施工

缆索架桥设备由于具有跨越能力大，水平和垂直运输机动灵活，适应性广（用途多样），施工也比较稳妥方便等优点，因此缆索吊装是目前修建拱桥较多采用的方法。尤其在修建大跨径的或连续多孔的拱桥中，更能显示这种施工方法的优越性。

缆索吊装设备，按其用途和作用可以分为：主索、工作索、塔架和锚固装置等四个基本组成部分。其中主要机具设备包括主索、起重索、牵引索、结索、扣索、浪风索、塔架（包括索鞍）、地锚（地垄）、滑轮、电动卷扬机或手摇绞车等。其布置形式可参见图 3-76 所示。

（1）主索：亦称为承重索或运输天线。它横跨桥渡，支承在两侧塔架的索鞍上，两端锚固于地锚，吊运构件的行车支承于主索上。主索的截面积（根数）根据吊运构件的重量、垂度、计算跨径等因素由计算确定。横桥向主索的组数，可根据桥面宽度（两外侧拱肋间的距离）、塔架高度（塔架高度越大，横移构件的宽度范围就相应地增大）及设备供应情况等合理选择，一般可选 1～2 组。每组主索可由 2～4 根平行钢丝绳组成。

（2）起重索：用来控制吊物的升降（即垂直运输），一端与卷扬机滚筒相连，另一端固定于对岸的地锚上。这样，当行车在主索上沿桥跨往复运行时，可保持行车与吊钩间的起重索长度不随行车的移动而改变（图 3-77）。

（3）牵引索：用来牵引行车在主索上沿桥跨方向移动（即水平运输）。故需在行车两端各设置一根牵引索。这两根牵引索的另一端既可分别连接在两台卷扬机上，也可合拴在一台双滚筒卷扬机上，便于操作。

（4）结索：用于悬挂分索器，使主索、起重索、牵引索不致相互干扰。它仅承受分索器（包括临时作用在它上面的工作索）的重量及自重。

（5）扣索：当拱肋分段吊装时，需用扣索悬挂端肋及调整端肋接头处标高。扣索的一端系在拱肋接头附近的扣环上，另一端通过扣索排架或塔架固定于地锚上。为了便于调整扣索的长度，可设置手摇绞车及张紧索（图 3-78）。

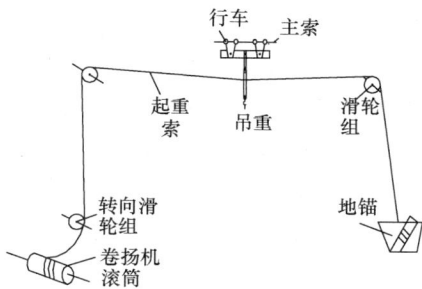

图 3-77 起重索的布置图

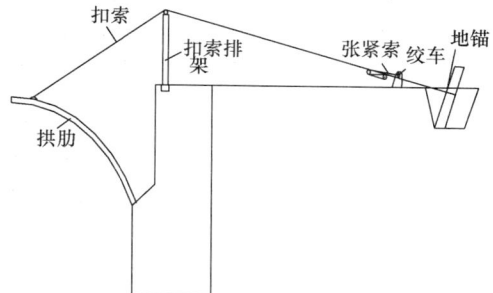

图 3-78 扣索的布置图

（6）浪风索：亦称缆风索：用来保证塔架、扣索排架等的纵、横向稳定及拱肋安装就位后的横向稳定。

（7）塔架及索鞍：塔架是用来提高主索的临空高度及支承各种受力钢索的重要结构。塔架的形式是多种多样的，按材料可分为木塔架和钢塔架两类。

木塔架的构造简单，制作、架设均很方便，但用木材数量较多。木塔架一般用于高度在 20m 以下的场合。通常由 4～6 片人字撑架组成，其高宽比约为 4:1。当高度在 20m 以上时较多采用钢塔架。钢塔架可采用龙门架式、独脚扒杆式或万能杆件拼装成的各种形式。

塔架顶上设置了为放置主索、起重索、扣索等用的索鞍（图 3-79），它可以减少钢丝绳与塔架的摩阻力，使塔架承受较小的水平力，并减小钢丝绳的磨损。

（8）地锚：亦称地垄或锚碇。用于锚固主索、扣索、起重索及绞车等。地锚的可靠性对缆索吊装的安全有决定性影响，设计和施工都必须高度重视。按照承载能力的大小及地形、地质条件的不同，地锚的形式和构造可以是多种多样的。条件允许时，还可以利用桥梁墩、台作锚碇，这就能节约材料，否则需设置专门的地锚。

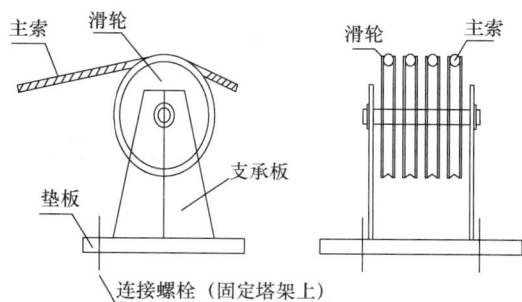

图 3-79 索鞍构造图

（9）电动卷扬机及手摇绞车，用作牵引、起吊等的动力装置。电动卷扬机速度快，但不易控制。对于一般要求精细调整钢索长度的部位，多采用手摇绞车，以便于操纵。

（10）其他附属设备：如各种倒链葫芦、花篮螺栓、钢丝卡子（钢丝扎头）、千斤绳、横移索等。

缆索吊装设备的形式及规格非常多，必须因地制宜地结合各工程的具体情况合理选用。我国已用缆索吊装悬拼施工方法修建了数千座双曲拱桥和箱形拱桥。这些拱桥的跨径大多数在 100m 左右，跨径最大的混凝土（RC）拱桥中是四川马鸣溪桥（150m），跨径最大的用劲性骨架修建的钢筋混凝土（SRC）拱桥是重庆宜宾小南门桥（跨径240m）。

20余年来，随着拱桥跨径的增大，传统的缆索吊装方法进行了改造与创新，采用了一些新技术、新工艺。1992年，广西壮族自治区交通厅成立了"邕宁邕江大桥SRC拱桥设计与施工技术研究"课题，并纳入交通部"八五"联合科技攻关计划。经过三年多的研究，并经实践考验，创立了拱桥千斤顶、钢绞线斜拉扣挂悬拼技术及合龙松索技术，并采用该技术于1996年建成了主跨为312m的广西邕宁邕江钢管混凝土劲性骨架拱桥中、1998年建成跨径270m的三岸邕江钢管混凝土拱桥和来宾磨东跨径180m的钢筋混凝土箱拱桥。此后这一技术在国内许多大型拱桥的施工中得到了应用推广，如万县长江大桥、重庆合川嘉陵江大桥、武汉汉江五桥等。可以说，千斤顶斜拉扣挂悬拼技术为我国大跨径拱桥的施工提供了一个新的技术与思路。

钢绞线斜拉扣挂悬拼（见图3-80）技术采用钢绞线或高强钢丝作为扣索，两端用锚具固定，其工作状态近似于斜拉桥的斜缆，比起传统方法中的钢丝绳，工作条件好，材料节省，同时不论组成扣索的钢绞线有多少根，均可单根收放。在操作方面，由于采用千斤顶作为施力工具，较之传统的卷扬机，施力准确，位移控制可以到毫米级，精度高、施工控制方便。由于采用了钢绞线斜拉扣挂拱肋，多节段（多于五段）拱肋在悬拼过程中，除拱脚采用铰接（对于特大跨径拱桥，也可以悬拼到一定长度后固结）外，其余各段之间可以采用固结，最后形成一个一端铰接、多点扣挂、相邻拱肋设横向永久横联的多次超静定的空间结构。采用钢绞线斜拉扣挂悬拼技术，容易利用扣索对拱肋进行标高和内力的调整，合龙可以采用合龙后松索的技术，使合龙的难度与拱肋分段吊装的段数无关，这就为特大跨径拱桥无支架悬臂拼装技术闯出了一条崭新的道路。

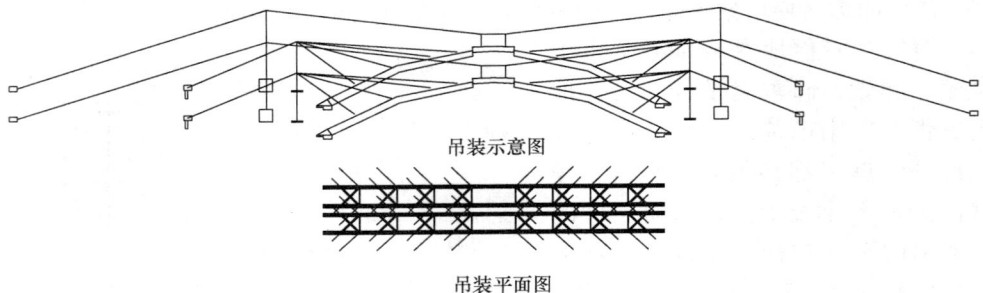

吊装示意图

吊装平面图

图3-80 钢绞线斜拉扣挂悬拼示意图

如果说广西邕宁邕江大桥施工中所采用的千斤顶斜拉吊挂技术是引进斜拉桥的施工技术到拱桥施工中的话，广东南海三山西大桥施工中所采用的吊桥式缆索安装技术则是引进悬索桥的施工技术到拱桥的施工之中，见图3-81。

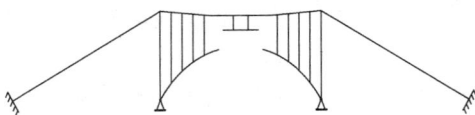

图3-81 吊桥式缆索吊装示意图

广东南海三山西大桥是我国首座跨径跃上200m大关的钢管混凝土拱桥。钢管拱肋分17段，也采用缆索吊装架设。除两岸靠拱脚的4段用斜拉扣索固定外，其余13段均采用吊桥式缆索吊装就位。单段最大吊重为

49t。为增大钢管拱肋在吊装和灌注管内混凝土时的刚度，缆索系统设置了悬挂钢管拱肋的主缆。每段钢管拱肋吊装后，按先后顺序悬挂在承重主索上，因此，每一段拱肋的吊装，对已经悬挂在主索上的拱肋段的坐标值都有影响，施工控制的目的就是使最后一段拱肋吊装到位时，其他各拱肋段均在设计坐标值的位置附近，以便使拱肋合龙时，调整各段坐标值的工作量最小，并使成桥后的拱轴线与设计拱轴线相吻合。因此，在施工计算时，应考虑各节段拱肋和悬挂系统受几何非线性的影响。三山西大桥在施工控制计算时采用前进法确定主索最终的受力状态，以及各段拱肋吊点位置的坐标，然后再用倒退分析法确定各段拱肋在吊装时的吊点抬高量。该桥的施工结果表明，其控制计算的结果较为理想。

3.6.4 转 体 施 工 法

拱桥转体施工法可按转动方向分为两大类：竖向转体施工法和平面转体施工法。

竖向转体施工法是在竖直位置浇筑拱肋混凝土，或者单孔拱桥利用桥台两岸斜坡地形作为支架浇筑拱肋混凝土，然后再从两边逐渐放倒预制拱肋搭接成桥。20 世纪 50 年代，意大利曾用此法修建了多姆斯河桥等，跨径已达 70m。

竖向转体施工法比用拱架施工可节省投资和材料，但如果跨径过大，拱肋过长，则竖向转动不易控制、施工过程中易出现问题，故一般只宜在中、小跨径拱桥中使用。

平面转体施工法是 1979 年我国四川省首创成功的一种新型施工方法，其施工要点是：将拱圈分为两个半跨，分别在两岸利用地形作为简单支架（或土牛拱胎），现浇或预制拼装拱肋（拱桁），安装拱肋间横向联系（如横隔板、横系梁等），把扣索（钢丝绳或高强钢丝束）的一端锚固在拱肋的端部（靠拱顶附近），使扣索自拱顶经过肋上的临时支架延伸至桥台尾部并锚固，然后用液压千斤顶（或手摇卷扬机和链条滑车）收紧扣索，使拱肋脱模（或脱架），借助铺有聚四氟乙烯板或其他润滑材料和钢件的环形滑道（如用二硫化钼作润滑剂的球形铰加钢轮滑道），用手摇卷扬机牵引，慢速地将拱肋转体 180°（或小于 180°）合龙，最后再进行主拱圈和拱上建筑的施工。图 3-82 为跨径 70m 的钢筋混凝土肋拱转体体系的构造示意图。

转体施工法的关键设备是转盘，它由转盘轴心、环行滑道上板、底板等组成。实践表明，转盘滑道采用摩阻力很小（动摩擦系数约为 0.04～0.05）的镀铬钢板与四氟板环道面接触方案较好。转盘直径的确定是由环道四氟板工作压力大小及保证转动体系的稳定性而确定，为了使转动部分（环形滑道以上部分）重心恰好与转盘轴心位置重合，以便启动

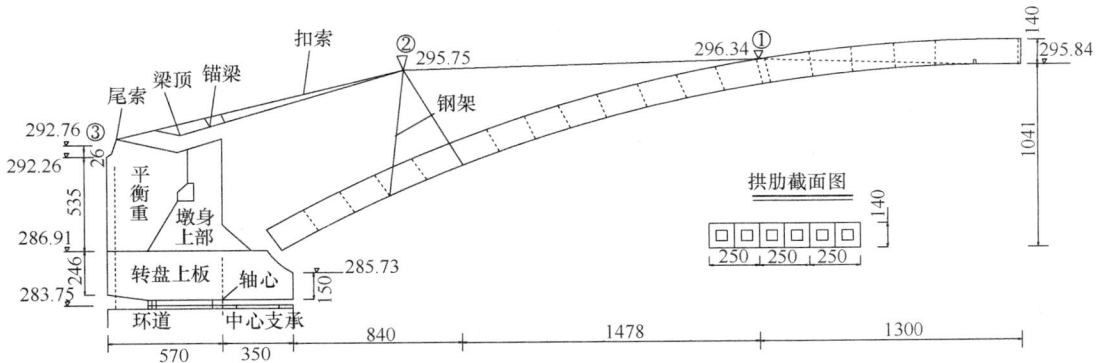

图 3-82 转体施工的肋拱桥构造示意图

时环道受力均衡，需要利用桥台自重及临时压重（即平衡重，一般可用低强度等级砂浆砌砖石）来调整。

实践表明，拱桥转体施工方法具有结构合理、受力明确、施工设备少、工艺简便、节约施工用材、施工安全（变高空作业为岸边陆地上作业）、速度快、造价低等优点。与常用的缆索吊装施工法相比较，全跨分两段且全桥宽一次合龙，减少了吊装段数，结构整体刚度大，纵、横向稳定性好。据比较，转体施工比有支架施工可节约木材60%以上，比用钢塔架缆索吊装施工节约施工用钢材70%～80%。但目前此法只适用于单跨拱桥施工。

为了探索拱桥转体施工方法的适应能力，扩大应用范围，在已建成了跨径80m等截面悬链线箱肋双曲拱桥（贵州瓮安鲤鱼圹大桥）、107m的斜拉桥（单塔，施工时最大悬臂长57m，四川省）和50m跨径桁架拱等的基础上，国内正在作200m跨径拱桥的转体施工方案；并研究采用无平衡重双肋对称同步转体施工的新工艺，以便在不易解决平衡重的情况下也能采用这种方法。我国首创的这种拱桥转体施工法又为修建大跨径拱桥开始了新的途径。

大量的实践经验表明，拱桥无支架施工在合龙以前是一个容易出现安全问题的阶段。因此，对拱肋节段的科学划分、横撑布置、段间接头的合理形式的研究是十分必要的。设计人员对于既方便施工、又能有效传递内力的接头形式从早期的外包钢板，到后来的内套管以及近期出现的内法兰接头，已进行了大量的探索。但是，钢管拱肋接头的形式还没有定型，还要进一步的研究。

转体施工方法是近年来在钢管混凝土拱桥施工中得到广泛应用与迅速发展的又一技术。竖转法、平转法都有采用，而且还出现了竖转与平转相结合的施工方法，转体重量也有了极大的提高，转体施工技术已进入新的发展阶段。竖转法先在国外出现，它是将拱肋竖向拼装或浇筑然后放下合龙的方法。我国在应用竖转法时，拱肋是在低位浇筑或拼装，然后向上拉升达到设计位置，与国外的下放法相比，提升法为竖转法适应于更大跨径和与平转法相结合提供了可能。竖转法在钢管混凝土拱桥施工中也得到了应用和发展，1996年施工的三峡莲沱大桥（主跨114m）采用的就是竖转法。

对于跨径较大的钢管混凝土拱桥采用竖转法施工时，由于钢管拱肋自重较大、悬臂较长，要求牵引力较大、牵引索也较多，有时除了悬臂自由端拉索外，还要增加拉索组数，采用传统的卷扬机则无法多索同步受力，而应采用千斤顶液压同步提升系统。1999年主跨175m的广西鸳江钢管混凝土拱桥、2001年主跨235m的徐州京杭运河钢管混凝土提篮拱桥均采用了以液压同步提升技术为技术核心的竖转法，使桥梁竖转施工技术跃上了新的台阶。

拱桥平面转体施工法是我国首创的拱桥施工方法。1977年在四川省遂宁市采用该法建成1孔70m钢筋混凝土箱肋拱。随后，这一方法在我国的钢筋混凝土拱桥中得到推广应用。1990年建成的四川涪凌乌江大桥，采用无平衡重的双箱对称同步转体施工方法，跨径达200m，使我国钢筋混凝土拱桥的跨径跃上200m大关。转体施工方法也在钢管混凝土拱桥中得到了应用。主跨130m的钢管混凝土劲性骨架刚架拱——江西太白桥、主跨160m的上承式钢管混凝土拱桥黄柏河大桥和下牢溪大桥均采用了平转法施工。黄柏河、下牢溪大桥两桥的4个半拱根据靠背的山势不同平转的角度由180°～110°不等，整体平转就位后在跨中合龙。转盘由轴心（球铰）、环形滑道上板、底板等组成。球铰直径为

2.2m，由两台特制的 ZLD-100 张拉千斤顶牵引。两桥的转体重量均达 3600t，转体重量为当时国内最大，采用千斤顶牵引也比过去的卷扬机牵引动力大、易近控制。两座桥均已于 1996 年建成。

将竖向转体与平面转体结合是钢管混凝土拱桥施工中对转体施工方法发展所做的突出贡献，它使桥梁转体施工法进入了一个新的发展时期。1995 年安阳文峰路 135 m 的钢管混凝土拱桥首次采用这一方法转体成功。1999 年 10 月广州丫髻沙大桥也采用此法顺利合拢。丫髻沙大桥的平转重量达 13685 t。它的建成使我国的桥梁转体施工技术取得了重大的突破，进入了世界领先水平。

广州丫髻沙大桥主桥为带悬臂的中承式刚架系杆拱，主跨 360m。主跨为钢管混凝土桁式肋拱，边跨为上承钢管混凝土劲性骨架箱肋悬臂半拱。将半跨主跨和一个边跨作为一个转动单元，沿河岸搭支架拼装边跨劲性骨架，并在低支架上拼装半跨主跨钢管拱肋，竖转主跨钢管拱肋就位，然后利用边跨为平衡重，平转就位、合龙，见图 3-83 和图 3-84。

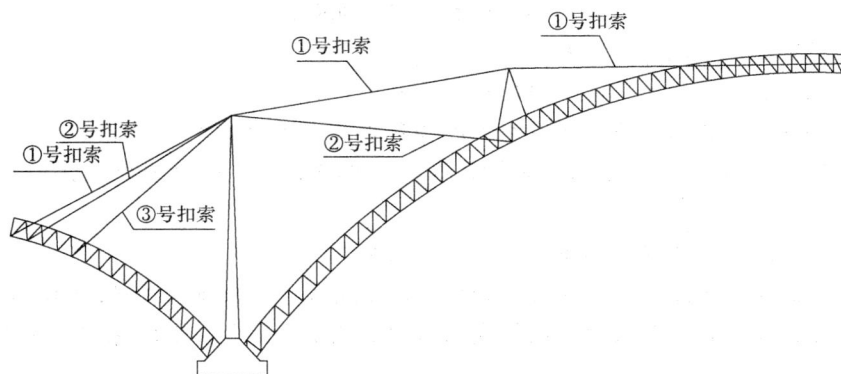

图 3-83 丫髻沙大桥转体施工简图

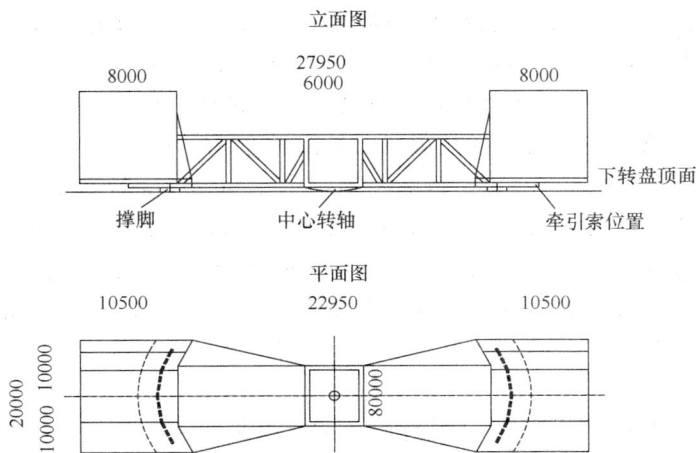

图 3-84 丫髻沙大桥上转盘构造（单位：mm）

复习思考题与习题

3-1　拱桥与梁桥的受力特点有什么区别？

3-2　拱桥的计算跨径与计算矢高、净跨径、矢跨比、坦拱与陡拱的定义各是什么？

3-3　圬工拱桥的优缺点有哪些？

3-4　拱桥的分类标准有哪些？其按各个分类标准分为哪些类型？

3-5　举例说明你所见过的拱桥的类型与构造。

3-6　各种车承式拱桥的使用情况如何？

3-7　各种结构体系形式的拱桥其力学特点有哪些？适用情况如何？

3-8　简述常见的石板拱、钢筋混凝土肋拱与箱拱、钢筋混凝土刚架拱、有（无）推力钢拱、钢管混凝土有推力拱与刚架系杆拱的组成、构造特点及适用情况。

3-9　石板拱的主拱圈为什么以等截面为主？其拱圈施工构造上有何要求？

3-10　实（空）腹式拱上建筑的组成和使用情况如何？

3-11　箱肋拱与箱拱有何异同？

3-12　钢管混凝土拱桥广泛应用的原因有哪些？

3-13　拱桥主要施工方法有哪些？简述每种施工方法的具体施工过程。

3-14　控制拱桥设计的主要标高有哪些？如何确定？设计中为何选择低拱脚的设计方案？

3-15　实腹式悬链线拱拱轴系数 m 如何确定？

3-16　"五点重合法"如何定义？如何确定空腹式悬链线拱的共轴线和拱轴系数？

3-17　为什么空腹式无铰拱的拱轴线采用"五点重合法"确定的悬链线比用恒载压力线更加合理？

3-18　合理拱轴线的定义是什么？选择合理拱轴线的原则是什么？

3-19　简述目前拱桥常用的拱轴线性及其使用情况。

3-20　常见的石拱桥、钢筋混凝土拱桥和钢管混凝土拱桥的主拱圈高度如何确定？

3-21　简述公路桥规中拱桥拱圈强度与稳定性验算的要点。

3-22　实腹式拱轴线悬链线拱轴系数的确定过程有哪些？

3-23　某空腹式悬链线无铰拱桥，采用"五点重合法"确定其拱轴系数 m。按工程经验布置其结构，净跨径 $l_0=50.5\text{m}$，净矢高 $f_0=12.5\text{m}$，其主拱圈高 $h=1.10\text{m}$，宽度 $B=11.0\text{m}$，重力密度 $\gamma=25.0\text{kN/m}^3$，现假设 $m=2.814$，拱上建筑的布置如图 3-85 所示。经计算得其计算跨径为 $l_j=50.853\text{m}$，计算矢高为 $f_j=12.703\text{m}$，结构计算简图如图 3-86。试验证所假设的拱轴系数 m 值是否符合要求，如不符合求出其正确值。

3-24　计算题 3-23 中，拱圈结构在自重作用下的拱的水平推力 H_g、拱脚的竖向力 V_g 及轴力 N_g。

3-25　什么叫拱的弹性压缩？考虑弹性压缩后拱在恒载作用下的内力有什么变化？

3-26　常见拱桥的拱圈受力为什么以正（负）弯矩不利控制？此时荷载应如何布置？

3-27　下部墩台结构设计中，应求出拱脚内力值，此时应如何在拱中进行荷载布置？

3-28　计算本章 3.3.1.4 节桥例中，拱脚截面的最大正弯矩 M_{max} 及其相应的 H、V，

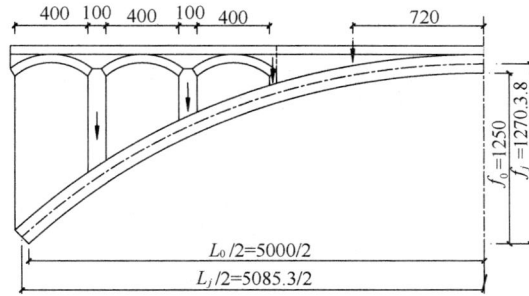

图 3-85　题 3-23 图（单位：cm）

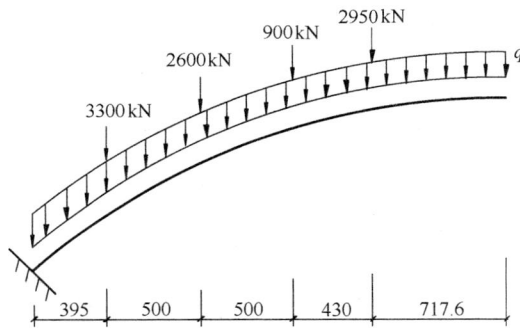

图 3-86　题 3-23 图（单位：cm）

拱脚剪力 Q，拱脚轴力 N。

3-29　为什么拱桥经常在凌晨合龙主拱圈？

3-30　为什么采用无支架施工或早脱架施工的拱桥，要进行裸拱内力计算，并适当降低拱轴系数？

3-31　提高和降低拱轴系数会引起拱圈内力如何变化？

第4章 桥梁支座、墩台与基础

本章主要讲述桥梁下部结构的构造特点和设计计算方法。主要介绍桥梁下部结构的设计与计算，支座的作用与要求，支座的布置与类型和构造；桥墩和桥台的类型和构造，墩台的施工，墩台的设计与计算方法；桥梁基础的作用类型与构造，刚性扩大基础的设计计算和桩基础的单桩承载力的计算方法。

4.1 桥 梁 支 座

4.1.1 支座的作用和要求

支座设置在桥梁的上部结构与墩台之间，它是桥跨的支承部分。它的作用是把上部结构的各种荷载传递到墩台上，并能够适应活载、温度变化、混凝土收缩与徐变等因素所产生的变位（位移和转角），使上、下部结构的实际受力情况符合设计的计算图式。

作用在支座上的竖向力有结构自重的反力、活荷载的支点反力及其影响力。当支座出现负反力时，应设置为拉力支座。正交直线桥的支座，一般仅需计入纵向水平力。斜桥与弯桥的支座，还需考虑由于车辆离心力及风力等产生的横向水平力。

桥梁支座是工厂的定型产品，一般的桥梁设计人员只进行支座选型和必要的验算，有关支座结构本身一般不作计算要求。

桥梁支座按其变位的可能性分为固定支座与活动支座。固定支座传递竖向力，允许上部结构在支座处能自由转动但不能水平移动。活动支座又可分为多向活动支座（纵向、横向均可自由移动）和单向活动支座（仅一个方向可自由移动）。

桥梁支座形式多样，其性能的优劣根据支座上述功能的完善程度来判断。随着桥梁跨度及载重的不断增加和技术的进步，桥梁界业已发展出由不同材料做成的各种形式的支座，大致可分为简易支座、钢支座、钢筋混凝土支座、橡胶支座以及特种支座（如减震支座、拉力支座等）。支座形式和规格的选用，要考虑的因素包括桥梁跨径、支点反力、对建筑高度的要求、适应单向和多向位移及其位移量的需要，以及防震、减震的需要。

4.1.2 支座的布置

桥梁支座的布置方式，主要根据桥梁的结构形式及桥梁的宽度确定。

简支梁桥在理论上一端设固定支座，另一端设活动支座。固定支座的布置，应根据以下原则确定：（1）对桥跨结构而言，最好使得梁的下缘在制动力的作用下受压，例如固定支座在行车方向的前方。（2）对桥墩而言，最好让制动力的方向指向桥墩中心，使墩顶圬工在制动力作用下受压而不受拉。（3）对桥台而言，最好让制动力的方向指向堤岸，使墩台顶部圬工受压，并能平衡一部分台后土压力。

铁路桥梁由于桥宽较小，支座横向变位很小，一般只需设置单向活动支座（纵向活动支座），如图 4-1 所示（图中箭头所指表示支座活动方向，无箭头者表示不能活动）。公路 T 形梁桥由于桥面较宽，因而要考虑支座横桥向移动的可能性，支座布置如图 4-2 所示。即在固定墩上设置一个固定支座，相邻的支座设置为横向可动、纵向固定的单向活动支座，而在活动墩上设置一个纵向活动支座（与固定支座相对应），其余均设置多向活动支座。

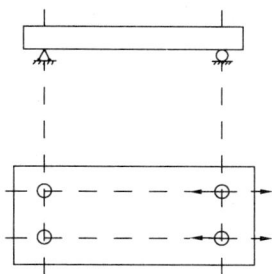

图4-1 铁路简支梁桥支座布置图 　　图 4-2 公路简支梁桥支座布置图

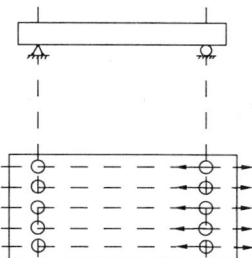

　　连续梁桥每联只设一个固定支座。为避免梁的活动端伸缩缝过大，固定支座宜置于每联的中间支点上。但若该处墩身较高，则应考虑避开，或采取特殊措施，以避免该墩身承受水平力过大。其支座布置如图 4-3 所示。

　　曲线连续桥的支座布置会直接影响到梁的内力分布，同时，支座的布置应使其能充分适应曲梁的纵、横向自由转动和移动的可能性。通常，宜采用球面支座，且为多向活动支座。此外，曲线箱梁中间常设单支点支座，仅在一联梁的端部（或桥台上）设置双支座，以承受扭矩。有意将曲梁支点向曲线外侧偏离，可调整曲梁的扭矩分布。图 4-4 为曲梁支座布置的示意图。

　　当桥梁位于坡道上时，固定支座应设在较低一端，以使梁体在竖向荷载沿坡道方向分力的作用下受压，以便能抵消一部分竖向荷载产生的梁下缘拉力；当桥梁位于平坡上时，固定支座宜设在主要行车方向的前端。

　　桥梁的使用效果，与支座能否准确地发挥其功能有着密切的关系，因此在安放支座时，应使上部结构的支点位置与下部结构的支座中线对中，但绝对的对中是很难做到的，因此要注意使可能的偏心在允许的范围内，不致影响支座的正常工作。

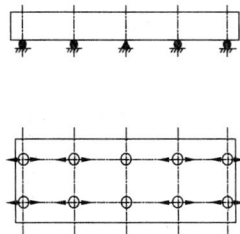

图4-3 连续梁桥支座布置 　　图 4-4 曲线连续梁支座布置

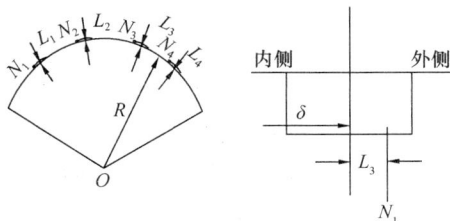

　　正确地确定支座所受的荷载和活动支座的位移量关系到支座的使用寿命。一般而言，固定支座除承受竖向压力外，还必须能承受水平力，其中包括可能产生的制动力、风力、

活动支座的摩阻力、主梁弹性挠曲对支座的位力等。这些水平力总是应当偏大地取用，且要求支座应伸至上、下部结构中进行锚固。对于弯、斜和宽桥，支座的受力比较复杂，需要从三个坐标方向去研究，即使是在同一支座位置，不同的部位在受力上可能会有很大的差别。

位移量的计算是要考虑各种可能出现的工况，对温差产生的位移，要有足够的估计。桥梁的挠曲、基础的不均匀沉降都会产生纵向位移。对于高桥墩，墩顶位移可通过活动支座上的挡块加以限制，它能使基底反力变化，并阻止不均匀沉降。由于一些不可估计的因素，通常计算的位移量宜乘以 1.3 左右的安全系数。

梁桥支座的支承面一般是水平设置的。

4.1.3　支座的类型与构造

4.1.3.1　简易支座

简易支座是指在梁底和墩台顶面之间设置垫层来支承上部结构。垫层可用油毛毡、石棉板或铅板等做成，利用这些材料比较柔软又具有一定强度的特性来适应梁端比较微小的转动与伸缩变形的要求并受支点荷载。固定的一端，加设套在铁管中的锚钉锚固。锚钉预埋在墩台帽内。简易支座仅适应于跨度 10m 以下的公路桥和 4m 以下的铁路板桥。由于这种支座自由伸缩性差，为避免主梁端部和墩台混凝土拉裂，宜在支座部位的梁端和墩台顶面布设钢筋网加强。

4.1.3.2　钢支座

钢支座是靠钢部件的滚动、摇动和滑动来完成支座的位移和转动的。它的特点是承载能力强，能适应桥梁的位移和转动的需要，目前仍广泛应用于铁路桥梁。钢支座常用的有铸钢支座和特种钢支座。

（1）铸钢支座

铸钢支座使用碳素钢或优质钢经过制模、翻砂、铸造、热处理、机械加工和表面处理制成，是一种传统形式的支座。视跨度与荷载的大小，钢支座有平板支座、弧形支座、摇轴支座、辊轴支座等几种形式。

各类支座基本上都由可以相对摆动的所谓上、下摆组成。摇轴与辊轴支座还包括摇轴（可以看作下摆）、辊轴与底板。

1）平板支座

图 4-5（a）所示平板支座的上、下摆就是两块平板。固定支座的上、下平板间用钢销固定。活动支座只将上平板销孔改成长圆形。平板支座构造简单、加工容易，但反力不集中，梁端不能自由转动，伸缩时要克服较大的摩阻力，故只适用于小跨度的梁。

2）弧形支座

图 4-5（b）所示弧形支座是将平板支座上、下摆的平面接触改为弧面接触，其他完全一样。这样，反力便能集中传递，梁端也能自由转动。但伸缩时仍要克服较大的摩

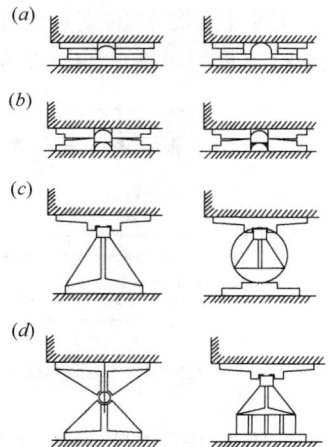

图 4-5　铸铁支座类型示意图

阻力，所以仍只适用于较小跨度的梁。

3）摇轴支座

跨度大于 20m 左右的梁，固定支座就得改用图 4-5（c）或图 4-5（d）左边的式样，将下摆加高，做成类似钢轨截面形式，两侧用肋加强。这样，下摆底部可以具有较大的面积，摆身有足够的刚性，可将较大的支承反力均匀分布于墩台顶垫石面上。活动支座应采用图 4-5（c）右边所示的摇轴支座，或图 4-5（d）右边所示的辊轴支座。摇轴支座由上摆、底板和两者之间的辊子组成。将圆辊多余部分削去呈扇形，就是所谓摇轴。摇轴支座能很理想地满足活动摇轴的直径可以任意加大，它的承载能力从理论上讲是没有限制的。但支承反力越大，相应要求辊子（摇轴）的直径也越大，这就使支座高度变得很大。

4）辊轴支座

为了克服摇轴支座的缺点，跨度更大的梁，可以采用辊轴支座，它相当于将图 4-5（c）左边的固定支座放在一些钢辊子上。辊轴支座除了能很好地满足活动支座的各项要求外，由于反力是通过若干辊轴压在底板上的，因此辊子的直径可以随其个数的增多而减小，反力也可分散而均匀地分布到墩台垫石面上。辊轴支座适用于各种大型桥梁。辊轴的个数视承载力大小而定，一般为 2～10 个。

以上各式铸钢支座能较好地适应不同跨度桥梁的要求。但钢支座构造复杂，用钢量大，大型辊轴支座可高达数米。当弧面半径很大时，若积有污垢，就转动不灵。需要定期养护。目前公路桥梁已较少采用铸钢支座，铁路桥梁也开始使用其他类型支座，如橡胶支座。

（2）特种钢支座

特种钢支座主要有以下几种形式：①采用不锈钢或高级合金钢支座，并封闭在油箱内，以防生锈；②对承受接触应力的部分进行表面硬化处理，以提高其容许承载力；③将支座的转动部分用钢或黄铜成球冠形，在钢制球冠的上、下分别设置聚四氟乙烯板，构成球面（型）支座。

德国克劳茨·阿莫高级钢支座是将辊轴不锈钢表面硬化到 600HB，深 13mm，大大提高了辊轴的表面接触应力，从而减小支座的重量和高度。例如一个支座反力为 6000kN，位移为±45mm 的普通辊轴支座高达 900mm，重 2880kg，而改为克劳茨·阿莫高级钢支座时支座高度仅为 490mm，重量仅 1550kg。即支座的高度和重量都减小了 50%。图 4-6 为克劳茨高级钢支座构造。

球面支座由高级锻钢或热处理的合金钢制作，球面的转动依靠光洁度高的接触面的滑动来完成，润滑后的滚动摩擦系数非常小。若要保持它的使用效果，通常将支座密封在油箱内。改进的滑动面由聚四氟乙烯板与不锈钢板或镀铬钢板的滑动来完成。球面支座的优点在于全向转动，并能预先调整支座上板的角度，适于梁端转角较大的桥梁。按工作性能，球面支座可分为固定支座、单向活动支座和多向活动支座。

（3）钢筋混凝土支座

1）摆柱式支座

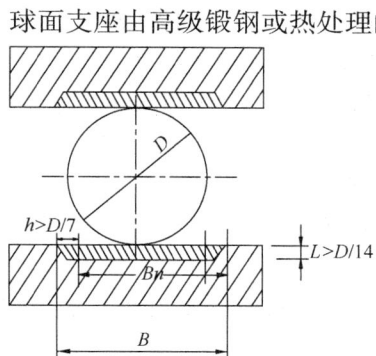

图 4-6 克劳茨高级钢支座

　　钢筋混凝土摆柱式支座（如图 4-7）曾用于跨径大于或等于 20m 的公路梁桥，或跨径大于 13m 的公路悬臂梁桥的挂孔。它的水平位移量较大，承载力为 5500kN 左右，摩阻系数为 0.05。

　　钢筋混凝土摆柱放在梁底与支承垫石之间，它的上下两端各放弧形固定钢支座一座。摆柱由 C40～C50 混凝土制成，柱体内一般按含筋率约为 0.5％配置竖向钢筋，同时要配置水平钢筋网，以承受支座受竖向压力时所产生的横向拉力。摆柱的平面尺寸根据柱体混凝土强度计算确定。摆柱高度取用圆弧形钢板半径的 2 倍，以使圆弧的圆心与摆柱的对称中心点重合，这样易于摆动。与摆柱式支座接触的梁底及墩台上的支承垫石内须用钢筋网加强，以提高局部受压不均匀的现象。在常年平均气温时，摆柱应直立。因支座占用高度较大，其应用并不普遍。

　　2）混凝土铰

　　混凝土铰有各种类型。桥梁上可用弗莱西奈铰，它是利用颈缩部分混凝土的双向或三向应力状态而使其承受压能力提高，并可沿铰竖向轴线作少量转动。混凝土铰是最简单、也是最便宜的中心可转动的支座，其构造见图 4-8。

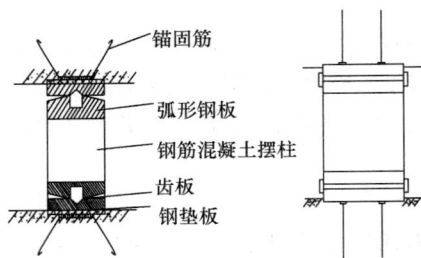

图 4-7   混凝土摆柱式支座　　　　　　　　　图 4-8   混凝土铰

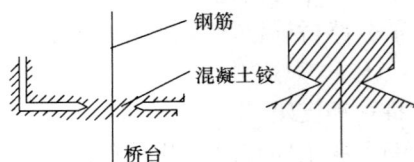

　　混凝土铰需要在铰颈上、下设置足以抵抗横向拉应力的钢筋，铰颈高度为铰颈宽度的 1/2～1/3。铰颈部分应做成顺滑的抛物线形，铰颈两旁可用玛缔脂或沥青材料填塞。

　　混凝土铰曾多次在大跨径桥梁中采用，支承反力可达 10000kN。它的优点是支座高度小，构造简单，用钢量少；缺点是不能抵抗拉力，不能调整高度，转动量少，不便于更换和修理。目前较少应用。

4.1.3.3　橡胶支座

　　随着合成橡胶和塑料工业的发展，工程橡胶及塑料也在桥梁支座上得到应用。20 世纪 40 年代末在法国最早出现橡胶支座。由于它的优越性能和价格优势，20 世纪 50 年代在国外已很快普及。我国自 20 世纪 60 年代开始发展橡胶支座，并很快得到推广。

　　橡胶支座与其他金属刚性支座相比，具有构造简单、加工方便、节省钢材、造价低、结构高度小、安装方便等一系列优点。此外，橡胶支座能方便地适应任意方向的变形，故对于宽桥、曲线桥和斜桥具有特别的适应性。橡胶的弹性还能消减上、下部结构所受的动力作用，这对于抗震也十分有利。

　　在桥梁工程中使用的橡胶支座大体上可分为两类，即板式橡胶支座和盆式橡胶支座。

　　（1）板式橡胶支座

　　板式橡胶支座是仅用一块橡胶板做成的适用于中、小跨度桥梁的一种简单橡胶支座。

它的活动机理是：利用橡胶的不均匀弹性压缩实现转角，利用其剪切变形实现水平位移，见图4-9。因橡胶与钢或混凝土之间有足够大的摩阻力（摩擦系数0.25～0.40），橡胶板与梁宽和墩台顶之间一般无须连接。在墩台顶部，需铺设一层砂浆，以保证支座放置平稳。采用橡胶支座

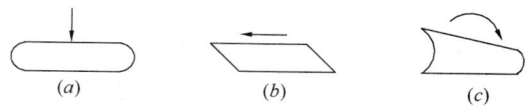

图4-9　橡胶支座的变形
(a) 压力作用下的变形；(b) 剪力作用下的变形；
(c) 弯矩作用下的变形

可以不设固定支座，所有水平力由各个支座均匀分担，必要时也可采用不等高的橡胶板来调节各支座传递的水平力。

无加劲层的纯橡胶支座，由于其容许压应力甚小，约为3000kPa，故只适合于小跨径桥梁。常用的板式橡胶支座都用几层薄钢板或钢丝网作为加劲层（见图4-10b）。由于橡胶片之间的加劲层能起阻止橡胶片侧向膨胀的作用，从而显著提高了橡胶片的抗压强度和支座的抗压刚度，其抗压容许应力可以达到8～10MPa，而加劲物对橡胶板的转动变形和剪切变形几乎没有影响。加劲板式橡胶支座的承载能力可达2000～8000kN，目前已广泛用于中、小跨度的公路及铁路桥梁。

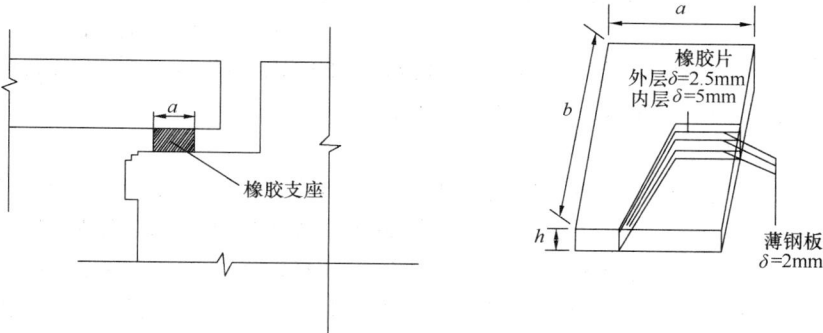

图4-10　加劲板式橡胶支座

国内使用的橡胶以氯丁橡胶为主，也可采用天然橡胶。氯丁橡胶的使用温度不低于－25℃，天然橡胶不低于－40℃。橡胶的硬度、压缩弹性模量、剪切弹性模量、容许压应力、容许剪切角的正切等，应按桥梁的使用级别按现行《铁路桥规》或《公路桥规》的有关规定取用。根据试验分析，橡胶压缩性模量、容许压应力和容许剪切角的值，均与支座的形状系数有关。形状系数S为加劲板式橡胶支座的承压面积与自由表面积之比，即$S = \dfrac{ab}{2(a+b)h}$式中，a为顺桥向橡胶支座的长度；b为横桥向橡胶支座的长度；c为橡胶层的厚度。

矩形支座
$$S = \frac{l_{0a}l_{0b}}{2t_{es}(l_{0a}+l_{0b})} \tag{4-1}$$

圆形支座
$$S = \frac{d_0}{4t_{es}} \tag{4-2}$$

式中 S——支座形状系数;

  l_{0a}——矩形支座加劲钢板短边尺寸;

  l_{0b}——矩形支座加劲钢板长边尺寸;

  d_0——圆形支座钢板直径;

  t_{es}——支座中间层单层橡胶厚度。

支座形状系数应在 $5 \leqslant S \leqslant 12$ 范围内取用。

形状系数用来表示支座的形状特征。为满足橡胶的容许压力和使支座能适应转动的要求,支座的长度 a 与宽度 b 之比取决于主梁下的有效宽度及所需的剪切角。一般应充分利用有效宽度 b,而尽可能减小 a 的尺寸,以降低阻抗力矩。

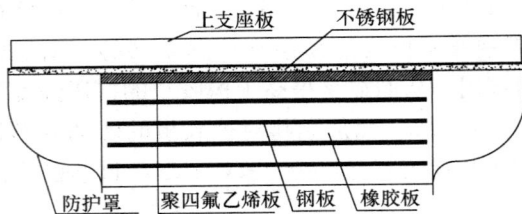

图 4-11   四氟板式橡胶支座

当活动支座的位移量较大时,要使橡胶板产生相应较大的剪切变形,就必须增加橡胶板的厚度。这样一则多耗材料,再则支座不稳,而且相邻支座厚度可能不一,车辆驶过时会产生高差,行车不顺。为克服这一缺点,可在用作活动支座的橡胶板顶面贴一片聚四氟乙烯板,再在聚四氟乙烯板与梁底之间垫上一块光洁度很高的不锈钢薄板。由于聚四氟乙烯板与不锈钢板之间的摩阻力极小(摩擦系数小于 0.04),故可利用它们之间的滑动来满足活动支座位移的需要,见图 4-11。

(2) 盆式橡胶支座

盆式橡胶支座是在板式橡胶支座的基础上进一步改进后更为完善的一种橡胶支座。它与板式橡胶支座的主要区别在于:它不是利用置于橡胶中的加劲物来加强橡胶,而是将素橡胶板置于圆形钢盆内来加强橡胶。橡胶在受压后变形由于受到钢盆的约束,处于三向受压状态,只要钢盆不破坏,橡胶就永远不会丧失承载力。这时橡胶的容许压强度可以进一步提高到 25MPa。密封在钢盆内的橡胶板,可以通过适度不均匀压缩来实现转动,如果再加上聚四氟乙烯板和不锈钢板,则还可以实现水平位移。因此,盆式橡胶支座可做成固定支座,也可做成活动支座,活动支座又可为多向活动支座和单向活动支座。常用盆式橡胶支座的构造如图 4-12。它是由上支座板、不锈钢板、聚四氟乙烯板、圆钢盆、橡胶板、紧箍圈、防水圈和下支座板等组成。

盆式橡胶支座具有很大的承载能力,水平位移量大,摩擦系数小,支座建筑高度低,节省钢材。在同样的载重下,它的体积(高度)和重量不到钢支座的 1/10;而且,它在纵向及横向均可转动和移动,在功能上优于钢支座,能满足宽桥对支座横向也要能转动及伸缩的要求。因此,盆式橡胶支座在跨度铁路及公路桥上均已得到广泛应用。我国目前已能生产系列化的盆式橡胶支座产品,如铁路桥常用的 TPZ 系列和公路常用的 GPZ 系列。

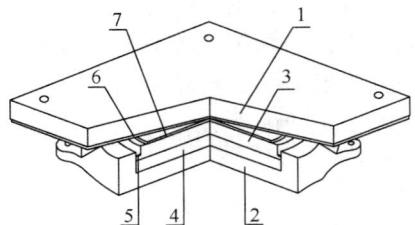

图 4-12   盆式橡胶支座

1—上支座板;2—下支座板;3—钢衬板;4—承压橡胶板;5—紧箍圈;6—不锈钢板;7—聚四氟乙烯板

4.1.4　支座的设计与计算

4.1.4.1　支座受力与变位分析

在进行桥梁支座的设计时，首先必须求得每个支座上所承受的竖向力和水平力以及需适应的位移和转角。然后，根据它们来选定支座的各部尺寸并进行强度、稳定等各项验算。

（1）受力分析

作用于支座上的竖向力有结构自重的反力、活载的支点反力及其影响力。在计算活载的支点反力时，要按照最不利位置加载，并计入冲击效应。当支座可能会出现上拔力（负反力）时，应分别计算支座的最大竖向力和最大上拔力。例如，当连续梁边跨较小而中跨较大时，或桥跨结构承受较大的横向风力时，支座锚栓会受到负反力作用。

作用于支座上的水平压力，包括由列车或汽车荷载的制动力（牵引力）、风力、支座摩阻力或温度变化、支座变形所引起的水平力以及其他原因如桥梁纵坡产生的水平力。列车或汽车的制动力（或牵引力）应分别按照《铁路桥规》与《公路桥规》的要求确定，制动力（或牵引力）在各支座上的分配亦应按各自规范计算。

位于地震区的桥梁支座的设计计算，应根据设计的地震烈度，按铁路或公路抗震设计规范的规定进行。

（2）位移分析

支座的水平位移包括纵向位移和横向位移。支座纵向位移有温度伸缩位移、混凝土收缩徐变变位、活载作用下梁体下翼缘伸长、下部结构的位移等；支座横向位移有温度、混凝土收缩徐变变位、下部结构横向位移、斜桥和弯桥荷载引起的横向变位等。

支座沿纵向的转角有结构自重和活载产生的梁端转角、混凝土收缩徐变产生的梁端转角、因下部结构变位产生的梁端转角等。

把以上各项支座反力和变位的计算结果按桥规的规定进行组合，就可为支座的设计提供了计算数据。下面仅以板式橡胶支座和钢支座为例，对其设计和计算作一简要说明。

4.1.4.2　板式橡胶支座的设计与计算

板式橡胶支座的设计，包括确定支座的平面尺寸 $a \times b$ 及厚度 h，验算梁截面发生转角反支座不至于与梁底脱空而形成局部受压情况，以及验算支座的抗滑性能。现行《铁路桥规》与《公路桥规》对板式橡胶支座的计算规定有所不同，应根据桥梁的使用情况采用相应的规范进行设计。板式橡胶支座的设计步骤如下：

（1）确定平面尺寸 a、b

橡胶支座的平面尺寸 $a \times b$ 由橡胶板的抗压强度和梁部或墩台顶混凝土的局部承压强度来确定，也就是应满足条件：

对于橡胶板
$$\sigma = \frac{N}{A} = \frac{N}{ab} \leqslant [\sigma_j] \tag{4-3}$$

对于混凝土：
$$N_{cj} = ab\beta R_b^a / r_m \tag{4-4}$$

式中　N——最大支点反力；

$[\sigma_j]$——橡胶支座的平均容许压应力，当支座形状系数 $S > 8$ 时，$[\sigma_j] = 10\text{MPa}$；当 $5 \leqslant S \leqslant 8$ 时，$[\sigma_j] = 7\sim9\text{MPa}$。

（2）确定支座的厚度

板式橡胶支座的重要特点是：梁的水平位移要通过全部橡胶片的剪切变形来实现，因此要确定支座的厚度 h，先要知道主梁由于温度变化等因素预计将产生的纵向最大水平位移 Δ。显然，橡胶片的厚度 $\sum t$ 与水平位移 Δ 之间应满足下列关系：

$$\tan\gamma = \frac{\Delta}{\sum t} \leqslant [\tan\gamma] \tag{4-5}$$

式中 $[\tan\gamma]$ 为橡胶片的容许剪切角正切值，对于硬度为 $55°\sim60°$ 的氯丁橡胶，《公路桥规》规定，当不计活载制动力作用时采用 0.5，计活载制动力时可采用 0.7。

因此上式可写成：

$$\sum t \geqslant 2\Delta_g \tag{4-6}$$

以及

$$\sum t \geqslant 1.43(\Delta_g + \Delta_p) \tag{4-7}$$

不计制动力时

$$t_e \geqslant 2\Delta_l \tag{4-8}$$

计入制动力时

$$t_e \geqslant 1.43\Delta_l \tag{4-9}$$

式中 Δ_l——由上部结构温度变化、混凝土收缩和徐变等作用标准值引起的剪切变形和纵向力标准值（当计入制动力时包括制动力标准值）产生的支座剪切变形，以及支座直接设置于不大于 1% 纵坡的梁底面下，在支座顶面由支座承压力标准值顺纵坡方向分力产生的剪切变形；

Δ_g——上部结构在恒载作用状态下由温度变化等因素引起作用于一个支座的水平位移；

Δ_p——由活载制动力引起作用于一个支座的水平位移，它由下式计算：

$$\Delta_p = \sum t \cdot \gamma_T = \sum t \cdot \frac{\tau_T}{G^l} = \frac{H_T \sum t}{2G \cdot ad} \tag{4-10}$$

其中，γ_T、τ_T 为分别为作用于支座的制动力所引起的剪切角和剪应力；G^l 为活载作用时的动态剪切模量，可取 $G^l \approx 2G$，$G = 1.1\text{MPa}$；H_T 为作用于一个支座上的活载制动力。

如果将式（4-10）代入式（4-7），则可得式（4-7）的另一表达式：

$$\sum t \geqslant \frac{\Delta_g}{0.7 - \dfrac{H_T}{2Gad}} \tag{4-11}$$

考虑到橡胶支座的工作稳定性，《公路桥规》规定 $\sum t$ 不应大于支座顺桥向边长的 0.2 倍。确定了橡胶片的总厚度 $\sum t$，再加上金属加劲薄板的总厚度，就可得到所需支座的总厚度 h。

（3）验算支座的偏转情况

主梁受荷载发生挠曲变形时，梁端将引起转角 θ，此时支座伴随出现线性的压缩变形，在外侧为 δ_1，在内侧 δ_2，其平均压缩变形则为（忽略薄板的变形）：

$$\delta = \frac{1}{2}(\delta_1 + \delta_2) = \frac{N\sum t}{E_j ab} \tag{a}$$

板式橡胶支座竖向平均压缩变形应符合下列规定：

$$\delta_{cm} = \frac{R_{ck}t_e}{A_e E_e} + \frac{R_{ck}t_e}{A_e Eb} \tag{4-12}$$

$$\theta \cdot \frac{l_a}{2} \leqslant \delta_{c,m} \geqslant 0.07 t_e \tag{4-13}$$

式中 $\delta_{c,m}$——支座竖向平均压缩变形；

l_a——矩形支座短边尺寸或圆形支座直径；

θ——由上部结构挠曲在支座顶面引起的倾角，以及支座直接设置于不大于 1%
纵坡的梁底面下，在支座顶面引起的纵坡坡脚（rad）。

式中，E_j 与橡胶片形状系数 S 有关。支座随梁端产生的偏转角可表示为：

$$\theta = \frac{1}{a}(\delta_1 + \delta_2) \tag{b}$$

由（a）和（b）两式可解得：

$$\delta_1 = \frac{N \sum t}{ab E_j} - \frac{a\theta}{2} \tag{4-14a}$$

为了确保支座偏转时橡胶与梁底不发生脱空而出现局部承压的现象，必须满足条件：
$\delta_1 \geqslant 0$，也即：

$$\delta = \frac{N \sum t}{ab E_j} \geqslant \frac{a\theta}{2} \tag{4-15b}$$

式中，梁端转角一般在 0.003～0.005 弧度之间，也可按《材料力学》方法计算求得。

如计算结果 $\delta \geqslant \frac{a\theta}{2}$，则必须从设计上从新修改尺寸。此外，《公路桥规》还规定橡胶
支座的竖向平均压缩变形 δ 应不超过 $0.05 \sum t$。

（4）验算支座的抗滑稳定性

板式橡胶支座通常放置在墩台顶面与梁底之间，橡胶面直接与混凝土相接触。当梁体
因温度变化等因素引起水平位移 Δ_g 以及有活载制动力作用时，支座将承受相应的纵向水
平力作用。为了保证橡胶支座与梁底或墩台顶面间不发生相对滑动，则应满足以下条件：

$$\mu(N_G + N_{p,min}) \geqslant 1.4 H_t + H_T \tag{4-16a}$$

$$\mu N_G \geqslant 1.4 H_t \tag{4-16b}$$

板式橡胶支座抗滑稳定应符合下列固定：

不计汽车制动力时

$$\mu R_{Gk} \geqslant 1.4 G_e A_g \frac{\Delta_l}{t_e} \tag{4-17a}$$

计入汽车制动力时

$$\mu R_{ck} \geqslant 1.4 G_e A_g \frac{\Delta_l}{t_e} + F_{bk} \tag{4-17b}$$

式中 R_{Gk}——由结构自重引起的支座反力标准值；

R_{ck}——由结构自重标准值和 0.5 倍汽车荷载标准值（计入冲击系数）引起的支座
反力；

Δ_l——见《公路桥规》第 8.4.2 条，但不包括汽车制动力引起的剪切变形；

F_{bk}——由汽车荷载引起的制动力标准值；

A_g——支座平面毛面积；

N_G——恒载产生的支座反力；

$N_{p,min}$——与计算制动力相对应的汽车活载产生的最小支座反力；

H_t——由温度变化等因素引起作用于一个支座上的纵向水平力，$H_t = ab G \dfrac{\Delta_g}{\sum t}$；

　　H_T——由活载制动力引起的摩擦作用于一个支座上的纵向水平力；

　　μ——橡胶与混凝土间的摩擦系数 $\mu=0.3$，与钢板间的摩擦系数 $\mu=0.2$。

4.2　桥墩和桥台

4.2.1　墩台的作用与要求

　　桥墩、桥台为桥梁的下部结构，是桥梁的重要组成部分之一。桥梁墩台的主要作用是承受上部结构传来的荷载，并将它及本身自重传给地基。桥墩支承相邻的两孔桥跨，居于桥梁的中间部位。桥台居于全桥的两端，它的前端支承桥跨，后端与路基衔接，起着支挡台后路基填土并把桥跨与路基连接起来的作用。桥梁墩台除承受上部结构的作用力外，桥墩还受到风力、流水压力及可能发生的冰压力、船只和漂流物的撞击力，桥台还需承受台背填土及填土上车辆荷载产生的附加侧压力。因此，桥梁墩台不仅本身应具有足够的强度、刚度和稳定性，而且对地基的承载能力、沉降量、地基与基础之间的摩阻力等也都提出一定的要求。

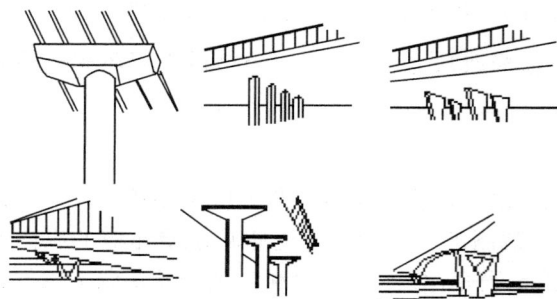

图 4-13　各种轻型桥墩形式

　　桥梁墩台的结构形式多种多样。随着桥梁建设事业的发展，特别是高等级公路桥梁和城市桥梁的兴起，出现了许多造型新颖、轻巧美观的墩台结构形式，如图 4-13 所示。优秀的桥梁设计方案，往往注重展现下部结构的功能和造型，使上、下部结构协调一致，互为点缀，进而烘托出桥梁方案的整体效果。桥梁下部结构的发展方向是轻型、薄壁、注意造型等。

　　桥墩的常见形式有重力式墩、空心式墩、柔性墩、桩（柱）式墩、薄壁墩等。桥台的常见形式有重力式桥台、轻型桥台、框架式桥台、组合式桥台等。

　　桥梁下部结构的选型应遵循安全耐久，满足交通要求，造价低，维修养护少，预制施工方便，工期短，与周围环境协调，造型美观等原则。桥梁的墩台设计与结构受力有关，与土质构造和地质条件有关，与水文、流速及河床性质有关。因此桥梁墩台要置于稳定可靠的地基上，并通过设计和计算确定基础形式和埋置深度。从桥梁破坏的实例分析，桥梁下部结构经受洪水、地震、桥梁活载等的动力作用，要确保安全、耐久，就必须充分考虑上述各种因素的组合。

　　桥梁是一个整体，上、下部结构共同工作、互相影响，要重视下部结构与上部结构的合理组成。特别是在墩梁固结的预应力混凝土连续刚构桥中，桥墩与上部结构连为一体。因此，在某种情况下，桥梁的下部结构很难与上部结构截然分开。同时还要求桥梁下部结构的造型与周围的地形、地物条件密切相关，使桥梁与环境和谐、匀称。

　　墩台的施工方法与结构形式有关，桥梁墩台的施工主要有在桥位处就地施工与预制装配两种。就桥墩来说，目前较多的采用滑动板连续浇筑施工，它适用于高桥墩、薄壁直墩和无横隔板的空心墩。而装配式墩常在带有横隔板的空心墩、V 形墩、Y 形墩等形式中采用。在墩台施工中，应从实际情况出发，因地制宜地提高机械化程度，大力采用工业化、自动化和施加预应力的施工工艺，提高工程质量，加快施工速度。

4.2.2　桥墩的类型与构造

4.2.2.1　重力式桥墩

（1）梁桥重力式桥墩

重力式桥墩也称实体式桥墩，它主要靠自身的重量来平衡外力而保持其稳定。因此墩身比较厚实，可以不用钢筋，而用天然石材或片石混凝土砌筑。重力式桥墩取材方便，施工简易，养护工作量小，对抵抗外界不利因素如撞击、侵蚀的能力较强，在中、小跨桥梁，尤其是铁路桥梁中常被采用。它的缺点是工程量大、自重大。因而对地基承载力的要求也较高，基础工程量也往往随之增大。

按墩身横截面形式的不同，常见的重力式桥墩可分为矩形墩、圆端形墩、圆形墩等。铁路桥梁常用重力式墩。

1）矩形墩：外形简单、施工方便、圬工数量较省。但对水流的阻力很大，引起局部冲刷较大。一般用于无水或静水处。大水流影响小或不通航河流上的桥墩，或靠近河岸的桥墩，也可采用这种形式。

2）圆端形墩：截面是矩形两端各接一个半圆，施工稍麻烦，但较适合水流通过，可减少局部冲刷。一般用于水流斜交角小于 15°的桥梁，是水中桥墩使用最广泛的一种形式。

3）圆形墩：其截面为圆形，圬工较多，且施工较麻烦，但其流水特性较前两种形式好。

一般用于河流急弯、流向不固定或与水流斜交角大于 15°的桥梁。

重力式墩由墩帽、墩身和基础三部分组成。

墩帽位于桥墩顶部，其构造见图 4-14，它的主要作用是把桥梁支座传来的相当大的较为集中的力，分散均匀地传给墩身。因此

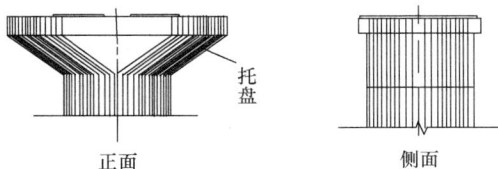

图 4-14　铁路圆形墩墩帽构造

（尺寸单位：cm）

要求墩帽具有一定的厚度和较高的强度，且要满足桥梁支座布置的需要。墩帽与支座直接接触的部分称为支承垫石，其承受的应力更集中，需具有更高的强度。此外，墩帽要为施工架梁和养护维修提供必要的工作面。因此其平面尺寸与墩身相比一般较大。当两者尺寸相近时，可仅在墩帽下设置 10～20cm 的檐口。但当两者尺寸相差较大时，则需在墩帽下

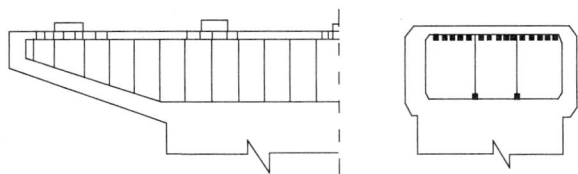

图 4-15　挑臂式墩帽

设置托盘过渡，称为托盘式墩帽（图 4-14）；或者让墩帽挑出墩身一不定长度，称为挑臂式墩帽（图 4-15）。铁路桥墩常用托盘式墩帽，公路桥墩当桥面较宽时，为节省墩身及基础圬工，常采用挑臂式墩帽。

　　墩帽的厚度一般不小于 30～40cm。为防止雨水侵蚀，墩帽表面一般设不小于 3％的排水坡，但支承垫石顶面应高出排水坡上棱。墩帽的平面尺寸根据支座布置要求和架梁与养护时移梁和顶梁的要求确定。铁路和公路桥规对墩帽的尺寸均有具体的规定。

　　墩帽一般采用 C20 以上的混凝土做成，加配构造钢筋。支承垫石部位加配一层或多层钢筋网。挑臂式墩帽的受力钢筋需经计算确定。

　　重力式桥墩的墩身材料一般用不小于 C15 的片石混凝土或 M10 水泥砂浆砌片石或块石，也可以用混凝土预制块砌筑。墩身的主要尺寸包括墩高、墩顶面、底面的平面尺寸及墩身侧坡。墩身的侧坡一般采用 30：1～20：1。当桥梁跨度较小且墩高不大时，桥墩可做成直坡。高度很大的桥墩也可分节段做成阶梯状。

　　（2）拱桥重力式桥墩

　　拱桥是一种推力结构，拱圈传给桥墩上的力，除了垂直力以外，还有较大的水平推力，这是与梁桥的最大不同之处。从抵御恒载水平力的能力来看，拱桥桥墩又可以分为普通墩和单向推力墩两种。普通墩除了承受相邻两跨结构传来的垂直反力外，一般不承受恒载水平推力，或者当相邻孔不相同时只承受经过互相抵消后消除的不平衡推力。单向推力墩又称制动墩，它的主要作用是在它的一侧的桥孔因某种原因遭到毁坏时，能承受住单向的恒载水平推力，以保证另一侧的拱桥不致遭到倾坍。而且当施工时为了拱架的多次周转，或者当缆索吊装设备的工作跨经受到限制时为了能按拱桥台与某墩之间作为一个施工段进行施工，在此情况下也要设置能承受部分恒载单向推力的制动墩。由此可见，为了满足结构强度和稳定的要求，普通墩的墩身可以做得薄一些，单向推力墩则要做成厚实一些。

4.2.2.2　轻型桥墩

　　（1）梁桥轻型桥墩

　　1）空心式桥墩

　　空心式桥墩是实体墩向轻型化发展的一种较好的结构形式，尤其适用于高桥墩。空心式桥墩可以充分利用材料的强度，因此节省材料，减轻桥墩自重，进而也能减少基础工程量。一般高度的空心墩比实体墩节省圬工 20％～30％，钢筋混凝土空心墩可节省圬工 50％左右。空心式墩可以采用钢滑动模板施工，其施工速度快，质量好，节省模板支架，特别对于高墩，更显出优越性。

　　按建筑材料的不同，空心式桥墩可分为混凝土空心墩和钢筋混凝土空心墩两类。混凝土空心墩可在高度小于 50m 的桥墩中使用。钢筋混凝土空心墩受力性能比混凝土墩要好，高桥墩一般采用这种类型。空心墩的壁面应根据设计和施工的要求来选定，目前采用的最小壁厚为 30cm，最大壁厚达 160cm。考虑到温度应力等的影响，墩身一般均应加设护面钢筋。此外减少墩内外温差，在离地面一定高度处的墩身周围，应设置直径 20cm 左右的通风孔。桥墩的截面形式有圆形、圆端形、长方形等数种，如图 4-16 所示。其中圆形及圆端形的截面形式便于滑模施工。桥墩的立面布置可采用直坡式、侧坡式和阶梯式等，直立式和侧坡式便于滑模施工。

　　早期空心墩仿照竹节构造，每隔一定高度设置一道横隔板。横隔板对空心结构的抗扭有明显作用，对薄壁的稳定也有帮助。但内力分析和模型试验证明，一般空心墩所受扭矩很小，薄壁的局部稳定一般不控制设计。因此现在的趋势是不设或少设横隔板，这样对滑

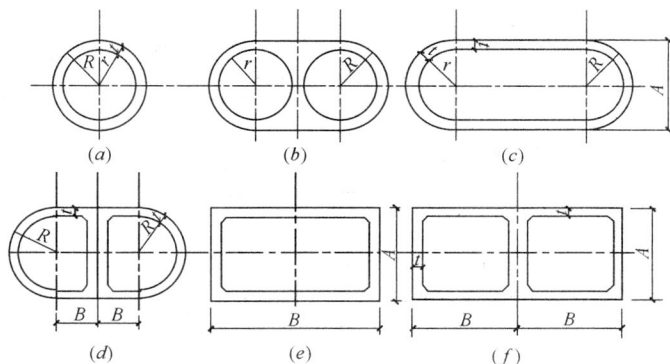

图 4-16 空心式桥墩的截面形式

模施工更为方便。空心式桥墩的顶部可设置实体段，以便布置支座，均匀传力并减少对空心墩壁的冲击。实体段的高度取 1～2m。墩身与底部或顶面交界处，为改善应力集中，应采用墩壁局部加厚或设置实体段的措施。图 4-17 为南昆线清水河桥空心高墩（墩高 100m）的构造图。

在流速大并夹有大量泥砂石的河流，以及在可能有船只、冰和漂流物冲击的河流中采用薄壁空心墩时，应采取有效防护措施（如在设计水位以下的墩身改用实体段）。

2）柔性墩

传统的简支梁一端设置固定支座，另一端为活动支座。在顺桥方向，桥梁墩台之间的水平联系被完全隔断，各桥墩单独承担梁上传来的制动力或牵引力。为抵抗强大的水平力作用，桥墩截面不得不做得较大，形成"胖柱"。

为充分发挥桥墩的承载（受压）能力，可让各墩

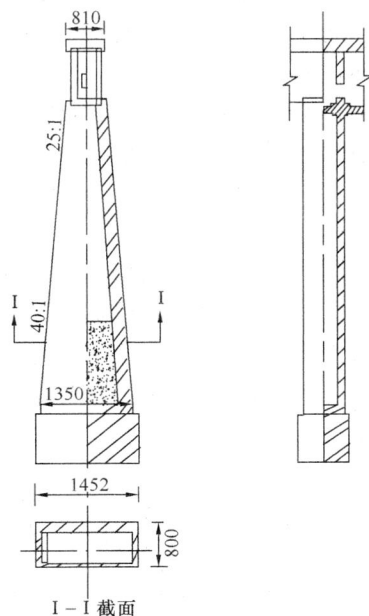

图 4-17 清水河桥空心高墩构造图

（台）具有不同的抗剪刚度，并用梁使其连接在一起。对多跨桥，可在其两端设置刚性较大的桥台，中间各墩均采用柔性墩（其顺桥方向的墩身尺寸很小）；同时全桥除在一个中墩上设置活动支座外，其余墩台均采用固定支座。理论分析和实验表明：作用在桥梁上的水平力将按各墩台的抗剪刚度进行分配；因此，作用在每个柔性墩上的水平力极小，绝大部分水平力由桥台承担。这样，桥墩就可以采用柔性的单排桩墩、柱式墩或其他薄壁式桥墩，达到节省材料、使桥墩轻型化的目的。

由于柔性墩在布置上，只设一个活动支座。当桥梁孔数较多且桥较长时，柔性墩固定支座的墩顶位移量过大而处于不利状态，活动支座的活动量要求也要大，刚性桥台的支座所受的水平力也大。因此，多跨长桥采用柔性墩时宜分成若干联。两个活动支座之间或刚性台与第一个活动支座间称为一联，见图 4-18。每联设置一个刚性墩（台），刚性墩宜布置在地基较好和地形较高的地方。一联长度的划分视地形、构造和受力情况确定。

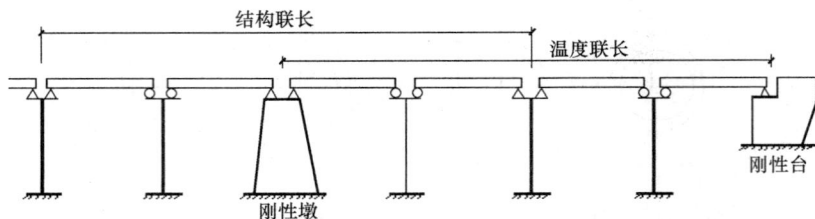

图 4-18　多跨柔性墩的布置
△—固定支座　○—活动支座

3）桩（柱）式墩

A. 排架桩墩

桩式桥墩是将钻孔桩基础向上延伸作为桥墩的墩身，在桩顶浇筑盖梁。桩式墩在墩位的横向可以是一根、两根或数根桩。在一个墩台纵向设置一排桩时，称为单排桩墩。如设置两排时称为双排桩。

排架桩墩采用钢筋混凝土结构，盖梁截面可用矩形或 T 形，等截面或变截面。排架桩墩材料用量经济，施工简单，适合在平原地区建桥使用。有漂流物和流速过大的河道，桩墩容易受到冲击和磨损，不宜采用。

B. 柱式墩

柱式墩是目前公路桥梁中广泛采用的桥墩形式，特别是在桥宽较大的城市桥和立交桥中，采用这种桥墩既能减轻墩身重量，节约圬工材料，又较美观。柱式桥墩的墩身沿桥横向常由 1～4 根立柱组成，柱身为 0.6～1.5m 的大直径圆柱或方形、六角形等其他形式，使墩身具有较大的强度和刚度。当墩身高度大于 6～7m 时，可设横系梁加强柱身横向联系。

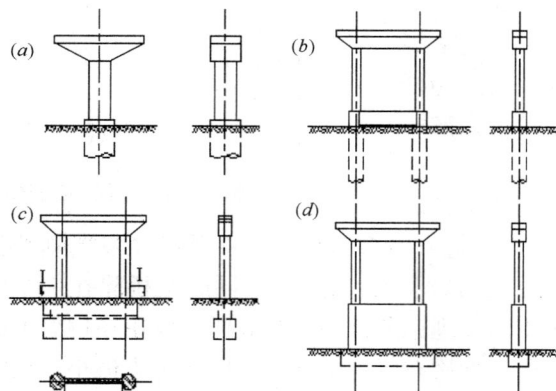

图 4-19　柱式桥墩的类型

柱式桥墩一般由基础之上的承台、柱式墩身和盖梁组成。双车道桥常用的形式有单柱式、双柱式和哑铃式以及混合双柱式四种，见图 4-19。单桩式墩适用于斜交角大于 15°的桥梁，流向不固定的桥梁和立交桥上使用。双柱式墩在公路上用得较多，哑铃式和混合双柱式墩对有较多漂流物和流冰的河道较为适用。

4）薄壁墩

A. 钢筋混凝土薄壁墩

钢筋混凝土薄壁墩是一种新型桥墩，截面形式有板壁形、I 形、箱形等，圆形的薄壁空心墩也是钢筋混凝土薄壁墩的类型之一。板壁形的薄壁墩构造简单、轻巧、圬工体积少，适用于地基承载力较弱的地区。

由于墩身受压受弯，因此要配有适量的受力钢筋和构造钢筋。薄壁墩与排架桩墩比较圬工用量多，但对漂流物及流冰的抵抗能力要强一些。一字形薄壁墩在墩位的横向也可做成 V 形、Y 形或其他形状。

B. 双薄壁墩

双薄壁墩是在墩位上有两个相互平行的墩壁与主梁刚接（或铰接）的桥墩。钢筋混凝土双薄壁墩可增加桥梁刚度，减少主梁支点负弯矩，增加桥梁美观。图 4-20 为虎门大桥辅航道桥，是 150m＋270m＋150m 三跨连续刚构桥，两个江中墩采用双薄壁墩。墩高约 30m，箱形截面，箱壁与梁内横隔板联为一体，见图 4-21。

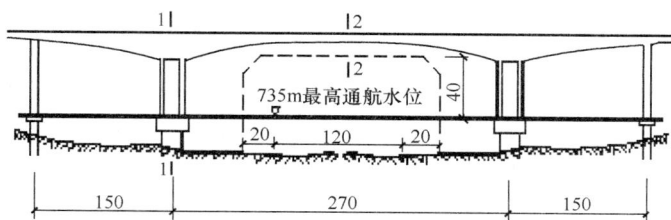

图 4-20　虎门大桥辅航道桥（尺寸单位：m）

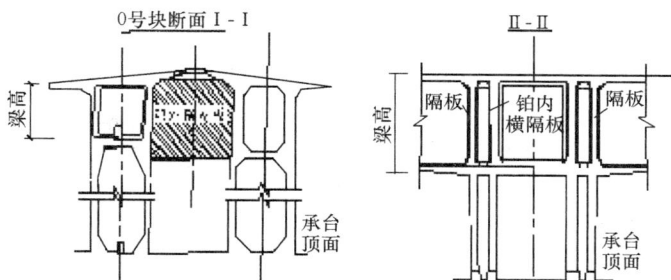

图 4-21　虎门大桥辅航道桥墩梁连接构造（尺寸单位：cm）

（2）拱桥轻型桥墩

拱桥所用的轻型桥墩，一般为配合钻孔灌注桩基础的桩柱式桥墩。从外形上看，它与梁桥上的桩柱式桥墩非常相似。其主要差别是：在梁桥墩帽上设置支座，而在拱桥墩顶部分别设置拱座。当拱桥跨径 10m 左右时，需采用两根直径为 1m 的钻孔灌注桩。跨径在 20m 左右时，可采用两根直径为 1.2m 或三根直径为 1m 的钻孔灌注桩；跨径在 30m 左右时，可采用 3 根直径为 1.2～1.3m 的钻孔灌注桩。桩墩较高时，应在桩间设置横系梁以增强桩柱刚性。桩柱式桥墩一般采用单排桩，跨径在 40～50m 以上的高墩，可采用双排桩。在桩顶设置承台，与墩柱连成整体，如果桩与柱直接连接，则应在接合处设置横系梁。若柱高大于 6～8m 时，还应在柱的中部设置横系梁。在采用轻型桥墩的多孔拱桥中，每隔 3～5 孔应设单向推力墩。当桥墩较矮或单向推力不大时，可以考虑一些轻型的单向推力墩，其优点是阻水面积小，并可节约圬工体积。

4.2.3　空心高墩的施工

空心高墩的施工，若采用搭设支架的方法，费工费料，甚至难以实现。在桥梁工程实践中，发展了一些适于高墩施工的方法，如滑升模板、翻升模板、爬升模板等。这些施工方法的共同特点是：模板依附于已浇筑完成的墩壁上，并随着墩身的逐步加高而向上升高。现对其工作原理简介如下。

（1）滑升模板

滑升模板一般由内外两圈模板构成，在其间浇筑墩壁混凝土。模板高 1~1.5m，安置在支架上。支架连接到埋在墩壁混凝土中的顶杆上。顶杆与支架间设有千斤顶。利用千斤顶将支架连同模板顶起。滑升模板以墩身为支架，不需要搭设脚手架。混凝土的浇筑可随模板缓慢滑升连续不断地进行。每天浇筑高度可达 5~6m，速度较快。滑升模板可用于直坡墩身，也可用于斜坡墩身。

（2）爬升模板

爬升模板的模板与滑升模板相似，不同者是支架通过千斤顶支于预埋在墩壁中的预埋件上。浇筑好的墩身混凝土达到一定强度后，将模板松开，千斤顶上顶，将支架连同模板升到新的位置，模板就位，再灌筑墩身混凝土。如此循环往复，逐节爬升，每次升高 2m左右。

（3）翻升模板

翻升模板是一种特殊钢模板，一般由三层模板组成一个基本单元，并配有随模板升高的混凝土接料平台（工作平台）。当浇筑完上层模板的混凝土后，将最下层模板拆除翻上来并成为第四层模板。以此类推，循环施工。翻升模板也能够用于有坡度的桥墩，近年来应用较多。

4.2.4   桥台的类型与构造

4.2.4.1   重力式桥台

重力式桥台也称实体式桥台，它主要靠自重来平衡台后的土压力。桥台台身多用石砌、片石混凝土或混凝土等圬工材料建造，并采用就地建造的施工方法，适合于砂石料来源丰富的桥梁工点选用。

按截面形状，重力式桥台的常用类型有 T 形桥台、矩形桥台、U 形桥台、埋置式桥台、耳墙式桥台等。其中矩形桥台和 T 形桥台主要用于铁路桥梁。图 4-22 分别为矩形、U 形、埋置式和耳墙式桥台的一般构造，T 形桥台参见图 4-23。

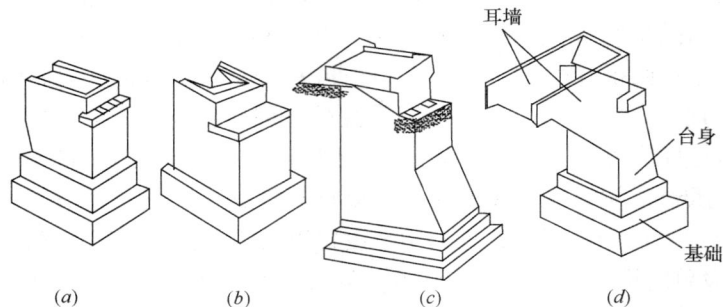

图 4-22   重力式桥台一般构造

（a）矩形桥台；（b）U 形桥台；（c）埋式桥台；（d）耳墙式桥台

（1）T 形桥台：主要用于铁路桥，工程量较小，使用广泛，尤其适用于较大的桥跨和较高的路堤。

（2）矩形桥台：它的形状简单，施工方便，但工程最大，目前已较少采用。当填土不高、桥跨较小且桥面不宽时可考虑采用。

（3）U 形桥台：当桥面较宽或桥跨较小，填土较低时，采用 U 形桥台较为节省。其为公路桥常用形式。

（4）埋式桥台：当填土较高时，为减少桥台长度节省圬工，可将桥台前缘后退，使桥台埋入锥体填土中而成的一种桥台形式。

（5）耳墙式桥台：在台尾上部用两片钢筋混凝土耳墙代替实体台身并与路堤连接，借以节省圬工。这种桥台也可设计成埋入式。

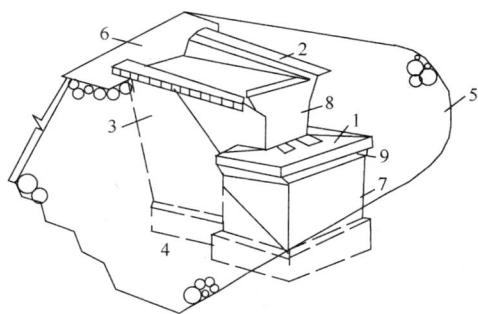

图 4-23　T 形桥台及锥体填土示意图
1—台帽；2—道砟槽；3—后墙；4—基础；5—桩体；
6—路堤；7—前墙；8—胸墙；9—托盘

按结构形式，桥台还可分为带翼墙和不带翼墙两大类。翼墙位于桥台两侧，多采用八字形和一字形。翼墙的作用是：挡住桥台两侧的路基填土，保证桥头路基稳定，并引导水流顺畅地进入桥孔。带翼墙的桥台主要用于公路桥梁。

重力式桥台一般由台帽、台身（前墙、胸墙和后墙）及基础等组成。台帽支承桥跨，设有支承垫石和排水坡，它一般用钢筋混凝土做成；台身承托着台帽，并支挡路堤填土，它一般用石材或片石混凝土做成。此外，桥台上部应伸入路堤一定深度，以保证桥台和路堤的可靠连接。在路堤前端的填土应按一定坡度做成锥形，称锥体填土。桥台的主要尺寸有桥台全长、填土高度、埋置深度及台身平面尺寸等。台帽的主要尺寸要求与桥墩类似。

4.2.4.2　轻型桥台

轻型桥台的形式很多，其主要特点是利用结构本身的抗弯能力来减少圬工体积而使桥台轻型化。轻型桥台所用材料大多以钢筋混凝土或少量配筋的混凝土为主。轻型桥台主要用于公路桥梁。

（1）薄壁轻型桥台

薄壁轻型桥台常用的形式有悬臂式、扶壁式、撑墙式及箱式等，见图 4-24。在一般情况下，悬臂轻型桥台的优点与薄壁墩类同，可依据桥台高度，地基强度和土质等因素选定。

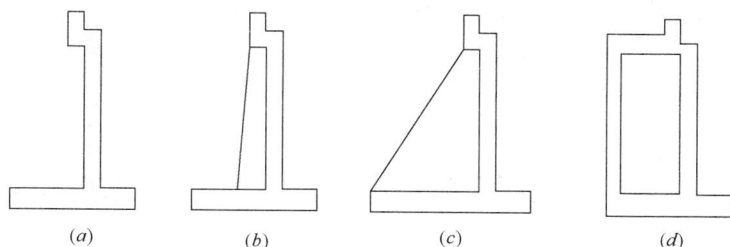

图 4-24　薄壁轻型桥台
（a）悬臂式桥台；（b）扶壁式桥台；（c）撑墙式桥台；（d）箱式桥台

（2）支撑梁轻型桥台

单跨或孔跨不多的小跨径桥，在条件许可的情况下，可在轻型桥台之间或台与墩间，设置 3～5 根支撑梁。支撑梁设在冲刷线或河床铺砌线以下。梁与桥台设置锚固栓钉，使上部结构与支撑梁共同支撑桥台承受台后土压力。此时桥台与支撑梁及上部结构形成四铰受力框架。

轻型桥台可采用八字式和一字式翼墙挡土，如地形许可，可做成耳墙，形成埋置式轻型桥台并设置溜坡。

（3）框架式桥台

框架式桥台是一种在横桥向呈框架式结构的桩基础轻型桥台，它所受的土压力较小，适用于地基承载力较低、台身较高、跨径较大的梁桥。其构造形式有双柱式、墙式、半重力式和双排架式、板凳式等。

双柱式桥台见图 4-25，一般用于填土高度小于 5m 的情况。当桥较宽时，可采用多柱式。为了减少桥台水平位移，也可先填土后钻孔。当填土高度大于 5m 时，可采用墙式，见图 4-26。墙厚一般为 0.4～0.8m，设少量钢筋。台帽可做成悬臂式或简支式，需要配置受力钢筋。当柱式桥台采用钻孔桩基础并延伸做台身时，可不设承台。对于柱式和墙式桥台一般在基础之上设置承台。

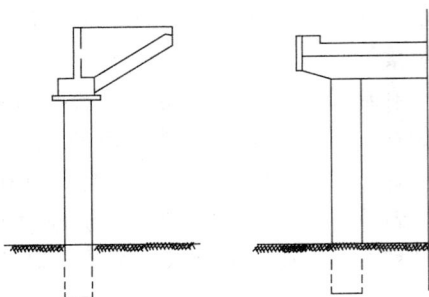

图 4-25 双柱式桥台（尺寸单位：cm）   图 4-26 墙式桥

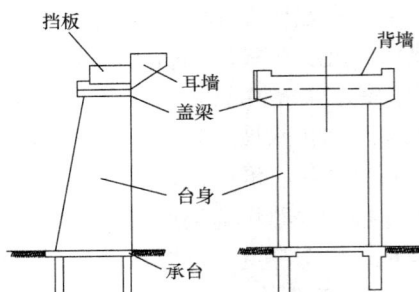

框架式桥台均采用埋置式，台前设置溜坡。为满足桥台与路堤的连接，在台帽上部设置耳墙，必要时在台帽上方两侧设置挡板。

（4）组合式桥台

为使桥台轻型化，桥台本身主要承受桥跨结构传来的竖向力和水平力，而台后土压力由其他结构来承受，形成组合式桥台。组合的方式很多，如桥台与锚锭板组合，桥台与挡土墙组合，桥台与梁及挡土墙组合，框架式的组合，桥台与重力式后座组合等。图 4-27 所示为锚定板式桥台。它有分离式和结合式两种形式。

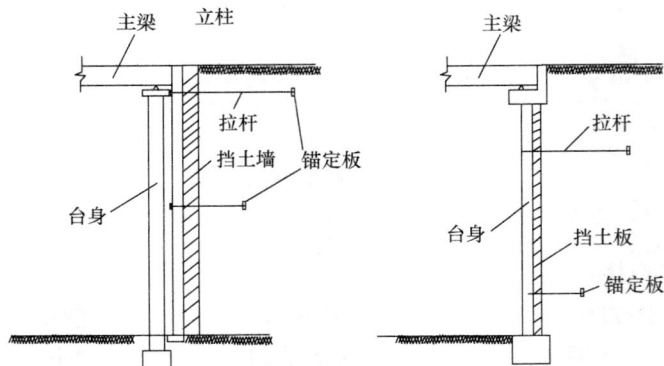

图 4-27 锚锭板式桥台构造

　　分离式是台身与锚锭板、挡土结构分开，台身主要承受上部结构传来的竖向力和水平力，锚锭板结构承受土压力。锚锭板结构由锚锭板、立柱、拉杆和挡土板组成，见图 4-27 (a)。桥台与锚锭板结构之间预留空隙，上端设伸缩装置；桥台与锚锭板结构的基础分离，互不影响，使受力明确，但结构复杂，施工不方便。

　　结合式锚锭板式桥台的构造见图 4-27 (b)，它的锚锭板结构与台身结合在一起，台身兼作立柱或挡土板。作用在台身的所有水平力假定均由锚锭板的抗拔力来平衡，台身仅承受竖向荷载。结合式结构简单、施工方便，工程量较省，但受力不很明确，若台顶位移量计算不准，可能会影响施工和运营。锚锭板可用混凝土或钢筋混凝土制作。立柱和挡土板通常采用钢筋混凝土。

4.2.5　墩台的设计与计算

4.2.5.1　墩台的设计荷载及其组合

　　在进行墩台设计时，首先应确定作用在墩台上的荷载。各荷载和外力的计算值，应采用墩台在正常情况下结构上有可能出现的最大荷载值。土压力计算一般采用库仑主动土压力公式，活载土侧压力的计算，铁路桥台要考虑其沿横桥向的分布宽度，而公路桥台则按横桥向全宽均匀分布处理。

　　墩台所受的各项荷载中，除恒载外，其他各项荷载的数值是变化的且不一定同时发生。因此在设计墩台时，就需要针对不同的验算项目，拟定各种可能的最不利荷载组合，对墩台加以验算，确保设计安全。在荷载组合当中，车辆荷载的变动起着支配作用。

　　重力式桥墩计算中，一般需验算墩身截面的强度、墩身截面的合力偏心距及桥墩的纵向和横向稳定性。为此，可拟定如下几种可能的荷载组合：

　　① 按在桥墩各截面上可能产生的最大竖向力的情况进行组合。它用来验算墩身强度和基底最大应力。因此，应在相邻两跨满布活载的一种或几种，必要时还可布置附加荷载（如制动力等）以产生墩身或基底最大压应力。活载布置分别如图 4-28 (a)（公路桥）和图 4-29 (a)（铁路桥，称双孔重载）所示。

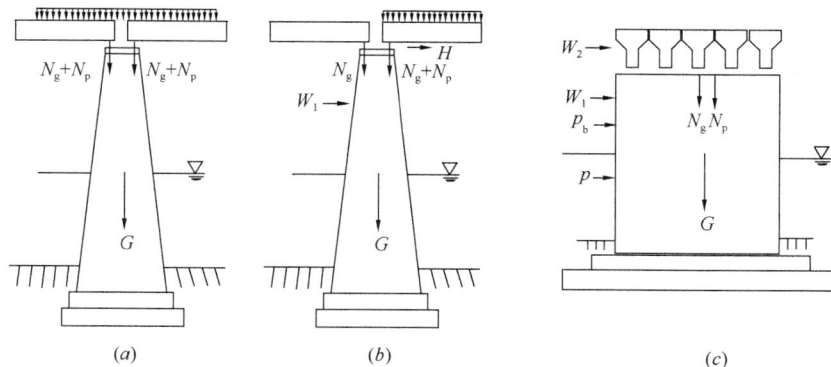

图 4-28　公路桥墩活载布置图式

　　② 按桥墩各截面在顺桥向上可能产生的最大偏心和最大弯矩的情况进行组合。它是用来验算墩身强度，基底应力、偏心及桥墩的稳定性。因此，应在跨径较大的一孔上布置活载的一种或者几种，以及可能产生的附加荷载如制动力、纵向风力、支座摩阻力等。活

载布置见图 4-28 （b）（公路桥）和图 4-29 （b）、（c）（铁路桥梁、分别称单孔轻载、单孔重载）。

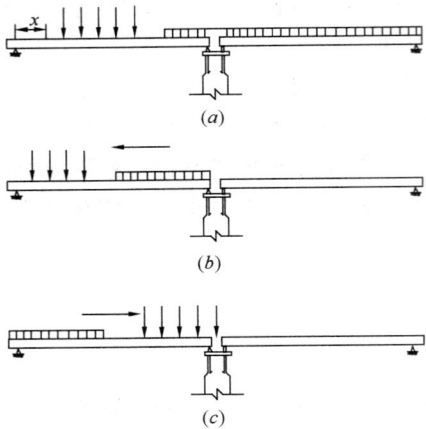

图 4-29 铁路桥墩活载布置图式
(a) 双孔重载；(b) 单孔轻载；(c) 单孔重载

③ 按桥墩各截面在横桥向可能产生最大偏心和最大弯矩的情况进行组合。它是用来验算横桥向的墩身强度、基底应力、偏心及桥墩的稳定性。因此，对于铁路桥墩，应在相邻两跨布置空车以产生横向摇摆力，而竖向力又不大，称为双孔轻载（也称双孔人车）；对于公路桥墩应注意将活载偏于桥面的一侧布置，此外还应考虑其他可变荷载如横向风力、流水压力等，如图 4-28 （c） 所示。

桥台的荷载组合也和桥墩一样，依据不同的验算项目进行各种可能的荷载组合。由于活载既可布置在桥跨结构上，也可布置在台后，在确定荷载最不利组合时，通常按台后布置活载而桥上无活载（最大水平力和量大后端弯矩组合），桥上满布活载（最大前端弯矩），桥上、台后同时布置活载（最大竖向力组合）等几种不利情况，分别进行组合与验算，见图 4-30。

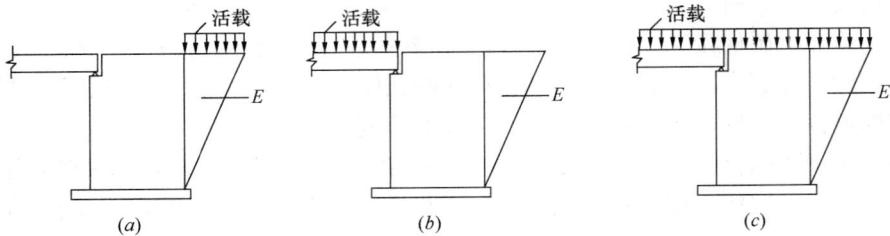

图 4-30 桥台活载布置图式

4.2.5.2 墩台的验算内容

桥梁墩台的设计过程是，首先选定墩台形式及拟定各部分尺寸；然后确定各项外力并进行最不利荷载组合，选取验算截面和验算内容；计算各截面的内力，进行配筋和验算。

墩台验算的目的在于确定经济合理的尺寸，并保证其在施工和使用阶段的安全。就重力式墩台来说，应满足两方面的要求：一是墩台本身有足够的强度和稳定性，并且不出现过大的开裂和其他变形，为此，应进行强度验算、稳定性验算及偏心验算。二是桥墩或桥台宜作为一个整体，不致发生不容许的变位，为此，就扩大基础而论应进行基底应力验算、整体性验算（包括倾覆稳定性和滑动稳定性）。此外，对于较高的桥墩，须验算墩顶弹性水平位移；对超静定桥梁结构，应验算基底沉降量；对钢筋混凝土墩台，要进行配筋设计和验算。墩台基础部分的设计与验算，详见《基础工程》课程、《基础规范》和其他相关文献。以下主要讲述重力式墩台的验算内容，凡验算式中的荷载值（竖向力弯矩）均指最不利荷载组合值。

（1）截面强度验算

验算截面通常选在墩台身的底面与截面突变处。当桥墩较高且为变截面时，由于最不利截面不一定在墩底，需沿墩身每隔 2～3m 选取一个验算截面。

重力式桥墩为圬工结构，公路桥梁采用的极限状态设计方法，按下式验算墩身控制截面的极限承载力：

$$\gamma_0 S \leqslant R(f_d, a_d) \tag{4-18}$$

式中 γ_0——结构重要性系数，对应于《圬工桥规》规定的一级、二级、三级设计安全等级分别取用 1.1、1.0、0.9；

         S——作用效应组合设计值，按《公桥通规》的规定计算；

   $R(\cdot)$——构件承载力设计值函数；

         f_d——材料强度设计值；

         a_d——几何参数设计值。

受压偏心距小于规范规定极限范围的砌体或混凝土构件，其承载能力按下式计算：

$$\gamma_0 N_d \leqslant \varphi A f_{cd} \tag{4-19}$$

式中 N_d——轴向力设计值；

         A——对于砌体取其构件截面面积，对于组合截面按强度比换算；对于混凝土构件，取其受压区面积 A_c，计算参见《圬工桥规》；

        f_{cd}——砌体或混凝土轴心抗压强度设计值，按《圬工桥规》相应规定取值；

        φ——砌体偏心受压构件承载力影响系数或混凝土轴心受压构件弯曲系数，按《圬工桥规》相应规定取值。

（2）截面合力偏心距验算

为防止圬工结构裂缝开展过大而影响耐久性，并保证结构有足够的稳定性，应进行本项验算。

若偏心距 e 超过《圬工桥规》给出的容许值，则需用下式验算（仅以单向偏心为例）：

$$\gamma_0 N_d \leqslant \varphi \frac{A f_{tmd}}{\dfrac{Ae}{W} - 1} \tag{4-20}$$

式中 A——构件截面面积，对于组合截面应按弹性模量比换算为换算截面面积；

        W——单向偏心时，构件受拉边缘的弹性抵抗矩，对于组合截面应按弹性模量比换算为换算截面弹性抵抗矩；

     f_{tmd}——构件受拉边层的弯曲抗拉强度设计值，按《圬工桥规》相应规定取值；

       其他符号意义同前。

（3）纵向挠曲稳定性验算

《圬工桥规》在验算结构极限状态承载力时，通过计入弯曲系数 φ 考虑了纵向挠曲对结构承载力的影响。其中，砌体和混凝土构件的弯曲系数取值并不相同，在计算时可参考规范给出的公式和表格计算或取值。

（4）墩台顶弹性水平位移验算

对较高的墩台为保证其具有足够的刚度，应按下式验算墩台顶顺桥向或横桥向的弹性位移：

$$\Delta \leqslant 5 \cdot \sqrt{L} \tag{4-21}$$

式中 L——相邻墩台间的最小跨径，以"m"计；公路桥 $L < 25$m 时以 25m 计。

Δ——墩台帽顶面处的水平位移，以"mm"计，包括由于墩台身和基础的弹性变形以及基底土不均匀沉降的影响。

墩台身的弹性变形引起的墩台顶水平位移，可把墩台身作为一固定在基础顶面的悬臂梁，不考虑上部结构对墩台顶位移的约束作用，可依材料力学或结构力学公式计算。基础变位引起的墩台顶水平位移应根据基础类型采用相应的计算方法确定。

重力式墩台的墩台帽一般可不进行验算，而按构造要求配筋。采用挑臂式墩台帽的重力式墩台，需要配置受力钢筋，挑臂部分按悬臂梁计算。

对于桥台，与桥墩最大的不同在于要考虑台后土压力的计算。汽车荷载作用下的台后填土土侧压力，见第 1.4 节。

对于轻型墩台中的钢筋混凝土结构，其设计计算应按钢筋混凝土结构的要求进行，详见《结构设计原理》《混凝土桥规》等。

4.3　桥　梁　基　础

4.3.1　基础的作用与要求

桥梁基础是桥梁结构物直接与地基接触的最下部分，是桥梁下部结构的重要组成部分。承受基础传来的荷载的那一部分地层（岩层或土层）则称为地基。地基与基础受到各种荷载后，其本身将产生应力和变形。为了保证桥梁的正常使用和安全，地基和基础必须具有足够的强度和稳定性，变形也应在容许范围之内。根据地基土的土层变化情况、上部结构的要求和荷载特点，桥梁基础可采用各种类型。

确定基础类型方案主要取决于地质土层的工程性质与水文地质条件、荷载特性、桥梁结构形式及其使用要求，以及材料的供应和施工技术等因素。方案选择的原则是：力争做到使用上安全可靠、施工技术上简便可行、经济上合理。因此，必要时应作不同方案的比较，从中得出较为适宜与合理的设计方案极其相应的施工方案。

众多工程实例表明，桥梁的地基与基础的设计与施工质量的好坏，是关系到整座桥梁质量的根本问题。因为基础工程是隐蔽工程，如有缺陷，较难发现，也较难弥补或修复，而这些缺陷往往直接影响整座桥梁的使用甚至安危。基础工程施工的进度，经常控制全桥施工进度。下部工程的造价，通常占全桥造价相当大的比重，尤其是在复杂地质条件下或深水处修筑基础，更是如此。因此，从事这项工作必须做到精心设计，精心施工，确保万无一失。

桥梁是一个整体结构，上、下部结构和地基是共同工作，相互影响的。地基的任何变形都必然引起上下部结构的相应位移，上、下部结构的力学特征也必然关系到地基的强度和稳定条件。所以，桥梁基础的设计、施工都应紧密结合桥梁结构的特点和要求，全面分析、综合考虑。

4.3.2　基础的类型与构造

桥梁基础根据埋置深度分浅置基础和深置基础两类，它们的施工方法不同，设计计算原理不同。浅置基础是在桥台或桥墩下直接修建的埋深较浅的基础（一般小于 5m）。如若浅层土质不良，则需把基础埋置于较深的良好地层上，这样的基础称为深基础（一般埋置深度大于 5m）。基础埋置在土层内深度虽较浅，但在水下部分较深，如深水中的桥墩基础，称为深水基础。浅置基础最简单经济，也最常用；当需要设置深基础时，则常采有桩基础或沉井基础，特殊桥位也可能采用其他大型基础或组合形式。各类桥梁基础见图 4-31。

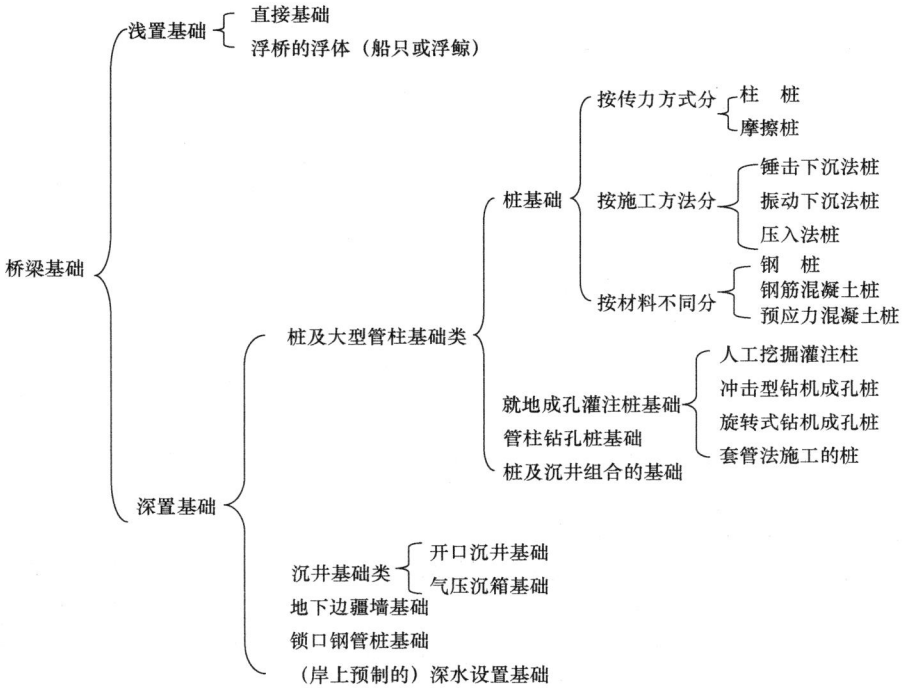

图 4-31 桥梁基础的类型

4.3.2.1 浅置基础

浅置基础又称刚性扩大基础，也称明挖基础。是直接在墩台下开挖基坑修建而成的实体基础，适合于在岸上或水流冲刷影响不大的浅水处，且浅表地基承载力合适的地层。它构造简单，施工方便，最为常见。

明挖扩大基础的平面形状常为矩形，也有其他形式（视墩台身底面的形状而定）；立面形状可为单层或多层台阶扩大形式，与地基承载力及上部荷载大小等有关，如图 4-32。自墩台身底边缘至基顶边缘的距离 c_1 以及台阶宽度 c_2、c_3 称为襟边，其作用一方面是扩大基底面积增加基础承载力，另一方面是对基础施工时在平面尺寸上可能发生的误差进行弥补，同时也为了支立墩台身模板的需要。襟边的最小值为 20～50cm。基础每层台阶的高度通常为 50～100cm，且一般情况下各层台阶宜采取相同厚度。基础的各级台阶的正交方向的坡线与竖直线所呈夹角 α 称为刚性角，其值不应超过某一限值 α_{max}，以防基础开裂破坏。α_{max} 与基础材料有关，混凝土基础 40°～45°，石砌圬工 30°～35°。

明挖扩大基础的常用材料有混凝土、片石混凝土、浆砌片石等。混凝土等级一般不宜小于 C15，浆砌片石一般用 M5 以上水泥砂浆以及 C25 以上石料。

明挖扩大基础的特点是稳定性好、施工简便、取材容易、能承受较大的荷载，所以只要地基承载力能满足要求，它是桥梁的首选基础形式。但其缺点是自重大，并且在持力层为软弱土时，由于基础面积不能无限制扩大，需要对地基进行处理或加固后才能采用。所以对于荷载较大，上部结构对沉降变形较为敏感（超静定结构），持力层的土质较差且较厚的情况，不宜采用明挖扩大基础。

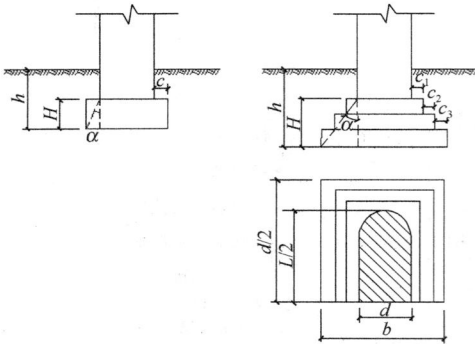

图 4-32   明挖扩大基础平面、立面图

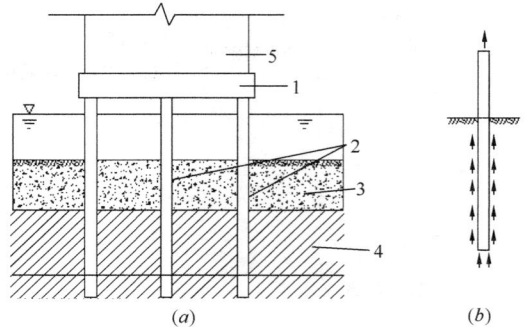

图 4-33   桩基础一般构造
1—承台；2—基础；3—松软土层；4—持力层；5—墩身

4.3.2.2   桩及大型管柱基础

当墩台所处位置的覆盖层很厚，适于承载的地基很深，或同时水深也较大时，往往需要采用深基础，桩基础就是一种常用的深基础。

桩基础由若干根桩和承台两部分组成，桩在平面排列上可为一排或几排，所有桩的顶部由承台联成一个整体。在承台上再修筑桥墩或桥台及上部结构，如图 4-33。桩身可全部或部分埋入地基土中，当桩身外露在地面上较高时，在桩之间应加横系梁以加强各桩的横向联系。

我国桥梁桩基础大多采用钢筋混凝土桩、预应力混凝土桩和钢桩，混凝土强度等级一般为 C20～C40。混凝土桩的截面形式有圆形、环形、方形、六角形等，钢桩的截面形式有圆形、H 形等。在桩轴方向，也分竖直桩和斜桩。斜桩通常用于拱桥墩台基础。

随着桥梁建设的发展和工程技术的进步，在桥梁实践中已形成了各种形式的桩基础，它们在自身构造和桩土相互作用性能上都具有各自的特点，分别简述如下。

（1）按承台位置分类

按承台位置的不同，桩基础可分为高桩承台基础和低桩承台基础，见图 4-34。高桩承台的承台底面位于地面（或冲刷线）以上，低桩承台的承台底面则位于地面（或冲刷线）以下。高桩承台的桩身外露部分称为桩的自由长度，而低桩承台桩的自由长度为零。高桩承台由于承台位置较高或设在施工水位以上，可减少墩台的圬工数量，避免或减少水下作业，施工较为方便。然而由于承台和基桩外露部分无侧边土层来共同承受水平外力，对基桩受力较为不利，桩身内力和位移都将大于在同样水平力作用下的低桩承台，稳定性亦较低桩承台差。近年来由于大直径钻孔灌注桩的采用，桩的刚度、强度都较大，因而高桩承台也多有采用。

（2）按施工方法分类

按施工方法的不同，桩基础可分为钻（挖）孔灌注桩和沉入桩。

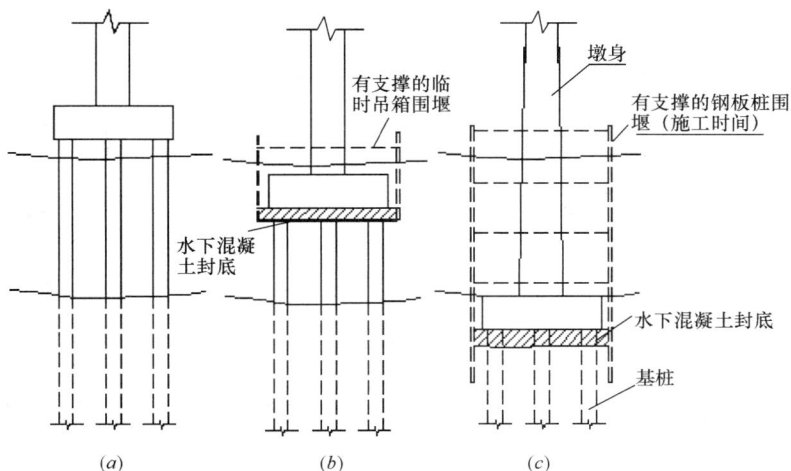

图 4-34　高桩和低桩承台
(a) 不上高桩承台；(b) 水下高桩承台；(c) 低桩承台

灌注桩是采用就地成孔的方法来完成的一种深基础。其施工方法是：先用机械或人工在土中做成桩孔，然后在孔内放入钢筋笼骨架，再灌注桩身混凝土而形成桩身，最后在桩顶浇筑承台（或盖梁）。其中，若用钻（冲）孔机成孔，称为钻孔桩；若用人工开挖桩孔，则称为挖孔桩。灌注桩的特点是施工设备简单，操作方便，适用于各种砂性土、黏性土，也适用于碎卵石类土层和岩层。钻孔桩的直径一般为 0.8～3.0m，其长度可由几米至百米。挖孔桩的直径不宜小于 1.2m，长度不宜大于 20m，以便于人工挖土。

钻孔灌注桩常用设备为冲击型钻机和旋转式钻机。前者采用卷扬机带动重力式冲击钻头，往复吊起和落下，冲击成孔；后者由钻机机身、钻杆和钻头（不同形式，以对付不同地层）组成，其钻孔速度比冲击型钻机要快得多。在成孔过程中，需要向孔内灌入一种特制的泥浆（由一种特殊的膨胀土加化学制剂用水调制而成），使之起到保护钻好的孔壁不致坍塌的作用。为排除坍孔的危险，还可采用套管法施工桩基础。该方法适于施工深度不大于 40m 的情况。其特点是：采用一套常备式钢套管，用重锤式抓斗在套管内抓土，同时在地面上用一套特殊设备不断晃动套管，使其随之下沉。在套管达设计标高后，即可清基并进行后续工序。在灌注混凝土的过程中，仍需不断地向上晃动套管，并逐节拔除。

沉入桩是通过汽锤（或柴油锤）或振动打桩机等方法将各种预先制好的桩（主要是钢筋混凝土实心桩或管桩，也有木桩或钢桩）沉入或打入地基中所需深度。这种施工方法适用于桩径较小（一般直径在 0.6～1.5m），地基土质为砂性土、塑性土、粉土、细砂以及松散的不含大卵石或漂石的碎卵石类土的情况。

（3）按基础传力方式分类

按基础的传力方式，桩基础可分为柱桩与摩擦桩。柱桩是将桩尖通过软弱的覆盖层以后再嵌入坚硬的岩面，荷载由桩尖直接传到基岩中，桩像柱子一样受力（如图 4-35a）。摩擦桩是当基岩埋藏很深，桩尖不可能达到时，荷载通过位于覆盖层中的桩的桩壁与土壤间的摩阻力和桩的端部的支承力共同承受的桩基础，如图 4-35 (b)。柱桩承载力较大，较安全可靠，基础沉降也小，但若岩层埋置很深，就需要采用摩擦桩。由于柱桩和摩擦桩在

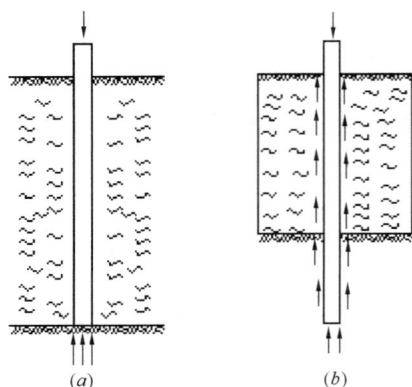

图 4-35　柱桩和摩擦桩

土中的工作条件不同，与土共同作用的特点也就不一样，因此在设计计算时所采用的方法和有关参数也不一样。

桩基础内基桩的布置应根据荷载大小、地基土质、基桩承载力等决定。采用大直径钻孔灌注桩的公路中小跨度的桥梁常用单排式（横向），在大型桥梁基础中，或桩承受的水平力较大时，则采用多排式。如图 4-36 所示，（a）为行列式，（b）为梅花式。考虑桩与桩侧土的共同工作条件和施工条件的需要，桩与桩间的中心距不得小于桩径的某一倍数，一般为 2.0～2.5 倍桩径，参见桥规的规定。此外，为避免承台边缘距桩身过小而发生破裂，边桩外侧到承台边缘的距离，亦不能太小，一般要求不小于 0.3～0.5 倍桩径。

桩基础承台的平面尺寸和形状，应根据墩台身底面尺寸和形状以及桩的平面布置而定，一般采用矩形和圆端形。承台厚度应保证承台有足够的强度和刚度。一般采用钢筋混凝土刚性承台，承台厚度一般不宜小于 1.5m，混凝土强度等级不低于 C15。承台底部需布置一层钢筋网，确保承台受力均匀，避免在桩顶荷载作用下开裂或破碎。承台与桩之间的连接，靠将桩顶主筋伸入承台来实现，桩身一般亦需伸入承台 15～20cm，如图 4-37 所示。

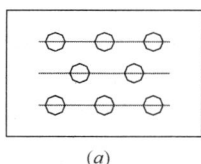

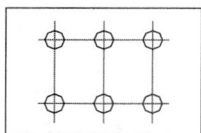

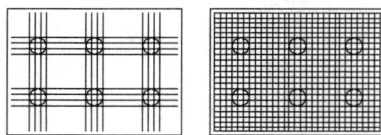

图 4-36　桩的平面布置
（a）行列式；（b）梅花式

图 4-37　承台底面钢筋网及桩与承台的连接

桩基础是深基础方案的首选形式，它耗用材料少，施工简便，适应性强。但当上层软弱土层很厚，桩底不能达到坚实土层时，就需使用较多、较长的桩来传递荷载，这时桩基础的稳定性稍差，沉降量也较大；当覆盖层很薄时，桩的稳定性也可能会存在问题。

管柱基础是一种大直径桩基础，适用于深水、有潮汐影响以及岩面起伏不平的河床。它是将预制的大直径（直径 1.5～5.8m，壁厚 10～14cm）钢筋混凝土或预应力混凝土管柱，用大型的振动沉桩锤沿导向结构将桩竖向振动下沉到基岩，然后以管壁作护筒，用水面上的冲击式钻机进行凿岩钻孔，再吊入钢筋笼架并灌注混凝土，将管柱与基岩牢固连接。管柱施工需要有振动沉桩锤、凿岩机、起重设备等大型机具，动力要求也高，一般用于大型桥梁基础，见图 4-38。

4.3.2.3 沉井及沉箱基础

沉井基础是一种历史悠久的施工方法，适用于地基表层较差而深部较好的地层，既可以用在陆地上，也可以用在较深的水中。所谓沉井基础，就是用一个事先筑好的以后充当基础的混凝土井筒，一边挖土，一边靠它的自重不断下沉直至设计标高的方法来完成的。基本施工工序是：首先在地面（或人工筑岛）上做成钢筋混凝土沉井底节，底节足部的内侧井壁做成由内向外斜的"刃脚"；然后用机械或人工方法挖掘与清除井底土壤，使之不断下沉，沉井底节以上随之逐节接高；沉井下沉到设计标高后，再以混凝土封底，并建筑沉井顶盖，沉井基础便告完成。最后再在其上修建墩身。沉井基础的施工步骤如图 4-39 所示。下沉时，为了减少沉井侧壁和土壤之间的摩阻力，可以采用泥浆护套、空气幕或塑料布膜衬壁等方法。

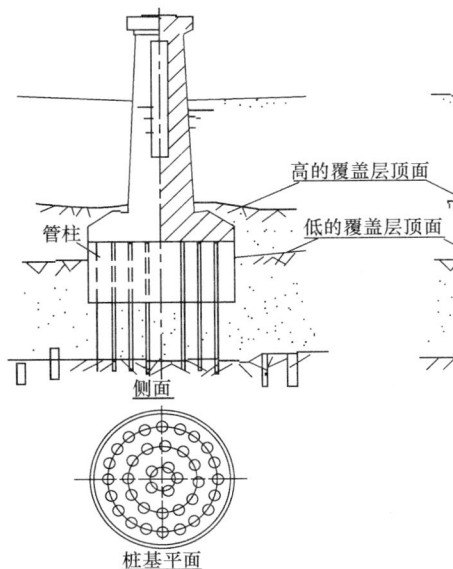

图 4-38 管桩基础（武汉长江大桥）

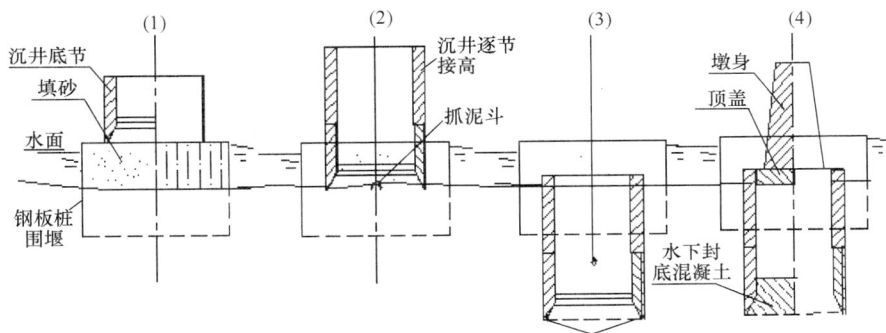

图 4-39 沉井基础施工步骤图

(1) 沉井底节在人工筑岛上浇筑；(2) 沉井开始下沉及接高；(3) 沉井已下沉到设计位置；
(4) 进行封底及墩身工作

沉井基础是桥梁工程中一种较常见的基础形式。我国南京长江大桥 1 号墩就是采用的钢筋混凝土沉井基础。江阴长江桥北锚碇的沉井基础的平面尺寸达 69m×51m。沉井的优点是埋置深度可以很大，整体性强，稳定性好，能承受较大的垂直荷载和水平荷载；沉井既是基础，又是施工时的挡土和挡水围堰结构物，施工工艺也不复杂。其不足是工期较长；对细砂及粉砂类土在井内抽水易发生流砂现象，造成沉井倾斜；沉井下沉过程中遇到大孤石、树干或井底岩层表面倾斜过大，均会给施工带来一定困难。

按下沉方式，沉井基础可分为就地建造下沉的沉井和浮运就位下沉的沉井。按建筑材料，沉井基础可分为混凝土沉井、钢筋混凝土沉井等。桥梁上常用的是钢筋混凝土沉井，它的抗拉及抗压能力较好，下沉深度可以很大，可达几十米。当下沉深度不大时，沉井壁大部分用混凝土，下部（刃脚）用钢筋混凝土。

沉井依外观形状的分类，在平面上可分为圆形、矩形及圆端沉井（图 4-40）等。圆形沉井（图 4-40c、d）受力好，适用于河水主流方向易变的河流；矩形沉井制作方便，但四角处的土不易挖除；圆端形沉井兼有两者的特点。沉井基础的平面形状常决定于墩（台）底部的形状。对矩形墩或圆端墩，可采用相应形状的矩形和圆端形沉井。采用矩形沉井（图 4-40b）时为了保证下沉的稳定性，沉井的长边和短边之比不宜大于 3。当墩的长宽比较为接近时，可采用圆形沉井或方沉井。

沉井竖直剖面外形主要有竖直式、倾斜式及阶梯式（图 4-41）等。采用形式主要视沉井需要通过的土层性质和下沉深度而定。外壁竖直形式的沉井，在下沉过程中不易倾斜，井壁接长较简单，模板可重复使用，故当土质较松软、沉井下沉深度不大时，可以采用这种形式。倾斜式及阶梯式井壁可以减少土与井壁的摩阻力，其缺点是施工较复杂，消耗模板多，同时沉井下沉过程中容易发生倾斜，在土质较密实、沉井下沉深度大、要求在不太增加沉井本身重量的情况下，可采用这类沉井。倾斜式的沉井井壁坡度一般为 1/40～1/20，阶梯形井壁的台阶宽度为 100～200mm。

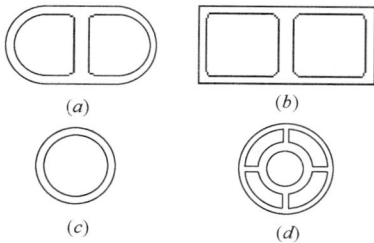

图 4-40 沉井的平面形式

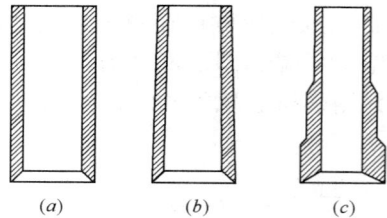

图 4-41 沉井竖剖面形式

沉井基础虽有多种形式，但基本构造相同，它由刃脚、井壁、隔墙、井孔、凹槽、射水管和探测管、封底、顶盖（或承台）以及环箍等组成，如图 4-42 所示。刃脚位于井壁

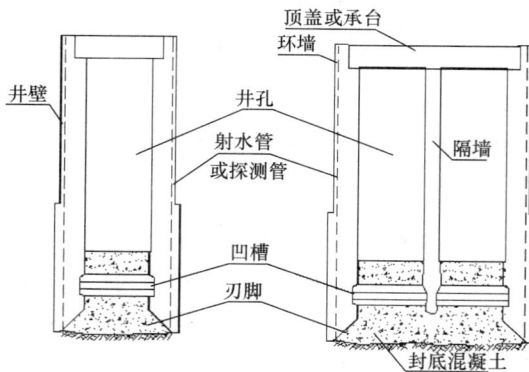

图 4-42 沉井构造

的下端，其作用是切割土层。井壁是沉井的外壳，在下沉过程中起防水挡土作用；当沉至设计位置后，井壁则成为基础的组成部分。设置凹槽是为了满足传递封底混凝土底的基底反力至井壁，并增强封底混凝土与井壁的连接。顶盖用于承托其上部的墩台身，一般为钢筋混凝土。

气压沉箱则是一种类似于沉井的深水基础，其不同之处是在沉井刃脚以上适当高度处设置一层密封的顶盖板。顶盖板以下为工作室，以上构造与沉井类似。顶盖板中开有空洞，安置升降井筒，直出水面，井筒上端为气闸。压缩空气经气闸和井筒输入工作室，当压力相当于刃脚处水头时，工作室内积水被排出，施工人员就可以进入工作室，在气压（2～3 个大气压，视沉箱下沉深度而定）下进行挖土。挖出的土通过井筒提升，经气闸运出。这样，沉箱就可以利用其自重下沉到设计标高。沉箱的主要缺点是对施工人员的身体有害（易得沉箱病），工效很低，现已基本不用。

4.3.2.4 复式基础

复式基础指由一些常见基础通过组合而形成的深水基础结构。例如沉井加管柱基础（可用于水下软弱覆盖层很厚的情况）、沉井加钻挖桩基础（当土层中含有大颗粒的卵石，沉井不易穿透时，可先将沉井下沉到最大可能深度，然后在井壁的预留孔内，钻挖成桩，直至持力深层）等。图 4-43 所示为我国九江大桥正桥基础中采用的双壁钢围堰加钻孔灌注桩基础形式。

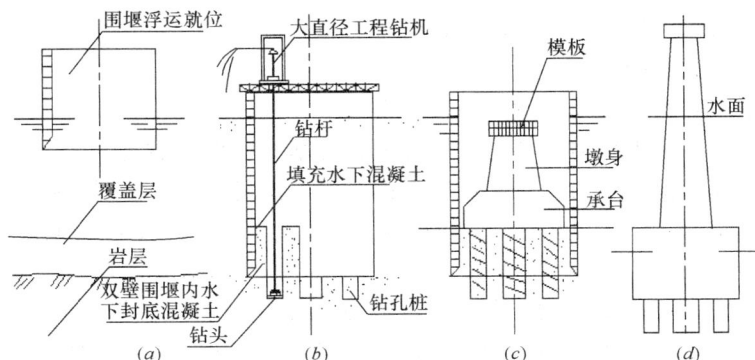

图 4-43　双壁钢围堰加钻孔灌注桩基础施工步骤（九江长江大桥）
(a) 围堰浮运就位；(b) 封底钻孔；(c) 抽水后灌注承台和墩身；
(d) 水下切除部分围堰

4.3.3　刚性扩大基础的设计与计算

基础的设计和计算方法与基础形式有很大关系，浅置基础与深置基础的计算原理明显不同，深基础的计算过程较为复杂。以下仅介绍刚性扩大基础的设计计算方法。

刚性扩大基础的设计过程是，首先确定基础的埋置深度；其次拟定基础尺寸，包括基础厚度、平面尺寸和立面分层尺寸；然后进行地基和基础各项验算。

基础的验算内容包括地基强度验算，基底合力偏心距验算，基础的整体稳定性（倾覆、滑动）验算。对建于土层上的超静定桥梁，还应进行地基沉降量、相邻基础沉降差、地基不均匀沉降等的验算。验算的荷载应取最不利荷载组合值。

4.3.3.1　基础埋置深度的确定

确定基础埋置深度是基础设计中的重要步骤，它涉及结构物建成后的牢固、稳定及正常使用问题。在确定基础的埋置深度时，必须考虑把基础设置在变形小而强度又较高的持力层上，以保证地基强度满足要求，而且不致产生过大的沉降或沉降差。此外还要使基础有足够的埋置深度，以保证基础的稳定性，确保基础的安全。确定基础的埋置深度时，必须综合考虑地基的地质、地形条件，河流的冲刷程度，当地的冻结深度、上部结构形式，以及保证持力层稳定所需的最小埋深和施工技术条件等因素。对于某一具体工程来说，往往是其中 1～2 项因素起决定性作用，所以设计时，必须从实际出发，抓住主要因素进行分析研究，确定合理的埋置深度。铁路和公路桥规均对埋置深度有具体规定。

4.3.3.2 基础的验算内容

（1）地基强度验算

地基强度验算应保证基底发生的应力不超过地基持力层的强度（地基容许应力），对持力层下的软弱下卧层，也应验算其强度。其验算式为：

$$\sigma_{\min}^{\max} = \frac{N}{A} \pm \frac{M}{W} \leqslant [\sigma] \tag{4-22}$$

式中　N——基础底面以上的竖向总荷载；

　　　M——基底以上外力对基底形心轴的总力矩；

　　　A——基础底面积；

　　　W——基础底面的截面模量；

　　　$[\sigma]$——地基容许承载力，其值根据地基土的基本容许承载力 $[\sigma_0]$，再迭加基础宽度深度修正（称为宽深修正）而得。参见铁路或公路桥规的有关计算公式。

当 $\sigma_{\min} < 0$ 时，应按应力重分布重新计算 $\sigma_{\max}$ 值，参见上一节墩台的设计计算部分。

（2）基底合力偏心距验算

限制基底合力偏心距的目的，在于尽可能使基底应力分布比较均匀，避免应力分布相差过在帮基础产生较大的不均匀沉降，致使墩台发生倾斜而影响正常使用。其验算式为：

$$e_0 = \frac{M}{N} \leqslant [e_0] \tag{4-23}$$

式中　e_0——基底合力偏心距；

　　　$[e_0]$——基底容许偏心距，$e_0 = \alpha \cdot \rho$，其中 ρ 为基底截面核心半径，α 为一系数，α 与荷载条件（恒载作用或恒活载作用），地基条件（土质地基、岩石地基，坚质岩地基等）有关，取值 $0.1 \sim 1.5$，见铁路或公路桥规的具体规定；

其他符号意义同前。

为便于计算，式（4-23）可改写为下式：

$$\frac{e_0}{\rho} = 1 - \frac{\sigma_{\min}}{N} \leqslant \frac{[e_0]}{\rho} = \alpha \tag{4-24}$$

（3）基础倾覆稳定性验算

基础的倾覆稳定性按下式计算（见图 4-44）：

$$k_0 = \frac{M_稳}{M_倾} \geqslant [k_0] \tag{4-25}$$

式中　$M_稳$——稳定力矩，$M_稳 = y_1 \sum P_i$；

　　　$\sum P_i$——作用在墩台上的竖向力组合；

　　　y_1——桥台基底形心至最大受压边缘（A）的距离；

　　　$M_倾$——倾覆力矩（见图 4-44）：

$$M_倾 = \sum p_i e_i + \sum T_i h_i$$

　　　e_i——各竖向力到基底形心的距离；

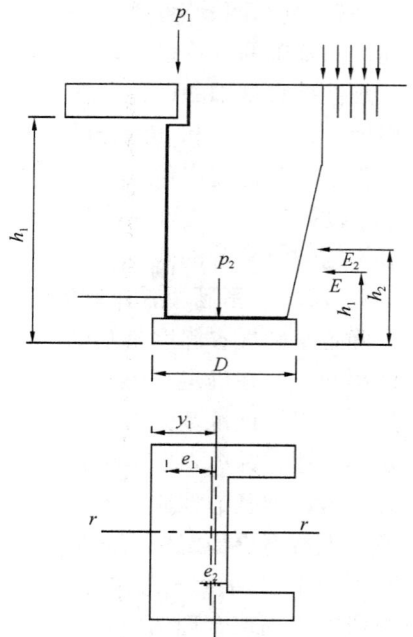

图 4-44　重力式桥台的倾覆稳定性

h_i——各水平力到基底的力臂；

T_i——作用在墩台上的水平力（图 4-44 中为 T、E_A、E_C）；

$[k_0]$——倾覆稳定系数容许值，对不同的荷载组合，其值在 $1.2 \sim 1.5$，按桥规采用。

式（4-25）可转化为 $k_0 = \dfrac{y}{e_0} \geqslant [k_0]$ 的形式，式中 e_0 为所有外力的合力的竖向分力对基底形心轴的偏心距。

（4）滑动稳定性验算

基础的滑动稳定性按下式计算：

$$k_c = \frac{f \sum p_i}{\sum T_i} \geqslant [k_c] \tag{4-26}$$

式中　f——基础底面与地基土间的摩擦系数；

$[k_c]$——滑动稳定系数容许值，其值为 1.3，对施工临时荷载取 1.2。

（5）基础的沉降量验算

对于超静定桥梁结构，当有必要时，应验算基础沉降量。其验算式为：

$$\begin{cases} 均匀沉降量 & \Delta \leqslant 20\sqrt{L} \\ 相邻墩台沉降差 & \Delta \leqslant 10\sqrt{L} \end{cases}$$

式中　Δ——沉降量或沉降差计算值，以"mm"计，按土力学原理计算；

L——相邻跨中较短跨度，以"m"计，铁路桥当 $L<24m$ 时，以 24m 计；公路桥当 $L<25m$ 时，以 25m 计。

超静定桥梁结构应考虑由于基础不均匀沉降引起的附加内力。

4.3.4　桩基单桩竖向承载力的计算

如前所述，桩基单桩竖向承载力应由土对桩的支承能力、桩身材料强度以及上部结构所容许的桩顶沉降三方面所控制。本节仅限于土对桩的支承能力及桩本身材料强度要求来探讨桩基单桩竖向承载力的确定方法。

4.3.4.1　按材料强度确定桩的竖向承载力

一般说来，桩的竖向承载力往往由土对桩的支承能力控制。但当桩穿过极软弱土层，支承（或嵌固）于岩层或坚硬的土层上时，单桩竖向承载力往往由桩身材料强度控制。此时，基桩将像一根受压杆件，在竖向荷载作用下，将发生纵向挠曲破坏而丧失稳定性，而且这种破坏往往发生于截面承压强度破坏以前，因此验算时尚需考虑纵向挠曲影响，即截面强度应乘上纵向挠曲系数 φ。根据《公路桥规》，对于钢筋混凝土桩，当配有普通箍筋时，可按下式确定基桩的竖向承载力：

$$P = \varphi \gamma_b \left(\frac{1}{\gamma_c} R_a A + \frac{1}{\gamma_s} R'_g A'_g \right) \tag{4-27}$$

式中　P——计算的竖向承载力；

φ——纵向弯曲系数，对低承台桩基可取 $\varphi=1$；高承台桩基可按《公路桥规》表 4.1.3 查取；

R_a——混凝土抗压设计强度；

A ——验算截面处桩的截面面积；

R'_g ——纵向钢筋抗压设计强度；

A'_g ——纵向钢筋截面面积；

γ_b ——桩的工作条件系数，取 $\gamma_b = 0.95$；

γ_c ——混凝土安全系数，取 $\gamma_c = 1.25$；

γ_s ——钢筋安全系数，取 $\gamma_s = 1.25$。

当纵向钢筋配筋率大于 3% 时，桩的截面积应采用桩身截面混凝土面积 A_h，即扣除纵向钢筋面积 A'_g，故 $A_h = A - A'_g$。

$$\gamma_0 N_d \leqslant 0.9\varphi(f_{cd}A + f'_{sd}A'_s)$$

式中　N_d ——轴向力组合设计值；

φ ——轴压构件稳定系数，按表 5.3.1 采用；

A ——构件毛截面面积，当纵向钢筋配筋率大于 3% 时，A 应改用 $A_n = A - A'_s$；

A'_s ——全部纵向钢筋的截面面积。

4.3.4.2　按土阻力确定单桩竖向承载力

按土层对桩的支承能力确定单桩竖向承载力，即要求单桩在竖向荷载作用下，地基土体的强度和稳定性均能得到保证，变形也应控制在容许的范围之内。确定单桩竖向承载力的方法有多种，如静载试验法、动静力触探法、经验公式法、动测试桩法等。考虑到地基土的多变性、复杂性和地域性等特点，在工程应用中宜选用多种方法综合考虑和分析，以合理确定单桩竖向承载力。有关各种测试方法的详细讨论可参见有关资料，本节仅着重讨论设计规范中的经验公式计算方法及静力分析计算法。

（1）《公路桥涵地基与基础设计规范》（以下简称《地基规范》）单桩竖向承载力的确定

根据多年来静载试验和设计实践所积累的大量资料，现行《地基规范》建立了一套计算单桩竖向承载力的经验公式。这些公式充分考虑到了桩的类型、施工方法、土层性质及埋深等影响因素，其计算方法如下：

1）摩擦桩

如前所述，打入桩与钻（挖）孔灌注桩的桩侧摩阻力和桩端阻力数值不同，《地基规范》建议按如下公式计算：

$$[R_a] = \frac{1}{2}u\sum_{i=1}^{n}q_{ik}l_i + A_P q_r$$

$$q_\tau = m_0\lambda[[f_{a0}] + k_2\gamma_2(h - 3)]$$

式中　$[R_a]$ ——单桩轴向受压承载力容许值（kN），桩身自重与置换土重（当自重计入浮力时，置换土重也计入浮力）的差值作为荷载考虑；

u ——桩身周长（m）；

A_p ——桩端截面面积（m²），对于扩底桩，取扩底截面面积；

n ——土的层数；

l_i ——承台底面或局部冲刷线以下各土层的厚度（m），扩孔部分不计；

q_{ik} ——与 l_i 对应的各土层与桩侧的摩阻力标准值（kPa），宜采用单桩摩阻力试验确定，当无试验条件时按《地基规范》表 5.3.3-1 选用；

q_r——桩端处土的承载力容许值（kPa），当持力层为砂土、碎石土时，若计算值超过下列值，宜按下列值采用：粉砂 1000kPa；细砂 1150kPa；中砂、粗砂、砾砂 1450kPa；碎石土 2750kPa；

$[f_{a0}]$——桩端处土的承载力基本容许值（kPa），按本规范第 3.3.3 条确定；

h——桩端的埋置深度（m），对于有冲刷的桩基，埋深由一般冲刷线起算；对无冲刷的桩基，埋深由天然地面线或实际开挖后的地面线起算；h 的计算值不大于 40m，当大于 40m 时，按 40m 计算；

k_2——容许承载力随深度的修正系数，根据桩端处持力层土类按本规范表 3.3.4 选用；

γ_2——桩端以上各土层的加权平均重度（kN/m³），若持力层在水位以下且不透水时，不论桩端以上土层的透水性如何，一律取饱和重度；当持力层透水时则水中部分土层取浮重度；

λ——修正系数，按《地基规范》表 5.3.3-2 选用。

① 钻（挖）孔灌注桩

$$[P] = \frac{1}{2}U\sum l_i\tau_i + \lambda m_0 A\{[\sigma_0] + K_2\gamma_2(h-3)\} \tag{4-28}$$

式中　$[P]$——单桩竖向容许承载力（kN），当荷载组合Ⅱ或组合Ⅲ或组合Ⅳ或组合Ⅴ作用时，容许承载力可提高 25%（荷载组合Ⅰ中如含有收缩、徐变或水浮力的荷载效应，也应同样提高）；

U——桩的周长（m），按成孔直径计算，当无试验资料时，成孔直径可按下列规定采用：
旋转钻：按钻头直径增大 3～5cm；
冲击钻：按钻头直径增大 5～10cm；
冲抓钻：按钻头直径增大 10～20cm；

l_i——桩在承台底面或最大冲刷线以下的第 i 层土层中的长度（m）；

τ_i——与 l_i 相对应的各土层与桩侧的极限摩阻力（kPa），可按《地基规范》表 4.3.2-1 采用；

A——桩底横截面面积（m²），用设计直径（钻头直径）计算，但当采用换浆法施工（即成孔后，钻头在孔底继续旋转换浆）时，则按成孔直径计算；

$[\sigma_0]$——桩端处土的容许承载力（kPa），可按《地基规范》第 2.1.2 条所列各表的数值采用；

h——桩尖的埋置深度（m），对于有冲刷的基桩，由一般冲刷线起算；对无冲刷的基桩，由天然地面或实际开挖后的地面起算；当 $h>40$m 时，可取 $h=40$m 计算；

K_2——地面土容许承载力随深度的修正系数，根据桩端处持力层土类按《地基规范》表 2.1.4 选用；

γ_2——桩底以上土的重度（如为多层土时用换算重度）（kN/m³），如持力层在水面以下并为不透水性土时，则不论桩底以上土的透水性质如何，应一律采用饱和容重；如持力层为透水性土时，应一律采用浮重度；

λ——考虑桩入土长度影响的修正系数，按《地基规范》表4.3.2-2采用；

m_0——考虑孔底沉淀淤泥影响的清孔系数，按《地基规范》表4.3.2-3采用。

② 沉桩

$$[P] = \frac{1}{2}(U\sum\alpha_i l_i\tau_i + \alpha A\sigma_R) \tag{4-29}$$

式中　τ_i——第i层土对桩壁的极限摩阻力（kPa），可按《地基规范》表4.3.2-4采用；

σ_R——桩端处土的极限承载力（kPa），可按《地基规范》表4.3.2-5采用；

α_i、α——分别为振动沉桩对各土层桩侧摩阻力和桩端阻力的影响系数，按《地基规范》表4.3.2-6采用，对于锤击沉桩其值均取为1.0；

其他符号意义同前。

钢管桩因需考虑桩底端闭塞效应及其挤土效应特点，钢管桩单桩竖向极限承载力P_j可按下式计算：

$$p_j = \lambda_s U\sum\tau_i l_i + \lambda_p A\sigma_R \tag{4-30}$$

$$当 h_b/d_s < 5 时 \qquad \lambda_p = 0.16\frac{h_b}{d_s}\lambda_s \tag{4-31}$$

$$当 h_b/d_s \geqslant 5 时 \qquad \lambda_p = 0.8\lambda_s \tag{4-32}$$

式中　λ_p——桩底端闭塞效应系数，对于闭口钢管桩$\lambda_p = 1$，对于敞口钢管桩宜按式（4-31）、式（4-32）取值；

λ_s——侧阻挤土效应系数，对于闭口钢管桩$\lambda_s = 1$，敞口钢管桩当$d_s < 600$mm时取$\lambda_s = 1$；当$d_s = 700$mm时取$\lambda_s = 0.93$；当$d_s = 800$mm时取$\lambda_s = 0.87$；当$d_s = 900$mm时取$\lambda_s = 0.82$；当$d_s = 1000$mm时取$\lambda_s = 0.77$；

h_b——桩底端进入持力层深度（m）；

d_s——钢管桩内直径（m）；

其余符号意义同前。

③ 管柱

单根管柱受压容许承载力应由试验确定，或按式（4-29）确定。但式中U按设计直径，τ_i值按《地基规范》采用。

④ 轴向受拉容许承载力

当荷载组合Ⅱ或组合Ⅲ或组合Ⅳ作用时，单桩受拉容许承载力可按下式计算：

$$[P_l] = 0.3U\sum l_i\tau_i + G \tag{4-33}$$

式中　$[P_l]$——单桩轴向受拉容许承载力（kN）；

G——桩身自重（kN）；

其余符号意义同前。

当荷载组合Ⅰ作用时，桩不宜出现上拔力。

2）柱桩

支承在基岩上或嵌入岩层中的单桩竖向受压承载力决定于桩底处岩石的强度和嵌入岩层的深度，可按下式计算：

$$[P] = (C_1 A + C_2 Uh)R_a \tag{4-34}$$

式中 R_a——天然湿度的岩石单轴极限抗压强度（kPa），试件直径为 7～10cm，试件高度与直径相等；

h——桩嵌入基岩深度（m），不包括风化层；

U——桩嵌入基岩部分的横截面周长（m），对于钻孔桩和管柱按设计直径采用；

A——桩底横截面面积（m²），对于钻孔桩和管柱按设计直径采用；

C_1、C_2——根据清孔情况，岩石破碎程度等因素而定的系数，按《地基规范》表 4.3.4 采用。

（2）《铁路桥涵设计规范》TB 10002—2017

《铁路桥涵设计规范》中规定，钻（挖）孔灌注桩的竖向容许承载力按下式计算：

$$[P] = \frac{1}{2}U\sum l_i\tau_i + m_0 A[\sigma] \tag{4-35}$$

式中 $[\sigma]$——桩底地基土的容许承载力（kPa）；

当 $h \leqslant 4d$ 时，$[\sigma] = [\sigma_0] + K_2\gamma_2(h-3)$

当 $4d < h \leqslant 10d$ 时，$[\sigma] = [\sigma_0] + K_2\gamma_2(Ad-3) + K_2'\gamma_2(h-4d)$

当 $h > 10d$ 时，$[\sigma] = [\sigma_0] + K_2\gamma_2(Ad-3) + K_2'\gamma_2(6d)$

其中 d 为桩径或桩的宽度（m）；K_2 取值按式（4-28）规定；K_2' 对于黏性土和黄土为 1.0，对于其他土，K_2' 为 K_2 值之半；

m_0——钻孔灌注桩桩底支承反力折减系数；具体可参考《铁路桥涵设计规范》；

其余符号同上。

（3）《建筑桩基技术规范》JGJ 94—2008

上面所述的《地基规范》与《铁路桥涵设计规范》中都是将荷载、承载力看成不变的定值，以单桩竖向极限承载力除以安全系数作为单桩的竖向容许承载力，安全系数 K 就是度量桩基可靠度的指标，这种设计方法称为"定值设计法"。从发展趋势看，定值设计法将逐步被以可靠性理论为基础的极限状态设计法所取代。

目前，我国建筑结构、公路桥涵结构设计已采用以可靠性理论为基础的分项系数的极限状态设计方法，然而由于桩基础的工作性状和承载力与变异性很大的地基土性质有关，而桩基的施工条件也使其质量变异性很大，因此《地基规范》还保留了定值设计法。《建筑桩基技术规范》则采用以可靠性理论为基础的概率极限状态设计法，以可靠度指标 β 来度量桩基的可靠度，按承载能力极限状态和正常使用极限状态进行设计。下面以荷载效应基本组合，不考虑承台效应的情况为例作一简要介绍供参考。其单桩竖向承载能力的极限状态表达式为：

$$\gamma_0 N \leqslant R \tag{4-36}$$

$$R \leqslant Q_{sk}/\gamma_s + Q_{pk}/\gamma_P \tag{4-37}$$

式中 γ_0——建筑物桩基重要性系数，按《建筑桩基技术规范》确定安全等级，对于一、二、三级分别取 $\gamma_0 = 1.1$、1.0、0.9；对于柱下单桩基础按提高一级考虑；

N——作用于基桩桩顶的竖向压力设计值；

R——单桩竖向承载力设计值；

Q_{sk}、Q_{pk}——分别为单桩的总极限侧摩阻力标准值和总极限端阻力标准值：

$$Q_{sk} = U\sum l_i q_{ski}$$

$$Q_{pk} = A_p q_{pk}$$

γ_s、γ_P ——分别为侧阻分项抗力系数和端阻分项抗力系数，按《建筑桩基技术规范》取值；

q_{ski}、q_{pk} ——分别为桩周第 i 层土极限侧摩阻力标准值和桩端持力层极限端阻力标准值，具体可参考《建筑桩基技术规范》JGJ 94—2008。

（4）预应力混凝土大直径管桩的竖向承载力

预应力混凝土大直径管桩是"六五"国家科技攻关研究成果，在"七五"期间经过进一步的工艺改进、完善和工程实践的考验，目前，在许多大、中型港口码头工程、桥梁工程中已得到推广应用。这种管桩混凝土强度高、密实性好、耐锤击，它使用在海岸与海洋工程的桩柱式结构方面具有优越性，是桩基工程中一种新的桩型。

现以《港口工程预应力混凝土大直径管桩设计与施工规程》JTJ 261 中规定的方法为例，管桩的竖向承载力可按下式计算：

$$Q_d = \frac{1}{\gamma_R}(U \sum q_{fi} L_i + q_R A) \tag{4-38}$$

式中　Q_d ——单桩竖向承载力设计值（kN）；

　　　γ_R ——单桩竖向承载力分项系数，γ_R 可取 1.45；

　　　q_{fi} ——单桩第 i 层土的侧摩阻力标准值（kPa）；

　　　q_R ——单桩桩端阻力标准值（kPa）。

　　　U ——桩身截面周长（m）；

　　　L_i ——桩身穿过 i 层土的长度（m）。

桩侧摩阻力标准值和桩端阻力标准值的取值，如无当地经验值时，按现行《港口工程桩基规范》JTJ 254 的规定确定。桩端计算面积的取值应根据桩径、地质条件和入土深度等因素综合考虑。对于直径 1200mm，入土深度大于 20m 的管桩，桩端计算面积可取全面积乘以 0.80~0.85 的折减系数。

由于土的类别和性状都较复杂，经验公式中有些问题的普遍适用性尚待进一步探讨，有些土的试桩资料尚少，因此对重要工程的桩基础，应以静载试验或其他方法验证其承载力。

4.3.4.3　按静力分析法确定单桩竖向承载力

静力分析法即将桩作为深埋基础，假定不同的地基土破坏模式，运用塑性力学中有关极限平衡等理论，求解出深基础下地基土的极限荷载（即桩端反力的极限值），再考虑土对桩侧的摩阻力等求得桩的竖向极限承载力，然后将其除以安全系数，从而确定单桩竖向容许承载力。

以刚塑性体理论为基础，假定不同的破坏面形态，便可导得不同的桩底下地基土的极限承载力公式。太沙基（Terzaghi）（1943）、梅耶霍夫（Meyerhof）（1951）、别列赞采夫（BepedhHeB）（1961）等所提出的桩底极限荷载公式可以统一表达为式（4-39），只是所求得有关系数不同。关于各种理论的具体推导和系数的表达式可参考有关土力学专著。

$$\sigma_R = c\alpha_c N_c + \alpha_q \gamma h N_q \tag{4-39}$$

式中　σ_R ——桩底地基单位面积的极限荷载（kPa）；

　　　c ——地基土的内聚力（kPa）；

α_c、α_q——与桩底形状有关的系数

N_c、N_q——桩底承载力系数，仅与土的内摩擦角 φ 有关；

γ——桩底平面以上土的平均容重（kN/m^3）；

h——桩的入土深度（m）。

在确定计算参数土的抗剪强度指标 c、φ 时，应区分总应力法及有效应力法两种情况。若桩底土层为饱和黏土时，排水条件较差，常采用总应力法分析。这时用 $\varphi=0$，c 采用土的不排水抗剪强度 c_u，$N_q=1$，代入公式计算。对于砂性土有较好的排水条件，可采用有效应力法分析。此时 $c=0$，$q=\gamma h$，取桩底处有效竖向应力 $\bar{\sigma}_{v0}$ 代入公式计算。

现对各种滑动面作一简要介绍。

（1）太沙基理论公式。假设地基为刚塑性体，地基破坏只在桩底平面以下土层产生，并认为桩底平面以上土体即桩侧土仅起上覆荷载作用。这种假设与实际滑动面形状严重不符，且没有考虑桩侧土体的抗剪强度，也不符合实际，用此种方法所求得的基桩极限荷载偏差较大，且一般偏小。

（2）梅耶霍夫理论公式。假设地基为刚塑性体，其破坏时，桩底下地基土的滑动面按螺旋线轨迹延伸到桩底平面以上土体中，形成闭合的梨形塑性区。在这种假设中桩侧土的作用已在极限平衡分析中直接考虑进去，它是目前较多采用的一种理论公式。

（3）别列赞采夫理论公式。假设地基为刚塑性体，并认为桩底处地基土受到桩底刺入影响，桩底下土形成的剪切区只发展到与水平面呈 45°线的界面为止，界面线以上的桩侧土体因受剪切区内土的挤压而形成压密区，压密区的土重力扣除外界面上的剪力后，作为上覆荷载压在剪切区上，而后以轴对称课题求解。

关于桩侧极限摩阻力的确定，目前也有总应力法和有效应力法两大类。根据各家计算表达式所用系数的不同，人们将其归纳为 α 法、β 法、λ 法。α 法、λ 法用于计算黏性土中的桩，β 法可用于计算黏性和非黏性土中的桩。现简要介绍如下：

（1）α 法

α 法由汤姆利逊（Tomlinson）1971 年提出，表达式为：

$$\tau=\alpha c_u \tag{4-40}$$

式中　α——黏结力系数，它与土的类别、桩的类别、设置方法及时间效应等因素有关；α 值的大小，各个文献提供资料不一致，一般 $\alpha=0.3\sim1.0$，软土取低值、硬土取高值；魏克西对试验结果的统计表明，当 $c_u\leqslant50kPa$ 时，$\alpha=1$；

　　　c_u——桩侧黏土层的平均不排水剪切强度，可采用无侧限压缩、三轴不排水剪切和原位十字板、旁压试验等测定。

（2）β 法——有效应力法

钦德勒（Chandler）1968 年提出计算黏性土中桩侧阻力的有效应力法：

$$\tau=K_0\bar{\sigma}_v g\delta=\beta\bar{\sigma}_v \tag{4-41}$$

式中　β——系数，$\beta\approx(1-\sin\varphi')\tan\varphi'$，对正常固结黏性土，若取 $\varphi'=15°\sim30°$，得 $\beta=0.2\sim0.3$，其平均值为 0.25；软黏土的桩试验得到 $\beta=0.25\sim0.4$，平均为 0.32；

　　　K_0——土的静止侧压力系数；

　　　δ——桩土间的外摩擦角，$\delta\approx\varphi'$；

$\bar{\sigma}_v$——桩侧土的平均竖向有效应力（kPa），地下水位以下取土的浮重度；

φ'——桩侧土的有效内摩擦角。

β 法也可用于计算砂土中桩的侧阻力。

（3）λ 法

综合 α 法和 β 法的特点，魏杰维基也（Vijayvergiya）和富契（Focht）（1972）提出如下 λ 法：

$$\tau = \lambda(\bar{\sigma}_v + 2c_u) \tag{4-42}$$

式中　λ——系数；

其他符号意义同前。

由于各种理论公式所做假设条件的局限性以及土质、地质条件的复杂多变性，按这些公式计算的结果往往与实际情况相差甚远，且各理论公式所计算结果彼此也相差颇大，因此这种方法尚待于今后通过实践和科学研究进一步完善。

4.3.4.4　算例

如图 4-45 所示，某钻孔灌注桩采用旋转钻施工，桩径 1.2m，河床地质为卵石，孔隙中填充砂，桩底地基土的基本承载力为 $[\sigma_0] = 600$kPa，经测定桩底沉淀土厚度为 48cm，试按《地基规范》法计算此桩的容许承载力。

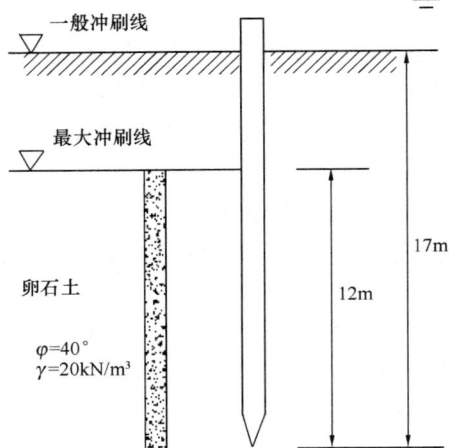

图 4-45　算例

【解】

由于采用旋转钻施工，故

$$U = \pi d = 3.14 \times (1.2 + 0.04) = 3.89\text{m}$$

由 $h/d = 12/1.2 = 10$，查《地基规范》表 4.3.2-2 得 $\lambda = 0.7$。

由 $t/d = 0.48/1.2 = 0.4$，查《地基规范》表 4.3.2-3 得 $m_0 = 0.6$。

所以桩的竖向容许承载力为：

$$[P] = \frac{1}{2} U \sum l_i \tau_i + \lambda m_0 A \{[\sigma_0] + K_2 \gamma_2 (h-3)\}$$

$$= \frac{1}{2} \times 3.89 \times 12 \times 160 + 0.7 \times 0.6 \times 3.14 \times 0.6^2 \times \{600 + 10 \times (20-10) \times (17-3)\}$$

$$= 4683.936$$

复习思考题与习题

4-1　支座有哪些类型，支座设置要如何考虑？

4-2　支座的设计计算主要考虑哪些问题？

4-3　墩台有哪些作用和要求？

4-4　简支梁（板）桥的墩台类型有哪些？各种类型的适用情况如何？

4-5　墩台的设计计算中荷载计算工况有哪些？墩台验算的主要内容有哪些？

4-6　重力式墩台设计验算的主要内容？

4-7　图 4-46 所示为四跨桥面连续的预应力混凝土简支空心板桥，跨长 $L＝20\text{m}$，车道净宽 7m，桥梁总宽 9m，按双向双车道设计，钢筋混凝土双圆柱式墩（$D＝1.3\text{m}$），墩柱混凝土强度等级为 C30，墩台的扩大基础均落于基岩上。每墩顶设置两排共 24 个直径 $d＝20\text{cm}$ 圆形板式橡胶支座，在两桥台的梁端下各设 12 个直径 $d＝20\text{cm}$ 四氟板式橡胶滑动支座，墩台支座的橡胶层厚均为 40mm，$G＝1.0\text{MPa}$。单跨上部结构重量 2100kN。试计算由于温降、混凝土梁体收缩徐变及车辆制动力引起的 3 号桥墩所受水平力。

（1）汽车荷载公路—Ⅱ级，人群荷载 3.3kN/m^2；

（2）降温 25℃；钢筋混凝土 T 梁收缩影响力及混凝土徐变影响力，依据以往的设计经验，假定分别按相当于降温 10℃和降温 20℃的影响力计。

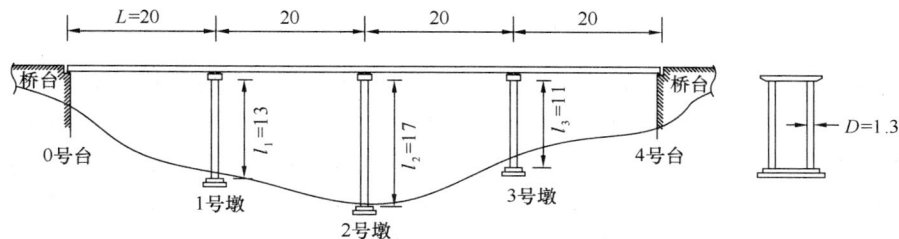

图 4-46　题 4-7 图（单位：m）

第5章 其他桥梁

本章主要介绍预应力混凝土连续梁桥与连续刚构桥的结构构造，连续箱梁的计算要点和施工方法；介绍斜拉桥的结构构造，计算要点和施工方法；介绍悬索桥的结构构造，计算要点和施工方法。重点是预应力混凝土连续梁桥的设计计算内容。

5.1 预应力混凝土桥与连续刚构桥

5.1.1 概 述

钢筋混凝土简支梁桥，由于构造简单、预制和安装方便，在桥梁建设中得到了广泛使用。然而这种简支体系当跨径超过 20～25m 时，跨中恒载弯矩和活载弯矩将迅速增大，致使梁的截面尺寸和自重显著增加，这样不但材料耗用量大而且不经济，同时很大的安装重量也给装配式施工造成困难。因此，对于较大跨径的梁式桥，为了降低材料用量指标，宜采用能减小跨中弯矩值的其他体系桥梁，如悬臂体系、连续体系的梁桥等。

图 5-1 给出了几种梁式桥恒载弯矩图的比较，其中图 5-1 (a) 为三跨简支梁、图 5-1 (b) 为由双悬臂锚跨带挂梁的多孔悬臂桥梁、图 5-1 (c) 为由单悬臂锚跨和挂梁组成的三跨悬臂梁桥、图 5-1 (d) 是 T 形刚构桥，图 5-1 (e) 是连续梁桥。从图 5-1 的恒载弯矩图来看，当跨径 l 和恒载集度 g 相同时，简支梁的跨中弯矩值最大，悬臂体系和连续体系则由于支点负弯矩的存在，使跨中正弯矩值显著减小。从表征材料用量的弯矩图面积大小（绝对值）而言，悬臂和连续体系也比简支梁小得多。如以图 5-1 (b) 的中跨弯矩图形为例，当 $l_x = l/4$ 时，正、负弯矩面积的总和仅为同跨径简支梁的 1/3.2。再从活载方面来看，如果只在图 5-1 (b) 的中孔布载，则其跨中的最大正弯矩仍然与简支梁一样。但对于带有挂梁的多孔悬臂梁桥（图 5-1c），活载对于中间孔只按较小跨径（通常只有桥孔跨径的 0.4～0.6）的简支挂梁产生正弯矩，因此它比简支梁桥小得多。活载作用对于带挂梁的 T 形刚构桥和连续梁桥也产生同样的效果。

由此可见，与简支体系相比较，悬臂和连续体系可以减小跨内弯矩的绝对值，降低主梁的高度，从而减少材料用量和结构自重，而结构自重的降低又进一步减小了恒载的内力。然而，对于钢筋混凝土材料，由于负弯矩区使受拉区处于行车道一面，因此需要配置大量的防裂钢筋来防止混凝土开裂对桥梁的使用和耐久性的危害。因此，钢筋混凝土悬臂体系和连续体系的梁桥仅适用于中小跨径，大量的悬臂和连续体系桥梁采用的是预应力混凝土结构。

在 20 世纪 50 年代以前，预应力混凝土连续梁主要采用满堂支架施工，费工费时，且跨径均在百米以下，它的发展受到限制。20 世纪 50 年代以后，利用预应力作为一种施工手段的悬臂施工方法在预应力混凝土桥梁中开始应用，加速了预应力混凝土梁桥的发展步伐。此后，由于结构的悬臂体系和悬臂施工方法相结合产生了 T 形刚构。到 20 世纪 60 年代，在跨径 100～200m 范围内，预应力混凝土 T 形刚构桥具有很强的竞争力。然而，

T形刚构由于中间带铰或挂梁，结构在铰处易形成明显的折线变形，对行车不利，且主结构以受单一的负弯矩为主，徐变、收缩对变形的影响较大，施工预拱度的设置与长期变形的控制是该结构的一个主要问题。因此，对行车条件有利的连续梁获得了新的发展。逐跨架设法、顶推法以及各种更完善的悬臂施工方法的应用与发展，使预应力混凝土连续梁在 40～200m 范围内的竞争力不断增加。

此后，预应力混凝土 T 形刚构与连续梁的组合，又产生了预应力混凝土连续刚构桥。这种桥型数跨相连，跨中不设铰或挂梁，行车舒适。主梁与桥墩固结，不设支座，因此具有 T 形刚构桥和连续梁桥的优点。悬臂施工法与 T 形刚构桥相同，但在跨中要灌筑合龙段，张拉预应力束，使之连成整体。

预应力混凝土连续梁桥具有整体性能好、结构刚度大、变形小、抗震性能好等优点，更突出的是在使用上，主梁变形挠曲线平缓、桥面伸缩缝少、行车舒适。此外，这种桥型的设计施工均较成熟，施工质量和施工工期能得到控制，成桥后养护工作量小。所以，在其适用跨径 60～150m 范围内，预应力混凝土连续梁在公路、城市和铁路桥梁工程中得到广泛采用。

我国自 1950 年代中期开始修建预应力混凝土梁桥，至今已有 60 多年的历史，比欧洲起步晚，但近 40 年发展迅速，在预应力混凝土桥梁的设计、结构分析、试验研究、预应力材料及

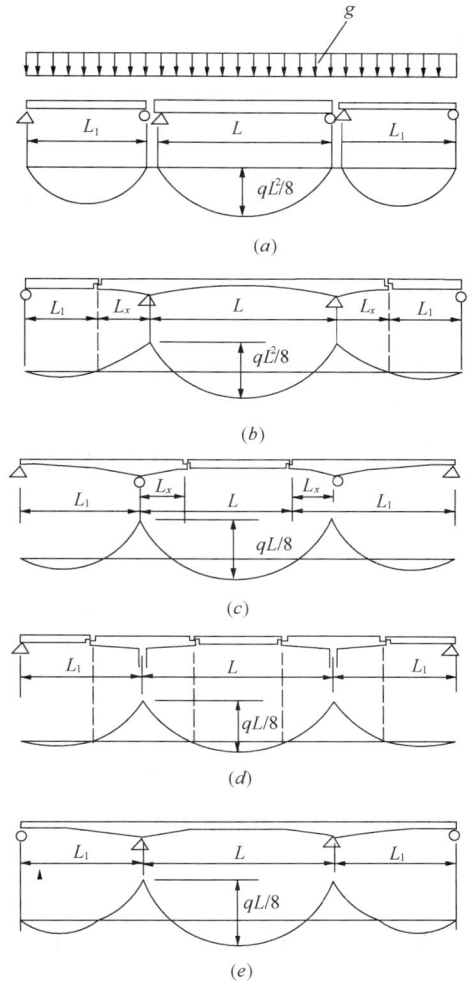

图 5-1　梁式桥恒载弯矩图

(a) 简支梁；(b) 悬臂梁；(c) 悬臂梁；(d) T 形刚构；(e) 连续梁

工艺设备、施工工艺等方面日新月异，预应力混凝土梁桥的设计与施工技术都已达到相当高的水平。我国已建成的具有代表意义的预应力混凝土连续梁桥有 1991 年建成的跨径布置 85m＋154m＋85m 的云南六库怒江大桥，2001 年建成的跨径布置 90m＋3×165m＋90m 的南京长江二桥北汊桥，该桥是我国目前跨径最大的预应力混凝土连续梁桥。

预应力混凝土连续刚构桥由于墩梁固结，主墩不设支座，顺桥向抗弯刚度和横桥向抗扭刚度较大，能满足特大跨径桥梁的受力要求，从而使其跨径适用范围从连续梁桥的 150m 左右，发展到 300m 以上。这种桥型尤其适用于大跨径、高桥墩的情况。高桥墩一般采用柔性薄壁墩，作用如同摆柱，利用它的柔性以适应各种外力所引起的纵向位移。此外，桥墩柔性大，对梁的嵌固作用小，梁的受力情况就接近于连续梁桥。柔性墩需考虑主梁纵向变形与转动的影响，和墩身偏心受压时的稳定性。我国已建成的具有代表意义的预应力混凝土连续刚构桥有建于 1988 年跨径布置 125m＋180m＋125m 的广东洛溪大桥，

1997 年建成的跨径布置 150m＋270m＋150m 的广东虎门辅航道桥，2007 年建成的跨径布置 140m＋268m＋140m 的苏通大桥辅航道桥等。

目前，预应力混凝土连续梁桥和连续刚构桥已成为我国大跨径桥梁的主导桥型。连续梁跨径增大以后，大型支座的使用、维护和更换成为一个重要的问题，而且经济性也在下降。我国公路桥梁当跨径超过 100m 以后，多采用预应力混凝土连续刚构桥。但预应力混凝土连续刚构桥在桥墩较矮时，它的应用受到限制。本节主要介绍这预应力混凝土连续梁桥和连续刚构桥这两种桥型的主要构造、设计要点和施工方法。

5.1.2   主要结构与构造

5.1.2.1   立面布置

连续梁由若干梁跨（通常为 3～8 跨）组成一联，每联两端留出伸缩缝并设置伸缩装置，整座桥梁可由一联或多联组成。每联跨数的增加对结构受力和行车有利，但会增加桥梁设计和施工的难度，对伸缩装置也提出了更高的要求。英国奥韦尔连续梁桥采用 18 跨一联，连续长度 1286m；我国钱塘江二桥的一联长度达 1340m。

连续梁的立面布置包括体系安排、结构分跨、梁高选择以及相应的下部结构和基础形式确定等。连续梁桥按截面变化可分为等截面连续梁和变截面连续梁。

（1）等截面连续梁

等截面连续梁梁高不变，具有构造、制造和施工简便的特点。等截面连续梁适用于中等跨径（40～60m）、一联较长的桥梁。梁段（跨）施工可采用预制装配或就地灌注。从施工的角度讲，对中等跨径的长大桥梁，无论采用预制装配还是就地灌注的施工方法，均可使用少量设备逐跨完成全桥的施工。这样，就可以取得良好的经济效益。国内外采用等截面连续梁形式的公路桥例较多。如图 5-2 所示，我国 1991 年建成的厦门高集海峡（公路）大桥，全长 2070m（8×45m＋8×45m＋12×45m＋10×45m＋8×45m），跨径 45m，箱形截面，采用逐跨现浇的活动支架（movable formwork）法施工。另外，国外常从桥梁美观（线条简洁）和施工简便的要求出发，设计较大跨径（100m 左右）的等截面连续梁桥。例如，联邦德国的科查塔（Kochertal）桥，主跨布置为 81m＋7×138m＋81m，采用悬臂灌注及拼装方法施工。

等截面连续梁的分跨可按等跨或不等跨布置。长桥多采用等跨布置，以简化构造，统一模式。跨径大小主要取决于经济孔径和施工条件。当标准跨径不能满足通航或桥下交通要求而需加大个别孔跨的跨径时，常采用保持梁高不变而调整截面尺寸和增加预应力钢束的方式解决。这样可使桥梁的立面仍协调一致，也减少了构件及模板的规格。当标准跨径较大时，为减少边跨正弯矩，可将边跨跨径适当减小，边跨与中跨的跨径比为 0.6～0.8。

梁高的选择与跨径有关。通常，等截面公路连续梁桥的高（度）与跨（度）之比 h/L 在 1/25～1/15 之间。当采用顶推法施工时，还需要考虑顶推施工时对结构的附加受力要求，此时高跨比 h/L 选 1/15～1/12 为宜。对铁路桥，h/L 为 1/18～1/16。

（2）变截面连续梁

当桥跨增大时，在荷载作用下，连续梁桥的中间支点截面处将承受较大的负弯矩。从绝对值来看，支点负弯矩远大于跨中正弯矩。这样，采用变截面梁（支点处梁高增大，跨中处梁高减小，其间按曲线或折线过渡）更能适应结构的内力分布规律，这种连续梁桥称

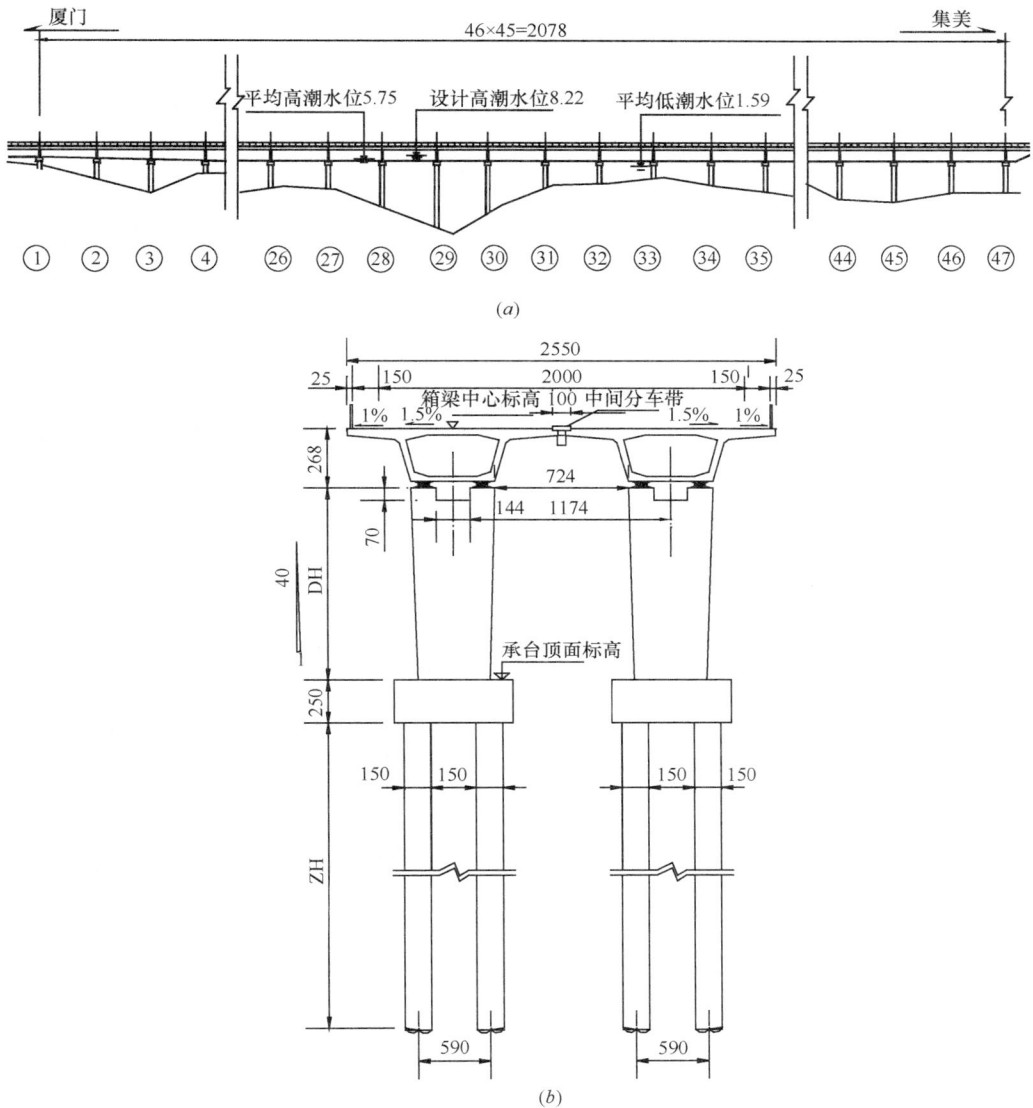

图 5-2　厦门高集海峡大桥

（a）立面图（单位：m）；（b）横截面布置图（单位：cm）

为变截面连续梁桥。另一方面，大跨连续梁常采用悬臂法施工，而变截面梁的受力状态又与其施工时的内力状态基本吻合。因此，尽管变截面梁在构造和施工上要复杂一些，但其外形和谐、节省材料并可增大桥下净空，常常是较大跨径梁桥的优选截面形式。从统计资料看，跨径大于100m的公路混凝土连续梁桥，90%以上选用变截面；我国跨径大于60m的铁路连续梁桥，也基本采用变截面形式。

变截面梁的梁高变化规律可以是斜（直）线、圆弧线或二次抛物线。因二次抛物线的变化规律与连续梁的弯矩变化规律基本相近，故最为常用。在边跨端部附近的梁段，常采用直线布置。除梁高变化外，对箱形截面，还可将其底板、腹板和顶板做成变厚度，以适应梁内各截面的不同受力要求。

公路变截面梁的高跨比 h/L，跨中截面可取 $1/50 \sim 1/30$，支点截面可取 $1/25 \sim 1/16$，支点截面与跨中截面高度之比在 $2.0 \sim 3.0$；铁路桥梁应取较大的比值，支点截面可取 $1/16 \sim 1/12$，支点截面与跨中截面高度之比在 $1.5 \sim 2.0$。边跨与中跨的跨径比在 $0.5 \sim 0.8$ 内变化，采用悬臂法施工时宜取较小值。比值过大，会导致边跨正弯矩分布不合理；而比值过小（0.3 以下），梁端支点将发生负反力，需要设置构造复杂的拉力支座。

山西翼城侯月线海子沟铁路桥为四跨预应力混凝土箱形截面连续梁桥，跨径 63m＋2× 84m＋63m；支点截面梁高 6.5m，跨中截面梁高 3.8m，梁底按二次抛物线布置；腹板根部厚度为 0.8m，分段渐变至跨中的 0.45m，底板厚度从支点处的 1.4m，分段渐变至跨中的 0.45m，顶板厚度保持 0.35m 不变。

广东容奇大桥，为五跨预应力混凝土连续梁公路桥，跨径布置为 73.5m＋3×90m＋73.5m。主梁分三种类型：根部梁、中部梁和边部梁。根部梁预制长度为 33m，梁高从墩顶处 5.35m 直线变到端部 3.0m，单箱预制顶宽 6.2m，底宽 2.3m，变化至梁端底宽为 3.0m。该桥主梁为节段预制，设临时支架，大型浮吊吊装施工。主桥各墩顶上，在箱梁底横向对称设置两个盆式橡胶支座，其中两边墩承载力为 2940kN 的活动支座，余下四个中墩均采用 9800kN 的盆式橡胶支座，为使主桥两端伸缩一致，并考虑中间两个主墩的柔度，五跨连续梁的两个中墩设置为固定支座，并在主桥与引桥之间预留 100mm 长的伸缩缝。大桥的主墩采用六角形双柱式墩，墩高 14～16m，在墩顶加设一道方形截面的横系梁。该桥采用钢筋混凝土高桩承台、钻孔灌注桩基础。它是我国 20 世纪 80 年代有代表性的公路预应力混凝土连续梁桥，其总体布置及横截面布置图见图 5-3。

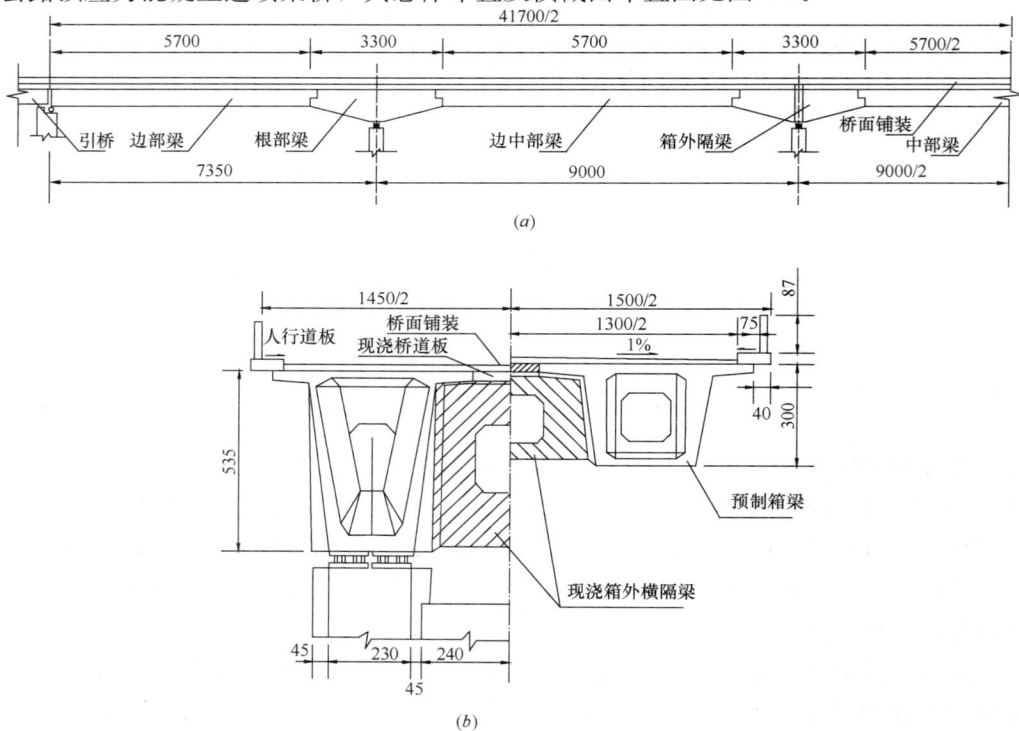

(a)

(b)

图 5-3 广东容奇大桥（单位：cm）

(a) 总体布置图；(b) 横断面布置

（3）连续刚构

预应力混凝土连续刚构桥的主梁一般采用变截面箱梁。从结构适应位移的角度看，连续刚构体系利用高墩的柔度来适应结构由预加力、混凝土收缩、徐变和温度变化等引起的纵向位移，即把高墩视为一种可摆动的支承体系。连续刚构桥，一联内无缝，改善了行车条件；梁、墩固结，不设支座；合理选择梁与墩的刚度，可以减小梁跨中弯矩，从而可以减小梁的建筑高度。所以，连续刚构保持了 T 形刚构和连续梁的优点。我国的预应力混凝土连续刚构桥，几乎都采用悬臂浇筑法施工。

连续刚构体系的主要特点表现在以下几方面：

1）梁固结有利于悬臂施工，且可以减少大型支座及其养护、维修和更换。

2）受力方面，上部结构仍表现出连续梁特点，但必须计入由于桥墩受力及混凝土收缩、徐变和温度变化引起的变形对上部结构的影响；因桥墩具有一定柔度，与 T 形刚构桥相比，其根部所受弯矩很小，而在墩梁结合处仍有刚架受力特点。

3）在构造方面，主梁常采用变截面箱形梁，桥墩多采用矩形和箱形截面的柱式墩或双薄壁墩；在桥梁两端的伸缩装置应能适应结构纵向位移的需要，同时，桥台处需设置控制水平位移的挡块，以保证结构的水平稳定性。

广东虎门珠江辅航道桥是连续刚构桥。正桥为 150m＋270m＋150m 一联（图 5-4）。桥宽 31m，6 车道，由双箱组成。梁的下缘呈抛物线形，根部高 14.8m，跨中高 5 m。桥墩为双柱式空心墩，高 35m，具有较大抗弯刚度，以保证施工和运行的安全稳定，并满足变形要求。基础采用高桩承台，每墩有 32 根直径 2.0m 的桩嵌入岩石。主梁用挂篮法平衡悬臂灌筑。桥墩用支架提升模板灌筑混凝土。虎门是台风经常袭击的地区，桥梁的抗风稳定性是工程的关键问题。施工时最长悬臂达 128m，根据风洞试验结果，采取了安全措施。桥梁上下游设置防撞墩，使桥墩免受船舶撞击。

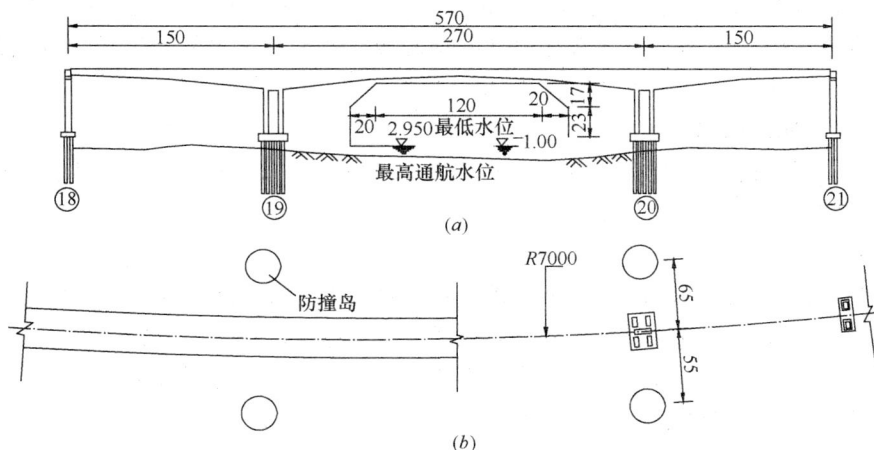

图 5-4 广东虎门珠江辅航道桥（单位：cm）
（a）总体布置图；（b）平面布置图

我国铁路南昆线清水河桥（见图 5-5）的主跨为三跨预应力混凝土连续刚构桥，主跨128m。梁体为单箱单室变截面箱梁，桥墩处梁高 8.8m，跨中处梁高 4.4m。梁体下缘除中跨中部 34m 和边跨端部各 25.7m 为等高直线段外，其余为 $R＝212.314m$ 的圆曲线。箱梁顶板宽 8.1m，箱宽 6.1m；腹板厚度 0.4～0.7m，底板厚度 0.4～0.9m，顶板厚度 0.5m。梁体采用 C50 预应力混凝土，按三向预应力设计，悬臂灌注法施工。

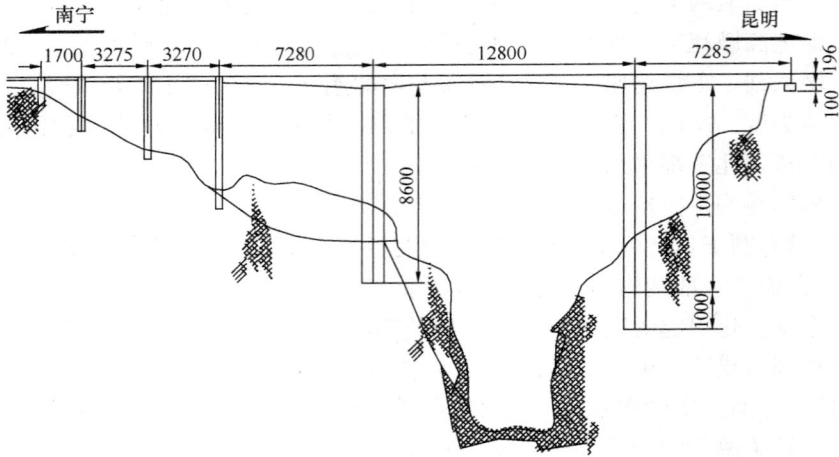

图 5-5　南昆线清水大桥的总体布置图（单位：cm）

连续刚构体系的基本受力特点可归纳为：

1）随着墩高的增加，连续刚构的墩顶以及跨中弯矩趋近连续梁；

2）墩的轴向力和墩底弯矩随墩高的增加急剧减少；

3）两墩之间的梁部所受到的轴向力随墩高的增加而急剧减少。

因此，连续刚构的梁的高跨比 h/L 等设计参数可参照连续梁桥取值（适当偏小）。对带双薄壁墩的连续刚构体系，其梁部弯矩与双薄壁的截面尺寸和间距有较大关系，梁高选择时应考虑到这一因素。连续刚构当边跨桥墩（一跨或多跨）因墩高较矮、相对刚度增大，而不能起到摆动作用时，通常在边墩的顶部设支座或底部设铰，以适应纵向位移，即成为连续刚构—连续梁组合体系桥。

5.1.2.2　横截面布置

预应力混凝土连续梁与连续刚构桥可选用的横截面形式较多，一般应依据桥梁的跨径、宽度、梁高、支承体系、施工方法等确定。

（1）板、肋式截面

图 5-6 为常用的板式和肋式截面形式，它的特点是构造简单，施工方便，适用于中、小跨径的连续梁桥。实心板用于小跨径的桥梁，空心板与肋式截面常用于 15～30m 的连续梁桥。板式截面多采用混凝土现浇施工方法，肋式截面常采用预制架设施工，并在梁段安装完成之后，经体系转换形成连续梁。

（2）箱形截面

箱形截面具有良好的抗弯和抗扭性能，是预应力混凝土梁桥的主要截面形式。箱形截面习惯上用箱数和室数来进行划分。一个"单箱"指的是由顶板、底板和两侧腹板组成的闭合框架；若在单箱中增设一腹板，就把单箱分割成两个"单室"。图 5-7 示意几种常用的箱形截面形式，从上到下，分别为单箱单室截面、单箱双室截面和单箱多室截面。除此之外，还有双箱单室、双箱双室、多箱单室、多箱多室等形式。每一类截面形式都大致有其梁高和桥宽的适当取值范围。一般而言,箱数和室数越多,桥宽取值就可越大。

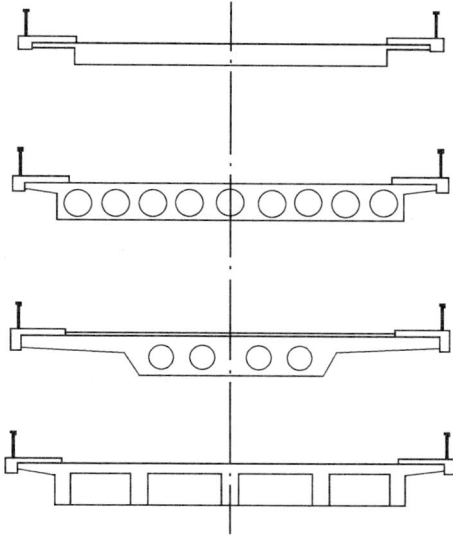

图 5-6   常用板、肋式截面形式

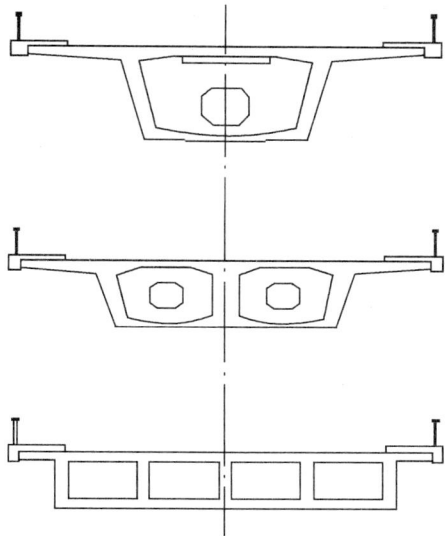

图 5-7   常用箱形截面形式

箱形截面的顶板和底板是结构承受正、负弯矩的主要部位。当采用悬臂施工方法时,梁的底板(特别是靠近桥墩处者)将承受很大的压应力。为适应受压要求,底板设计成变厚度。根部厚,通常取墩顶梁高的 $1/12 \sim 1/10$;跨中薄,其尺寸受跨中布置的预应力钢筋和普通钢筋的控制,一般在 $0.2 \sim 0.3$m。箱梁顶板厚度的取值要考虑两个因素:一是要满足桥面板横向抗弯的要求,二是要满足纵向力筋布置的要求。一般,当两腹板间距增大时,顶板厚度也要相应增大。

箱梁腹板主要承受结构的弯矩剪应力以及扭转剪应力引起的主拉应力。对大跨径连续梁,腹板厚度一般在跨中较薄,在支点处较宽(以承受梁部支点处较大的剪力)。除满足抗剪要求外,腹板的最小厚度还应考虑钢束管道布置(包括锚固尺寸)以及混凝土浇筑的要求。

在箱梁腹板与顶、底板结合处需要设置梗腋(或称承托)。梗腋布置的方式不一,视具体情况确定。梗腋的作用在于:提高截面的抗扭和抗弯刚度,减少扭转剪应力和畸变应力;使力线缓和过渡,减少次应力;提供一定空间来布置预应力钢筋;减少顶、底板的横向宽度并可适当减薄顶、底板厚度。

为方便预应力张拉锚固,还需要在顶、底板设置用于将预应力钢筋引出的混凝土锯齿块。锯齿块的设置依预应力钢筋的布置而定。

图 5-8 所示为几座桥梁的横截面。其中,图 5-8 (a) 为我国茅岭江铁路桥(单线,48m+80m+48m 连续梁)的梁部截面(较低部分表示一半跨中截面,较高部分表示一半根部截面,下同);图 5-8 (b) 为日本锦町铁路桥(双线,44m+88m+44m 连续梁);对铁路桥梁,桥宽有限,多为单箱多室,各部尺寸的取值较公路桥者为大。图 5-8 (c) 和 5-8 (d) 分别为广东洛溪大桥(65m+125m+180m+110m,连续刚构,两箱梁并列)和美国休斯敦运河桥(114m+229m+114m,连续刚构)。

对公路桥，大致在 15～20m 桥宽范围内，可采用单箱单室或单箱双室截面。另外，斜置的腹板可减小底板的横向宽度，也相应减小了桥墩及基础尺寸。图 5-8（e）取自丹麦瓦埃勒湾（Vejle Fjord）公路桥（跨径为 110m 多跨连续梁），主梁为单箱单室，但为适应桥宽需要且增加桥面刚性，在箱梁顶板及悬臂板下每隔 6.88m 设一厚 0.5m 的横向加劲肋。图 5-8（f）取自联邦德国的科查塔（Kochertal）桥，其截面由单箱、斜撑和悬臂板组成，形成宽度达 30m 的桥面。

对于宽桥，还可将两个（甚至多个）箱梁平行并列布置（称为分离式箱形截面），两箱梁邻近顶板端部可设置分车带等构造。图 5-8（g）为主跨 137.2m 的美国松谷河公路等高度连续梁桥的截面布置。图 5-8（h）所示的奥地利新帝国公铁两用桥（主跨布置为 87.9m＋169.4m＋150.0m＋60.4m＋60.4m 连续梁）主梁截面是充分利用箱梁空间的一个例子。该桥桥面设汽车 6 车道，箱内设置地铁，两箱之间的间隔带内铺设缆索管道等设施，箱体下部外侧设置人行道和自行车道。

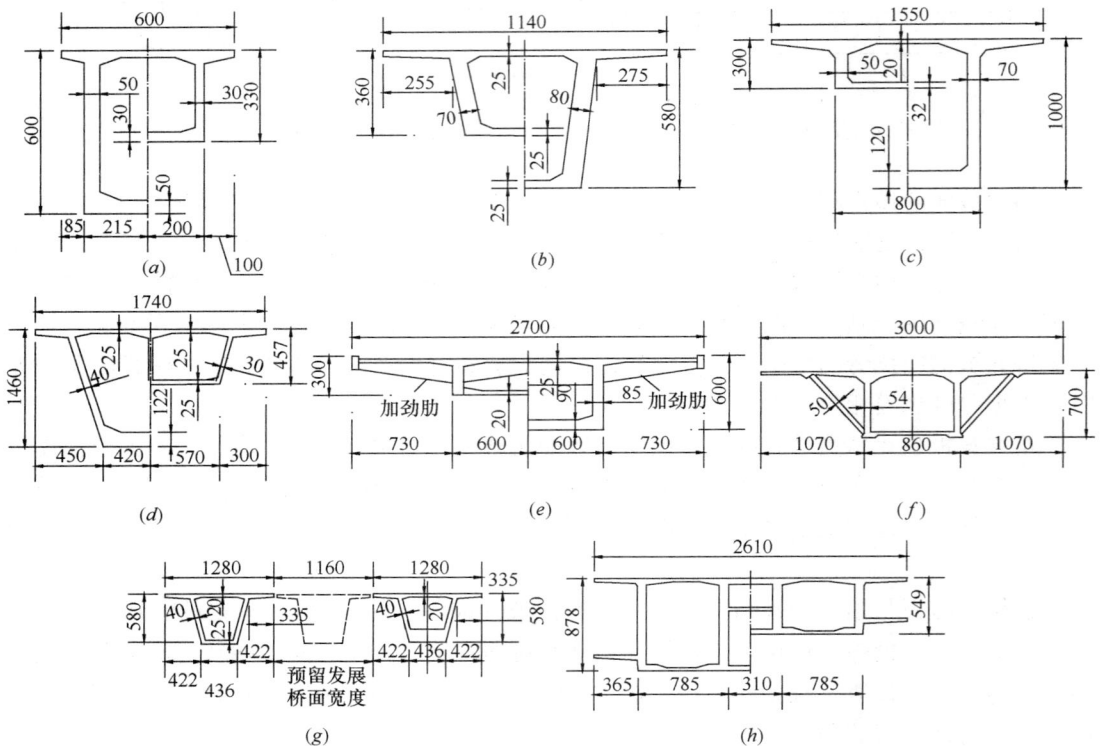

图 5-8   实桥箱梁截面（单位：cm）

（3）横隔板

由多个 T 形或工字形组成的截面，其横截面的抗扭刚度较小，为增加桥梁的整体工作性能，一般需沿梁长设置一定数量的横隔板（或称横隔梁）。横隔板的数目和位置依主梁的构造和跨径大小确定，通常设置在支点处、跨中和 1/4 跨径处，见图 5-9。

箱形截面的抗弯和抗扭刚度较大，除在支点处设置横隔板外，中间横隔板的数目较少（一般在跨中布置一道）。目前的趋势是少设或不设中间横隔板，以减少其施工的麻烦。例

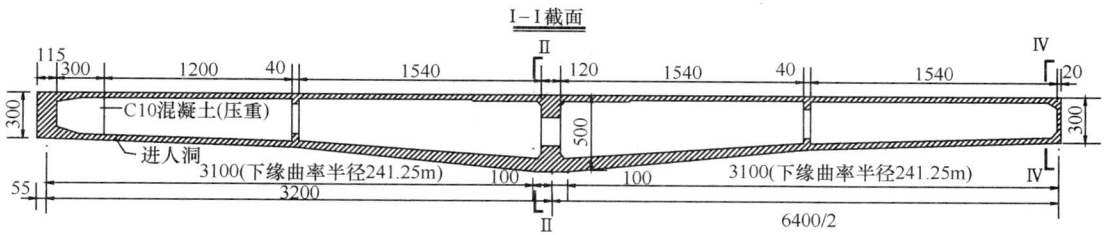

图 5-9　横隔板一般布置（单位：cm）

如，我国云南怒江大桥只在两中间支点处各设置一道横隔板，打破了国内外在边跨梁端支点处设置横隔板的惯例。对于多箱截面，为加强桥面板与各箱间的联系，常在箱间设置横隔板。对采用双薄壁式桥墩的连续刚构，其横隔板布置应与双薄壁式桥墩——对应。

为便于箱内施工和检查工作，需要在横隔板上开孔。因此，多数情况下中间横隔板不是一块实心板，而是与箱梁四壁连成一体的横向框架。横隔板的厚度一般按工程经验取值。

5.1.2.3　预应力钢筋的布置

预应力混凝土梁桥的预应力钢筋的分类，大致有以下几种。按力筋布置的走向，可分为纵向力筋、横向力筋和竖向力筋。大跨径梁桥通常按三向预应力设计。沿桥跨方向布置的纵向力筋也称为主筋，其数量和布筋位置要根据结构的受力状态确定。力筋按其位置，分为顶板筋、底板筋、腹板筋、平面筋、空间筋等；按其形状，分为直筋、弯筋；按其受力特性，分为正弯矩筋、负弯矩筋、抗剪筋等；按其使用时间长短，分为永久性筋和临时筋（为满足结构在施工阶段的受力要求而临时布置的力筋，在梁体内要预留其孔洞位置，桥梁完工后拆除）；按其布置在混凝土体内或体外，分为体内筋、体外筋等。

（1）纵向力筋的布置

1）连续配筋

对小跨径的等截面连续梁桥，采用就地灌注施工的，其纵向力筋可按照结构各部位的受力要求进行连续配筋。通常，力筋的重心线为二次抛物线组合而成的轨迹（图5-10a）。力筋的具体布置可参考图 5-10（b），即力筋在支点附近分别由负弯矩区转向正弯矩区。

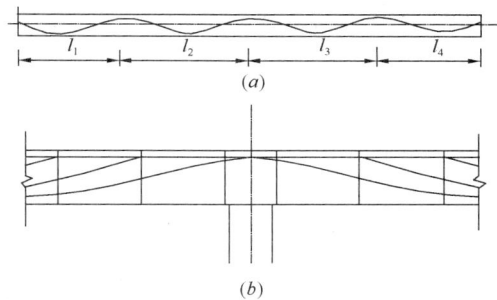

图 5-10　连续配筋的力筋布置

2）分段配筋

大跨径变截面预应力梁桥通常采用悬臂施工方法。施工从墩顶开始，分若干节段对称悬臂伸出。施工中结构以受负弯矩为主，为了能支承梁体自重和施工荷载，需在每节段就位后对梁体施加预应力（负弯矩筋）；在两梁段合龙后（称为体系转换），再张拉正弯矩筋和其他力筋。图 5-11 为悬臂施工的连续梁桥纵向力筋的一般构造示意图，其中上图表示悬臂施工时张拉的力筋，下图表示体系转换后张拉的力筋。

力筋在截面上一般应横向对称布置，尽可能靠近顶、底板外侧；在支点和跨中截面处，力筋数量较多，可分层布置。为满足截面的抗剪要求和锚固方便，有些力筋需要下弯

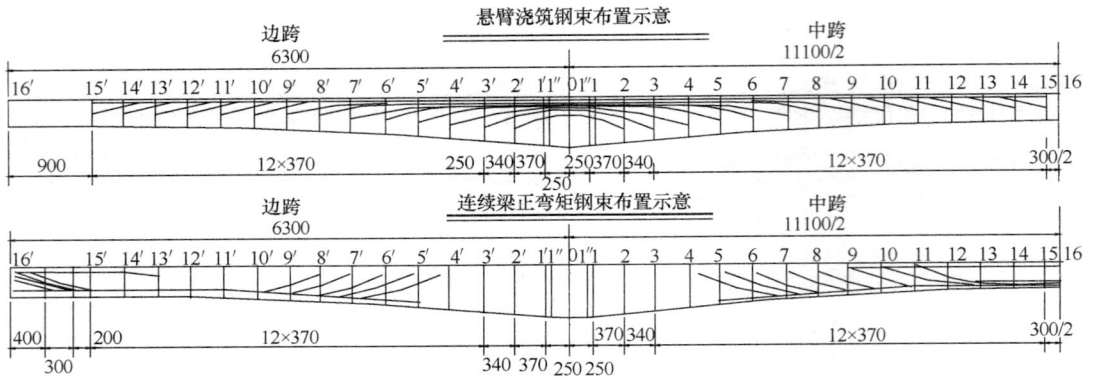

图 5-11　连续梁桥的分配配筋（单位：m）

或上弯，并锚固于腹板或顶板。对锚固于顶、底板的力筋，则需通过锯齿块引出。较简洁的布筋方法是只采用顶板和底板直筋（如云南六库怒江大桥），以简化设计和施工。

　　3）逐段加长力筋

　　由于力筋供料长度、施工方法和结构受力等方面的原因，有时需要采用连接器把主筋对接或逐段加长。对逐孔施工的连续梁桥，其纵向主筋往往采用逐段接长力筋。接头的位置通常设置在离支点约 1/5 跨径附近弯矩较小的部位，见图 5-12 所示。逐段加长力筋的方式也用于顶推法施工的连续梁桥和混凝土斜拉桥梁部中。

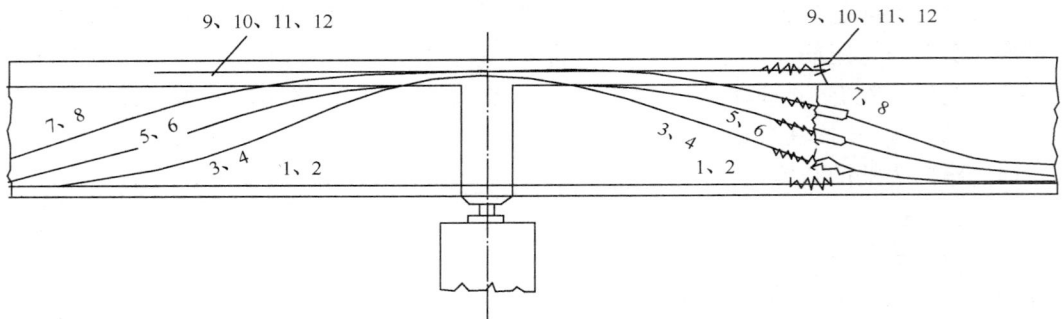

图 5-12　逐段施工连续梁桥的主筋接长

　　4）体外布筋

　　体外布筋指把力筋布置在主梁截面以外的箱内，配以横隔板、转向块等构造，对梁体施加预应力。与常规的体内布筋相比，体外布筋无须预留孔道，减少孔道压浆等工序，施工方便迅速，且便于更换；但对力筋防护和结构构造等的要求较高，抗腐蚀、耐疲劳性能有待提高。国外从 20 世纪 20 年代开始尝试体外预应力，在桥梁工程中有所应用（如美国的长礁桥和科威特的巴比延桥）。近年来，我国在这一方面也有研究与应用。

　　（2）横向和竖向布筋

　　在箱梁结构中，若两腹板间距过大或悬臂板外挑过长，仅靠布置普通钢筋难以满足受力要求，就需要对箱梁顶板施加横向预应力，见图 5-13。横向力筋可加强结构的横向联系，增加悬臂板的抗弯能力。横向力筋多采用钢绞线。

　　当腹板混凝土、普通钢筋、纵向下弯力筋等不足以抵抗荷载剪力时，就需要在腹板内布置竖向力筋。竖向力筋一方面可以提高截面的抗剪能力，另一方面也可以与悬臂施工配合，作为挂篮的后锚钢筋。竖向力筋多采用高强度螺纹钢筋，在预留孔道内按后张法工艺施工。

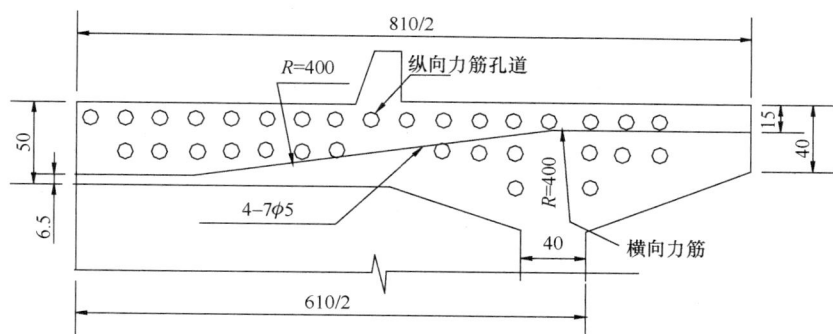

图 5-13 箱梁顶板的横向力筋（清水河桥）（单位：cm）

5.1.3 预应力混凝土连续箱梁计算要点

5.1.3.1 连续梁恒载、活载内力计算

（1）恒载内力计算

连续梁桥的恒载内力与施工方法有密切关系。对存在体系转换的桥梁，其最终恒载内力是各个施工阶段的恒载内力之和。现以一座三跨连续梁为例（全桥悬臂对称施工，从边跨向中跨逐步合龙，见图 5-14），来说明恒载弯矩计算的特点。

第 1 步：在 2、3 号墩顶安装临时固结，悬臂施工至合龙前位置，形成 T 构。此时的恒载为 T 构自重，恒载弯矩如图 5-14（a）所示。挂篮或吊机等施工荷载产生的内力在施工验算中需要计及，但因其在结构形成后可拆除，故在最终内力计算中可不予考虑。

第 2 步：将 2、3 号 T 构与预先在支架上施工完毕的边跨端部梁段合龙。这里分两种情况。一是当现浇的边跨合龙段混凝土还未凝固受力前，合龙段自重、模板等重量之和将由悬臂梁与边跨支架分担（图 5-14b）；二是在合龙段混凝土已凝固并拆除支架后，形成带悬臂的梁式结构（图 5-14c），边跨梁段和合龙段自重则由该结构体系承担。在体系转换中，结构自重不能重复计算，因此还需要在该结构上反向施加一集中力，其大小同前。

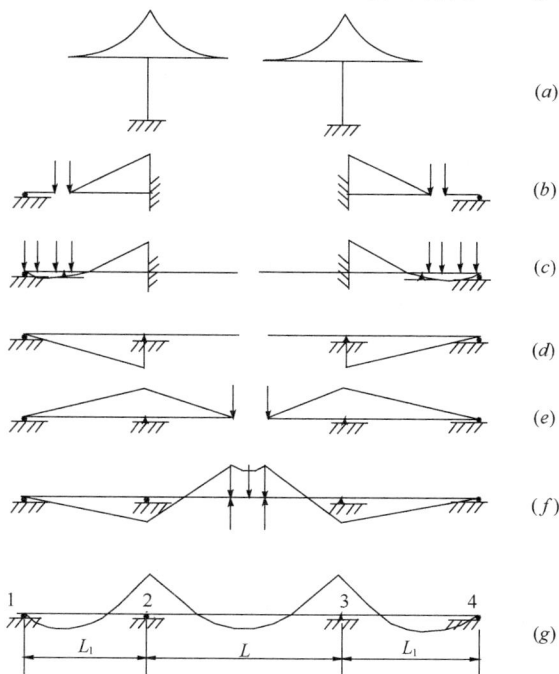

图 5-14 三跨连续梁施工程序及恒载弯矩计算

（a）T 构；（b）边跨合龙：混凝土未凝固前；（c）边跨合龙：混凝土凝固后；（d）拆除墩顶临时固结；（e）中跨合龙：混凝土未凝固前；（f）中跨合龙：混凝土凝固后；（g）全桥及最终恒载弯矩

第 3 步：拆除 2、3 号墩顶的临时固结，设置永久性支座，形成带悬臂的简支梁。这一工序相当于把固结释放成铰接。因此，需要把前几步计算得到的固端弯矩之和反向施加在 2、3 号墩顶梁部，得到的弯矩如图 5-14（d）所示。

第 4 步：中跨合龙。如同第 2 步进行，见图 5-14（e）、图 5-14（f）。在中跨合龙段混凝土未凝固前，合龙段自重、模板等重量之和将由两个带悬臂的简支梁分担；在合龙段混凝土凝固后，形成三跨连续梁，合龙段自重等则由最终结构承担。在该结构上反向施加两集中力，以抵消恒载重复计算的影响。

第 5 步：对上述各阶段恒载弯矩求和，得到最终恒载弯矩图，见图 5-14（g）。

对具有体系转换的恒载内力计算需要说明以下几点：

1）无论体系如何转换，结构恒载不重复计算；

2）计算步骤并非一成不变，可按力学等效原则进行合并简化；

3）尽管图 5-14 只给出了梁部弯矩的计算，但对梁部剪力，也可照此办理；

4）对连续刚构体系，不存在墩梁临时固结和拆除工序，计算时应同时考虑梁部轴力和桥墩的内力。

对桥面构造（称为附加恒载或二期恒载）所产生的内力，可借助最终结构的内力影响线加载求得。

（2）活载内力计算

就计算步骤讲，连续梁活载内力计算与简支梁是基本相同的。内力分析时仍需要先绘制内力影响线，然后进行活载加载，求得各截面最大活载内力。

等截面连续梁的内力影响线与截面刚度无关，手算相对简单，一般可查阅有关计算手册中公式、图表确定；变截面连续梁的内力影响线与截面刚度有关，手算较为烦琐，现多借助桥梁电算程序直接计算。图 5-15 给出了连续梁若干截面的弯矩、剪力影响线。从图中可以看出，连续梁大多数截面的弯矩、剪力影响线是变符号的。对公路桥，把活载（车辆、人群等）分别按最不利原则布置在同号影响线区段内进行加载，就可得到最大最小活载内力；对铁路桥，因列车活载连续，其加载计算需要按照铁路桥规有关规定进行。车辆活载的加载可采用等代荷载法，也可采用轮轴荷载直接加载。

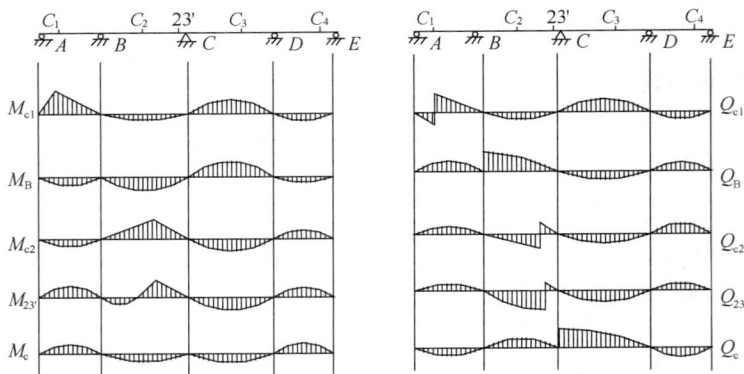

图 5-15   连续梁的内力影响线

将连续梁的最大、最小活载内力与恒载内力按荷载组合规定进行叠加，就可以得到全梁的内力包络图（其中还应包括各项次内力，见下述）。图 5-16 示意四跨连续梁的弯矩、剪力包络图，由此可以了解内力包络图的一般特征。

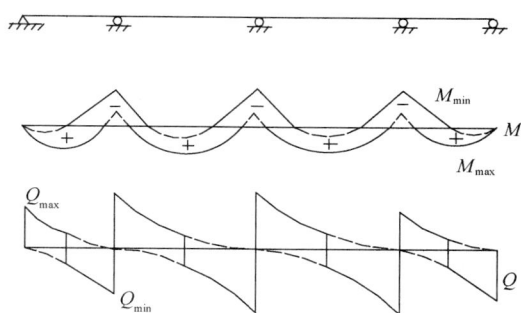

图 5-16 连续梁的内力包络图

5.1.3.2 预应力混凝土连续梁的次内力

恒载和活载内力计算是桥梁结构分析的主要内容。除此之外，还需要结合具体情况，分析桥梁在其他各种荷载作用下的内力和变形。对预应力混凝土连续梁，需要计算预加力和混凝土徐变等引起的内力。相对于恒载和活载内力，这些内力称为次内力。另外，结构体系转换也影响次内力的计算。限于篇幅，这里只介绍预加力次内力和混凝土徐变次内力的基本概念，详细计算方法可参阅有关书籍。

（1）预加力引起的次内力

在静定结构中，可根据力筋的布置形状和预加力的大小，确定截面上由施加预应力引起的内力，如弯矩等。这样计算得到的预加力对截面重心轴产生的弯矩称为初预矩 M^o。在超静定结构中，预加力除产生初预矩 M^o 外，还因结构的超静定特性产生次内力，如次力矩 M'。在图 5-17（a）示意的简支梁中，由于预加力的偏心作用，梁体将自由上拱（图 5-17b）。初预矩 M^o 如图 5-17（d）所示。但若在简支梁中部增加一个支点，形成两跨连续梁（图 5-17c），则在张拉预应力钢筋时，由于支点 B 的存在，必然产生一个向下的反力 R_B 拽住梁体，约束其自由上拱变形。显然，这一反力导致简支梁两端支点产生了次反力 R_A 和 R_C（若两跨连续梁跨径相同、梁体惯性矩相等，则次反力为 $R_A = R_C = R_B/2$）并引起结构的内力变化，产生如图 5-17（e）所示的次力矩 M'。预加力引起的总的弯矩（称为总预矩）等于初预矩 M^o 和次力矩 M' 之和，见图 5-17（f）。

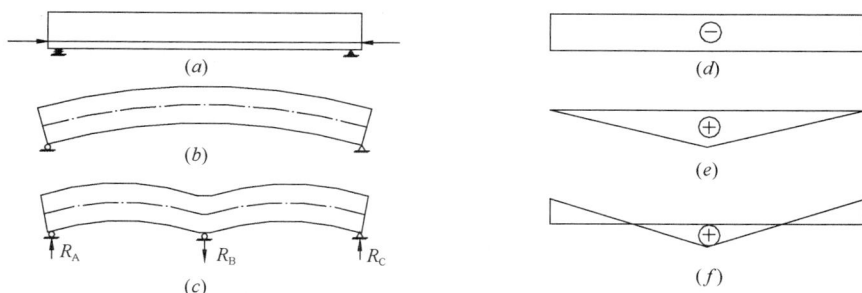

图 5-17 两跨连续梁的初预矩、次力矩和总预矩

尽管桥梁实际结构的形式以及预应力布置更为复杂，但基本概念和原理是一样的。目前常采用等效荷载法来求解预加力的总预矩。预应力混凝土结构是一种预加力与混凝土压力相互作用的自平衡体系，因此可以把预应力筋和混凝土视为相互独立的脱离体，把预加力对混凝土的作用以外加荷载的形式等效替代。例如，对图 5-17（a）中布置的偏心直筋，就用两个水平力（各指向梁体，作用在锚固点处，大小为扣除相应阶段预应力损失

后的预加力）替代。只要求得不同配筋情况下的等效荷载，就可采用结构力学方法求出由预加力产生的内力。需要注意的是，用等效荷载法求出的内力中已经包括了预加力引起的次内力，因此求得的内力就是总预矩。

（2）混凝土徐变引起的次内力

混凝土徐变是指混凝土作为黏弹性体，与时间有关的变形性质。在持续、长期荷载（如结构自重、预加力等）作用下，混凝土会发生徐变变形，其在初期增长较快，以后逐步缓慢，一般在几年后趋于停止。结构徐变变形的累计总值可达到同样应力作用下弹性变形的 1.5～3.0 倍或更大。

混凝土徐变对结构的内力分布和截面的应力分布都会产生影响，如导致结构挠度的增加、预应力损失、组合截面上的应力重分布、超静定结构的内力重分布（即混凝土徐变引起的次内力）等。

在计算混凝土徐变引起的结构次内力时，需要用到徐变系数 ϕ。它表示混凝土徐变应变 ε_c 与瞬时弹性应变 ε_e 之间的线形关系，即 $\varepsilon_c = \phi\varepsilon_e$。徐变系数 ϕ 与众多因素有关，如环境条件、构件尺寸、混凝土强度等。目前计算徐变系数的方法很多，主要是依据试验结果整理的经验公式。徐变系数 ϕ 也随时间变化，通常，在计算中所需要的是从加载龄期 τ 到计算龄期 t 的徐变系数，表示为 $\phi(t, \tau)$。

混凝土徐变引起的结构次内力计算与结构施工方法有关。对静定结构或在支架上施工并一次落梁的超静定结构（无体系转换），混凝土徐变只会导致结构变形的增加，并不引起次内力，预应力混凝土连续梁桥多采用悬臂方法施工，结构随着施工的进展而不断转换体系，逐步形成最后的桥梁结构。因此，不仅结构在其自重作用下的内力分析需要分阶段计算，由混凝土徐变引起的次内力同样需要分阶段计算。但由于客观因素过于复杂，精确计算徐变次内力十分困难（也无必要）。因而需要引入一些计算假定（如不考虑截面内配筋的影响，不计混凝土弹性模量随时间变化等）和简化。

现以我国《公路桥规》中所列的公式为例，简要说明因混凝土徐变而导致弯矩重分配的计算。假定先期结构（如同时浇筑的多跨简支梁或其他结构体系）在同一时间 τ 时连接成后期结构（即连续梁）。由于混凝土徐变的影响，后期结构中的弯矩在不断发生变化（即弯矩重分配），t 时的弯矩可按下列公式计算

$$M_{g1} = M_{1g} + (M_{2g} - M_{1g})(1 - e^{\varphi(t,\tau)}) \tag{5-1}$$

式中　M_{1g}——在先期上的结构重力按先期结构体系计算的弯矩；

　　　　M_{2g}——在先期上的结构重力按后期结构体系计算的弯矩；

$\phi(t, \tau)$——从加载龄期 τ 到计算龄期 t 的徐变系数，采用《公路桥规》附录 4 的规定或其他可靠数据。

对图 5-14 所示情况，可将各施工阶段的弯矩叠加作为 M_{1g}，把按三跨连续梁计算得到的恒载弯矩作为 M_{2g}，加载龄期 τ 取各梁段从形成到全桥合龙时止的时间的平均值，计算龄期 t 按要求取值（一般 3～5 年）。

对预加力引起的弯矩重分配，可按类似于式（5-1）的公式计算。

5.1.3.3　箱梁截面的受力特点与简化计算

箱形截面是预应力混凝土梁桥的主要截面形式，一般为薄壁箱梁。它具有较大的刚度

和强大的抗扭性能，因而在偏心荷载作用下，其整体受力情况较之多片 T 梁有利，从而节省了材料。其次，箱梁具有较大面积的底板，可以允许在它的顶、底板布置大量预应力筋，从而可承受正、负弯矩。所以它在正、负弯矩交替出现的连续梁和连续刚构桥中得到了广泛的应用。

作用在箱梁桥上的恒载一般是对称作用的，它使箱梁发生弯曲；而车辆活载一般是偏心作用的，使箱梁发生扭转。另外，风力、列车横向摇摆力、支座高程的误差以及基础不均匀沉降等也会使箱梁发生扭转。对曲线桥，即便是对称作用的荷载，也会导致箱梁扭转。因此，结构所受到的外力可综合表示一偏心作用的荷载，见图 5-18。从结构分析的角度讲，这一偏心作用的荷载，可等效地分解成一对数值相等、作用方向相同的对称荷载（图 5-18a）和一对数值相等，但作用方向相反的反对称荷载（图 5-18b）。在对称荷载作用下，结构（如同梁一样）发生垂直向下的挠度，截面上产生弯曲正应力 σ_M 和剪应力 τ_M。

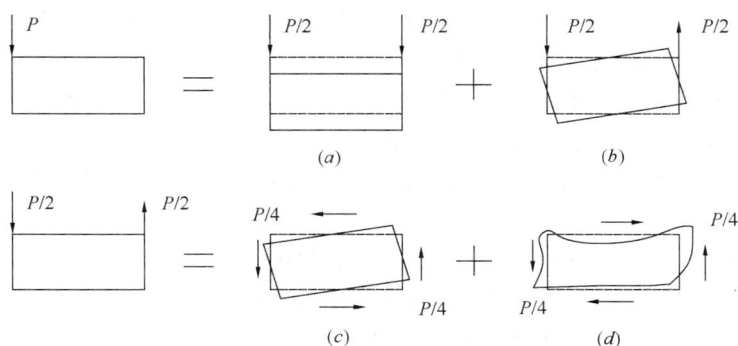

图 5-18　偏心荷载作用下箱形截面的受力分解
(a) 弯曲；(b) 扭转；(c) 扭转；(d) 畸变

反对称荷载还可进一步等效分解为扭转荷载（图 5-18c）和畸变荷载（图 5-18d）。按截面受扭时纵向变形是否受到约束，扭转分成自由扭转和约束扭转。自由扭转时截面保持原有形状作刚体运动，截面四壁产生抵抗扭矩的环向扭转剪应力 τ_K；截面虽有翘曲，但不产生正应力。截面纵向变形受到约束而不能自由翘曲时的扭转为约束扭转，实际情况往往如此。此时，截面上产生约束扭转正应力 σ_w 和约束扭转剪应力 τ_w。若箱壁厚度较大，可假定其在偏心荷载下只产生自由扭转或约束扭转；若箱壁较薄，则截面在横向还可能发生变形。这种使截面不能保持原有形状的变形为畸变。它除了产生截面横向弯矩（及应力 σ_d）外，还会产生纵向的翘曲正应力 σ_{dW} 和剪应力 τ_{dW}。它可以按图 5-19（a）所示计算图式进行计算。图示单箱梁可作为超静定框架解析各板内的横向弯曲应力 σ_{0t}，其弯矩图如图 5-19（b）所示。

因而，综合箱梁在偏心荷载作用下，四种基本变形与位移状态，即纵向弯曲、横向弯曲、扭转及扭转变形（即畸变），引起的应力状态为：

在横截面上：

纵向正应力 $\qquad\qquad\qquad \sigma_{(Z)} = \sigma_M + \sigma_w + \sigma_{dW}$

剪应力 $\qquad\qquad\qquad\quad \tau = \tau_M + \tau_K + \tau_w + \tau_{dW}$ $\qquad\qquad$ (5-2)

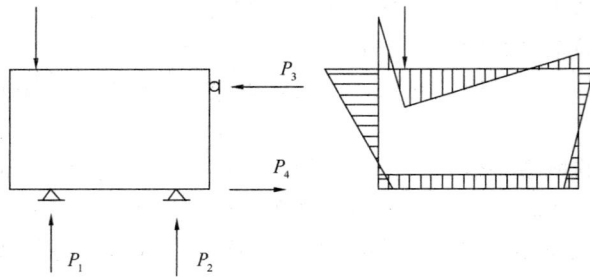

图 5-19　箱梁横向弯曲的计算图式与内力图

在箱梁各板内即纵截面上：横向弯曲应力 $\sigma_{(S)} = \sigma_{0t} + \sigma_{dt}$　　　　　　　　　　(5-3)

在预应力混凝土桥梁中，跨径越大，恒载占总荷载的比值越大。因而，一般说在箱梁内对称挠曲的纵向弯曲应力是主要的，而偏心荷载引起的扭转应力是次要的。如果箱壁较厚并沿梁的纵向布置一定数量横隔板而限制箱梁的扭转变形，则畸变应力也是不大的。而横向弯曲应力状态，对验算桥面板（箱梁顶板）与腹板、底板的构造配筋还是需要注意，特别在箱梁壁厚较薄的情况下。此外，箱梁在对称挠曲时，顶、底板中的剪力滞效应，在跨宽比较小的情况下，也应引起设计计算的注意。

由于实际荷载作用于顶板的某一位置，因此还要考虑由此产生的局部横向弯曲应力 σ_C。

箱形截面内力及应力分析可采用分析法（如约束扭转理论）或数值法（如有限元理论）。因截面扭转产生的正应力一般在总的应力中所占比例不大，混凝土箱梁的扭转问题也没有钢箱梁突出，实际设计中往往采用一些简化方法。

（1）经验估值法

对于箱壁具有一定厚度且有横隔板加劲的箱形梁，忽略歪扭变形的畸变应力；将活载偏心作用引起的约束扭转正应力和扭转剪应力分别估计为活载对称作用下平面弯曲正应力的 15％和剪应力的 5％。因此当恒载对称作用时箱形梁任意截面计及扭转影响的总荷载内力可近似估计为：

$$\left.\begin{aligned}\text{弯矩 } M &= M_g + 1.15M_p \\ \text{剪力 } Q &= Q_g + 1.05Q_p\end{aligned}\right\}\qquad(5\text{-}4)$$

式中　M_g、Q_g——恒载引起的弯矩和剪力；

　　　M_p、Q_p——全部活载对称于桥中线作用时引起的弯矩和剪力。

（2）用修正偏心压力法求活载内力增大系数

鉴于箱梁截面横向刚度和抗扭刚度大，则荷载作用下梁发生变形时可以认为横截面保持原来形状不变，即箱梁各个腹板的挠度也呈直线规律。因此，通常可以将箱梁腹板近似看作等截面的梁肋，先按修正偏压法求出活载偏心作用下边腹板的荷载分配系数，再乘以腹板总数，这样就得到箱梁截面活载内力的增大系数。例如对于图 5-20 所示的单箱三室截面，边腹板的活载分配系数为：

$$\eta_{max} = \frac{1}{n} + \beta \frac{e_{max}\alpha_1}{\sum\limits_{i=1}^{n}\alpha_i^2}\qquad(5\text{-}5)$$

式中 n——箱梁的腹板总数；

  β——抗扭修正系数，参见有关文献。

  求得边腹板的荷载分配系数 η_{max} 后，即得活载内力增大系数 ζ：

$$\zeta = n\eta_{max}$$

因此，计及活载偏心扭转作用的箱梁截面总内力为：

$$\left.\begin{array}{l} \text{弯矩 } M = M_g + \zeta M_p \\ \text{剪力 } Q = Q_g + \zeta Q_p \end{array}\right\} \quad (5\text{-}6)$$

式中符号意义同前。

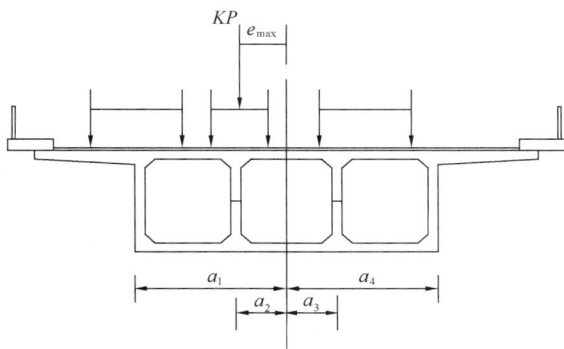

图 5-20 内力增大系数计算图式

  在设计时应分别计算出设计活载（汽车及人群荷载）和验算活载（挂车或履带车）产生的最大和最小内力值，并与恒载内力组合，经比较后确定各截面的控制设计内力值。据此就可绘制最大和最小内力包络图形，以提供钢筋布置和强度校核之用。

  通常除了按上述方法计算横截面上的荷载内力外，还要计算沿纵截面上由恒载和局部活载引起的横向弯曲内力，计算也可以按常用的近似方法进行。

5.1.3.4 配筋估算

  按《公路桥规》规定，预应力梁应满足使用极限状态下的应力要求和承载极限状态下的强度要求。在组合得到与各极限状态对应的弯矩包络图后，就可依据应力或强度验算公式，推算梁部各截面所需要的预应力钢筋数量。这就是习称的"估束"。通常做法是，按在使用荷载作用下梁截面上、下缘混凝土不出现拉应力作为推算配筋公式的条件。（一般，"梁截面上、下缘混凝土不出现大于容许压应力的情况"不作为控制条件）求出各截面预应力钢筋数量后，再结合悬臂施工等因素进行适当调整，就可确定最终值。

  梁截面上下缘混凝土不出现拉应力的条件是：

$$\text{上缘应力：} \sigma_{y上} + \frac{M_{min}}{W_上} \geqslant 0 \quad (5\text{-}7)$$

$$\text{下缘应力：} \sigma_{y下} + \frac{M_{max}}{W_下} \geqslant 0 \quad (5\text{-}8)$$

式中 $\sigma_{y上}$、$\sigma_{y下}$——由预加力在截面上、下缘产生的应力；

  M_{max}、M_{min}——最大、最小荷载弯矩（正弯矩时取正值，负弯矩时取负值）；

  $W_上$、$W_下$——截面上、下缘的抗弯模量。

  设截面上、下缘均配有力筋，其预应力分别为 $N_上$、$N_下$，它们在截面上下缘产生的应力分别为

$$\sigma_{y上} = \frac{N_上}{A} + \frac{N_上 e_上}{W_上} + \frac{N_下}{A} - \frac{N_下 e_下}{W_下} \quad (5\text{-}9)$$

$$\sigma_{y下} = \frac{N_上}{A} + \frac{N_上 e_上}{W_下} + \frac{N_下}{A} - \frac{N_下 e_下}{W_下} \quad (5\text{-}10)$$

式中 A——混凝土截面积，可取全截面计算；

  $e_上$、$e_下$——分别为上、下缘力筋重心至截面重心的距离。

将式 (5-9)、式 (5-10) 代入前两式，并令 $N_上 = n_上 f_a \sigma_a$，$N_下 = n_下 f_a \sigma_a$，推导得

$$n_上 = \frac{M_{max}(e_下 - K_下) - M_{max}(K_上 + e_下)}{(K_上 + K_下)(e_上 + e_下)} \cdot \frac{1}{f_a \sigma_a} \tag{5-11}$$

$$n_下 = \frac{M_{max}(e_上 - K_下) - M_{max}(K_上 - e_下)}{(K_上 + K_下)(e_上 + e_下)} \cdot \frac{1}{f_a \sigma_a} \tag{5-12}$$

式中 $n_上$、$n_下$——上、下缘预应力筋的数量（束）；

f_a——每束预应力筋的面积；

σ_a——预应力筋的永存应力（扣除相应阶段的损失）；

$K_上$、$K_下$——截面的上、下核心距。

当截面只需在梁下缘布筋时（由上缘不出现拉应力控制），可推导出：

$$n_下 = \frac{M_{min}}{e_下 - K_下} \cdot \frac{1}{f_a \sigma_a} \tag{5-13}$$

当截面只需在梁上缘布筋时（由于下缘不出现拉应力控制），可推导出：

$$n_上 = \frac{M_{max}}{K_下 - e_下} \cdot \frac{1}{f_a \sigma_a} \tag{5-14}$$

上述公式适用于全预应力混凝土连续梁。对部分预应力混凝土梁，不等式 (5-7) 和式 (5-8) 右边的"零"应当用合适值代替；对连续刚构桥，还应该考虑梁部轴力对估束的影响。

由于预应力钢筋的数量和布置方式与结构最终内力有关，而估束时所采用的弯矩包络图不可能包括预加力作用，因此，有必要适当调整估束弯矩包络图（如放大 1.05～1.1 倍），以大致计及预加力影响。待估束完成后，再进行与预加力有关的内力分析，并组合得到最终的内力包络图用于验算。

5.1.4 施 工 方 法 简 介

连续梁或连续刚构桥的施工方法多种多样。常用的方法有：立支架就地现浇、预制拼装（可以整孔、分段串联）、悬臂浇筑、顶推、用滑模逐跨现浇施工等。实际工程应因时因地，根据安全经济、保证质量、降低造价、缩短工期等方面因素综合考虑选择。

预应力混凝土梁桥的施工方法按是否采用支架，可分为有支架和无支架两大类。有支架多用于中、小跨径的连续梁桥。一般在连续梁一联长度内搭设支架，主要工序有搭架、立模、绑扎钢筋、布置预应力孔道、现浇混凝土、张拉预应力、落架和移架、完成桥面及附属工程。对混凝土灌注，小跨径板梁桥可采用从一端向另一端、先梁身后支点依次进行；对较大跨径的箱梁桥，可视情况采取纵向分段、竖向分层的方法进行。支架除用于现浇混凝土施工法外，有时还用于预制拼装施工中，但这时通常采用的支架数量较少，而各个支架的强度与刚度较大。

大量的连续梁和连续刚构采用的是无支架法施工，这里对连续梁施工几种常用的方法予以介绍。对于连续刚构来说，由于主梁与桥墩是固结的而没有支座，其施工过程比连续梁更为简单，悬臂法是其最常用的施工方法。

当施工方法采用预制拼装或悬臂浇筑方法施工时，施工前期的结构为简支或悬臂结构，需通过体系转换才能形成最终的连续梁或连续刚构结构。对施工中存在体系转换的桥梁，结构设计与施工方法密不可分。结构恒载作用下的内力与变形计算应根据施工工程进行计算。

5.1.4.1 悬臂施工法

悬臂施工法，指梁部施工从桥中间墩处开始，按对称方式逐步接长，悬出梁段直至合龙的施工方法。按混凝土是现浇还是预制，悬臂施工法分为悬臂灌注法和悬臂拼装法（简称悬拼）。前者的接长方式是采用挂篮等设备，在桥位处就地灌注混凝土，待混凝土达到一定强度后，张拉力筋，前移挂篮，继续下一梁段的施工。后者的接长方式是采用吊机等设备，吊装预先制成的梁段块件，张拉力筋，前移吊机，继续下一梁段的施工。采用悬臂施工法时需对梁体进行分段，每节段的长短与挂篮或吊机的承载能力有关，一般为 2～5m。

20 世纪 50 年代，钢桥安装的悬臂施工技术逐步应用于混凝土桥，大大推动了预应力混凝土连续梁桥的发展。悬臂施工法的优点是：施工支架和临时设备少，施工时不影响桥下通航、通车，也不受季节、河道水位的影响，并能在大跨径桥上采用。因此，该方法得到广泛应用。

（1）悬臂施工的程序

悬臂方法施工的基本程序有两步，一是形成 T 构（指墩梁临时固结组成的结构立面形状），二是各 T 构及边跨端部梁段之间的合龙。不过，由于跨数的不同，各 T 构及边跨端部梁段之间的合龙次序不同，悬臂施工的程序也不尽相同。现以最简单的三跨连续梁为例，来说明悬臂施工的一般程序和相关事项。如图 5-21 所示的三跨连续梁，在完成桥梁墩台工作、悬臂施工开始前，还需要在 B、C 墩顶上先施工一合适长度的梁段，这一梁段包括 0 号块甚至 0 号块附近的梁段，其长度能基本满足在梁顶布设挂篮或吊机的要求。通常，需在墩顶两侧设置托架来辅助该梁段的施工。对连续梁，还需要采用锚杆、楔块等手段，把墩梁临时固结起来，以保证后续悬臂施工时的结构稳定性（对连续刚构体系，则无须设置及拆除临时固结）。然后，梁部施工可按下列步骤进行。

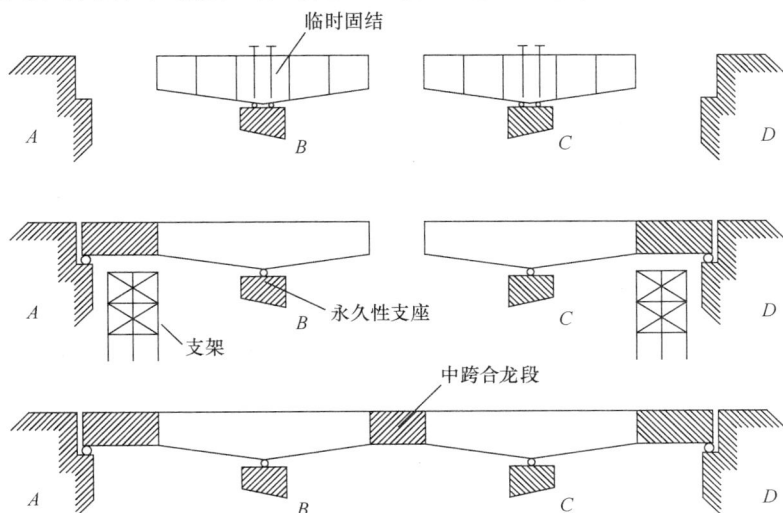

图 5-21 T 构—悬臂梁—连续梁的施工程序

第1步   从 B 墩开始进行对称悬臂施工直至合龙位置。在该 T 构完成之前，需完成边跨端部梁段的施工。在地形条件允许时，边跨端部梁段可采用有支架方法施工（通常如此）；若不允许，则只有采取在中跨合龙后继续向桥两端悬臂施工的方法。

第2步   边跨端部梁段与 T 构合龙，释放 B 墩顶的临时固结，形成单悬臂梁。

第3步   C 墩进行对称悬臂施工直至合龙位置，形成另一个 T 构。

第4步   边跨端部梁段与 T 构合龙，释放 C 墩顶的临时固结，形成单悬臂梁。

第5步   中跨合龙，形成三跨连续梁结构。

上述施工步骤至少需要一对施工设备（挂篮或吊机）。若设备足够，可全桥对称施工（即同时施工两 T 构），以缩短工期。

对于连续刚构来说，因成桥后主梁与桥墩是固结的，因此悬臂法施工中的梁与墩的固结是永久性的固结，不存在临时固结和释放临时固结等施工内容，因此比连续梁更为简单。

（2）采用挂篮的悬臂灌注法

悬臂灌注法可采用挂篮、桁式吊等设备，最常用的是挂篮。挂篮是一个可移动的（钢）支架，它为悬臂灌注提供了架设模板、布置钢筋、灌注混凝土、张拉预应力等的一个工作平台。挂篮通常由承重梁、悬吊模板、锚固装置、行走系统、张拉平台等几部分组成。承重梁是挂篮的主要构件，可采用型钢、实腹钢梁、桁架梁等形式。它承受施工设备和新浇梁段混凝土的重量并将其传递到已完成的结构上去。挂篮的形式较多，构造各异。图 5-22 所示的是几种常用的挂篮形式。对挂篮的一般要求是，构造简单、使用方便、安全可靠、稳定性好、承载力大、拆移灵活等。挂篮自身所用的材料重量与其所能承受的荷

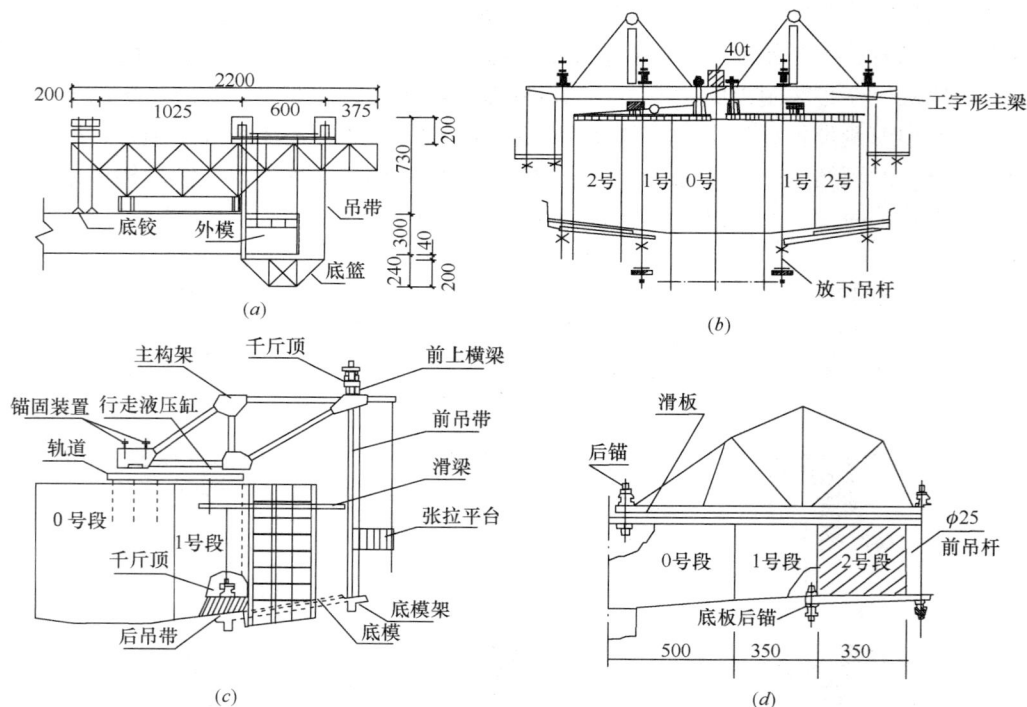

图 5-22   几种常用挂篮示意

（a）平行桁架式挂篮；（b）三角组合梁式挂篮；（c）菱形挂篮；（d）菱形挂篮

载重量之比，是衡量挂篮设计的主要技术指标。该比值越低，挂篮的使用效率越高，而施工荷载相对越小，一般该值在 0.6 左右。

（3）采用吊机的悬臂拼装法

悬臂拼装法包含梁的节段预制和悬臂拼装施工两方面的内容。

节段预制指把梁沿纵向（按起吊能力）分成节段，在工厂或桥位附近进行预制。常用的预制方法有长线法和短线法。长线法是在按梁部底缘曲线（通常取桥跨的一半）制作的固定底模上分段浇筑。此法需要较长的预制场地，通常在施工现场进行，适于梁底曲线相同的多跨桥（可提高设备的使用效率）。短线法是在配有可调整模板的台车上进行，每次预制新的节段前按前一节段来确定其相对位置并调整模板，以保证节段在安装时的相互吻合。该法适合于工厂生产，设备可周转使用。

无论采用长线法或短线法，节段的拼装面需做成企口缝，以控制和调整节段的高程和水平位置，并提高梁的抗剪能力。

悬臂拼装法可采用移动式吊机、造桥机、桁式吊等设备进行。常用的移动式吊机的外形与挂篮类似，由承重梁、横梁、锚固装置、起吊装置、行走系统、张拉平台等几部分组成，见图 5-23。造桥机实际上是一种大型桁架式移动支架，配备有走行和起吊系统，近年来在我国得到应用。1996 年，曾采用造桥机完成了石长线湘江铁路桥（62m＋7×96m＋62m）的拼装施工。基本施工步骤是：①造桥机的拼装及就位；②对称悬臂拼装 T 构至合龙位置；③现浇两 T 构合龙段；④造桥机前移就位，重复②、③。节段的运输方式视具体情况确定，可采用桥下轨道平车或驳船等运至桥位，再由吊机起吊就位。

悬臂拼装的 0 号块，大多采用就地灌注，也有采用预制装配的。各节段之间的接缝可采用湿接缝、胶接缝和干接缝。湿接缝宽 100 ～200mm，缝间就地浇筑高强度砂浆或小石子混凝土，常在就地浇筑的 0 号块与 1 号节段间使用，用以调整后续拼装工作的起点位置。用环氧树脂加水泥等制成的胶状物在节段接触面上涂一薄层（厚 0.8mm 左右），就形成胶接缝。它在施工中起到润滑作用，使接缝密贴，完工后可提高结构的抗剪能力、整体刚度和不透水性。干接缝指节段接缝间无任何填充料，只靠企口缝和预应力钢筋来承受剪力。因担心接缝不密贴，可能会导致钢筋锈蚀，这种接缝方式相对用得较少。

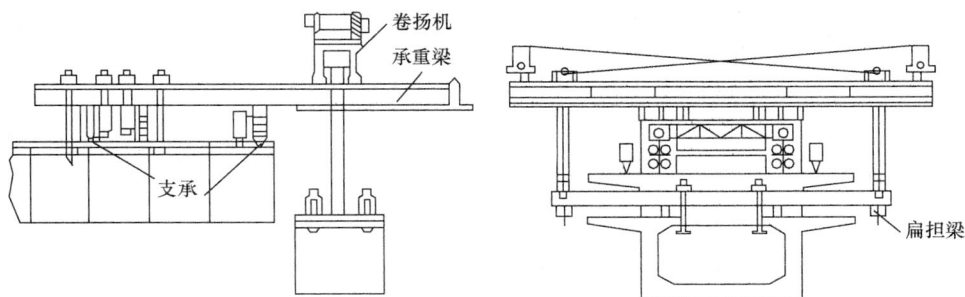

图 5-23 移动式吊机悬臂施工示意

5.1.4.2 装配—整体施工法

装配—整体施工法的基本构思，是将整根连续梁按起吊安装设备的能力先分段预制，然后用各种安装方法将预制构件安装至墩、台或轻型的临时支架上，再现浇接头混凝土，最后通过张拉部分预应力筋，使梁体集整成连续体系。用此法施工可以避免整体浇筑中的满堂支架,最大限度地减少在桥上现浇混凝土的数量,并能使上部结构的预制工作和下部结构的施工同时进行,显著缩短工期。在实践中曾采用三种分段施工方式:简支—连续,单悬臂—连续和双悬臂—连续。

图 5-24 表示简支—连续的施工方法。预制构件按简支梁配筋,安装时支承在墩顶两侧的临时支座上,待浇筑接头混凝土并达到规定强度后,张拉承受墩顶负弯矩的预应力筋并锚固好,最后卸除临时支座,安上永久支座,使结构转换成连续体系。

采用此法施工时,鉴于连续作用只对简支预制梁连续后的小部分恒载以及活载有效,因此当跨径较大,预制梁自重所占总荷载的比重显著增大时,这种方法不再适用。在实践中,此法适用的最大跨径为 40~50m。

图 5-25 示出一座跨径为 29.56m＋40m＋29.56m 三跨连续梁桥的施工步骤。先将 99.12m 长的梁分成五段(2 个边段,2 个墩顶段和 1 个中央段)预制,最大分段长度为 20m,最大吊重为 40t。为了安装梁段和浇筑接缝混凝土,在河中搭设了临时支架。在施工过程中,简支的预制梁段(图 5-5a 和 5-5b)先连成单悬臂体系(图 5-5c),待安装好中央段,浇筑接缝并张拉部分预应力筋、拆除临时支架后,结构就转换成最终的连续体系(图 5-5d)。用这种体系转换方式施工,由于最后从单悬臂梁转换成连续梁使施工与使用阶段受力方向接近一致,即在静载条件下利用中间支点较大的负弯矩减小了跨中正弯矩,从而能充分发挥连续梁的特点,有效地利用材料。

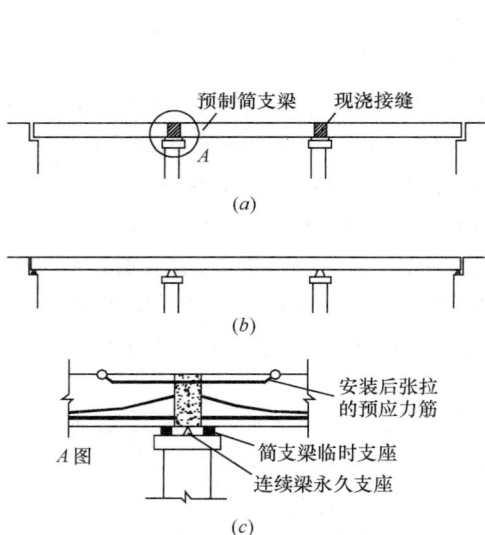

图 5-24　简支—连续施工法

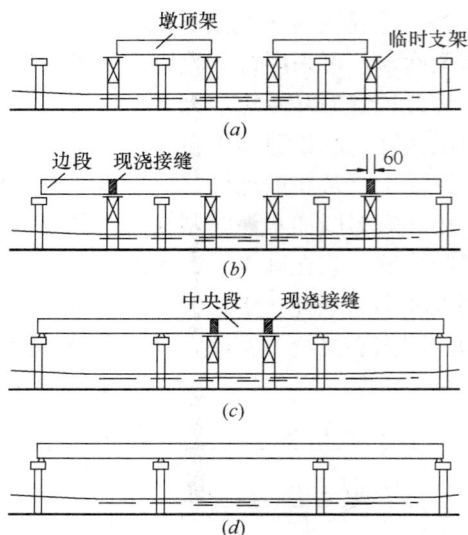

图 5-25　简支—单悬臂—连续施工法

上述连续梁如果在安装墩顶段后先安装中央段,然后再安装边段,则最后将从双悬臂梁转换成连续梁。在此情况下,最终的静载弯矩值略有不同,即边跨和中跨的跨中弯矩稍微减小,而中间支点的负弯矩略有增加。

对于跨径不太大的连续梁,如果起重能力足够,也可直接预制成单悬臂梁的安装构件进行架设,还可使悬臂端做成临时牛腿来支承中央段,这样就不需要设置临时支架。

5.1.4.3　顶推施工法

顶推法的施工原理是沿桥纵轴方向的台后开辟预制场地,分节段浇筑或拼装混凝土梁身，并用纵向预应力筋连成整体，然后通过水平液压千斤顶施力，借助不锈钢板与四氟乙烯模压板特制的滑动装置，将梁逐段向对岸顶进，就位后落梁，更换正式支座，完成桥梁施工。顶推法主要应用于等截面连续梁。由于四氟板与不锈钢板间的摩擦系数约为 0.02～0.05，故即使梁重达 10000t，也只需 500t 以下的力即可推出。

顶推法中每节段箱梁约 10～30m 长，开始顶推前应有 2～3 节段已联成一体，在其上、下翼板内施加能承受施工中变号内力的预应力，然后用水平千斤顶等顶推设备将支承在四氟板与不锈钢板滑道上的箱梁向前推移。此后，推出一段再接上一段，这样周期性地反复操作直至最终位置，进而调整预应力（通常是卸除支点区段底部和跨中区段顶部的部分预应力筋，并且增加和张拉一部分支点区域顶部和跨中区段底部的预应力筋），使满足后加恒载和活载内力的需要，最后，将滑道支承移置成永久支座，至此施工完毕。

顶推法施工又可分单向顶推和双向顶推以及单点顶推和多点顶推等。图 5-26（a）表示一般单向单点顶推的情况。顶推设备只设在一岸桥台处。在顶推中为了减少悬臂负弯矩，一般要在梁的前端安装一节长度约为顶推跨径 0.6～0.7 倍的钢导梁，导梁应自重轻而刚度大。单向顶推最宜于建造跨径为 40～60m 的多跨连续梁桥。当跨径更大时，就需在桥墩间设置临时支墩，国外已用顶推法修建了跨径达 168m 的桥梁。至于顶推速度，当水平千斤顶行程为 1m 时，一个顶推循环需 10～15min。

对于特别长的多联多跨桥梁也可以应用多点顶推的方式使每联单独顶推就位，如图 5-26（b）。在此情况下，在墩顶上均可设置顶推装置，且梁的前后端都应安装导梁。图 5-26（c）示出三跨不等跨连续梁采用从两岸双向顶推施工的图式。用此法可以不设临时墩而修建中跨跨径更大的连续梁桥。

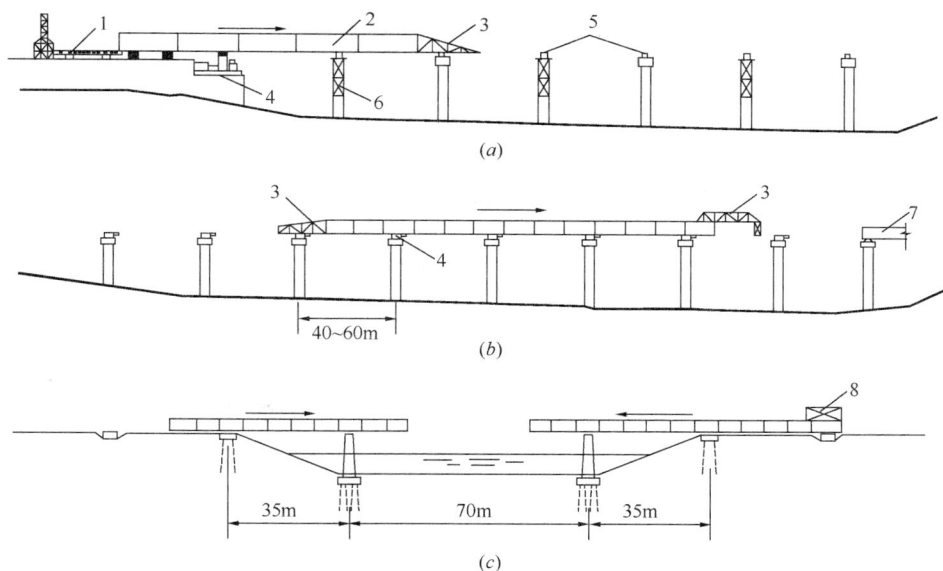

图 5-26 连续梁顶推法施工示意图
（a）单向单点顶推；（b）按每联多点顶推；（c）双向顶推
1—制梁场；2—梁段；3—导梁；4—千斤顶装置；5—滑道支承；6—临时墩；7—已架完的梁；8—平衡重

顶推施工中采用的主要设备是千斤顶和滑道。在顶推过程中要严格控制梁体两侧千斤顶同步运行。为了防止梁体在平面内发生偏移（特别在单点顶推的场合），通常在墩顶、梁体旁边可设置横向导向装置。

顶推法 1959 年在奥地利的阿格尔桥中首次得到应用。该桥全长 780m，4 跨连续，最大跨径 85m。我国于 1974 年首先在狄家河铁路桥采用顶推法施工，该桥为 40m＋40m 两跨一连的连续梁。之后，顶推法在我国得到推广应用。

顶推法施工一般采用等高度连续梁，会增多结构耗用材料的数量，梁高较大会增加桥头引道土方量，且不利于美观。顶推法施工的连续梁跨径也受到一定的限制。此外，顶推法施工工作面少，施工进度也受到限制。近年来，顶推法在我国的应用较少。

5.1.4.4　移动式模架逐孔施工法

移动式模架逐孔施工法，是以现浇预应力混凝土桥梁施工的快速化和省力化为目的发展起来的。它的基本构思是将机械化的支架和模板支承（或悬吊）在长度稍大于两跨、前端作导梁用的承载梁上，然后在桥跨内进行现浇施工，待混凝土达到一定强度后就脱模，并将整孔模架沿导梁前移至下一浇筑桥孔，如此有节奏地逐孔推进直至全桥施工完毕。

此法适用于跨径 20～50m 的等跨和等高度连续梁桥施工，平均的推进速度约为每昼夜 3m。鉴于整套施工设备需要较大投资，故所建桥梁孔数越多、桥越长、模架周转次数越多，则经济效益就越佳。

采用此法施工时，通常将现浇梁段的起讫点设在连续梁弯矩最小的截面处（约为由支点向前 5～6m 处），预应力筋锚固在浇筑缝处，当浇筑下一孔梁段前再用连接器将预应力筋接长。

图 5-27 示出采用支承式移动模架逐孔施工的推进图式和构造简图。整套施工设备由

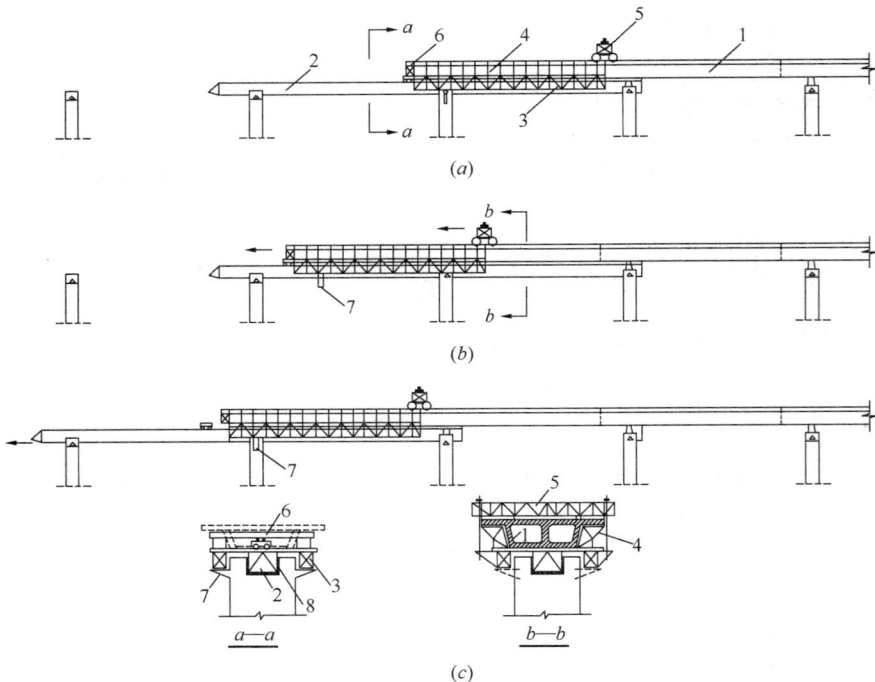

图 5-27　移动式模架孔施工法

1—已完成的梁；2—导梁；3—横架梁；4—模架；5—后端横梁和悬吊平车；

6—前端横梁和支承平车；7—模架梁支承托架；8—墩台留槽

承载梁（其前端为导梁）、模架梁、模架、前端横梁和支承平车、后端横梁和悬吊平车以及模架梁支承托架等组成。梁的外模架设置在承载梁和模架梁上。前端平车在导梁上行走，后端平车在已建成的梁上行走。图 5-27（a）表示模架就位后浇筑混凝土和张拉预应力筋的工位。此时梁体新浇混凝土的重量传至承载梁和模架梁，后者通过前、后端的平车分别支承在承载梁和已经完成的梁上。待混凝土达到规定强度并脱模后，由前端支承平车和后端悬吊平车将模架梁连同模架前移至新的浇筑孔（见图 5-27b）。模架梁到位后，用设置在模架梁上的托架将模架梁临时支承在桥墩两侧，用牵引绞车将导梁移至前孔并使承载梁就位（见图 5-27c），最后松去托架而使前端平车承重并固定位置后，就开始新的浇筑循环。

图 5-27 所示的支承式移动模架特别适用于具有柱式桥墩的场合，在此情况下，移动模架时模架梁可利用足够的空间前移而不需增加拆、拼工序。

当采用支承式装置有困难时，也可以用悬吊式移动模架来施工。此时承载梁与导梁将设置在桥面标高以上，将模架梁和模架悬吊在承载梁上进行浇筑制梁。

自从 1959 年联邦德国首创采用此法以来，目前在欧洲各国已得到推广。我国应用该方法修建了援建项目和图 5-2 介绍的总长达 2070m 的厦门高集海峡大桥。

5.2　斜　拉　桥

5.2.1　概　　述

斜拉桥用若干高强的拉索将主梁斜拉在塔柱上，斜拉索使主梁受到一个压力和一个向上的弹性支承的反力，这就使得桥梁的跨越能力大大增强。斜拉桥是由斜拉索、塔柱和主梁组成的，根据三者之间的关系可以组成多种结构体系，如悬浮体系、支承体系、塔梁固结体系和刚构体系。图 5-28 为两种典型的斜拉桥简图。

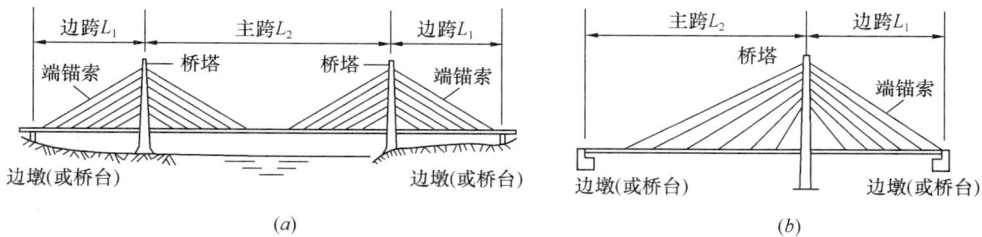

图 5-28　斜拉桥简图
(a) 双塔（三跨式）；(b) 独塔（双跨式）

斜拉桥根据主梁所用材料可分为钢斜拉桥、混凝土斜拉桥、结合梁（叠合梁）斜拉桥与混合梁（边跨混凝土梁与主跨钢梁连接）斜拉桥四类。在迄今已建成的斜拉桥中，公路桥占绝大多数，铁路专用斜拉桥的实例极少。

斜拉桥的优点是，梁体尺寸较小，桥梁的跨越能力较大；受桥下净空和桥面标高的限制少；抗风稳定性比悬索桥好；不需悬索桥那样的集中锚碇构造；便于采用悬臂施工等。不足之处是，它是多次超静定结构，设计计算复杂；索梁与索塔的连接构造比较复杂；施工中高空作业较多，且施工控制等技术要求严格。

斜拉桥这种结构形式古已有之。但是由于斜拉索中所受的力很难计算和很难控制，所以一直没有得到发展和广泛应用。直到 20 世纪中期，由于电子计算机的出现，解决了索力计算难的问题，以及调整装置的完善，解决了索力控制问题，使得斜拉桥成为近 60 年内发展最快，应用渐广的一种桥型。

现代斜拉桥可以追溯到 1956 年瑞典建成的主跨 182.6m 斯特伦松德桥。历经半个世纪，斜拉桥技术得到空前发展，世界已建成主跨 200m 以上的斜拉桥有 200 余座，其中跨径大于 400m 的有 40 余座。尤其 20 世纪 90 年代以后在世界上建成的著名的斜拉桥有法国诺曼底斜拉桥（主跨 856m），南京长江二桥钢箱梁斜拉桥（主跨 628m）、福建青州闽江结合梁斜拉桥（主跨 605m）、挪威斯卡恩圣特混凝土梁斜拉桥（主跨 530m），1999 年日本建成的世界最大跨径多多罗大桥（主跨 890m），是斜拉桥跨径的一个重大突破，是世界斜拉桥建设史上的又一个里程碑。2008 年 5 月建成苏通大桥（图 1-26），主跨达 1088m，桥塔高度达 300.4m，为当时世界上跨径最大的斜拉桥。该跨径纪录被 2012 年 7 月建成通车的俄罗斯岛大桥的 1104m 超过。

我国自 1975 年四川云阳建成第一座主跨为 76m 的斜拉桥，此后斜拉桥在我国得到迅速的发展和推广，至今已建成各种类型斜拉桥 300 多座（其中跨径大于 300m 的有 130 余座），在斜拉桥设计、施工技术、施工控制、斜拉索的防风、雨振等方面，积累了丰富的经验。

20 世纪 80 年代末，我国在总结加拿大安那西斯桥的经验基础上，1991 年建成了上海南浦大桥（主跨为 423m 结合梁斜拉桥），开创了我国修建 400m 以上大跨径斜拉桥的先河。至今，世界跨径大于 550m 的斜拉桥有 33 座，我国占有 25 座，其中苏通长江大桥以 1088m 跨径位居世界第二。我国在斜拉桥设计、施工技术、施工控制、斜拉索的风雨振等方面积累了丰富的经验和研究成果。

5.2.2　斜拉桥的结构与构造

5.2.2.1　孔跨位置

当代斜拉桥最典型的孔跨布置形式是双塔三跨式（图 5-28a）与独塔双跨式（图 5-28b）。在特殊情况下，斜拉桥也可以布置成独塔单跨式及多塔多跨式，甚至混合式。

双塔三跨式是一种最常见的斜拉桥孔跨布置方式。由于它的主孔跨径较大，一般可适用于跨越较大的河流、河口和海面。在跨越河流时，可用主孔一跨跨越，将两个桥塔设在岸边，两个边跨设在岸上；也可以将两个桥塔设在河中，用三孔来跨越整个河道或主航道。

双塔三跨式斜拉桥可以布置成两个边跨跨径相等的对称形式，也可以布置成两个边跨跨径不等的非对称形式，且可根据需要在两边跨内布置数量相等或不等的中间辅助墩，以提高结构体系的刚度。图 5-29 为双塔斜拉桥的总体布置示意图。

双塔三跨式斜拉桥的主跨跨径 L_2 和边跨跨径 L_1（见图 5-29）的比例关系，根据国外斜拉桥的统计资料为：

钢斜拉桥：　　　　$(L_2/L_1) = 2.2 \sim 2.5$

包括各类斜拉桥：$(L_2/L_1) = 2.0 \sim 3.0$

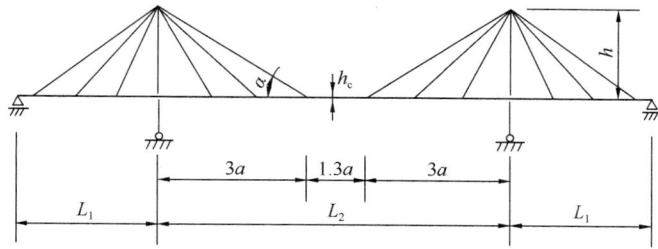

图 5-29 双塔三跨斜拉桥总体布置示意图

独塔双跨式斜拉桥也是一种常见的孔跨布置方式，由于它的主孔跨径一般比双塔三跨式的主孔跨径小，故特别适用于跨越中小河流、谷地及交通道路；当然也可用于跨越较大河流的主航道部分。采用独塔双跨式时，可以用两跨跨越河流，将桥塔设在河道中；也可以用主跨跨越河流，将桥塔及边跨设在河流的一岸。

独塔双跨式斜拉桥可以布置成两跨不对称的形式，即分为主跨和边跨；也可以布置成两跨对称，即等跨形式。其中两跨不对称的形式较多，也较合理。

独塔双跨式斜拉桥的主跨 L_2 和边跨 L_1（见图 5-28b）的比值，根据国外斜拉桥的统计资料为：（L_2/L_1）＝1.2～2.0，多数接近于 1.5。在适宜的地形条件下，有时也可采用独塔单跨式斜拉桥。此时边跨跨径很小（图 5-30），甚至没有边跨。

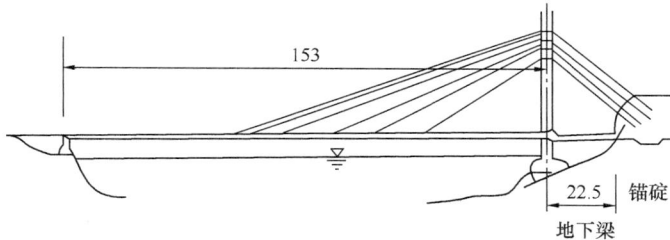

图 5-30 独塔单跨式（日本秩父桥）（单位：m）

在跨越宽阔水面时，由于桥梁长度大，必要时也可采用三塔斜拉桥，如台北淡水河桥和湖南洞庭湖大桥（主跨 2×348m，主梁为混凝土箱形梁，悬臂拼装施工，图 5-31）。由于中间桥塔没有端锚索来有效地限制其变形，三塔斜拉桥的结构柔性会有所增大。

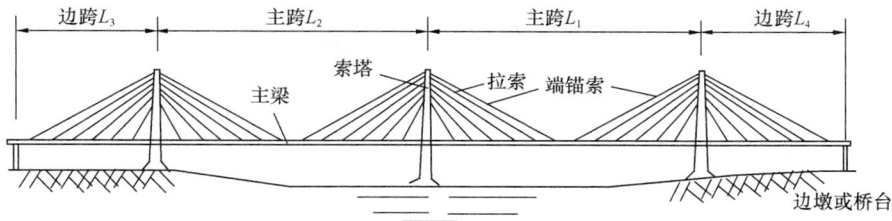

图 5-31 三塔四跨斜拉桥

5.2.2.2 主梁的支承体系

斜拉桥在塔处及墩（含辅助墩）处的支承形式对主梁的受力行为以及结构的使用性能

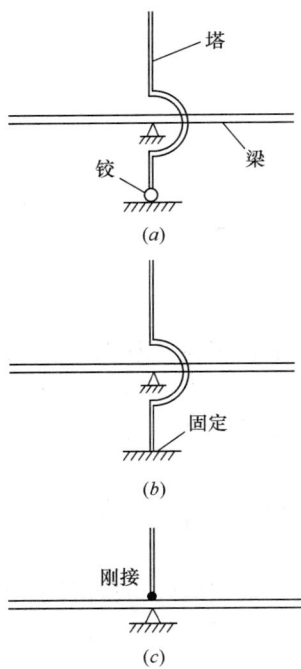

图 5-32 主梁与索塔的关系
(a) 铰接；(b) 固定；(c) 刚接

影响较大。按主梁支承条件不同，其可分为连续梁和连续刚架等。连续梁式往往在墩台支承处仅用一个固定铰支座，其余为活动支座，梁的温度变位、水平变位等则斜拉索予以约束，见图 5-32（a）和图 5-32（b）。主梁采用连续梁式可以获得连续梁桥的主要优点，如行车顺畅，伸缩缝少，便于采用连续梁桥的各种施工方法等。若将中间支点的支承改为吊索，就形成漂浮体系，它可以减少索塔支点处梁的负弯矩，但在横向应加以约束。图 5-32（c）则为连续刚架式，它与一般刚架不同之处在于，梁、墩与塔在支点处连成整体，形成十字固结，此处要抵抗很大的负弯矩，因此主梁截面要足够强固，构造也较复杂。这类形式便于平衡对称施工，且抵抗中跨变形的刚度较大。

除上述主梁采用连续梁体系外，曾有个别斜拉桥采用在跨中无索区插入一段挂梁的形式，但它有损于桥梁的整体性和桥面的连续性，对行车不利，因此现已很少采用。此外，也有在主梁跨中设铰的布置，它可以起到缓解温度应力的作用，但同样对行车不利，加之剪力铰在设计、施工及养护等方面的难度，故一般很少采用。

5.2.2.3 斜拉索

（1）斜拉索的布置

斜拉索按其所组成的平面，通常分为单索面和双索面，而双索面又可分为双平行索面和双斜拉索面。

双索面（图 5-33a）又有两种布置方式：一种是将索平面布置在桥面宽度外侧，另一种是将索平面布置在桥面宽度之内。当索塔在横向为 A 形、钻石形时，就可能需要双斜拉索面（图 5-33b）与之配合。双斜拉索面的拉索可以提高梁的抗扭能力，抗风动力性能好。

单索面（图 5-33c）设置在桥梁纵轴线上，这对于设置有中央分隔带的桥梁特别合适，基本上不需要增加桥面宽度，具有最小的桥墩尺寸和最佳的视觉效果。但是，单平面斜拉索只能支承竖向荷载，由于横向不对称活载或（和）风力产生的作用而使主梁受扭，主梁横截面应采用闭合箱梁为宜。

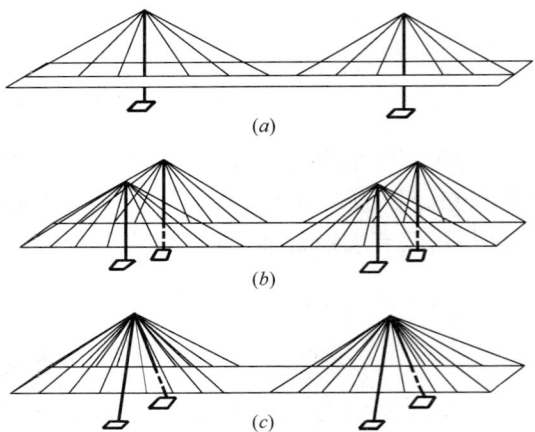

图 5-33 索面布置形式
(a) 单索面；(b) 双平行索面；(c) 双斜接索

根据斜拉索在索平面内的布置，它又可以分为图 5-34（a）、（b）、（c）所示的三种形式。斜拉索的倾角一般为 $25°\sim65°$。

1）平行形：这种形式中各斜拉索彼此平行，因此各索倾角相同。各对斜拉索分别连接在塔的不同高度上，于是索与塔的连接构造易于处理；由于倾角相同，各索的锚固构造相同，塔中压力逐段向下加大，有利于塔的稳定性。但是这种形式索的用钢量大；各对索拉力的差别将在塔身各段产生较大的弯矩；由于是几何可变体系，对内力及变形的分布较不利，不过可以用边跨内设置辅助墩的办法来加以改善。

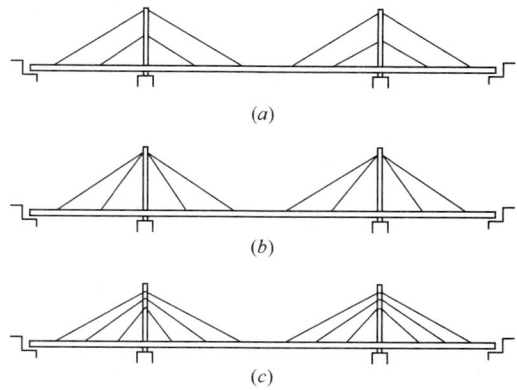

图 5-34　索面形状

(a) 平行形；(b) 辐射形；(c) 扇形（半扇形）

2）辐射形：这种布置方法是将全部斜拉索汇聚到塔顶，使各根斜拉索都具有可能的最大倾角。由于索力主要由垂直力的需要而定，因此斜拉索拉力较小；而且辐射索使结构形成几何不变体系，对变形及内力分布都有利。这种做法的缺点是：有较多数量的斜拉索汇集到塔顶，将使锚头拥挤，构造处理较困难；塔身从顶到底都受到最大压力，自由长度较大，塔身刚度要保证压曲稳定的要求。

3）扇形：扇形是介于辐射形和平行形之间的形式，一般在塔上和梁上分别按等间距布置，兼顾了以上两种形式的优点而减少其缺点，因此有较多的斜拉桥采用这种形式。

另外，还有星形（索在梁上汇集于一点）、混合形（边跨为平行形、中跨为扇形）等。

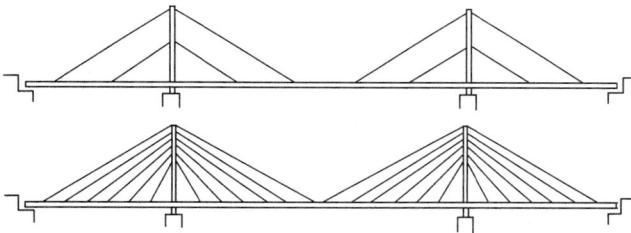

图 5-35　稀索和密索

根据斜拉索在主梁上的间距，有稀索（对于钢梁，间距为 $30 \sim 60m$，对于混凝土梁，为 $15 \sim 30m$）与密索（$6 \sim 8m$）之分。早期斜拉桥采用稀索较多，目前则多用密索。密索斜拉桥有下述优点：索间距较短，主梁弯矩减小；每索的拉力较小，锚固点的构造简单；伸臂施工时所需辅助支撑较少，甚至可以不要；每根斜拉索的截面较小，每索只用一根在工厂制造的外套 PE 保护管的钢索；斜拉索更换较容易。稀索与密索布置示意见图 5-35。

（2）斜拉索的构造

斜拉索对斜拉桥的工作状态影响很大，而且造价占全桥的 $25\% \sim 30\%$，因此对其构造要予以高度重视。斜拉桥的斜拉索材料一般沿用悬索桥的主缆所采用的材料或预应力钢筋所用材料。目前在世界范围内用得较多的有平行钢丝索、钢绞线索和封闭式钢索等。我国斜拉桥常用 $\phi5 \sim \phi7mm$ 高强钢丝组成的平行钢丝索。

平行钢丝股索（Parallel Wire Strand，简称 PWS）是将一定根数（19、37、61、91、127、…）的（镀锌）钢丝平行的捆扎成股，钢丝顺直无扭转，截面为六边形。在大多数情况下，每根斜拉索由若干股 PWS 组成。一根 PWS 的截面如图 5-36（a）所示。平行钢丝索（Parallel Wire Cable，PWC）的截面如图 5-36（b）所示，它由若干平行钢丝组成，截面不要求是六边形，钢丝根数可按受力要求选定。对较长的斜拉索，为满足运输要求（可缠绕在卷筒上），需要使斜拉索具有一定的扭角；而为了维持斜拉索的物理性能，扭角不能大（一般小于 4°）。这样的 PWS 和 PWC 就称为新型 PWS 和螺旋形 PWC。

若将 7 丝钢绞线按平行钢丝束的排列方法布置成六角形截面，即为平行钢绞线索（Parallel Strand Cable，PSC），见图 5-36（c）。用 7 根钢绞线（每根包含 7 丝，或 19 丝，或 37 丝等）在工厂扭结而成的钢绞线索称为螺旋形钢绞线索（Spiral StrandCable，SSC），同样可以用于斜拉桥的斜拉索。

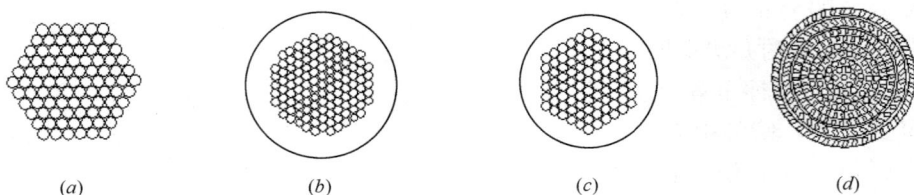

（a）　　　　　（b）　　　　　（c）　　　　　（d）

图 5-36　斜拉索的截面

封闭式钢索（见图 5-36d）最早由联邦德国生产，并用于悬索桥和斜拉桥中。封闭式钢索的中心有一些圆钢丝，外面则由几层楔形和 Z 形的异形钢丝组成。这种钢索的材料密度达到 90%，由于其构造紧密，表面封闭，因此运输、安装和防锈蚀都较简便。虽然其刚度大，但做成螺旋形后，也就具有做成曲线所需的柔软性。

钢绞线索和封闭式钢索的弹性模量都较低，而且在受力时由于截面紧缩，非弹性变形较大，用于对斜拉索变形很敏感的斜拉桥较为不利。为此在斜拉索使用前应进行预张拉，其张拉力一般不超过破断拉力的 55%。

用平行排列的粗钢筋作为斜拉索，在少数斜拉桥中作了成功的运用。粗钢筋抗锈蚀能力好、便于锚固是其优点，但强度较低，材料长度较短，需要接长，运用有一定困难，故在斜拉桥中用得较少。

对平行钢丝索，通常配合使用具有良好抗疲劳性能的冷铸镦头锚（如 HiAm 锚，DI-NA 锚等）。它是先在锚杯或锚板上钻孔（孔径稍大于钢丝直径），然后穿过钢丝，使用镦头机在钢丝端头镦头，最后进行张拉锚固，镦头就被支承在锚杯或锚板上。图 5-37 为 DI-

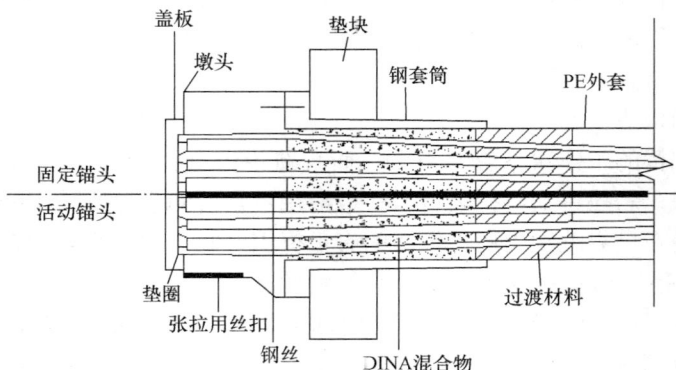

图 5-37　DINA 冷铸镦头锚

NA 冷铸镦头锚示意图。

（3）斜拉索的防护

为了提高斜拉索的耐久性，延长使用寿命，减少养护工作，在斜拉桥中对斜拉索的防护要加以重视。防护工作主要是防止斜拉索锈蚀，为此要求防护层有足够强度而不致开裂，有良好的附着性而不脱落，有良好的耐久性以延长使用寿命。由于斜拉索的构造不同，防护方法也有所不同，这里仅说明在平行钢丝束的斜拉索中采用的一些方法。

防护分为钢丝的防护和斜拉索的防护。钢丝的防护可以采用涂防锈底漆、电泳涂漆或镀锌的办法，以使在施工过程中未作斜拉索防护前钢丝不致锈蚀。注意在防护前应将表面油脂及锈迹去掉，但不要用喷砂或抛丸的办法，以防损伤钢材表面形成应力集中，也不要用酸洗的方法以免发生氢脆。

斜拉索的外层防护有柔性索套、半刚性索套和刚性索套三种。柔性索套是用得较多的一种，用复合材料做成，可分为压浆和非压浆斜拉索。压浆斜拉索一般在斜拉索外面用沥青或树脂材料涂抹，然后用玻璃丝布和树脂缠涂三层，树脂可以是环氧树脂、丙烯酸树脂或环氧—聚硫橡胶等，最后在外面套上聚氯乙烯套管（简称 PE 套管），并在管内压入水泥浆或树脂，如图 5-38 所示。非压浆斜拉索（新

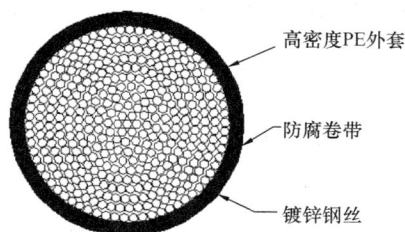

图 5-38　PE 套管保护

型 PWS 和螺旋形 PWC）的防护体系在工厂制造时就已完成。一般先将钢丝镀锌，然后在钢丝的空隙中填充防锈化合物或将整捆的索用防腐卷带缠包，最后在外面挤压一个 PE 套管。上述防护方法使索仍能有较大的横向变位，因此称为柔性索套。

半刚性索套和刚性索套的套管用钢筋混凝土、预应力混凝土或钢材做成。这些材料做成的套管，若容许斜拉索有一定横向变位则是半刚性的，而形成一个刚性杆件时则为刚性索套。采用混凝土索套时，需要施加预应力，以免在反复荷载或动力荷载作用下混凝土开裂。刚性索套可以减小体系挠度，节省用钢量，但施工较复杂，索套迎风面积大，对抗风不利。

5.2.2.4　主梁

主梁是直接承受桥梁使用荷载的构件。斜拉桥主梁根据制作材料不同有钢梁、混凝土梁、组合梁和混合梁四种形式，分别称之钢（梁）斜拉桥、混凝土（梁）斜拉桥、组合（梁）斜拉桥和混合（梁）斜拉桥。跨径在 400m 以下的双塔斜拉桥宜采用混凝土主梁；主跨 600m 以上的斜拉桥宜采用钢主梁或混合主梁；其他跨径的桥梁可通过多方案比选确定。钢主梁或者组合主梁的拉索锚固间距宜设计成 8～16m，混凝土主梁为 6～12m。

钢主梁和混凝土主梁的结构应力验算分别根据现行的《钢结构桥梁设计规范》和《混凝土桥规》等相关规定执行。斜拉桥的主梁为受压构件，当结构的跨径比较大时，设计应考虑结构整体的抗压稳定性，按弹性屈曲的结构稳定安全系数不应小于 4；弹塑性的稳定系数钢主梁应大于 1.75，混凝土主梁大于 2.50。

（1）钢主梁

钢主梁斜拉桥是一种比较常用的结构形式，特别是早期斜拉桥以及大跨径斜拉桥多采用钢主梁。与混凝土主梁相比，钢主梁具有自重轻、现场施工方便的优点。不足之处是防

腐要求高、结构刚度低、容易发生振动，疲劳问题也会影响结构的使用寿命。另外，在中小跨径的桥梁中钢主梁的造价比混凝土主梁高。

　　钢主梁有板梁和桁架梁两种形式。桁架梁的截面高、刚度大，特别适用于双层桥面的桥梁（如公铁两用），满足下层车道的空间要求。但是，桁架梁用钢量比板梁大，从经济性等方面考虑斜拉桥钢主梁一般宜采用板梁结构。

　　板梁截面有开口截面和箱形截面两种形式。开口截面由于扭转刚度小、抗风性能差，因此主要用在桥跨不是很大的斜拉桥中。钢箱梁截面有单箱单室、多箱单室、多箱多室等几种形式。图 5-39 为适用于双索面斜拉桥的几种钢主梁截面实例，图 5-39（a）所示的钢主梁由两边工字形主梁、横梁、正交异性桥面板组成；图 5-39（b）为流线型扁平钢箱梁，两侧设风嘴，可以降低风压的作用，有利于结构的抗风性能提高，是目前大跨径斜拉桥比较常用的截面形式；图 5-39（c）为分离式边箱梁流线型截面，中间一部分底板取消，

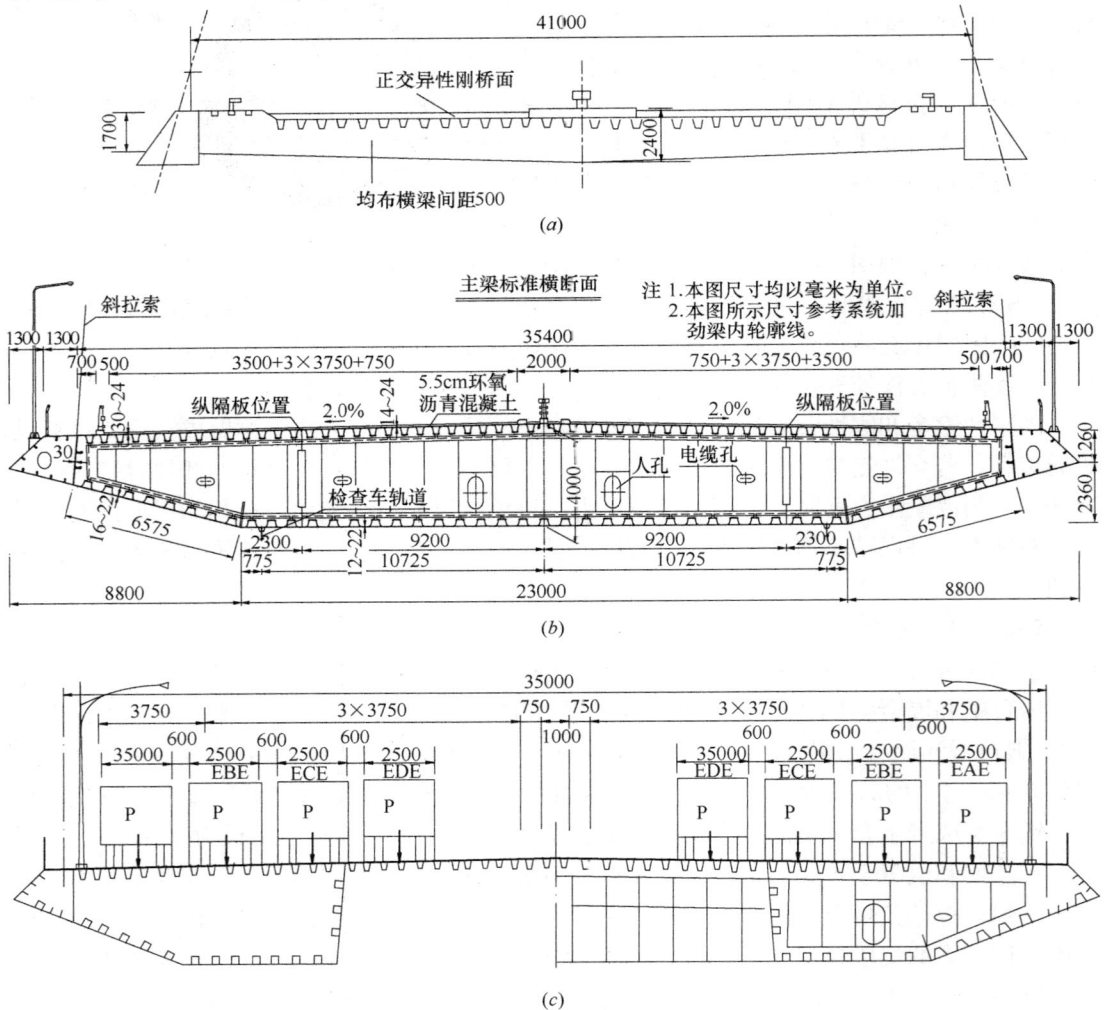

(a)

(b)

(c)

图 5-39　钢主梁截面形式

（a）梁板式双主梁截面（德国 Leonhardt 推荐的截面形式）；（b）扁平钢箱梁
（江苏苏通大桥主梁截面）；（c）双箱边主梁截面（荆越长江公路大桥）

保持流线型的截面型状。

图 5-40 为浙江舟山金塘大桥的主梁截面，封闭式流线型扁平钢箱梁的全宽 30.1m（包括风嘴），宽跨比 1/20.60，中心线处梁高 3.0m，高跨比 1/206.67。箱梁顶板厚度14mm（靠近斜拉索锚固区的 1550mm 范围内为 18mm）；下斜底板和底板在过渡墩、辅助墩、主塔附近厚 14mm，其他区域厚 12mm，钢箱梁标准段长度分为 14m 和 12m 两种，均设 4 道实体式横隔板，斜拉索处采用 16mm+12mm 不等厚对接，其余板厚 10mm，支座等处板厚为 20mm；纵隔板间距 12m，支座及临时墩处采用实腹式截面（支座与阻尼器设置处板厚 20mm，相邻区域为 14mm，其他为 14mm），其余为桁架式；顶板 U 形肋壁厚 8mm，底板 U 形肋壁厚 6mm。

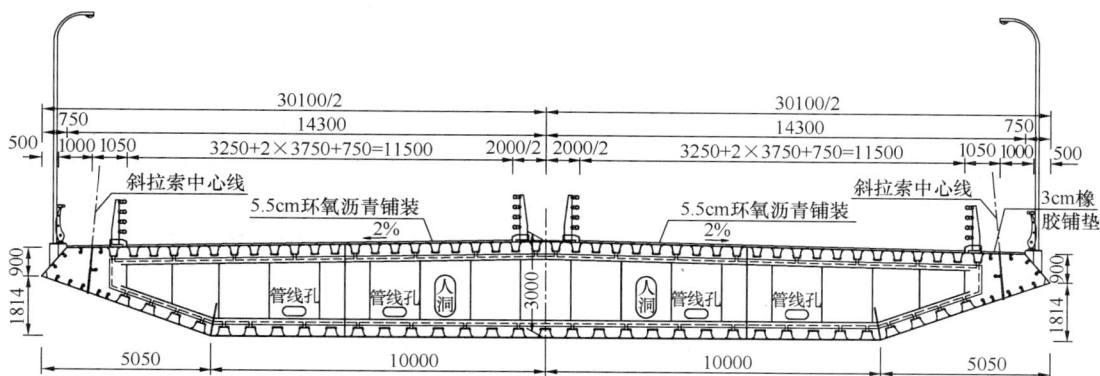

图 5-40　浙江舟山金塘大桥主梁截面

钢梁斜拉桥的桥面系一般采用正交异性板，作为主梁一部分直接参与结构整体的受力。所谓正交异性板是指在钢桥面板（或钢箱梁上翼缘）下布设纵向及横向的、开口或闭口的加劲肋而形成的一种构造，因加劲肋在平面纵横两个方向上正交，又桥面板在两个方向的抗弯惯性矩不同，故得此名。

钢箱梁的顶板由于直接承受车轮荷载，钢板厚度一般不低于 14mm，而底板以及腹板厚度根据结构承载能力要求通过设计验算确定，并满足相应的最小钢板厚度构造要求。梁宽根据桥面布置要求确定，梁高需要考虑结构的屈曲稳定性、抗风性等安全要求，设计时可参考过去同类结构设计通过多方案比较和优化确定。苏通大桥梁高 4.0m，为跨径的 1/272；日本多多罗大桥梁高 2.7m，约为跨径的 1/330。一般而言，跨径越大，主梁的高跨比越小，我国设计规范建议钢主梁高跨比采用 1/330～1/180。

钢主梁由于结构刚度小，变形容易引起铺装的损坏，在设计时对桥面铺装结构应予以重视。

（2）混凝土主梁

自 1962 年委内瑞拉建成世界上第一座混凝土斜拉桥以来（跨径为 5×235m），混凝土斜拉桥的最大跨径已达到了 530m（挪威 Skarnsund 桥，1991 年），我国 2002 年建成的荆沙长江大桥（混凝土斜拉桥）跨径为 500m，接近世界同类结构的最大跨径。由于斜拉桥主梁是受压构件，采用混凝土结构可以发挥材料抗压强度的优势，在中小跨径的斜拉桥中混凝土主梁比钢主梁经济，我国跨径小于 500m 的斜拉桥主要采用这类结构。

图 5-41 为双索面混凝土主梁常用横截面实例,有板式截面(图 5-41a)、双主梁截面(图 5-41b)、板式边主梁截面(图 5-41c)、半封闭双箱形截面(图 5-41d)及箱形截面(图 5-41e、f)等几种。

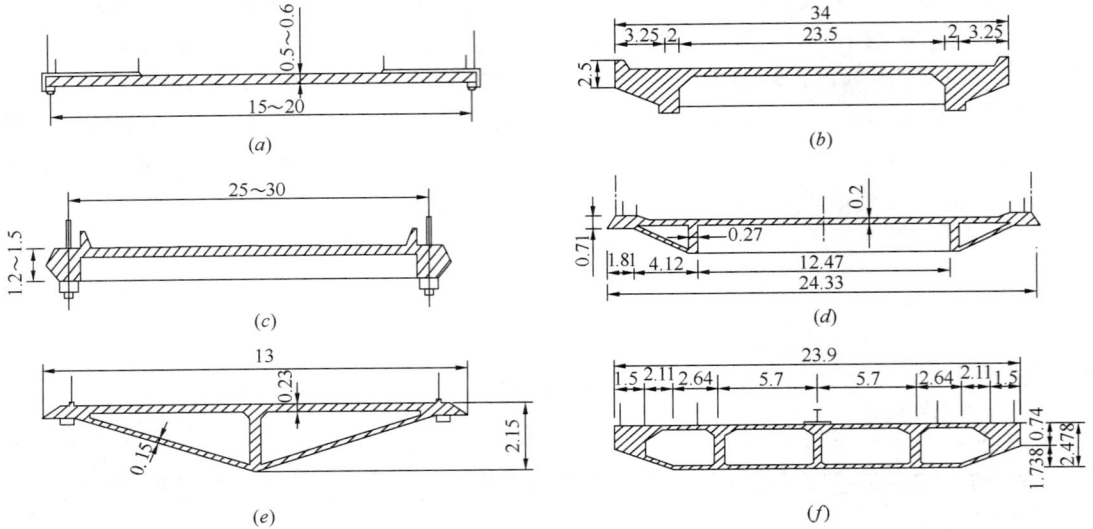

图 5-41　适用于双索面的混凝土主梁截面实例
(a) 板式截面;(b) 双主梁截面;(c) 板式边主梁截面;
(d) 半封闭双箱形截面;(e) 箱形截面;(f) 箱形截面

板式截面最简单,结构的迎风面积小,受到的风荷载较小。为了两侧拉索的锚固需要,板边缘的厚度一般需要适当加厚。这种截面的建筑高度小,在索距较密而桥跨径、宽度不大的情况下尚能满足一定的抗扭能力要求,可采用这种形式的主梁。

双主梁截面由两侧主梁和横梁形成的桥面结构系,在横梁之间铺设(或者浇筑)桥面板承受车辆荷载。这种结构形式具有施工方便的优点,施工时首先浇筑两个边梁和横梁,然后浇筑桥面板,减轻施工步的悬臂荷载。

板式边主梁截面为双主梁截面的一种改进形式。双主梁可靠边布置,也可向里布置,视桥面宽度可设或不设(混凝土或钢)横梁。这种截面形式构造简单,施工方便,用料较省。

半封闭箱形截面是经过风洞试验分析得到的一种空气动力性能良好的截面形式,截面两侧为三角形封闭箱,端部加厚以锚固斜拉索。两三角形间为整体桥面板,除个别需要的梁段外,不设底板。此种截面在满足抗弯、抗扭刚度的要求下,有良好的抗风动力性能,特别适合索距较密的宽桥。

闭合箱形截面有较大的抗弯和抗扭能力,将外侧腹板做成倾斜式,既可改善空气动力性能,又可减小墩台宽度。其缺点是节段重量较大。

图 5-42 为适用于单索面的混凝土主梁截面实例。由于单索面的结构扭转刚度比较小,一般采用抗扭刚度比较大的箱形截面,有单箱单室、单箱多室两种形式。

双塔三跨式混凝土斜拉桥的主梁宜取跨径的 $1/220\sim1/100$。

(3) 组合梁

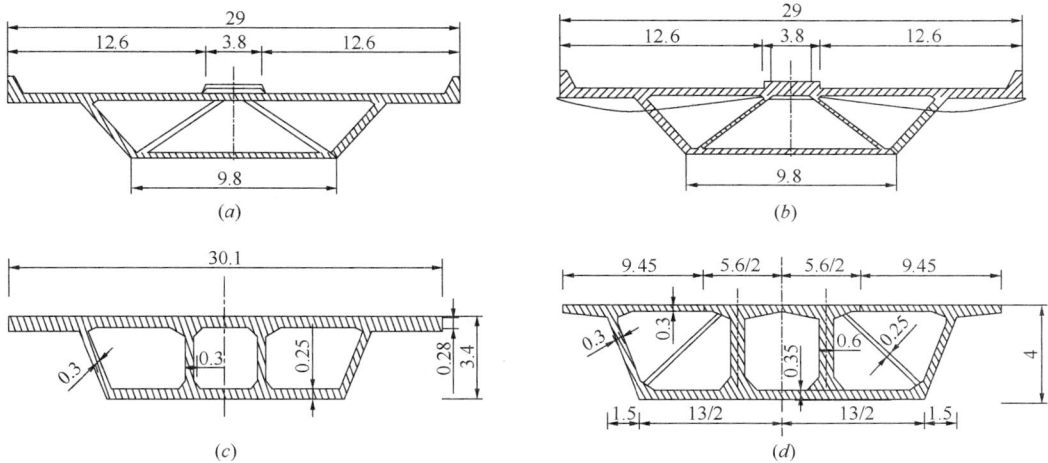

图 5-42 适用于单索面的混凝土主梁截面实例

钢—混凝土组合梁（简称组合梁，又称迭合梁或结合梁）斜拉桥是 20 世纪 80 年代开始发展起来的一种结构形式，这种主梁兼具钢和混凝土结构的优点，比混凝土主梁自重轻，构件工厂制造化程度较高，施工方便，混凝土桥面板比钢主梁耐磨耗，且造价低。

图 5-43（a）为 1986 年建成的世界第一座组合梁斜拉桥加拿大安纳西斯（Annacis）

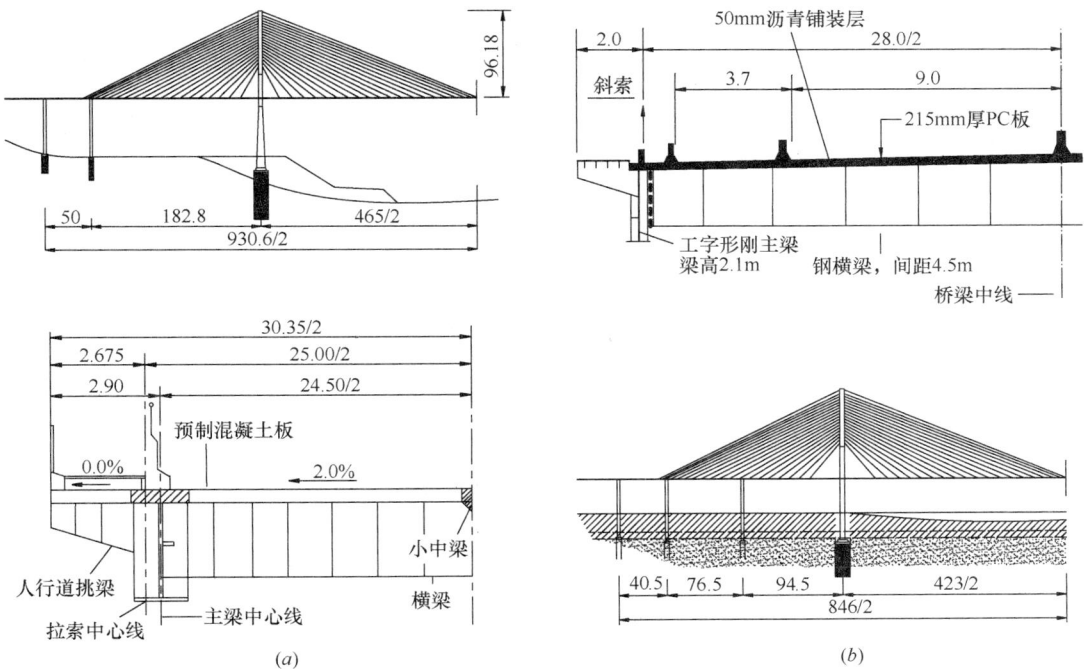

图 5-43 组合梁斜拉桥实例（单位：m）
（a）安纳西斯桥侧立面及主梁截面；（b）南浦大桥主桥侧立面及主梁截面

桥，结构跨径为 465m，斜拉索锚于左右两片钢主梁上，两片钢主梁之间设钢横梁，钢主梁外设人行道钢伸臂梁，梁顶面铺混凝土桥面板。图 5-43（b）为上海南浦大桥（1991 年，主跨 423m），是在借鉴加拿大安纳西斯桥成功以及不足经验的基础上设计和建造的，主梁为由钢工字形主梁、车行道横梁、小纵梁、钢人行道悬臂梁组成的平面钢梁格，与其上面叠合的混凝土桥面板构成。每个标准节段长 18m，由 2 根主梁、4 根车行道横梁、4 根小纵梁和 4 根人行道梁组成。各纵横梁的顶面焊有抗剪栓钉与混凝土桥面板连成整体。此后，杨浦大桥、徐浦大桥（1996 年，主跨 590m）也采用了钢和混凝土组合梁结构。

（4）混合梁

除了上述三种主梁结构形式以外，还有一种常见的主梁形式——混合梁。它是一部分采用钢主梁，而另一部分采用混凝土主梁的结构形式，主要适用在钢斜拉桥中主跨跨径比较大、边跨主梁不能平衡主跨重量的结构，边跨采用混凝土主梁以平衡主跨的结构自重。德国 1972 年在建造 Mannheim 桥（跨径 280m＋125.16m，独塔）时首次采用了主跨为钢、边跨为混凝土的混合梁斜拉桥，法国诺曼底斜拉桥和日本多多罗大桥均为混合梁结构，边跨端部采用了预应力混凝土主梁。在混合梁斜拉桥设计时，首先需要合理确定结合部位置，除了考虑结构整体的平衡性以外，还应尽量选择截面内力比较小的部位，同时要考虑施工方便性。除此之外，结合部的构造必须慎重处理，以免成为结构的最薄弱部位。图 5-44 为钢和混凝土结合部的连接构造实例。

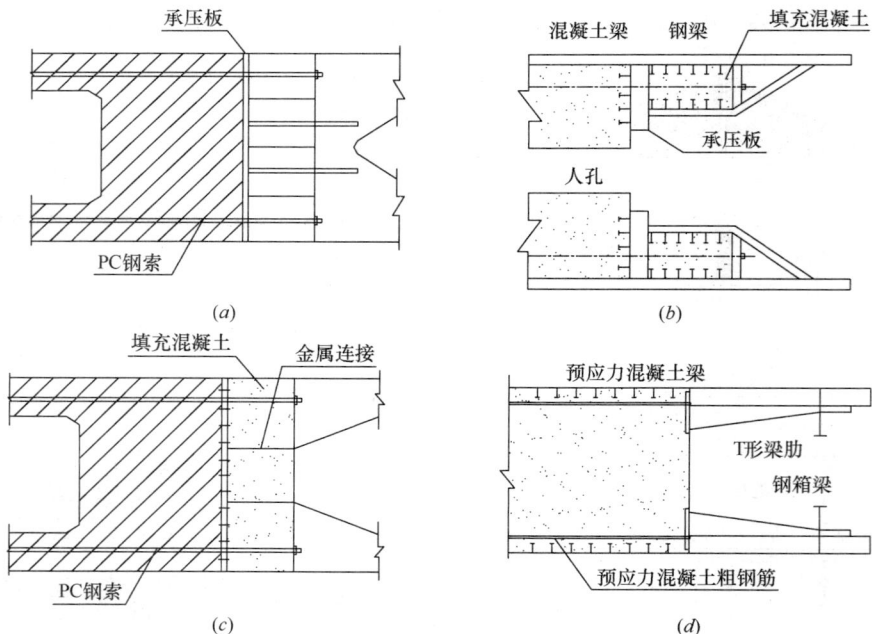

图 5-44   钢和混凝土的连接构造实例
（a）整体式；（b）填充混凝土直接式；（c）填充混凝土整体式；（d）承压板式

（5）拉索锚固构造

主梁因有钢梁和混凝土梁之分，故其锚固方式也应有所不同。斜拉桥主梁与一般梁桥的不同之处在于拉索的锚固。根据传力点位置不同，拉索在主梁的锚固位置有顶板、腹板和底板三种形式。

斜拉索与钢主梁的锚固时，由于钢主梁顶板面外变形刚度比较小，在索力作用下容易发生比较大的变形，使锚固位置成为结构的薄弱部位，因此索力应通过锚固体系直接传到腹板。斜拉索与钢主梁的锚固形式大体有五种：散索鞍座加锚固梁式、锚固梁或锚固块式、支架或牛腿式、钢管式和节点板式。散索鞍座加锚固梁式（图 5-45a）构造上将拉索在散索鞍座上分股，每股用一个锚头和锚块锚固在锚固梁上；锚固梁或锚固块式（图 5-45b）是特设一用焊接或高强度螺栓与主梁连接的锚固梁，将拉索固定在锚固梁上；支架或牛腿式（图 5-45c）的锚固形式是为双索面的拉索而设计，其主梁每侧伸出一个牛腿，拉索锚固在牛腿；钢管式（图 5-45d）为主梁或纵梁的腹板上安装一根钢管，拉索锚固于钢管上；节点板式（图 5-45e）是在主梁或纵梁的腹板向上伸出一块节点板，拉索锚固在节点板上，用铰或钢管连接。

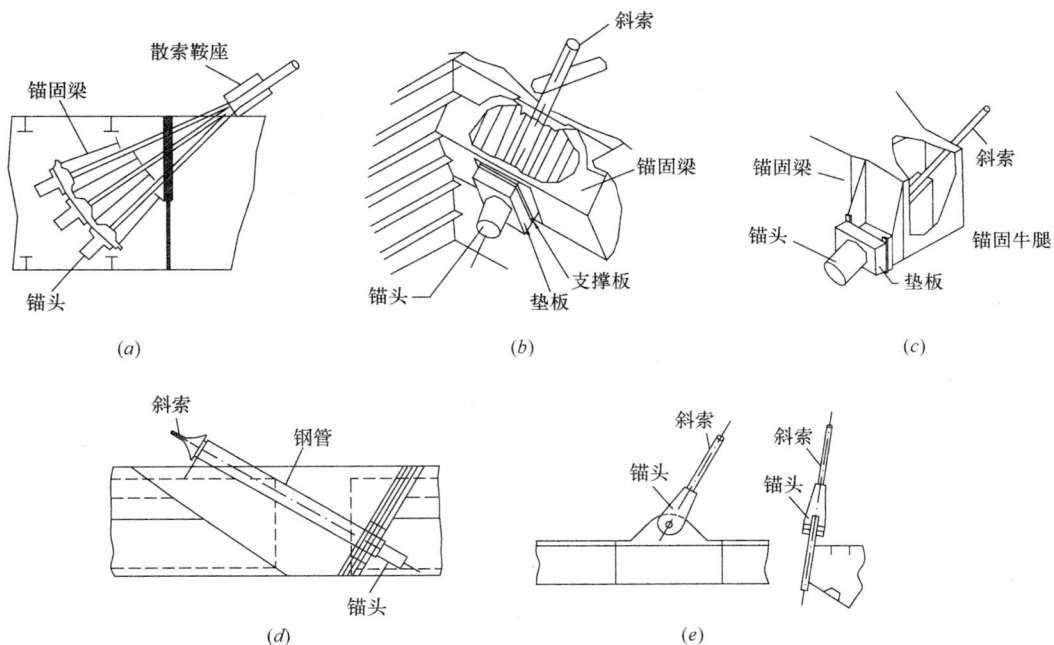

图 5-45 斜拉索在钢梁上的锚固方式

（a）散索鞍座加锚固梁式；（b）锚固梁或锚固块式；（c）支架或牛腿式；（d）钢管式；（e）节点板式

斜拉索与混凝土主梁的锚固形式大体也有五种：顶板锚固、箱内锚固、斜隔板锚固、梁体两侧锚固和梁底锚固等（图 5-46）。顶板锚固（图 5-46a）宜用于箱内采用加劲斜杆（或设横梁等加强构造）的单索面桥；箱内锚固（图 5-46b）宜用于两个分离单箱的双索面桥；斜隔板锚固（图 5-46c）应用范围与箱内锚固一致；梁体两侧锚固（图 5-46d）宜用于双索面桥；梁底锚固（图 5-46e）宜用于梁截面较小的双主梁或板式梁。

由于锚固区应力比较集中，结构容易发生开裂损伤、疲劳破坏，设计时需要慎重对待

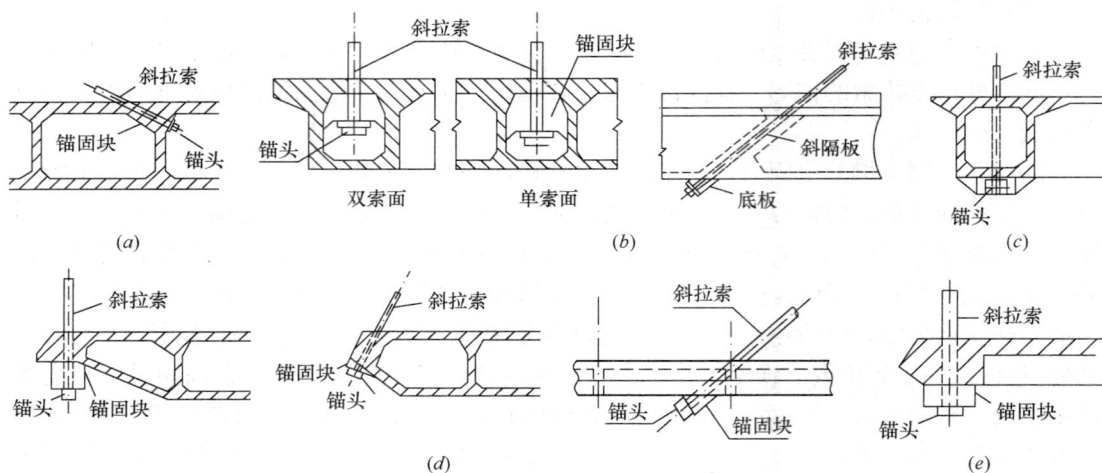

图 5-46   斜拉索在混凝土主梁上的锚固方式

(a) 顶板锚固；(b) 箱内锚固；(c) 斜隔板锚固；(d) 梁体两侧锚固；(e) 梁底锚固

构造细节，必要时应通过试验或者有限元计算分析加以验证。另外，锚固区也是日常需要检查的部位，设计时应考虑日后检查、拉索更换所需要的空间。

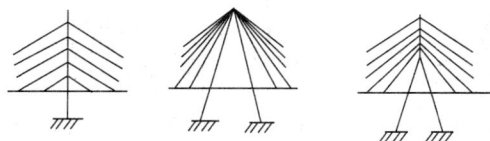

图 5-47   桥塔的纵向形式

5.2.2.5   索塔的布置

斜拉桥索塔的布置形式可按沿桥纵向和沿桥横向来讨论，桥塔的纵向形式一般为单柱形（图 5-47a）。在需要将桥塔的纵向刚度设置得较大时，或者需要有 4 根塔柱来分散塔架的内力时，常常做成如图 5-47（b）、（c）所示的倒 V 形与倒 Y 形。倒 V 形也可增设一道中间横梁（虚线所示）变为 A 形。

索塔的部分横向结构形式如图 5-48 所示。图 5-48（a）、（b）、（c）部分适用于单索面，图 5-48（a）为单柱形，图 5-48（b）为倒 V 形或 A 形（增设中间横杆时），图 5-48（c）为倒 Y 形。图 5-48（d）、（e）、（f）、（g）、（h）的各种形式都适用于双索面，其中图 5-48（d）为双柱式，图 5-48（e）为门式（两根塔柱可以竖直，也可以略带倾斜），图 5-48（f）为 H 形（两根塔柱可以是如图所示的折线形，也可以布置成竖直形或倾斜形），图 5-48（g）是倒 V 形，与图 5-48（b）基本相同，用于斜向双索面，图 5-48（h）是倒 Y 形，与图 5-48（c）基本相同，也用于斜向双索面。

在斜拉桥的总体布置中，索塔高度的选取也是涉及工程技术经济指标的一个重要参数。塔的有效高度 H 一般从桥面以上算起，因为它与斜拉索的倾角有关。桥塔越高，斜

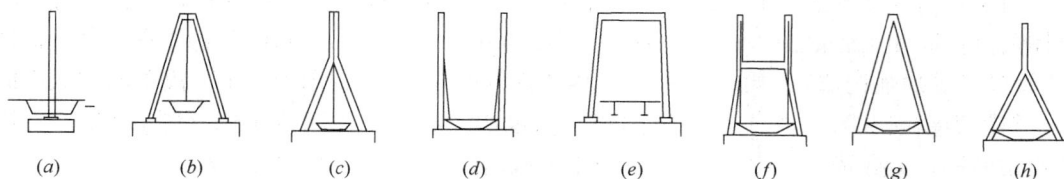

(a)   (b)   (c)   (d)   (e)   (f)   (g)   (h)

图 5-48   索塔的横向形式

拉索的倾角可越大，斜拉索垂直分力对主梁的支承效果也越好，但桥塔与斜拉索的材料用量也要增加。因此，桥塔的适宜高度 H 要由经济比较来决定。根据已有斜拉桥的实用资料来分析，对于双塔斜拉桥，塔高与主跨之比为 $1/7\sim1/4$，其中钢斜拉桥多为 $1/5$；对于独塔斜拉桥，该值为 $1/4.7\sim1/2.7$。

索与塔的连接主要有如图 5-49 所示的固定、滚动和摆动连接三种形式。固定连接是现代斜拉桥较多采用的形式，特别是对于密索布置，拉索断面小、吨位低、数量多，可分散锚固，有利于结构设计。减小锚固局部应力，也有利于施工、养护、维修及换索。与固定连接方式相对应的索的布置形式是平行索和扇形索。早期的斜拉桥，拉索的根数少，断面大，拉索在塔顶的鞍座上通过。为了减小塔的弯矩，往往在鞍座的下端布置滚轴，即图 5-49（b）的滚动支座。由于拉索的垂直分力对鞍座产生很大的压力，使鞍座在顺桥向的移动很困难。有时在鞍座下设摆动支座，使拉索在顺桥向能通过支座的摆动产生少量的位移（图 5-49c）。索在塔顶以鞍座进行集中锚固的形式与构造所对应的索的布置一般为辐射型的系索布置。这种布置形式除在部分斜拉桥中仍有应用外，在现代大跨径密索体系的斜拉桥中已较少采用。

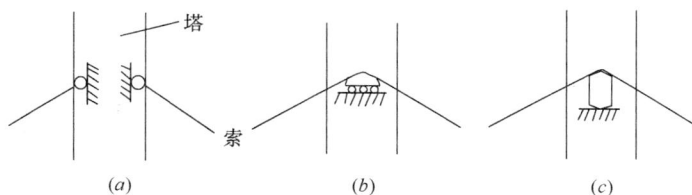

图 5-49 拉索与索塔的连接方式
（a）固定；（b）滚动支座；（c）摆动支座

混凝土索塔与拉索固定连接形式中主要有三种锚固方式：

1）当塔柱为实心截面时，拉索可采用交错锚固，布置方式如图 5-50（a）所示。交错拉索使得锚固区的混凝土主要承受压应力，可避免结构拉裂，无需另外施加预应力。当两侧拉索发生冲突时，可采用拉索在一侧布置两列而在另一侧布置一列的办法解决，或者错位布置拉索。

2）当塔柱为箱形截面时，拉索采用非交错锚固，布置方式如图 5-50（b）所示。为了抵消两侧拉索张力产生的混凝土拉应力，需要对箱室施加水平向的预应力，在布置预应力钢筋时，应注意短钢筋预应力损失大的问题，同时还必须考虑锚固区的施工难易程度，避免大量布置锚头，影响施工质量。

3）当塔柱为箱形截面时，还可以采用钢梁平衡拉索水平拉力的设计方法。如图 5-50（c）所示，将钢梁搁置在混凝土索塔内侧的牛腿上，斜拉索通过埋置在塔壁的钢管锚固在钢梁上，避免混凝土索塔受水平拉力。这种锚固措施需要考虑两侧索力不平衡引起钢梁移动的支座构造，而且所需要的锚固空间比较大。

4）当塔柱为箱形截面时，还可以采用钢锚箱锚固方式。混凝土索塔钢锚箱的拉索锚固方式，是由钢材和混凝土这两种不同的材料组成、共同承受拉力的一种组合结构，利用钢结构强度大、抗拉能力强的特点承受拉索水平拉力。常用的混凝土索塔钢锚箱结构形式分为内置式钢锚箱和外露式钢锚箱两种形式，见图 5-50（d）所示。

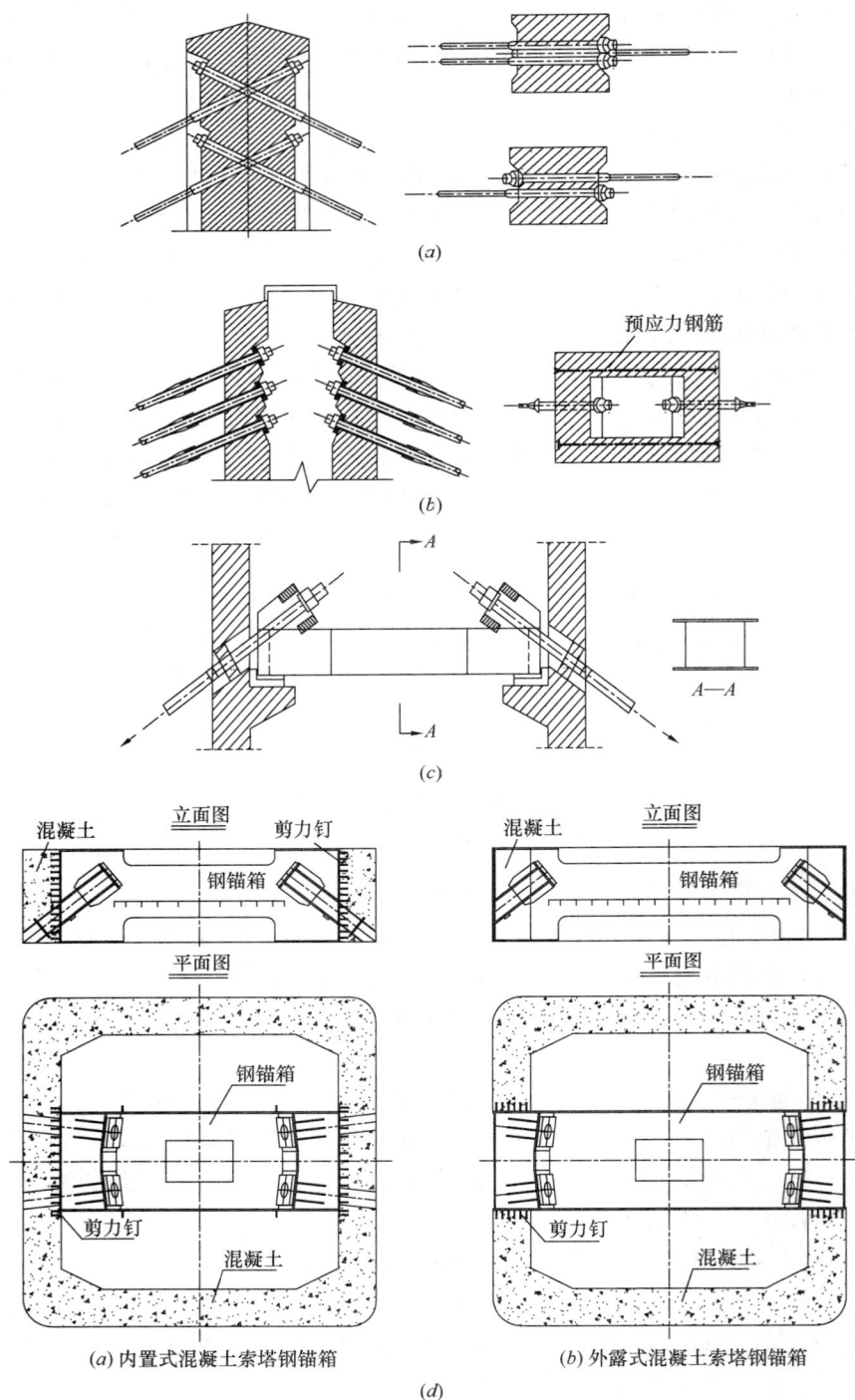

图 5-50   混凝土索塔的拉索锚固构造

（a）交错布置（实心截面）；（b）非交错布置（箱形截面）；

（c）钢锚梁布置；（d）钢锚箱布置

5.2.3　斜拉桥计算要点

如图 5-51 所示，上端固定于塔上的拉索与梁在荷载作用下，从图中的虚线位置变形到了实线位置。设索与梁连接处的竖直位移为 δ_i，索长 l_{ci}，弹性模量为 E_c，截面积为 A_c，索力为 T_i，则索的伸长量为 $T_i l_{c,i}/(E_c A_c)$。

由于变形很小，设变形后索的倾斜角 $\alpha'_i \cong$ 变形前的倾斜角 α_i，由几何关系可得：

$$\delta_i \sin\alpha_i = \frac{T_i}{E_c A_c} l_{c,i} \tag{5-15}$$

索力 T_i 的垂直分力为：

$$X_i = T_i \sin\alpha_i$$

将两式中的索力 T_i 消去，得：

$$\delta_i = \frac{X_i l_{c,i}}{E_c A_c \sin^2\alpha_i} \tag{5-16}$$

单位位移所需的力，即弹性常数（或称刚度系数）为：

$$k_i = \frac{E_c A_c}{l_{c,i}} \sin^2\alpha_i \tag{5-17}$$

其倒数，柔度系数为：

$$\delta_k^c = \frac{1}{k_i} = \frac{l_{c,i}}{E_c A_c \sin^2\alpha_i} \tag{5-18}$$

如图 5-52 所示，斜拉桥的受力性能与索的弹性常数有很大的关系。假设只有一根索，则当 $k_1 = 0$ 时，它为一根简支梁，当 $k_1 = \infty$ 时，它为一根两跨连续梁。斜拉桥实际的 k_i 介于 0 与 ∞ 之间，因此，其在均布荷载作用下的弯矩图如图中的虚线所示，它明显低于简支梁，因此在大跨径时具有较好的经济性。

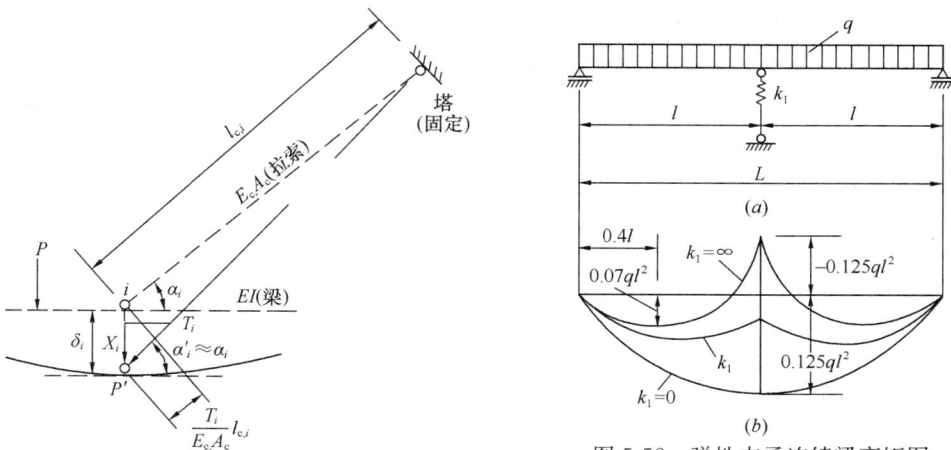

图 5-51　拉索与梁的变形

图 5-52　弹性支承连续梁弯矩图
（a）计算模型；（b）弯矩图

现以图 5-53 (*a*) 所示的斜拉桥为例，求主梁的内力时，可采用图 5-53 (*b*) 的简化图式，它可以看成由 1 个中间支座和 4 个索提供弹簧支承的连续梁，以这 5 个反力为多余力，其力法方程为：

$$
\left.
\begin{aligned}
(\delta_{11}-\delta_1^c)X_1+\delta_{12}X_2+\delta_{13}X_3+\delta_{14}X_4+\delta_{15}X_5 &= \delta_{1p} \\
\delta_{21}X_1+(\delta_{22}-\delta_2^c)X_2+\delta_{23}X_3+\delta_{24}X_4+\delta_{25}X_5 &= \delta_{2p} \\
\delta_{31}X_1+\delta_{32}X_2+\delta_{33}X_3+\delta_{34}X_4+\delta_{35}X_5 &= \delta_{3p} \\
\delta_{41}X_1+\delta_{42}X_2+\delta_{43}X_3+(\delta_{44}-\delta_4^c)X_4+\delta_{45}X_5 &= \delta_{4p} \\
\delta_{51}X_1+\delta_{52}X_2+\delta_{53}X_3+\delta_{54}X_4+(\delta_{55}-\delta_5^c)X_5 &= \delta_{5p}
\end{aligned}
\right\}
\tag{5-19}
$$

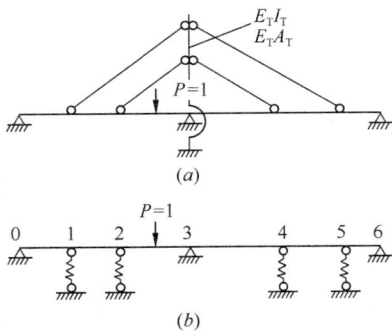

在上式中，忽略了塔的变形，假定塔的抗弯刚度 $E_T I_T = \infty$、压缩刚度 $E_T A_T = \infty$。在精确解中，应考虑实际刚度的作用。

解力法方程 (5-19) 后可求得多余力，将多余力和荷载作用在基本结构上，可求得结构的内力。将单位荷载作用在结构上，通过移动单位荷载，可求得结构的内力影响线。图 5-54 给出了一座斜拉桥的内力影响线。

图 5-53　斜拉桥简化计算模型

(*a*) 原斜拉桥；(*b*) 计算模型

从以上给出的简单例子的简化算法可以看出，斜拉桥作为高次超静定结构的计算工作量是非常大的。早期的斜拉桥多采用稀索，很重要的一个原因就是为避免密索带来的计算上的困难。计算机技术的进步对斜拉桥的发展起到了重要的促进作用。由于斜拉桥为高次超静定结构，因此无论是方案比较，还是技术设计，其结构计算都需要采用有限元法并借助于电子计算机来进行。以下仅对斜拉桥的计算图式、非线性分析、冲击系数、恒载内力计算等问题作简要介绍。

斜拉桥是一个空间结构，其受力分析相当复杂，通常在计算中需要根据斜拉桥的结构特性来简化计算图式。例如，在竖向荷载作用下，可以将双索面斜拉桥简化为两片平面结构，而将荷载在两片平面结构间分配。这种做法略去了活载偏心作用下结构的扭转效应，而用横向分布系数来粗略计入空间影响。另外，由于对斜拉索施工阶段所施加的初始张拉力（指活载作用前的索力）足以抵消活载作用下对索产生的压力，斜拉索始终处于张紧状态，因此，即使对于柔性索，计算中仍可将其作为受拉杆单元对待；对于主梁和索塔，则作为梁单元处理。尽管目前已有商用软件可对斜拉桥结构进行精细的空间分析，但许多采用有限元法编制的实用电算程序中，仍将斜拉桥作为平面杆系结构来处理。

无论计算图式是否简化，在对斜拉桥进行结构分析时，应注意到这是一个非线性结构体系。结构非线性主要表现在：结构刚度较小，变形较大；索塔及主梁中有弯矩与轴向压力的相互影响，考虑非线性影响时弯矩有增大趋势；斜拉索自重垂度引起的索力与变形之间的非线性变化影响等。对通常规模（跨径）的斜拉桥，前两种非线性影响并不十分重要，甚至可略去不计，但斜拉索的非线性影响是必须考虑的。由于斜拉索存在有一定的自重垂度，故其弹性模量也存在一定的下降或损失。在大跨径斜拉桥中，为考虑斜拉索的非线性影响，一般常用下面的 Ernst 公式来计算有效（或修正）弹性模量：

$$E_e = \frac{E_0}{1 + \frac{\gamma^2 l^2}{12\sigma_0{}^3} \cdot E_0} \qquad (5-20)$$

式中　E_e——Ernst 修正的有效（或修正）弹
　　　　　　性模量；

　　　　E_0——不考虑斜拉索垂度影响的弹性模
　　　　　　量，也就是斜拉索钢材的 E 值；

　　　　γ——斜拉索的单位体积重量；

　　　　σ_0——斜拉索的初应力；

　　　　l——斜拉索的水平投影长度。

　　对斜拉桥的主梁、斜拉索和索塔等主要构
件，如何确定其冲击系数，目前世界各国还没
有明确一致的方法。例如，在按桥规的公式来
计算主梁的冲击系数时，算式中的 L 值是取边
跨长度，或是中跨长度，还是索距。若将索距
作为 L 值，计算的冲击系数明显增大；若将中
跨长度作为 L 值，则计算的冲击系数有可能偏
小。一般的做法是，对密索斜拉桥，可采用边
跨长度，或中跨长度，或影响线同号区段长度
来作为 L 值。我国部分混凝土斜拉桥的冲击系
数计算公式为：

$$1 + \mu = \frac{1 + 10}{25 + L} \qquad (5-21)$$

式中　L——影响线长度。

　　另外，关于索塔是否考虑冲击力，各国的
做法也不尽相同。我国一般只对主梁和斜拉索
考虑冲击力。

　　与梁式桥一样，斜拉桥的结构内力分析分
为恒载内力计算和活载内力计算两部分。但与
梁式桥相比，斜拉桥的恒载内力计算更为复
杂。一方面，斜拉桥的施工往往不是一次完成
的，而是随着施工的进展，体系逐渐变化，最
终形成整个结构。

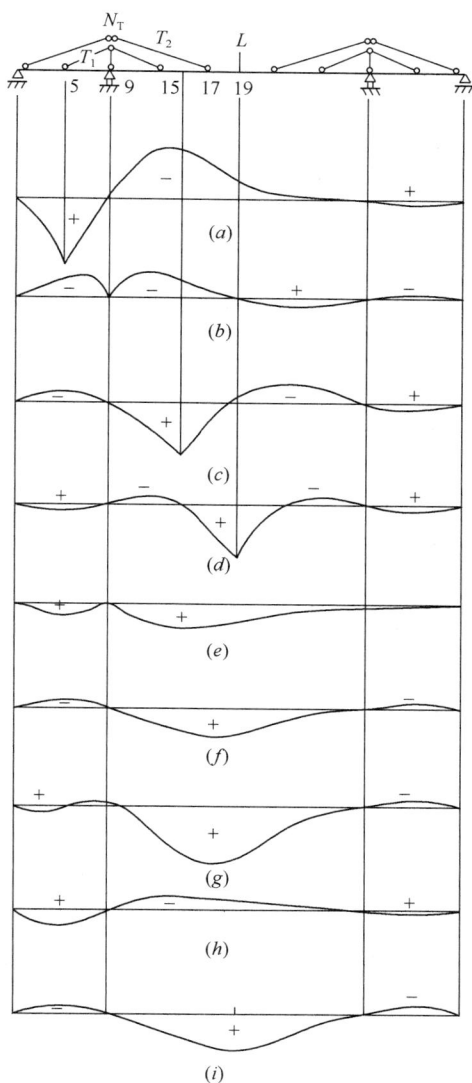

图 5-54　斜拉桥截面内力影响线

(a) M_5（弯矩）；(b) M_9；(c) M_{15}；(d) M_{19}；
(e) T_1（索力）；(f) T_2；(g) N_T（索塔轴力）；
(h) W_5（挠度）

因此，恒载内力计算应按施工程序分阶段进行（这往往需要采用桥梁专
用结构分析程序），并将各阶段的内力和变形逐次累加，以得到最终的恒载内力和变形。
另一方面，由于斜拉索的拉力大小直接影响主梁和索塔的内力，且可以在一定范围内调
整，因此有条件使结构（尤其是主梁）的恒载内力得到更合理的分布，从而优化设计，取
得更好的经济效益，这就是斜拉桥的内力调整。在图 5-55 所示的两跨斜拉桥简图中，图
5-55（a）为无斜拉索的结构图式及相应的主梁恒载弯矩图，图 5-55（b）为张拉一对斜拉
索时在梁内引起的弯矩，图 5-55（c）则为两种弯矩图迭加后的总弯矩图。若总弯矩图不
尽合理，就可调整索力大小，重新分析。在多跨多斜拉索的情况下，分析就不这么简单

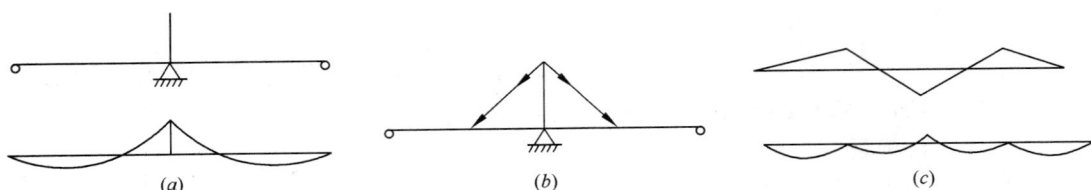

图 5-55   连续梁法示意

了。原则上，成桥后的主梁恒载弯矩及变形应尽可能分布均匀合理。

此外，计算中还要考虑混凝土主梁的收缩、徐变、预加力等的影响。

斜拉索初始张拉力（指施工时人为张拉的索力）的确定是恒载内力计算中的关键性问题。它与施工方法有关，且往往要通过反复试算才能得到较理想的数值。目前，通常采用计算机程序来（正向或反向）模拟施工全过程，从中确定与较合理的主梁（也包括索塔）内力及挠度值对应的初始张拉力。一种简单的方法称为连续梁法。该法视各斜拉索锚固点为主梁的刚性（或弹性）支承，计算恒载作用下各支承的反力，以其在斜拉索方向的分力作为初始张拉力。

初始张拉力不仅能改善主梁的设计弯矩，还能改善索塔的设计弯矩。图 5-56 为通过调整斜拉索初始张拉力来调整主梁与索塔设计弯矩的一个实例。图 5-56（a）为全部恒载 D（为结构自重 D_1 和桥面铺装 D_2 之和）作用时的弯矩分布图；图 5-56（b）为斜拉索初始张拉力 PS 所产生的弯矩，它与图 5-56（a）所产生者基本反向；图 5-56（c）为 D_1 与 PS 产生的弯矩之和；图 5-56（d）为 D 与 PS 产生的弯矩之和；图 5-56（e）为 $D+L$（包括冲击力）$+PS$ 所产生的弯矩分布包络图，即设计弯矩。

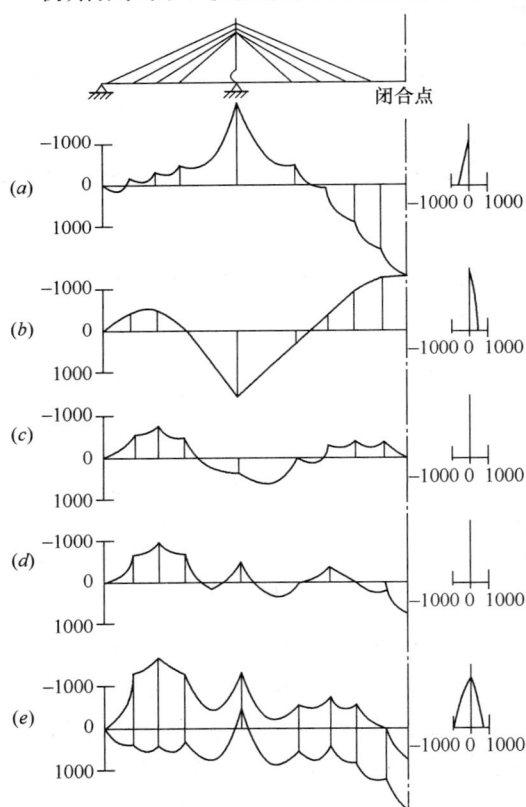

图 5-56   斜拉索初始张拉力对结构内力的改善
(a) $D=D_1+D_2$；(b) PS；
(c) D_1+PS；(d) $D+PS$；(e) $D+PS+L$

按平面杆系来分析斜拉桥时，其活载内力计算仍是先作出内力及挠度影响线，然后进行影响线加载，并以计入横向分布系数的方法来考虑空间影响。横向分布系数的计算，可根据结构构造的特点采用合适的方法。

对公路斜拉桥，由于活载内力占总内力的比重较小，而活载作用时斜拉索已有相当大的拉力，因此计算活载内力时可不考虑斜拉索的非线性影响；对混凝土斜拉桥，活载对徐变的影响也可不予考虑。因此，活载内力计算可按一般线性结构的分析方法计算。对大跨径斜拉桥，还需考虑风和地震荷载对结构的影响。

5.2.4 斜拉桥施工方法简介

一般说来，梁式桥施工中可采用的任一方法，如支架上拼装或现浇，悬臂拼装或浇筑，顶推法和平转法等，都有可能在斜拉桥施工中加以采用。由于斜拉桥梁体尺寸较小，各节段间有斜拉索，索塔还可以用来架设辅助钢索，因此对各种无支架施工法更为有利。采用何种施工方法，要根据桥梁的构造特点、施工技术及设备、现场环境条件等因素，由设计部门与施工部门研究决定。

在支架或临时墩上修建的方法最简单方便，若采用节段预制拼装则可用临时支墩，而现浇时则要搭设支架，或在临时墩间设托架，见图 5-57。但这类方法只有当桥面不高、桥下容许搭设支架或支墩时才有可能。因此一般用于在河滩处的边跨为多，中跨则采用其他施工方法。

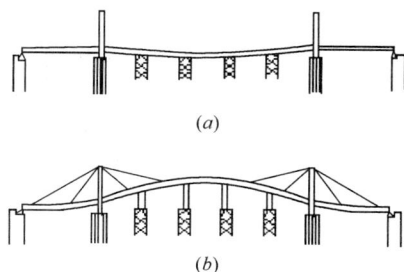

图 5-57　斜拉桥支架施工法

顶推法施工只适用于塔梁固结、梁墩分离的斜拉桥体系。可分为纵移和横移两种情况。纵移与连续梁所用顶推法大致相同。横移指在平行于桥轴线的桥位一侧修建上部结构，然后横向顶推到桥轴位置。因为能使交通中断时间减少，这种方法最适用于替换旧桥。

平转法与拱桥中所采用的转体法相似，将上部结构分为两半，分别沿两岸顺河流方向的矮支架上制作，然后以索塔为圆心旋转到桥位合龙。采用此法修建的斜拉桥不多，跨径也不大，如我国四川金川曾达桥（跨径 71m＋40m，在岸边脚手架上采用预制与现浇并用的方法制造，然后竖起，再平转就位，1980 年）和法国 Meylan 桥（23.35m＋79.0m＋23.35m 人行斜拉桥，平转施工，1982 年）。

悬臂施工法是斜拉桥普遍采用的方法。它可以是在支架（或支墩）上建造边跨，然后中跨采用悬臂施工的单悬臂法，也可以是对称平衡施工的双悬臂法。悬臂施工法的工序可以大致分为：修建索塔；吊装主梁节段（悬臂拼装法）或现浇混凝土主梁节段（悬臂浇筑法）；安装并张拉斜拉索；两者交替进行直至合龙（图 5-58）。

在斜拉桥施工中，拉索的架设和张拉是一个主要的工序，为了符合设计的应力和标高要求，拉索应调整拉力，它还可以做到在恒载下弯矩有较好的分布。当索力与标高有矛盾时，一般是调好标高，因为梁标高的变化要影响轴向的偏心距，使其在徐变作用下产生更大的变形，而索力在初应力较低时可以容许有 10% 的变化，初应力较高则易控制在 5% 之内。

在恒载作用下拉索长度的变化由式（5-15）可得：

$$\delta_i = \frac{T_i l_{c,i}}{E_c A_c \sin \alpha_i}$$

悬臂法施工中为了尽量减少各根索的调整次数，将各施工阶段所需要的拉力和梁的几何位置算出是很有用的。为了实现这一要求，应定出包括调整索力变位后主梁的最终位置。施工过程中应考虑到在上部结构完成后，梁有预定的立面位置，索和塔符合设计的尺

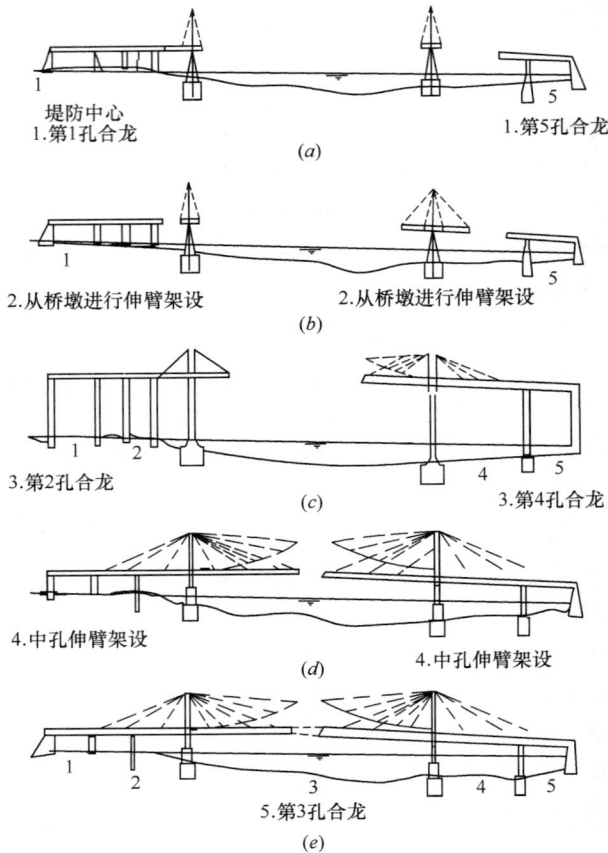

图 5-58   斜拉桥悬臂施工示意

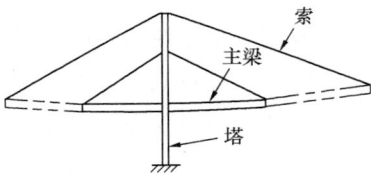

图 5-59   斜拉桥施工线型示意图

寸，因此所有构件在安装时应具有与恒载作用下方向相反的变形数值。例如主梁要向上拱（图 5-59），并考虑在恒载作用下的轴向压缩而加长，拉索则应根据梁上拱度要求来确定缩短值。这些缩短值用来计算施工各阶段的力和变形。斜拉体系将由于施工的进展而不断改变其超静定次数，因此要根据所计算阶段的预期索力来取用该时的拉索的修正弹性模量值，因此有可能要反复计算。

同一拉索中的各根钢束最好一起张拉，这样效果最好。在设备及构造受限制时也可以分组或单根张拉。在分组张拉时应注意一组中各根束的张拉速度一致，使拉力均匀分布。各束分别张拉时，由于要压缩其他束，故效果要差些。分批张拉时，梁得到的抬高值可按下述方式计算（在计算中略去梁抬高后引起的束力变化，并设各束的截面积的面积相同）。现假定已张拉的钢束中，首先张拉的各束拉力变化为：

$$S + \frac{T_i}{n}$$

其余钢束的拉力变化则为：

$$-S-\frac{T_i}{n_i-n}$$

式中　S——拉索中原有拉力；

　　　T_i——一次张拉的拉力；

　　　n_i——拉索中全部钢束数量；

　　　n——同时张拉的钢束数量。

按尚未张拉钢束计算梁连接点相应的抬高值是：

$$\Delta=\frac{T_i l_c}{(n_i-n)E_c A_c}$$

全部钢束张拉一次后的总抬高值是：

$$\Sigma\Delta=\frac{Pl}{nEA}+\frac{Pl}{(n_i-n)EA}=\frac{pl\times n_i}{n(n_i-n)EA} \tag{5-22}$$

张拉力可以由千斤顶上的压力来控制。

拉索中的实际拉力值是很重要的，测定拉力值的一个方法是用振动频率来计算，这是用钢弦横向振动关系导出频率和拉力的函数关系：

$$f=\frac{n_e}{2l_0}\sqrt{\frac{F}{m}} \tag{5-23}$$

式中　f——自振频率，单位为 s^{-1}；

　　　n_e——拉索长度内的半波个数；

　　　l_0——拉索的自由或挠曲长度；

　　　F——拉索中的拉力，假定沿索均匀分布；

$m=w/g$——拉索的质量，w 为每延米长重量，g 为重力加速度。

最容易观察振动次数的办法是使拉索振动时，索的全长形成一个半波，于是 $n_e=1$，并得到：

$$F=4f^2 l_0^2 m \tag{5-24}$$

在拉索振动后，可以计算振动 50 次的时间 t_{50}，于是 $f=50/t_{50}$ 或

$$F=\frac{1}{t_{50}^2}\times 10^4\times l_0^2\times m \tag{5-25}$$

测得各拉索拉力后，可以用塔顶各拉索水平分力之和应为零来检查，一般误差不超过 $1\%\sim 1.5\%$。

斜拉桥在施工过程中，斜拉索的索力和主梁线形受环境与施工因素影响很大，需要根据设计要求和实际情况随时进行调整，且一般需在全桥合龙后进行最终调整。由于斜拉索拉力对结构体系的内力分布有很大影响，因此施工中应保证斜拉索拉力符合设计要求，这就要求对各施工阶段节段的安装或立模标高及索力进行实时监控，并适时调整。所以在我国现代大跨径斜拉桥施工中大都专门组织科研力量与施工单位配合，对施工全过程进行监测监控。

5.3　悬　索　桥

5.3.1　概　述

桥面支承在缆索（通常称主缆或大缆）上的桥称为悬索桥（图 5-60），也有称作"吊桥"的。简陋的只供人、畜行走用的悬索桥常把桥面直接铺在悬索上。通行现代交通工具的悬索桥则不行，为了保持桥面具有一定的平直度，需将桥面用吊索挂在悬索上。"吊桥"的悬挂系统大部分情况下是用"索"做成的，故作"悬索桥"，但在个别情况下，"索"也有用刚性杆或链杆做成的，故"悬索桥"不能涵盖这一类吊桥。

悬索桥是由主缆、加劲梁、塔柱和锚碇构成（图 5-60）。和拱桥作为承重结构的拱肋相同，悬索桥的承重结构——主缆也是曲线状；但拱肋以受压为主，是刚性的，而悬索则只受拉且是柔软的。现代悬索桥的主缆都是用高强冷度拔镀锌钢丝组成。主缆的组成有用工厂加工成品索组成（PWS 法），也有用现场编索法施工的（AS 法）。美国、英国、法国、丹麦等国均采用 AS 法，中国、日本采用 PWS 法。形成主缆后将成千上万根细钢丝压紧成圆形截面，再用钢丝缠绕成型，外包防护材料。

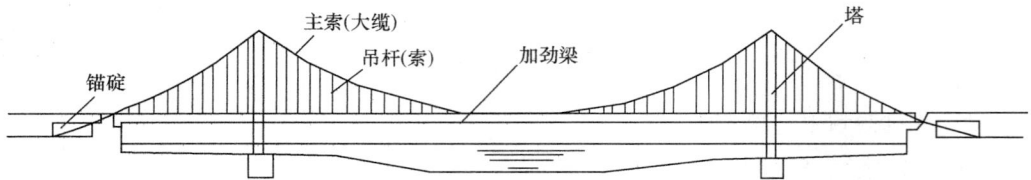

图 5-60　悬索桥

为了避免在车辆驶过时，桥面随着悬索一起变形，现代悬索桥一般均设有加劲梁。桥面铺在加劲梁上，加劲梁吊在悬索上。加劲梁有钢桁架梁和扁平钢箱梁，美国、日本等国用钢桁架梁较多，中国、英国、法国、丹麦用钢箱梁较多。

现代悬索桥的悬索一般均支承在两个塔柱上。塔顶设有支承悬索的鞍形支座。塔架形式一般采用门式框架，材料用钢和混凝土，美国、日本、英国采用钢塔较多，中国、法国、丹麦、瑞典采用混凝土塔。承受很大拉力的悬索的端部通过锚碇固定在地基中。锚碇有重力式锚碇和隧道锚碇，采用重力式锚碇居多。

同其他桥式相比，跨径越大，悬索桥的优势越明显。

优势之一是在材料用量和截面设计方面，其他各种桥型的主要承重构件的截面积，总是随着跨径的增加而增加，致使材料用量增加很快。但大跨径悬索桥的加劲梁（就工程数量讲，加劲梁在悬索桥中要占相当大的比例）却不是主要承重构件，其截面积并不需要随着跨径而增加。

优势之二是在构件设计方面。许多构件截面积的增大是容易受到客观制约的，例如梁的高度、杆件的外廓尺寸、钢材的供料规格等，但悬索桥的主缆、锚碇和塔这三项主要承重构件在扩充其截面积或承载能力方面所遇到的困难则较小。

优势之三是作为主要承重构件的主缆具有非常合理的受力形式。众所周知，对于拉、压构件，其应力在截面上分布是比较均匀的，而对受弯杆件，在弹性范围内，其应力分布呈三角形；就充分发挥材料的承载能力来说，拉、压的受力方式较受弯合理，而受压构件需要考虑稳定性的问题，因此受拉就成为最合理的受力方式。由于主缆受拉，且其截面设计较容易，因此悬索桥的跨越能力是目前所有桥型中最大的。在目前正在修建和计划修建的大跨径桥梁中，跨径超过 1000m 的桥型几乎无一例外地选择悬索桥。

优势之四是在施工方面。悬索桥的施工总是先将主缆架好，这样，主缆就是一个现成的悬吊式脚手架。在架梁过程中，梁段可以挂在主缆之下，虽然也必须采取一定的措施防御大风的袭击，但同其他桥所用的悬臂施工方法相比，风险较小。

悬索桥由于跨越能力大，常可因地制宜地选择一跨跨过江河或海峡主航道的布置方案，这样可以避免深水桥墩的修建，满足通航要求。由于跨径大，相对来讲，悬索桥的构件就显得特别柔细，外形美观，因此，大跨径悬索桥的所在地几乎都成为重要的旅游景点。

悬索桥也有一些缺点：由于悬索是柔性结构，刚度较小，当活载作用时，悬索会改变几何形状，引起桥跨结构产生较大的挠曲变形；在风荷载、车辆冲击荷载等动荷载作用下容易产生振动。历史上悬索桥发生破坏的事故较多，但从 1940 年后开展桥梁抗风稳定性研究以来，暴风损毁桥梁的事故已可避免，但对于其动力响应（车振响应、风振及地震响应）方面则应继续开展研究。

悬索桥具有悠久的历史。早期热带的原始人，利用藤、竹、树茎等天然材料做成悬索桥以跨越溪流，使用的悬索有竖直的，也有斜拉的，还有二者混合的。有些没有用悬索的，桥面板直接铺在缆索上的，称为索桥。在我国的西南地区还有一些这样的索桥存在。

现代悬索桥从 1883 年美国建成布鲁克林桥（主跨 486m）开始，至今已有 130 多年的历史。20 世纪 30 年代，相继建成的美国乔治·华盛顿桥（主跨 1067m）和旧金山金门大桥（主跨 1280m）使悬索桥的跨径超过了 1000m。1940 年 7 月美国塔克曼大桥（主跨 853m）建成后仅 4 个月，在 19m/s 风速作用下突然倒塌，引起各国学者大力研究桥梁风致振动问题；1964 年英国塞文桥（主跨 988m）首先选用流线型扁平钢箱梁，增大了桥梁抗风性能和抗扭刚度，且用钢量少，维护方便，得到推广；1970 年丹麦小海带桥首次采用箱内空气干燥装置，对钢箱梁起到了很好的防腐作用；1995 年日本神户大地震，经受大地震考验的明石海峡大桥成功的抗震设计，使得悬索桥的技术在各方面得到空前的发展。

随着世界经济快速发展，尤其从 20 世纪 80 年代至 20 世纪末，世界上修建悬索桥到了鼎盛时期，建成跨径大于 1000m 以上的悬索桥 17 座（表 1-3）。在此期间，世界建成的著名悬索桥有 20 世纪 60 年代前后美国相继建成的麦基纳克桥（主跨 1158m）、韦拉扎诺桥（主跨 1298m）和 20 世纪 80 年代英国建成的亨伯桥（主跨 1410m）、20 世纪 90 年代丹麦建成的大海带桥（主跨 1624m）、瑞典建成的滨海高大桥（主跨 1210m）、日本建成的南备赞濑户大桥（主跨 1100m，公铁两用）。日本于 1988 年建成的明石海峡大桥，主跨达 1991m，是目前世界上跨径最大的桥梁。

中国的现代悬索桥建设水平在 20 世纪末得到快速发展。1995 年建成了以预应力混凝土箱梁为加劲梁的汕头海湾大桥（主跨 452m），随后的 1996 年和 1997 年相继建成西陵长江大桥（主跨 900m）和虎门大桥（主跨 888m），采用钢箱加劲主梁，跨径接近千米，标志着中国进入修建大跨径现代悬索桥国家的行列。此后，大跨径悬索桥的修建在我国不断增多、跨径也不断增大，如宜昌长江大桥（主跨 960m）、江阴长江大桥（主跨 1385m）、润扬长江大桥（1490m）、香港青马大桥（主跨 1377m）、武汉的阳逻江大桥（主跨为1280m）、浙江西侯门大桥（主跨 1650m）等，积累了丰富的悬索桥设计与施工经验。

<h2 style="text-align:center">5.3.2　悬索桥的结构与构造</h2>

5.3.2.1　悬索桥的结构体系

悬索桥的结构体系根据加劲梁的构造可分为三种，单跨、三跨简支加劲梁和三跨连续加劲梁三种，如图 5-61 所示。

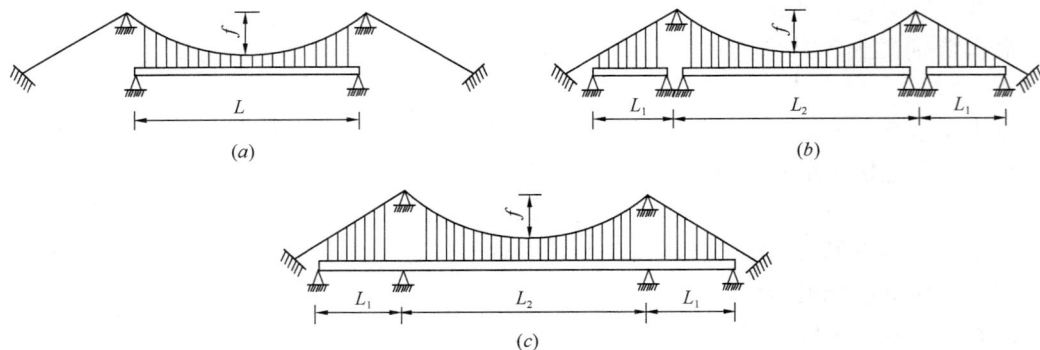

图 5-61　悬索桥的构造形式
（a）单跨；（b）三跨简支；（c）三跨连续

悬索桥的吊杆一般是竖直的，也有做成斜的。悬索桥主缆中的拉力一般靠地锚来承受，也有将主缆固定于加劲梁上，由加劲梁来承担主缆的拉力。这种形式的悬索桥称为自锚式悬索桥，如图 5-62 所示。

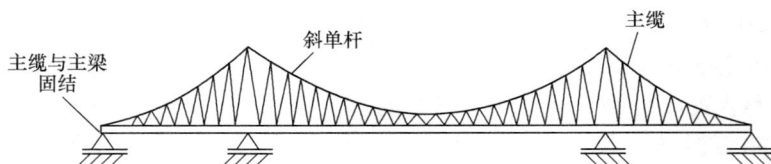

图 5-62　自锚式悬索桥

还有一种将悬索与斜拉组合起来的桥梁，又称为带斜拉索的悬索桥，如图 5-63 所示。1883 年建成的纽约布鲁克林大桥，就是一座带斜拉索的悬索桥。这里，斜拉索主要用于加强悬索桥的刚度。

近年来，学术界对采用斜拉—悬索混合形成的悬索桥正在进行理论探讨，如图 5-64 所示，以期用于超大跨径的桥梁之中。与图 5-63 所示的以悬索为主、斜拉索加强的结构不同，这种桥型桥塔附近主要用斜拉索，而跨中部分主要用悬索，因此是一种混合形式的结构。

自美国于 1903 年在纽约采用空中编缆法（AS）建成主跨 488m 的威廉姆斯堡（Williamsburg）大桥以来，现代大跨径悬索桥技术在世界范围已应用发展了 100 多年，成为

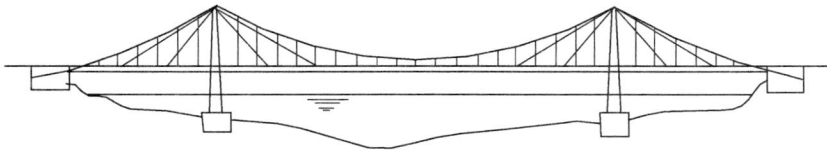

图 5-63 带斜拉索的吊桥

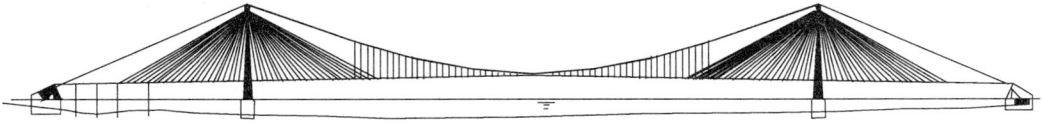

图 5-64 斜拉-悬吊混合式悬索桥

跨越千米以上最理想的桥型。由于这些悬索桥的建设年代和国情条件差异，在结构特点上形成了各自的设计风格和设计流派。

（1）美国悬索桥

美国是修建悬索桥的先驱，起步较早，修建悬索桥的技术也发展得较为成熟，美式悬索桥（见图 5-65）的特点是：

1）主缆采用空中编缆法（AS）架设成缆；

2）加劲梁采用非连续体系的钢桁架，并在塔处设吊拉支承及伸缩缝，适应双层桥面；

3）桥塔采用铆接或栓接钢结构；

4）吊索采用竖直 4 股骑挂式钢丝绳；

5）索夹分左右两半，在其上下采用水平高强度螺栓紧固；

6）鞍座采用大型铸钢件、辊轴滑移支承；

7）桥面采用钢筋混凝土板。

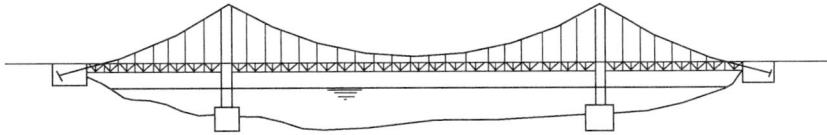

图 5-65 美式悬索桥

（2）英国悬索桥

英国悬索桥起步于 20 世纪 60 年代，先后在英国本土和土耳其建成塞文河（Severn）桥、博斯普鲁斯（Bosporus）一桥和恒比尔（Humber）桥等典型英式悬索桥（图 5-66），形成了英式流派，其主要特征如下：

1）加劲梁为流线型扁平箱梁；

2）吊索为两端销接的斜向布置；

3）索夹分上下两半，两侧采用高强度螺栓紧固；

4）桥塔采用焊接钢结构或钢筋混凝土结构。

（3）混合式悬索桥

混合式悬索桥主要出现于 1970 年国际上悬索桥技术较为成熟之后，是美英以外的国

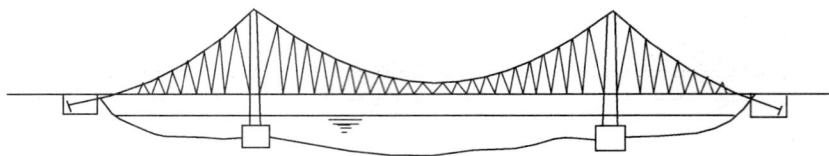

图 5-66   英国式吊桥

家在修建现代悬索桥时根据本国的国情，对美式悬索桥和英式悬索桥进行相应的组合和改进而形成的。如土耳其的博斯普鲁斯二桥，日本的来岛第一、二、三大桥，丹麦的大贝尔特桥（GreatBelt）和香港的青马大桥等。由于日本和中国近几十年来修建了许多大跨径的现代悬索桥，从而跻身世界悬索桥大国，其悬索桥的设计风格也逐渐形成。

日本悬索桥的主要特点为：

1）主缆一律采用预制束股法（PWS 法）架设成缆；

2）加劲梁主要沿袭美式钢桁架形式，且在下层布置铁路；少数公路桥亦开始采用英式流线型箱梁结构；

3）吊索沿用美式竖向 4 股骑挂式钢丝绳；

4）桥塔采用钢结构，主要采用焊接，少数采用栓接；

5）鞍座采用铸焊混合式；

6）主缆采用预应力锚固系统。

我国的现代悬索桥虽然起步较晚，但发展很快，且是在美、英、日等国悬索桥技术发展相对成熟的基础上，通过学习借鉴，再根据中国国情发展起来的，且已初具特色。

1）主缆有预制束股法和空中纺线法，但以预制平行丝股法（PWS 法）为主；

2）加劲梁有钢箱、钢桁，甚至预应力混凝土箱，但沿海大跨径的悬索桥均以钢箱为主，在山区和其他地区中小跨径悬索桥中，有采用钢桁架甚至钢管混凝土桁架的；

3）桥塔均为钢筋混凝土桥塔。

5. 3. 2. 2   悬索桥的总体布置

（1）跨径

悬索桥的跨径要根据地形和地质条件确定桥塔和桥台位置（由于吊桥跨越能力大，一般跨径不由通航净空要求所控制），然后确定悬索桥跨径。桥塔把悬索桥划分为中跨和两个边跨。边跨长度根据经济条件和锚固位置来定，中跨和边跨之比，常采用为 2：1 或 4：1。当中跨与边跨之比大于 4：1 而边跨跨径又较小时，边跨可以不设吊杆，边索变成普通的锚索，即单跨悬索桥（图 5-61a）。

在大跨径的吊桥中，尽管中跨与边跨比大于 4：1，边跨跨径还是很大的，因此，边跨设吊杆，成三跨悬索桥，如图 5-61 （b）、（c）所示。

（2）主索矢高及塔高

悬索桥的受力性能与主缆的矢跨比有关。设中跨主索矢高 f，则矢跨比为 f/l。从悬索桥受力来看，矢高 f 越大，主索中的内力越小，可以节省钢材，但桥塔的高度和悬索的长度都要增加，而悬索加长会增加跨径四分点的挠度。从理论分析看，认为最有利的矢跨比为 1/7~1/6。但在工程实践中，欧美各国为了减少桥塔高度，常用 1/12~1/9 这种偏小的矢跨比。

桥塔高度由桥面标高加上跨中吊杆最小高度和矢高来确定。

（3）吊杆间距

悬索桥吊杆间距直接涉及桥面构造和桥面材料用量，应进行经济比较。跨径在 80～200m 范围内的吊桥，吊桥间距一般取 5～8m。跨径增大，吊杆间距也应增大。有时吊杆间距可达 20m 左右。如佛拉察奴海峡桥，吊杆间距 15.9m。葡萄牙的塔古斯河桥，吊杆间距达 23.02m，此时必然设置强大的纵横桥道梁。

（4）锚索倾角

确定吊桥锚索（边索）倾角的原则是：为了使主索与锚索的拉力相等或接近，锚索的倾角 φ_1 和主索在桥塔的水平倾角 φ_0 应相等或相接近（图 5-67）：

主索在桥塔处的倾角 φ_0，可由下式计算出：

以桥塔支承点为坐标原点的主索曲线方程，可近似表示为：

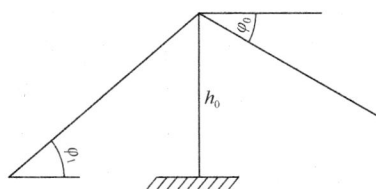

图 5-67 主缆锚索倾角

$$y = \frac{4fx(l-x)}{l^2}$$

由

$$\left.\frac{\mathrm{d}y}{\mathrm{d}x}\right|_{x=0} = \tan\varphi_0 \qquad (5-26)$$

$$\tan\varphi_0 = \frac{4f}{l}$$

我国常按 $\varphi_1 = \varphi_0$ 的条件来确定锚索倾角 φ_1。当考虑锚索倾角 $\varphi_1 = \varphi_0$ 时，根据刚度和经济条件，锚索倾角常采用 30°～40°。国外大跨径吊桥往往在受地形限制时，按 $\varphi_1 \neq \varphi_0$ 来处理，但为了减少主索和边索中的内力差值，两角差值一般控制在 10°以内。

（5）加劲梁

吊桥的加劲梁梁高，主要根据刚度条件和材料用量最少来确定。为保证吊桥跨径四分点处必要的刚度要求（吊桥跨径四分点挠度最大），加劲梁的梁高应为 $\left(\frac{l}{60} \sim \frac{l}{40}\right)$ 到 $\frac{l}{120}$。

大跨径悬索桥的加劲梁常在 $\frac{l}{200} \sim \frac{l}{80}$ 之间。值得提出的是，英国塞文河桥由于采用了斜吊杆，加大了吊桥刚度，梁高仅为 3.05m，而中跨达到 987.55m，加劲梁的高跨比达到 $\frac{l}{323}$。对于加劲梁梁高偏小的吊桥，相应来讲加劲梁刚度是小的，为保证稳定起见，必须经过风洞实验以确保安全。

桁架节间长度影响行车道纵梁的跨径。节间过大必然对行车道和主桁架的用钢量有很大的影响。单从桁架方面来分析，节间大小取决于桁高和斜杆与弦杆的夹角，夹角大小又直接影响斜杆内力，从而影响了桁架的用钢量。经过分析，有竖杆的三角形腹杆图式，用桁梁梁高 h 表示的合理节间长度为（0.6～0.8）h。

从构造角度出发来分析，斜杆的倾角不宜超过 30°～50°的范围，因为斜杆与竖杆的夹角过大和过小，必然导致节点板过高或过长，造成节点构造的复杂。

（6）横截面布置

吊桥在横截面内通常布置两根主索，吊杆与主索在同一竖直面内。当主索截面过大时，为了使索夹构造简便，可布置四根主索，此时吊杆在相应的竖直面内。

主索的横向间距或加劲梁的横向间距，是由横向刚度和稳定条件来决定的。根据刚度条件要求，单链悬索吊桥的主索间距不应小于 $l/35$。在大跨径的吊桥中，由于悬索截面较大，悬索的刚度影响突出，反而对主索的横向间距的要求降低，这时可以与车道宽度和人行道布置综合考虑，并要经过风洞实验确保吊桥的安全。所以大跨径的吊桥，经过实验，主索间距可小于 $l/35$。例如目前世界上最大的几座吊桥的主索间距均在 $l/40$ 左右。

行车道和人行道的布置常有三种形式，如图 5-68 所示。加劲梁是钢箱梁时（图 5-68a），常把行车道布置在上下层，人行道能布置在加劲梁范围内时，一般不采用外悬臂人行道。当加劲梁为桁梁时，横向刚度要求的加劲梁间距能包括人行道宽度时，常把人行道布置在加劲梁范围内（图 5-68b）。凡车道数多，车道要求的加劲梁间距，已能满足横向刚度的要求，为了减少加劲梁间距，节约造价，常把人行道布置在主索的外侧（图 5-68c）。对于流线形箱形截面（图 5-68b、c），由于梁高往往较小，车道只能布置在箱上，为了减少箱宽一般将人行道布置在悬索外侧的悬臂上。

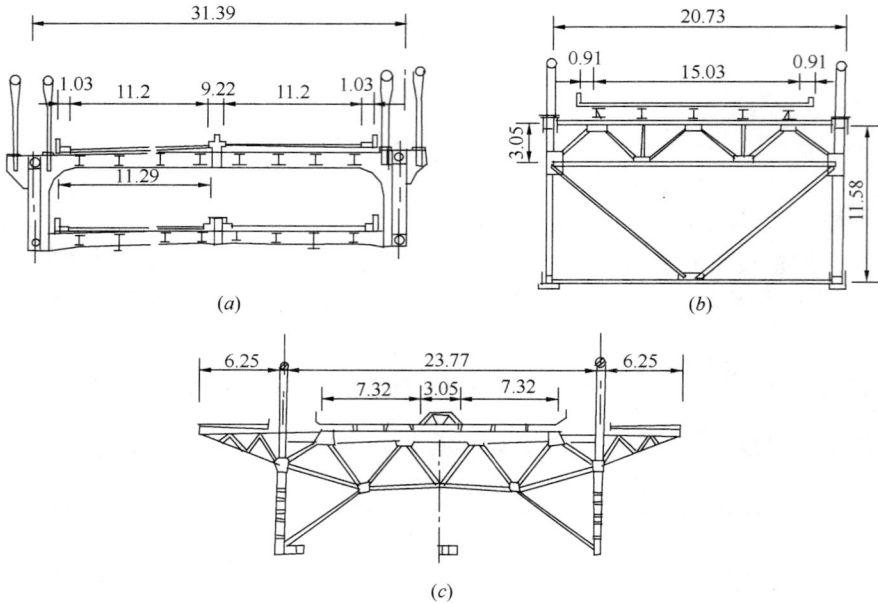

图 5-68   加劲梁横截面布置（单位：m）

5.3.2.3   悬索桥的主要构造

（1）主缆

缆、索、链、绳都是柔性大的构件。独立的、直径较大的，称为缆。其特点是抗弯刚度很小，而抗拉刚度可以很大，故只适合于受拉。悬索桥的主缆形式一般是全桥设有两根，平行布置。迄今为止，只有极少数悬索桥（如美国的维拉扎诺桥和乔治·华盛顿桥）在全桥设有 4 根平行的主缆。另外，日本新建的北港桥（主跨 300m 的自锚式悬索桥）只设了单根主缆。

主缆一般在跨径范围内通过吊索与加劲梁相连。但有的悬索桥（如丹麦大贝尔特桥）为减小竖向变位和增大扭转刚度，在跨中将主缆与加劲梁直接连在一起，形成缆结，使主缆对跨中一点相当于斜拉索作用。在历史上，主缆的材料有藤索、竹索、铁索、眼杆链等。在 1820 年前后，法国工程师采用钢丝制作悬索桥的主缆。到 1883 年美国修建布鲁克林桥时，跨径就达到 486m，从此开始了大跨径悬索桥的建设。钢丝强度的不断提高，使建成悬索桥的跨径现已接近 2000m。主缆是悬索桥的主要承重结构之一，目前国内外都在研究可用作主缆的新型材料，如碳素纤维等。主缆材料和构造的进步必将促进悬索桥向更大跨径发展。

悬索桥的主缆可采用钢丝绳和平行钢丝束两种形式，前者一般用于中小跨径（跨径 500m 以下）的悬索桥，后者则适用于各种跨径的悬索桥。用于悬索桥的钢丝绳根据其规模大小可分别采用螺旋钢丝绳及绳股钢丝绳。平行钢丝束则根据其架设方法分为预制平行丝股和空中纺丝平行丝股。前者是在施工现场通过移动的纺轮在空中编制而成，后者是预先在工厂（或工场）按规定的钢丝根数及长度制作成丝股，并做好锚头，绕在丝股盘上，然后运到现场通过牵引系统架设到设计位置。

对悬索桥的主缆一般有以下基本要求：①单位有效截面积的拉力强度大；②截面密度大；③结构延伸率小；④弹性模量大；⑤疲劳强度大，徐变小；⑥容易运输，易于架设；⑦锚固和防腐容易；⑧价格便宜。在设计悬索桥主缆时要全面综合考虑以上几点。

大跨径悬索桥主缆的索力大，所要求的钢丝数目多，为了减小主缆直径和提高弹性模量，基本上采用平行钢丝（多采用 ϕ5mm 左右的镀锌冷拔低碳钢丝）组成丝股，再由若干丝股组成密实的主缆。由平行丝股组成的主缆各丝股之间受力较为均匀，平行丝股主缆可制作成正六边形、圆形等形状，通过施工工艺，可将其架设成密实和理想的截面。

丝股的架设截面形式一般是正六边形，以便于丝股保持稳定和相对密实。由丝股排列成主缆的截面外形有平顶型和尖顶型两种，如图 5-69 所示。平行钢丝主缆的丝股按设计排列架设完成后，将外层丝股的定型带去掉，将丝股打散，然后进行初整形；在初整形后，用紧缆机进行最终整形，将主缆紧固到要求的截面大小时，用软钢带将其捆扎，使其保持要求的形状和尺寸，如图 5-70 所示。全部紧缆完成后，再进行下道工序。

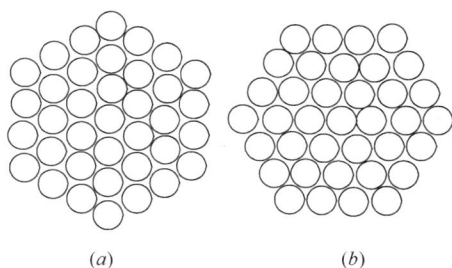

图 5-69 主缆内丝股的排列
(a) 尖顶型；(b) 平顶型

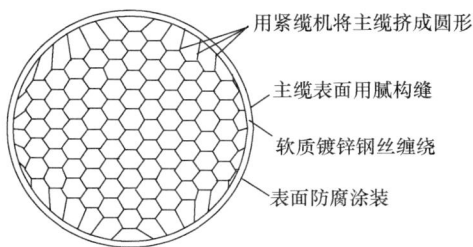

图 5-70 紧缆后丝股
的截面变形状态

主索的容许索力可用下式求得：

$$T_\alpha = \frac{\alpha \cdot \sigma_v \cdot A_c}{v} \tag{5-27}$$

式中　α——材料折减系数，对于平行索，$\alpha = 0.95$；

σ_v——材料的强度；

A_c——有效截面积；

v——安全系数。

主缆的安全系数主要由以下因素决定：主缆的构造、计算精度、恒载应力与活载应力之比、二次应力的影响、应力不均匀的程度、结构物的重要性等。选取适当的值作为主缆的安全系数，做到既保证结构的安全，又经济合理，是降低悬索桥主缆材料用量的关键。国外早期悬索桥主缆的安全系数取得比较大，小跨径桥取得更大。目前一般都在 2.5～3.0，对特大跨径桥，则由于二次应力、施工误差等的影响比小跨径桥要小，因此安全系数可取得小一些，如明石海峡桥取 2.3 左右。

（2）桥塔

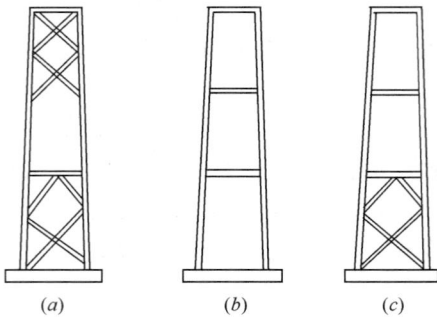

图 5-71   悬索桥桥塔的形式

(a) 桁架式；(b) 刚架式；(c) 混合式

桥塔的作用是支承主缆。悬索桥的桥塔按其材料可分为圬工桥塔、钢桥塔和钢筋混凝土桥塔。早期的悬索桥多采用由石料砌筑的门架形圬工桥塔。在 20 世纪修建的悬索桥（特别是美国和日本的）的桥塔大部分采用钢结构。钢桥塔在桥梁横向的结构形式可分为带斜腹杆的桁架式、只带横杆的刚构式和以上两者混合的构架式（见图 5-71）。一般来说，桁架式主塔无论在塔顶横向水平位移、用钢量、功能性及经济性方面均较有利。但在外观上一般以刚构式比较简洁悦目。近几十年来随着混凝土技术的发展，特别是爬升式活动模板问世以来，大跨径悬索桥塔开始采用混凝土结构。混凝土塔的横向结构为只有带横杆的刚构形式。

桥塔按结构受力分为刚性、柔性和摆柱式三种。悬索桥建成后，由于活载作用及温度变化，且位于塔顶的鞍座与主缆之间不允许出现相对滑移，鞍座就会沿桥轴线方向发生线位移。若采用刚性塔，则需要在主鞍座下设辊轴，使鞍座能够可沿纵向移动（5-72a）。若采用柔性塔，鞍座就固定于塔顶，由塔的弹性变形来适应鞍座的线位移，这种方式构造简单，维修保养容易（5-72b）。大跨径悬索桥的桥塔通常采用柔性塔，塔的受力常为弯、压甚至扭转共同作用，以受压为主。桥塔截面以矩形为基本形状，为美观和抗风等需要，可适当做一些修饰。此外，在悬索桥发展的早期，有些小跨径悬索桥中曾采用过摆柱式塔（5-72c）。这种塔在塔底设铰，大大减小了塔所受的弯矩，但施工困难，结构复杂，现已不再使用。

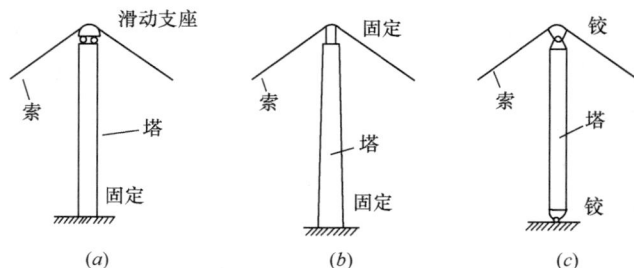

图 5-72   塔与索鞍的连接形式

悬索桥一般需要设置两座桥塔，也有个别采用独塔的，如美国在 1998 年完成设计的旧金山—奥克兰海湾大桥东侧新桥。该桥主跨 385m，主缆从独塔顶分 4 条降下，通过斜吊杆与桥面两边相连，形成独塔自锚式非对称悬索桥。

图 5-73 和图 5-74 给出了日本关门桥和美国金门桥的桥塔构造示例。

（3）鞍座

鞍座是设在塔顶及桥台上直接支承主缆并将主缆荷载传递给塔及桥台的装置。设在塔顶的鞍座叫主鞍，用作主缆跨过塔顶的支承，承受主缆产生的巨大压力并传递给桥塔，见图 5-75 示例。主鞍一般由铸钢件构成，随着焊接技术的发展，目前的鞍座大多采用铸焊结合结构。鞍槽采用铸钢件，鞍槽下的支撑结构用厚钢板的焊接结构，鞍槽与支撑结构之间也用焊接。为方便吊装，往往将主鞍座在纵向分为两段或三段，吊装到塔顶后用高强度螺栓连接成一体。

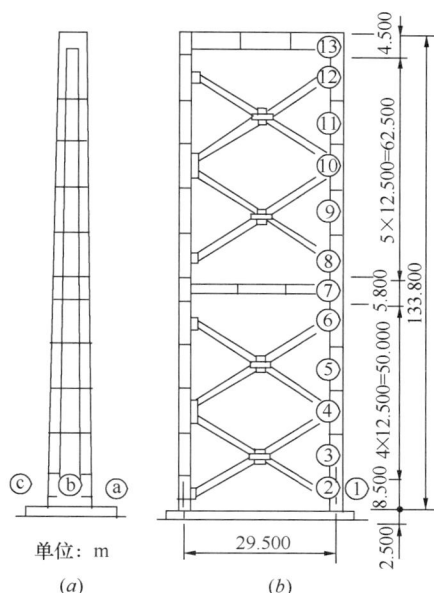

图 5-73　日本关门桥桥塔
（a）侧面图；（b）正面图

鞍座的弯曲半径关系到主缆的弯曲应力和主缆与鞍座的接触压力。主缆的弯曲应力与弯曲半径成反比，削弱主缆拉力强度的接触压力也同样地与弯曲半径成反比，因此确定鞍座的半径时必须对这些方面加以充分考虑。一般悬索桥的主鞍半径是主缆直径的 8～12 倍。

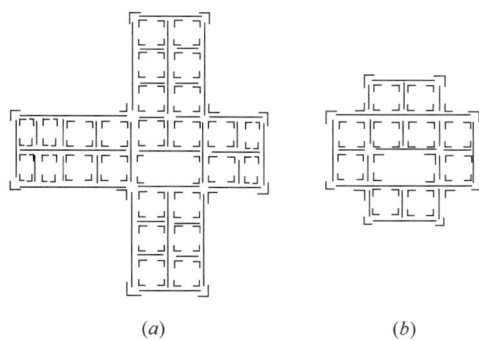

图 5-74　美国金门桥桥塔断面
（a）塔基部；（b）塔顶部

就大跨径悬索桥来讲，在成桥之后，主鞍应固接在塔顶，且主鞍与主缆之间不能有相对移动。过去一些大跨悬索桥在主鞍之下设置辊轴，是因为在悬索桥架梁过程中，随着缆力增加，主缆要带着主鞍向河心方向移动，为使位于主鞍两边的主缆水平分力接近相等，就需要利用辊轴（及相应的水平千斤顶）来控制主鞍的纵向移动。在成桥之后，辊轴不起作用。若采用柔性桥塔，可以在施工中凭借拉动塔身来达到同样的目的。

若边跨较大，致使主缆在边跨靠岸端的坡度平缓，为了使主缆对水平线的倾角变陡，以便进入锚碇，可以在边跨靠岸端的墩或钢排架顶上设置一鞍座，称为副鞍。副鞍的主要作用是可改变主缆在竖直面内的方向，因此仅在需要改变主缆方向的桥上才设置副鞍。从副鞍到锚块混凝土前锚面，主缆还有相当长度。随着缆力的增加，副鞍将发生向河的纵移，为此，需把副鞍设置在摇轴、摆柱或辊轴上，以适应成桥后副鞍的（因活载所生的）纵移需要。而在施工过程中，则需要让副鞍预先有一靠岸的纵移量，以使它在成桥时能进入设计位置。

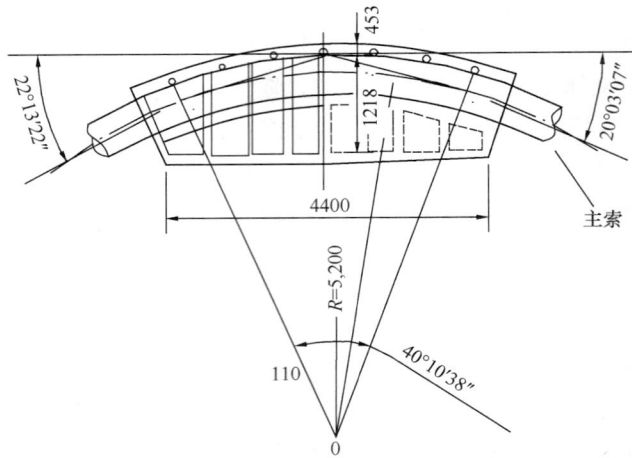

图 5-75　塔顶鞍座示例（侧面图）（单位：mm）

在锚碇前墙处（或在锚碇之内支架处）主缆需要散开成丝股。主缆在散开的同时有一向下的转折角时，就需要在这里设置展索鞍（或散索鞍），如图 5-76 所示。其功能一是改变缆索的方向，二是把主缆的丝股在水平和竖直方向分散开，然后将丝股引入各自的锚固位置。在展索鞍之下，也应该设置摇轴、摆柱或辊轴。展索鞍的形状较复杂：在主缆进口端应有圆槽，以便与主缆圆截面相适应；在丝股出口处，应让外层各丝股的上端交汇于一点，下端指向锚块混凝土前锚面的指定丝股位置。

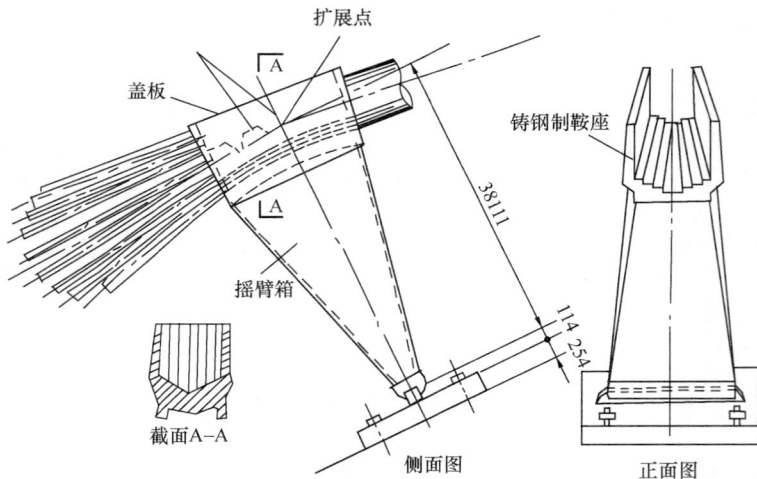

图 5-76　展索鞍的构造示意

如果主缆在展索时不改变其总方向，则无需设置展索鞍而采用展索套。展索套呈漏斗状，主缆从其小口进入，在大口处散开。为便于安装，展索套做成两个半圆形铸件，然后用螺栓连接。为防止展索套沿主缆尚未散开的方向滑移，需要在展索套小口之外设置"挡圈"。挡圈的构造与索夹相似，分为两半，套住主缆后，用高强度螺杆拧紧，由此产生摩擦力，凭摩擦力阻挡展索套的向上移动。

（4）锚碇

锚碇是对锚块基础（有扩大基础、地下连续墙、沉井基础、桩基础等多种形式）、锚块、主缆锚固系统及防护结构等的总称。它是固定主缆的端头、防止其走动的巨大构件。悬索桥主缆两端的锚固方式有地锚与自锚两种形式。绝大部分悬索桥采用地锚式。自锚的情况较少，并且只限于小跨径，这是因为悬索桥的主缆内力值远远超过其加劲梁的承受力。从施工方面讲，自锚要先架设加劲梁，施工尤其困难。因此，只在小跨径的城市悬索桥中，如果因两岸建筑物密集，无场所可以用作地锚时，才考虑自锚体系。

地锚分重力式和隧洞式（或岩洞式）两种，如图 5-77 所示。重力式地锚是凭借混凝土锚块的重量（再加锚碇上的土重或配重）来固定主缆的两端。由于锚碇承受的竖向（向上）分力和水平分力很大，所需要的重力式锚块尺寸也很大。例如，明石大桥采用外直径 85m、厚 2.2m、高 75.5m 的地下连续墙作锚碇基础，墙内填碾压混凝土 260000m³；再在基础上修建锚碇身部，混凝土用量为 230000m³。隧洞式地锚的工程数量较小，但前提则是在锚碇处有坚实山体岩层可加以利用。在锚碇范围内，主缆的丝股从缠紧状态变为散开，其拉力通过锚碇的锚固传力系统分散到锚块内。若主缆是采用空中送丝法制作的，其丝股在散开的终端应套在靴根中（它是专为空中送丝法主缆设置的构造）；各丝股所传的拉力经由靴根及销钉（或螺杆等）传给埋在混凝土锚块中的锚杆。靴根可采用铸钢或低碳钢制作，作用是传力和调整丝股长度。过去的锚杆用钢眼杆，现在则常用预应力粗圆钢。

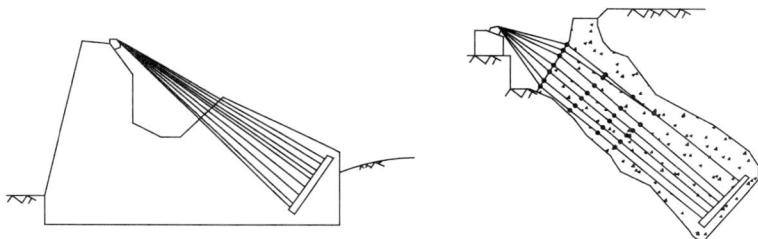

图 5-77　锚碇的形式

若主缆采用预制平行丝股制作，则靴根应当用锚头铸钢件（常简称为锚板）代替。这时，丝股的锚头传力于锚板，用螺杆穿过铸钢件与前锚板相连，凭借螺母来调节铸钢件位置，使丝股长度趋于一致，这种方式叫"前锚"；也可以让丝股穿过预埋在混凝土锚块中的套管，到达混凝土锚块的后锚面，让丝股力通过后锚面传给锚块，这种方式叫"后锚"。

当主缆在锚碇前墙处需要展开成丝股并改变方向时，则需设置主缆支架。主缆支架可以设置在锚碇之外，也可以设置在锚碇之内。主缆支架主要有三种形式：钢筋混凝土刚性支架、钢制柔性支架及钢制摇杆支架，如图 5-78 所示。当采用刚性支架时，鞍的底部必须设置辊筒，以适应主缆的伸缩。

（5）加劲梁

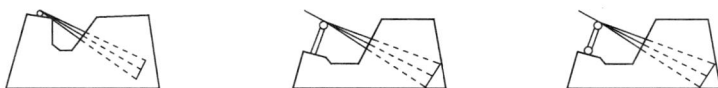

图 5-78　主缆支架

悬索桥加劲梁的作用不像斜拉桥那样大，它主要起支承和传递荷载的作用。同时它对悬索桥的刚度有很大的影响。悬索桥在活载作用下的容许挠度 δ_l 一般要求：

$$\delta_l \leqslant L/350 \tag{5-28}$$

式中 L——悬索桥的跨径。

现已建成的悬索桥的加劲梁大都采用钢结构，沿桥纵向等高度，一般采用桁架梁或扁平钢箱梁。梭状扁平钢箱加劲梁的优点是：建筑高度小，自重较桁架梁轻，用钢量省，结构抗风性能好（风的阻力系数仅为桁架梁的 $1/4\sim1/2$）。典型的梭状扁平钢箱梁的截面如图 5-79 所示，其由带加劲肋的钢板焊接而成，在箱内还设有横隔板或由杆件组成的横撑，桥面通常采用正交异性钢桥面板。钢桁架式加劲梁在双层桥面的适应性方面远远较钢箱梁优越，因此适合于交通量较大的或公铁两用的悬索桥。桁架加劲梁的立面布置多采用有竖杆的简单三角形形式，其横向布置应根据是否设双层桥面而定，桥面常采用钢筋混凝土板或正交异性钢桥面板。图 5-80 （a）为明石海峡大桥加劲梁横截面（双层桥面，公路钢桥面板），图 5-80 （b）为美国纽波特大桥加劲梁横截面（单层桥面，混凝土桥面板）。

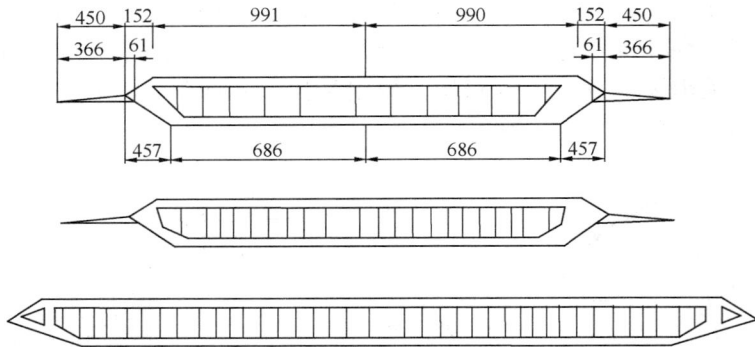

图 5-79   梭形扁平钢箱加劲梁截面（单位：cm）

大跨径悬索桥加劲梁的高度主要与结构的抗风性能等有关，与结构受力的关系不大，由于桁架的抗扭刚度相对较小，桁架加劲梁的梁高比流线型箱梁的要高得多，如明石海峡大桥（主跨 1991m）梁高 14m，而大贝尔特桥（主跨 1624m）梁高仅 4.0m，我国目前所修建的大跨径钢箱加劲梁的梁高大都在 3.0m 左右。

对加劲梁下的支座，一是要求其能将加劲梁支点反力传到塔或下部结构，二是要求其能满足结构变形。在两铰悬索桥中，由竖向及横向荷载产生的加劲梁端部的位移较大，特别是在一般桥梁中不予考虑的横桥向的位移较大，因此所设计的支座必须能满足加劲梁在其端部能绕竖直轴自由转动的要求。为了满足这种功能要求，加劲梁一般在竖向与横向分别设置支座。在立面上，加劲梁两端常用吊杆或摆柱作其支承。

（6）索夹及吊索

作用于悬索桥加劲梁上的恒载及活载通过吊索传给主缆。为保证传力途径的安全可靠，需在主缆上安装索夹。索夹由铸钢制作，分成左、右两半或上、下两半，安装之后，用高强度螺杆将两半拉紧，使索夹内壁对主缆产生压力，防止索夹沿主缆向低处滑动。

吊索可用钢丝绳、平行钢丝束或钢绞线等材料制作。吊索的下端与加劲梁连接，上端

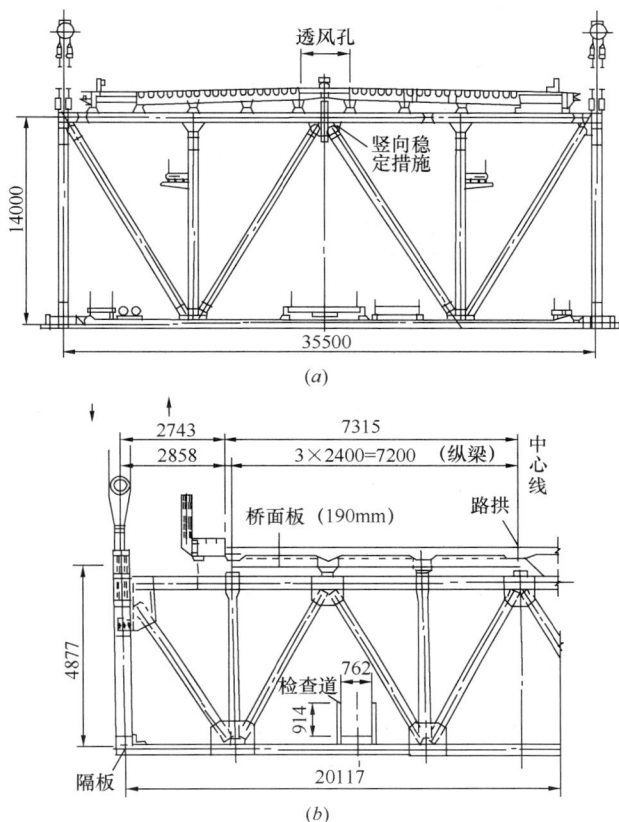

图 5-80　桁架式钢加劲梁截面
（a）明石海峡大桥；（b）纽波特大桥

连接有两种方式，一种方式是采用销钉连接，在索夹（此时为上、下两半）下半的下垂板（又称吊耳）上设置钉孔眼，吊索上端设开口套筒，两者通过销钉相连，见图 5-81（博斯普鲁斯一桥）；这类吊索可采用钢丝绳或平行钢丝束。另一种方式是让吊索绕过索夹（此时为左右两半），让吊索骑挂在索夹上，如图 5-82 所示（韦拉扎诺桥），这类吊索常用钢丝绳制作，为避免过大直径钢丝绳绕过索夹时钢丝绳破断力降低太多，在每一索夹处常用两对直径较小的吊索。目前销钉连接方式用得较多。

传统悬索桥的吊索都是垂直的，但从英国的塞文桥开始使用斜吊索。至今，大跨径悬索桥采用斜吊索的有塞文桥、博斯普鲁斯一桥和恒比尔桥三座。将吊索设计成斜拉索的目的是为了提高大跨径悬索桥振动时的结构阻尼值，因为将加劲桁梁改为加劲钢箱梁之后，特加是梁重减轻之后，担心结构阻尼值会降低。斜吊索与垂直吊索相比，索力较大，因此可以提高振动能量的衰减率。对于小跨径悬索桥，斜吊索还能较显著地增大悬索桥的竖向刚度。另外，吊索也可采用竖吊索与斜吊索混合使用，即在跨中部分使用斜吊索，在其余部分使用竖吊索。

吊索的安全系数要比主缆高得多，这主要考虑到吊索的疲劳（风与车辆引起的振动）、设计制作及安装误差等的影响。国内外对吊索的安全系数一般取 3.0～4.5。

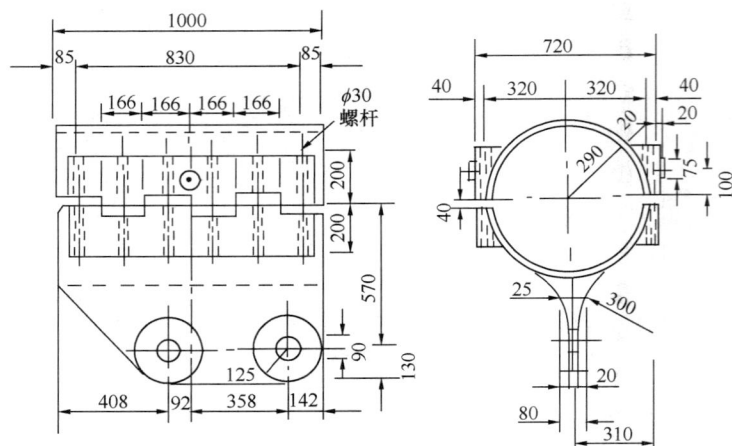

图 5-81 销钉连接示例（单位：mm）

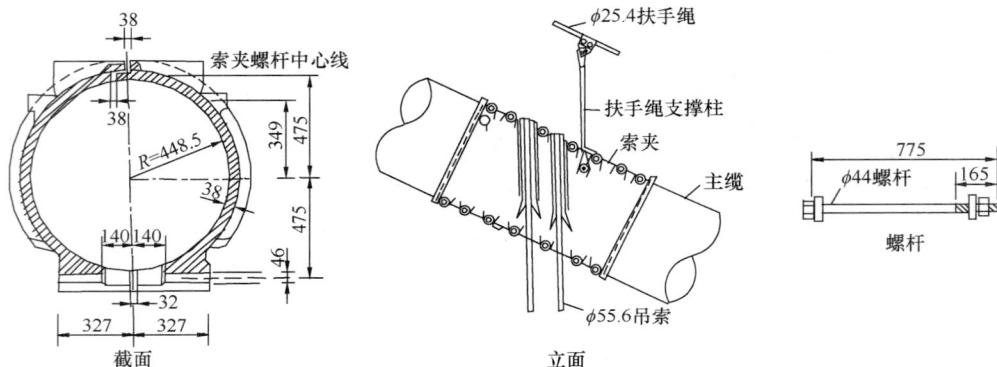

图 5-82 骑挂式连接示例

5.3.3 悬索桥计算要点

5.3.3.1 概述

如图 5-83 所示，坐标原点设在左端点，由于索不承受弯矩，所以对索的任意点取矩，有：

$$M = M_0 - H_d y = 0 \qquad (5-29)$$

上述式中 M_0 为相同跨径简支梁的弯矩。在均布荷载作用下，跨中 $M_0 = W_d L^2/8$，所以索的水平力为：

$$H_d = \frac{W_d L^2}{8f} \qquad (5-30)$$

由式（5-29）可得，任意点的坐标：

$$y = \frac{W_d x}{2H_d}(L - x) \qquad (5-31)$$

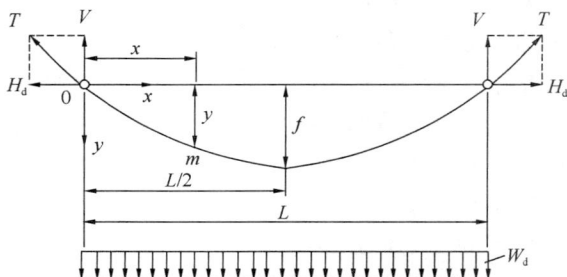

图 5-83 悬索计算简图

将式（5-28）代入式（5-31）消去 H_d，得：

$$y = \frac{4fx}{L^2}(L - x) \qquad (5\text{-}32)$$

它是一个二次抛物线方程。比较合理拱轴线可以发现，在均布荷载作用下，只承受压力而处处弯矩为零的拱轴线，和只承受拉力处处弯矩为零的索的轴线，均为二次抛物线，只不过一个朝上，一个朝下。

当两支承点在同高度上时，一个单元弧长为：

$$dl_s = \sqrt{dx^2 + dy^2} = \sqrt{1 + \left(\frac{dy}{dx}\right)^2}\, dx$$

$$l_s = 2\int_0^{1/2} \sqrt{1 + \left(\frac{dy}{dx}\right)^2}\, dx \qquad (5\text{-}33)$$

利用级数展开式可得：

$$\sqrt{1 + \left(\frac{dy}{dx}\right)^2} = 1 + \frac{1}{2}\left(\frac{dy}{dx}\right)^2 - \frac{1}{8}\left(\frac{dy}{dx}\right)^4 + \frac{1}{16}\left(\frac{dy}{dx}\right)^6 - \frac{5}{128}\left(\frac{dy}{dx}\right)^8 + \cdots\cdots$$

仍设悬索形状为抛物线，将 $y = \frac{4f}{l^2}x^2, \frac{dy}{dx} = \frac{8f}{l^2}x$ 代入式（5-33）得：

$$\begin{aligned}
l_s &= 2\int_0^{1/2}\left[1 + \frac{1}{2}\left(\frac{dy}{dx}\right)^2 - \frac{1}{8}\left(\frac{dy}{dx}\right)^4 + \frac{1}{16}\left(\frac{dy}{dx}\right)^6 - \frac{5}{128}\left(\frac{dy}{dx}\right)^8 + \cdots\cdots\right]dx \\
&= l\left[1 + \frac{8}{3}\left(\frac{f}{l}\right)^2 - \frac{32}{5}\left(\frac{f}{l}\right)^4 + \frac{257}{7}\left(\frac{f}{l}\right)^6 + \cdots\cdots\right]
\end{aligned} \qquad (5\text{-}34)$$

悬索桥是主缆系统和加劲梁系统两者的简单组合。求解主缆的索力的方法有两种，弹性理论和挠度理论。弹性理论忽略活载 p 对结构变形的影响，即假定主缆几何形状由满跨均布恒载决定（可推算其线形为二次抛物线），且这一线形不因活载 p 作用而发生改变，则由此分析悬索桥内力的方法就是传统的"弹性理论"。与弹性理论不同的是，挠度理论考虑了结构几何非线性对受力的影响。

5.3.3.2　弹性理论

如图 5-84 所示的单跨悬索桥，为一次超静定结构，取主索跨中索力 H_1 为赘余力，吊杆传给加劲梁向上的均布荷载为：

$$q = \frac{8f}{L^2}H_1 \qquad (5\text{-}35)$$

此均布荷载在加劲梁内产生的弯矩为：

$$\begin{aligned}
M_l &= -\frac{8f}{L^2}H_l\frac{x}{2}(L - x) \\
&= -H_l y
\end{aligned} \qquad (5\text{-}36)$$

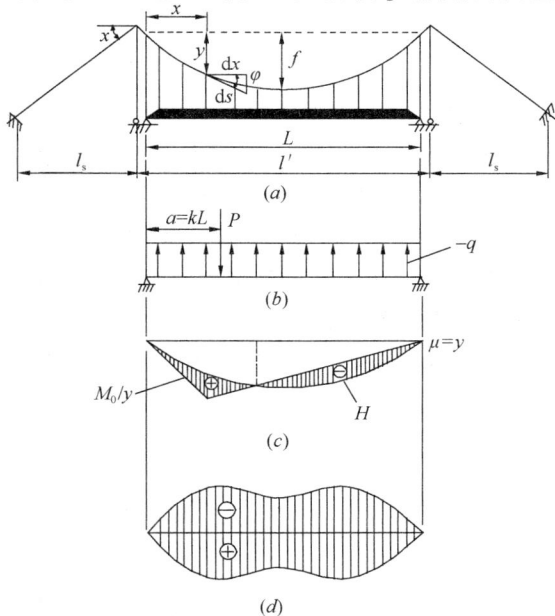

图 5-84　弯矩影响线图和最大弯矩图
(a) 基本构造；(b) 荷载重；(c) M 影响线；(d) 最大弯矩图

因此，有加劲梁作用的主索任意截面的索力为：

$$S_l = \frac{\mathrm{d}M_l}{\mathrm{d}x} = -H_l \frac{\mathrm{d}y}{\mathrm{d}x}$$

$$= -H_l \tan\varphi$$

(5-37)

设同等跨径简支梁在荷载作用下的弯矩为 M_0，则

$$M_l = M_0 - H_l y$$

(5-38)

如果不考虑塔的压缩变形，由力法可以求得赘余力：

$$H_l = \frac{\int_0^l \frac{M_0}{EI} y \, \mathrm{d}x}{\int_0^l \frac{y^2}{EI} \mathrm{d}x + \int_0^{l'} \frac{\sec^2\varphi}{E_c A_c} \mathrm{d}s}$$

(5-39)

式中 l——加劲梁的跨径：

l'——主索的水平长度。

对于二次抛物线的主索，上式分母第一项的积分为：

$$\left. \begin{aligned} \int_0^l \frac{y^2}{EI} \mathrm{d}x &= \frac{8f^2 l}{15EI}, \int_0^{l'} \frac{\sec^2\varphi}{E_c A_c} \mathrm{d}s = \int_0^{l'} \frac{\mathrm{d}s^2}{E_c A_c \mathrm{d}x^2} \mathrm{d}s \\ &= \frac{1}{E_c A_c} \int_0^{l'} \left(\frac{\mathrm{d}y}{\mathrm{d}x}\right)^3 \mathrm{d}x = \frac{1}{E_c A_c} \int_0^{l'} \left\{1 + \left(\frac{\mathrm{d}y}{\mathrm{d}x}\right)^2\right\}^{3/2} \mathrm{d}x = \frac{L_E}{E_c A_c} \end{aligned} \right\}$$

(5-40)

求得 H_l 的影响线值为：

$$\left. \begin{aligned} H_l &= \frac{3}{f^2 L} \frac{1}{N} \int_0^L M_0 y \, \mathrm{d}x = \frac{1}{nN}(k - 2k^3 + k^4) \\ &\text{其中} \\ N &= \frac{8}{5} + \frac{3I}{A_c f^2} \frac{E}{E_c} \frac{l'}{L}(1 + 8n^2) + \frac{6I}{A_c f^2} \frac{E}{E_c} \frac{l_s}{L} \sec^3\alpha \end{aligned} \right\}$$

(5-41)

上式中，$n = f/l$（矢跨比），$k = a/L$。a、L、l'、l_s 的符号意义见图 5-81。A_c、E_c 为主索的截面积和弹性模量，I 为加劲梁的惯矩。

悬索桥中单跨加劲梁的弯矩影响线见图 5-84，它与二铰拱的弯矩影响线是相似的，其值都是等效简支梁的弯矩 M_0 减去水平力产生的弯矩 $H_1 y$。从图 5-81（c）给出的最大弯矩包络图可以看出，悬索桥加劲梁中最大弯矩出现在 $L/4$ 附近。

5.3.3.3 挠度理论

如图 5-85 所示，在活载作用下，主索将产生变形，吊杆也产生微小的变形，考虑了变形后，加劲梁的弯矩为：

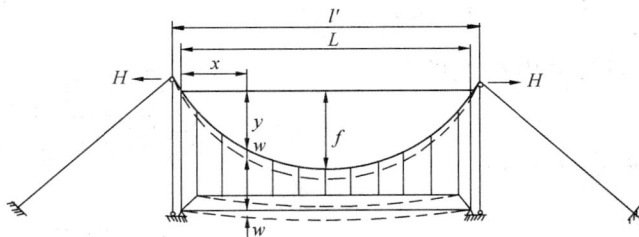

图 5-85 挠度理论原理

$$M_l = M_0 - H(y + w)$$
$$= M_{0d} + M_{0l} - (H_d + H_l)(y + w) \tag{5-42}$$

式中 M_{0d}——恒载产生的弯矩;

M_{0l}——活载产生的弯矩。

恒载作用时加劲梁的弯矩为零,则

$$M = M_{0d} - H_d y = 0 \tag{5-43}$$

代入式(5-42),则活载作用下的弯矩为:

$$M_l = M_{0l} - H_l y - (H_d + H_l)\omega \tag{5-44}$$

与弹性理论相比,在活载作用下加劲梁中的弯矩挠度理论中多出的第三项为负值,表明用挠度理论计算的加劲梁的弯矩值要小于弹性理论的计算值。因此,大跨径悬索桥采用挠度理论具有明显的经济效益。

根据挠度理论,悬索桥加劲梁的变形方程为:

$$EI \frac{d^2 w}{dx^2} = -M_l \tag{5-45}$$

对上式两边进行微分,考虑到 $d^2 M_{0l}/dx^2 = -p$(等分布活载强度),因此有:

$$\frac{d^2 M_{0l}}{dx^2} = -p - H_d \frac{d^2 y}{d^2 x} - (H_d + H_l)\frac{d^2 w}{dx^2} \tag{5-46}$$

将其代入式(5-45),得基本微分方程:

$$EI \frac{d^4 w}{dx^4} - (H_d + H_l)\frac{d^2 w}{dx^2} = p + H_l \frac{d^2 y}{d^2 x} \tag{5-47}$$

上式中左边第二项考虑了几何非线性的影响。

考虑变形影响后索的拉力为:

$$H_l = -\frac{E_c A_c}{L_E}\left(\frac{d^2 y}{dx^2}\int_0^L \omega dx + \alpha t L_T\right) \tag{5-48}$$

$$L_E = \int \{1 + (dy/dx)^2\}^{3/2} dx, \quad L_T = \int \{1 + (dy/dx)^2\}^{3/2} dx$$

式中 L——加劲梁的跨径;

$\alpha t L_T$——索的温度变化伸长量。

式(5-47)和式(5-48)是悬索桥挠度理论的基本方程。可以看出,应用上述两式计算是困难的,因为 ω 是由 H_l 引起的变形,而 H_l 又是由于考虑了索的变形后,悬索的实际水平拉力。变形 ω 与索力 H_l 相互影响,是非线性关系。直接解往往要进行进一步的简化,难以进行直接计算。通常的做法是在某一最不利荷载情况下,忽略 ω 与 H_l 的非线性关系,将 H_l 看成一个常数,这样可以在指定的荷载位置情况下,有限度地使用影响线方法进行计算。这种简化算法,称为线性挠度理论。

对加劲梁很柔的悬索桥,考虑几何非线性的影响的另一种简化算法是重力刚度法。先假定加劲梁的抗弯刚度是零,也就是叫它先退出工作,取主缆作基本体系,并且让基本体系用改变其几何线形的方式来承担活荷载。在缆的线形改变或挠度(从只受恒载加活载)求得后,可以就每一吊索上端的位置推算位于吊索下端的梁的挠度,再凭梁的挠度的各阶导数推算梁的弯矩及其所分担的活载集度。从给定的活载集度中将所分担的集度扣除,余下者就是经由吊索传给主缆,让主缆所分担的活载集度。按吊索传来的活载重新计算主缆挠度，将上述计算复迭代，就能取得使人满意的结果。

这种分析方法就叫作重力刚度法。所谓重力刚度，指原本柔性的主缆因承受（巨大恒载所生）重力而产生的抵抗（活载所致）变形的刚度。该方法抓住了大跨悬索桥的两大特点：一是较大恒载使缆的线形稳定（即其挠度不因活载而发生大的变形）；二是柔性很大的加劲梁所能分担的活载份额必然很小。这样，所需的最终结果也就是同该法在迭代开始时所假定的情况很相近了。

将重力刚度概念及其在内力计算中的应用较为明确地提出，这是美国乔治·华盛顿桥设计者的贡献。在悬索桥初步设计阶段，重力刚度法是有使用价值的。

从 20 世纪 60 年代以来，随着计算机、计算数学和计算力学的发展，借助于计算机，可对悬索桥进行非线性有限元分析。对于竖向作用（对称于桥轴的作用）来讲，非线性有限元理论是指将悬索桥当作非线性平面框架结构，按非线性杆系有限元求严密解的理论。由于杆系有限元作为一种数值方法本身求得的是精确解，而悬索桥按杆系有限元离散又在客观上代表了其实际模型，所以，在悬索桥的所有分析方法中，该法是最精确的。

5.3.4　悬索桥施工方法简介

悬索桥的基本施工步骤是先修建基础、锚碇、桥塔，然后利用桥塔架设施工便道（称为猫道），利用猫道来架设主缆，随后安装吊缆，拼装加劲梁。

悬索桥施工的重点是主缆和加劲梁的架设。主缆架设分为空中送丝法架缆和预制平行丝股架缆，加劲梁架设则采用梁段提升法。

5.3.4.1　空中送丝法架缆

空中送丝法是美国人 J. A. 罗伯林在 1844 年提出的。为实现空中送丝，必须设置猫道和送丝设备。在空中将所有钢丝组成主缆后，为使主缆各钢丝受力均匀，必须对钢丝长度和丝股长度分别进行调整，这就叫调丝和调股。调丝的目的是使同一丝股内的各丝长度相等，而调股是为了使每根丝股的计算长度符合设计要求。

为使主缆有妥善的防护，还应及时进行紧缆和缠缆等工序。紧缆指在主缆各丝股全部落位之后，立即用紧缆机能沿主缆移动。继压紧之后，为避免丝股松散，要立即用钢丝或扁钢每隔 0.7～0.9m 捆扎一道。随后，就可以安装索夹和吊索。

主缆会因其拉应力的增加而使横截面收缩，为了将主缆缠紧，应当在恒载的大部分已作用于主缆之后，再进行缠缆。缠缆就是指用缠丝机将软钢丝紧缠在主缆之外。缠丝之前，应清洗主缆表面，并涂防锈材料（过去用铅丹膏，现常用锌粉膏等）。缠丝过程中，应随时清除被挤出的膏。最后在缠丝之外进行油漆。

空中送丝法工序多、施工速度慢，在当代已基本上没有采用，取而代之的是采用工厂制作的平行丝股进行架设。

5.3.4.2　预制平行丝股的制造及架设

（1）平行丝股的制造

预制平行丝股主缆的构造是：主缆由若干两端带锚头的丝股组成，每丝股含丝若干。美国钮波特桥是第一座采用预制平行丝股主缆的悬索桥，在跨径范围内，每缆 76 股，每股 61 丝，丝径 5.16mm。主缆的含股数由计算确定，每股含丝数最多为 127 丝。

图 5-86 为预制平行丝股制造工艺示意图。钢丝从丝盘放出，通过导向网格，在成型

机上向右移动，每隔一定距离用捆扎机捆扎一道，然后卷在卷筒上。同时，要给丝股两端装上锚头。图 5-87 表示一丝股的横截面（丝数 127），为正六边形。在其一角是基准线，其他各丝的长度都是以它为基准来确定的。另一角设有一带颜色的丝，这是为了便于检查安装在缆中的丝股是否扭曲。

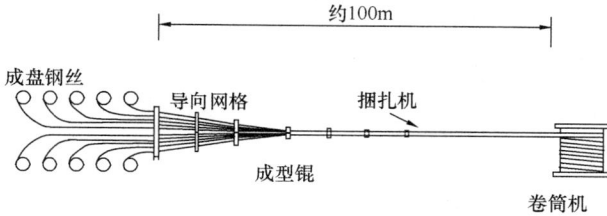

图 5-86 预制平行丝股制造工艺示意

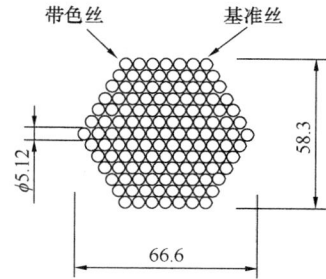

图 5-87 基准丝和带色丝

（2）用预制平行丝股架缆

采用预制平行丝股架成主缆时，也需要先架设导索和猫道，也设无端索引绳（或叫拽拉索）及丝股输放机。但在猫道之上，要设置若干导向滚轮，以支承丝股。这套拽拉系统把各丝股拽拉到位，丝股两端分别连接于锚杆。图 5-88 为汕头海湾大桥所用的拽拉系统。

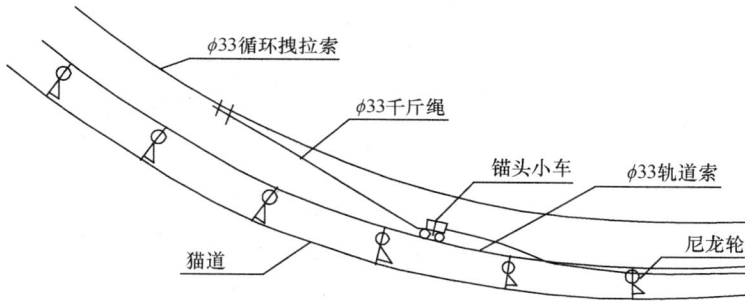

图 5-88 汕头海湾大桥拽拉系统

5.3.4.3 加劲梁架设

在完成主缆架设并调好主缆线形后，就可安装索夹和吊索，开始加劲梁的架设工作了，如图 5-89 所示。当加劲梁是桁架式时，以往常采用的方法类似于桁架梁桥的悬臂安装法，即利用能沿着桁架上弦行走的吊机作为架梁机具；所不同的是，将架设好的梁段立即与对应的吊索相连，把梁段自重传给主缆，这样，先架设的梁段并不承受后架设梁段的自重。在旧金山海湾大桥施工中，第一次采用梁段提升法架梁。先将加劲梁预制成梁段，浮运到桥下，利用可行驶于主缆的起重台车，借助滑轮组及钢丝绳，将梁段提升到位。对棱状扁平钢箱加劲梁，合理的架梁方法也是梁段提升法。目前，提升的梁段重量一般是 3.9～4.9MN，较先进的设备是液压连续提升千斤顶配钢绞线。

在梁段架设中，主缆被用作一悬吊脚手架，但是，这个脚手架是柔性的，它的几何形状会随着梁段的逐渐增加而不断改变。这一情况对加劲梁架设的影响是：当只有少数梁段架设到位时，这些梁段在上弦（或上翼缘板）处会互相挤压，而在下弦（或下翼缘板）处会互相分离。若强制下弦（或下翼缘板）过早地闭合，结构或连接有可能因强度不足而破坏。较为合理的做法是：从架梁开始到大部分梁段到位，只是让各梁段的上弦（或上翼缘板）形成"铰"状的临时连接，对于下弦（或下翼缘板）则让其张开。等到绝大部分梁段到位，梁段之间下面的张口就会趋向闭合，这时，才开始梁段之间的工地永久性连接。

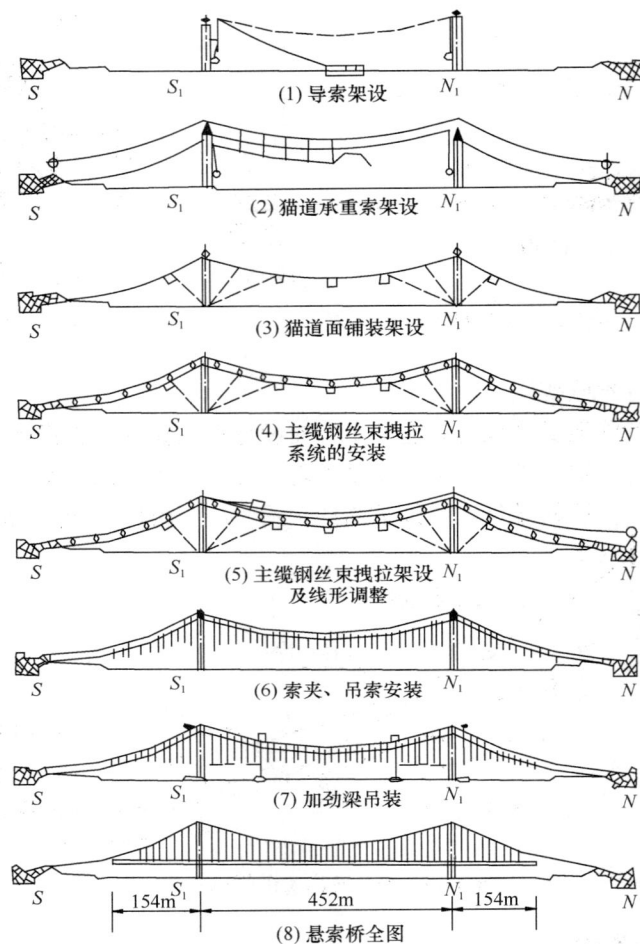

图 5-89 悬索桥施工步骤示意

5.3.5 桥　　例

5.3.5.1 江阴长江公路大桥

江阴长江公路大桥位于长江三角洲地段的中部，是江苏省内第二座跨长江的大通道。跨江位置选在长江下游江阴段最窄处，南岸江阴西山突入江中，北岸靖江十圩港岸线稳定，江面仅宽 1.4km。河谷北缓南陡，深水区紧贴河岸南侧，相应水深约 60m。

该桥是沿海国家主干道的跨江工程，桥上双向 6 车道，设计时速 100km/h。考虑 2m 富余，按 50m 通航净高设计；航道分布遵循"大小轮分流，上下行分孔"的原则，以保证黄金水道畅通无阻。

　　江阴长江公路大桥主桥为一大跨径单孔简支钢箱悬索桥，两边跨直背索与水平线约呈25.7°角。主跨缆索垂跨比 1/10.5，两缆中心距 32.5m。垂直吊索间距 16m。近塔吊索距塔中心 20.5m。主桥总体布置见图 5-90 所示。

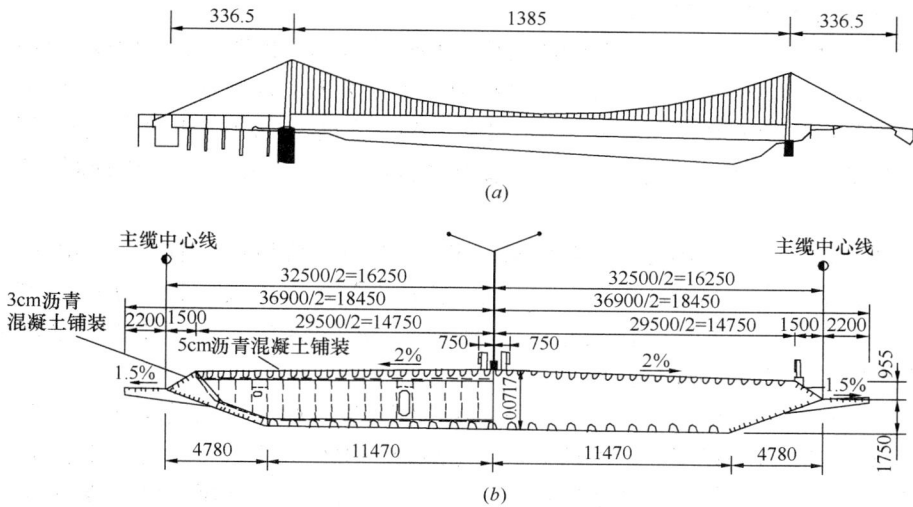

图 5-90　江阴长江大桥主桥总体布置图
(a) 立面图（单位：m）；(b) 钢箱横截面构造图（单位：mm）

　　南塔墩坐落在南岸西山脚下基岩上，避免了海轮撞击；北塔墩设于距北岸 85m 的江中滩地浅水区，最高设计水位时水深约 5.0m，覆盖层厚 85m 左右。下部结构施工便利且免受海轮、江轮的撞击。南锚碇位于西山东侧坡地上，基岩裸露；北锚碇区基岩埋深90m，基础建在第四系覆盖层（砂性土和黏性土层）中，与江（圩）堤保持百米以上距离。该桥的锚碇布置见图 5-91。

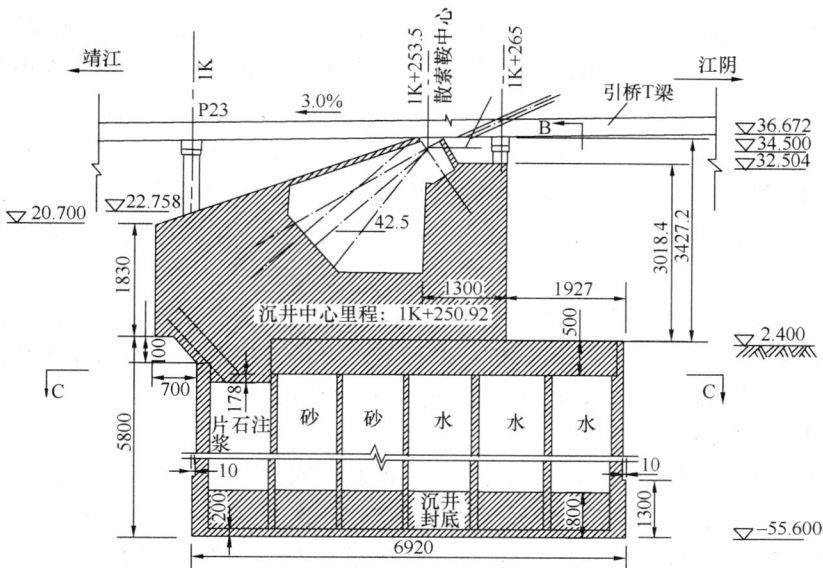

图 5-91　锚碇布置图（标高以 m 计，其余为 cm）

南北两索塔高 190m，是由两根钢筋混凝土结构的空心柱、三道横系梁组成的框架式塔架。塔柱在丛向和横向分别为变宽和等宽度，横桥向两柱斜置。横系梁受横桥向地震荷载作用控制，配置预应力筋。下横梁上支承主梁和引桥，设置竖向支座、横向风支座、纵向限位支座、大伸缩量伸缩缝等。

大桥主缆共两根，由平行钢丝索股组成。每索股含 127 根镀锌高强钢丝。每根主缆中跨为 169 股，竖向排列成正六边形。边跨在中跨正六边形的两个顶边，各加 4 股，共 177 股。主缆钢丝镀锌后直径为 5.35mm。设计采用钢丝强度为 1600MPa。主缆外径分别约为 876mm（中跨）和 897mm（边跨），主缆安全系数取 2.5。主缆施工采用预制平行索股法（PWS 法）。

索股锚头采用套筒式热铸锚，在铸钢制成的锚杯内，浇铸锌、铜合金。索夹采用铸钢铸造。索夹分成两半，用螺杆相连夹紧。每吊点由两根吊索组成。上端与索夹销接，下端与加劲梁采用带有螺母的套筒锚头连接。吊索设计安全系数取 3。吊索锚头采用热铸锚，在铸钢制成的套筒内浇铸锌铜合金。

主索鞍由鞍槽、鞍座和底座组成。鞍槽用铸钢铸造，鞍座由钢板焊成。鞍座与鞍槽焊成鞍体。鞍体与底座间设聚四氟乙烯板，以适应施工中相对移动。边缆附加索股，用与索股锚头相同的套筒式热铸锚，锚于鞍顶横梁中。塔顶设有底座格栅，以安装底座。为减轻吊装运输重量，将鞍体分成两半吊至塔顶后用高强度螺栓连接。施工中鞍体相对于底座的移动系借助设在塔顶的临时千斤顶，按规定的移动量分几次有控制地推动。

南北锚碇处设散索鞍，兼作索股展开与转向用。散索鞍由鞍槽、鞍座、底座组成，材料与主索鞍同为铸焊组合结构。鞍座呈扇形，可绕着底座球面摆动。

加劲梁及桥面系由钢箱梁主结构、检修道、伸缩缝及桥面铺装组成。加劲梁采用扁平流线型钢箱梁断面。其钢材采用 16 锰钢（16Mn），材质强调韧性和含碳量。梁高（中心线处）3.0m，顶板水平宽度 29.5m，底板宽度 22.5m，检修道宽度（每侧）1.5m，全桥总宽度（最外沿至最外沿）36.9m。箱梁顶（底）板与上（下）斜腹板厚度为 12mm（10mm）。横隔板间距为 3.2m；厚度为 8mm，吊点处 10mm。吊索锚箱设置滚轴竖向支座与横向风支座，纵向在伸缩缩外设置纵向限位支座。检修道设置在箱梁腹板尖嘴外。伸缩缝设置在加劲梁两端，长度各为 2m，在允许纵向伸缩的同时，亦能允许竖立面内、水平面内的转角位移。桥面车行道铺设 5cm 沥青混凝土，检修道铺 3cm 沥青混凝土。

箱梁制作安装分节段进行，标准节段长度为 16m，吊重 2050kN。吊点位置设在节段中央。加劲梁节段吊装从跨中开始，对称向两侧逐段进行。梁段吊装后的现场连接，采用全焊方式。

江阴长江公路大桥位于长江下游地区，一跨飞越"黄金"水道，连接大江南北，沟通沿海国道主干线，它是继汕头海湾大桥、西陵长江大桥、广东虎门大桥悬索桥之后我国首座路径超过千米的公路悬索桥，已于 1999 年 9 月建成通车。

5.3.5.2 厦门海沧大桥

厦门海沧大桥是国家重点工程项目，位于厦门市西港中部，是厦门岛的第二条对外通道。大桥全长 5.926km，东航道桥为（230m＋648m＋230m 三跨连续悬索桥）。该桥结构新颖，是世界第二、亚洲第一座三跨连续漂浮体系悬索桥。总体布置见图 5-92。

大桥主缆有两根，两主缆间距为 34m，矢跨比 1/10.5。每根主缆由 110 股索组成，

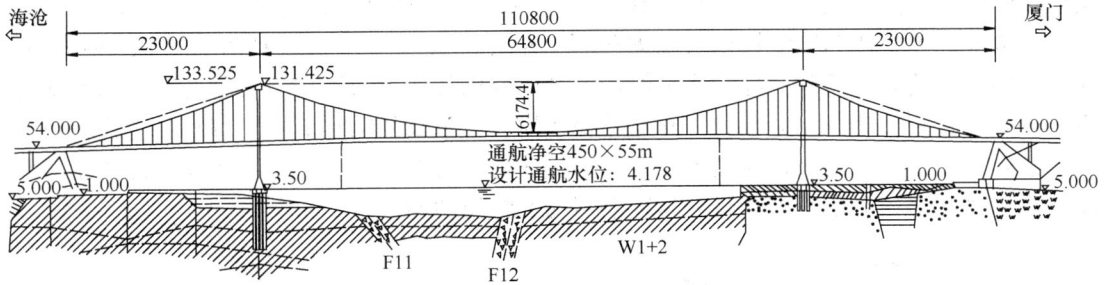

图 5-92 厦门海沧大桥总体布置图（单位：标高为"m"，余为"cm"）

每股由 91 根 ϕ5.1mm 直径镀锌高强钢丝组成。主缆钢丝标准强度为 1600MPa，计算弹性模量为 1.98×10^5 MPa，主缆安全系数不小于 2.5。主缆空隙率为：索夹处为 18%（主缆理论直径为 563mm）；索夹外直径为 20%（主缆直径为 570mm）。主缆施工采用预制平行索股法（PWS 法）。

吊索标准间距为 12m，全桥共有吊索 328 根，其中边跨 120 根，中跨 208 根。吊索分为普通和特殊两类，普通吊索直径为 ϕ64mm，特殊吊索直径为 ϕ99mm，吊索最大长度为 61.076m，最小长度为 2.801m。

主桥加劲梁为 230m＋648m＋230m 三跨连续流线型扁平闭口钢箱梁。箱梁为单箱单室结构，桥轴线处梁内净高为 3.0m，桥面为双向 2% 的横坡，梁全宽为 36.60m。全桥由 94 段钢箱梁组成。中跨有 54 段钢箱梁，其中标准梁段 51 段，梁段长 12.0m；非标准梁段 3 段，分别为中跨跨中 1 节梁段，长度为 11.0m，东、西塔根部梁段各 1 段，梁长度为 9.0m；锚碇区梁段 3 段，梁长分别为 11.5m、12.0m、12.0m；东西塔柱下横梁顶有 2 段钢箱梁，梁长为 7.0m。加劲梁截面见图 5-93 所示。

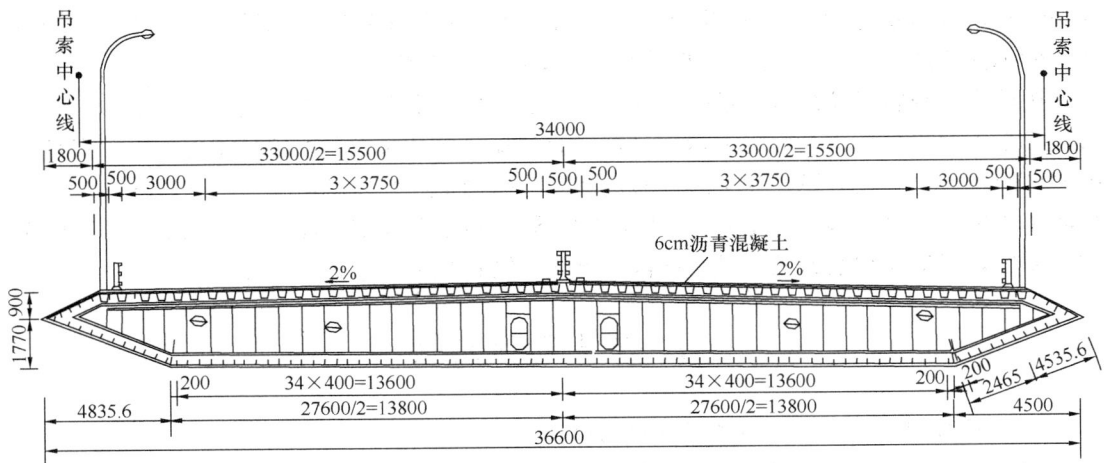

图 5-93 海沧大桥加劲梁标准横断面（mm）

东塔基础是 2×14 根 ϕ2.0m 的钻孔灌注桩基础，为嵌岩桩，5m 厚的圆端形承台系梁，128.025m 高的塔身包括塔座，变截面空心塔柱及其两道变截面箱形上、下横梁组成。混凝土工程量约为 13130m^3，钢材约为 1600t。西塔基础由 2×14 根 ϕ2.0m 的钻孔灌注桩基础，按摩擦桩设计，5m 厚的圆端形承台系梁西塔的结构构造及工程量同东塔。

　　海沧大桥东、西锚碇结构形式基本相同。锚碇一般构造见图 5-94 所示。根据锚碇所处位置的地形地质条件和上部构造条件，经过综合比较决定采用重力式锚碇。为减小基础施工难度，缩短工期，降低造价，基础采用浅埋扩大基础的结构形式，按基底容许承载力不小于 0.5MPa 进行设计。为减小使用阶段的基底最大工作应力，增加锚碇的抗滑动、抗倾覆稳定性，锚碇采用箱形基础，基底采用向后倾斜的倒坡。

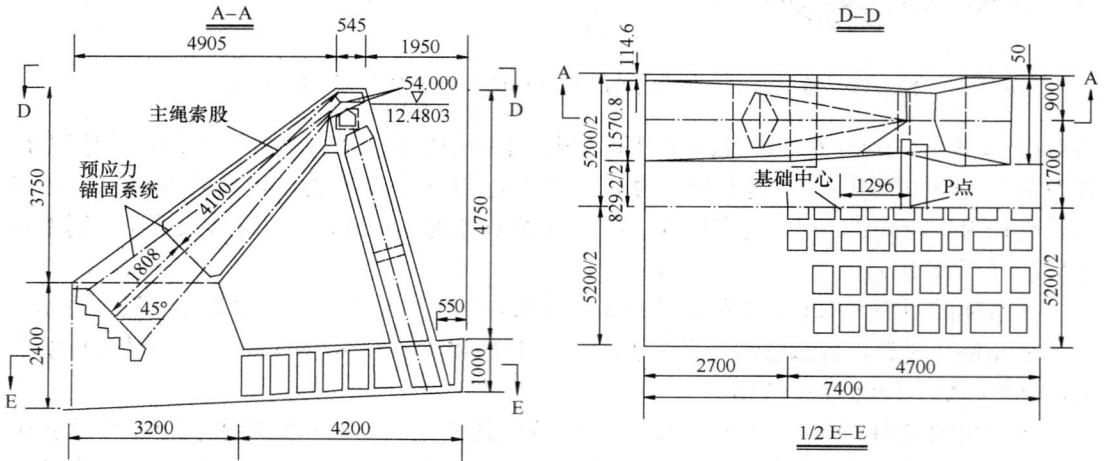

图 5-94　锚碇一般构造（单位：cm）

　　锚体由锚块、基础、前锚室、散索鞍支墩、横梁五部分组成。出于施工和检修的需要，在锚块内设置了后锚室。同样出于施工的需要，锚块和基础之间的纵、横向设置了 2m 宽的混凝土后浇筑带，它是实现锚体"化整为零、集零为整"的关键部位。锚固方式为前锚式，锚固系统为预应力锚固系统。主缆索股在锚碇前锚室内的散索长度 41m，锚固系统的锚固长度 18.08m，散索点理论高程 54.0m，折射角 45°。

　　锚体采用空腹三角形框架结构形式，突破了传统的重力式实体锚碇外观笨重的结构形式，实现了大型结构力与美的和谐统一，并为锚碇内部建筑物提供了所需空间。采用较高的箱形断面，散索鞍支墩加横梁连接两支墩，既改善了边跨短吊索的受力状况又兼作主引桥的过渡墩，同时改善了地基应力。密闭的钢筋混凝土前锚室既保护了主缆索股和锚固系统，又加强了锚块与散索鞍支墩的连接，增强了锚碇结构的整体性。

复习思考题与习题

　　5-1　连续梁与简支梁比较有什么受力特点？

　　5-2　大跨径连续梁桥为什么要采用变截面梁？其常用截面形式有哪些？

　　5-3　连续刚构桥与连续梁桥比，有哪些优势？对其桥墩有何要求？

　　5-4　连续梁桥与连续刚构梁桥的施工方法有哪些？各种施工方法分别适用于何种情况？

　　5-5　请画出三跨连续梁桥施工流程的桥梁恒载内力计算示意图并简述其计算过程。

5-6　　如何理解连续梁桥施工过程中的体系转换?

5-7　　斜拉桥与连续梁桥、悬索桥等桥梁形式相比具有哪些优缺点?

5-8　　简述斜拉桥结构的几种基本形式。

5-9　　斜拉桥总体设计中主要的设计参数有哪些?

5-10　斜拉桥按照塔梁之间结合方式的不同分为哪些体系? 各有何优缺点?

5-11　斜拉桥按拉索组成的平面数量分为哪几类? 索塔截面形式有哪些? 各种总索平面布置有何优缺点?

5-12　斜拉桥索塔按照纵横向结构形式可划分为哪些类型?

5-13　简述斜拉桥拉索与索塔的几种连接形式。

5-14　斜拉桥的拉索类型有哪些? 锚具形式有哪些?

5-15　斜拉桥为什么要对拉索采取防护及减震措施?

5-16　简述斜拉桥常见的施工方法。

5-17　简述悬索桥的主要组成及其发展的主要历史阶段。

5-18　悬索桥与其他桥梁形式相比有哪些优缺点?

5-19　根据加劲梁截面形式不同,现代大跨悬索桥分为哪两类? 中国的现代大跨悬索桥又多为哪一类?

5-20　简述悬索桥总体设计中主要的设计参数以及设计中应注意的要点。

5-21　悬索桥主缆主要分为哪些类型? 各种类型的主缆适用范围如何?

5-22　悬索桥的桥塔按结构的受力主要分为哪些类型? 各种类型的桥塔形式有何优缺点?

5-23　简述悬索桥的主缆架设方法的两类施工方法的主要过程。

参 考 文 献

[1] 中华人民共和国行业标准. 公路工程技术标准 JTG B01—2014. 北京：人民交通出版社，2014.

[2] 中华人民共和国行业标准. 公路桥涵设计通用规范 JTG D60—2015. 北京：人民交通出版社，2015.

[3] 中华人民共和国行业标准. 公路钢筋混凝土及预应力混凝土桥涵设计规范 JTG 3362—2018. 北京：人民交通出版社，2018.

[4] 中华人民共和国行业标准. 公路桥涵地基与基础设计规范 JTG D63—2007. 北京：人民交通出版社，2007.

[5] 中华人民共和国行业标准. 公路圬工桥涵设计规范 JTG D61—2005. 北京：人民交通出版社，2005.

[6] 中华人民共和国行业标准. 城市桥梁设计规范 CJJ 11—2011. 北京：中国建筑工业出版社，2011.

[7] 中华人民共和国国家标准. 城市轨道交通桥梁设计规范 GB/T 51234—2017. 北京：中国建筑工业出版社，2017.

[8] 中华人民共和国国家标准. 钢-混凝土组合桥梁设计规范 GB 50917—2013. 北京：中国计划出版社，2013.

[9] 中华人民共和国铁道部部标准. 铁路桥涵设计基本规范 TB 10002.1—99. 北京：中国铁道出版社，2000.

[10] 中华人民共和国行业推荐性标准. 公路斜拉桥设计细则 JTG/T D65-01—2007. 北京：人民交通出版社，2007.

[11] 中华人民共和国行业推荐性标准. 公路桥梁抗震设计细则 JTG/T B02-01—2008. 北京：人民交通出版社，2008.

[12] 陈宝春，陈友杰，赵秋. 桥梁工程(第三版). 北京：人民交通出版社，2017.

[13] 范立础主编. 桥梁工程(上册)(第二版). 北京：人民交通出版社，2012.

[14] 顾安邦，向中富主编. 桥梁工程(下册). 北京：人民交通出版社，2011.

[15] 李国豪. 中国桥梁. 上海：同济大学出版社，香港：建筑与城市出版社，1993.

[16] 项海帆. 中国大桥. 北京：人民交通出版社，2003.

[17] 李亚东主编. 桥梁工程概论. 成都：西南交通大学出版社，2001.

[18] 中国铁路桥梁史编委会. 中国铁路桥梁史. 北京：中国铁道出版社，1987.

[19] 罗娜主编. 桥梁工程概论. 北京：人民交通出版社，1998.

[20] 万明坤等主编. 桥梁漫笔. 北京：中国铁道出版社，1999.

[21] 姚林森主编. 桥梁工程. 北京：人民交通出版社，1985.

[22] 房贞政. 预应力结构理论与应用. 北京：中国建筑工业出版社，2005.

[23] 陈宝春. 钢管混凝土拱桥设计与施工. 北京：人民交通出版社，1999.

[24] 陈宝春. 钢管混凝土拱桥实例集(一). 北京：人民交通出版社，2002.

[25] 赵秋. 钢桥. 北京：人民交通出版社，2017.

[26] 王晓谋. 基础工程. 北京：人民交通出版社，2010.

[27] 李坚. 我国预应力混凝土连续梁桥的发展与工程实践. 中国土木工程学会桥梁及结构工程学会第十四届年会论文集. 上海：同济大学出版社，2000(61-68).

[28]   曾宪武，王永珩．桥梁建设者的回顾与展望．中国公路学会桥梁和结构工程学会 2001 年桥梁学术讨论会论文集．北京：人民交通出版社，2001(1-12).

[29]   橘善雄著，中井博改订．桥梁工学（日）．日本东京：共立出版株式会社，1996.

[30]   范立础主编．预应力混凝土连续梁桥．北京：人民交通出版社，1988.

[31]   林元培．斜拉桥．北京：人民交通出版社，1994.

[32]   刘健新，胡兆同．大跨度吊桥．北京：人民交通出版社，1995.

[33]   雷俊卿，郑明珠，徐恭义．悬索桥设计．北京：人民交通出版社，2002.

[34]   重庆交通学院主编．桥梁工程（中册）．北京：人民交通出版社，1980.

[35]   叶见曙．结构设计原理．北京：人民交通出版社，2005.

高校土木工程专业指导委员会规划推荐教材（经典精品系列教材）

征订号	书　名	定价	作　者	备　注
V28007	土木工程施工（第三版）（赠送课件）	78.00	重庆大学　同济大学　哈尔滨工业大学	教育部普通高等教育精品教材
V28456	岩土工程测试与监测技术（第二版）	36.00	宰金珉　王旭东等	
V25576	建筑结构抗震设计（第四版）（赠送课件）	34.00	李国强　等	
V30817	土木工程制图（第五版）（含教学资源光盘）	58.00	卢传贤　等	
V30818	土木工程制图习题集（第五版）	20.00	卢传贤　等	
V27251	岩石力学（第三版）（赠送课件）	32.00	张永兴　许　明	
V32626	钢结构基本原理（第三版）（赠送课件）	49.00	沈祖炎　等	
V16338	房屋钢结构设计（赠送课件）	55.00	沈祖炎　陈以一　等	教育部普通高等教育精品教材
V24535	路基工程（第二版）	38.00	刘建坤　曾巧玲等	
V31992	建筑工程事故分析与处理（第四版）	60.00	王元清　江见鲸　等	教育部普通高等教育精品教材
V13522	特种基础工程	19.00	谢新宇　俞建霖	
V28723	工程结构荷载与可靠度设计原理（第四版）（赠送课件）	37.00	李国强　等	
V28556	地下建筑结构（第三版）（赠送课件）	55.00	朱合华　等	教育部普通高等教育精品教材
V28269	房屋建筑学（第五版）（含光盘）	59.00	同济大学　西安建筑科技大学　东南大学　重庆大学	教育部普通高等教育精品教材
V28115	流体力学（第三版）	39.00	刘鹤年	
V30846	桥梁施工（第二版）（赠送课件）	37.00	卢文良　季文玉　许克宾	
V31115	工程结构抗震设计（第三版）（赠送课件）	36.00	李爱群　等	
V27912	建筑结构试验（第四版）（赠送课件）	35.00	易伟建　张望喜	
V29558	地基处理（第二版）（赠送课件）	30.00	龚晓南　陶燕丽	
V29713	轨道工程（第二版）（赠送课件）	53.00	陈秀方　娄平	
V28200	爆破工程（第二版）（赠送课件）	36.00	东兆星　等	
V28197	岩土工程勘察（第二版）	38.00	王奎华	
V20764	钢-混凝土组合结构	33.00	聂建国　等	
V29415	土力学（第四版）（赠送课件）	42.00	东南大学　浙江大学　湖南大学　苏州大学	
V24832	基础工程（第三版）（赠送课件）	48.00	华南理工大学　等	

征订号	书　名	定价	作　者	备　注
V28155	混凝土结构（上册）——混凝土结构设计原理（第六版）（赠送课件）	42.00	东南大学　天津大学　同济大学	教育部普通高等教育精品教材
V28156	混凝土结构（中册）——混凝土结构与砌体结构设计（第六版）（赠送课件）	58.00	东南大学　同济大学　天津大学	教育部普通高等教育精品教材
V28157	混凝土结构（下册）——混凝土桥梁设计（第六版）	52.00	东南大学　同济大学　天津大学	教育部普通高等教育精品教材
V25453	混凝土结构（上册）（第二版）（含光盘）	58.00	叶列平	
V23080	混凝土结构（下册）	48.00	叶列平	
V11404	混凝土结构及砌体结构（上）	42.00	滕智明　等	
V11439	混凝土结构及砌体结构（下）	39.00	罗福午　等	
V32846	钢结构（上册）——钢结构基础（第四版）（赠送课件）	52.00	陈绍蕃　顾强	
V32847	钢结构（下册）——房屋建筑钢结构设计（第四版）（赠送课件）	32.00	陈绍蕃　郭成喜	
V22020	混凝土结构基本原理（第二版）	48.00	张誉　等	
V25093	混凝土及砌体结构（上册）（第二版）	45.00	哈尔滨工业大学　大连理工大学等	
V26027	混凝土及砌体结构（下册）（第二版）	29.00	哈尔滨工业大学　大连理工大学等	
V20495	土木工程材料（第二版）	38.00	湖南大学　天津大学　同济大学　东南大学	
V29372	土木工程概论（第二版）	28.00	沈祖炎	
V19590	土木工程概论（第二版）（赠送课件）	42.00	丁大钧　等	教育部普通高等教育精品教材
V30759	工程地质学（第三版）（赠送课件）	45.00	石振明　黄雨	
V20916	水文学	25.00	雒文生	
V31530	高层建筑结构设计（第三版）（赠送课件）	54.00	钱稼茹　赵作周　纪晓东　叶列平	
V32969	桥梁工程（第三版）（赠课件）	49.00	房贞政　陈宝春　上官萍	
V32032	砌体结构（第四版）（赠送课件）	32.00	东南大学　同济大学　郑州大学	教育部普通高等教育精品教材

注：本套教材均被评为《"十二五"普通高等教育本科国家级规划教材》和《住房城乡建设部土建类学科专业"十三五"规划教材》。